傳習錄校箋集評

［明］王陽明　撰
黎業明　校箋　集評

上海古籍出版社

二〇一七年深圳市哲學社會科學『十三五』規劃項目（135B007）

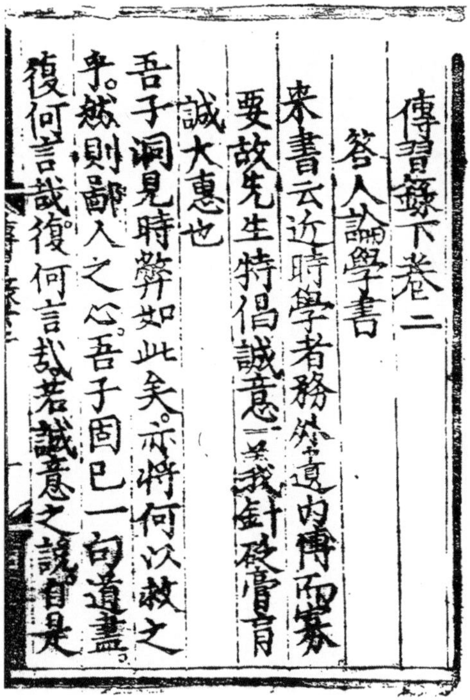
傳習録下卷二

答人論學書

來書云近時學者務外遺内博而寡

要故先生特倡誠意一義針砭膏肓

誠大惠也

吾子洞見時弊如此矣亦將何以救之

乎然則鄙人之心吾子固已一句道盡

復何言哉復何言哉若誠意之說自是

明刊本《傳習録》

（具體刊刻時間不詳，疑即南大吉嘉靖三年十月續刊本。

臺北“國家圖書館”藏，存下册四卷）

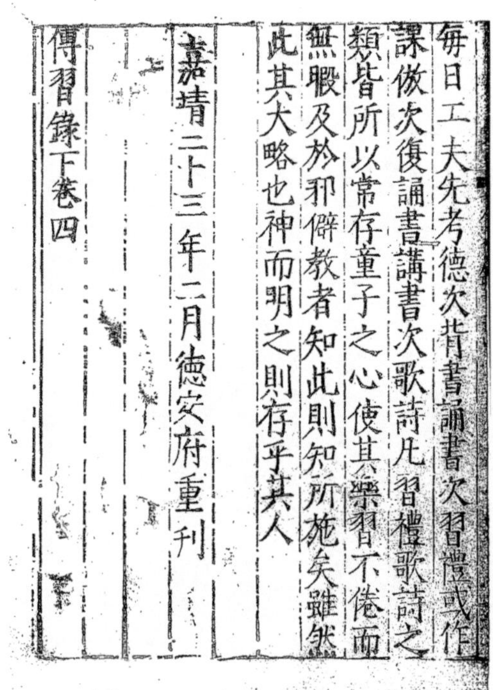
每日工夫先考德次背書誦書次習禮或作
課倣次復誦書講書次歌詩凡習禮歌詩之
類皆所以常存童子之心使其樂習不倦而
無暇及於邪僻教者知此則知所施矣雖然
此其大略也神而明之則存乎其人

嘉靖二十三年二月德安府重刊

傳習錄下卷四

明嘉靖二十三年德安府重刊本《傳習録》

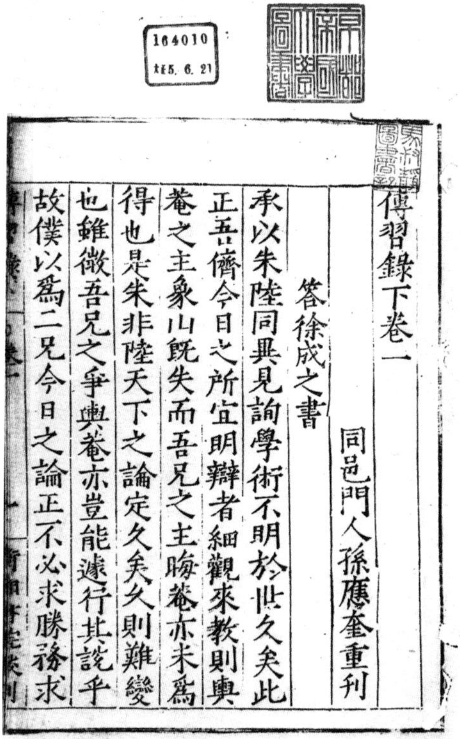

傳習錄下卷一

同邑門人孫應奎重刊

答徐成之書

承以朱陸同異見諭學術不明於世久矣此正吾儕今日之所宜明辯者細觀來教則輿菴之主象山既失而吾兄之主晦菴亦未爲得也是朱非陸天下之論定久矣久則難變也雖微吾兄之爭輿菴亦豈能遽行其說乎故僕以爲二兄今日之論正不必求勝務求

明嘉靖三十年孫應奎刻本《傳習録》

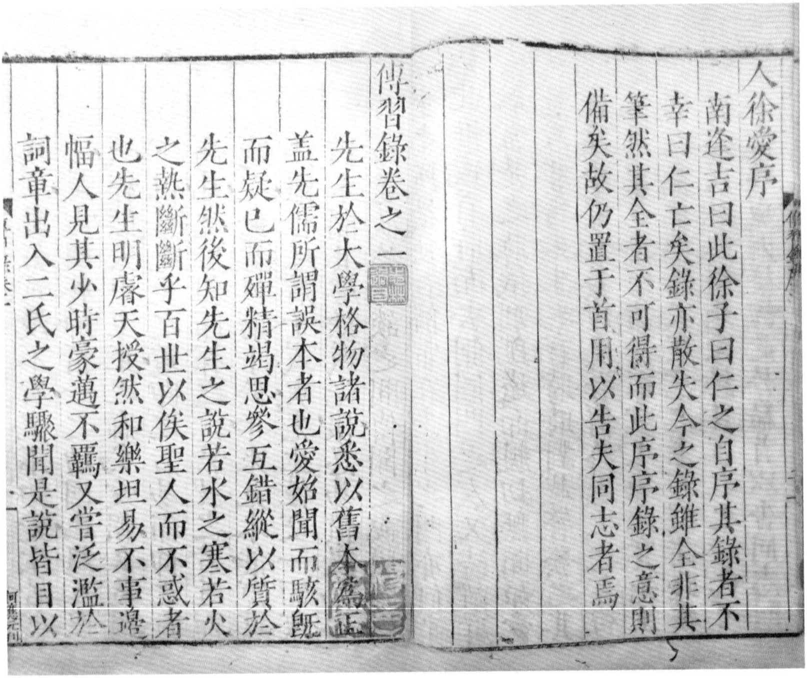

人徐愛序

南逢吉曰此徐子曰仁之自序其錄者不幸曰仁亡矣錄亦散失今之錄雖全非其筆然其全者不可得而此序序錄之意則備矣故仍置于首用以告夫同志者焉

傳習錄卷之一

先生於大學格物諸說悉以舊本爲正蓋先儒所謂誤本者也愛始聞而駭既而疑已而殫精竭思參互錯縱以質於先生然後知先生之說若水之寒若火之熱斷斷乎百世以俟聖人而不惑者也先生明睿天授然和樂坦易不事邊幅人見其少時豪邁不羈又嘗泛濫於詞章出入二氏之學驟聞是說皆目以

明嘉靖三十三年錢錞刻本《傳習録》

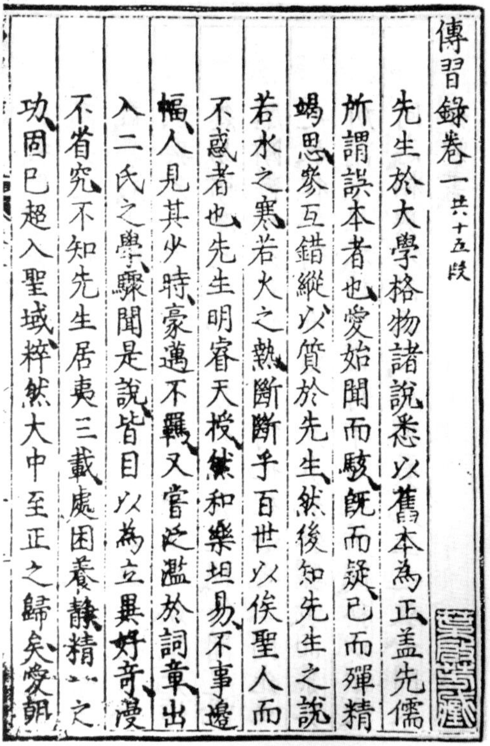
傳習錄卷一 共十五段

先生於大學格物諸說悉以舊本為正蓋先儒所謂誤本者也愛始聞而駭既而疑已而殫精竭思參互錯縱以質於先生然後知先生之說若水之寒若火之熱斷斷乎百世以俟聖人而不惑者也先生明睿天授然和樂坦易不事邊幅人見其少時豪邁不羈又嘗泛濫於詞章出入二氏之學驟聞是說皆目以為立異好奇漫不省究不知先生居夷三載處困養靜精一之功固已超入聖域粹然大中至正之歸矣愛朝

明嘉靖三十三年水西精舍刻本《傳習録》

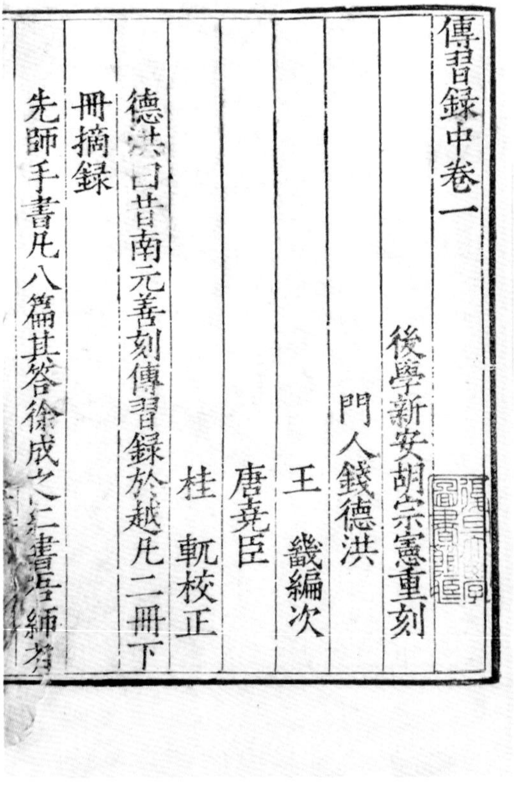
傳習録中卷一
後學新安胡宗憲重刻
門人錢德洪
王　畿編次
唐堯臣
桂　軏校正
德洪曰昔南元善刻傳習録於越凡二冊下
冊摘録
先師手書凡八篇其答徐成之二書吾紳者

明嘉靖三十七年胡宗憲刻本《傳習録》

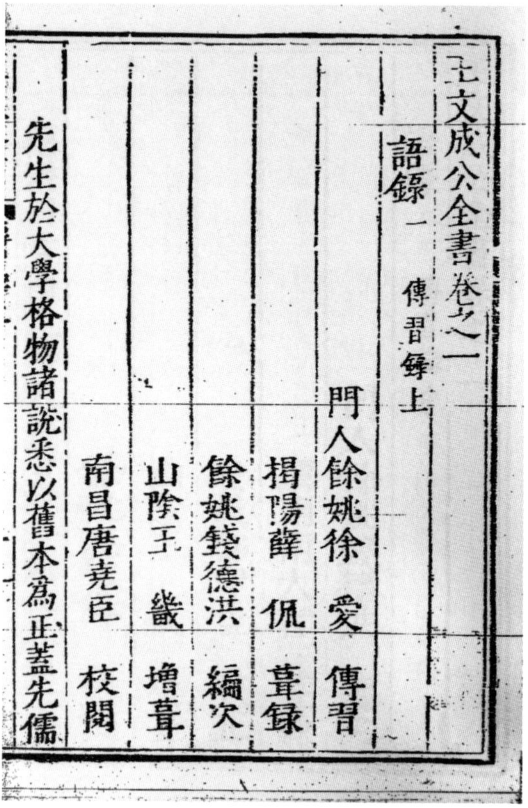
王文成公全書卷之一

語錄一　傳習錄上

門人餘姚徐愛　傳習

揭陽薛侃　葺錄

餘姚錢德洪　編次

山陰王畿　增葺

南昌唐堯臣　校閱

先生於大學格物諸說悉以舊本爲正蓋先儒

明隆慶二年郭朝賓等杭州刊本《王文成公全書》

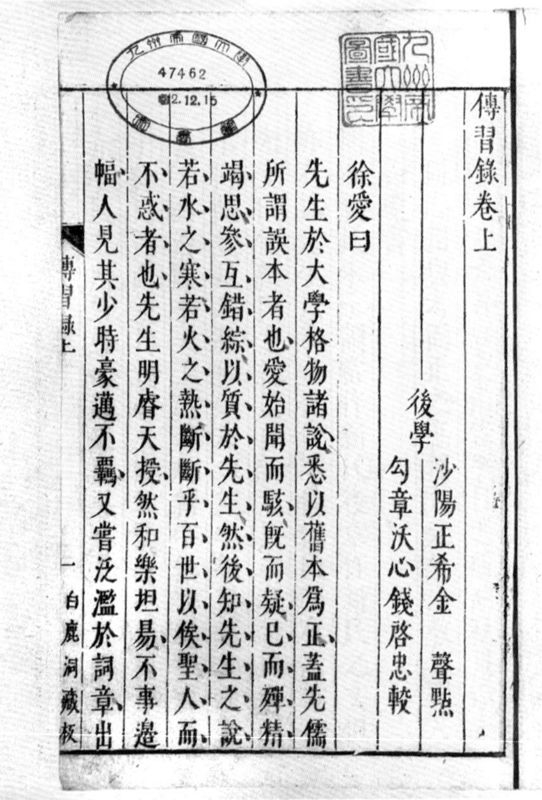

傳習錄卷上

後學　沙陽正希金　聲點

勾章沃心錢啓忠較

徐愛曰

先生於大學格物諸說悉以舊本爲正蓋先儒所謂誤本者也愛始聞而駭既而疑已而殫精竭思參互錯綜以質於先生然後知先生之說若水之寒若火之熱斷斷乎百世以俟聖人而不惑者也先生明睿天授然和樂坦易不事邊幅人見其少時豪邁不羈又嘗泛濫於詞章出

明崇禎三年白鹿洞書院刊本《傳習録》

目録

前言

王守仁（一四七二年至一五二九年），字伯安，浙江餘姚人，因其曾經築室並講學於陽明洞，學者稱陽明先生。王陽明是明代著名的思想家，也是著名的政治家、教育家。錢穆先生在《復興中華文化人人必讀的幾部書》的演講中，列舉國人必讀的經典，有《論語》《孟子》《大學》《中庸》《老子》《莊子》《六祖壇經》《近思録》以及《傳習録》①。其中，《傳習録》是王陽明的一部語録體著作，係距離當今最近的一部中國哲學經典。

一

我們現在所看到的收入《王文成公全書》的《傳習録》（此爲通行本，簡稱全書本《傳習録》），共有三卷。其中，上卷收録徐愛、陸澄、薛侃記録的陽明先生問答語一百三十條；中卷收録陽明書信八封、短文

① 錢穆《中國文化叢談》，北京：九州出版社，二〇一六年，第一九一至二一四頁。案：此文爲一九六七年十二月十七日錢穆先生在復興中國文化會的演講稿。

二篇；下卷收録陳九川、黄直、黄修易、黄省曾等記録陽明先生問答語一百四十三條。然而，陽明《傳習録》的内容，並不是始終如一的，而是在不同時期的編輯、刊刻過程中，經過多次的增訂删減之後，最後由錢德洪編定。

陽明《傳習録》的第一個刊刻本，是正德十三年（一五一八年）八月薛侃在虔州（今江西贛州）刊刻的。錢德洪《陽明先生年譜》云，薛侃「得徐愛所遺《傳習録》一卷，序二篇，與陸澄各録一卷，刻於虔」①。薛侃初刻本《傳習録》可能已經失傳。根據後來一些收録有相關内容比較接近初刻《傳習録》的版本（例如，明嘉靖三十年孫應奎重刻本《傳習録》、嘉靖三十三年水西精舍刊本《傳習録》、嘉靖年間閭東刊本《陽明先生文集》所附《傳習録》等），可知初刻《傳習録》共收録徐愛、陸澄、薛侃記録陽明先生問答語一百三十一條，分爲三卷。其中徐愛所記録陽明先生問答語十四條、陸澄所記録八十一條、薛侃所記録三十六條②。雖然徐愛所記録的陽明問答語只存留十四條，但這十四條語録却是十分重要的，其中多涉及陽明的核心思想觀念，如「心即理」「格物致知」「知行合一」等範疇與命題。後來，錢德洪《陽明先生年譜》記載正德

① 錢德洪《陽明先生年譜》，王守仁《王陽明全集（新編本）》（吴光、錢明、董平、姚延福編校），杭州：浙江古籍出版社，二〇一〇年，第四册，第一二六二頁。

② 明嘉靖二十三年德安府重刊本《傳習録》、嘉靖二十九年王畿刊刻《陽明先生文集》所附重刻本《傳習録》、嘉靖三十年孫應奎重刻本《傳習録》、嘉靖三十三年水西精舍刊本《傳習録》等版本，將薛侃所記録「蕭惠問：己私難克，奈何」條之「蕭惠問：『己私難克，奈何？』先生曰：『將汝己私來，替汝克』」二十字作一條，將「先生曰：人須有爲己之心，方能克己」以下文字作另一條，故薛侃所記録爲三十六條。若依據胡宗憲本《傳習録》、全書本《傳習録》，薛侃所記録「蕭惠問：己私難克，奈何」條只作一條，則薛侃所記録爲三十五條。

四年（一五〇九年）陽明在貴陽與席書等討論「知行合一」問題時，引證的就是徐愛所記其與陽明先生關於「知行合一」問題的問答語①。吴震先生説，徐愛所記録陽明問答語「甚至被後人視爲《傳習録》中的『經典』部分」。②

初刻《傳習録》三卷與全書本《傳習録》上卷相比較，兩者所收録的陽明問答語之數目、内容大體相同。所不同的是，根據後來一些收録有相關内容比較接近初刻《傳習録》的版本，例如嘉靖三十年孫應奎重刻本《傳習録》、嘉靖三十三年（一五五四年）水西精舍刊本《傳習録》、嘉靖年間閭東刊本《陽明先生文集》所附《傳習録》等，初刻《傳習録》將「先生曰：『持志如心痛。一心在痛上，豈有工夫説閑話、管閑事』」條置於陸澄所記陽明問答語之首，將「孟源有自是、好名之病」條置於薛侃所記之末；而全書本《傳習録》則將「先生曰：『持志如心痛。一心在痛上，豈有工夫説閑話、管閑事』」條，置於陸澄所記「問上達工夫」條之後、「問惟精惟一是如何用功」條之前，並且刪除「先生曰」三字③，將「孟源有自是、好名之病」條置於陸澄所記「處朋友務相下則得益相上則損」條之後、「問後世著述之多恐亦有亂正學」條之前④，並刪除陸澄所録「『千古聖人只

① 錢德洪《陽明先生年譜》，王守仁《王陽明全集（新編本）》第四册，第一二三五至一二三六頁。
② 吴震《〈傳習録〉精讀》，上海：復旦大學出版社，二〇一一年，第二七至二八頁。
③ 王守仁《王文成公全書》，上海：商務印書館，一九三六年「四部叢刊」縮印本（據隆慶六年謝廷傑刊刻本縮印），第一册，第六五頁。又參王守仁《王陽明全集（新編本）》第一册，第一四頁。
④ 王守仁《王文成公全書》「四部叢刊」縮印本，第一册，第六四頁。又參王守仁《王陽明全集（新編本）》第一册，第一二至一三頁。

有這些子。』又曰：『人生一世，只有這件事』」一條，而增添薛侃所録「侃問『持志如心痛，一心在痛上，安有工夫説閑語、管閑事』」一條。

陽明《傳習録》的第二個刊刻本，由南大吉、南逢吉兄弟於嘉靖三年（一五二四年）十月在紹興刊刻。南大吉續刻《傳習録》分爲上下兩册，上册爲語録，下册爲書信及短文。由於南大吉續刻《傳習録》原刻本之完整版本可能已經失傳，因此人們對南大吉續刻《傳習録》原刻本的内容，尤其是下册的内容議論紛紛。一般認爲，南大吉續刻《傳習録》原刻本上册所收録的内容，就是薛侃在贛州初刻《傳習録》三卷徐愛、陸澄、薛侃所記陽明先生語一百三十一條，這可以從南大吉續刻《傳習録》的一些重刻本（例如，明嘉靖二十三年德安府重刊本《傳習録》、嘉靖二十九年王畿刊刻《陽明先生文集》所附重刻本《傳習録》、嘉靖三十年孫應奎重刻本《傳習録》等）得到證實。但是，對於南大吉續刻《傳習録》原刻本下册所收録的内容，學術界則議論紛紛，而且多根據南大吉續刻《傳習録》的重刻本來推斷。

其實，南大吉續刻《傳習録》下册似尚殘存世間，這就是臺北「國家圖書館」藏明刊本《傳習録》。臺北「國家圖書館」藏明刊本《傳習録》，現存下册四卷（分别題爲「傳習録下卷一」「傳習録下卷二」「傳習録下卷三」「傳習録下卷四」），其卷一爲《答徐成之書》（二首，附南逢吉跋語）、《答羅整庵少宰書》；卷二爲《答人論學書》（即《答顧東橋書》）；卷三爲《答周道通書》、《答陸原静書》（二首）；卷四爲《示弟立志説》《訓蒙大意示教讀劉伯頌等》《教約》。隆慶五年（一五七一年），馮柯撰作《求是編》一書，批評陽明《傳習録》。其《求是編》卷四之末云：「或曰：『《傳習録》近有增定者，視舊加詳而辯不及，何也？』曰：『余所辯《傳習録》，蓋上册是陽明在贛時其徒徐曰仁、陸原静、薛尚謙之所録，而下册則陽明歸越而郡守南元善益以問答諸書者也。觀其序云「師之在日，精神足以自致，尚不能無賴於是録之助」，則是録實陽明親所裁定，而猶有遺論若此，況今所增定乃出於其没後錢德洪、王汝中之手，其又何足以爲據而與之辯哉？』」①然則，馮柯批評《傳習録》，其所依據的，應爲南大吉嘉靖三年續刻《傳習録》之原刻本。而從《求是編》所選録或摘録之陽明言論觀之，其涉及南大吉續刻《傳習録》下册内容者，有《答徐成之》（二）、《答羅整庵少宰書》、《答顧東橋書》、《答周道通書》、《答陸原静書》（一、二），無《答歐陽崇一》以及《答聶文蔚》（一、二）②；而且，其引述的書信排列順序，亦與臺北「國家圖書館」藏明刊本《傳習録》相同。兩相比照，可知臺北「國家圖書館」藏明刊本《傳習録》，疑即南大吉嘉靖三年續刻《傳習録》之原刻本。臺北「國家圖書館」藏明刊本《傳習録》，亦無《答歐陽崇

① 馮柯《求是編》，岡田武彦、荒木見悟主編：《和刻影印近世漢籍叢刊・思想三編》第一五册，日本京都：中文出版社，一九七七年影印本，第三三七至三三八頁。案：馮柯《求是編》引述的所謂序云「師之在日，精神足以自致，尚不能無賴於是録之助」數言，出自王畿《重刻傳習録序》。可見，馮柯讀過王畿重刻本《傳習録》。然而，馮柯並没有使用王畿重刻本《傳習録》，而是使用南大吉續刻《傳習録》之原刻本。

② 馮柯《求是編》，岡田武彦、荒木見悟主編：《和刻影印近世漢籍叢刊・思想三編》第一五册，第二四〇至三三四頁。案：馮柯《求是編》最後一條，即「良知者，孟子所謂『是非之心，人皆有之』者也。是非之心，不待慮而知，不待學而能，是故謂之良知」條（馮柯《求是編》，岡田武彦、荒木見悟主編：《和刻影印近世漢籍叢刊・思想三編》第一五册，第三三四至三三八頁），並不是出自陽明《傳習録》，而是出自陽明《大學問》。《大學問》乃陽明於嘉靖六年（一五二七年）起復征思、田，即將離浙江赴廣西時所作。（參王守仁《王陽明全集（新編本）》第三册，第一〇一四頁）

一》以及《答聶文蔚》（一、二）。①

後來南大吉續刻《傳習録》曾有過多次重刊，如嘉靖二十三年（一五四四年）德安府重刊《傳習録》（日本東京都立日比谷圖書館藏）、嘉靖二十九年王畿重刊本《傳習録》（中國國家圖書館藏）、嘉靖三十三年錢錞重刊《傳習録》（温州圖書館藏）等，其中對於陽明先生書信與短文的收録頗有出入。爲免繁瑣，兹將從南大吉續刻《傳習録》下册到全書本《傳習録》中卷内容的變遷，擇要表列如下：

附：從南大吉續刻《傳習録》下册到全書本《傳習録》中卷内容變遷表

篇名	南大吉續刻本	德安府重刊本	王畿重刊本	錢錞重刻本	胡宗憲刊刻本	王文成公全書
《答徐成之書》（二首）	√	√	√	√		
《答羅整庵少宰書》	√	√	√	√	√	√
《答人論學書》（即《答顧東橋書》）	√	√	√	√	√	√

① 明嘉靖三十年孫應奎衡湘書院重刊本《傳習録》（七卷，京都大學附屬圖書館藏），爲南大吉嘉靖三年十月續刻《傳習録》之翻刻本，除改正若干錯别字外，内容没有增删。其下册所收録書信及短文篇目、編排次序，與臺北「國家圖書館」藏明刊本《傳習録》相同。此亦可證明臺北「國家圖書館」藏明刊本《傳習録》，應爲南大吉嘉靖三年十月續刻《傳習録》之殘存本。

（續 表）

篇名	南大吉續刻本	德安府重刊本	王畿重刊本	錢錞重刻本	胡宗憲刊刻本	王文成公全書
《答周道通書》（或《啓問道通書》）	√	√	√	√	√	√
《答陸原静書》（二首）	√	√	√	√	√	√
《答歐陽崇一》		√	√	√	√	√
《答聶文蔚》（一）		√	√	√	√	√
《答聶文蔚》（二）		√			√	√
《答儲柴墟書》（二首）		√				
《答何子元書》		√				
《示弟立志説》	√	√	√	√	√	
《訓蒙大意示教讀劉伯頌等》	√	√	√	√	√	√
《教約》	√	√	√	√	√	√
《修道説》				√		
《親民説》（《親民堂記》之節略）				√		

由上可見，從南大吉續刻《傳習録》下册到全書本《傳習録》中卷，其收録的陽明書信及短文數目，前後經歷過多次的增訂或删減。除嘉靖三十年孫應奎重刻本《傳習録》外，對於南大吉續刻《傳習録》的每一次重刻，篇目都有所增訂。長期以來，人們多將經過增訂的南大吉續刻《傳習録》之重刻本，視爲南大吉續刻《傳習録》之原刻本，忽略古籍之重刻本多有增删之例，作出了一些不符合事實的論述。陽明的最重要弟子之一錢德洪，在《陽明先生年譜》、胡宗憲刊本《傳習録》與全書本《傳習録》中卷小序中，將王畿二十九年重刻本《傳習録》視爲南大吉續刻《傳習録》之原刻本，提出了一些錯誤或不準確的説法（如所謂「復增五卷」①「此皆仍元善所録之舊」等②），使後人深感困惑。如果能利用臺北「國家圖書館」藏明刊本《傳習録》下册（疑即南大吉嘉靖三年續刻《傳習録》原刻本之殘存本），這些長期令人困惑的問題，基本上都可以得到解決。

陽明《傳習録》的第三個重要刊刻本，是嘉靖三十三年水西精舍刊本《傳習録》（中國國家圖書館藏）。卷首有南大吉《刻傳習録序》、徐愛《傳習録序》（附南逢吉跋語）。水西精舍刊本《傳習録》分爲「傳習録」「傳習續録」兩個部分，兩部分均爲陽明先生問答語，没有收録陽明先生的書信及短文。水西精舍刊本《傳習録》之「傳習録」部分三卷，其卷一收録徐愛所記陽明先生問答語十四條，卷二收録陸澄

① 錢德洪《陽明先生年譜》，王守仁《王陽明全集（新編本）》第四册，第一三〇二頁。
② 王守仁《傳習録》，嘉靖三十七年胡宗憲重刊本，「傳習録中卷二」，卷首；王守仁《王文成公全書》，「四部叢刊」縮印本，第一册，第八八頁。

所記八十一條，卷三收録薛侃所記三十六條。其「傳習録」部分的内容，與薛侃初刻本《傳習録》内容相同。

比較複雜的是水西精舍刊本《傳習録》之「傳習續録」部分。「傳習續録」部分兩卷（題爲「傳習續録卷上」「傳習續録卷下」），卷首有錢德洪《續刻傳習録序》。「傳習續録卷上」，署名爲「門人陳九川録」，共收入陽明先生問答語六十條（其第一條爲「正德乙亥，九川初見先生於龍江」條，其最後一條爲「問孔子曰回也非助我者也」條），其中陳九川所録二十一條，王以方所録十三條（案：「王以方」，水西精舍刊本《傳習録》原文如此，應作「黄以方」。黄直，字以方，號卓峰，江西金溪人），黄勉叔（名修易）所録十三條，黄勉之（名省曾，號五岳）所録十三條①。「傳習續録卷下」，署名爲「門人錢德洪、王畿録」，共收陽明先生問答語五十八條（其第一條爲「何廷仁、黄正之、李侯璧、汝中、德洪侍坐」條；最後一條爲「南逢吉曰：吉嘗以《答徐成之書》請問」條，且標明「此本在《答徐成之書》下，今録於此」），當中没有「傳習續録卷上」所出現的「已下×××録」字樣，則這五十八條陽明先生答問語，均爲錢德洪、王畿所録。而且，在這五十八條陽明先生答問語中，出現錢德洪、王畿名字時，錢德洪多稱其名「德洪」而不是其字「洪甫」，王畿則多稱其字「汝中」，可見這部分陽明

① 永富青地先生説：「陳九川録三十四條，黄勉叔録十三條，黄勉之録十三條。」（永富青地《王守仁著作の文献学的研究》，東京：汲古書院，二〇〇七年，第三三頁）其中没有提及「王以方録十三條」。永富所謂「陳九川録三十四條」，恐係將「王以方録十三條」誤入「陳九川録」。

先生問答語，多爲錢德洪所録①。既然這五十八條爲錢德洪、王畿所記録，那麽黄宗羲根據「先生曰：蘇秦、張儀之智，也是聖人之資」等語録，説「《傳習後録》有先生（指黄省曾）所記數十條，當是采之《問道録》中，往往失陽明之意」②，可謂爲對黄省曾的一大冤枉。

水西精舍刊本《傳習録》之「傳習續録」部分，與全書本《傳習録》下卷的相關部分比照，彼此差異頗多。一是水西精舍刊本《傳習録》之「傳習續録」部分所收録陽明先生問答語，與全書本《傳習録》下卷的相關部分所收録陽明先生問答語有出入。水西精舍刊本《傳習録》「傳習續録卷上」中的「先生曰：『良知猶主人翁，私欲猶豪奴悍婢。主人翁沉疴在牀，奴婢便敢擅作威福，家不可以言齊矣。若主人翁服藥治病，漸漸痊可，略知撿束，奴婢亦自漸聽指揮。及沉疴脱體，起來擺布，誰敢有不受約束者哉？良知昏迷，衆欲亂行；良知精明，衆欲消化，亦猶是也』」「先生曰：『合着本體的，是功夫；做得功夫的，方識本體』」兩條，「傳習續録卷下」末尾的「南逢吉曰：吉嘗以《答徐成之書》請問」一條③，是全書本《傳習録》下卷的相關部分所没有的。全書本《傳習録》下卷的相關部分的「先生曰：『聖賢非無功業節氣，但其循着這天理則便是道，不可以事功

① 其實，陳龍正在没有見到水西精舍刊本《傳習録》之情況下，就已經將「何廷仁、黄正之、李侯璧、汝中、德洪侍坐」以下五十餘條，考定爲錢德洪所記録。他説：「此下五十一條，據原集，皆黄省曾録。然他友皆字，德洪獨名，其爲緒山手録無疑。集訛刻耳，今正之。」（陳龍正輯《陽明先生要書》，濟南：齊魯書社，一九九七年，集部第四九册，第八九頁）

② 參黄宗羲《明儒學案》（沈芝盈點校），北京：中華書局，二〇〇八年修訂本，上册，第五八一至五八二頁。

③ 王守仁《傳習録》（水西精舍本），《孔子文化大全：中説、傳習録、四存編》，濟南：山東友誼書社，一九九四年影印本，第三二一、三二三、三七七至三七九頁。

氣節名矣』」「『發憤忘食』，是聖人之志如此，真無有已時；『樂以忘憂』，是聖人之道如此，真無有戚時。恐不必云得不得也」「先生曰：『孔子無不知而作，顔子有不善未嘗不知，此是聖學真血脉路』」三條①，是水西精舍刊本《傳習録》之「傳習續録」部分所没有的。二是除「又曰：此道至簡至易的，亦至精至微的」「問：孔子曰『回也非助我者也』」兩條外②，全書本《傳習録》下卷「此後黄以方録」二十七條中的二十五條③，均爲水西精舍刊本《傳習録》之「傳習續録」部分所無。三是水西精舍刊本《傳習録》之「傳習續録」，將「何廷仁、黄正之、李侯璧、汝中、德洪侍坐」至「先生初歸越時，朋友蹤迹尚寥落」，共五十八條，乃署名爲「門人錢德洪、王畿録」；而全書本《傳習録》下卷則將其歸入「門人黄省曾録」④。從水西精舍刊本《傳習録》之「傳習續録」部分與全書本《傳習録》下卷相關部分的差異看，錢德洪在編定全書本《傳習録》下卷時，對於陽明先生問答語頗有增訂、删減、移易，這些對於陽明先生問答語的增訂、删減、移易，所體現的是錢德洪對於陽明思想的

---

① 王守仁《王文成公全書》，「四部叢刊」縮印本，第一册，第一三四、一四〇頁；又參王守仁《王陽明全集（新編本）》第一册，第一〇五至一〇六、一一四頁。

② 此兩條見水西精舍刊本《傳習録》「傳習續録卷上」之末，爲黄勉之記録。（王守仁《傳習録》［水西精舍本］，《孔子文化大全：中説、傳習録、四存編》，第三三三至三三四頁）

③ 王守仁《王文成公全書》，「四部叢刊」縮印本，第一册，第一五二至一五八頁；又參王守仁《王陽明全集（新編本）》第一册，第一三〇至一三八頁。

④ 陳來先生對於水西精舍刊本《傳習録》及其與全書本《傳習録》下卷的差異，有頗爲詳細的論述。（參陳來《〈遺言録〉與〈傳習録〉》，《中國近世思想史研究》，北京：商務印書館，二〇〇三年，第五九七至六〇一頁）

理解，是錢德洪對於編輯刊刻陽明文獻的觀點與態度。

在水西精舍刊本《傳習録》之後，還有嘉靖三十五年（一五五六年）崇正書院刊刻本《傳習録》，這是陽明《傳習録》的第四個重要刊刻本。崇正書院刊本《傳習録》是否存留世間，有待考證。目前，在我們有幸見到的各種版本《傳習録》中，胡宗憲刊刻《陽明先生文録》所附《傳習録》（復旦大學圖書館藏），既可能是比較接近崇正書院刊刻本《傳習録》①，又是最接近全書本《傳習録》的版本。在此，我們姑且以胡宗憲本作爲第四個重要版本，略加論述。根據胡宗憲《重刊陽明先生文録叙》，其重刊《陽明先生文録》刻成於嘉靖三十六年丁巳（一五五七年）九月。然而，其所附《傳習録》，據卷首所附唐堯臣《讀傳習録有言》落款「嘉靖三十有七年戊午人日，門人南川唐堯臣頓首百拜謹書於天真書院之雲泉樓」，則刊行於嘉靖三十七年（一五五八年）。

胡宗憲刊本《傳習録》，其卷首收録有徐愛《傳習録序》、錢德洪《續刻傳習録叙》、唐堯臣《讀傳習録有言》，但無南大吉《刻傳習録序》。其中所收録之錢德洪《續刻傳習録叙》，與水西精舍刊本《傳習録》所收録之錢德洪《續刻傳習録序》相比較，文字有所改動，其中一段云：

洪在吴時，爲先師裒刻《文録》。《傳習録》所載，下卷皆先師書也，既以次入《文録》書類矣，乃摘録中問答語，仍書南元善所録，以補下卷；復采陳惟濬諸同志所記，附爲《續録》，以合成書。適遭内艱，不

① 由於崇正書院刊本《傳習録》是否存世尚待考證，因此，我們無從比較胡宗憲刊本《傳習録》與崇正書院刊本《傳習録》的異同。我們之所以説胡宗憲刊本《傳習録》有可能是比較接近崇正書院刊本《傳習録》的版本，是從其刊刻時間十分接近、相距不到兩年而作出的推測。

克終事。去年秋，會同志於南畿。吉陽何子遷、初泉劉子起宗，相與商訂舊學，謂師門之教，使學者趨專歸一，莫善於《傳習録》。於是劉子歸寧國，謀諸涇尹丘時庸，相與捐俸，刻諸水西精舍。復刪續録，得二卷焉。使學者各得所入，庶不疑其所行云。嘉靖甲寅夏六月，門人錢德洪叙。

與水西精舍刊本《傳習録》所收録之錢德洪《續刻傳習録序》相比照，其不同之處在於，一是將水西精舍刊本所收録之錢德洪《續刻傳習録序》「復采陳惟濬諸同志所録，得二卷焉，附爲《續録》」，刪改爲「復采陳惟濬諸同志所記，附爲《續録》」；二是在水西精舍刊本所收録之錢德洪《續刻傳習録序》「刻諸水西精舍」句之後、「使學者各得所入，庶不疑其所行云」句之前，添加「復刪續録，得二卷焉」八字。由於傳疑中的水西精舍嘉靖三十四年乙卯刊本《傳習録》是否曾經刊行，崇正書院嘉靖三十五年丙辰刊本《傳習録》是否尚存世間，其中有無錢德洪《續刻傳習録序》，均無法得知，故無從比較彼此之間的異同。（永富青地先生説：「九州大學文學部所藏白鹿洞本《傳習録》，是嘉靖三十四年刻本《傳習續録》之内容流傳下來的唯一刻本，具有極爲重要的價值。」①永富先生的説法值得懷疑，由於相關問題比較複雜，在此不詳加討論。）胡宗憲刊本《傳習録》所收録錢德洪《續刻傳習録叙》的這些改動，是爲刊刻胡宗憲本《傳習録》而做出的。

胡宗憲刊本《傳習録》分爲上中下三部分，每個部分又分爲若干卷。其中「傳習録上」分爲三卷，「傳習録中」分爲五卷，「傳習録下」分爲三卷。

① 永富青地《王守仁著作の文献学的研究》，第六八頁。案：永富先生的這段文字，由同事左江教授幫助翻譯，在此謹致謝忱。

其「傳習録上」三卷（題爲「傳習録上卷一」「傳習録上卷二」「傳習録上卷三」），爲陽明先生問答語。卷一收録徐愛所記陽明先生問答語十四條以及所寫跋語一則，卷二收録陸澄所記八十一條，卷三收録薛侃所記三十五條。其中「傳習録上卷一」徐愛所記之末，亦有薛侃跋語（首句作「曰仁所記凡三卷」）。與以往版本不同，在「傳習録上卷一」題下，胡宗憲刊本《傳習録》有署名「後學新安胡宗憲重刻」「門人錢德洪、王畿編次」「唐堯臣、桂軏校正」字樣，按人名分五行書之。

其「傳習録中」五卷（題爲「傳習録中卷一」「傳習録中卷二」「傳習録中卷三」「傳習録中卷四」「傳習録中卷五」），爲書信及短文。卷一爲《答人論學書》（即《答顧東橋書》）；卷二爲《答周道通書》、《答陸原静書》（二首）；卷三爲《答歐陽崇一》《答羅整庵少宰書》；卷四爲《答聶文蔚書》（二首）；卷五則爲《示弟立志説》《訓蒙大意示教讀劉伯頌等》《教約》。與以往版本不同，在「傳習録中卷一」題下，胡宗憲刊本《傳習録》有署名「後學新安胡宗憲重刻」「門人錢德洪、王畿編次」「唐堯臣、桂軏校正」字樣，按人名分五行書之；卷首有錢德洪所撰《傳習録》中卷小序。這是所得見的現存《傳習録》多種版本中，第一個收録此小序的版本。錢德洪在小序中所論述的《傳習録》中卷收録書信數目之增減、去取，依據的是嘉靖二十九年王畿重刊本《傳習録》，而不是嘉靖三年南大吉續刻《傳習録》之原刻本，其中所謂「此皆仍元善所録之舊」云云，是值得懷疑的。尤其值得注意的是，胡宗憲刊本《傳習録》中卷，除多出《示弟立志説》一篇外，其收録的陽明先生書信及短文，無論是篇名數目，還是編排順序，基本上與全書本《傳習録》中卷相同。

其「傳習録下」三卷（題爲「傳習録下卷［之］一」「傳習録下卷之二」「傳習録下卷之三・續録」①），爲陽明先生問答語。「傳習録下卷之一」收録陽明先生問答語六十條（其第一條爲「正德乙亥，九川初見先生於龍江」條，其最後一條爲「問孔子曰回也非助我者也」條），其中陳九川所録二十一條，黄以方所録十五條，黄勉叔所録十一條，黄勉之所録十三條；卷末有「右門人陳九川録」字樣。與以往版本不同，在「傳習録下卷之一」題下，胡宗憲刊本《傳習録》有署名「後學新安胡宗憲重刻」「門人錢德洪、王畿編次」「唐堯臣、桂軏校正」字樣，按人名分五行書之。「傳習録下卷之二」收録陽明先生問答語五十七條（其第一條爲「何廷仁、黄正之、李侯璧、汝中、德洪侍坐」條；其最後一條爲「先生初歸越」條），卷末無「右門人×××録」字樣。

胡宗憲刊本《傳習録》下之前兩卷，即其「傳習録下卷之一」「傳習録下卷之二」部分，與水西精舍刊本《傳習録》之「傳習續録」部分比照，彼此差異不多，只有幾條語録互有出入。其中，水西精舍刊本《傳習録》「傳習續録卷上」的「先生曰：良知猶主人翁，私欲猶豪奴悍婢」「先生曰：『合着本體的，是功夫；做得功夫的，方識本體』」兩條，「傳習續録卷下」末尾的「南逢吉曰：吉嘗以《答徐成之書》請問」一條②，胡宗憲刊本《傳習録》下之前兩卷將其删除了。另外，胡宗憲刊本《傳習録》下之前兩卷增加了「先生曰：『聖賢非無功業節氣，但其循着這天理則便是道，不可以事功氣節名矣」「『發憤忘食』，是聖人之志如此，真無有已時；『樂

① 「傳習録下卷［之］一」之「之」字原缺，其卷末作「傳習録下卷之一」，據補。
② 王守仁《傳習録》（水西精舍本），《孔子文化大全：中説、傳習録、四存編》，第三二一、三二三、三七七至三七九頁。

以忘憂』」，是聖人之道如此，真無有戚時。恐不必云得不得也」兩條①，這是水西精舍刊本《傳習録》之「傳習續録」部分所没有的。這説明，經過對水西精舍刊本《傳習録》之「傳習續録」部分的增删，就成了胡宗憲刊本《傳習録》下之前兩卷，即其「傳習録下卷之一」「傳習録下卷之二」部分。胡宗憲刊本《傳習録》下之前兩卷，其題名已經不再稱爲「傳習續録」，而是改稱爲「傳習録」。其實，這也就是胡宗憲刊本《傳習録》卷首所載錢德洪《續刻傳習録叙》要將水西精舍刊本所收録之錢德洪《續刻傳習録序》「復采陳惟濬諸同志所録，得二卷焉，附爲《續録》」，删改爲「復采陳惟濬諸同志所記，附爲《續録》」；要在水西精舍刊本所收録之錢德洪《續刻傳習録序》「刻諸水西精舍」句之後、「使學者各得所入，庶不疑其所行云」句之前，添加「復删續録，得二卷焉」八字的原因。

「傳習録下卷之三・續録」，收録陽明先生問答語三十八條（其第一條爲「黄以方問博學於文」，最後一條爲「先生初登第時上邊務八事」），卷末有「門人黄以方録」字樣。然而，「傳習録下卷之三・續録」所收録的陽明先生問答語三十八條之中，有七條與「傳習録下卷之一」「傳習録下卷之二」重複，包括「又曰此道至簡至易的」「問孔子曰『回也非助我者也』」「九川問自省念慮」「先生曰人若知這良知訣竅」「一友静坐有見馳問」「聖人之知如青天白日」「人有過多於過上用功」②。（可見，胡宗憲刊本《傳習録》的編輯與刊刻，比較倉促、

① 王守仁《傳習録》，嘉靖三十七年胡宗憲重刊本，「傳習録下卷之二」，第一一頁。

② 王守仁《傳習録》，嘉靖三十七年胡宗憲重刊本，「傳習録下卷之一」，第二四至二五、二五、八、六頁；「傳習録下卷之二」，第一至二、一一、一八頁。「傳習録下卷之三」，第一四、一四至一五、一五、一五、一五至一六、一六頁。

頗爲潦草。）將此七條重複的語録減去，則「傳習録下卷之三・續録」所收録陽明先生問答語只有三十一條。在這三十一條當中，有六條（包括「先生自南都以來」「一日市中鬨而詬」「先生嘗曰吾良知二字，自龍場以後，便已不出此意」「語友人曰近欲發揮此」「一友侍，眉間有憂思」「先生初登第時上邊務八事」）爲全書本《傳習録》下卷所無。

另外，在胡宗憲刊本《傳習録》之「傳習録下卷之三・續録」卷首，有錢德洪撰寫的一篇小序。錢德洪所撰的這篇小序，全書本《傳習録》將其移易到卷末，以致人們多以其爲《傳習録》之後跋。在所得見的多種《傳習録》版本中，除胡宗憲刊本《傳習録》外，還有三輪執齋《標注傳習録》將其置於「先生初歸越時」條之後、「黄以方問博學於文」條之前①，亦即與胡宗憲刊本《傳習録》相同的位置；佐藤一齋《傳習録欄外書》雖然亦將其置於「先生初歸越時」條之後、「黄以方問博學於文」條之前，但他認爲，「此文原係《續録》之跋，《全書》載在卷末，執齋從一本移之於此以爲序，非是，當復舊本在卷末」②。其實，根據胡宗憲刊本《傳習録》，錢德洪的這篇小序，只是爲「傳習録下卷之三・續録」而撰寫的。既然錢德洪的這篇小序，是爲「傳習録下卷之三・續録」而撰寫，那麼小序中的「去年，同門曾子才漢得洪手抄，復傍爲采輯，名曰《遺言》，以刻行於荆。洪讀之，覺當時采録未精，乃爲删其重復，削去蕪蔓，存其三之一，名曰《傳習續録》，復刻於寧國之水西

① 三輪執齋《標注傳習録》，東京：青木嵩山堂，線裝刻本，刊刻時間不詳，第三册，第六一至六二頁。

② 佐藤坦《傳習録欄外書》（山崎道夫校注），《佐藤一齋全集》第五卷，第三八九頁。

精舍」這段文字①，其中所謂的「《遺言》」，是指曾才漢校輯、刊刻的《陽明先生遺言録》，共收陽明先生語録一百一十條。「傳習録下卷之三・續録」共收録陽明語録三十八條，其中二十七條見於《陽明先生遺言録》。精確而言，胡宗憲刊本《傳習録》「傳習録下卷之三・續録」有二十七條見於《陽明先生遺言録》，約爲《陽明先生遺言録》所收録陽明語録的四分之一；粗略而論，胡宗憲刊本《傳習録》「傳習録下卷之三・續録」收録陽明問答語三十八條，略爲《陽明先生遺言録》所收録陽明語録的三分之一。要知道，古人在數目統計方面未必像我們今天這樣精確。可見，錢德洪所謂「删其重復，削去蕪蔓，存其三之一，名曰《傳習續録》」中的「《傳習續録》」，並不是指水西精舍刊本《傳習録》當中的「《傳習續録》」，而是指胡宗憲刊本《傳習録》中的「傳習録下卷之三・續録」。這就是説，如果我們不是像全書本《傳習録》那樣，將錢德洪這篇小序視爲《傳習録》之跋，而是如胡宗憲刊本《傳習録》那樣，將其視爲「傳習録下卷之三・續録」之序，那麼一些長期以來使人們深感困擾的問題，就可能會得到比較好的解決。②

陽明《傳習録》的第五個重要刊刻本，是《王文成公全書》本《傳習録》（簡稱全書本《傳習録》）。目前存

① 王守仁《傳習録》，嘉靖三十七年胡宗憲重刊本，「傳習録下卷之三」，第一至二頁。案：錢德洪的這篇小序，原本爲嘉靖三十五年丙辰崇正書院刊本《傳習録》而撰寫。由於崇正書院刊本《傳習録》可能已經失傳，相關内容不可得知。然而，胡宗憲重刊本《傳習録》，梓行於嘉靖三十七年，與崇正書院刊本《傳習録》相距不遠，其所依據的或許就是崇正書院刊本《傳習録》。兹依據胡宗憲刊本《傳習録》加以討論。

② 當然，還有一些問題無法解決，例如錢德洪小序中「乃復取逸稿，采其語之不背者，得一卷。其餘影響不真，與《文録》既載者，皆削之。並易中卷爲問答語，以付黄梅尹張君增刻之」一段文字，所謂「並易中卷爲問答語」，到底是什麼意思，依然令人困惑，無法解釋。

世的刊刻時間最早的《王文成公全書》，有兩種不同的版本：一是隆慶二年郭朝賓等杭州刊本《王文成公全書》，一是隆慶六年謝廷傑等刊本《王文成公全書》。①

1. 郭朝賓等杭州刊本《王文成公全書》

隆慶年間，郭朝賓等在杭州刊刻《王文成公全書》（臺北「國家圖書館」藏）。郭朝賓（一五一三年至一五八五年），字尚甫，號黄涯，山東汶上人。嘉靖十四年進士，授户部主事，歷順天府尹、浙江巡撫，累官至工部尚書。郭朝賓等刊本《王文成公全書》，卷首有隆慶二年十月二十七日所頒制誥一道，新建侯文成王公小像一幅，舊序六篇（其中包括門人徐愛撰《傳習録序》、門人鄒守益撰《陽明先生文録序》、門人錢德洪撰《陽明先生文録序》、門人王畿撰《重刻陽明先生文録後語》、後學徐階撰《陽明先生文録續編序》以及錢德洪《刻文

① 此處，將郭朝賓本《王文成公全書》之刊刻時間繫於隆慶二年、將謝廷傑本《王文成公全書》之刊刻時間繫於隆慶六年，係采用傳統説法。據朱鴻林先生考證，郭朝賓本並非刊刻於隆慶二年而是刊刻於隆慶六年；謝廷傑本亦非刊刻於隆慶六年，而是刊刻於萬曆元年。（參朱鴻林《〈王文成公全書〉刊行與王陽明從祀争議的意義》，《孔廟從祀與鄉約》，北京：生活·讀書·新知三聯書店，二〇一五年，第一三三至一四〇頁）朱先生關於郭朝賓本《王文成公全書》不是刊刻於隆慶二年而是刊刻於隆慶六年的説法，是正確的。郭朝賓本《王文成公全書》所收録的《朱子晚年定論》，有錢德洪小序，序中有「隆慶壬申，虬峰謝君廷傑刻師《全書》，命刻《定論》附《語録》後，見師之學與朱子無相繆戾，則千古正學同一源矣」之言；郭朝賓本《王文成公全書》卷二六之首，亦有錢德洪小序，序中有「今年□月，虬峰謝君來按吾浙，刻師全書，檢所未録盡刻之，凡五卷，題曰《文録續編》。師胤子王正億嘗録《陽明先生家乘》凡三卷，今更名《世德紀》，并刻於全書末卷云。隆慶壬申一陽日，德洪百拜識」之語。（王守仁《王文成公全書》，郭朝賓刊本，第三卷，第六三頁；第二六卷，第二頁。案：「今年□月」，謝廷傑刊本作「今年九月」。）隆慶壬申，即隆慶六年。而且，根據郭朝賓本《王文成公全書》中的錢德洪這兩篇小序，所謂郭朝賓刊本，其主事者實際上亦爲謝廷傑。

録叙説》），刻王文成公全書姓氏總目一份（包括「欽差提督軍務巡撫浙江等處地方都察院右副都御史户部左侍郎汶上郭朝賓」「欽差提督軍務巡撫浙江等處地方都察院右副都御史新昌鄔璉」「巡按浙江監察御史新建謝廷傑」等各級官員三十五人名單）。郭朝賓等刊刻《王文成公全書》的開頭三卷爲《傳習録》（兹簡稱郭朝賓刊全書本《傳習録》），分别標識爲「王文成公全書卷之一·語録一·傳習録上」「王文成公全書卷之二·語録二·傳習録中」「王文成公全書卷之三·語録三·傳習録下」。

郭朝賓刊全書本《傳習録》上卷爲陽明先生問答語，共收録徐愛、陸澄、薛侃所記陽明先生問答語一百三十條，且合併爲一卷。與以往《傳習録》版本不同的是，郭朝賓刊全書本《傳習録》上卷删除了徐愛所記陽明問答語之末的薛侃跋語；將陸澄所記「先生曰：『持志如心痛。一心在痛上，豈有工夫説閑話、管閑事』」條，移至「問上達工夫」條之後、「問惟精惟一是如何用功」條之前，且删除「先生曰」三字；將薛侃所録之末的「孟源有自是、好名之病」條，移至陸澄所記「處朋友，務相下則得益，相上則損」條之後、「問後世著述之多」條之前；删除以往版本的「『千古聖人只有這些子。』又曰：『人生一世，只有這件事』」條；增添薛侃所録「侃問『持志如心痛，一心在痛上，安有工夫説閑語、管閑事』」一條；於「王文成公全書卷之一·語録一·傳習録上」題下，有「門人餘姚徐愛傳習」「揭陽薛侃葺録」「餘姚錢德洪編次」「山陰王畿增葺」「南昌唐堯臣校閲」之署名，分五行書之。

郭朝賓刊全書本《傳習録》中卷爲陽明先生的書信及短文，包括《答顧東橋書》、《答周道通書》、《答陸原静書》（二首，附錢德洪跋語）、《答歐陽崇一》、《答羅整庵少宰書》、《答聶文蔚書》（二首）以及《訓蒙大意示教讀劉伯頌等》《教約》。卷首有錢德洪所撰《傳習録》中卷小序。與胡宗憲刊本《傳習録》不同的是，郭朝賓刊全書本《傳習録》中卷，將「答人論學書」改題爲「答顧東橋書」；首次在《答陸原静書》（二首）之末附上錢德洪跋語；删除《示弟立志説》。郭朝賓刊全書本《傳習録》於「王文成公全書卷之二・語録二・傳習録中」題下，有「門人餘姚錢德洪編次」「渭南南大吉葺録」「安成鄒守益校正」「山陰王畿增葺」「餘姚孫應奎校閲」之署名，分五行書之。

郭朝賓刊全書本《傳習録》下卷爲陽明先生問答語，收録陳九川、黄直、黄修易、黄省曾以及錢德洪所記陽明先生問答語一百四十三條。與胡宗憲刊本《傳習録》不同的是，郭朝賓刊全書本《傳習録》下卷，將胡宗憲刊本《傳習録》「傳習録下卷之三・續録」所收録的三十八條陽明問答語中，與「傳習録下卷之一」「傳習録下卷之二」重複的「又曰此道至簡至易的」「問孔子曰『回也非助我者也』」「九川問自省念慮」「先生曰人若知這良知訣竅」「一友静坐有見馳問」「聖人之知如青天白日」「人有過多於過上用功」七條，連同胡宗憲刊本《傳習録》「傳習録下卷之三・續録」獨有的「先生自南都以來」「一日市中鬨而詬」「先生嘗曰吾良知二字，自龍場以後，便已不出此意」「語友人曰近欲發揮此」「一友侍，眉間有憂思」「先生初登第時上邊務八事」六條，都删除了；（奇怪的是，錢德洪在處理「傳習録下卷之三・續録」之中重複的「又曰此道至簡至易的」「問孔子曰『回也非助我者也』」兩條時，他不是將「傳習録下卷之三・續録」中重複的這兩條删除，而是將原本收録於「傳習録下卷之一」之末、屬於黄勉之所録的這兩條删除了。）在「先生語陸元静曰元静少年亦要解五經」條之後，增加「先生曰孔子無不知而作，顔子有不善未嘗不知，此是聖學真血脉路」條；將錢德洪爲胡宗憲刊本《傳習録》「傳習録下卷之三・續録」而撰的小序，移易爲《傳習録》之跋。郭朝賓刊全書本《傳習録》於「王文成公全書卷之三・語録三・傳習録下」題下，有「門人餘姚錢德洪續録」「臨川陳九川葺録」「泰和歐陽德校正」「山陰王畿增葺」「餘姚嚴中校閲」之署名，分五行書之。最特別的是，郭朝賓刊全書本《傳習録》第一次附録了陽明先生編輯的《朱子晚年定論》。附録《朱子晚年定論》的目的，是要表明陽明之學與朱子並無相互繆戾、並非相互衝突。錢德洪撰《朱子晚年定論》小序云：「《定論》首刻於南贛。朱子病目静久，忽悟聖學之淵微，乃大悔中年注述誤己誤人，遍告同志。師閲之，喜己學與晦翁同，手録一卷，門人刻行之。自是爲朱子論異同者寡矣。師曰：『無意中得此一助。』隆慶壬申，虬峰謝君廷傑刻師《全書》，命刻《定論》附《語録》後，見師之學與朱子無相繆戾，則千古正學同一源矣。並師首叙與袁慶麟跋，凡若干條。洪僭引其説。」①

2. 謝廷傑刊本《王文成公全書》

隆慶六年（一五七二年），謝廷傑等在南京刊刻《王文成公全書》。謝廷傑（生卒年不詳），字宗聖，號虬峰，江西新建人。嘉靖三十八年進士。隆慶元年考選科道，由工部主事改浙江道監察御史。隆慶五年七八月間，出任浙江巡按。次年九月奉差提調南直隸學政②。徐階稱謝廷傑「爲政崇節義、育人才、立保甲、厚風俗，動以公爲師，蓋非徒讀公書者也」③。謝廷傑等刊刻本《王文成公全書》，卷首有徐階撰《王文成公全書

① 王守仁《王文成公全書》，郭朝賓刊本，第三卷，第六三至六四頁。
② 參朱鴻林《〈王文成公全書〉刊行與王陽明從祀争議的意義》，《孔廟從祀與鄉約》，第一三一頁。
③ 徐階《王文成公全書序》，王守仁《王文成公全書》，「四部叢刊」縮印本，第一册，卷首。又參王守仁《王陽明全集（新編本）》第六册，第二一〇八〇頁。案：引文中所謂「公」，指陽明。

序》一篇、隆慶二年十月二十七日所頒制誥一道、新建侯文成王公小像一幅（附門人王畿、鄒守益、錢德洪、侄子正思、正愚五人所撰的像贊），舊序六篇（與郭朝賓等刊本《王文成公全書》同）。舊序之後，依次羅列「編輯文録姓氏」（包括「門人餘姚徐愛、錢德洪、孫應奎、嚴中、揭陽薛侃、山陰王畿、渭南南大吉、安成鄒守益、臨川陳九川、泰和歐陽德、南昌唐堯臣」）、「校閲文録姓氏」（包括「後學吉水羅洪先、滁陽胡松、新昌吕光洵、秀水沈啓原」）、「彙集全書姓氏」（即「提督學校巡按直隸監察御史豫章謝廷傑」）、「督刻全書姓氏」（包括「應天府推官太平周恪、上元縣知縣莆田林大黼、江寧縣知縣李爵」）。對於刊刻《王文成公全書》的原因，徐階《王文成公全書序》云：

《王文成公全書》三十八卷，其首三卷爲《語録》，公存時徐子曰仁輯；次二十八卷爲《文録》、爲《别録》、爲《外集》、爲《續編》，皆公死後錢子洪甫輯；最後七卷爲《年譜》、爲《世德紀》，則近時洪甫與汝中王子輯而附焉者也。隆慶壬申，侍御新建謝君奉命按浙，首修公祠，置田以供歲祀。已而閲公文，見所謂録若集各自爲書，懼夫四方之學者或弗克盡讀也，遂彙而壽諸梓，名曰《全書》。①

根據徐階的序言，謝廷傑刊刻《王文成公全書》，是由於謝氏在讀陽明先生著作時，見到陽明《傳習録》、陽明《文録》等各自爲書，擔心讀者不能得其全而盡讀之，因而「彙而壽諸梓，名曰《全書》」。然而，根

① 徐階《王文成公全書序》，王守仁《王文成公全書》，「四部叢刊」縮印本，第一册，卷首。又參王守仁《王陽明全集（新編本）》第六册，第二〇七八頁。案：引文中所謂「公」，指陽明。

據朱鴻林先生的研究，謝廷傑刊本《王文成公全書》問世，其實「和陽明從祀廟議兩者之間，存着了相當的關係」①。這就是説，謝廷傑刊刻《王文成公全書》的真正原因，是爲争取王陽明能够入祀孔廟作準備。

謝廷傑等刊刻《王文成公全書》開頭三卷爲《傳習録》（兹簡稱謝廷傑刊全書本《傳習録》），分別標識爲「王文成公全書卷之一・語録一・傳習録上」「王文成公全書卷之二・語録二・傳習録中」與「王文成公全書卷之三・語録三・傳習録下」。謝廷傑刊全書本《傳習録》，除删去了每卷題下像「門人餘姚徐愛傳習」「揭陽薛侃葺録」「餘姚錢德洪編次」「山陰王畿增葺」「南昌唐堯臣校閲」之類的署名之外，其内容與郭朝賓刊全書本《傳習録》相同，兹不贅述。隨著謝廷傑刊本《王文成公全書》的梓行，其中所收録的《傳習録》，這部王陽明著作中最重要、最有影響的著作，其内容就確定下來了。

二

王陽明《傳習録》刊行之後，便引起人們的關注。長期以來，有人對其加以批評，有人對其加以詮釋。在中國，對陽明《傳習録》加以批評或詮釋的著作之中，馮柯的《求是編》、施邦曜輯評的《陽明先生集要》（與

---

① 朱鴻林《〈王文成公全書〉刊行與王陽明從祀争議的意義》，《孔廟從祀與鄉約》，第一二六頁。

《傳習録》相關部分）、劉宗周的《陽明傳信錄》、陳龍正輯評的《陽明先生要書》（與《傳習録》相關部分）、王應昌的《王陽明先生傳習録論》、孫鏘的《傳習録集評》、許舜屏的《評注王陽明先生全集》（與《傳習録》相關部分）、但衡今的《傳習録札記》、陳榮捷的《王陽明傳習録詳注集評》、鄧艾民的《傳習録注疏》等，都是十分重要的；在日本，對陽明《傳習録》加以批評或詮釋的著作之中，三輪執齋的《標注傳習録》、佐藤一齋的《傳習録欄外書》、東正純的《傳習録參考》等，都是比較著名的。在這些著作當中，比較完整地對《傳習録》加以詮釋而且較爲重要的，當屬佐藤一齋的《傳習録欄外書》、陳榮捷的《王陽明傳習録詳注集評》以及鄧艾民的《傳習録注疏》。在這裏，我們僅就見聞所及，對以上三書略加論述。

（二）佐藤一齋《傳習録欄外書》

佐藤一齋（一七七二年至一八五九年），名坦，字大道，號惟一齋，又號愛日樓、老吾軒。初名信行，稱幾久藏，年二十一，始改名爲坦，稱捨藏。日本江户人。著名學者、教育家。對於其學術傾向，佐藤一齋自稱不立名目、强調自得；對於程朱陸王，佐藤一齋乃師法藤原惺窩①，主張兼取並容。其實，佐藤一齋的學術主

① 佐藤一齋曾説：「惺窩藤公《答林羅山書》曰『陸文安天資高明，措辭混括，自然之妙亦不可掩焉』，又曰『紫陽篤實而邃密，金溪高明而簡易，人見其異不見其同，一旦貫通，同歟異歟，必自知而後已』。余謂我邦首唱濂洛之學者爲藤公，而早已並取朱陸如此。羅山亦出其門，余曾祖周軒受學於後藤松軒，而松軒之學亦出自藤公。余欽慕藤公，淵源所自，則有乎爾。」（簡野道明閲、國語漢文研究會編《新注言志四録》，日本東京：明治書院，一九三六年，第一四〇頁）

張、學術傾向，表面似兼取程朱陸王，實質則獨弘陽明之學①。佐藤一齋著作宏富，主要有《周易欄外書》《易學啓蒙欄外書》《尚書欄外書》《大學欄外書》《中庸欄外書》《論語欄外書》《孟子欄外書》《孝經解意補義》《小學欄外書》《近思録欄外書》《傳習録欄外書》《言志四録》等；詩文則輯爲《愛日樓全集》（五十六卷）。一九九〇年代，爲紀念佐藤一齋誕辰二百二十周年，日本明德出版社梓行《佐藤一齋全集》（岡田武彦監修，全十四册）。據説，在五經之中，佐藤一齋「最精《周易》」②；而其最重要著作則爲《言志四録》，「其學之造詣，就此四卷可見其全體」③。然而在中國，佐藤一齋最有影響的著作是《傳習録欄外書》。

佐藤一齋《傳習録欄外書》成書於天保元年（一八三〇年）臘月，所據底本乃三輪執齋之《標注傳習録》。《傳習録欄外書》之欄外文字，大體可分爲版本異同之校勘、人名地名之解釋、前賢評論之徵引、陽明思想之詮釋以及《傳習録》所不載之陽明語録之輯録。佐藤一齋之《傳習録欄外書》，既與其前之三輪執齋《標注傳習録》之偏重引文、典故出處之考證不同④，又與其後之東正純《傳習録參考》之側重思想義理之疏解有異⑤，

① 相關分析，參黎業明《佐藤一齋及其〈傳習録欄外書〉》。（佐藤一齋《傳習録欄外書》，上海：上海古籍出版社，二〇一七年，卷首，第七至一七頁）

② 松村操編《近世先哲叢談續編》，日本東京：巖巖堂，一八八二年，卷下，第一一頁。

③ 松村操編《近世先哲叢談續編》卷下，第一三頁。

④ 三輪希賢《標注傳習録》，日本東京：青木嵩山堂，線裝刻本，刊刻時間不詳。案：三輪希賢（一六六九年至一七四四年），字善藏，號執齋，平安人。

⑤ 東正純《傳習録參考》《澤瀉先生全集》，日本東京：川岡事務所，一九一九年，上册，第六二三至六八六頁。案：東正純（一八三二年至一八九一年），字崇一，號澤瀉，周防國岩國人。佐藤一齋門人。安政間，從學於佐藤一齋。

内容更爲全面，地位亦更爲重要。其特點主要有：

1. 版本校勘精細詳備。佐藤一齋《傳習録欄外書》在《傳習録》版本校勘方面，花費精力之多，頗出人意外。粗略統計，佐藤一齋《傳習録欄外書》涉及校勘版本之數目，有十二種，即德安府重刊南大吉本、閭東本、王文成公全書本、宋儀望本、白鹿洞本、施邦曜本、俞嶙本、陳龍正本、楊嘉猷本、朱文啓本、張問達本、王貽樂本。涉及版本文字異同之條目，數以百計。如《傳習録》上卷徐愛所録第一條（即「愛問在親民」條）「然非『新』字義」句，佐藤一齋欄外書注云：「《全書》『新』訛作『親』。諸本亦多訛。南本、閭本、楊嘉猷本作『新』。」①

2. 徵引前賢論評豐富。佐藤一齋《傳習録欄外書》在前賢評論之徵引方面，涉及人物頗爲不少。包括王畿（龍溪）、季本（彭山）、查鐸（毅齋）、王時槐（塘南）、施邦曜、陳龍正、顧憲成、高攀龍、黄尊素、徐象梅、劉宗周、黄宗羲、毛奇齡、朱彝尊、王懋竑、彭定求等②。其中較爲頻繁徵引者，乃施邦曜、陳龍正、劉宗周、黄宗羲、彭定求。在佐藤一齋所徵引之評論中，多爲贊同或詮釋陽明之思想觀念者③，如《傳習録》上卷徐愛所録第五

① 佐藤坦《傳習録欄外書》，日本東京：啓新書院印刷，松山堂書店發行，一九一九年第十八版，上卷，第三頁；佐藤坦《傳習録欄外書》（山崎道夫校注），《佐藤一齋全集》第五卷，日本東京：明德出版社，一九九八年，第三四八頁。

② 此外，《傳習録欄外書》注釋中涉及陽明以前之人物則有孔子、孟子、荀子、司馬遷、李翱、邵雍、周敦頤、程顥、程頤、蘇轍、朱熹、陸九淵、胡三省等。

③ 在佐藤一齋所徵引之評論中，若非屬於贊同或詮釋陽明之思想觀念者，則其徵引多作批評之用，如其徵引羅欽順、馮柯等即屬此類。

條「知是行之始行是知之成」句，佐藤一齋引述季本《説理會編》云：「自發端而言，則以明覺之幾爲主，故曰知者行之始；自致極而言，則以流行之勢爲主，故曰行者知之終。雖若以知行分先後，而知爲行始、行爲知終，則所知者即是行、所行者即是知也。」①

3. 自加評語頗爲得當。在佐藤一齋《傳習録欄外書》中，更爲重要者乃對於陽明思想觀念之詮釋。如《傳習録》上卷「問：『「一析之有以極其精而不亂，然後合之有以盡其大而無餘」，此言如何？』先生曰：『恐亦未盡。此理豈容分析、又何須湊合得？聖人説精一，自是盡。』」條，佐藤一齋詮釋云：「《大學或問》『析之極精不亂』，説條目工夫；『然後合之盡大無餘』，説明明德於天下。文成之意蓋曰：身心意知物，只是一物，特因所指而異其名，即惟精工夫也。此理無二，工夫可謂之精，不可謂之析。朱子既曰析之，復曰合之，畢竟見涉支離耳。」②

4. 輯録陽明語録較多。佐藤一齋還對《傳習録》所不載之陽明語録加以輯録。佐藤一齋根據閭東本、白鹿洞本、施邦曜本、俞嶙本、張問達本、王貽樂本等不同版本，互相比勘，去其重複，輯出《傳習録》所不載之陽明語録四十餘條，其中録入《傳習録欄外書》注語者八條③、附録於《傳習録欄外書》書末者三十四條④。後

① 佐藤坦《傳習録欄外書》上卷，第五頁；佐藤坦《傳習録欄外書》（山崎道夫校注），《佐藤一齋全集》第五卷，第三四九頁。
② 佐藤坦《傳習録欄外書》上卷，第一五頁；佐藤坦《傳習録欄外書》（山崎道夫校注），《佐藤一齋全集》第五卷，第三五三頁。
③ 佐藤坦《傳習録欄外書》上卷，第一三、一七頁；下卷，第一〇至一一、二六、三一至三二、三六頁。佐藤坦《傳習録欄外書》（山崎道夫校注），《佐藤一齋全集》第五卷，第三五二、三五八、三八一、三八六至三八七、三八八至三八九、三九一頁。
④ 佐藤坦《傳習録欄外書》下卷，卷末；佐藤坦《傳習録欄外書》（山崎道夫校注），《佐藤一齋全集》第五卷，第三九二至三九六頁。

陳榮捷《王陽明傳習録詳注集評》、鄧艾民《傳習録注疏》對佐藤一齋所輯《傳習録》不載之陽明語録，多加以抄録①。佐藤一齋所輯《傳習録》不載之陽明語録，對於我們瞭解與研究陽明生平思想，具有十分重要的價值。

佐藤一齋之《傳習録欄外書》以校勘精細詳備、徵引前賢論評豐富、收録《傳習録》所不載之陽明語録較多以及其自加評語得當著稱。對於《傳習録欄外書》，陳榮捷先生曰：「一齋勘校十餘板本異同，詳盡無比。自加評語，均從理學要理出發。又引施邦曜、陳龍正、彭定求、顧憲成等人之語。以板本言，以評注言，此爲研究《傳習録》所萬不可少之書。」②陳先生之言，非虚語也。但是，《傳習録欄外書》並非完美無缺，錯誤亦不時出現。其中主要有：

1. 誤將重刻本當作原刻本。佐藤一齋將嘉靖二十三年德安府重刊本南大吉兄弟續刻《傳習録》，等同南大吉兄弟嘉靖三年十月續刻《傳習録》，完全忽略古籍之重刻本多有增删之例，懷疑錢德洪在《傳習録》中卷小序述及南大吉兄弟續刻《傳習録》所收録陽明書信之數目，懷疑錢德洪《陽明先生年譜》關於《答歐陽崇一書》《答聶文蔚書》繫年之可靠性。

---

① 陳榮捷《王陽明傳習録詳注集評》，臺北：學生書局，二〇〇六年，第三八九至四一〇頁。鄧艾民《傳習録注疏》，基隆：法嚴出版社，二〇〇〇年，第四三三至四四二頁；上海：上海古籍出版社，二〇一六年，第二八四至二八九頁。（案：後文在引用《傳習録注疏》時，爲避免錯亂，在頁碼前，分別標明「法嚴版」「上海古籍版」。）

② 陳榮捷《王陽明傳習録詳注集評》，第一八頁。

2. 引述前賢言論張冠李戴。由於疏忽，佐藤一齋没有留意黄宗羲《明儒學案》「姚江學案」内之案語，多出自其師劉宗周之《陽明傳信録》，不時將劉宗周對《傳習録》之評語誤作黄宗羲之案語加以徵引。難免有張冠李戴之失。

3. 部分人名之注釋有誤。或因資料限制，或由主觀武斷，佐藤一齋對《傳習録》中部分人名之注釋，或過於簡略，或完全錯誤。在《傳習録欄外書》上卷，佐藤一齋曰：「篇内人名鄉貫履歷，多采《明儒學案》，後不一一標出，讀者須知。」①因此《傳習録》中之人名，若黄宗羲《明儒學案》中已有論述者，佐藤一齋之欄外注皆頗爲得當；若黄宗羲《明儒學案》中没有論述者，佐藤一齋之欄外注則相當簡略，甚至錯誤。例如「國英」，佐藤一齋曰：「國英，陳氏，名號、鄉貫未考。」②其實，國英即陳傑。陳傑，字國英，號方巖，福建莆田人，世居金橋。登正德三年戊辰進士，授景寧縣知縣。正德九年甲戌，升南京湖廣道監察御使，時王陽明講學南都，傑從之遊③。此乃因爲資料限制，注釋過於簡略者。例如「德章」，佐藤一齋曰：「德章，劉氏，名號、鄉貫未考。」④其實，德章（又作德彰），即袁慶麟。袁慶麟，字德彰，雩都人。初矻矻攻舉子業，已而幡然有

① 佐藤坦《傳習録欄外書》上卷，第二頁；佐藤坦《傳習録欄外書》（山崎道夫校注），《佐藤一齋全集》第五卷，第三四八頁。
② 佐藤坦《傳習録欄外書》上卷，第三一頁；佐藤坦《傳習録欄外書》（山崎道夫校注），《佐藤一齋全集》第五卷，第三六〇頁。
③ 參柯維騏《南京湖廣道御史陳傑傳》，焦竑輯《國朝獻徵録》，揚州：廣陵書社，二〇一三年影印本，第五册，第二九〇九頁。
④ 佐藤坦《傳習録欄外書》上卷，第三〇頁；佐藤坦《傳習録欄外書》（山崎道夫校注），《佐藤一齋全集》第五卷，第三五九頁。

覺，盡棄舊習。師王文成，鋭志聖賢之學①。德彰，即爲《朱子晚年定論》作跋之袁慶麟。此乃由於其主觀武斷，注釋完全錯誤者。②

（二）陳榮捷《王陽明傳習録詳注集評》

陳榮捷（一九〇一年至一九九四年），廣東開平人。一九二四年，陳榮捷在嶺南學堂大學部（即後來的嶺南大學）畢業之後，隨即到美國哈佛大學留學。一九二九年六月，陳榮捷在哈佛大學獲博士學位，同年九月回嶺南大學任教。第二年，出任嶺南大學教務長。一九三五年秋季，陳榮捷應夏威夷大學的聘請，前往該校講授中國哲學。此後，陳榮捷先後在夏威夷大學、達慕思學院（Dartmouth College，或譯作「達姆斯學院」）、徹談慕學院（Chatham College，或譯作「徹含慕學院」）以及哥倫比亞大學任教，向西方介紹與傳播中國哲學。陳榮捷著作宏富，可以分爲英譯作品、英文著作、中文著作三類。其英譯作品有：《傳習録》（*Instructions for Practical Living, and Other Neo-Confucian Writings by Wang Yang-ming*, 1963）；《老子》（*The Way of Lao Tzu, A Translation and Study of the Tao-te Ching*, 1963）；《六祖壇經》（*The Platform Scripture, the Basic Classic of Zen Buddhism by Hui-neng*, 1963）；《中國哲學資料書》（*A Source Book in Chinese Philosophy*, 1963。中譯本名爲

---

① 謝旻、陶成修纂《（康熙）江西通志》，《景印文淵閣四庫全書》，臺北：商務印書館，一九八六年影印本，第五一七册，第一七六頁。

② 關於《傳習録》部分人名之考證，參黎業明《王陽明〈傳習録〉人名考述補正》，景海峰編《燃薪集：深圳大學國學研究所三十周年紀念文集》，北京：北京大學出版社，二〇一四年，第八六至一〇四頁。

《中國哲學文獻選編》，楊儒賓、吴有能、朱榮貴、萬先法譯，黄俊傑校閲，一九九三年）；《近思録》（*Reflections on Things at Hand, the Neo-Confucian Anthology by Chu Hsi and Lü Tsu-chien*, 1967）；《王弼老子注》（*Wang Pi's Commentary on the Lao Tzu*, 1979。與 Ariane Rump 合作）；《北溪字義》（*Neo-Confucian Terms-Explained Ch'en Ch'un*, 1986）。其英文著作有：*Religious Trends in Morden China*（1953。中譯本名爲《現代中國的宗教趨勢》，廖世德譯，一九八七年）；*Neo-Confucian, Etc.: Essays by Wing-tsit Chan*（《陳榮捷哲學論文集》，1969）①；*Chu Hsi: Life and Thought*（1987），*Chu Hsi: New Studies*（1989）。其中文著作有：《朱學論集》（一九八二年）、《朱子門人》（一九八二年）、《王陽明傳習録詳注集評》（一九八三年）、《王陽明與禪》（學生書局，一九八四年）、《朱子新探索》（一九八八年）、《朱熹》（一九九〇年）、《近思録詳注集評》（一九九二年）、《宋明理學之概念與歷史》（一九九四年）、《中國哲學論集》（一九九四年）、《新儒學論集》（一九九五年）②。陳榮捷的中文著作，多爲其八十歲之後出版，其中研究朱子學的著作就有四部。

雖然陳榮捷的學術研究工作，主要成就在中學西傳、在朱子研究，但是陳榮捷對王陽明的《傳習録》也有

---

① 此書收録英文論文十四篇、英文書評三篇，共五百一十六頁；中文論文九篇、代序一篇（即陳澄之《廣東開平陳榮捷先生年譜》），共一百四十一頁。案：中文論文九篇，後抽出單行，書名題爲《王陽明與禪》（由臺北無隱精舍一九七三年印行）。一九八四年臺北學生書局版《王陽明與禪》，又增加論文六篇。

② 崔玉軍先生輯有「陳榮捷先生著述詳録」，對陳氏著作詳加臚列。（崔玉軍《陳榮捷與美國的中國哲學研究》，北京：社會科學文獻出版社，二〇一〇年，第四〇六至四二九頁）

極爲深入的研究。一九六〇年代初，陳榮捷應美國哥倫比亞大學出版社之約，將《傳習録》譯爲英文。爲此，陳榮捷「搜集中日注釋，務求詳盡」①。一九六三年，陳榮捷英譯《傳習録》（*Instructions for Practical Living, and Other Neo-Confucian Writings by Wang Yang-ming*）由哥倫比亞大學出版社出版。後來，陳榮捷在英譯《傳習録》基礎上，「整理舊稿，增益注疏」②，完成中文版《王陽明傳習録詳注集評》，於一九八三年十二月由臺北學生書局出版。

一九八四年六月，林慶彰先生在《漢學研究》雜誌上發表《評陳榮捷著〈王陽明傳習録詳注集評〉》的書評，將《王陽明傳習録詳注集評》的特色（或優勝之處），概括爲「注釋力求詳贍」「集評兼容並蓄」「拾遺巨細無闕」三個方面③，可謂得當。下面我們也從這三個方面，對陳榮捷《王陽明傳習録詳注集評》的特色，略加論述。

1. 注釋相當詳備。陳榮捷《讀林慶彰先生書評後》云，其《王陽明傳習録詳注集評》一書「注釋共一千六百餘，去其重復，亦在千數」④。對於原文只有八萬字左右的《傳習録》來説，這一千六百餘條的注釋，可謂相

① 陳榮捷《王陽明傳習録詳注集評》，第五頁。
② 陳榮捷《王陽明傳習録詳注集評》，第五頁。
③ 林慶彰《評陳榮捷著〈王陽明傳習録詳注集評〉》，《漢學研究》（臺北），一九八四年六月，第二卷第一期，第三三三至三三五頁。
④ 陳榮捷《讀林慶彰先生書評後》，《漢學研究》（臺北），一九八四年十二月，第二卷第二期，第六六五頁。案：陳榮捷此文，爲對林慶彰《評陳榮捷著〈王陽明傳習録詳注集評〉》之回應。

當詳備。而且，陳榮捷注釋《傳習録》時，力求遵照其「有詞必釋，有名必究。引句典故，悉溯其源。不特解釋，且每録經典原文，以達全意。注家有所引者，皆檢查原書，備舉卷頁」的原則。更值得一提的是，陳榮捷在注釋中，比較多的利用日本學者的考證或學術成果，如太田錦城、山崎闇齋、具原益軒等都是，涉及的學者數目不少；而且，對於他們的錯誤，能加以訂正。利用日本學者的考證或學術成果來注釋《傳習録》，此前似乎還没有中國學者這樣做過，陳榮捷可能是這樣做的第一人。（一九八四年底，陳榮捷在回應林慶彰的書評時，曾説「以前我國注家曾采用日注否？」①）

2. 評語兼容並蓄。一九六〇年代初，陳榮捷應約將《傳習録》譯爲英文時，雖然「搜集中日注釋，務求詳盡」，但是當中並没有收録前賢對於《傳習録》的評語。而在《王陽明傳習録詳注集評》中，則增添「集評」一項，廣擇中日評論二十餘家，其中有中國的馮柯、劉宗周、施邦曜、黄宗羲、王應昌、唐九經、陶潯霍、彭定求、梁啓超、孫鏘、倪錫恩、許舜屏、但衡今、于清遠，日本的三輪執齋、佐藤一齋、吉村秋陽、東正純、東敬治等（而且在評語當中，陳榮捷自己亦時加案語）。而此前的孫鏘《傳習録集評》，不過「將餘姚施公邦曜、山陰劉公宗周、容城孫公奇逢、餘姚黄公宗義、瀏陽陶公潯霍，以及近人新會梁啓超君等各家總評散評，彙録書内」②，只有六家；日本安岡正篤、中田勝編《傳習録諸注集成》，則於「每條之下，引三輪執齋、佐藤一齋、吉村秋陽、劉

① 陳榮捷《讀林慶彰先生書評後》，《漢學研究》（臺北），一九八四年十二月，第二卷第二期，第六六五頁。

② 孫鏘《王陽明先生傳習録集評序》，王守仁《王陽明全集（新編本）》，第六册，第二二一三頁。

宗周、孫鏘（誤以爲施邦曜）、許舜屏六書之注與評語」①，同樣只有六家。顯然，陳榮捷《王陽明傳習録詳注集評》所摘録之評語、涉及的學者，數目遠遠超過孫鏘《傳習録集評》以及安岡正篤、中田勝編《傳習録諸注集成》。

3. 語録拾遺更多。明隆慶六年（一五七二年）謝廷傑刊刻本《王文成公全書》，其中《傳習録》收録陽明先生語録三百四十三條。後來日本學者佐藤一齋撰作《傳習録欄外書》，在全書本《傳習録》基礎上，根據其他版本《傳習録》等，輯出陽明先生語録四十餘條。陳榮捷《王陽明傳習録詳注集評》，在啓新書院印刷、松山堂書店發行本佐藤一齋《傳習録欄外書》「增補三十七條」基礎上（佐藤一齋全集本《傳習録欄外書》有五條陽明語録，陳榮捷没有輯録），又輯録出陽明先生語録十四條，數目較佐藤一齋爲多。

雖然陳榮捷《王陽明傳習録詳注集評》具有「注釋相當詳備」「集評兼容並蓄」「語録拾遺更多」這樣的特色，但是，智者千慮，難免一失。其實，陳榮捷的《王陽明傳習録詳注集評》，其中錯漏舛誤亦復不少。一九八四年，林慶彰先生撰寫《評陳榮捷著〈王陽明傳習録詳注集評〉》，對《王陽明傳習録詳注集評》所存在的傳刻版本之遺漏、年代年號之疏忽、注釋體例之可商、注解内容之可議等缺點加以批評②。據林慶彰先生《對陳榮捷先生一文的幾點説明》云，他在撰寫書評前，曾經以一個多月時間，勘正一九八三年學生書局初版《王陽明

① 陳榮捷《王陽明傳習録詳注集評》，第二一頁。案：由於條件限制，《傳習録諸注集成》未得經目。

② 林慶彰《評陳榮捷著〈王陽明傳習録詳注集評〉》，《漢學研究》（臺北），一九八四年六月，第二卷第一期，第三三五至三四二頁。案：其中，林先生對「傳刻版本之遺漏」的批評，似乎没有什麽意義。

傳習録詳注集評》的錯誤「三百四十餘處」，而陳榮捷自己所作的勘誤表，則勘正「三十三條」，其中彼此相同者二十三處，「其餘三百一十七處，皆爲陳先生之表所無」①。可見，初版《王陽明傳習録詳注集評》的錯漏十分驚人。一九九二年，《王陽明傳習録詳注集評》出版修訂版，對初版《王陽明傳習録詳注集評》的文字之錯漏、年代之疏忽、注解之可議者，做了相當多的修改訂正。然而，從學生書局二〇〇六年九月修訂版四刷《王陽明傳習録詳注集評》看，其中錯漏舛誤依舊不少。主要有：

1. 校勘不够精細。陳榮捷《王陽明傳習録詳注集評》在校勘、校對方面存在相當多的錯誤與疏漏，主要包括：（1）脱文。例如，「先生曰先儒解格物爲格天下之物」條（第三一七條②）「心之發動不能無善，故須就此處着力，便是在誠意」數句③，其中「不能無善」，謝廷傑刊《全書》本、三輪執齋本、佐藤一齋本作「不能無不善」，脱「無不善」之「不」字。（2）錯字。例如，「來書云良知心之本體」條（第一五五條）「來書云：『良知，心之本體，即所謂性善也、未發之中也、寂然不動之體也、廓然大公也，何常人皆不能，而不待於學邪？……』」數句④，其中「不待」，謝廷傑刊《全書》本、施邦曜本、俞嶙本、張問達本、三輪執齋本、佐藤一齋本作「必待」，

---

① 林慶彰《對陳榮捷先生一文的幾點説明》，《漢學研究》（臺北），一九八四年十二月，第二卷第二期，第六六五至六六六頁。案：林先生此文，爲對陳榮捷《讀林慶彰先生書評後》（《漢學研究》一九八四年十二月，第二卷第二期）之回應。

② 在討論陳榮捷《王陽明傳習録詳注集評》時，當中所出現之「第××條」字樣，均爲《王陽明傳習録詳注集評》書中之條目編號。

③ 陳榮捷《王陽明傳習録詳注集評》，第三六八頁。

④ 陳榮捷《王陽明傳習録詳注集評》，第二一七頁。

以作「必待」爲是。（3）失校。例如，「愛問昨聞先生止至善之教」條（第六條）「愛昨曉思，格物的『物』字，即是『事』字。皆從心上説」數句①，其中「昨曉」，施邦曜本、俞嶙本、三輪執齋本、佐藤一齋本作「昨晚」，陳榮捷没有出校②；「士德問曰格物之説」條（第一〇〇條）「士德曰：『晚年之悔，如謂「向來定本之悟」。……』」數句③，其中「悟」字，施邦曜本、俞嶙本、三輪執齋本、佐藤一齋本作「悮」或「誤」，以作「悮」或「誤」爲是（「向來定本之悮」，語本朱熹《答黄直卿書》「此是向來定本之誤」④）。陳榮捷在注釋中引述《朱子晚年定論》所采録朱熹《答黄直卿書》，亦作「此是向來定本之誤」⑤，不知何故，《王陽明傳習録詳注集評》正文中却没有校正。根據《王陽明傳習録詳注集評》卷首所列舉之「傳習録版本」「傳習録注評」，我們所引述的版本，均爲陳榮捷先生所得見⑥。也就是説，我們所臚列出來的這些校勘、校對方面的錯誤與疏漏，是可以避免出現的，也

---

① 陳榮捷《王陽明傳習録詳注集評》，第三七頁。

② 頗爲奇怪的是，陳榮捷英文譯本《傳習録》、英文編譯本《中國哲學資料書》（中文譯本書名題爲《中國哲學文獻選編》）亦作「昨晚」（Last night）。（*Instructions For Practical Living And Other Neo-confucian Writings By Wang Yang-ming*, translated by Wing-tsit Chan, Columbia University Press, 1964, p14；*A Source Book In Chinese Philosophy*, translated and compiled by Wing-tsit Chan, Princeton University Press, 1973, p673；陳榮捷《中國哲學文獻選編》[楊儒賓、吴有能、朱榮貴、萬先法譯，黄俊傑校閲]，南京：江蘇教育出版社，二〇〇六年，第五六〇頁）然而，他在《王陽明傳習録詳注集評》中却没有出校。

③ 陳榮捷《王陽明傳習録詳注集評》，第一二一頁。

④ 朱熹《晦庵先生朱文公續集》，《朱子全書》，上海/合肥：上海古籍出版社、安徽教育出版社，二〇〇二年，第二五册，第四六四八頁。

⑤ 陳榮捷《王陽明傳習録詳注集評》，第一二三頁。

⑥ 陳榮捷《王陽明傳習録詳注集評》，第一一至一二頁。

是不應該出現的。

2. 注釋錯誤不少。雖然陳榮捷《王陽明傳習録詳注集評》以注釋相當詳備著稱，但是其書中注釋錯誤亦復不少。其中，有年歲時間錯誤（例如，謂徐愛生卒年爲「一四八八年至一五一八年」①，其實徐愛生卒年爲一四八七年至一五一七年；又如謂張元沖「年六十二登陽明之門」②，其實據《明儒學案》，張元沖「奉旨回籍。又二年而卒，年六十二」。先生登文成之門，以戒懼爲入門，而一意求諸踐履」③，是指張元沖卒年六十二，而不是指張元沖「年六十二登陽明之門」；又如謂鄒守益「落職閒居四十一年」④，其實據《明儒學案》，鄒守益「旋落職閒居，講學不休。四十一年卒，年七十二」⑤，四十一年，是説嘉靖四十一年，其意是指鄒守益卒於嘉靖四十一年，而不是指鄒守益「落職閒居四十一年」），有引文出處錯誤（例如，謂「人一能之，己百之」云云出自《孟子》⑥，其實乃出自《中庸》⑦，而非《孟子》），有地名方面錯誤（例如將周敦頤所在省份湖南誤作河南⑧；

① 陳榮捷《王陽明傳習録詳注集評》，第二六頁。
② 陳榮捷《王陽明傳習録詳注集評》，第三五八頁。
③ 黄宗羲《明儒學案（修訂本）》上册，第三〇〇頁。
④ 陳榮捷《王陽明傳習録詳注集評》，第三五九頁。
⑤ 黄宗羲《明儒學案（修訂本）》上册，第三三一頁。
⑥ 陳榮捷《王陽明傳習録詳注集評》，第一二一頁。
⑦ 朱熹《四書章句集注》（徐德明校點），上海/合肥：上海古籍出版社、安徽教育出版社，二〇〇一年，第三六至三七頁。
⑧ 陳榮捷《王陽明傳習録詳注集評》，第一二六頁。

將王艮籍貫泰州安豐場，即今江蘇東臺誤作「今江西九江」①），有人名字號錯誤（例如，將范堯夫之「堯夫」誤解爲邵雍②、將王汝止之名誤解爲「[王]畿」③）等。在這裏，我們以陳榮捷將范堯夫之「堯夫」誤解爲邵雍爲例，略作分析。陳榮捷在注釋「正德乙亥九川初見先生於龍江」條（第二〇一條）之「胸中無物」云：「無物，總述伊川之意。《二程外書》卷十一頁三上云，『堯夫（邵雍）胸中無事如此』」。其實，「胸中無物」，即「胸中無事」，《河南程氏外書》卷一一原文作：「范堯夫經筵坐睡。先生語人曰：『堯夫胸中無事如此。』有朝士入朝，倒執手板。先生曰：『此人胸中不是無事。』」④程伊川此所謂「堯夫」，乃范堯夫（范純仁，字堯夫。范仲淹次子。宋蘇州吴縣人），而非邵堯夫（邵雍）。陳榮捷用括弧説明堯夫爲邵雍，顯然是將范堯夫誤解爲邵堯夫了。

3. 引述評語頗有錯漏。雖然陳榮捷《王陽明傳習録詳注集評》以評語兼容並蓄知名，但是其書中所摘録評語之錯漏頗多。其中，有錯别字脱漏字（例如，在「愛問先生以博文爲越禮功夫」條〔第九條〕摘録許舜屏語時，脱「心之所在」四字；在「來書云：先生又曰照心非動也」條〔第一六〇條〕摘録東正純語時，將「照非照，

① 陳榮捷《王陽明傳習録詳注集評》，第三五五頁。
② 陳榮捷《王陽明傳習録詳注集評》，第二八六頁。
③ 陳榮捷《王陽明傳習録詳注集評》，第三九一頁。
④ 程顥、程頤《二程集》（王孝魚點校），北京：中華書局，一九八四年，第二册，第四一三頁。

妄非妄」誤作「照亦照，妄亦妄」①），有評語張冠李戴（例如，在「善念發而知之、而充之」條〔第七一條〕摘録評語時，將佐藤一齋之語誤作三輪執齋之言②；在「問身之主爲心」條〔第七八條〕摘録評語時，將佐藤一齋之語誤作施邦曜之言③；在「來書云：昔周茂叔每令伯淳尋仲尼顔子樂處」條〔第一六六條〕摘録評語時，將末尾「『何道可得』，來書全文，意必有此語，節略耳」數句佐藤一齋之語，誤作施邦曜之言④；在「來書云：教人以致知明德」條〔第一三七條〕摘録評語時，將吉村秋陽評論《重修山陰縣學記》之言，誤作評論《答顧東橋書》之言⑤）。在此，我們僅以陳榮捷摘録許舜屏語爲例，略作説明。陳榮捷在「愛問先生以博文爲約禮功夫」條（第九條）摘録評語云：「許舜屏云：以『精一』二字釋博約之道，是直隨時隨地無一而非，即無一而非知之所存也。」⑥其實，許舜屏此語原作：「以精一二字釋博約之道，是直隨時隨地無一而非心之所在，即無一而非知之所存也。」⑦陳榮捷此所引述許氏之言，脱「心之所在」四字，以致義不可解。這些錯誤，對人們理解《傳習録》可能産生誤導。

---

① 陳榮捷《王陽明傳習録詳注集評》，第二二五至二二六頁。
② 陳榮捷《王陽明傳習録詳注集評》，第一〇〇頁。
③ 陳榮捷《王陽明傳習録詳注集評》，第一〇七頁。
④ 陳榮捷《王陽明傳習録詳注集評》，第二三六頁。
⑤ 陳榮捷《王陽明傳習録詳注集評》，第一七九頁。
⑥ 陳榮捷《王陽明傳習録詳注集評》，第四二頁。
⑦ 許舜屏《評注王陽明先生全集》，上海：中原書局，一九二九年，第一卷，第九頁。

4. 有些考證值得懷疑。陳榮捷《王陽明傳習録詳注集評》以考證見稱於世，楊祖漢先生説，陳書注釋「以考證之功多」①；吴震先生説，陳書注釋「重在考據」②。然而，其書中有些考證值得斟酌。在這裏，我們以陳榮捷考證「子仁」爲例略作説明。陳榮捷《王陽明傳習録詳注集評》在「子仁問學而時習之不亦樂乎」條（第一一一條）注釋「子仁」云：

> 子仁，佐藤一齋謂子仁，欒氏名惠，浙江人。孫鏘則謂子仁姓馮名恩，號尚江，華亭人。見《儒林宗派》。並謂不知一齋何據。按欒惠姓名見於《陽明年譜》正德九年五月，陽明至南京，欒惠、陸澄等二十餘人同聚師門。但未言欒惠之字爲子仁。……葉［紹］鈞謂子仁，欒惠字，浙江西安人。郡守請往施行鄉約，四方學者雲集。不知葉氏何所本。《學案》無欒惠傳。余重耀《陽明弟子傳纂》目録頁十八有欒惠，謂見於《陽明年譜》，無字里，《傳纂》亦無傳。綜上所論，則孫鏘是也。《明儒學案》卷二十五南中王門學案序云，「馮恩，字子仁，號南江（孫作尚江，蓋印誤），華亭（今江蘇松江）人。嘉靖丙辰進士。陽明征思、田，南江以行人使其軍，因東脩爲弟子」。③

陳榮捷對自己關於「欒惠」的考證，頗爲自得④。其實，陳榮捷據孫鏘説法，以爲子仁爲馮恩，這是錯誤的。在

① 楊祖漢《傳習録注疏序》，鄧艾民《傳習録注疏》，法嚴版，第一三頁；上海古籍版，卷首，第六頁。
② 吴震《〈傳習録〉精讀》，第四一頁。
③ 陳榮捷《王陽明傳習録詳注集評》，第一三三頁。
④ 陳榮捷《王陽明傳習録詳注集評》，第六頁。

王陽明《南都詩》當中，有《次欒子仁韻送别四首》，其序云：「子仁歸，以四詩請用其韻答之，言亦有過者，蓋因子仁之病而藥之，病已則去其藥。」①《南都詩》題下注云：「正德甲戌四月升南京鴻臚寺卿作。」②而王陽明《書欒惠卷（庚辰）》則有「欒子仁訪予於虔，舟遇於新淦」之言③。由此可知，欒惠字子仁，正德九年甲戌（一五一四年），陽明升任南京鴻臚寺卿時，已從學陽明（這與《陽明先生年譜》「正德九年五月」條所載「自徐愛來南都，同志日親，黄宗明、薛侃、馬明衡、陸澄、季本、許相卿、王激、諸偁、林達、張寰、唐愈賢、饒文璧、劉觀時、鄭騮、周積、郭慶、欒惠、劉曉、何鼇、陳傑、楊杓、白説、彭一之、朱箎輩，同聚師門，日夕漬礪不懈」相應④，當中有欒惠之名）；正德十五年庚辰（一五二〇年），其時陽明巡撫南贛，曾往訪陽明於虔。而徐象梅《兩浙名賢録》、嵇曾筠《（雍正）浙江通志》云：「欒惠，字子仁，西安人。師事王文成，潛心理學。事父母曲盡孝道。母嘗患瘋疾，手足拘攣者十三年，惠温衾扇枕，飲食撫摩，必躬必親，始終不怠。及父母相繼卒，與妻吴氏負土襄事，廬墓三載，朝夕哭奠，衰絰頃刻不去身。一夜風雨，虎入其廬，馴若畜犬然。服闋，南胄移書請爲六堂學長，辭不赴。時龍游水北梗化，郡邑申之監司，請惠往布行鄉約，梗化者革心。自是深居寡出，而四

① 王守仁《王陽明全集（新編本）》第三册，第七八一頁。
② 王守仁《王陽明全集（新編本）》第三册，第七七二頁。
③ 王守仁《王陽明全集（新編本）》第三册，第九六四頁。
④ 錢德洪《陽明先生年譜》，王守仁《王陽明全集（新編本）》第四册，第一二四三頁。

方學者雲集，無慮數百人。以壽卒於家。」[①]西安，今浙江衢州市。相反，根據《明儒學案》，馮恩乃在嘉靖七年（一五二八年）陽明征思、田時，「以行人使其軍，因束脩爲弟子」[②]。薛侃刊刻《傳習録》在正德十三年戊寅（一五一八年）八月，當時馮恩尚未從學於陽明。然則，「子仁問學而時習之不亦樂乎」條之所謂子仁，應爲欒惠，而非馮恩。故佐藤一齋、葉紹鈞之説，並無錯誤；陳榮捷及孫鏘之説，並不正確。

陳榮捷的《王陽明傳習録詳注集評》，除了存在校勘不够精細、注釋錯誤不少、評語頗有疏漏、考證值得懷疑等問題之外，其在標點句讀方面的錯誤或疏漏，亦復不少。限於篇幅，在此不加臚列。

（三）鄧艾民《傳習録注疏》

鄧艾民（一九二〇年至一九八四年），湖南邵陽人。一九三九年，鄧艾民考入昆明西南聯合大學。入學時，鄧艾民選擇的是工程學科，而且成績優秀。不久，轉入哲學系學習[③]。鄧艾民畢業之後，於一九四六年，成爲北京西洋哲學編譯委員會譯員，參與西洋哲學名著的編譯工作。一九五〇年，鄧艾民調到教育部大學

---

① 徐象梅《兩浙名賢録》，《續修四庫全書》，上海：上海古籍出版社，二〇〇二年，第五四二册，第一九二頁；嵇曾筠等修纂《（雍正）浙江通志》，《景印文淵閣四庫全書》第五二四册，第一二八頁。

② 黄宗羲《明儒學案（修訂本）》上册，第五七八頁。

③ 參左啓華《作者簡介》，鄧艾民《傳習録注疏》，法嚴版，第三頁。案：左啓華《作者簡介》，在上海古籍出版社二〇一二年版《傳習録注疏》中，改爲「後記」。

司任職，從事教育行政工作。一九五六年，鄧艾民調回北京大學哲學系任教，並擔任系裏的行政工作。鄧艾民是中國現代著名的宋明理學研究專家，在朱熹、王陽明研究方面，成就卓著。其著作主要有《朱熹王守仁哲學研究》《傳習録注疏》。

鄧艾民的《傳習録注疏》，其注疏之内容大體包括版本異同之校勘、人名地名之解釋、經典文字之出處、陽明思想之疏釋以及《傳習録》所不載之陽明語録之輯録。其中，最有特色的是對陽明思想之疏釋。鄧艾民在其《傳習録注疏》中，對於陽明思想之疏釋，最爲引人注目的有兩點：

1. 强調陽明與朱子思想的不同。衆所周知，王陽明一生的思想發展，都與其對朱熹思想的反動有密切關係。格竹事件，是陽明對朱子格物致知學説的困惑與懷疑，是陽明對於心理合一問題的艱難探尋；龍場悟道，是陽明對於朱子格物致知學説的覺悟，是陽明心學主張的初步形成；朱陸異同，陽明「陽雖取朱子之言，而實則主象山之説」①，是陽明對朱子學説的反對、對自己觀點的宣揚；江西平叛，陽明在經歷宸濠、忠泰之變以後，更加相信「良知真足以忘患難、出生死」②，於是最終確立其作爲爲學宗旨的「致良知」之教。總而言之，王陽明的整個思想學説，是在其對朱子學説的疑惑、覺悟、反對過程中，逐漸形成、發展、成熟

① 陳建《學蔀通辨》，《陳建著作二種》（黎業明點校），上海：上海古籍出版社，二〇一五年，第九〇頁。
② 錢德洪《陽明先生年譜》，《王陽明全集（新編本）》第四册，第一二八七頁。

與確立的①。雖然王陽明不時强調自己並非有意與朱子思想的不同，但是兩人之間的思想對立則是事實。

鄧艾民在疏釋陽明思想時，頗爲强調陽明思想與朱子思想的不同。在其注釋中，鄧艾民對陽明與朱子兩人在根本觀點（「心即理」與「性即理」②）、格物方法（「正心誠意」與「格物窮理」③）、經史關係（「五經亦史」與「六經乃經」④）、聖賢道統（「堯舜賢於孔子」與「孔子賢於堯舜」⑤）等多個方面，都做了比較對照，强調兩者之間的不同。當然，鄧艾民在强調陽明與朱子思想不同的同時，也十分敏鋭地注意到，陽明對於朱子思想有時也有誤解。例如，鄧艾民注釋「朱子錯訓格物，只爲倒看了此意，以『盡心知性』爲物格知至」數句

① 對於陽明思想的變遷，錢德洪有爲學、爲教「三變」之言，其文略云：「先生之學凡三變，其爲教也亦三變：少之時，馳騁於辭章；已而出入二氏；繼乃居夷處困，豁然有得於聖賢之旨，是三變而至道也。居貴陽時，首與學者爲『知行合一』之説；自滁陽後，多教學者静坐；江右以來，始單提『致良知』三字，直指本體，令學者言下有悟，是教亦三變也。」（錢德洪《刻文録序説》，王守仁《王陽明全集（新編本）》第六册，第二〇八八頁）王畿亦有陽明學成前後各有「三變」之説。（其文頗長，不録。參王畿《滁陽會語》，《王畿集》〔吴震編校〕，南京：鳳凰出版社，二〇〇七年，第三三至三四頁）湛若水則有「五溺」之論，其文略云，陽明「初溺於任俠之習；再溺於騎射之習；三溺於辭章之習；四溺於神仙之習；五溺於佛氏之習。正德丙寅，始歸正於聖賢之學」。（湛若水《陽明先生墓誌銘》，湛若水《甘泉先生續編大全》〔鍾彩鈞、游騰達點校〕，臺北：「中央研究院」中國文哲研究所，二〇一七年，上册，第二六八頁；王守仁《王陽明全集（新編本）》第四册，第一四〇九頁。案：「正德丙寅」，《甘泉先生續編大全》誤作「嘉靖丙戌」。）無論是錢德洪的「三變」之言、王畿的「三變」之説，還是湛若水的「五溺」之論，多無涉及陽明學説與朱子思想對立之辭，其中恐有顧慮，因爲嘉靖年間有陽明僞學之禁。

② 鄧艾民《傳習録注疏》，法嚴版，第二五頁；上海古籍版，第九頁。

③ 鄧艾民《傳習録注疏》，法嚴版，第一一一頁；上海古籍版，第六五頁。

④ 鄧艾民《傳習録注疏》，法嚴版，第四四頁；上海古籍版，第二二頁。

⑤ 鄧艾民《傳習録注疏》，法嚴版，第一一一頁；上海古籍版，第六五頁。

時，説：

朱熹注解《孟子》上述「盡其心者……所以立命也」曰：「盡心知性而知天，所以造其理也。存心養性以事天，所以履其事也。不知其理，固不能履其事，然徒造其理而不履其事，則亦無以有諸己矣。知天而不以夭壽貳其心，智之盡也。事天而能修身以俟死，仁之至也。智有不盡，固不知所以爲仁，然智而不仁，則亦將流蕩不法，而不足以爲智矣。」這個注解與王守仁用《中庸》的思想來解釋，並不相同。王守仁批評朱「要初學便去做『生知安行』事，如何做得？」與朱的思想並不完全相應，此處只宜從王守仁闡述自己思想的角度解釋之。①

鄧艾民的説法是正確的。確實，朱子在注釋《孟子·盡心上》「盡其心者，知其性也」章時，説道：「心者，人之神明，所以具衆理而應萬事者也。性則心之所具之理，而天又理之所從以出者也。人有是心，莫非全體，然不窮理，則有所蔽而無以盡乎此心之量。故能極其心之全體而無不盡者，必其能窮夫理而無不知者也。既知其理，則其所從出，亦不外是矣。以《大學》之序言之，知性則物格之謂，盡心則知至之謂也。」②朱子明確説到「以《大學》之序言之，知性則物格之謂，盡心則知至之謂也」。而陽明在解釋《孟子·盡心上》「盡其心者，知其性也」章時，則是以《中庸》「或生而知之，或學而知之，或困而知之，及其知之，一也；或安而行之，或利

① 鄧艾民《傳習録注疏》，法嚴版，第三三頁；上海古籍版，第一四至一五頁。
② 朱熹《四書章句集注》（徐德明校點），第四一三頁。

而行之，或勉强而行之，及其成功，一也」[①]，這樣的説法來比附。雖然陽明在回答陸澄請教《大學》《中庸》同異的時候，曾説「子思括《大學》一書之義爲《中庸》首章」[②]，認爲《大學》《中庸》的思想是相同的。但是，《大學》與《中庸》畢竟是兩部/兩篇不同的著作，其思想未必像陽明所理解的那樣相同。因此，陽明以其自己根據《中庸》對《孟子·盡心上》「盡其心者，知其性也」章的理解，來批評朱子根據《大學》對《孟子·盡心上》「盡其心者，知其性也」章的注釋，確實如鄧艾民所説「與朱的思想並不完全相應」。因此，陽明所謂「朱子錯訓格物，只爲倒看了此意，以『盡心知性』爲物格知至」這樣的説法，顯然是對朱子思想的誤解。鄧艾民的目光確實鋭利。

2. 强調《傳習録》與陽明其他著作的互相參照。對於鄧艾民《傳習録注疏》的這個特色，楊祖漢先生、吴震先生都有論及[③]，在此我們不再論述。除了將《傳習録》與陽明的其他著作互相參照外，鄧艾民有時在注釋中也引證陽明弟子的著作。正如吴震先生所説：「鄧著的另一個重要特色在於他的視野從陽明學擴展到了陽明後學。也就是説，他通過對王門各主要弟子的著作及其思想的了解，進而觀察王門弟子對《傳習録》有

---

① 朱熹《四書章句集注》（徐德明校點），第三三頁。

② 王守仁《王文成公全書》，「四部叢刊」縮印本，第一册，第六八頁。鄧艾民《傳習録注疏》，法嚴版，第七〇至七一頁；上海古籍版，第三九頁。

③ 楊祖漢《傳習録注疏序》，鄧艾民《傳習録注疏》，法嚴版，第一二至一三頁；上海古籍版，卷首，第五至六頁。吴震《評鄧艾民〈傳習録注疏〉》，劉東主編《中國學術》，北京：商務印書館，二〇〇二年，第十輯，第三三一至三三二頁。

何評論或新的闡發，由此向人們『立體』地展示出陽明學的思想展開之進程。從其引用的王門諸子的著作看，其中包括王畿、歐陽德、鄒守益、聶豹、陳九川等人的文集。」①對於鄧艾民注釋中所引證其弟子的著作，我們也無意詳盡羅列。在這裏，我們只想就鄧艾民注釋《答顧東橋書》「然就如吾子之説，則知行之爲合一並進，亦自斷無可疑矣」時，所説的「王守仁此處『合一並進』即合一之義。『並進』二字係未經詳細斟酌的所用語。歐陽德（一四九六年至一五五四年）説：『謂之並進，謂之交修，猶有二也。二則不能無先後也，若無物不實致其知，無時不實致其知，則一而已。孰爲知焉？孰爲行焉？而何先後之可言哉。』（《歐陽南野文集》卷一《答傅石山》）」之言②，略加論述。

鄧艾民認爲，王陽明所謂「知行合一並進」，就是「知行合一」的意思，而且「並進」二字是陽明未經詳細斟酌的用語，這應當是没有什麼疑問的。粗略統計，在《王文成公全書》所收録陽明作品中，陽明使用「知行合一」的説法數以十計；而「知行並進」的説法僅有五次，「合一並進」的説法有三次，共有八次，其中除「知行並進」的説法有一次見於《書諸陽卷（甲申）》之外③，其餘七次均見於《答顧東橋書》。我們懷疑，陽明關於「知行並進」、關於「知行合一並進」的説法，可能是受到了其朋友湛若水的影響。湛若水雖然也使用「知行合

① 吴震《評鄧艾民〈傳習録注疏〉》，劉東主編《中國學術》第十輯，第三三二頁。
② 鄧艾民《傳習録注疏》，法嚴版，第一五四頁；上海古籍版，第九四至九五頁。
③ 王守仁《王文成公全書》，「四部叢刊」初編縮印本，第二册，第二六六頁；又參王守仁《王陽明全集（新編本）》第一册，第二九五頁。案：《王陽明全集（新編本）》將「書諸陽卷」誤改爲「書諸陽伯卷」。

一」的説法，但他更强調「知行並進」。湛若水在《答太常博士陳惟浚書》中説：

> 涵養須用敬，進學在致知，如車兩輪。夫車兩輪，同一車也，行則俱行，豈容有二？而謂有二者，非知程學者也。鄙見以爲如人行路，足目一時俱到，涵養進學，豈容有二？自一念之微，以至於事爲講習之際，涵養致知，一時並在，乃爲善學也。①

他在《答顧箬溪書》中又説：

> 夫學不過知行，知行不可離，又不可混。《説命》曰「學于古訓而後有獲」「知之非艱，行之惟艱」；《中庸》必先學、問、思、辨而后篤行；《論語》先博文而后約禮；《孟子》知性而后養性，「始條理者知之事，終條理者聖之事」；程子知所有而養所有，先識仁而以誠敬存之。若僕之愚見，則於聖賢常格内尋下手，庶有自得處。……若然，則知行並進矣。②

湛若水認爲，「知行」兩者之間的關係猶如車之兩輪，是密切不可分離的；但是湛若水又十分强調「知行」兩者，不可相混。陽明在使用「知行並進」的説法時，所注重的是其密切不可分離之意，而不是其不可相混之義。至於鄧艾民所引述的歐陽德《答傅石山》討論「知行合一並進」之言，則值得斟酌。歐陽德《答傅石山》

① 湛若水《泉翁大全集》（鍾彩鈞、游騰達點校），臺北：「中央研究院」中國文哲研究所，二〇一七年，第一册，第二三〇頁。案：朱熹也有知行猶如車之兩輪的説法，其言曰：「涵養窮索，二者不可廢一，如車兩輪，如鳥兩翼。」（黎靖德編《朱子語類》［王星賢點校］，北京：中華書局，一九八六年，第一册，第一五〇頁）湛若水相關言論，或本於朱子。

② 湛若水《泉翁大全集》（鍾彩鈞、游騰達點校）第一册，第二三六頁。

云：「來諭謂『並進交修之功，無物不有，無時不然』，則近之矣。然謂之交，猶有二也，二則不能無先後也。若無物不實致其知、無時不實致其知，則一而已矣，孰爲知焉、孰爲行焉？而何先後之可言哉？」①從歐陽德信中所謂「然謂之交，猶有二也，二則不能無先後也」之言看，歐陽德所針對的，是傅石山來信所謂「並進交修之功，無物不有，無時不然」之説當中的「交修」，而不是「並進」。歐陽德對於「知行並進」似乎並無批評之意。不知何故，鄧艾民在引述歐陽德《答傅石山》時，將「然謂之交，猶有二也，二則不能無先後也」數言，誤引作「謂之並進，謂之交修，猶有二也，二則不能無先後也」。

此外，鄧艾民的《傳習録注疏》在版本異同之校勘、人名地名之解釋、經典文字之出處以及《傳習録》所不載之陽明語録之輯録等方面，也做了許多頗爲細緻的工作。但是，他的這些工作，整體上並没有勝過佐藤一齋《傳習録欄外書》、陳榮捷《王陽明傳習録詳注集評》，在此就不詳加羅列與論述了。

雖然鄧艾民《傳習録注疏》在注釋當中有强調陽明與朱子思想的不同、强調《傳習録》與陽明其他著作以及陽明後學著作的互相參照等方面的優點，但是，鄧艾民《傳習録注疏》的缺點亦復不少。缺點主要有：

1. 部分經典文字之出處不够準確或者錯誤。例如，鄧艾民在注釋「一日論爲學工夫」條「常如猫之捕鼠，一眼看著，一耳聽著」之出處時，説：「語本袾宏《禪關策進·蒙山異禪師示衆》：『後參皖山長老，教看「無」字，十二時中，要惺惺如猫捕鼠，如雞抱卵，無令間斷。』（《大正大藏經》第四十八卷第一〇九九頁）又見

① 歐陽德《歐陽德集》（陳永革編校），南京：鳳凰出版社，二〇〇七年，第八頁。

朱熹《偶讀謾記》：『釋氏有清草堂者，有名叢林間，其始學時，若無所入，有告之者曰：「子不見猫之捕鼠者乎？四足據地，首尾一直，目睛不瞬，心無它念，唯其不動，動則鼠無所逃矣。」清用其言，乃有所入。』（《朱子大全》卷七十一）」①鄧艾民將「常如猫之捕鼠，一眼看著，一耳聽著」之出處，一則曰「語本袾宏《禪關策進・蒙山異禪師示衆》」，一則曰「又見朱熹《偶讀謾記》」。其謂「又見朱熹《偶讀謾記》」，並無錯誤；然而，其謂「語本袾宏《禪關策進・蒙山異禪師示衆》」，則屬不當。袾宏，俗姓沈，字佛慧，號蓮池，世稱雲栖大師。生於嘉靖十四年（一五三五年），卒於萬曆四十三年（一六一五年）。「一日論爲學工夫」條語録，乃陸澄在正德九年（一五一四年）前後在南京記録，而袾宏在陽明卒後才出生。因此鄧艾民將陽明所謂「常如猫之捕鼠，一眼看著，一耳聽著」之出處，説是「語本袾宏《禪關策進・蒙山異禪師示衆》」，顯然是不妥當的。其實，陽明所謂「常如猫之捕鼠，一眼看著，一耳聽著」之最初出處，爲《五燈會元》。《五燈會元》記載，清善禪師「後謁黄龍，龍示以風幡話，久而不契。一日，龍問：『風幡話，子作麽生會？』師曰：『迥無入處，乞師方便。』龍曰：『子見猫兒捕鼠乎？目睛不瞬，四足踞地，諸根順向，首尾一直，擬無不中。子誠能如是，心無異緣，六根自静，默然而究，萬無失一也。』師從是屏去閑緣，歲餘，豁然契悟」。②

2. 有些注釋似乎不够準確甚至望文生義。例如，鄧艾民在注釋《答陸原静書》所謂「三關」「七返九還」

① 鄧艾民《傳習録注疏》，法嚴版，第六八頁；上海古籍版，第三八頁。
② 普濟《五燈會元》（蘇淵雷點校），北京：中華書局，一九八四年，下册，第一一三四頁。

時，説：「語見《黄庭經》：『三關之中精氣深。』又見《周易參同契・中篇》：『剛施而退，柔化以滋。九還七反，八歸六居。』九還，精氣運轉一周期。七反，精氣運轉七次。」①鄧艾民説「三關」之出處爲《黄庭經》，説「七返九還」之出處爲《周易參同契》，並無不妥。但是，鄧艾民將「七返九還」解釋爲「九還，精氣運轉一周期。七反，精氣運轉七次」，則屬於望文生義。對於「七返九還」，《道樞・九轉金丹篇》論述云：「九鼎之内，於是有七返八變九還之道焉。返者，覆合也，收七表八裏經絡之氣血者也。一返脉，脉停運矣；二返氣，氣聚而凝矣；三返血，血成白乳矣；四返精，精結瓊塊矣；五返骨，骨若紅玉矣；六返髓，髓化玄霜矣；七返形，形清體妙矣；八返神，神化無方矣。還者，歸其源也，取五行之氣、動三要之精、定一物之元者也。一還腎，二還心，三還肝，四還肺，五還脾，六還丹房，七還氣户，八還精堂，九還神室。九化則可以留形矣。」②

3. 注釋中有些資料的引證不够全面。例如，鄧艾民在注釋《答羅整庵少宰書》「夫學貴得之心，求之於心而非也，雖其言之出於孔子，不敢以爲是也，而況其未及孔子者乎？求之於心而是也，雖其言之出於庸常，不敢以爲非也，而況其出於孔子者乎」一段文字時，説：「王守仁在這裏没有否定孔子的言論，但却主張不以孔子的是非爲是非的根據，這與朱熹的觀點成爲明顯的對照。朱熹贊揚孔子的言論説：『聖人説話，磨棱合縫，盛水不漏。』（《朱子語類》卷十九）他主張對儒家經典『字求其訓，句索其旨。未通乎前，則不求乎後；未

① 鄧艾民《傳習録注疏》，法嚴版，第二〇四頁；上海古籍版，第一三〇頁。
② 至游子曾慥《道樞》，《道藏》，北京/上海/天津：文物出版社、上海書店、天津古籍出版社，二〇〇一年影印本，第二〇册，第七二四頁。

通乎此，則不敢志乎彼。』（《朱子語類》卷十）王守仁却説：『此心同，此理同，苟知用力於此，雖百慮殊途，同歸一致。不然，雖字字而證，句句而求，其始也毫釐，其末也千里。』（《全書》卷四《答甘泉》）王守仁對待孔子及其經典的這種態度，最後曾引導出李贄的不以孔子的是非爲是非的相對主義思想。」①鄧艾民認爲，「王守仁在這裏没有否定孔子的言論，但却主張不以孔子的是非爲是非的根據，這與朱熹的觀點成爲明顯的對照」，這説法不能説不對，但是不全面的。其實，與陽明一樣，朱熹也反對以聖賢之是非爲是非。朱熹在《答張敬夫》書中，曾説：「大率觀書，但當虚心平氣以徐觀義理之所在，如其可取，雖世俗庸人之言，有所不廢；如有可疑，雖或傳以爲聖賢之言，亦須更加審擇。自然意味平和，道理明白，脚踏實地，動有據依，無籠罩自欺之患。」②不單止朱熹反對以聖賢之是非爲是非，王安石也反對以聖賢之是非爲是非。釋惠洪《冷齋夜話》卷六記載：「舒王嗜佛學，曾子固欲諷之，未有以發之也。居一日，會於南昌。少頃，潘延之亦至。延之談禪，舒王問其所得，子固熟視之。已而論人物，曰：『某人可抨。』子固曰：『弇用老而逃佛，亦可一抨。』舒王曰：『子固失言也。善學者讀其書，義理之來，有合吾心者，則樵牧之言猶不廢；言而無理，周、孔所不敢從。』子固笑曰：『前言戲之耳！』」③可見，反對以聖賢之是非爲是非、主張不以孔子的是非爲是非之根據，

① 鄧艾民《傳習録注疏》，法嚴版，第二四〇頁；上海古籍版，第一五五至一五六頁。
② 朱熹《晦庵先生朱文公文集》，《朱子全書》第二一册，第一三四二頁。
③ 轉引自鄧廣銘《略談宋學》，《鄧廣銘治史叢稿》，北京：北京大學出版社，一九九七年，第一七三頁。案：引文當中，舒王，指王安石；曾子固，即曾鞏；潘延之，即潘興嗣。

並不是王陽明的獨有主張，也是朱熹、王安石等人的共同見解。因此，鄧艾民在注釋中只引述《朱子語類》中朱熹贊揚孔子及儒家經典的説話，而忽略朱熹反對以聖賢之是非爲是非的言論，這是不全面的。

4．版本校勘中有些問題似值得斟酌。陳來先生在其《傳習録注疏序》中説：「《傳習録注疏》這部書，即使放在今天的學術界，也仍然是陽明學研究的一流著作。這裏僅舉一例：《傳習録》第一條中：『「作」字却與「親」字相對，然非「親」字義。下面治國平天下處，皆於「新」字無發明。』《四部備要》本、《王陽明全集》本、陳榮捷先生本文字皆如此。而《傳習録注疏》作『然非新字義』。下出校注：『《王文成公全書》本，「新」訛作「親」，據閭東本改。』這個改正顯然是正確的。本書的價值由此可見一斑。」①陳先生對於其老師鄧艾民的《傳習録注疏》評價頗高，而且對書中的版本校勘較爲欣賞。然而，鄧艾民的《傳習録注疏》並不以校勘見長。

粗略統計，在鄧艾民《傳習録注疏》的校勘文字中，提及的版本主要有德安府重刊本《傳習録》、閭東本《陽明先生文録》、胡宗憲本《陽明先生文録》、施邦曜本《陽明先生集要》、俞嶙本《王陽明先生全集》、張問達本《王陽明先生文鈔》、王怡樂本《王陽明先生全集》以及朱文啓本《傳習録》等。其中，最重要的應屬閭東本《陽明先生文録》、胡宗憲本《陽明先生文録》。但是，從鄧艾民《傳習録注疏》涉及的校勘文字看，他使用得最多的版本爲閭東本、施邦曜本、俞嶙本、張問達本等，胡宗憲本僅偶有提及（如在《答聶文蔚［二］》最後一條

① 鄧艾民《傳習録注疏》，上海古籍版，卷首，第三頁。案：法嚴版無此段文字。

注釋云，「據德安府重刊南本及胡宗憲本，此條後有《示弟立志説》」①），並没有用於校勘。

其實，即使是鄧艾民《傳習録注疏》特别强調的閭東本（鄧艾民所見，爲北京大學圖書館藏明刊本②），鄧艾民也没有很好地在校勘中加以利用。例如，在徐愛所記録的陽明語録中，「説『親民』，便是兼教養意」③，閭東本作「説『親民』，便兼教養意」；「有許多節目，不亦須講求否」④，閭東本作「有許多節目，不知亦須講求否」；「愛昨曉思格物的『物』字」⑤，閭東本作「愛昨晚思格物的『物』字」；「《禮》《樂》是三代史」⑥，閭東本作「《詩》《禮》《樂》是三代史」。這些閭東本異文，較全書本《傳習録》優勝，鄧艾民《傳習録注疏》都没有校勘出來。在徐愛所記録的十多條陽明語録中，就有這麽多條重要的閭東本異文没有校勘出來（《傳習録》上下卷當中，其餘可根據閭東本校勘的内容，鄧艾民《傳習録注疏》同樣没有很好地利用閭東本來加以校勘）。鄧艾民《傳習録注疏》對閭東本没有很好地加以利用，這是十分可惜的。

當然，考慮到鄧艾民的《傳習録注疏》，畢竟是他去世之前在病牀上完成的，對《傳習録注疏》當中的這些疏漏，我們不必也不應苛求。

① 鄧艾民《傳習録注疏》，法嚴版，第二六三頁；上海古籍版，第一七二頁。
② 鄧艾民《傳習録注疏》，法嚴版，第四〇〇至四〇一頁；上海古籍版，第二六一至二六二頁。
③ 鄧艾民《傳習録注疏》，法嚴版，第二一頁；上海古籍版，第七頁。
④ 鄧艾民《傳習録注疏》，法嚴版，第二四頁；上海古籍版，第八頁。
⑤ 鄧艾民《傳習録注疏》，法嚴版，第三一頁；上海古籍版，第一三頁。
⑥ 鄧艾民《傳習録注疏》，法嚴版，第四四頁；上海古籍版，第二二頁。

三

近幾十年來，國内從文獻整理與研究角度對《傳習録》的研究已經取得了一定的成績，其中如陳榮捷的《王陽明傳習録詳注集評》、鄧艾民的《傳習録注疏》等，可説是這方面的名著。然而，即使是這些名著，當中也存在不少的錯漏或舛誤。而且，自陳榮捷、鄧艾民之後，相關研究的優秀成果便十分罕見。基於這樣的研究狀況，我們決定從文獻整理與研究角度，對《傳習録》作進一步的深入研究。

我們這部《王陽明傳習録校箋》，是從文獻整理與研究角度，重新對《傳習録》進行更爲全面與深入的研究。在研究方法方面，我們傾向於傳統而不是追求時髦，嚴格按照傳統的對經典文獻之整理與研究方法進行研究。在研究中，我們注重的是版本的校勘、文獻的辨析、史學的考證，力求做到言之成理、持之有故，使研究結果信實可靠。我們深知，在對經典著作的文獻整理與研究方面，創新並不容易。我們對《傳習録》的重新整理與研究，一方面吸收前賢之研究成果；另一方面，我們的整理與研究和前賢相比較，具有如下幾方面的特色：

（一）利用多種珍貴版本，校勘更加精善。我們以隆慶六年謝廷傑刊刻《王文成公全書》爲底本，以臺北「國家圖書館」藏明刊本《傳習録》（僅殘存下册四卷，疑即南大吉嘉靖三年十月序刊本）等將近二十個版本爲校本，進行校勘。在這些校本當中，臺北「國家圖書館」藏明刊本《傳習録》、嘉靖二十九年王畿刊刻本《陽明先生文録》所附《傳習録》、嘉靖三十三年水西精舍刻本《傳習録》、嘉靖三十三年錢錞刊刻本《傳習録》、嘉靖三十六年胡宗憲刊本《陽明先生文録》所附《傳習録》、隆慶年間郭朝賓杭州刊本《王文成公全書》等重要版本，是人們以往没有使用過的。

此外，在少數地方，我們也采用理校的方法進行校勘。例如，《傳習録》上卷「志道問」條「『誠』字有以工夫説者。誠是心之本體，求復其本體，便是思誠的工夫。明道説『以誠敬存之』，亦是此意。《大學》『欲正其心，先誠其意』」一段文字，其中「明道説『以誠敬存之』，亦是此意。《大學》『欲正其心，先誠其意』」一數句，我們認爲可能屬於錯簡，據文意恐應作「《大學》『欲正其心，先誠其意』，明道説『以誠敬存之』，亦是此意」。

（二）改正前賢斷句錯誤，句讀更加準確。例如，《傳習録》下卷「問『一日克己復禮，天下歸仁』」條，其中「全得仁體則天下皆歸於吾仁就是八荒皆在我闥意天下皆與其仁亦在其中」一段，葉紹鈞、許舜屏、于清遠、陳榮捷、鄧艾民等均將其句讀，誤作「全得仁體，則天下皆歸於吾仁，就是『八荒皆在我闥』意，天下皆與，其仁亦在其中」①。這可能是由於他們没有注意到「天下皆與其仁」，乃朱熹《論語集注》「則天下之人皆與其

① 葉紹鈞點注《傳習録》，臺北：商務印書館，一九六八年，第二四〇頁；許舜屏《評注王陽明先生全集》第三卷，第三一頁；于清遠《王陽明傳習録注釋》，臺北：黄埔出版社，一九五八年，第三卷，第四四頁；陳榮捷《王陽明傳習録詳注集評》，第三三八頁；鄧艾民《傳習録注疏》，法嚴版第三六二頁（上海古籍二〇一二年版亦誤，二〇一六年版則已改正。見該書第二三七頁）。

仁」一語之節略。我們則將其句讀改正爲「全得仁體，則天下皆歸於吾仁，就是『八荒皆在我闥』意，『天下皆與其仁』亦在其中」。

（三）引證圖書資料豐富，注釋更加可靠。我們的徵引與參考書目有二百種左右。我們將注釋重點放在《傳習録》之用典與引文出處、人名地名之考證、中卷書信之編年、前賢評論之引述等方面，力求準確無誤。具體而言：

1. 在《傳習録》用典與引文方面，我們力求指出其最早、最準確之文獻出處。例如，《傳習録》中卷「答周道通書」最後一節：來書云：「有引程子『人生而静以上不容説，才説性便已不是性』，何故不容説？何故不是性？晦庵答云：『不容説者，未有性之可言；不是性者，已不能無氣質之雜矣。』二先生之言皆未能曉，每看書至此，輒爲一惑，請問。」陳榮捷、鄧艾民等均謂其中程子之言、晦庵之語分别出自二程遺書、朱熹《答嚴時亨》①。我們則將「程子人生而静以上不容説」至「已不能無氣質之雜矣」之出處，考定爲朱熹《晦庵先生朱文公續集》第九卷之《答劉韜仲問目》。②

2. 在人名地名方面，尤其是人名方面，除常見人名（人物）之外，我們還將《傳習録》中的德章、子仁、國英、守衡、志道、于中、敷英以及邵端峰等相當多人物的生平都考證了出來，這些人名（人物）在以往的《傳習

① 陳榮捷《王陽明傳習録詳注集評》，第二一一頁。鄧艾民《傳習録注疏》，法嚴版，第二〇〇頁；上海古籍版，第一二七頁。

② 朱熹《晦庵先生朱文公續集》，《朱子全書》第二五册，第四八〇三頁。

録》注釋中多屬於「不詳」或被錯誤叙述。

3. 在《傳習録》中卷書信之編年方面，經過考證，我們認爲佐藤一齋、陳榮捷等關於《傳習録》中卷論學書編年的相關觀點值得懷疑，而錢德洪《陽明先生年譜》對於《傳習録》中卷所收陽明論學書之繫年，基本可信。但是，《年譜》將《答顧東橋書》繫於嘉靖四年（一五二五年）九月，則可能有誤。其實，《答顧東橋書》疑作於王陽明正德十六年（一五二一年）修改《大學古本序》之後、嘉靖三年（一五二四年）春夏間《答周道通書》之前。

4. 在陽明語録之記録者方面，我們根據嘉靖三十三年水西精舍本《傳習録》等版本，將《傳習録》下卷自「何廷仁、黄正之、李侯璧、汝中、德洪侍坐」條至「先生初歸越時，朋友蹤迹尚寥落」條，共五十多條語録，考定爲錢德洪、王畿所記録；根據《陽明先生遺言録》，經過考證，證實所謂「此後黄以方録」之二十七條語録，並非全由黄以方記録。其中，自「黄以方問博學於文」條至「先生曰今之論性者紛紛異同」條，共十條，爲黄以方所記録。而自「問聲色貨利恐良知亦不能無」條至「鄒謙之嘗語德洪曰」條，共十七條，除「又曰此道是至簡至易的」以及「問孔子曰回也非助我者也」兩條，爲黄省曾（字勉之，號五岳，蘇州人）所記録外，其餘十五條，乃爲錢德洪記録。對於陽明語録記録者的考定，可以幫助我們解釋以往的一些誤解。例如，黄宗羲説，陽明講道於越，黄勉之執贄爲弟子，作《會稽問道録》十卷，「《傳習後録》有先生（黄勉之）所記數十條，當是采之《問道録》中，往往失陽明之意。然無如儀、秦一條云：『蘇秦、張儀之智，也是聖人之資。後世事業文章，許多豪傑名家，只是學得儀、秦故智。儀、秦學術善揣摸人情，無一些不中人肯綮，故其説不能窮。儀、秦亦是窺見得良知妙用處，但用之於不善耳。』夫良知爲未發之中，本體澄然，而無人僞之雜，其妙用亦是感應之自然，皆天機也。儀、秦打入情識窠臼，一往不返，純以人僞爲事，無論用之於不善，即用之於善，亦是襲取於外，生機槁滅，非良知也。安得謂其末異而本同哉？以情識爲良知，其失陽明之旨甚矣」①。其實，根據水西精舍本《傳習録》，黄勉之所記録之陽明語録只有十三條②，而非黄宗羲所説的「數十條」；而黄宗羲所批評的「蘇秦、張儀之智，也是聖人之資」條，乃係錢德洪、王畿所録，而非黄勉之所記。黄宗羲之相關説法，顯然是不可靠的，是對黄勉之的冤枉。

5. 在對前賢評論之引述方面，我們的引述範圍更廣。我們不僅引述了人們引述過的馮柯、劉宗周、孫奇逢、施邦曜、陳龍正、王應昌、黄宗羲、三輪執齋、佐藤一齋、吉村秋陽、東正純、許舜屏、但衡今等人之評語，我們還引述了人們以往没有引述過的顧應祥、王道、徐問、王時槐、張烈、羅澤南、章太炎以及李滉等多人之評論，還引述了臺北「國家圖書館」藏明隆慶六年謝廷傑應天府刊本《王文成公全書》、北京大學圖書館藏明隆慶六年謝廷傑應天府刊本《王文成公全書》兩書之眉批。而且，我們的引述更爲準確，例如，對《傳習録》上卷「愛問先生以『博文』爲『約禮』功夫」條，許舜屏有評語云：「以『精一』二字釋博約之道，是直隨時隨地無一而非心之所在，即無一而非知之所存也。」陳榮捷《王陽明傳習録詳注集評》也曾經引述許舜屏此語，但是脱

① 黄宗羲《明儒學案（修訂本）》上册，第五八一至五八二頁。
② 王守仁《傳習録》（水西精舍本），《孔子文化大全：中説、傳習録、四存編》，第三二七至三三五頁。

去其中「心之所在」四字，以致義不可解。

我們希望，我們的《王陽明傳習録校箋》，能够成爲繼陳榮捷《王陽明傳習録詳注集評》、鄧艾民《傳習録注疏》等名著之後，又一部具有重要學術價值的整理與研究《傳習録》的優秀著作。

由於學識淺薄，見聞寡陋，書中錯漏、舛誤在所難免，尚祈大方之家、博雅君子指而正之。

黎業明

二〇二〇年七月於深圳

凡例

一、本書以商務印書館「四部叢刊」初編縮印明隆慶六年謝廷傑刊本《王文成公全書》所收《傳習録》爲底本。

二、本書以臺北「國家圖書館」藏明刊本《傳習録》（疑即南大吉嘉靖三年十月序刊本。簡稱「臺北藏明刊本」）、嘉靖三十年孫應奎於衡湘書院重刊本《傳習録》（簡稱「孫應奎本」）、《孔子文化大全》影印明嘉靖三十三年水西精舍刻本《傳習録》（簡稱「水西精舍本」）、嘉靖三十六年胡宗憲刊本《陽明先生文録》所附《傳習録》（簡稱「胡宗憲本」）、臺北「國家圖書館」藏明隆慶二年郭朝賓等杭州刊本《王文成公全書》所收《傳習録》（簡稱「郭朝賓本」）爲對校本。

三、本書以嘉靖二十三年德安府重刊本《傳習録》（簡稱「德安府重刊本」）、嘉靖二十九年王畿刊刻本《陽明先生文録》所附《傳習録》（簡稱「王畿本」）、嘉靖三十三年錢錞刊刻本《傳習録》（簡稱「錢錞本」）、閭東刊刻本《陽明先生文録》所附《傳習録》（簡稱「閭東本」）、崇禎三年白鹿洞書院刊本《傳習録》（簡稱「白鹿洞本」）、施邦曜輯評《陽明先生集要》（簡稱「施邦曜本」）、陳龍正輯評《陽明先生要書》（簡稱「陳龍正本」）、俞嶙輯《王陽明先生全集》(簡稱「俞嶙本」)、張問達輯《王陽明先生文鈔》(簡稱「張問達本」)、文淵閣四庫全書本《王文成全書》(簡稱「四庫全書本」)、三輪希賢《標注傳習録》(簡稱「三輪執齋本」)、佐藤坦《傳習録欄外書》(簡稱「佐藤一齋本」)、葉紹鈞注釋《傳習録》(簡稱「葉紹鈞本」)、許舜屏《評注王陽明先生全集》(簡稱「許舜屏本」)、陳榮捷《王陽明傳習録詳注集評》(簡稱「陳榮捷本」)、鄧艾民《傳習録注疏》(簡稱「鄧艾民本」)爲參校本。

四、本書亦仿陳榮捷《王陽明傳習録詳注集評》、鄧艾民《傳習録注疏》之例,爲語録添加序號。然而,其編號與陳氏、鄧氏之書不盡相同。

五、爲醒目計,本書將校勘與箋疏、集評分列,其中校勘部分以「【校勘】㊀、㊁、㊂……」之方式標出,箋疏部分以「【箋疏】[一]、[二]、[三]……」之方式羅列。集評部分則以「【集評】」之方式注明,並依據評論者年代先後將其置於「【箋疏】」之後。所需説明者,列入集評之文字,多爲前賢對整條語録(或整篇書信、短文)之評論;其非整條語録(或整篇書信、短文)之評論,則列入箋疏,以免被誤解爲整條語録之評論。將前賢評論文字如此分列,實屬無奈。

六、除底本、對校本、參校本之外,凡引用其他文獻,均於引文之後標明書名、頁碼,以便翻檢查核。相關書籍之出版地點、出版社、出版年代則在徵引與參考書目中標明。

七、書中所涉及之人名,凡可考證者皆略加注釋。其較爲常見者,注釋或稍爲簡略;其較爲罕見者,注釋則稍爲詳細。然而，其人非以注釋文字之多寡爲重輕也。

八、凡引用前賢之考證與見解，必一一加以標明，以示不敢掠人之美。引文略以時代先後爲序。愚見則以「◎案」或「案」之方式標出，所見多與版本之校勘、史實之考訂、文獻之徵引相關。至於義理之詮釋，則有待讀者之神悟，神悟不同，識見亦異。

傳習録序[一]

門人有私録陽明先生之言者，先生聞之，謂之曰：「聖賢教人，如醫用藥，皆因病立方，酌其虚實、温涼、陰陽、内外而時時加減之，要在去病，初無定説，若拘執一方，鮮不殺人矣。今某與諸君，不過各就偏蔽箴切砥礪，但能改化，即吾言已爲贅疣。若遂守爲成訓，他日誤己誤人，某之罪過可復追贖乎？」愛既備録先生之教[二]，同門之友有以是相規者，愛因謂之曰：「如子之言，即又拘執一方，復失先生之意矣。孔子謂子貢嘗曰『予欲無言』，他日則曰『吾與回言終日』，又何言之不一邪？[三] 蓋子貢專求聖人於言語之間，故孔子以無言警之，使之實體諸心以求自得；顔子於孔子之言默識心通，無不在己，故與之言終日，若決江河而之海也。故孔子於子貢之無言不爲少，於顔子之終日言不爲多，各當其可而已。今備録先生之語，固非先生之所欲，使吾儕常在先生之門，亦何事於此？惟或有時而去側，同門之友又皆離群索居，當是之時，儀刑既遠而規切無聞。如愛之駑劣，非得先生之言時時對越警發之，其不摧墮靡廢者，幾希矣[四]。吾儕於先生之言，苟徒入耳出口，不體諸身，則愛之録此，實先生之罪人矣。使能得之言意之表而

誠諸踐履之實，則斯録也，固先生終日言之之心也，可少乎哉！」録成，因復識此於篇首以告同志㈠。門人徐愛序。㈡

【校勘】

㈠因復識此於篇首以告同志：「篇首」，原作「首篇」，據孫應奎本、錢錞本、水西精舍本、胡宗憲本、白鹿洞本改。

㈡徐愛此序，底本原載《王文成公全書》卷首，今依《傳習録》單行本之例，將其移至《傳習録》卷首。

【箋疏】

［一］關於《傳習録》書名之由來，聶豹《重刻傳習録序》云：「《傳習録》者，門人録陽明先生之所傳者而習之，蓋取孔門『傳不習乎』之義也。匪師弗傳，匪傳弗覺，先生之所以覺天下者，其於孔門，何以異哉？夫傳不師孔，猶弗傳也。」（聶豹《聶豹集》，第四五頁；王守仁《王陽明全集（新編本）》第六册，第二一〇〇頁）案：「傳不習乎」，語出《論語・學而》：「曾子曰：『吾日三省吾身：爲人謀而不忠乎？與朋友交而不信乎？傳不習乎？』」朱熹注釋「傳不習乎」句云：「傳，謂受之於師；習，謂熟之於己。」（朱熹《四書章句集注》，第五七頁）

［二］徐愛，字曰仁，號横山，浙江餘姚人。生於成化二十三年丁未（一四八七年）春，卒於正德十二年丁丑（一五一七年）五月，得年三十一歲。正德三年（一五〇八年）進士。歷官南京工部郎中。陽明之妹夫

與門人。著作有《橫山遺集》。徐愛《同志考叙》云：「自尊師陽明先生聞道後幾年，某於丁卯春，始得以家君命執弟子禮焉。於時門下亦莫有予先者也。繼而是秋，山陰蔡希顔、朱守忠來學，鄉之興起者始多，而先生且赴謫所矣。」（徐愛《橫山遺集》，錢明編校《徐愛　錢德洪　董澐集》，第五六頁）丁卯，正德二年（一五〇七年）。

[三]「予欲無言」，語見《論語·陽貨》：「子曰：『予欲無言。』子貢曰：『子如不言，則小子何述焉？』子曰：『天何言哉？四時行焉，百物生焉，天何言哉？』」（朱熹《四書章句集注》，第二一二頁）「吾與回言終日」，語見《論語·爲政》：「子曰：『吾與回言終日，不違如愚。退而省其私，亦足以發。回也不愚。』」（朱熹《四書章句集注》，第六五頁）

[四]鄧艾民曰：對越，「語本《詩經·周頌·清廟》『對越在天』。越，發語詞『於』」。◎案：清人陳奐《詩毛氏傳疏》疏釋「對越在天」句云：「對越，猶對揚。『對越在天』與『對揚王休』同意。《江漢傳》云：『對，遂也。』《爾雅》云：『越，揚也。』在天，言文王在上也。」（陳奐《詩毛氏傳疏》，《續修四庫全書》第七〇册，第三九五頁）對揚，對答稱揚也。（參《辭源（修訂本）》上册，第八八一頁）

徐愛《傳習録序》前，孫應奎本、水西精舍本、閭東本有南大吉《刻傳習録序》。其文云：「天地之間，道而已矣。道也者，人物之所由以生者也。是故人之生也，得其秀而最靈，以言乎性則中矣，以言乎情則和矣，以言乎萬物則備矣，由聖人至於途人一也。故曰：『人者，天地之德、陰陽之交、鬼神之會、五行之秀氣也。』又曰：『致中和，天地位焉，萬物育焉。』是故古者大道之明於天下也，天下之人相忘於道化之中，而無復所謂邪慝者焉。率性以由之，脩道以誠之，皞皞乎而不知爲之者。是故大順之所積也，以天則不愛其道也，以地則不愛其寶也，以人則不愛其情也，以物則不愛其靈也。聖人於此，夫何言哉？恭己無爲而已矣。至其後也，道不明於天下，天下之人相交於物化之中，而邪慝興焉，失其性而不［知］求，舍其道而不知脩，斯人也日入於禽獸之歸而莫之知也。是故萬物弗序而天地弗官矣。聖人生而知道者也，賢人學而知道者也，其視天地萬物無一而非我，而斯人之不知道也，若己推而入之鳥獸之群也，理有所不可隱，心有所不容忍，惡能已於言哉？故孟子曰：『予豈好辯哉？予不得已也。』故夫聖賢之言，將以明斯道而示諸人，使天下之人曉然知道之在是而庶民興焉，庶民興則邪慝息，邪慝息則萬物序而天地官矣，夫然後聖賢之心始安而其言始已也。是故其言也，求其是則已矣，非以爲聞見之高也；求其明則已矣，非以爲門户之高也。而後之爲聖賢之學者，其初也執聞見以自是，而不知聖人之所是者天下之公是也；立門户以自明，而不知聖人之所明者天下之同明也。故其後也言愈多而愈支，支則不可行矣；門愈高而愈小，小則不可通矣，皆意也、己也、勝心之爲也。而世之號爲豪傑者，方皆溺於其中而莫之知也，其亦可哀也已矣。夫天之命於我而我之具於心者，自有真是真非至明而不容有蔽者也。故天下之言道者至不一也，苟以平心觀之、易氣玩之，則其是是非非自不能遁吾心之真知也。唯夫聞見已執於未觀之先，而門户又高於既玩之際，則其言雖是也，蔽於聞見之私，而不知其是；指雖明也，隔於門户之異，而不通其明。道之不明於天下，治之所以不能追復前古者，其所由來遠矣。是録也，門弟子録陽明先生問答之辭、討論之書，而刻以示諸天下者也。吉也從遊宫牆之下，其於是録也，朝觀而夕玩，口誦而心求，蓋亦自信之篤，而竊見夫所謂道者，置之而塞乎天地，溥之而横乎四海，施諸後世而無朝夕，人心之所同然者也。故命逢吉弟校續而重刻之，以傳諸天下。天下之於是録也，但勿以聞見梏之，而平心以觀其意；勿以門户隔之，而易氣以玩其辭；勿以録求録也，而以我求録也。則吾心之本體自見，而凡斯録之言，皆其心之所固有，而無復可疑者矣。則夫大道之明於天下、而天下之所以平者，將亦可竢也已。嘉靖三年冬十月十有八日，賜進士出身中順大夫紹興府［知府］門人渭北南大吉謹序。」

徐愛《傳習録序》後，孫應奎本、水西精舍本、閭東本有南逢吉跋語。文云：「南逢吉曰：此徐子曰仁之自序其録者。不幸曰仁亡矣，録亦散失。今之録雖全非其筆，然其全者不可得，而此序序録之意則備矣，故仍置於首，用以告夫同志者焉。」◎案：其中「全非其筆」，鄧艾民所録作「非其全筆」。作「非其全筆」，於義爲長。

傳習録上

先生於《大學》「格物」諸説，悉以舊本爲正，蓋先儒所謂「誤本」者也[一]。愛始聞而駭，既而疑，已而殫精竭思，參互錯縱以質於先生，然後知先生之説若水之寒、若火之熱，斷斷乎「百世以俟聖人而不惑」者也[二]。先生明睿天授，然和樂坦易，不事邊幅。人見其少時豪邁不羈，又嘗泛濫於詞章，出入二氏之學，驟聞是説，皆目以爲立異好奇，漫不省究。不知先生居夷三載[三]，處困養静，精一之功固已超入聖域[四]，粹然大中至正之歸矣。愛朝夕炙門下，但見先生之道，即之若易，而仰之愈高；見之若粗，而探之愈精；就之若近，而造之愈益無窮。十餘年來，竟未能窺其藩籬。世之君子，或與先生僅交一面，或猶未聞其謦欬，或先懷忽易憤激之心，而遽欲於立談之間，傳聞之説臆斷懸度，如之何其可得也？從遊之士，聞先生之教，往往得一而遺二，見其牝牡驪黄而棄其所謂千里者[五]。故愛備録平日之所聞，私以示夫同志，相與考而正之，庶無負先生之教云。門人徐愛書。

【箋疏】

[一] 此所謂《大學》舊本，指《禮記》第四十二篇。程顥、程頤、朱熹對《大學》極爲重視。朱熹將《大學》加以補正與注解，題爲《大學章句》，分爲經一章、傳十章，曰：「經一章，蓋孔子之言，而曾子述之」；「其傳十章，則曾子之意而門人記之也，舊本頗有錯簡，今因程子所定，而更考經文，別爲序次」。（朱熹《四書章句集注》，第五頁）朱熹等以爲「舊本頗有錯簡」，故稱其爲「誤本」。後人將朱熹改易、補正本《大學》稱爲「新本」。

程顥，字伯淳，世稱明道先生，北宋洛陽人，生於宋仁宗天聖十年、明道元年壬申（一〇三二年），卒於宋神宗元豐八年乙丑（一〇八五年）六月，享年五十四歲。程頤，字正叔，世稱伊川先生，程顥之弟，生於宋仁宗明道二年癸酉（一〇三三年），卒於宋徽宗大觀元年丁亥（一一〇七年），享年七十五歲。程顥、程頤均爲著名理學家，後人尊稱程子。兩人著作，現已編輯刊印爲《二程集》。朱熹，字元晦，一字仲晦，號晦庵、晦翁、雲谷老人、遯翁等。晚年徙居建陽考亭，又主講紫陽書院，故亦別稱考亭、紫陽。卒謚文，世稱朱文公。南宋徽州婺源人。生於宋高宗建炎四年庚戌（一一三〇年）九月，卒於宋寧宗慶元六年庚申（一二〇〇年）三月，享年七十一歲。宋代理學之集大成者，後人尊稱朱子。著作宏富，主要有《周易本義》《詩集傳》《四書章句集注》《朱子語類》《楚辭集注》以及詩文集等，現已編輯刊印爲《朱子全書》。

[二]「百世以俟聖人而不惑」，語見《中庸》：「故君子之道：本諸身，徵諸庶民，考諸三王而不繆，建諸天地

而不悖，質諸鬼神而無疑，百世以俟聖人而不惑。質諸鬼神而無疑，知天也；百世以俟聖人而不惑，知人也。」（朱熹《四書章句集注》，第四三頁）

〔三〕「居夷三載」，指陽明貶謫貴州龍場事。據《陽明先生年譜》，正德元年丙寅十二月，南京科道戴銑、薄彦徽等以諫忤旨，逮繫詔獄。陽明首抗疏救之。疏入，亦下詔獄、廷杖四十，尋謫貴州龍場驛驛丞。正德二年夏，陽明赴謫至錢塘；正德三年春，陽明抵達龍場；正德五年，升廬陵縣知縣。（參王守仁《王陽明全集（新編本）》第四册，第一二三二至一二三六頁）其中，「正德元年丙寅十二月」，《年譜》原誤作「正德元年丙寅二月」。然陽明《獄中詩》題注云：「正德丙寅年十二月，以上疏忤逆瑾，下錦衣獄作。」（王守仁《王陽明全集（新編本）》第三册，第七一三頁）兹據以改正爲「正德元年丙寅十二月」。

〔四〕「精一」，即「惟精惟一」，語出《尚書·大禹謨》：「人心惟危，道心惟微；惟精惟一，允執厥中。」（孔安國傳、孔穎達疏《尚書正義》，第一三三頁）

〔五〕「見其牝牡驪黄而棄其所謂千里者」，典出《淮南子·道應訓》。其文略云：九方堙經由伯樂介紹，爲秦穆公尋找千里馬，「三月而反報曰：『已得馬矣。在沙之丘。』穆公曰：『何馬也？』對曰：『牡而黄。』使人往取之，牝而驪。穆公不悦，召伯樂而問之曰：『敗矣！子之所使求者，毛物、牝牡弗能知，又何馬之能知！』伯樂喟然太息曰：『一至此乎！是乃其所以千萬臣而無數者也。若堙之所觀者，天機也，得其精而忘其粗，在［其］内而忘其外，見其所見而不見其所不見，視其所視而不視其所不視。若彼之所相者，乃有貴乎馬者。』馬至，而果千里之馬」。（劉文典《淮南鴻烈集解》上册，第三九四至三九六頁。案：《列子·説符篇》亦有與此相關之記載，文字略有差異。楊伯峻《列子集釋》，第二五五至二五八頁。）

【〇〇二】

愛問：「『在親民』，朱子謂當作『新民』，後章『作新民』之文，似亦有據。先生以爲宜從舊本作『親民』，亦有所據否？」[一] 先生曰：「『作新民』之『新』，是自新之民，與『在新民』之『新』不同，此豈足爲據？『作』字却與『親』字相對，然非『親』字義㊀。下面『治國平天下』處，皆於『新』字無發明。如云『君子賢其賢而親其親，小人樂其樂而利其利』『如保赤子』『民之所好好之，民之所惡惡之，此之謂民之父母』之類，皆是『親』字意[二]。『親民』猶孟子『親親仁民』之謂，親之即仁之也[三]。百姓不親，舜使契爲司徒，『敬敷五教』，所以親之也[四]。《堯典》『克明峻德』，便是『明明德』；『以親九族』至『平章』『協和』，便是『親民』，便是『明明德於天下』[五]。又如孔子言『修己以安百姓』，『修己』便是『明明德』，『安百姓』便是『親民』[六]。説『親民』，便兼教養意㊁；説『新民』，便覺偏了。」

【校勘】

㊀然非「新」字義：「新」，原作「親」，據德安府重刊本、王畿本、孫應奎本、錢錞本、水西精舍本、閭東本、施邦曜本、俞嶙本、三輪執齋本、佐藤一齋本、葉紹鈞本、鄧艾民本改。

㊁便兼教養意：原作「便是兼教養意」，據德安府重刊本、王畿本、孫應奎本、錢錞本、水西精舍本、閭東本、胡宗憲本、郭朝賓本、施邦曜本、俞嶙本改。

【箋疏】

［一］所謂「『在親民』，朱子謂當作『新民』」，語本朱熹《大學章句》：「程子曰：『親，當作新。』……新者，革其舊之謂也，言既自明其明德，又當推以及人，使之亦有以去其舊染之污也。」（朱熹《四書章句集注》，第四頁）以及朱熹《大學或問》：「曰：『程子之改親爲新也，何所據？子之從之，又何所考而必其然耶？且以己意輕改經文，恐非傳疑之義，奈何？』曰：『若無所考據而輒改之，則誠若吾子之譏矣。今親民云者，以文義推之則無理；新民云者，以傳文考之則有據。程子於此，其所以處之者亦已審矣。矧未嘗去其本文，而但曰某當作某，是乃漢儒釋經不得已之變例，而亦何害於傳疑耶？若必以不改爲是，則世蓋有承誤踵訛、心知是非而故爲穿鑿附會以求其説之必通者矣，其侮聖言而誤後學也益甚，亦何足取以爲法耶？』」（朱熹《四書或問》，第五至六頁）

［二］「君子賢其賢而親其親，小人樂其樂而利其利」「如保赤子」「民之所好好之，民之所惡惡之，此之謂民之父母」云云，語見《大學》。（朱熹《四書章句集注》，第七、一一頁、一二至一三頁）

[三]「親親仁民」，語出《孟子・盡心上》：「孟子曰：『君子之於物也，愛之而弗仁；於民也，仁之而弗親。親親而仁民，仁民而愛物。』」（朱熹《四書章句集注》，第四二九頁）

[四]「舜使契爲司徒，『敬敷五教』」，語本《尚書・舜典》：「帝曰：『契，百姓不親，五品不遜，汝作司徒，敬敷五教，在寬。』」（孔安國傳、孔穎達疏《尚書正義》，第一〇〇頁）《孟子・滕文公上》：「聖人有憂之，使契爲司徒，教以人倫：父子有親，君臣有義，夫婦有別，長幼有序，朋友有信。」（朱熹《四書章句集注》，第三〇三至三〇四頁）

[五]此所引述《堯典》，語本《尚書・堯典》：「克明俊德，以親九族。九族既睦，平章百姓。百姓昭明，協和萬邦，黎民於變時雍。」（孔安國傳、孔穎達疏《尚書正義》，第三六至三七頁）

[六]「修己以安百姓」，語見《論語・憲問》：「子路問君子。子曰：『修己以敬。』曰：『如斯而已乎？』曰：『修己以安人。』曰：『如斯而已乎？』曰：『修己以安百姓。修己以安百姓，堯舜其猶病諸！』」（朱熹《四書章句集注》，第一八七頁）

【集評】

陳龍正曰：「『新』字爲是，下文三引『明』、三引『新』、五言『文王之止』，明白可據。先生謂『新』偏於教，然教實能兼養，第承明德言，使天下皆明其明德，須着教上説，非脱却養字工夫也。如云『欲明明德於天下』，亦何嘗兼養字説？況孟子明曰『於民也仁之而弗親』，今曰『親之即仁之』，而反引其言以爲証，不亦異乎？」

東正純曰：「『親民』本禮經舊文，明道亦如字讀，至伊川改作『新』，朱子從之，於是天下沉没不知舊文。

王子之説，不獨有功於孔曾，又足以發明明道之意，孰謂好奇立異哉？」（東正純《傳習録參考》，《澤瀉先生全集》上册，第六二三頁）

章太炎曰：「先生發明『親民』『格物』之義，『親民』之説尤確。然〔朱子〕誤以『親民』爲『新民』，其極至于異言異服，放棄禮法；誤解格物爲窮至事物之理，其極至于玩物喪志，蔑視人理。在朱子時未必有此，而今正以此爲禍基，則誠所謂洪水猛獸也。先生苦心分辨，人終不信，如之何哉！」（章太炎《王守仁〈王文成公全書〉批語》，《章太炎全集·眉批集》，第二七三至二七四頁。案：「然朱子誤以『親民』爲『新民』」句中「朱子」二字原無，據文意補。）

但衡今曰：「《禮記》『大學之道，在明明德，在親民，在止於至善』，考亭謂親民當作新民，陽明主從舊本。新民之説發自伊川，未可以爲盡是。但二説正可相資也。徒親民而昧於新民，此魯之所以寖衰，當時宋仁宗之政近之；徒新民而昧於親民，此齊之所以多故，當時宋神宗之政近之。質之近代國家興衰理亂之故，尤爲顯然而易見者也。若固執一説，强人所同，猶是漢儒章句之學，徒亂人意。」（但衡今《王陽明傳習録札記》上卷，第二至三頁）

【〇〇二】

愛問：「『知止而後有定』，朱子以爲『事事物物皆有定理』，似與先生之説相戾。」[二] 先生曰：「於事事物物上求至善，却是義外也[二]。至善是心之本體，只是明明德到至精至一處便是，然亦未嘗離却事物，本注所謂『盡夫天理之極，而無一毫人欲之私』者，得之。」[三]

【箋疏】

[一]「知止而後有定」，語見《大學》。（朱熹《四書章句集注》，第四頁）「事事物物皆有定理」，語見朱熹《大學或問》：「能知所止，則方寸之間，事事物物皆有定理矣。」（朱熹《四書或問》，第六頁）

[二]「義外」，語見《孟子·告子上》：「告子曰：『食色，性也。仁，内也，非外也；義，外也，非内也。』」（朱熹《四書章句集注》，第三八五頁）

臺灣藏謝廷傑本眉批云：「陽明看得事物皆外，無與於心，正是自陷於義外之弊。」

[三]「盡夫天理之極，而無一毫人欲之私」，語見朱熹《大學章句》。（朱熹《四書章句集注》，第四頁）

【集評】

劉宗周曰：「『天理人欲』四字，是朱、王印合處，奚必《晚年定論》？」（劉宗周《陽明傳信録》，《劉宗周全集》第五册，第五二頁）

孫奇逢曰：「不專在事物上，却亦不離却事物，便活。」（孫奇逢《理學宗傳》，《孔子文化大全：理學宗傳》，第五八三頁）

【〇〇三】

愛問：「至善只求諸心，恐於天下事理有不能盡。」先生曰：「心即理也。天下又有心外之事、心外之理乎？」愛曰：「如事父之孝、事君之忠、交友之信、治民之仁，其間有許多理在，恐亦不可不察。」先生嘆曰：「此説之蔽久矣，豈一語所能悟！今姑就所問者言之。且如事父，不成去父上求個孝的理？事君，不成去君上求個忠的理？交友、治民，不成去友上、民上求個信與仁的理？都只在此心。心即理也。此心無私欲之蔽，即是天理，不須外面添一分。以此純乎天理之心，發之事父便是孝，發之事君便是忠，發之交友、治民便是信與仁。只在此心去人欲、存天理上用功便是。」愛曰：「聞先生如此説，愛已覺有省悟處。但舊説纏於胸中，尚有未脱然者。如事父一事，其間温清定省之類㊀[一]，有許多節目，不知亦須講求否？」㊁先生曰：「如何不講求？只是有個頭腦，只是就此心去人欲、存天理上講求[二]。就如講求冬温，也只是要盡此心之孝，恐怕有一毫人欲間雜；講求夏清，也只是要盡此心之孝，恐怕有一毫人欲間雜。只是講求得此心。此心若無人欲，純是天理，是個誠於孝親的心，冬時自然思量父母的寒，便自要去求個温的道理；夏時自然思量父母的熱㊂，便自要去求個清的道理。這都是那誠孝的心發出來的條件。却是須有這誠孝的心，然後有這條件發出來。譬之樹木，這誠孝的心便是根，許多條件便是枝葉。須先有根，然後有枝葉。不是先尋了枝葉，然後去種根。《禮記》言：『孝子之有深愛者，必有和氣；有和氣者，必有愉色；有愉色者，必有婉容。』[三]須是有個深愛做根，便自然如此。」

【校勘】

㊀**其間温凊定省之類**：「温凊」，原作「温清」，據王畿本、孫應奎本、錢錞本、胡宗憲本、郭朝賓本、白鹿洞本、施邦曜本、俞嶙本、四庫全書本、三輪執齋本、佐藤一齋本、許舜屏本、葉紹鈞本、陳榮捷本、鄧艾民本改。此語出自《禮記·曲禮上》「冬温而夏凊」，以作「温凊」爲是。後文尚有多處同類文字，均同此改。爲避免繁複，不再一一出校勘記。

㊁**不知亦須講求否**：「知」字原缺，據德安府重刊本、王畿本、孫應奎本、錢錞本、水西精舍本、閭東本、胡宗憲本、郭朝賓本、施邦曜本、俞嶙本、三輪執齋本、佐藤一齋本、陳榮捷本補。

㊂**夏時自然思量父母的熱**：「母」字原缺，據德安府重刊本、王畿本、孫應奎本、錢錞本、水西精舍本、閭東本、胡宗憲本、郭朝賓本、白鹿洞本、施邦曜本、俞嶙本、張問達本、四庫全書本、三輪執齋本、佐藤一齋本、許舜屏本、葉紹鈞本、陳榮捷本、鄧艾民本補。

【箋疏】

［一］「温凊定省」，《禮記·曲禮上》云：「凡爲人子之禮，冬温而夏凊，昏定而晨省。」（朱彬《禮記訓纂》上

册，第一〇頁）

［二］施邦曜曰："人苟無真實孝親忠君、信友愛民之心，終日講求，亦是虛話。必實實有此心後講求，俱是天理發見流行處。只是説講求者不可不知頭腦，非謂盡孝忠信愛者不必講求也。"

佐藤一齋曰："學有個頭腦，不得不講求。講求此心，即根本也。講求真切，自然能咨諸父兄，自然能問諸師友，自然能求諸聖賢先民之遺訓，弗可禦已。然則讀書稽古，孰非此心之講求？文成急於救時，因病藥之，故不及於讀書，然本旨亦如此而已。"

［三］此所引述《禮記》之言，見《禮記·祭義》。（朱彬《禮記訓纂》下册，第七〇六頁）

【〇〇四】

鄭朝朔問[一]："至善亦須有從事物上求者？"先生曰："至善只是此心純乎天理之極便是，更於事物上怎生求？且試説幾件看。"朝朔曰："且如事親，如何而爲溫凊之節，如何而爲奉養之宜，須求個是當，方是至善。所以有學問思辯之功。"[二]先生曰："若只是溫凊之節、奉養之宜，可一日二日講之而盡，用得甚學問思辯？惟於溫凊時，也只要此心純乎天理之極；奉養時，也只要此心純乎天理之極。此則非有學問思辯之功，將不免於毫釐千里之繆。[三]所以雖在聖人，猶加『精一』之訓。若只是那些儀節求得是當，便謂至善，即如今扮戲子，扮得許多温清奉養的儀節是當，亦可謂之至善矣。」愛於是日又有省。

【箋疏】

［一］鄭一初，字朝朔，號紫坡子，廣東揭陽人。弘治十八年（一五〇五年）進士，時劉瑾用事，不謁選，居家以耕讀教子弟。瑾敗，赴京，獲授雲南道監察御史。正德六年辛未（一五一一年）冬，師事陽明於京師。後以病告歸，正德九年（一五一四年）卒於杭州，享年三十八歲。

［二］「如何而爲温清之節，如何而爲奉養之宜」，語本朱熹《大學或問》所引述程子之言。程子曰：「如欲爲孝，則當知所以爲孝之道，如何而爲奉養之宜，如何而爲温清之節，莫不窮究而後能之，非獨守夫孝之一字而可得也。」（朱熹《四書或問》，第二一頁）「學問思辯」，語出《中庸》：「博學之，審問之，慎思之，明辨之，篤行之」。（朱熹《四書章句集注》，第三六頁）

［三］「毫釐千里之繆」，典出《禮記·經解》：「《易》曰：君子慎始。差若毫釐，繆以千里。」（朱彬《禮記訓纂》下册，第七三九頁）以及《大戴禮記·保傅》：「《易》曰：正其本，萬物理。失之毫釐，差之千里。故君子慎始也。」（王聘珍《大戴禮記解詁》，第五八頁）

【集評】

李滉《傳習録論辯》云：「不本諸心而但外講儀節者，誠無異於扮戲子。獨不聞『民彝物則，莫非天衷真至之理』乎？亦不聞朱子所謂『敬以立其本，窮理以致其知』乎？心主於敬，而究事物真至之理；心喻於理義，目中無全牛，内外融徹，精粗一致，由是而誠意、正心、修身，推之家國，達之天下，沛乎不可禦，若是者亦可謂扮戲子乎？陽明徒患外物之爲心累，不知民彝物則真至之理即吾心本具之理，講學窮理正所以明本心之體，達本心之用，顧乃欲事事物物一切掃除，皆攬入本心衮説了，此與釋氏之見何異？而時出言稍攻釋氏，以自明其學之不出於釋氏，是不亦自欺以誣人乎？彼其徒之始明者，不覺其墮坑落塹於邪説，乃曰言下有省，亦可哀哉！」（李滉《退溪集》，《韓國文集叢刊》第三〇册，第四一七頁）

張烈曰：「温凊奉養皆要此心純乎天理，不然即爲扮戲之温凊奉養，此語真切，可警夫貌是而心非者。但此誠意之事，默然内省，同一温凊奉養，而此心誠否，迥然千里之别，此慎獨所以爲要也。若學問思辨，正講明儀節，以求此心之安者。」（張烈《王學質疑》，《四庫全書存目叢書》子部第二三册，第八三頁）

【〇〇五】

愛因未會先生「知行合一」之訓，與宗賢、惟賢往復辯論[一]，未能決，以問於先生。先生曰：「試舉看。」愛曰：「如今人儘有知得父當孝、兄當弟者，却不能孝、不能弟，便是知與行分明是兩件。」先生曰：「此已被私欲隔斷，不是知行的本體了。未有知而不行者，知而不行，只是未知。

聖賢教人知行，正是要復那本體，不是着你只恁的便罷。故《大學》指個真知行與人看，説『如好好色，如惡惡臭』。見好色屬知，好好色屬行，只見那好色時已自好了，不是見了後又立個心去好；聞惡臭屬知，惡惡臭屬行，只聞那惡臭時已自惡了，不是聞了後別立個心去惡[二]。如鼻塞人雖見惡臭在前，鼻中不曾聞得，便亦不甚惡，亦只是不曾知臭。就如稱某人知孝、某人知弟，必是其人已曾行孝行弟，方可稱他知孝知弟。不成只是曉得説些孝弟的話，便可稱爲知孝弟？又如知痛，必已自痛了，方知痛；知寒，必已自寒了；知饑，必已自饑了。知行如何分得開？此便是知行的本體，不曾有私意隔斷的[三]。聖人教人，必要是如此，方可謂之知；不然，只是不曾知。此却是何等緊切着實的工夫！如今苦苦定要説知行做兩個，是甚麽意？某要説做一個，是甚麽意？若不知立言宗旨，只管説一個、兩個，亦有甚用？」愛曰：「古人説知行做兩個，亦是要人見個分曉，一行做知的功夫，一行做行的功夫，即功夫始有下落。」先生曰：「此却失了古人宗旨也。某嘗説知是行的主意，行是知的功夫；知是行之始，行是知之成[四]。若會得時，只説一個知，已自有行在；只説一個行，已自有知在[五]。古人所以既説一個知又説一個行者，只爲世間有一種人，懵懵懂懂的任意去做，全不解思惟省察，也只是個冥行妄作，所以必説個知，方纔行得是；又有一種人，茫茫蕩蕩懸空去思索，全不肯着實躬行，也只是個揣摸影響，所以必説一個行，方纔知得真。此是古人不得已補偏救弊的説話，若見得這個意時，即一言而足。今人却就將知行分作兩件去做，以爲必先知了然後能行，我如今且去講習討論做知的工夫，待知得真了，方去做行的工夫，故遂終身不行，亦遂終身不知。此不是小病痛，其來已非一日矣。某今説個知行合一，正是對病的藥，又不是某鑿空杜撰，知行本體原是如此。今若知得宗旨時，即説兩個亦不妨，亦只是一個；若不會宗旨，便説一個，亦濟得甚事？只是閒説話。」

【箋疏】

〔一〕黄綰，字宗賢，號久庵，浙江黄巖人。生於成化十六年庚子（一四八〇年）二月，卒於嘉靖三十三年甲寅（一五五四年）九月，享年七十五歲。以祖蔭入官，累官至禮部尚書。初與王陽明、湛甘泉（若水）爲友，後爲陽明門人。其著作主要有《明道編》《石龍集》等，現已編輯刊印爲《黄綰集》。

顧應祥，字惟賢，號箬溪，浙江長興人。生於成化十九年癸卯（一四八三年），卒於嘉靖四十四年乙丑（一五六五年），享年八十三歲。弘治十八年（一五〇五年）進士，累官至刑部尚書。精通算學。著作有《人代紀要》《弧矢算術》《勾股算術》《静虚齋惜陰録》等。少受業於陽明。陽明歿後，見《傳習續録》門人問答多有未當於心者，乃作《傳習録疑》以辨之。◎案：《傳習録疑》之存佚情況不詳，然顧應祥《静虚齋惜陰録》，有十數條論及陽明之《傳習録》者，疑即《傳習録疑》之文。

〔二〕劉宗周曰：「『只見那好色時已是好了，不是見了後又立個心去好』『只聞那惡臭時已是惡了，不是聞了後又立個心去惡』，此語最分明。此是先生洞見心體處，既不是又立個心去好惡，則決不是起個意去好惡可知，固知意不可以起滅言。」（劉宗周《陽明傳信録》，《劉宗周全集》第五册，第五四頁）

陳龍正曰：「惡之之心既屬行，『掩鼻而過』，又下一層矣，當屬何事？孟子言知愛知敬，不復言能，蓋聞惡臭屬知，惡惡臭之心即能也。言知行一，不如言知能一。俗稱能爲會，如能歌云會歌、能書云會書。會，本是解悟意，而以當能字，大有妙理。行字則有時屬心，有時屬身。如『知之未嘗復行』，便是屬心處；『掩鼻而過』，便是屬身處。屬心正是好惡，好惡與知覺可以言一；屬身便是運動，謂知覺與運動爲一，即有未安。」

唐九經曰：「此喻又是行在知先了。故陳發交欲以『知能一』代『知行一』，亦是。」又曰：「有良知，又有致良知者，豈不是兩？故分别則知中不妨有二，合并則百行依然歸一。」（王應昌《王陽明先生傳習録論》卷上之一，第七頁）

但衡今曰：「學者注意，『又立』句，正是陽明畫龍點睛處。」（但衡今《王陽明傳習録札記》上卷，第三四頁）

［三］徐問曰：「或謂『如稱某人知孝、某人知弟，必是其人曾行孝弟，方可稱他知孝知弟。如痛必自己痛了，方知痛；饑必自己饑了，方知饑』。愚謂人能孝弟，稱其孝弟可矣，何必稱他知孝知弟？知在我乎，在人乎？不然人己知行之間，真世所傳蕉鹿之夢也。又痛與饑，知之無益，痛必拊摩而使之平，饑必飲食而使之飽，終亦力行之在後也。若費辭求異，互相逃閃，以求必行，恐於平易處反戾。」（徐問《讀書劄

記》，《景印文淵閣四庫全書》第七一四册，第四一五頁）◎案：徐問，字用中，號養齋，武進人。明弘治十五年進士。其《讀書劄記》第五卷主要批評陽明《傳習録》，然並未直指陽明之名。《四庫全書總目》云：「今核其所闢各條，大都託之『或謂』，又稱爲『近學』『世學』，而並未斥言，蓋是時王學盛行，羽翼者衆，故問不欲顯加排擯。然所摘發，多能切中癥結，迥異乎陳建諸人叫囂毒詈、如不共戴天者。」（《四庫全書總目》上册，第七九二頁）

［四］季本《説理會編》云：「自發端而言，則以明覺之幾爲主，故曰『知者行之始』；自致極而言，則以流行之勢爲主，故曰『行者知之終』。雖若以知行分先後，而知爲行始、行爲知終，則知者即是行，所行者即是知也。」（季本《説理會編》，第七三頁。又參黄宗羲《明儒學案（修訂本）》上册，第二七七至二七八頁）季本，字明德，號彭山，浙江會稽人。生於成化二十一年乙巳（一四八五年），卒於嘉靖四十二年癸亥（一五六三年），享年七十九歲。正德十二年（一五一七年）進士。累官至長沙知府。陽明門人。著作有《四書私存》《説理會編》《季彭山先生文集》等。

［五］徐問曰：「又謂『只説一個知，已自有行在』，則是周公思兼三王，仰思而得之，已不須待旦矣。痛與饑寒事，却似行到方知，類象山解『君子喻於義』，必要好後方喻。與程子所謂『惟其深喻，是以篤好』、又云『須知了，方行得』意相反。若行遠，不問道先知所向，未免擿埴索塗，冥行而已耳。近嶺南黄才伯云：『知如目視，行如足行。』既有先後，又非徒知而不行者，較能發先儒未言之意。」（徐問《讀書劄記》，《景印文淵閣四庫全書》第七一四册，第四一五至四一六頁）◎案：徐問所謂「近嶺南黄才伯云

『知如目視，行如足行』」，疑出黄佐《庸言》。《庸言》之文略云：「癸未冬，予册封道杭。會同窗梁日孚謂：『陽明仰子。』予即往紹興見之。公方宅憂，拓舊倉地，築樓房五十間，而居其中。留予七日，食息與俱。始談知行合一，［公謂］予曰：『知以知此，行以成此。《中庸》兩言「一也」，信矣。』因指茶中果曰：『食了乃是味，猶行了乃是知，多少緊切。』予曰：『知，目也；行，足也。詢知公居，足以步目一時俱到，其實知先行後。』公曰：『尊兄多讀宋儒書。』予曰：『「知之非艱，行之惟艱」，豈宋儒邪？』曰：『《書》意在「王忱不艱」，可見行了乃是知。』予曰：『「知之未嘗復行也」，使知不在先，恐行或有不善矣。』」（黄佐《庸言》，《四庫全書存目叢書》子部第九册，第六四六頁）

【集評】

顧應祥曰：「學問之道，知之貴乎能行。若知而不行，猶不知也，故聖人教人以躬行實踐爲本。躬行實踐，然後謂之真知也。近者倡知行合一之説，謂『知孝，已自行了方謂之知孝；知弟，已自行了方謂之知弟』。以愚觀之，知自知也，行自行也。《中庸》曰『或生而知之，或學而知之，或困而知之，及其知之，一也；或安而行之，或利而行之，或勉强而行之，及其成功，一也』，亦是分而言之。至於學問之功，生知者安行，學知者利行，困知者勉行，自不能偏廢，然必先知而後行。如行孝方謂之知孝，固矣，然必本心之靈，知孝之當行而後行之；行弟方謂之知弟，固矣，然必本心之靈，知弟之當行而後行之。故曰『知者行之始，行者知之終』。《文言》曰『知至至之，知終終之』。但知易而行難，不患不能知，患不能行耳。今之講良知者，孰不曰知行合一也，及臨事之際，義利且不辯，反不如不講者，何也？自以爲知行合一而不實用其力故也。故曰當以躬行實踐爲本。朱子曰：『知行常相須，如目無足不行，足無目不見。論先後，知爲先；論輕重，行爲重。』此言極是。」（顧應祥《静虚齋惜陰録》，《四庫全書存目叢書》子部第八四册，第七八至七九頁）

李滉《傳習録論辯》云：「陽明謂今人且講習討論，待知得真了，方做行的工夫，遂終身不行，亦遂終身不知，此言切中末學徒事口耳之弊。然欲救此弊，而强鑿爲知行合一之論。此段雖極細辯説，言愈巧而意愈遠。何也？其以見好色、聞惡臭屬知，好好色、惡惡臭屬行，謂見聞時已自好惡了，不是見了後又立個心去好，不是聞了後别立個心去惡，以此爲知行合一之證者，似矣。然而陽明信以爲人之見善而好之，果能如見好色自能好之之誠乎？人之見不善而惡之，果能如聞惡臭自能惡之之實乎？孔子曰『我未見好德如好色者』，又曰『我未見惡不仁者』，蓋人之心發於形氣者，則不學而自知，不勉而自能，好惡所在，表裏如一。故才見好色，即知其好而心誠好之；才聞惡臭，即知其惡而心實惡之。雖曰行寓於知，猶之可也。至於義理則不然也，不學則不知，不勉則不能，其行於外者未必誠於内。故見善而不知善者有之，知善而心不好者有之，謂之見善時已自好，可乎？見不善而不知惡者有之，知惡而心不惡者有之，謂之知惡時已自惡，可乎？故《大學》借表裏如一之好惡，以勸學者之毋自欺則可；陽明乃欲引彼形氣之所爲，以明此義理知行之説則大不可。故義理之知行，合而言之，固相須並行而不可缺一；分而言之，知不可謂之行，猶行不可謂之知也，豈可合而爲一乎？且聖賢之學，本諸心而貫事物，故好善則不但心好之，必遂其善於行事也，如好好色而求必得之也；惡惡則不但心惡之，必去其惡於行事，如惡惡臭而務決去之也。陽明之見，專在本心，怕有一毫外涉於事物，故只就本心上認知行爲一，而衮合説去。若如其説，專事本心而不涉事物，則心苟好好色，雖不娶廢倫，亦可謂好好色乎？心苟惡惡臭，雖不潔蒙身，亦可謂惡惡臭乎？陽明亦自知其説之偏，故以不分知行爲知行本體，以分知行爲私意隔斷。然則古聖賢爲知行之説者，皆私意耶？至如知痛已自痛、知寒已自寒、知饑已自饑，其爲説亦可謂巧矣，然痛與饑寒，乃身心所值之事，緣境而得名者耳，非義理知行之稱也。知疾痛而處得其道，方可謂疾痛之知行；知饑寒而處得其道，方可謂饑寒之知行。若但痛而謂之行，則所行者血氣耳，非義理也；若但饑寒而謂之行，則所行者人心耳，非道心也。且痛而知痛、饑寒而知饑寒，塗人、乞人與禽獸皆能之，若是而可謂之知行，何貴於學問爲哉？夫以知痛癢、識饑寒爲性，此本出於告子『生之爲性』之説，陽明之見，正慣於此，故信口説出，以飾其辯，然而其説但可施於形氣之欲，而不可喻於義理之知行。故於孝於弟，不曰知孝已自孝、知弟已自弟，但曰人之稱孝稱弟者，必已行孝行弟，則與前後語意不相諧應。終言古人所以既説知又説行處，未免只依舊分作兩個説，蓋道理本如此，終衰合不得故也。」（李滉《退溪集》，《韓國文集叢刊》第三〇册，第四一八至四一九頁）

東正純曰：「學在知宗旨，而宗旨亦不易知。『知』一字有無窮滋味。今且説兩個不妨，不獨以兩爲一；説一濟得，不獨以一爲兩也。一亦非一，二亦非二；二即一，一即二。此是王子本意所在，要嚴密究到。」（東正純《傳習録參考》，《澤瀉先生全集》上册，第六二五頁）

但衡今曰：「陽明本節所論知行合一，實只『復那本體』『又立個心』數字而已。辭意隱而不顯，在人體會。餘則隨俗之辭，可一可二。何以故？知行畢竟有其先後内外主從工夫之分際，安得强以爲一耶？然則陽明之學術不足以取信歟？是又不然。心一而已，何曾有二？所謂知也，誰爲知之？所謂行也，誰爲行之？

故知之行之一也。明乎此，自可立地勘破其非二矣。此陽明『安得又立個心』之意也。如必分別起念，則知之與行，恒河沙數猶不足盡之，奚止二哉？此陽明『復那本體』之意也。知此二者，則不一而一矣。」（但衡今《王陽明傳習録札記》上卷，第三七至三八頁）

【〇〇六】

愛問：「昨聞先生『止至善』之教，已覺功夫有用力處。但與朱子格物之訓[一]，思之終不能合。」先生曰：「格物是止至善之功。既知至善，即知格物矣。」愛曰：「昨以先生之教推之，格物之説似亦見得大略。但朱子之訓，其於《書》之『精一』、《論語》之『博約』[二]、《孟子》之『盡心知性』[三]，皆有所證據，以是未能釋然。」先生曰：「『子夏篤信聖人，曾子反求諸己』[四]。篤信固亦是，然不如反求之切。今既不得於心，安可狃於舊聞、不求是當？就如朱子亦尊信程子，至其不得於心處，亦何嘗苟從？『精一』『博約』『盡心』，本自與吾説吻合，但未之思耳。朱子格物之訓，未免牽合附會，非其本旨。精是一之功，博是約之功。曰仁既明知行合一之説，此可一言而喻。『盡心、知性、知天』，是『生知安行』事；『存心、養性、事天』，是『學知利行』事；『夭壽不貳，修身以俟』，是『困知勉行』事[五]。朱子錯訓格物，只爲倒看了此意，以『盡心知性』爲物格知至，要初學便去做『生知安行』事[六]，如何做得？」愛問：「『盡心知性』，何以爲『生知安行』？」先生曰：「性是心之體，天是性之原。盡心即是盡性。惟天下至誠，爲能盡其性，知天地之化育[七]。存心者，心有未盡也。『知天』，如知州、知縣之知，是自己分上事，已與天爲一；『事天』，如子之事父、臣之事君，須是恭敬奉承，然後能無失，尚與天爲二。此便是聖、賢之別。至於夭壽不貳其心，乃是教學者一心爲善，不可以窮通夭壽之故，便把爲善的心變動了。只去修身以俟命，見得窮通壽夭有個命在，我亦不必以此動心。『事天』雖與天爲二，已自見得個天在面前；『俟命』便是未曾見面，在此等候相似。此便是初學立心之始，有個困勉的意在。今却倒做了，所以使學者無下手處。」[八]愛曰：「昨聞先生之教，亦影影見得功夫須是如此。今聞此説，益無可疑。愛昨晚思格物的『物』字㊀，即是『事』字，皆從心上説。」先生曰：「然。身之主宰便是心，心之所發便是意，意之本體便是知，意之所在便是物[九]。如意在於事親，即事親便是一物；意在於事君，即事君便是一物；意在於仁民愛物，即仁民愛物便是一物；意在於視聽言動，即視聽言動便是一物。所以某説無心外之理，無心外之物；《中庸》言『不誠無物』[一〇]。《大學》『明明德』之功，只是個誠意；誠意之功，只是個格物。」

【校勘】

㊀ **愛昨晚思格物的「物」字**：「昨晚」，原作「昨曉」，據德安府重刊本、王畿本、孫應奎本、錢錞本、水西精舍本、閭東本、胡宗憲本、郭朝賓本、白鹿洞本、施邦曜本、俞嶙本、三輪執齋本、佐藤一齋本改。陳榮捷《中國哲學文獻選編》亦作「昨晚」。（陳榮捷《中國哲學文獻選編》，第五六〇頁）

【箋疏】

[一]「朱子格物之訓」，指朱熹《大學章句》對格物之解釋。朱子解釋「致知在格物」云：「致，推極也；知，猶識也。推極吾之知識，欲其所知無不盡也。格，至也；物，猶事也。窮至事物之理，欲其極處無不到也。」其「格物補傳」云：「所謂致知在格物者，言欲致吾之知，在即物而窮其理也。蓋人心之靈莫不有知，而天下之物莫不有理，惟於理有未窮，故其知有不盡也。是以《大學》始教，必使學者即凡天下之物，莫不因其已知之理而益窮之，以求至乎其極。至於用力之久，而一旦豁然貫通焉，則衆物之表裏精粗無不到，而吾心之全體大用無不明矣。此謂物格，此謂知之至也。」（朱熹《四書章句集注》，第五、八頁）

[二]「博約」，語出《論語·雍也》：「子曰：『君子博學於文，約之以禮，亦可以弗畔矣夫。』」《論語·子罕》：「顏淵喟然嘆曰：『仰之彌高，鑽之彌堅；瞻之在前，忽焉在後。夫子循循然善誘人，博我以文，約我以禮。欲罷不能，既竭吾才，如有所立卓爾。雖欲從之，末由也已。』」（朱熹《四書章句集注》，第一〇五、一一三〇頁）

〔三〕「盡心知性」及下文「盡心、知性、知天」云云，語出《孟子·盡心上》：「孟子曰：『盡其心者，知其性也。知其性，則知天矣。存其心，養其性，所以事天也。殀壽不貳，修身以俟之，所以立命也。』」（朱熹《四書章句集注》，第四一三頁）

〔四〕「子夏篤信聖人，曾子反求諸己」，語見朱熹《孟子集注》。（朱熹《四書章句集注》，第二六八頁）子夏，姓卜，名商；曾子，名參，字子輿。均爲孔子弟子。對於所謂「子夏篤信聖人」，《朱子語類》記載云：「問：『《集注》云「子夏篤信聖人」，何以言之？』曰：『這個雖無事實，但看他言語，如「日知其所亡，月無忘其所能」「博學而篤志，切問而近思」，看他此處又把《孟子》北宫黝來比，便見他篤信聖人處。』」（黎靖德編《朱子語類》第四册，第一二三四頁）而朱子所謂「曾子反求諸己」，其根據似爲《論語·學而》「曾子曰：『吾日三省吾身：爲人謀而不忠乎？與朋友交而不信乎？傳不習乎？』」之言。（朱熹《四書章句集注》，第五七頁）

〔五〕「生知安行」「學知利行」「困知勉行」，語出《中庸》：「或生而知之，或學而知之，或困而知之，及其知之，一也；或安而行之，或利而行之，或勉强而行之，及其成功，一也。」（朱熹《四書章句集注》，第三三頁）

〔六〕陽明所謂「朱子錯訓格物，只爲倒看了此意，以『盡心知性』爲物格知至」，語本朱熹注釋《孟子·盡心上》「盡其心者，知其性也。知其性，則知天矣」之言，其文云：「心者，人之神明，所以具衆理而應萬事者也。性則心之所具之理，而天又理之所從以出者也。人有是心，莫非全體，然不窮理，則有所蔽而無以盡乎此心之量。故能極其心之全體而無不盡者，必其能窮夫理而無不知者也。既知其理，則其所從出，亦不外是矣。以《大學》之序言之，知性則物格之謂，盡心則知至之謂也。」（朱熹《四書章句集注》，第四一三頁）對於孟子之盡心知性知天，朱子以《大學》之言將其詮釋爲物格知至，陽明則以《中庸》之語將其理解爲生知安行。鄧艾民曰，陽明批評朱子「要初學便去做『生知安行』事，如何做得」，與朱子之思想並不相應。

［七］「惟天下至誠，爲能盡其性，知天地之化育」，語本《中庸》：「唯天下至誠，爲能盡其性；能盡其性，則能盡人之性；能盡人之性，則能盡物之性；能盡物之性，則可以贊天地之化育；可以贊天地之化育，則可以與天地參矣。」（朱熹《四書章句集注》，第三八頁）

［八］馮柯曰：「盡心知性爲知天，存心養性爲事天，夭壽不貳修身以俟爲立命。命即天也，始而知之，既而事之，又其極則命自我立而與天爲一矣。此孟子立言本意，而朱子發明之無餘蘊矣。《易》曰『窮理盡性以至於命』，此之謂也。今乃曰『盡心知性知天是生知安行事，存心養性事天是學知利行事，夭壽不貳修身以俟是困知勉行事』，而遺却『立命』二字。陽明豈不知有此二字而遺之哉？正以言『立命』則於義不通，故特遺之，而以俟命對知天、事天也。然本文二字，怎生遺得？其所以爲此言者，蓋看得夭壽事爲輕耳。……不以夭壽貳其心，而惟脩身以俟死，蓋達於死生之故、通於性命之情，非天下之至聖不足以當此也。而顧以困勉當之，然則堯舜周孔亦困勉者耶？堯舜周孔不得以言困勉，則夭壽不貳修身以俟決非困勉之事，可知矣。」（馮柯《求是編》，岡田武彦、荒木見悟主編《和刻影印近世漢籍叢刊·思想三編》第一五册，第七五至七八頁）

唐九經曰：「以事天爲初學工夫，恐未然。竊謂天在人中，事天在事人中。」（王應昌《王陽明先生傳習録論》卷上之一，第一〇頁）

［九］王時槐曰：「陽明以意之所在爲物，此義最精。蓋一念未萌，則萬境俱寂；念之所涉，境則隨生。且如念不注於目前，則雖泰山覿面而不睹；念苟注於世外，則雖蓬壺遥隔而成象矣。故意之所在爲物，此物非内非外，是本心之影也。」（王時槐《王時槐集》第四八八頁；黄宗羲《明儒學案（修訂本）》上册，第四八一頁）王時槐，字子植，號塘南，江西安福人。生於嘉靖元年壬午（一五二二年），卒於萬曆三十三年乙巳（一六〇五年），享年八十四歲。嘉靖二十六年（一五四七年）進士。歷太僕少卿。隆慶末出爲陝西參政，以京察罷歸。以家居講學終。其著作，現已編輯刊印爲《王時槐集》。

劉宗周曰：「以心之所發言意、意之所在言物，則心有未發之時，却如何格物耶？請以前好惡之説參之。」（劉宗周《陽明傳信録》，《劉宗周全集》第五册，第五五頁）

東正純曰：「以心之所發爲意、意之所在爲物，則格物、誠意已在發用上，於未發裏面殆難著功也。殊不知『意之所在爲物』，『所在』二字既在未發上，看來未發、已發畢竟一物矣。」（東正純《傳習録參考》，《澤瀉先生全集》上册，第六二五至六二六頁）

［一〇］「不誠無物」，語見《中庸》：「誠者物之終始，不誠無物。是故君子誠之爲貴。」（朱熹《四書章句集注》，第三九頁）

施邦曜曰：「人看得『物』字是死的，先生看得『物』字是活的。」

【集評】

但衡今曰：「陽明訓格爲正，而以知之所及、意之所著皆物也，故示以『既知至善，即知格物矣』，猶是心外無有物在之學術旨意。」（但衡今《王陽明傳習録札記》上卷，第四五頁）

【〇〇七】

先生又曰：「格物，如《孟子》『大人格君心』之『格』[一]，是去其心之不正以全其本體之正。但意念所在，即要去其不正以全其正，即無時無處不是存天理，即是窮理。天理即是『明德』，窮理即是『明明德』。」㊀[二]

【校勘】

㊀ **窮理即是「明明德」**：德安府重刊本、王畿本、孫應奎本、水西精舍本、閭東本、胡宗憲本無「窮理」二字。然應以有「窮理」二字爲是。錢錞本作「存天理即是明明德」。

【箋疏】

[一]「大人格君心」，語本《孟子·離婁上》：「孟子曰：『人不足與適也，政不足間也。惟大人爲能格君心

之非。君仁莫不仁，君義莫不義，君正莫不正。一正君而國定矣。』」朱熹注云：「趙氏曰：『適，過也；間，非也；格，正也。』徐氏曰：『格者，物之所取正也。《書》曰「格其非心」。』」（朱熹《四書章句集注》，第三三六頁）◎案：據朱熹之注，朱子以爲「惟大人爲能格君心」之「格」，可解釋爲「正」；陽明亦以爲「惟大人爲能格君心」之「格」，可解釋爲「正」，此其同也。然而，朱子並不認爲「惟大人爲能格君心」之「格」與《大學》「格物」之「格」同義，陽明則認爲「惟大人爲能格君心」之「格」與《大學》「格物」之「格」同義，此其異也。

〔二〕「明明德」，語見《大學》：「大學之道，在明明德，在親民，在止於至善。」朱熹《大學章句》注釋「明明德」云：「明，明之也。明德者，人之所得乎天，而虛靈不昧，以具衆理而應萬事者也。」（朱熹《四書章句集注》，第四頁）

【集評】

馮柯曰：「『去其心之不正以全其本體之正』，是正心之功也；『意念所在，即要去其不正以全其正』，是誠意之功也。而陽明以訓格物，則格物即正心、誠意爾。然則經文只言正心、誠意足矣，何必又言格物，以爲架牀疊屋之説乎？此決知其不然也。」（馮柯《求是編》，岡田武彥、荒木見悟主編《和刻影印近世漢籍叢刊·思想三編》第一五册，第八〇頁）

王應昌曰：「格有兩義，元應並存。」（王應昌《王陽明先生傳習録論》卷上之一，第一一頁）

【〇〇八】

又曰：「知是心之本體，心自然會知。見父自然知孝，見兄自然知弟，見孺子入井自然知惻隱[一]，此便是良知，不假外求。若良知之發，更無私意障礙，即所謂『充其惻隱之心，而仁不可勝用矣』[二]。然在常人，不能無私意障礙，所以須用致知格物之功，勝私復理，即心之良知更無障礙，得以充塞流行，便是致其知。知致則意誠。」

【箋疏】

[一]「見父自然知孝，見兄自然知弟」，語本《孟子·盡心上》：「人之所不學而能者，其良能也；所不慮而知者，其良知也。孩提之童，無不知愛其親者；及其長也，無不知敬其兄也。親親，仁也；敬長，義也。無他，達之天下也。」（朱熹《四書章句集注》，第四一八頁）

「見孺子入井自然知惻隱」，語本《孟子·公孫丑上》：「所以謂人皆有不忍人之心者，今人乍見孺子將入於井，皆有怵惕惻隱之心，非所以内交於孺子之父母也，非所以要譽於鄉黨朋友也，非惡其聲而然也。」（朱熹《四書章句集注》，第二七七頁）

[二]「充其惻隱之心」云云，語本《孟子·盡心下》：「人皆有所不忍，達之於其所忍，仁也；人皆有所不爲，

達之於其所爲，義也。人能充無欲害人之心，而仁不可勝用也；人能充無穿踰之心，而義不可勝用也。」（朱熹《四書章句集注》，第四四一頁）

【集評】

劉宗周曰：「既云『至善是心之本體』，又云『知是心之本體』，蓋知只是知善知惡。知善知惡，正是心之至善處。既謂之良知，決然私意障礙不得，常人亦與聖人同。」（劉宗周《陽明傳信録》，《劉宗周全集》第五册，第五五頁）

黄宗羲《明儒學案》「郎中徐横山先生愛」傳中云：「陽明自龍場以後，其教再變。南中之時，大率以收斂爲主，發散是不得已，故以默坐澄心爲學的。江右以後，則專提『致良知』三字。先生（徐愛）記《傳習》初卷，皆是南中所聞，其於『致良知』之説，固未之知也。然《録》中有云：『知是心之本體，心自然會知。見父自然知孝，見兄自然知弟，見孺子入井自然知惻隱，此便是良知。使此心之良知充塞流行，便是致其知。』則三字之提，不始於江右明矣。但江右以後，以此爲宗旨耳。是故陽明之學，先生爲得其真。」（黄宗羲《明儒學案［修訂本］》上册，第二二〇至二二一頁）

東正純曰：「『會知』之知，即是真知，決然私意不障礙，最看手勢。蓋王子致良知之説，始於正德辛巳，此録屬壬申，已足以知宗旨焉，但未爲主張耳。」（東正純《傳習録參考》，《澤瀉先生全集》上册，第六二六頁）

【〇〇九】

愛問：「先生以『博文』爲『約禮』功夫，深思之未能得，略請開示。」先生曰：「『禮』字即是『理』字。理之發見可見者謂之文，文之隱微不可見者謂之理，只是一物。『約禮』只是要此心純是一個天理。要此心純是天理，須就理之發見處用功。如發見於事親時，就在事親上學存此天理；發見於事君時，就在事君上學存此天理；發見於處富貴貧賤時，就在處富貴貧賤上學存此天理；發見於處患難夷狄時，就在處患難夷狄上學存此天理[一]。至於作止語默，無處不然，隨他發見處，即就那上面學個存天理。這便是博學之於文，便是約禮的功夫。『博文』即是『惟精』，『約禮』即是『惟一』。」[二]

【箋疏】

[一]「富貴貧賤」「患難夷狄」，語本《中庸》：「君子素其位而行，不願乎其外。素富貴，行乎富貴；素貧賤，行乎貧賤；素夷狄，行乎夷狄；素患難，行乎患難，君子無入而不自得焉。」（朱熹《四書章句集注》第二八頁）

[二] 許舜屏曰：「以『精一』二字釋博約之道，是直隨時隨地無一而非心之所在，即無一而非知之所存也。」
◎案：陳榮捷引述許舜屏此語，脱「心之所在」四字。

【〇一〇】

愛問：「『道心常爲一身之主，而人心每聽命』[一]，以先生精一之訓推之，此語似有弊。」先生曰：「然。心一也，未雜於人謂之道心，雜以人僞謂之人心。人心之得其正者即道心，道心之失其正者即人心，初非有二心也。程子謂『人心即人欲，道心即天理』[二]，語若分析，而意實得之。今曰『道心爲主而人心聽命』，是二心也。天理人欲不並立，安有天理爲主、人欲又從而聽命者？」

【箋疏】

[一]「道心常爲一身之主，而人心每聽命」，語出朱熹《中庸章句序》：「心之虚靈知覺，一而已矣。而以爲有人心、道心之異者，則以其或生於形氣之私，或原於性命之正，而所以爲知覺者不同，是以或危殆而不安，或微妙而難見耳。然人莫不有是形，故雖上智不能無人心；亦莫不有是性，故雖下愚不能無道心。二者雜於方寸之間，而不知所以治之，則危者愈危，微者愈微，而天理之公卒無以勝夫人欲之私矣。精則察夫二者之間而不雜也，一則守其本心之正而不離也。從事於斯，無少間斷，必使道心常爲一身之主，而人心每聽命焉，則危者安、微者著，而動静云爲自無過不及之差矣」。（朱熹《四書章句集注》，第

一七頁）對於「道心」「人心」，蔡沈《書集傳》云：「心者，人之知覺，主於中而應於外者也。指其發於形氣者而言，則謂之人心；指其發於義理者而言，則謂之道心。人心易私而難公，故危；道心難明而易昧，故微。」（蔡沈《書集傳》，《朱子全書外編》第一册，第二七頁）

〔二〕「程子謂『人心即人欲，道心即天理』」，陳榮捷曰：「人心道心，伊川云，『人心，私欲也；道心，正心也』（《二程遺書》卷十九）。倪錫恩誤以爲明道語。」◎案：陽明所引程子之言，語本《河南程氏遺書》卷一一「『人心惟危』，人欲也；『道心惟微』，天理也」（程顥、程頤《二程集》第一册，第一二六頁），爲明道先生語。《河南程氏外書》卷二「人心，人欲；道心，天理」（程顥、程頤《二程集》第二册，第三六四頁），爲伊川先生語。二程均有「人心即人欲，道心即天理」之説。倪氏之説，未必非；陳氏之説，未必是。

【集評】

馮柯曰：「人心之人，非以雜以人僞而謂之人也，孟子所謂『耳目口體之欲，小體也』；道心之道，非以未雜於人而謂之道也，孟子所謂『仁義禮智之心，大體也』。從其大體爲大人，從其小體爲小人。道心爲主而人心聽命，從其大體者也。道心不能爲主而反見役於人心，從其小體者也。朱子之言，分明出於孟子，豈有弊哉？陽明乃謂『天理人欲不並立，安有天理爲主、人欲又從而聽命者』，而不知非朱子之言有弊也，乃已錯看欲字故也。耳目口體之欲，人之所不能無；天理人欲之欲，人之所不可有。於人之所不能無者，而以人之所不可有者視之，無怪乎其以朱子之言爲有弊也。然則，程子之言非歟？曰：『人心道心均之爲心也，特有人與道之分爾；小體、大體均之爲體也，特有小與大之差爾。若天理人欲則分別甚矣。看來惟荀子天君、天官之喻，庶幾近之。』」（馮柯《求是編》，岡田武彦、荒木見悟主編《和刻影印近世漢籍叢刊·思想三編》第一五册，第九一至九二頁）

劉宗周曰：「先生説人、道只是一心，極是。然細看來，依舊只是程、朱之見，恐尚有剩義在。孟子曰『仁，人心也』，人心便只［是］『人心也』之人心，道心即是『仁』字。以此思之，是一是二？人心本只是人之心，如何説他是僞心、欲心？敢以質之先生。」（劉宗周《陽明傳信録》，《劉宗周全集》第五册，第五六頁）

章太炎曰：「人欲、天理，語見《樂記》。究之，欲有人造者，亦有天賦者。如黷貨矜權，樂於殺人，此則人欲也；樂生惡死，知好色慕少艾，此則天欲也。《樂記》語本未審，而後儒所謂人欲，又兼天賦之欲言之者，如是除去人欲，又何處安頓天理？此説反不如整庵之確矣。」（章太炎《王守仁〈王文成公全書〉批語》，《章太炎全集·眉批集》，第二七五頁）◎案：章太炎所謂「整庵之確」，乃指羅欽順《困知記》所説「《樂記》所言『欲』與『好、惡』，與《中庸》『喜、怒、哀、樂』，同謂之七情，其理皆根於性者也。七情之中，欲較重，蓋惟天生民有欲，順之則喜，逆之則怒，得之則樂，失之則哀，故《樂記》獨以『性之欲』爲言。欲未可謂之惡，其爲善爲惡，係於有節與無節爾」之言。（羅欽順《困知記》，第八頁）

但衡今曰：「朱子謂人心爲血氣和合而成之心，與醫家所謂血團心近；謂道心爲稟受仁義禮智之心，與釋家所謂菩提心近。程子謂人心即人欲，道心即天理，語異而義同。陽明頗從程説，是以一心而具理欲的兩面。朱子之一實一虚、程子之一理一欲，理欲未必盡是，虚實不必盡非也。蓋以心之本體，虚實理欲猶一也。」（但衡今《王陽明傳習録札記》上卷，第五〇至五一頁）

【〇一一】

愛問文中子、韓退之[一]。先生曰：「退之，文人之雄耳；文中子，賢儒也。後人徒以文詞之故推尊退之，其實退之去文中子遠甚。」愛問：「何以有擬經之失？」[二]先生曰：「擬經恐未可盡非。且説後世儒者著述之意，與擬經如何？」愛曰：「世儒著述，近名之意不無，然期以明道；擬經純若爲名。」先生曰：「著述以明道，亦何所效法？」曰：「孔子删述六經以明道也。」先生曰：「然則擬經獨非效法孔子乎？」愛曰：「著述即於道有所發明。擬經似徒擬其迹，恐於道無補。」先生曰：「子以明道者使其反朴還淳而見諸行事之實乎？抑將美其言辭而徒以譊譊於世也？天下之大亂，由虚文勝而實行衰也。使道明於天下，則六經不必述。删述六經，孔子不得已也。自伏羲畫卦，至於文王、周公，其間言《易》，如《連山》《歸藏》之屬[三]，紛紛籍籍，不知其幾，《易》道大亂。孔子以天下好文之風日盛，知其説之將無紀極，於是取文王、周公之説而贊之，以爲惟此爲得其宗。於是紛紛之説盡廢，而天下之言《易》者始一。《書》《詩》《禮》《樂》《春秋》皆然。《書》自『典』『謨』以後，《詩》自二『南』以降，如《九丘》《八索》，一切淫哇逸蕩之詞，蓋不知其幾千百篇[四]；《禮》《樂》之名物度數，至是亦不可勝窮。孔子皆删削而述正之，然後其説始廢。如《書》《詩》《禮》《樂》中，孔子何嘗加一語？今之《禮記》諸説，皆後儒附會而成，已非孔子之舊。至於《春秋》，雖稱孔子作之，其實皆魯史舊文。所謂筆者，筆其舊；所謂削者，削其繁，是有減無增[五]。孔子述六經，懼繁文之亂天下，惟簡之而不得，使天下務去其文以求其實，非以文教之也。春秋以後，繁文益盛，天下益亂。始皇焚書得罪，是出於私意，又不合焚六經，若當時志在明道，其諸反經叛理之説，悉取而焚之，亦正暗合删述之意[六]。自秦漢以降，文又日盛，若欲盡去之，斷不能去；只宜取法孔子，録其近是者而表章之，則其諸怪悖之説亦宜漸漸自廢。不知文中子當時擬經之意如何。某切深有取於其事，以爲聖人復起，不能易也。天下所以不治，只因文盛實衰，人出己見，新奇相高以眩俗取譽，徒以亂天下之聰明，塗天下之耳目，使天下靡然争務修飾文詞，以求知於世，而不復知有敦本尚實、反朴還淳之行。是皆著述者有以啓之。」愛曰：「著述亦有不可缺者。如《春秋》一經，若無《左傳》，恐亦難曉。」先生曰：「《春秋》必待傳而後明，是歇後謎語矣。聖人何苦爲此艱深隱晦之詞？《左傳》多是魯史舊文，若《春秋》須此而後明，孔子何必削之？」愛曰：「伊川亦云：『傳是案，經是斷。』[七]如書『弑某君』『伐某國』，若不明其事，恐亦難斷。」先生曰：「伊川此言，恐亦是相沿世儒之説，未得聖人作經之意。如書『弑君』，即弑君便是罪，何必更問其弑君之詳？征伐當自天子出，書『伐國』，即伐國便是罪，何必更問其伐國之詳？[八]聖人述六經，只是要正人心，只是要存天理、去人欲，於存天理、去人欲之事，則嘗言之；或因人請問，各隨分量而説，亦不肯多道，恐人專求之言語，故曰『予欲無言』。若是一切縱人欲、滅天理的事，又安肯詳以示人？是長亂導奸也。故孟子云：『仲尼之門，無道桓、文之事者，是以後世無傳焉。』[九] 此便是孔門家法。世儒只講得一個伯者的學問，所以要知得許多陰謀詭計，純是一片功利的心，與聖人作經的意思正相反，如何思量得通？」因嘆曰：「此非達天德者未易與言此也。」[一〇] 又曰：「孔子云『吾猶及史之闕文也』，孟子云『盡信《書》，不如無《書》』。吾於《武成》，取二三策而已』[一一]。孔子刪《書》，於唐、虞、夏四五百年間，不過數篇，豈更無一事？而所述止此，聖人之意可知矣。聖人只是要刪去繁文，後儒却只要添上。」愛曰：「聖人作經，只是要去人欲、存天理。如五伯以下事[一二]，聖人不欲詳以示人，則誠然矣。至如堯舜以前事，如何略不少見？」先生曰：「羲、黄之世，其事闊疏，傳之者鮮矣。此亦可以想見。其時全是淳龐朴素、略無文采的氣象。此便是太古之治，非後世可及。」愛曰：「如《三墳》之類[一三]，亦有傳者，孔子何以刪之？」先生曰：「縱有傳者，亦於世變漸非所宜。風氣益開，文采日勝。至於周末，雖欲變以夏、商之俗，已不可挽，況唐、虞乎？又況羲、黄之世乎？然其治不同，其道則一。孔子於堯舜則祖述之，於文武則憲章之[一四]。文武之法，即是堯舜之道。但因時致治，其設施政令已自不同。即夏、商事業，施之於周，已有不合。故『周公思兼三王，其有不合，仰而思之，夜以繼日』[一五]。況太古之治，豈復能行？斯固聖人之所可略也。」又曰：「專事無爲，不能如三王之因時致治，而必欲行以太古之俗，即是佛、老的學術；因時致治，不能如三王之一本於道，而以功利之心行之，即是伯者以下事業。後世儒者許多講來講去，只是講得個伯術。」

【箋疏】

［一］王通，字仲淹，隋代絳州龍門（今山西河津）人。生於隋文帝開皇四年甲辰（五八四年），卒於隋煬帝大業十四年、唐高祖武德元年戊寅（六一八年），享年三十五歲。任蜀郡司户書佐，棄官歸，以講學著書爲業。卒後，門人私謚文中子。其現存著作有《中説》。

韓愈，字退之，唐代鄧州南陽（今河南）人。生於唐代宗大曆二年戊申（七六八年），卒於唐穆宗長慶四年甲辰（八二四年），享年五十七歲。卒謚文，故稱韓文公。郡望昌黎，故世稱韓昌黎。著作有《韓昌黎先生集》。

［二］「擬經」，指續經事。王通《中説》記載：「程元問六經之致，子曰：『吾續《書》以存漢晉之實，續《詩》以辯六代之俗，修《元經》以斷南北之疑，讚《易》道以申先師之旨，正禮樂以旌後王之失，如斯而已矣。』」（張沛《中説校注》第一六五至一六六頁）司馬光《文中子補傳》云：「文中子王通，字仲淹，河東龍門人。……仁壽三年，［王］通弱冠，西入長安，獻《太平十二策》，帝召見，嘆美之，然不能用，罷歸。尋復徵之。隋煬帝即位，又徵之。皆稱疾不至。專以教授爲事，弟子自遠方而至者甚衆。乃著《禮論》二十五篇，《樂論》二十篇，《續書》百有五十篇，《續詩》三百六十篇，《元經》五十篇，《讚易》七十篇，謂之

『王氏六經』。」（轉引自邵博《邵氏聞見後録》，第二八至二九頁）

對於王通之續經事，朱熹《王氏續經説》云，王通「一見隋文而陳十二策，則既不自量其力之不足以爲伊、周，又不知其君之不可以爲湯、武，且不待其招而往，不待其問而告，則又輕其道以求售焉。及其不遇而歸，其年蓋亦未爲晚也，若能於此反之於身以益求其所未至，使明德之方、新民之具皆足以得其至善而止之，則異時得君行道，安知其卒不逮於古人？政使不幸終無所遇，至於甚不得已而筆之於書，亦必有以發經言之餘藴而開後學於無窮。顧乃不知出此，而不勝其好名欲速之心，汲汲乎日以著書立言爲己任，則其用心爲已外矣。及其無以自託，乃復捃拾兩漢以來文字言語之陋、功名事業之卑，而求其天資之偶合與其竊取而近似者，依仿六經，次第采輯，因以牽挽其人，强而躋之二帝三王之列。今其遺編雖不可見，然考之《中説》而得其規模之大略，則彼之贊《易》，是豈足以知先天、後天之相爲體用？而高、文、武、宣之制，是豈有精一、執中之傳？曹、劉、顔、謝之詩，是豈有物則、秉彝之訓？叔孫通、公孫述、曹褒、荀勉之禮樂，又孰與伯夷、后夔、周公之懿？至於宋、魏以來，一南一北，校功度德，蓋未有以相君臣也，則其天命人心之向背、統緒繼承之偏正，亦何足論而欲攘臂其間，奪彼予此，以自列於孔子之《春秋》哉？蓋既不自知其學之不足以爲周、孔，又不知兩漢之不足以爲三王，而徒欲以是區區者比而效之於形似影響之間，傲然自謂足以承千聖而紹百王矣，而不知其初不足以供兒童之一戲，又適以是而自納於吴、楚僭王之誅，使夫後世知道之君子，雖或有取於其言，而終不能無恨於此，是亦可悲也已！」（朱熹《晦庵先生朱文公文集》，《朱子全書》第二三册，第三二八二至三二八三頁）朱熹此言論，疑即徐愛所謂「擬經之失」、陸澄所謂「續經之非」之由來。

［三］《周禮・春官》云，太卜「掌三《易》之灋，一曰《連山》，二曰《歸藏》，三曰《周易》」。鄭玄《易贊》《易論》云，夏曰《連山》，殷曰《歸藏》，與《周易》爲三代之《易》。（參孫詒讓《周禮正義》第七册，第一九二八、一九三〇頁）

［四］鄧艾民曰：「典謨，指《書經》首數篇之《堯典》《舜典》《大禹謨》《皋陶謨》等；二南，爲《詩經》首二輯之《周南》《召南》；九丘、八索，傳説古書名，《左傳》云：『楚左史倚相能讀《三墳》《五典》《九丘》《八索》。』」

［五］孔子作《春秋》，其説見《孟子》。《孟子・滕文公下》云：「世衰道微，邪説暴行有作，臣弑其君者有之，子弑其父者有之。孔子懼，作《春秋》。《春秋》，天子之事也。是故孔子曰：『知我者其惟《春秋》乎！罪我者其惟《春秋》乎！』」又云：「昔者禹抑洪水而天下平，周公兼夷狄、驅猛獸而百姓寧，孔子成《春秋》而亂臣賊子懼。」（朱熹《四書章句集注》，第三一九、三二〇頁）筆削，典出《史記・孔子世家》：「孔子在位聽訟，文辭有可與人共者，弗獨有也。至於爲《春秋》，筆則筆，削則削，子夏之徒不能贊一辭。」（司馬遷《史記》第六册，第一九四四頁）

［六］「始皇焚書」，《史記・秦始皇本紀》記載，秦始皇三十四年，丞相李斯向秦始皇建言：「今天下已定，法令出一，百姓當家則力農工，士則學習法令辟禁。今諸生不師今而學古，以非當世，惑亂黔首。丞相臣斯昧死言：古者天下散亂，莫之能一，是以諸侯並作，語皆道古以害今，飾虚言以亂實，人善其所私學，

以非上之所建立。今皇帝并有天下，别黑白而定一尊。私學而相與非法教，人聞令下，則各以其學議之，入則心非，出則巷議，夸主以爲名，異取以爲高，率群下以造謗。如此弗禁，則主勢降乎上，黨與成乎下。禁之便。臣請史官非秦記皆燒之。非博士官所職，天下敢有藏《詩》、《書》、百家語者，悉詣守尉雜燒之。有敢偶語《詩》《書》者棄市。以古非今者族。吏見知不舉者與同罪。令下三十日不燒，黥爲城旦。所不去者，醫藥、卜筮、種樹之書。若欲有學法令，以吏爲師。」制曰：「可。」（司馬遷《史記》第一册，第二五五頁）

王道在其《看林學士〈講餘荅問〉復書》（題後有小注云：「林名國輔，福之莆田人，任南監官，留心于學。《講餘荅問》者，其所著書，以辨陽明先生《傳習録》者。」）中回應林國輔《講餘荅問》「謂陽明謂秦始皇焚書有合于删述，文中子續經可俟乎聖人，非是。曰：看他論辨，合要除滅朱子之書乃可，使居李斯之任，不焚書坑儒不止也」條云：「後世文籍太盛，枝葉太繁，學者生而没溺于此，出頭不得，雖有美才，其所建立遠不及古人萬一，正所謂博溺心、文滅質、博而寡要、勞而少功者，有識君子深切憂之，故先正許魯齋有云『也須焚書一遭』。陽明之言，蓋出於此，但激爲險語而取必於始皇，則駭人耳。善讀者師其意可也。至於王仲淹續經，雖不可見，而其所以續經之意，則詳具于《中説》之中。嘗即其書而求之，恐亦非苟作者。但宋儒必欲推倒漢唐諸儒以爲己地，故以吴楚僭王罪之，後人吠聲不復加省，殊非公論。陽明許以爲知所表章，以俟聖人，可謂卓識，不容議也。予竊謂後聖有作，必法仲尼之志而用魯齋之言，除正經外，其餘繁蕪之辭、綺麗之語，與夫異端詭怪不經之談，如程子所謂『有之無所補，無之靡所缺，而又離真失正、反害於道』者，一切取而付之烈焰之中，使之聲澌影絶，永不能塗生民之耳目。其子史之中，有關道理可爲法戒而不盡絶者，則師文中子續經之意，删而存之，以爲六經之羽翼，若朱子《綱目》《小學》《近思録》之類是也。如此，則學者誇多鬬靡之風頓息，而反約窮原之力可專，庶幾隆古風俗學術人才可彷佛其萬一矣。陽明此見甚是。今億料其爲朱子而發，而一概罵倒，則恐未免出於有意之私，而在我者反不得其公正矣。」（王道《王文定公文録》第六卷，第三一至三二頁）案：王道，字純甫，號順渠，山東武城人，正德六年進士。初與陽明關係良好，後兩人分道揚鑣。著作有《王文定公遺書》等。

馮柯曰：「仲尼信而好古，而删述六經，六經所以出也；始皇惡諸生是古而非今，而焚六經，六經所以亡也。意正相反，事固懸殊，而陽明乃以焚書爲『暗合删述之意』，吾不知之矣。」（馮柯《求是編》，岡田武彦、荒木見悟主編《和刻影印近世漢籍叢刊・思想三編》第一五册，第一〇三至一〇四頁）

[七]「傳是案，經是斷」，語本《河南程氏遺書》卷一五：「《春秋》，傳爲案，經爲斷。」（程顥、程頤《二程集》第一册，第一六四頁）案，指審理案件之證言，猶言案卷；斷，指裁定案件之結論，猶言判詞。

[八]馮柯曰：「世儒相沿之説，自有不可易者。要不可以彼所嘗言而故爲異論以藩籬之也。如伊川説《春秋》『傳是案，經是斷』，本無可疑，陽明乃謂『書弑君，即弑君便是罪；書伐國，即伐國便是罪』，而不必更問其所弑、所伐之詳，無非欲任經廢傳以爲異耳。《春秋》本因魯史而作，傳固史也，安可廢哉？」（馮柯《求是編》，岡田武彦、荒木見悟主編《和刻影印近世漢籍叢刊・思想三編》第一五册，第一〇五頁）

施邦曜曰：「此是先生感慨文勝之意，學者不得因是便謂讀書不必究其詳。」

〔九〕「仲尼之門」云云，語見《孟子・梁惠王上》。惟「仲尼之門」句，《孟子》作「仲尼之徒」。（朱熹《四書章句集注》，第二四一頁）

〔一〇〕「此非達天德者未易與言此也」，語本《中庸》：「苟不固聰明聖知達天德者，其孰能知之。」（朱熹《四書章句集注》，第四五頁）

〔一一〕「吾猶及史之闕文也」，語見《論語・衛靈公》。「盡信《書》，不如無《書》」云云，語見《孟子・盡心下》。（朱熹《四書章句集注》，第一九六、四三三頁）

〔一二〕「五伯」，即五霸。朱熹注《孟子・告子下》「孟子曰：『五霸者，三王之罪人也；今之諸侯，五霸之罪人也；今之大夫，今之諸侯之罪人也』」，引趙岐曰：「五霸，齊桓、晉文、秦穆、宋襄、楚莊也；三王，夏禹，商湯，周文、武也。」（朱熹《四書章句集注》，第四〇五頁）

〔一三〕「《三墳》」，傳説爲中國最古老之書籍。《尚書序》云：「伏羲、神農、黄帝之書謂之《三墳》，言大道也；少昊、顓頊、高辛、唐、虞之書謂之《五典》，言常道也。」（孔安國傳、孔穎達疏《尚書正義》，第四頁）《尚書序》原署名爲孔安國作品，然今人多以其爲僞作。

〔一四〕「孔子於堯舜則祖述之」云云，語本《中庸》：「仲尼祖述堯舜，憲章文武。」朱熹注云：「祖述者，遠宗其道；憲章者，近守其法。」（朱熹《四書章句集注》，第四三頁）

〔一五〕「周公思兼三王」云云，語見《孟子・離婁下》：「周公思兼三王，以施四事；其有不合者，仰而思之，

夜以繼日；幸而得之，坐以待旦。」（朱熹《四書章句集注》，第三四七頁）

【集評】

佐藤一齋曰：「孔子删述六經，自司馬遷而始言之。果有是事，則其意決當如文成所論矣。然而孔子作《春秋》，孟子明言之；而其删《詩》，序《書》，正《禮》《樂》，贊《周易》，在先秦古書所未見，則史遷之言，無乃爲創此典故乎？先儒狃傳聞，不容疑。其實，夫子雖崇《詩》《書》《禮》《樂》，而務在躬行，不屢憑誦讀而已。則吾竊疑其所謂删述，亦或無是事也。至於文中子，其書出於子弟門人之手，真僞固難定，古人亦嘗言之。文成今不過姑用沿襲之説以論之，而至於此學不求繁文之意，則真能洞見千古聖賢心事，要取其意而略其語，可也。」

【〇一二】

又曰：「唐、虞以上之治，後世不可復也，略之可也；三代以下之治，後世不可法也，削之可也。惟三代之治可行。然而世之論三代者，不明其本而徒事其末，則亦不可復矣。」

【集評】

東正純曰：「『唐、虞以上之治不可復，三代以下之治後世不可法』，是孔子修詩書之密旨，揭出揚眉焉，

志經世者不可不知之也。」（東正純《傳習録參考》，《澤瀉先生全集》上册，第六二六頁）

許舜屏曰：「三代以下之治，亦有可法。如漢文帝、唐太宗之治，亦何可厚非耶？」

【〇一三】

愛曰：「先儒論六經，以《春秋》爲史。史專記事，恐與五經事體終或稍異。」先生曰：「以事言，謂之史；以道言，謂之經。事即道，道即事。《春秋》亦經，五經亦史。《易》是包犧氏之史，《書》是堯舜以下史，《詩》《禮》《樂》是三代史㈠。其事同，其道同，安有所謂異？」[一]

【校勘】

㈠《詩》《禮》《樂》是三代史：「詩」字原缺，據德安府重刊本、王畿本、孫應奎本、錢錞本、水西精舍本、閭東本、胡宗憲本、郭朝賓本、施邦曜本、陳龍正本、俞嶙本、三輪執齋本、佐藤一齋本補。

【箋疏】

[一] 施邦曜曰：「先生此論甚快。然二十一史記事與《春秋》無異，何以不並稱經？蓋《春秋》之稱經者，非因記事也，因經聖人之筆削也。否則，仍與諸史無異。孔子曰『其義則丘竊取之』，大義明而道存乎其間。如止以事言，則五經皆史矣。」

章學誠《文史通義·易教上》云：「六經皆史也。古人不著書，古人未嘗離事而言理，六經皆先王之政典也。」葉瑛注釋云：「『六經皆史』，此説實倡自王守仁，特至章氏推闡其義而益精耳。」（葉瑛《文史通義校注》上册，第一、三頁）

錢鍾書曰：六經皆史之説，「陽明之説最爲明切，略謂『以事言，謂之史；以道言，謂之經。事即道，道即事。《春秋》亦經，五經亦史』『史以明善惡、示訓戒，存其迹以示法』云云。『《春秋》亦經』，闇合董子《春秋繁露》之緒；『五經亦史』，明開實齋《易教上》之説。陽明極稱文中子，《傳習録》卷上推爲『賢儒擬經之作，聖人復起，不可復易』。按《中説·王道篇》云：『聖人述史三焉：其述《書》也，帝王之制備，故索焉而皆獲；其述《詩》也，興衰之由顯，故究焉而皆得；其述《春秋》也，邪正之迹明，故考焉而皆當。』陽明『五經亦史』之説，殆有所承，而與程朱之論，則如炭投冰。……程子亦以史爲存迹示法，而異於陽明者：存迹示法，法非即迹；記事著道，事非即道。陽明之意若謂：經史所載雖異，而作用歸於訓戒，故是一是二。説殊淺陋。且存迹示法云云，祇説得事即道，史可作經看；未説明經亦是史、道亦即事，示法者亦祇存迹也。嘗試言之，道乃百世常新之經，事爲一時已陳之迹。《莊子·天運篇》記老子曰，『夫六經，先王之陳迹也，豈其所以迹哉』；《天道篇》記桓公讀聖人之書，輪扁謂書乃古人糟粕，道之精微不可得傳。《三國志·荀彧傳》注引何劭爲《荀彧傳》，記粲謂『孔子言性與天道，不可得聞，六籍雖存，固聖人之糠粃』云云。是則以六經爲存迹之書，乃道家之常言。六經皆史之旨，實肇端於此」。（錢鍾書《談藝録》，第二六四至二六五頁）

鄧艾民曰：「五經亦史」爲王守仁主要觀點之一，對章學誠「六經皆史」之説影響甚大。王守仁晚年觀點有變化，《稽山書院尊經閣記》有「六經者，吾心之記籍也」之説。

【〇一四】

又曰：「五經亦只是史。史以明善惡、示訓戒。善可爲訓者，特存其迹以示法㊀；惡可爲戒者，存其戒而削其事以杜奸。」愛曰：「存其迹以示法，亦是存天理之本然；削其事以杜奸，亦是遏人欲於將萌否？」先生曰：「聖人作經，固無非是此意，然又不必泥着文句。」愛又問：「惡可爲戒者，存其戒而削其事以杜奸，何獨於《詩》而不删鄭、衛？先儒謂『惡者可以懲創人之逸志』[一]，然否？」先生曰：「《詩》非孔門之舊本矣。孔子云『放鄭聲，鄭聲淫』；又曰『惡鄭聲之亂雅樂也』『鄭衛之音，亡國之音也』[二]。此是孔門家法。孔子所定三百篇，皆所謂雅樂，皆可奏之郊廟、奏之鄉黨，皆所以宣暢和平、涵泳德性、移風易俗，安得有此？是長淫導奸矣。此必秦火之後，世儒附會以足三百篇之數。蓋淫泆之詞，世俗多所喜傳，如今閭巷皆然。『惡者可以懲創人之逸志』，是求其説而不得，從而爲之辭。」[三]

【校勘】

㊀ **特存其迹以示法**：「特」，德安府重刊本、王畿本、孫應奎本、錢錞本、水西精舍本、胡宗憲本、郭朝賓本、施邦曜本、陳龍正本、俞嶙本、許舜屏本、陳榮捷本、鄧艾民本作「時」。

【箋疏】

[一]「惡者可以懲創人之逸志」，朱熹語，見《論語集注》：「凡《詩》之言，善者可以感發人之善心，惡者可以懲創人之逸志，其用歸於使人得其情性之正而已。」（朱熹《四書章句集注》，第六二頁）

[二]「放鄭聲，鄭聲淫」，語本《論語・衛靈公》：「放鄭聲，遠佞人；鄭聲淫，佞人殆。」「惡鄭聲之亂雅樂也」，語見《論語・陽貨》：「子曰：『惡紫之奪朱也，惡鄭聲之亂雅樂也，惡利口之覆邦家者。』」（朱熹《四書章句集注》，第一九三、二一一頁）「鄭衛之音，亡國之音也」，語本《禮記・樂記》：「鄭衛之音，亂世之音也，比於慢矣。桑間、濮上之音，亡國之音也，其政散、其民流，誣上行私而不可止也。」（朱彬《禮記訓纂》下册，第五六一至五六二頁）

[三]「從而爲之辭」，語本《孟子・公孫丑下》：「且古之君子，過則改之；今之君子，過則順之。古之君子，其過也，如日月之食，民皆見之；及其更也，民皆仰之。今之君子，豈徒順之，又從爲之辭。」（朱熹《四書章句集注》，第二八九頁）

【集評】

東正純曰：「以鄭、衛之詩爲淫辭，似爲《集傳》所誤；以古序論之，不必以爲淫辭。王子之説，雖於義

正，未悉其實也。」（東正純《傳習録參考》，《澤瀉先生全集》上册，第六二七頁）

愛因舊説汩没，始聞先生之教，實是駭愕不定，無入頭處。其後聞之既久，漸知反身實踐，然後始信先生之學爲孔門嫡傳，舍是皆傍蹊小徑、斷港絶河矣[一]。如説格物是誠意的工夫，明善是誠身的工夫，窮理是盡性的工夫，道問學是尊德性的工夫，博文是約禮的工夫，惟精是惟一的工夫，諸如此類，始皆落落難合，其後思之既久，不覺手舞足蹈。

（右曰仁所録）㈠

【校勘】

㈠ **右曰仁所録：** 德安府重刊本、王畿本、錢錞本、水西精舍本作「右門人徐愛曰仁録」；孫應奎本、胡宗憲本作「右門人徐愛録」。又：水西精舍本、閭東本此下有薛侃跋，云：「曰仁所紀凡二卷，侃近得此數條并兩小序，其餘俟求其家附録之。正德戊寅春，薛侃識。」德安府重刊本、王畿本、孫應奎本、胡宗憲本亦有此跋，其中「凡二卷」，作「凡三卷」。

【箋疏】

[一]「斷港絶河」，猶言「斷港絶潢」，典出韓愈《送王秀才序》，其文略云：「學者必慎其所道，道於楊墨老莊

佛之學，而欲之聖人之道，猶航斷港絶潢以望之於海也。故求觀聖人之道，必自孟子始。」（馬其昶《韓昌黎文集校注》，第二六二頁）

【集評】

劉宗周曰：「曰仁爲先生入室首座，所記先生《語録》，其言去人欲、存天理者，不一而足。又曰『至善是心之本體，然未嘗離事物』，又曰『即盡乎天理之極處』，則先生心宗教法，居然只是宋儒衣鉢，但先［生］提得頭腦清楚耳。」（劉宗周《陽明傳信録》，《劉宗周全集》第五册，第五六至五七頁）◎案：《明儒學案》所引劉宗周此語，改「首座」爲「弟子」，改「衣鉢」爲「矩矱」。（黄宗羲《明儒學案（修訂本）》上册，第二〇一頁）

【〇一五】

陸澄問㊀：「主一之功，如讀書則一心在讀書上，接客則一心在接客上，可以爲主一乎？」［二］先生曰：「好色則一心在好色上，好貨則一心在好貨上，可以爲主一乎？是所謂逐物，非主一也。主一，是專主一個天理。」

【校勘】

㊀ **陸澄問**：德安府重刊本、王畿本、孫應奎本、錢錞本、水西精舍本、閭東本、胡宗憲本無「陸」字。

【箋疏】

［一］陸澄，字原静，又字清伯，湖州歸安（今浙江吴興）人。正德十二年（一五一七年）進士，授刑部主事。嘉靖初，以議大禮不合罷歸。陽明門人。

陸澄所問「主一之功」，鄧艾民謂：「語本程頤所説：『所謂敬者，主一之謂敬。所謂一者，無適之謂一。且欲涵泳主一之義，一則無二三矣。』（《二程集·遺書》卷十五）」◎案：《朱子語類》記載：「問『主一無適』。『只是莫走作。且如讀書時只讀書，著衣時只著衣，理會一事時只理會一事，了此一件又做一件。此主一無適之義。』」（黎靖德編《朱子語類》第六册，第二四六七頁）湛若水《天關精舍語録》記載，潘洋問：「洋聞朱子曰：『如讀書即一心於讀書，應事即一心於應事者，以爲主一。』既而得聞陽明先生曰：『以是爲主一，則於有事爲逐物，而於無事却懸空矣。一者，天理也。主一即是常主一個天理。』洋時忽若有省。及今復得聞先生之言，則曰：『爲此説者，蓋徒知主一之謂敬，而未知所謂無適之謂一也。無適也者，無所著之謂也。今謂常主一個天理，則又著在天理上，即非主一者。』洋蓋茫然不知所以用力焉。嘗深思之，所謂無適之謂一者，其所謂勿助勿忘之間者乎！既勿助又勿忘，則無所著矣，無所著則一矣。未知是否？」先生（湛若水）曰：「難得見此，見此則二説不足惑矣。如是涵養。」（湛若水《泉翁大全集》第一三卷，第二八頁）據此，則陸澄所問「主一之功」，乃語本朱子，而非語本程頤。鄧氏之説，非是。

【集評】

臺灣藏謝廷傑本眉批云：「程子云：無適之謂一。若果『專主在一個天理上』，讀書接物則一心在讀書接物，何嘗不可爲主一？若好色好貨，便是人欲了，不可引此以駁彼。」

但衡今曰：「好色好貨，未可與讀書接事並提。一心在好色好貨上，此好之不得其正，而非主一之過也。……陽明所云，蓋用以破陸澄意在逐外之惑，語有偏全者是也。學者幸勿以辭害意。」（但衡今《王陽明傳習録札記》上卷，第五三至五四頁）

【〇一六】

問立志。先生曰：「只念念要存天理，即是立志。能不忘乎此，久則自然心中凝聚，猶道家所謂『結聖胎』也[一]。此天理之念常存，馴至於美、大、聖、神，亦只從此一念存養擴充去耳。」[二]

【箋疏】

[一]「結聖胎」，查鐸《答李默吾主政書》云：「此事原從無中生有，專精則有，疏散即無。仙家所謂結胎，豈真有形？亦只精神凝聚，即謂之聖胎。」（查鐸《毅齋查先生闡道集》第二卷，第三一頁）三輪執齋曰：「結聖胎，言精神凝聚處，猶下聖種。」聖胎，道教煉丹名詞。内丹家以母體結胎比喻凝聚精、氣、神三者

煉成之丹。聖胎，金丹之别名。（參任繼愈主編《宗教詞典》，第三五二頁。鄧艾民《傳習録注疏》亦有相近説法。）

［二］「美、大、聖、神」，語本《孟子·盡心下》：「充實之謂美，充實而有光輝之謂大，大而化之之謂聖，聖而不可知之之謂神。」（朱熹《四書章句集注》，第四三九頁）

【集評】

吉村秋陽曰：「『存養擴充』，即是志之立處。」（吉村晉《王學提綱》，岡田武彦、荒木見悟主編《和刻影印近世漢籍叢刊·思想三編》第一二册，第一〇八頁）

但衡今曰：「陽明此意，猶是主一之義也。『凝聚』二字，則是工夫，與宗門之一心參話頭疑情、浄土門之一心念佛、道家之一心注守丹田，一也。但釋道兩家，俱有所指實。故天理二字，在此當作仁心看。仁者，人也，人之心也。否則不免落於虚空。質之陽明先生，然與？否與？」（但衡今《王陽明傳習録札記》上卷，第五五至五六頁）

【〇一七】

日間工夫，覺紛擾則静坐，覺懶看書則且看書，是亦因病而藥。

【集評】

三輪執齋曰：「是乃克己之實功，非惟可施之静坐、讀書而已，日用所爲當皆如此矣。然其謂『覺懶看書則看書』者，蓋就惰心生者言之耳。人精力有限，不知所以養之而貪看文字以致病者，又非此類。」

東正純曰：「『覺紛擾則静坐，覺懶看書則且看書』，此固良藥。然王子又有句云『饑來喫飯倦來眠』，應與此相表裏，如何？」（東正純《傳習録參考》，《澤瀉先生全集》上册，第六二八頁）

【〇一八】

處朋友，務相下則得益，相上則損。[一]

【箋疏】

[一] 佐藤一齋曰：「『相下』，謂以謙虚之懷相承；『相上』，謂以驕慢之氣相加。」

【〇一九】

孟源有自是、好名之病[一]，先生屢責之。一日，警責方已，一友自陳日來工夫請正，源從傍曰：「此方是尋着源舊時家當。」先生曰：「爾病又發。」源色變，議擬欲有所辨。先生曰：「爾病又發。」因喻之曰：「此是汝一生大病根。譬如方丈地内，種此一大樹，雨露之滋，土脉之力，只滋養得這個大根，四傍縱要種些嘉穀，上面被此樹葉遮覆，下面被此樹根盤結，如何生長得成？須用伐去此樹，纖根勿留，方可種植嘉種。不然，任汝耕耘培壅，只是滋養得此根。」㊀

【校勘】

㊀ 此條，德安府重刊本、王畿本、孫應奎本、錢錞本、水西精舍本、閭東本、胡宗憲本、施邦曜本不載於陸澄所録，而載於薛侃所録之末。

【箋疏】

［一］孟源，字伯生，安徽滁州人。陽明弟子。鄒守益《陽明先生書院記》云：「陽明先生官滁陽，學者自遠而至，時孟友源伯生偕弟津伯通，預切磋焉。」（鄒守益《鄒守益集》上册，第三七九頁）正德十年乙亥（一五一五年），陽明有《書孟源卷》。（王守仁《王陽明全集（新編本）》第一册，第二九〇頁）

【〇二〇】

問：「後世著述之多，恐亦有亂正學。」先生曰：「人心天理渾然，聖賢筆之書，如寫真傳神，不過示人以形狀大略，使之因此而討求其真耳；其精神、意氣、言笑、動止，固有所不能傳也。後世著述，是又將聖人所畫摹仿謄寫，而妄自分析加增以逞其技，其失真愈遠矣。」

【集評】

施邦曜曰：「後世著述之謬，具由逞自己意見，發自己才情，故失聖人傳神之旨。甚至題盜蹠以曾、史，豈不『有亂正學』？如孟子云『誦詩讀書，必要論世知人』，此方是著述大手。」

【〇二一】

問：「聖人應變不窮，莫亦是預先講求否？」先生曰：「如何講求得許多？聖人之心如明鏡，只是一個明，則隨感而應，無物不照。未有已往之形尚在，未照之形先具者。若後世所講，却是如此，是以與聖人之學大背。周公制禮作樂以文天下，皆聖人所能爲，堯舜何不盡爲之，而待於周公？孔子删述六經以詔萬世，亦聖人所能爲，周公何不先爲之，而有待於孔子？是知聖人遇此時，方有此事。只怕鏡不明，不怕物來不能照。講求事變，亦是照時事，然學者却須先有個明的工夫。學者惟患此心之未能明，不患事變之不能盡。」曰：「然則所謂『沖漠無朕，而萬象森然已具』者[一]，其言何如？」曰：「是説本自好，只不善看，亦便有病痛。」

【箋疏】

[一]「沖漠無朕，而萬象森然已具」，語本程頤：「沖漠無朕，萬象森然已具，未應不是先，已應不是後。」（程顥、程頤《二程集》第一册，第一五三頁）陳榮捷曰，伊川所謂「萬象森然」，典出慧能《壇經》。（《壇經》第二十節）又曰，宋儒每用禪家字句，然語則伊川之語也。

【集評】

陳龍正曰：「無朕中，須有個明的工夫，便無病。只守個沖漠，便是養成騃漢。遇事時雖欲講求，不可得矣。」

【〇二二】

「義理無定在、無窮盡。吾與子言，不可以少有所得而遂謂止此也。再言之十年、二十年、五十年，未有止也。」他日又曰：「聖如堯舜，然堯舜之上，善無盡；惡如桀紂，然桀紂之下，惡無盡。使桀紂未死，惡寧止此乎？使善有盡時，文王何以『望道而未之見』？」[一]

【箋疏】

［一］文王「望道而未之見」，語本《孟子・離婁下》：「文王視民如傷，望道而未之見。」朱熹注釋云：「民已安矣，而視之猶若有傷；道已至矣，而望之猶若未見。聖人之愛民深而求道切，如此不自滿足，終日乾乾之心也。」（朱熹《四書章句集注》，第三四七頁）

【〇二三】

問：「靜時亦覺意思好，才遇事便不同，如何？」先生曰：「是徒知靜養而不用克己工夫也。如此，臨事便要傾倒。人須在事上磨㊀，方立得住，方能『靜亦定、動亦定』。」［一］

【校勘】

㊀ **人須在事上磨**：「磨」後，黃宗羲《明儒學案・姚江學案》所輯録此語録，有「鍊」字。（黃宗羲《明儒學案（修訂本）》上册，第二〇二頁）

【箋疏】

［一］「靜亦定、動亦定」，語見程顥《答横渠張子厚先生書》。（程顥、程頤《二程集》第二册，第四六〇頁）

【集評】

王應昌曰：「須在事上磨，似與答徐之説相反。此正是應病與藥的道理，如顔之勿、曾之唯。」（王應昌《王陽明先生傳習録論》卷上之二，第四頁）

三輪執齋曰：「原静工夫每好静，故先生教以『事上磨』，第二卷《答原静書》可以見。而『事上磨』，固先生之家法。」

但衡今曰：「克己不必是静的工夫。然不克己，則未有能静而定者也。苟私念一絲未盡，不得謂爲知所止也。故誠正知止而後始能定也。陸澄所云，爲初學應有病痛，待到工夫純熟，則静定動亦定矣。陽明所云，是教以百尺竿頭再進一步，蓋以動定較難，非直欲從動定下手也。苟無陸澄境地，則不免躐等而進。讀《大學》首章，學者爲學次第先後，有不可苟者在也。」（但衡今《王陽明傳習録札記》上卷，第六一至六二頁）

【○二四】

問上達工夫。先生曰：「後儒教人，纔涉精微，便謂上達未當學，且説下學。是分下學、上達爲二也[一]。夫目可得見、耳可得聞、口可得言、心可得思者，皆下學也；目不可得見、耳不可得聞、口不可得言、心不可得思者，上達也。如木之栽培灌溉，是下學也；至於日夜之所息，條達暢茂，乃是上達，人安能預其力哉？故凡可用功、可告語者，皆下學，上達只在下學裏。凡聖人所説，雖極精微，俱是下學。學者只從下學裏用功，自然上達去，不必别尋個上達的工夫。」

【箋疏】

[一]「下學」「上達」，語本《論語·憲問》：「子曰：『莫我知也夫！』子貢曰：『何爲其莫知子也？』子曰：『不怨天，不尤人，下學而上達。知我者其天乎！』」（朱熹《四書章句集注》，第一八五頁）皇侃注釋「下學而上達」云：「下學，學人事；上達，達天命。我既學人事，人事有否有泰，故我不尤人；上達天命，天命有窮有通，故我不怨天也。」（皇侃《論語義疏》，第三七九頁）

【集評】

徐問曰：「或謂『後儒教人，纔涉精微，便謂上達未當學，且説下學，是分下學上達爲二也』，愚謂下學之事即上達之理，學者固欲緣此一蹴而得之，然其氣稟才力亦自有限，不可凌高獵等，反至汗漫而無所歸入。程子曰：『蓋凡下學人事，便是上達天理。然習而不察，則亦不能以上達矣。』如此言，何嘗分而爲二？」（徐問《讀書劄記》，《景印文淵閣四庫全書》第七一四册，第四一八頁）

陳龍正曰：「工夫皆下學，自然會心處乃上達。如此看，人人有上達，時時有上達。但上達分數又不同，有徹有不徹耳。然中人以上，可以語上也，上固有可語矣。但可語者達之天機，而天機須人自至；亦猶可語者學之工夫，而工夫須人自用。就教者論，下可語，上亦可語；就學者論，學可爲，達不可爲。以此仰質於先生。」

王應昌曰：「有氣力可用便是助長，如何唤得是達？達者自此而通彼，不用氣力而氣力自到，所謂即此用離此用者。請以質諸先生。」（王應昌《王陽明先生傳習録論》卷上之二，第五頁）

于清遠曰：「《論語·憲問》：子曰『下學而上達』。朱注：『但知下學而自然上達。此但自言其反己自修，循序漸進耳，無以甚異於人而致其知也。然深味其語意，則見其中自有人不及知而己獨知之之妙。程子曰：「學者須守下學上達之語，乃學之要。蓋凡下學人事，便是上達天理。然習而不察，則亦不能上達矣。」』陽明以能見聞言思者爲下學，不能見聞言思者爲上達，與程朱所説不同。」（于清遠《王陽明傳習録注釋》卷一，第二八頁）

◎案：此條之後，德安府重刊本、王畿本、孫應奎本、錢錞本、水西精舍本、閭東本、胡宗憲本、施邦曜本、俞嶙本多一條，文云：「千古聖人，只有這些子。」又曰：『人生一世，惟有這件事。』」于清遠《王陽明傳習録注釋》「持志如心痛。一心在痛上，安有工夫説閑語、管閑事」條後亦有「千古聖人」條，且加注云：「這件事，指持志養氣。」（于清遠《王陽明傳習録注釋》卷一，第二八頁）

【〇二五】

持志如心痛。一心在痛上，豈有工夫説閑話、管閑事？㈠

【校勘】

㈠ 陳龍正本、張問達本、三輪執齋本、佐藤一齋本無此條。陳榮捷云：「此條全文見第九十五條，顯是衍文」，因此未爲此條編號；鄧艾民則以此條「因與九十五條重出，故删去」。陳氏、鄧氏所謂第九十五條，即「侃問『持志如心痛，一心在痛上，安有工夫説閑語、管閑事』」條。◎案：此條，德安府重刊本、王畿本、孫奎本、錢錞本、水西精舍本、閭東本、胡宗憲本、施邦曜本載陸澄所録之首，且其開頭有「先生曰」三字。又：羅洪先《冬遊記》引王畿之語云：「當初有人嫌《傳習録》中『持志如心痛』一段太執着，陽明先生曰：『且勿如此論，放此藥在，有用得時耳。』」（羅洪先《羅洪先集》上册，第六〇頁）徐象梅《兩浙名賢録》則云，陸澄「記文成語，首云『持志如心痛。一心在痛上，豈有工夫説閑話、管閑事？』蓋其篤也」。（徐象梅《兩浙名賢録》，《續修四庫全書》第五四二册，第一四一頁）可見，此條並非衍文，不能將其删除。而「侃問『持志如心痛，一心在痛上，安有工夫説閑語、管閑事』」條，當爲薛侃對此條之質詢及陽明之回答。

【〇二六】

問：「惟精、惟一，是如何用功？」先生曰：「惟一是惟精主意，惟精是惟一功夫，非惟精之外復有惟一也。『精』字從『米』，姑以米譬之：要得此米純然潔白，便是惟一意，然非加舂簸篩揀惟精之工，則不能純然潔白也；舂簸篩揀，是惟精之功，然亦不過要此米到純然潔白而已。

博學、審問、慎思、明辨、篤行者，皆所以爲惟精而求惟一也。他如博文者即約禮之功，格物致知者即誠意之功，道問學即尊德性之功，明善即誠身之功，無二説也。」

【集評】

唐九經曰：「至論也。晦庵、象山兩人同首肯矣。」（王應昌《王陽明先生傳習録論》卷上之二，第五頁）

臺灣藏謝廷傑本眉批云：「畢竟舂簸篩揀要得此米純然潔白，還都是精上事。炊成飯，吃得飽，實有諸身，而爲朝夕日用之不可離，方是惟一上事。否則，徒要此米篩揀得純白，濟得甚事？」

但衡今曰：「精一不二，爲陽明心物合一、知行合一之據。本節似以惟一爲至善之歸，所云博文、致知、道問學、明善等，看似各有相待，實則皆所以求一也。反之考亭之博文，何嘗不求約禮？道問學，何嘗不尊德性？格物明善，何嘗非誠意誠身之功？由此可知，程朱之治學法，實即陽明學術入德之門也。治王學者，若以知行合一爲陽明簡易法，則空疏之弊，不能免矣。」（但衡今《王陽明傳習録札記》上卷，第六六至六七頁）

【〇二七】

知者行之始，行者知之成。聖學只一個功夫，知行不可分作兩事。

【集評】

臺灣藏謝廷傑本眉批云：「知先行後之序，不必遠喻。且試問陽明當日號召門徒誣附孔孟、排斥紫陽，日夕諄諄反覆辯駁者，爲何？豈非要與其徒先知得他底説法，然後乃從而相率入頭下手耶？而乃混爲合一，不可分爲兩事，何也？」

【〇二八】

漆雕開曰「吾斯之未能信」，夫子説之；「子路使子羔爲費宰，子曰『賊夫人之子』」；曾點言志，夫子許之。聖人之意可見矣。[一]

【箋疏】

[一]「漆雕開曰『吾斯之未能信』，夫子説之」，語本《論語・公冶長》：「子使漆雕開仕。對曰：『吾斯之未能信。』子説。」（朱熹《四書章句集注》，第八九頁）漆雕開，字子若，孔子弟子。

「子路使子羔爲費宰，子曰『賊夫人之子』」，語見《論語・先進》。（朱熹《四書章句集注》，第一五二頁）仲由，字子路；高柴，字子羔。均爲孔子弟子。

「曾點言志，夫子許之」，語本《論語・先進》「子路、曾晳、冉有、公西華侍坐」章。其文云，子路、冉有、公西華各言其志之後，孔子問曾皙，「『點！爾何如？』鼓瑟希，鏗爾，舍瑟而作，對曰：『異乎三子者之撰。』子曰：『何傷乎？亦各言其志也。』曰：『莫春者，春服既成。冠者五六人，童子六七人，浴乎沂，風乎舞雩，詠而歸。』夫子喟然嘆曰：『吾與點也！』」（朱熹《四書章句集注》，第一五三頁）曾點，即曾皙，曾參之父，孔子弟子。

【集評】

佐藤一齋曰：「學在於成己，終能及物。欲人信己，莫如自信焉；欲己服人，莫如自服焉。自信、自服，即自得之謂也。君子無入而不自得，感應之機蓋在於此。故聖賢乾斡坤旋一大事業，亦皆自一己立。觀此條可以領其意矣。」

【〇二九】

問：「寧静存心時，可爲『未發之中』否？」[一]先生曰：「今人存心，只定得氣。當其寧静時，亦只是氣寧静，不可以爲『未發之中』。」曰：「未便是中，莫亦是求中功夫？」曰：「只要去人欲、存天理，方是功夫。静時念念去人欲、存天理，動時念念去人欲、存天理，不管寧静不寧静[二]。若靠那寧静，不惟漸有喜静厭動之弊，中間許多病痛只是潛伏在，終不能絶去，遇事依舊滋長。以循理爲主，何嘗不寧静？以寧静爲主，未必能循理。」

【箋疏】

［一］「未發之中」，語本《中庸》：「喜怒哀樂之未發，謂之中；發而皆中節，謂之和。」（朱熹《四書章句集注》，第二一頁）

［二］劉宗周曰：「此所謂念，是無念之念，莫錯會。不然，纔起一念，已是欲也，故曰『凡有所向便是欲』。然先生之教，自是真切。」（劉宗周《陽明傳信録》，《劉宗周全集》第五册，第五八頁）

【集評】

但衡今曰：「陽明謂今人只是氣寧静，而未能心寧静，此學者之通病，亦一鍼見血之語也。必心得寧静，始得謂爲未發之中。陽明未著此一語者，用以破陸澄徒知寧静之失，故教以循天理去人欲，則寧静工夫方有著落，有發用，非以寧静爲病也。不然，則又得一失一矣。」又曰：「本節所云，語有偏全。學者待到工夫熟處，豁然貫通時，則必恍然而悟。是者是，非者亦是。此孔子所謂無意、無必、無固、無我也。」（但衡今《王陽明傳習録札記》上卷，第七四、七五頁）

【〇三〇】

問：「孔門言志，由、求任政事，公西赤任禮樂，多少實用！及曾皙説來却似耍的事㊀，聖人却許他，是意何如？」[二]曰：「三子是有意必[三]，有意必，便偏着一邊，能此未必能彼。曾點這意思却無意必，便是『素其位而行，不願乎其外』『素夷狄，行乎夷狄；素患難，行乎患難』[三]，無入而不自得矣。三子所謂『汝器也』[四]，曾點便有『不器』意[五]。然三子之才，各卓然成章，非若世之空言無實者，故夫子亦皆許之。」

【校勘】

㈠ **及曾皙説來却似耍的事**：「却似」，德安府重刊本、王畿本、孫應奎本、錢錞本、水西精舍本、閭東本、施邦曜本、俞嶙本作「却是」。

【箋疏】

[一]「孔門言志」事，見《論語·先進》「子路、曾皙、冉有、公西華侍坐」章。文云：「子路、曾皙、冉有、公西華侍坐。子曰：『以吾一日長乎爾，毋吾以也。居則曰：「不吾知也！」如或知爾，則何以哉？』子路率爾而對曰：『千乘之國，攝乎大國之間，加之以師旅，因之以饑饉；由也爲之，比及三年，可使有勇，且知方也。』夫子哂之。『求！爾何如？』對曰：『方六七十，如五六十，求也爲之，比及三年，可使足民。如其禮樂，以俟君子。』『赤！爾何如？』對曰：『非曰能之，願學焉。宗廟之事，如會同，端章甫，願爲小相焉。』『點！爾何如？』鼓瑟希，鏗爾，舍瑟而作，對曰：『異乎三子者之撰。』子曰：『何傷乎？亦各言

其志也。』曰：『莫春者，春服既成。冠者五六人，童子六七人，浴乎沂，風乎舞雩，詠而歸。』夫子喟然嘆曰：『吾與點也！』」（朱熹《四書章句集注》，第一五二至一五四頁）

［二］「意必」，語出《論語・子罕》：「子絶四：毋意，毋必，毋固，毋我。」朱熹注云：「絶，無之盡者。毋，《史記》作『無』，是也。意，私意也。必，期必也。固，執滯也。我，私己也。四者相爲終始，起於意，遂於必，留於固，而成於我也。蓋意必常在事前，固我常在事後，至於我又生意，則物欲牽引，循環不窮矣。」（朱熹《四書章句集注》，第一一八頁）

［三］「素其位而行」云云，語見《中庸》。（朱熹《四書章句集注》，第二八頁）

［四］「汝器也」，語本《論語・公冶長》：「子貢問曰：『賜也何如？』子曰：『女器也。』曰：『何器也？』曰：『瑚璉也。』」朱熹注云：「器者，有用之成材。夏曰瑚，商曰璉，周曰簠簋，皆宗廟盛黍稷之器而飾以玉，器之貴重而華美者也。」（朱熹《四書章句集注》，第八八頁）

［五］「不器」，語本《論語・爲政》：「子曰：『君子不器。』」朱熹注云：「器者，各適其用而不能相通。成德之士，體無不具，故用無不周，非特爲一才一藝而已。」（朱熹《四書章句集注》，第六六頁）

【〇三二】

問：「知識不長進，如何？」先生曰：「爲學須有本原，須從本原上用力，漸漸盈科而進[一]。仙家説嬰兒，亦善譬。嬰兒在母腹時，只是純氣，有何知識？出胎後方始能啼，既而後能笑，又既而後能識認其父母兄弟㊀，又既而後能立能行、能持能負，卒乃天下之事無不可能。皆是精氣日足，則筋力日强、聰明日開，不是出胎日便講求推尋得來。故須有個本原。聖人到『位天地、育萬物』[二]，也只從『喜怒哀樂未發之中』上養來。後儒不明格物之説，見聖人無不知、無不能，便欲於初下手時講求得盡，豈有此理？」[三]又曰：「立志用功，如種樹然。方其根芽，猶未有榦；及其有榦，尚未有枝；枝而後葉，葉而後花實。初種根時，只管栽培灌溉，勿作枝想，勿作葉想，勿作花想，勿作實想。懸想何益？但不忘栽培之功，怕没有枝葉花實？」

【校勘】

㊀ **又既而後能識認其父母兄弟**：「識認」，德安府重刊本、王畿本、錢錞本、水西精舍本、閭東本、施邦曜本、俞嶙本、陳榮捷本作「認識」。

【箋疏】

[一]「盈科而進」，語出《孟子·離婁下》：「孟子曰：『原泉混混，不舍晝夜，盈科而後進，放乎四海。有本者如是，是之取爾。苟爲無本，七八月之間雨集，溝澮皆盈；其涸也，可立而待也。』」（朱熹《四書章句

集注》，第三四六頁）

［二］「位天地、育萬物」，語本《中庸》：「中也者，天下之大本也；和也者，天下之達道也。致中和，天地位焉，萬物育焉。」（朱熹《四書章句集注》，第二二頁）

［三］王應昌曰：「此篇學問全從養氣上看來，是良知的發原。後面幾個『勿作』，想俱是必有事焉而勿正。」

唐九經曰：「能探先生學問之變化處。」（王應昌《王陽明先生傳習録論》卷上之二，第八頁）

【集評】

東正純曰：「『爲學從本原上用力』，從來非無其説，但其所本源猶未本源耳。喻譬切當，又可以發慎獨、格致之旨。」（東正純《傳習録參考》，《澤瀉先生全集》上冊，第六二八頁）

【〇三二】

問：「看書不能明，如何？」先生曰：「此只是在文義上穿求，故不明。如此，又不如爲舊時學問，他到看得多、解得去㈠。只是他爲學雖極解得明曉，亦終身無得。須於心體上用功。凡明不得、行不去，須反在自心上體當㈡，即可通。蓋四書、五經，不過説這心體。這心體即所謂道。心體明即是道明，更無二。此是爲學頭腦處。」

【校勘】

㊀**他到看得多、解得去**：「到」，德安府重刊本、王畿本、孫應奎本、錢錞本、水西精舍本、閭東本、施邦曜本、俞嶙本作「倒」。◎案：「到」與「倒」通。

㊁**須反在自心上體當**：「須反」前，德安府重刊本、王畿本、孫應奎本、錢錞本、水西精舍本、閭東本、施邦曜本、俞嶙本有「便」字。

【〇三二】

虛靈不昧，衆理具而萬事出。心外無理，心外無事。〔一〕

【箋疏】

〔一〕「虛靈不昧，衆理具而萬事出」，語本朱熹《大學章句》：「明德者，人之所得乎天，而虛靈不昧，以具衆理而應萬事者也。」（朱熹《四書章句集注》，第四頁）

【集評】

佐藤一齋曰：「『心外無理』，故衆理具；『心外無事』，故萬事出。晦庵舊語，點鐵成金。」

東正純曰：「『虛靈不昧』，本出於佛書，朱子借以釋明德，而下二句未瑩。王子由陸子之意洗發之，至此

明德無餘藴矣。」(東正純《傳習録參考》,《澤瀉先生全集》上册,第六二八頁)

【〇三四】

或問:「晦庵先生曰:『人之所以爲學者,心與理而已』。此語如何?」[一]曰:「心即性,性即理,下一『與』字,恐未免爲二。此在學者善觀之。」

【箋疏】

[一]「人之所以爲學者,心與理而已」,語見朱熹《大學或問》。(朱熹《四書或問》,第二四頁)

【集評】

馮柯曰:「晦庵嘗言『心者,人之神明,所以具衆理而應萬事』,又言『聖人之心,萬理畢具』,又言『方寸之間,虛靈洞徹,萬理咸備』,又言『性是心之道理』,又言『心性理,拈著一個則都貫穿』,則所謂心即性、性即理之説,朱子豈不知之,而下一『與』字於心理之間哉?蓋以人而言,則心即性、性即理,若下『與』字,是二之也;以人對事物而言,則在人爲心,在物爲理,不下『與』字,又無别也。朱子此言爲格致而發。致知者,致吾心之知也;格物者,格事物之理也,不無内外精麤之别。故下一『與』字,非專指人心而言也,所謂言固各有攸當也。……況朱子此言下明繼之曰『心雖主乎一身,而其體之虛靈足以管乎天下之理;

理雖散在萬事，而其用之微妙實不外乎一人之心，初不可以内外精粗論也』，則是晦庵於人心物理，且知其不可以内外精粗論，況心中所具之理，而反不知其不可以二乎？然則，是言也信非朱子下字之誤，乃陽明看書之誤爾。」（馮柯《求是編》，岡田武彦、荒木見悟主編《和刻影印近世漢籍叢刊・思想三編》第一五册，第一三二至一三七頁）

王應昌曰：「下一『與』字，心理爲二。如先生又下一『性』字，將如何？莫不成三段去否？也須善觀始得。」（王應昌《王陽明先生傳習録論》卷上之二，第九頁）

佐藤一齋曰：「物雖同一，所指各異，則兩字間插一『與』字以分之，如孟子曰『配義與道』是也。朱子元來判心理爲二，因下一『與』字，則爲有病耳。『善觀之』，蓋在此處。」

【〇三五】

或曰：「人皆有是心，心即理，何以有爲善、有爲不善？」㈠先生曰：「惡人之心失其本體。」

【校勘】

㈠ **有爲不善**：水西精舍本作「有不爲善」。

【〇三六】

問：「『析之有以極其精而不亂，然後合之有以盡其大而無餘』[一]，此言如何？」先生曰：「恐亦未盡。此理豈容分析，又何須湊合得？聖人説精一，自是盡。」

【箋疏】

[一]「析之有以極其精而不亂，然後合之有以盡其大而無餘」，語出朱熹《大學或問》：「曰：『篇首之言明明德，以新民爲對，則固專以自明爲言矣；後段於平天下者，復以明明德言之，則似新民之事亦在其中，何其言之不一而辨之不明耶？』曰：『篇首三言者，《大學》之綱領也；而以其賓主對待、先後次第言之，則明明德者，又三言之綱領也。至此後段，然後極其體用之全而一言以舉之，以見夫天下雖大，而吾心之體無不該；事物雖多，而吾心之用無不貫。蓋必析之有以極其精而不亂，然後合之有以盡其大而無餘，此又言之序也。』」（朱熹《四書或問》，第八至九頁）

【集評】

佐藤一齋曰：「《大學或問》『析之極精不亂』，説條目工夫；『然後合之盡大無餘』，説明明德於天下。文成之意蓋曰：身、心、意、知、物，只是一物，特因所指而異其名，即惟精工夫也。此理無二，工夫可謂之精，不可謂之析。朱子既曰『析之』，復曰『合之』，畢竟見涉支離耳。」

臺灣藏謝廷傑本眉批云：「異學只是一面混，故最怕分析。陽明之所以畢生叛紫陽而不悔者，即在此『析之有以極其精而不亂』一語爲之牴牾不合也。盜憎主人，何怪哉！」

【〇三七】

省察是有事時存養，存養是無事時省察。

【集評】

東正純曰：「省察、存養，自是一條路事。」（東正純《傳習録參考》，《澤瀉先生全集》上册，第六二九頁）

但衡今曰：「省者，省其過失與其偏勝之處；養者，養其中和與其浩然之氣。看似兩事，實則互根互用也。有事時省察不得力，多由無事時失於存養，故有事時省察即存養；無事時存養不得力，多由有事時罔知省察，故無事時存養即省察。此學者交融工夫，亦即在在皆存養工夫。誠能膺斯二語，則寡過進德修業，終身受用有不能盡者也。」（但衡今《王陽明傳習録札記》上卷，第七七頁）

【○三八】

澄嘗問象山在人情事變上做工夫之説[一]。先生曰：「除了人情事變，則無事矣。喜怒哀樂，非人情乎？自視聽言動以至富貴貧賤、患難死生，皆事變也。事變亦只在人情裏。其要只在『致中和』，『致中和』只在『謹獨』。」

【箋疏】

[一] 陸澄所問象山之説，語本《象山語録》：「復齋家兄一日見問云：『吾弟今在何處做工夫？』某答云：『在人情、事勢、物理上做些工夫。』復齋應而已。若知物價之低昂與夫辨物之美惡真僞，則吾不可不謂之能。然吾之所謂做工夫，非此之謂也。」（陸九淵《陸九淵集》，第四○○頁）

陸九淵，字子静，宋代江西金谿人。生於宋高宗紹興九年己未（一一三九年）二月，卒於宋光宗紹熙三年壬子（一一九二年）十二月，享年五十四歲。官至知荆門軍。後還鄉，居貴溪之象山講學，學者稱象山先生。其學術主張「心即理」，爲南宋心學之宗師。其著作，現已編輯刊印爲《陸九淵集》。

【集評】

施邦曜曰：「君子非除了人情事變又有謹獨工夫也。沉沉默默之中，所戒慎恐懼者，惟此人情事變之理。即紛應雜投之時而沉默之地，主張自在，此動静合一之學。」

劉宗周曰：「千聖相傳，只『慎獨』二字爲要訣。先生言『致良知』，正指此。但此『獨』字换『良』字，覺於學者易下手耳。」（劉宗周《陽明傳信録》，《劉宗周全集》第五册，第五九頁）

王應昌曰：「謹獨只在明善。愚欲于此再加一語。」（王應昌《王陽明先生傳習録論》卷上之二，第一〇頁）

佐藤一齋引述彭定求之語云：「《大學》於誠意既兩言『慎獨』，《中庸》於戒慎不睹、恐懼不聞之下亦言『慎獨』，明乎曾子、子思授受心傳，在慎獨也。鄒東廓先生問於陽明先生曰：『子思受學曾子者，《大學》先格致，《中庸》首揭慎獨，何也？』陽明先生曰：『獨，即所謂良知也；慎獨者，所以致其良知也；戒慎恐懼，所以慎其獨也。《大學》《中庸》之旨一也。』於是言下了然。」佐藤附注云，彭定求「所引鄒東廓問答，出處未考」。

◎案：彭定求所引述東廓、陽明問答語，見耿定向《東廓鄒先生傳》。（鄒守益《鄒守益集》下册，第一三八二至一三八三頁）

【〇三九】

澄問：「仁義禮智之名，因已發而有？」曰：「然。」他日，澄曰：「惻隱、羞惡、辭讓、是非[一]，是性之表德邪？」[二]曰：「仁義禮智也是表德。性一而已，自其形體也，謂之天；主宰也，謂之帝；流行也，謂之命；賦於人也，謂之性；主於身也，謂之心；心之發也，遇父便謂之孝，遇君便謂之忠。自此以往，名至於無窮，只一性而已。猶人一而已，對父謂之子，對子謂之父。自此以往，至於無窮，只一人而已。人只要在性上用功，看得一性字分明，即萬理燦然。」

【箋疏】

[一]「惻隱、羞惡、辭讓、是非」，語本《孟子・公孫丑上》：「所以謂人皆有不忍人之心者，今人乍見孺子將入於井，皆有怵惕惻隱之心，非所以内交於孺子之父母也，非所以要譽於鄉黨朋友也，非惡其聲而然也。由是觀之，無惻隱之心，非人也；無羞惡之心，非人也；無辭讓之心，非人也；無是非之心，非人也。惻隱之心，仁之端也；羞惡之心，義之端也；辭讓之心，禮之端也；是非之心，智之端也。人之有是四端也，猶其有四體也。」（朱熹《四書章句集注》，第二七七至二七八頁）

[二]「表德」，語見顏之推《顏氏家訓・風操》：「古者名以正體，字以表德。」（王利器《顏氏家訓集解（增補本）》，第九二頁）表德，即表字，指根據本名涵義而另立之别名。

【集評】

施邦曜曰：「聖人只是一盡性，此外更無能事。然與初學言，混淪説一個性字，又無從下手處。先生説『要看得一性字分明』，此語可思。」

佐藤一齋曰：「以仁義禮智爲表德，前人所未發。此意最宜深思體察而自得之，蓋知此則知未發之中矣。」

東正純曰：「以仁義禮智爲表德，前儒所未有，可謂千古卓見矣。程朱以仁義禮智爲性，塊然乎未發中，於是性分本然、氣質，心分道心、人心，云理云氣，支離紛淆，至不可收拾，蓋其病坐不知仁義禮智之爲表德也。雖然，表德亦可謂之性，故先下『亦是』字，而決之『性一而已』一句，辭義完全無遺憾矣。」（東正純《傳習録參考》，《澤瀉先生全集》上册，第六二九頁）

鄧艾民曰：「朱熹以仁義禮智爲未發，王守仁以仁義禮智爲性之表德，故王守仁以心即性、性即理，而理爲本心之顯現，包括未發與已發，這個觀點能比朱熹更好地表達了作爲最高本體的性所具有的特點。」

【〇四〇】

一日，論爲學工夫。先生曰：「教人爲學，不可執一偏。初學時，心猿意馬[一]，拴縛不定，其所思慮多是人欲一邊，故且教之静坐息思慮；久之，俟其心意稍定，只懸空静守，如槁木死灰[二]，亦無用，須教他省察克治。省察克治之功，則無時而可間，如去盗賊，須有個掃除廓清之意。無事時，將好色、好貨、好名等私，逐一追究搜尋出來，定要拔去病根，永不復起，方始爲快。常如猫之捕鼠[三]，一眼看着，一耳聽着，纔有一念萌動，即與克去；斬釘截鐵[四]，不可姑容與他方便，不可窩藏，不可放他出路，方是真實用功，方能掃除廓清。到得無私可克，自有端拱時在[五]。雖曰『何思何慮』非初學時事，初學必須思省察克治，即是思誠；只思一個天理，到得天理純全，便是『何思何慮』矣。」[六]

【箋疏】

[一] 三輪執齋曰：「『心猿意馬』，多出佛書。」◎案：「心猿意馬」，謂心神不定。道潛《贈賢上人》詩云：「心猿意馬就羈束，肯逐萬境爭馳驅。」（道潛《參寥子詩集》第一二卷，第一頁）

[二] 「槁木死灰」，典出《莊子·齊物論》：「形固可使如槁木，而心固可使如死灰乎。」（郭慶藩《莊子集釋》第一册，第四三頁）

[三] 「如猫之捕鼠」，語出黄龍祖心禪師。普濟《五燈會元》記載，清善禪師「後謁黄龍，龍示以風幡話，久而不契。一日，龍問：『風幡話，子作麽生會？』師（清善）曰：『迥無入處，乞師方便。』龍曰：『子見猫兒捕鼠乎？目睛不瞬，四足踞地，諸根順向，首尾一直，擬無不中。子誠能如是，心無異緣，六根自静，默然而究，萬無失一也。』師從是屏去閑緣，歲餘，豁然契悟。」（普濟《五燈會元》下册，第一一三四頁）

[四] 「斬釘截鐵」，語出道原《景德傳燈録》：洪州雲居道膺禪師，幽州玉田人也，謂衆曰：「學佛法底人，如斬釘截鐵始得。」（道原《景德傳燈録》，《佛藏要籍選刊》第一三册，第六三九頁）

[五] 端拱，端身拱手，猶垂拱無爲之義。《晉書·阮孚傳》云：「琅琊王裒爲車騎將軍，鎮廣陵，高選綱佐，以[阮]孚爲長史。帝謂曰：『卿既統軍府，郊壘多事，宜節飲也。』孚答曰：『陛下不以臣不才，委之以戎

旅之重。臣僶勉從事，不敢有言者，竊以今王莅鎮，威風赫然，皇澤遐被，賊寇斂迹，氛祲既澄，日月自朗，臣亦何可爝火不息？正應端拱嘯詠，以樂當年耳。』」（房玄齡等撰《晉書》第五册，第一三六四頁）

〔六〕「何思何慮」，語見《周易·繫辭下傳》：「子曰：『天下何思何慮？天下同歸而殊途，一致而百慮，天下何思何慮？』」（朱熹《周易本義》，《朱子全書》第一册，第一三九頁）

【集評】

東正純曰：「『何思何慮』，王子亦初年以效驗説之。」（東正純《傳習録參考》，《澤瀉先生全集》上册，第六二九頁）

但衡今曰：「陽明本節教人，簡易踏實，中材上下皆可次第修業進德。至於息慮静坐、省察克治，猶是二程門下典範。『到得無私可克，自有端拱時在』，此亦釋氏業净情空、物我兩忘時也。夫如是，方得從心所欲不逾矩。」又曰：「不云無思無慮、所思所慮而云何思何慮者，蓋以無思無慮則墮斷滅，所思所慮則淪執著。陽明只思一個天理，猶嫌沾滯。濂溪只云存誠，不云思誠，洽得孔子辭旨深處。」（但衡今《王陽明傳習録札記》上卷，第八二頁）

【〇四二】

澄問：「有人夜怕鬼者，奈何？」先生曰：「只是平日不能『集義』〔一〕，而心有所慊，故怕。

若素行合於神明，何怕之有？」子莘曰[二]：「正直之鬼不須怕；恐邪鬼不管人善惡，故未免怕。」先生曰：「豈有邪鬼能迷正人乎？只此一怕，即是心邪，故有迷之者，非鬼迷也，心自迷耳。如人好色，即是色鬼迷；好貨，即是貨鬼迷；怒所不當怒，是怒鬼迷；懼所不當懼，是懼鬼迷也。」

【箋疏】

[一]「集義」，語本《孟子·公孫丑上》：「其爲氣也，配義與道；無是，餒也。是集義所生者，非義襲而取之也。行有不慊於心，則餒矣。」（朱熹《四書章句集注》，第二七〇頁）

[二]馬明衡，字子莘，福建莆田人。正德九年（一五一四年）進士，授太常博士。嘉靖三年春官御史，尋以論救鄧繼曾及争慈壽太后誕辰免朝事得罪，終身廢棄。陽明弟子。著作有《尚書疑義》。《明史·馬明衡傳》云：「明衡，字子萃。……登正德十二年進士，授太常博士。甫爲御史，即與［朱］淛同得罪。閩中學者率以蔡清爲宗，至明衡獨受業於王守仁。閩中有王氏學，自明衡始。」（張廷玉《明史》第一八册，第五四六四頁）案：《明史》謂「明衡，字子萃」「登正德十二年進士」，非是。其實，馬明衡，字子莘，乃登正德九年甲申科進士。（參朱保炯、謝沛霖《明清進士題名碑録索引》下册，第二五〇二頁）鄧艾民亦以馬明衡爲「正德十二年進士」，恐係沿襲《明史·馬明衡傳》之誤。

【集評】

施邦曜曰：「怕鬼者，只是心怯。故夫子説『敬鬼神而遠之』。敬者，惟恐一事有乖天理，即是集義；若近而媚之，即是怕矣。」

陳龍正曰：「覩子莘之續問，怕鬼者其即子莘邪？」

章太炎曰：「先生但與人論怕鬼，而不論鬼之有無，亦其矜慎。」（章太炎《王守仁〈王文成公全書〉批語》，《章太炎全集·眉批集》，第二八〇頁）

【〇四二】

定者，心之本體，天理也；動静，所遇之時也。〔一〕

【箋疏】

〔一〕佐藤一齋曰：「此條詮《定性書》之旨。時有動静，理無動静。故睹聞思爲常一於理，則所遇動静亦常定也。」

【〇四三】

澄問《學》《庸》同異。先生曰：「子思括《大學》一書之義爲《中庸》首章。」

【集評】

馮柯曰：「《大學》説明德，《中庸》説性道中和；《大學》説格致誠正，《中庸》説明善誠身；《大學》説新民，《中庸》説盡人之性、盡物之性，此其同也。至於《大學》只説明德，《中庸》則推言天命之性；《大學》只説謹獨，《中庸》則推言戒謹不覩、恐懼不聞；《大學》只説忿懥好樂、已發之心，《中庸》則推言未發之中；《大學》只説齊治平在孝弟慈，《中庸》則推言天地位、萬物育工夫效驗，《中庸》比《大學》俱高一層，此其異也。陽明不分别其同異，乃以『子思括《大學》一書之義爲《中庸》首章』，蓋但論其大綱意思云爾。夫千聖一心，萬古一道，大綱意思豈惟《學》《庸》類哉？……有一書則有一書之格局，有一章則有一章之發揮。苟徒欲得其所以貫通之意，而不詳察其文理之精微，雖其一時議論若有可喜，終不免於無星之秤、無寸之尺而已矣，其何以致用而爲吾儒之實學哉？此窮經者不可以不審也。」（馮柯《求是編》，岡田武彦、荒木見悟主編《和刻影印近世漢籍叢刊・思想三編》第一五册，第一四二至一四五頁）

佐藤一齋曰：「天命之性，即明德也；率性、修道，即明德、親民之止於至善也；戒慎、恐懼，即格、致、誠、正、修也；天地位、萬物育，即治國、平天下也。」

于清遠曰：「《大學》所謂明德、親民、至善，即《中庸》天命、率性、修道；《大學》所謂誠意、正心、修身，即《中庸》的不睹不聞、慎獨；《大學》所謂齊家、治國、平天下，即《中庸》致中和、天地位、萬物育。是《大學》全書之義，《中庸》的首章都概括了。」（于清遠《王陽明傳習録注釋》卷一，第三六頁）

陳榮捷曰：「從字面上看，陽明似信子思先著《大學》，然後括其全書之義爲《中庸》首章。然陽明只論思想，與著者著書之先後無關也。其謂《中庸》首章包括《大學》全書思想，則爲創見。論者多謂《學》《庸》思想相同，如朱子謂『蓋《中庸》之所謂明善，即［《大學》］格物致知之功；其曰誠身，即誠意正心修身之效也』。（《大學或問》，頁九下）此可謂括《中庸》一書之義爲《大學》首章，正與陽明相反也。」◎案：陳榮捷所謂「子思先著《大學》」之「子思」，疑應作「曾子」；其所引述朱子語「即誠意正心修身之效也」句之「正心」，原誤作「立心」，兹據《大學或問》改。（朱熹《四書或問》，第一〇頁）

【〇四四】

問：「孔子正名，先儒説『上告天子，下告方伯，廢輒立郢』。此意如何？」[一]先生曰：「恐難如此。豈有一人致敬盡禮、待我而爲政，我就先去廢他？豈人情天理？孔子既肯與輒爲政，必已是他能傾心委國而聽。聖人盛德至誠，必已感化衛輒，使知無父之不可以爲人，必將痛哭奔走，往迎其父。父子之愛本於天性，輒能悔痛真切如此，蒯聵豈不感動底豫？蒯聵既還，輒乃致國請戮，聵已見化於子，又有夫子至誠調和其間，當亦決不肯受，仍以命輒。群臣百姓又必欲得輒爲君。輒乃自暴其罪惡，請於天子，告於方伯諸侯，而必欲致國於父。聵與群臣百姓，亦皆表輒悔悟仁孝之美，請於天子，告於方伯諸侯，必欲得輒而爲之君。於是集命於輒[二]，使之復君衛國。輒不得已，乃如後世上皇故事，率群臣百姓尊聵爲太公，備物致養，而始退復其位焉。則君君、臣臣、父父、子子，名正言順，一舉而可爲政於天下矣。孔子正名，或是如此。」[三]

【箋疏】

[一] 所問「孔子正名」云云，語出《論語・子路》：「子路曰：『衛君待子而爲政，子將奚先？』子曰：『必也正名乎！』子路曰：『有是哉，子之迂也！奚其正？』子曰：『野哉由也！君子於其所不知，蓋闕如也。名不正，則言不順；言不順，則事不成；事不成，則禮樂不興；禮樂不興，則刑罰不中；刑罰不中，則民無所措手足。故君子名之必可言也，言之必可行也。君子於其言，無所苟而已矣。』」朱熹《論語集注》引述胡氏云：「衛世子蒯聵耻其母南子之淫亂，欲殺之，不果而出奔。靈公欲立公子郢，郢辭。公卒，夫人立之，又辭。乃立蒯聵之子輒，以拒蒯聵。夫蒯聵欲殺母，得罪於父，而輒據國以拒父，皆無父之人也，其不可有國也明矣。夫子爲政，而以正名爲先，必將具其事之本末，告諸天王，請于方伯，命公

子郢而立之，則人倫正，天理得，名正言順而事成矣。夫子告之之詳如此，而子路終不喻也，故事輒不去，卒死其難。徒知食焉不避其難之爲義，而不知食輒之食爲非義也。」（朱熹《四書章句集注》，第一六七至一六八頁）

［二］「集命」，謂集王命於其身也。語出《尚書・太甲上》：「天監厥德，用集大命，撫綏萬方。」（孔安國傳、孔穎達疏《尚書正義》，第三一〇頁）

［三］「君君、臣臣、父父、子子」，語見《論語・顔淵》：「齊景公問政於孔子。孔子對曰：『君君，臣臣，父父，子子。』」（朱熹《四書章句集注》，第一六〇頁）

【集評】

佐藤一齋曰：「正名之説，與蘇子由《古史》所論略類，而此爲理更精矣。」佐藤又引述蘇轍《古史》之論云：「『靈公黜其子而子其孫，出公不父其父而禰其祖，人道絶矣，孔子於是焉而欲正之，何爲而可？靈公之死也，衛人立公子郢，郢不可，則衛人立輒。使輒而知禮，必辭；辭而不獲，必逃。輒逃而郢立，則名正矣，雖以拒蒯聵可也。雖然，孔子爲政，豈將廢輒而立郢邪？其亦將教輒避位而納蒯聵耳。蒯聵得罪於父，生不養、死不喪。然於其入也，《春秋》書曰：『晉趙鞅帥師，納衛世子蒯聵於戚。』非世子而以世子名之，以其子得立於衛，成其爲世子也。若輒避位而納其父，是世子爲君也，而名有不正乎？名正而衛定矣。」◎案：蘇轍之論，見其所撰《古史》第一四卷。（《景印文淵閣四庫全書》第三七一册，第三二四頁）

章太炎曰：「夫子不爲衛君，子贛已知之。故言正名，則不爲之意自見。舊説與先生説皆失之。」（章太炎《王守仁〈王文成公全書〉批語》，《章太炎全集・眉批集》，第二八一頁）◎案：章太炎所謂「夫子不爲衛君，子贛已知之」，見《論語・述而》「冉有曰夫子爲衛君乎」章。《論語・述而》記載：「冉有曰：『夫子爲衛君乎？』子貢曰：『諾。吾將問之。』入，曰：『伯夷、叔齊何人也？』曰：『古之賢人也。』曰：『怨乎？』曰：『求仁而得仁，又何怨。』出，曰：『夫子不爲也。』」（朱熹《四書章句集注》，第一一二頁）可見，孔子並不願意助衛君輒而爲政。然則，《論語・子路》所述「子路曰：『衛君待子而爲政，子將奚先？』」乃假設之辭。是故，朱子所述胡氏之論、蘇轍所撰《古史》之語以及陽明所發正名之言，均屬對於孔子「正名」説之推測。

【〇四五】

澄在鴻臚寺倉居[一]。忽家信至，言兒病危，澄心甚憂悶不能堪。先生曰：「此時正宜用功。若此時放過，閑時講學何用？人正要在此等時磨鍊。父之愛子，自是至情。然天理亦自有個中和處，過即是私意。人於此處多認做天理當憂㊀，則一向憂苦，不知已是『有所憂患，不得其正』[二]。大抵七情所感，多只是過，少不及者[三]。才過便非心之本體，必須調停適中始得。就如父母之喪，人子豈不欲一哭便死，方快於心，然却曰『毁不滅性』[四]。非聖人强制之也，天理本體自有分限，不可過也。人但要識得心體，自然增減分毫不得。」

【校勘】

㊀**人於此處多認做天理當憂：**「當憂」，德安府重刊本、王畿本、孫應奎本、錢錞本、水西精舍本、閭東本、施邦曜本、俞嶙本、三輪執齋本、佐藤一齋本作「當愛」。

【箋疏】

［一］三輪執齋曰：「倉居，言倉卒居或倉中居。《近思録》：『伯淳昔在長安，倉中閒坐。』」佐藤一齋曰：「倉居，猶言暫時寓居，文成以正德甲戌升南京鴻臚寺卿，澄事蓋在此時。」葉紹鈞曰：「鴻臚寺，掌贊導相禮之官也。倉，言衙舍也。」陳榮捷曰：「倉居，暫時所居。一云衙舍。」鄧艾民曰：「倉居，衛舍暫住。」◎案：諸説之解釋倉居，恐不確。陽明《贈陸清伯歸省序》云：「或曰：『清伯始見夫子，一月一至；既而旬一至；又既而五六日三四日而一至；又既而遷居於夫子之傍；後乃請於夫子，掃庾下之室而旦暮侍焉。』」（王守仁《王陽明全集（新編本）》第一册，第二五一頁）倉居，即居於庾下之室之意。庾，指倉庫。

［二］「有所憂患，不得其正」，語見《大學》。（朱熹《四書章句集注》，第一〇頁）

［三］「七情」，語出《禮記・禮運》：「何謂人情？喜、怒、哀、懼、愛、惡、欲，七者弗學而能。何謂人義？父慈、子孝、兄良、弟弟、夫義、婦聽、長惠、幼順、君仁、臣忠，十者謂之人義。講信修睦，謂之人利；争奪相殺，謂之人患。故聖人之所以治人七情、修十義、講信修睦、尚辭讓、去争奪，舍禮何以治之？」（朱彬《禮記訓纂》上册，第三四五頁）

[四]「毀不滅性」，語見《禮記・喪服四制》：「三日而食，三月而沐，期而練，毀不滅性，不以死傷生也。」（朱彬《禮記訓纂》下冊，第九一三頁）《孝經・喪親章》：「三日而食，教民無以死傷生也。毀不滅性，此聖人之政也。」（李隆基注、邢昺疏《孝經注疏》，第八五頁）

【集評】

東正純曰：「『七情多過』及『調停適中』等之語，並在陸身上言之，雖切，在方便邊；『要識得心體，自增減不得』，是言便是破的矣。」（東正純《傳習録參考》，《澤瀉先生全集》上冊，第六三〇頁）

【〇四六】

不可謂「未發之中」常人俱有。蓋體用一源[一]，有是體即有是用；有「未發之中」，即有「發而皆中節之和」[二]。今人未能有「發而皆中節之和」，須知是他「未發之中」亦未能全得。

【箋疏】

[一]「體用一源」，語見程頤《易傳序》：「至微者理也，至著者象也。體用一源，顯微無間。」（程顥、程頤《二程集》第三冊，第六八九頁）對於「體用一源，顯微無間」，朱熹《太極圖説解》云：「若夫所謂體用一源者，程子之言蓋已密矣。其曰『體用一源』者，以至微之理言之，則沖漠無朕，而萬象昭然已具也；其曰

『顯微無間』者，以至著之象言之，則即事即物，而此理無乎不在也。言理則先體而後用，蓋舉體而用之理已具，是所以爲一源也；言事則先顯而後微，蓋即事而理之體可見，是所以爲無間也。然則所謂一源者，是豈漫無精粗先後之可言哉？況既曰體立而後用行，則亦不嫌於先有此而後有彼矣。」（朱熹《太極圖説解》，《朱子全書》第一三册，第七八頁）

〔二〕「未發之中」「發而皆中節之和」，語本《中庸》：「喜怒哀樂之未發，謂之中；發而皆中節，謂之和。」（朱熹《四書章句集注》，第二一頁）

【集評】

佐藤一齋曰：「若論源頭，未發即性體，聖凡無異耳。但常人之心有所昏蔽，不能全其本體，則不可謂之『未發之中』。故學者當務戒慎恐懼以全其本體，則性復矣。性復，然後謂之『未發之中』。」

臺灣藏謝廷傑本眉批云：「未發之中，常人何得無之？只君子爲能戒懼以致中，而有此位育之功能耳。」

但衡今曰：「本節與『澄問操存舍亡章』云云，不似陽明所以爲學與其所以教人之旨，其爲門弟子之言，可斷言也。」（但衡今《王陽明傳習録札記》上卷，第八三頁）

【〇四七】

《易》之辭，是「初九潛龍勿用」六字〔一〕；《易》之象，是初畫；《易》之變，是值其畫；《易》

之占，是用其辭。

【箋疏】

［一］「初九潛龍勿用」，《周易·乾卦》爻辭。（朱熹《周易本義》，《朱子全書》第一册，第三一頁）

【集評】

東正純曰：「辭變象占，説歸一處，從來説《易》，無是直徑。以此推六十四卦，觸處豁然，應無全牛。」（東正純《傳習録參考》，《澤瀉先生全集》上册，第六三〇頁）

鄧艾民曰：「《易·繫辭上傳》云：『易有聖人之道四焉：以言者尚其辭，以動者尚其變，以製器者尚其象，以卜筮者尚其占。』（第十章）《易·乾卦》初爻之辭爲『潛龍勿用』，其象爲初畫之陽九，其變爲當初爻之畫而成變化，其占是用爻辭『潛龍勿用』以占吉凶。其餘卦爻皆以此類推。」

【〇四八】

「夜氣」是就常人説。學者能用功，則日間有事無事，皆是此氣翕聚發生處。聖人則不消説「夜氣」。［一］

【箋疏】

［一］「夜氣」，語出《孟子・告子上》：「雖存乎人者，豈無仁義之心哉？其所以放其良心者，亦猶斧斤之於木也，旦旦而伐之，可以爲美乎？其日夜之所息，平旦之氣，其好惡與人相近也者幾希，則其旦晝之所爲，有梏亡之矣。梏之反覆，則其夜氣不足以存；夜氣不足以存，則其違禽獸不遠矣。」（朱熹《四書章句集注》，第三九〇頁）

朱熹《論孟精義》記載：「問：『夜氣如何？』伊川曰：『此只是言休息時氣清耳。至平旦之氣，未與事接，亦清。只如小兒讀書，早晨便記得也。』又曰：『夜氣之所存者，良知也，良能也。苟擴而充之，化旦晝之所害爲夜氣之所存，然後可以至於聖人。』」（朱熹《論孟精義》，《朱子全書》第七册，第七七八頁。案：《論孟精義》所載伊川論夜氣語，見《河南程氏遺書》第二二上、二五卷。程顥、程頤《二程集》第一册，第二八九、三二一頁）

【〇四九】

澄問「操存舍亡」章［一］。曰：「『出入無時，莫知其鄉』，此雖就常人心説，學者亦須是知得心之本體亦元是如此，則操存功夫始没病痛。不可便謂出爲亡、入爲存。若論本體，元是無出無入的。若論出入，則其思慮運用是出。然主宰常昭昭在此，何出之有？既無所出，何入之有？程子所謂『腔子』，亦只是天理而已[二]。雖終日應酬而不出天理，即是在腔子裏；若出天理，斯謂之放，斯謂之亡。」又曰：「出入亦只是動静。動静無端，豈有鄉邪？」

【箋疏】

[一]「操存舍亡」章，即《孟子·告子上》：「孔子曰：『操則存，舍則亡；出入無時，莫知其鄉。』惟心之謂與？」」（朱熹《四書章句集注》，第三九〇頁）

[二]「腔子」，語本《河南程氏遺書》「滿腔子是惻隱之心」「心要在腔子裏」。（程顥、程頤《二程集》第一册，第六二、九六頁）◎案：高攀龍曰：「程子曰『滿腔子是惻隱之心』，是就人身上指出此理充塞處，最爲親切。蓋天地之心，充塞於人身者，爲惻隱之心；人心充塞天地者，即天地之心。人身一小腔子，天地即大腔子也。」（黄宗羲《明儒學案（修訂本）》下册，第一四〇五頁。「程子曰」，《明儒學案》所引述原誤作「朱子曰」，徑改。）

【〇五〇】

王嘉秀問[一]：「佛以出離生死誘人入道，仙以長生久視誘人入道，其心亦不是要人做不好，究其極至，亦是見得聖人上一截，然非入道正路。如今仕者，有由科；有由貢；有由傳奉，一般做到大官，畢竟非入仕正路，君子不由也[二]。仙佛到極處，與儒者略同，但有了上一截，遺了下一截，終不似聖人之全。然其上一截同者，不可誣也。後世儒者，又只得聖人下一截，分裂失真，流而爲記誦、詞章、功利、訓詁，亦卒不免爲異端。是四家者，終身勞苦，於身心無分毫益。視彼仙佛之徒，清心寡慾，超然於世累之外者，反若有所不及矣。今學者不必先排仙佛，且當篤志爲聖人之學。聖人之學明，則仙佛自泯。不然，則此之所學，恐彼或有不屑，而反欲其俯就，不亦難乎？鄙見如此。先生以爲何如？」先生曰：「所論大略亦是。但謂上一截、下一截，亦是人見偏了如此。若論聖人大中至正之道，徹上徹下，只是一貫，更有甚上一截、下一截？『一陰一陽之謂道』，但『仁者見之便謂之仁，知者見之便謂之智，百姓又日用而不知。故君子之道鮮矣』。仁智豈可不謂之道？但見得偏了，便有弊病。」[三]

【箋疏】

[一]王嘉秀，字實夫，湖廣辰陽（今湖南沅陵）人，陽明弟子。陽明《門人王嘉秀實夫蕭琦子玉告歸書此見別意兼寄聲辰陽諸賢》云：「王生兼養生，蕭生頗慕禪。迢迢數千里，拜我滁山前。吾道既匪佛，吾學亦匪仙。坦然由簡易，日用匪深玄。始聞半疑信，既乃心豁然。譬彼土中鏡，暗暗光内全。外但去昏翳，精明燭媸妍。世學如剪綵，妝綴事蔓延。宛宛具枝葉，生理終無緣。所以君子學，布種培根原。萌芽

漸舒發，暢茂皆由天。秋風動歸思，共鼓湘江船。湘中富英彥，往往多及門。臨歧綴斯語，因之寄拳拳。」（王守仁《王陽明全集（新編本）》第三册，第七七〇頁）《陽明先生年譜》亦云：「王嘉秀、蕭惠好談仙佛。」（王守仁《王陽明全集（新編本）》第四册，第一二四三頁）又：據陽明《題王實夫畫》詩（王守仁《王陽明全集（新編本）》第三册，第七七七頁），其人能畫。

[二] 佐藤一齋曰：「銓選不由吏部，夤緣内臣受官，謂之傳奉。唐宋謂之内降書。由科、由貢，是入仕正路；由傳奉，非入仕正路。」◎案：關於傳奉，陸容曰：「成化末年，太監梁芳輩導引京師富賈，收買古今玩器進奉，啓上好貨之心，由是倖門大開。金夫子弟，各以珍異投獻求進而無名，乃於各寺觀聚寫釋道星命等書進呈，遂得受職。内原任中書序班者，得升職至太常、鴻臚、太僕、少卿等階，白身人得受鴻臚主簿、序班等職；生員、儒士、匠丁、樂工、動戚厮養，凡高貲者，皆與並進，名曰傳奉。蓋命由中出，不由吏部銓選，故名。」（陸容《椒園雜記》，第一一六至一一七頁）

[三] 「一陰一陽之謂道」「仁者見之便謂之仁」云云，語見《周易·繫辭上傳》。（朱熹《周易本義》，《朱子全書》第一册，第一二六至一二七頁）

【〇五二】

蓍固是《易》，龜亦是《易》。[一]

【箋疏】

［一］鄧艾民曰：「蓍，用蓍草筮吉凶，重在數；龜，用龜甲裂紋卜吉凶，重在象。」

【集評】

馮柯曰：「蓍出於羲，龜出於禹；蓍數用偶，龜數用奇；蓍所以筮，龜所以卜；蓍繇以易，龜繇以疇，較然不同，審矣。陽明何所見而謂『龜亦是《易》』哉？」（馮柯《求是編》，岡田武彦、荒木見悟主編《和刻影印近世漢籍叢刊・思想三編》第一五册，第一五一頁）◎案：對於馮柯之説，三輪執齋曰：「《求是編》譏之。然是不知『固』『亦』二字之意者。先生豈言蓍、龜無別乎？是言決嫌疑、定猶豫，則爲龜、《易》無異耳。蓋爲固滯蓍龜之殊者破之也。」佐藤一齋曰：「朱子《啓蒙》曰：『以卜筮者尚其占，莫大乎蓍龜。《易》之書豈有龜與卜之法乎？言其理無二而已。』則朱子之意既與此條同，馮柯《求是編》駁之，何邪？」

東正純曰：「蓍固是易理之所在，龜亦是易理之所在，蓍龜所歸，理無二致矣。」（東正純《傳習録參考》，《澤瀉先生全集》上册，第六三二頁）

【〇五二】

問：「孔子謂武王未盡善，恐亦有不滿意。」［一］先生曰：「在武王自合如此。」曰：「使文王未没，畢竟如何？」曰：「文王在時，天下三分已有其二［二］。若到武王伐商之時，文王若在，或者不致興兵，必然這一分亦來歸了。文王只善處紂，使不得縱惡而已。」

【箋疏】

［一］「孔子謂武王未盡善」，語本《論語·八佾》：「子謂《韶》：盡美矣，又盡善也；謂《武》：盡美矣，未盡善也。」（朱熹《四書章句集注》，第八〇頁）

［二］「天下三分已有其二」，語本《論語·泰伯》：「舜有臣五人而天下治。武王曰：『予有亂臣十人。』孔子曰：『才難，不其然乎？唐虞之際，於斯爲盛。有婦人焉，九人而已。三分天下有其二，以服事殷。周之德，其可謂至德也已矣。』」（朱熹《四書章句集注》，第一一四頁）

【〇五三】

問①：「孟子言『執中無權猶執一』。」[一]先生曰：「中只是天理，只是易，隨時變易，如何執得？須是因時制宜，難預先定一個規矩在。如後世儒者要將道理一一説得無罅漏，立定個格式，此正是執一。」

【校勘】

㈠問：施邦曜本、俞嶙本作「惟乾問」。

【箋疏】

[一]「執中無權猶執一」，語見《孟子・盡心上》：「孟子曰：『楊子取爲我，拔一毛而利天下，不爲也。墨子兼愛，摩頂放踵利天下，爲之。子莫執中，執中爲近之。執中無權，猶執一也。所惡執一者，爲其賊道也，舉一而廢百也。』」（朱熹《四書章句集注》第四二二至四二三頁）

【集評】

但衡今曰：「物之不齊，物之情也，安所得中乎？陽明以一易字釋『執中無權猶執一也』，此真千古定義。」（但衡今《王陽明傳習録札記》上卷，第九二頁）

【〇五四】

唐詡問[一]：「立志是常存個善念、要爲善去惡否？」曰：「善念存時，即是天理。此念即善，更思何善？此念非惡，更去何惡？此念如樹之根芽，立志者長立此善念而已。『從心所欲不踰矩』，只是志到熟處。」[二]

【箋疏】

[一]佐藤一齋曰：「唐詡，［江西］新淦人。（毛奇齡《傳本》）字號未考。」陳榮捷亦有相近説法。◎案：鄒守益《辰州虎谿精舍記》云：「陽明王夫子自會稽謫龍場，道出辰陽。辰陽之勝，曰虎谿山寺，世稱二十六洞天。因宿僧舍彌月。有古松甚奇，大書其軒曰『松雲』，復留詩於壁。一時從游諸彦，如唐柱史詡、蕭督學璆，千餘人切磋正學，剖剥群淆，若衆鳥啾啾獲聞威鳳鳴也。」（鄒守益《鄒守益集》上册，第三九七頁）不知鄒守益所云之「唐柱史詡」，是否《傳習録》此處所載之「唐詡」。

[二]「從心所欲不踰矩」，語見《論語·爲政》：「子曰：『吾十有五而志於學，三十而立，四十而不惑，五十而知天命，六十而耳順，七十而從心所欲不踰矩。』」（朱熹《四書章句集注》第六三頁）

【〇五五】

精神、道德、言動，大率收斂爲主，發散是不得已。天地人物皆然。

【集評】

陳榮捷曰：「明道云：『乾，陽也，不動則不剛；「其静也專，其動也直」，不專一則不能直遂。坤，陰也，不静則不柔；「其静也翕，其動也闢」，不翕聚則不能發散。』（《二程遺書》卷十一，頁九上）陽明所得於程子多矣，然程子内外一致，陽明則似傾於内。」

【〇五六】

問：「文中子是如何人？」先生曰：「文中子庶幾『具體而微』[一]，惜其蚤死。」問：「如何却有續經之非？」曰：「續經亦未可盡非。」請問。良久，曰：「『更覺良工心獨苦』。」[二]

【箋疏】

[一]「具體而微」，語出《孟子·公孫丑上》公孫丑曰：「昔者竊聞之：子夏、子游、子張皆有聖人之一體，冉牛、閔子、顔淵則具體而微。敢問所安。」朱熹注云：「一體，猶一肢也。具體而微，謂有其全體，但未廣大耳。」（朱熹《四書章句集注》，第二七三頁）

[二]「更覺良工心獨苦」，語出杜甫《題李尊師松樹障子歌》：「老夫生平好奇古，對此興與精靈聚。已知仙客意相親，更覺良工心獨苦。」（仇兆鰲《杜詩詳注》第二册，第四六〇頁）

【〇五七】

許魯齋謂儒者「以治生爲先」之説，亦誤人。[一]

【箋疏】

[一] 許衡，字仲平，元代河内人。生於宋寧宗嘉定二年己巳（一二〇九年），卒於元世祖至元十八年辛巳（一二八一年），享年七十三歲。元世祖時官國子監祭酒。學者稱魯齋先生。其著作，現已編輯刊印爲《許衡集》。

所謂儒者「以治生爲先」之説，語本許衡曰：「爲學者，治生最爲先務。苟生理不足，則於爲學之道有所妨。彼旁求妄進及作官嗜利者，殆亦窘於生理之所致也。士君子當以務農爲生。商賈雖爲逐末，亦有可爲者，果處之不失義理，或以姑濟一時，亦無不可。若以教學與作官規圖生計，恐非古人之意也。」（《許衡集》，第三〇三至三〇四頁。同書第三一八至三一九頁，亦有相近説法。）

【集評】

陳龍正曰：「魯齋因温公之意而失之，與不謀食、不憂貧之訓明明相背。發後人多少俗腸。」◎案：陳龍正所謂「魯齋因温公之意而失之」之「温公之意」，疑指司馬光《蘇主簿夫人墓誌銘》所云：「府君年二十七，猶不學，一旦慨然謂夫人曰：『吾自視今猶可學，然家待我而生，學且廢生，奈何？』夫人曰：『我欲言之久矣，惡使子爲因我而學者。子苟有志，以生累我可也。』即罄出服玩鬻之以治生。不数年，遂爲富家。府君由是得專志於學，卒成大儒。」（司馬光《温國文正司馬公文集》第三册，第五五四頁；曾棗莊、金成禮《嘉祐集箋注》，第五二六頁。文中所謂「府君」，指蘇軾、蘇轍之父蘇洵。）未知是否，詳情有待進一步考證。

章太炎曰：「君子憂道不憂貧，義固然也。然因家無蓋藏，至于「干」禄營進以喪其志者多矣。許論自爲中人言也。」（章太炎《王守仁〈王文成公全書〉批語》，《章太炎全集·眉批集》，第二八一頁）案：「至于干禄營進」之「干」字原無，據文意補。

陳榮捷曰：「魯齋未嘗忘爲學之道與義理。陽明斷章取義，未可謂平。許衡家業農，又因元初經濟環境所需要，故重實在。讀其語録，固知其謹守程朱之教，在在不忘道義也。」

◎案：據佐藤一齋《傳習録欄外書》，王貽樂本（即王貽樂編刻《王陽明先生全集》）有語録云：「直問：『許魯齋言學者以治生爲首務，先生以爲悮人，何也？豈士之貧，可坐守不經營耶？』先生曰：『但言學者治生上儘有工夫則可，若以治生爲首務，使學者汲汲營利，斷不可也。且天下首務，孰有急於講學耶？雖治生亦是講學中事，但不可以之爲首務，徒啓營利之心。果能於此處調停得心體無累，雖終日做買賣，不害其爲聖爲賢，何妨於學？學何貳於治生？』」（佐藤坦《傳習録欄外書》，《佐藤一齋全集》第五卷，第三九三頁）所言可與此條互發。

【〇五八】

問仙家元氣、元神、元精[一]。先生曰：「只是一件。流行爲氣，凝聚爲精，妙用爲神。」

【箋疏】

[一] 陳榮捷曰：「道家煉丹工夫以人未有此身，先有三元。一氣之妙用爲元神，一氣之流行爲元氣，一氣之凝聚爲元精。所謂氣，非呼吸之氣；精，非交感之精；神，非思慮之神，而乃元始要素，謂之三元，亦稱三華。連元性、元情，謂之五元。」

【〇五九】

喜怒哀樂本體自是中和的。纔自家着些意思，便過、不及，便是私。

【集評】

施邦曜曰：「著[一]毫意思，便不是率性。」

東正純曰：「『喜怒哀樂本體自是中和，纔著意思便是私』，固然。然已有私，不得不著意去之，中和本體

亦自在其中，要仔細理會。」（東正純《傳習録參考》，《澤瀉先生全集》上册，第六三一頁）

【〇六〇】

問「哭則不歌」[一]。先生曰：「聖人心體自然如此。」

【箋疏】

[一]「哭則不歌」，語見《論語·述而》：「子食於有喪者之側，未嘗飽也。子於是日哭，則不歌。」（朱熹《四書章句集注》，第一一〇頁）

【〇六一】

克己須要掃除廓清，一毫不存方是。有一毫在，則衆惡相引而來。

【集評】

施邦曜曰：「須要時時存此念，即此念盡净；若一念放下，則私欲便萌。」

【〇六二】

問《律呂新書》[一]。先生曰：「學者當務爲急。算得此數熟，亦恐未有用，必須心中先具禮樂之本方可。且如其書説『多用管以候氣』㊀[二]，然至冬至那一刻時，管灰之飛，或有先後，須臾之間，焉知那管正值冬至之刻？須自心中先曉得冬至之刻始得。此便有不通處。學者須先從禮樂本原上用功。」

【校勘】

㊀ **多用管以候氣**：「多」，施邦曜本、俞嶙本、陳榮捷本作「冬」。

【箋疏】

[一]《律呂新書》，蔡元定撰。蔡元定，字季通，宋代福建建陽人。生於宋高宗紹興五年乙卯（一一三五年），卒於宋寧宗慶元四年戊午（一一九八年），享年六十四歲。朱熹弟子。書分二卷，卷一爲「律呂本源」，凡十三篇；卷二爲「律呂證辨」，凡十篇。朱熹稱「其律書法度甚精，近世諸儒皆莫能及」。四庫館臣以爲，「蓋是書實朱、蔡師弟子相與共成之者，故獨見許如此」。（永瑢《四庫全書總目》上册，第三二一至三二二頁）

［一二］三輪執齋曰：「蔡元定以管候氣之法：埋十二管於密室，上與地平，實以葭灰，覆以緹素，以候十有二月之中氣。冬至氣至，則黄鐘之管飛灰衝素。大寒以下，各以其月，隨而應焉，而時序正矣。其管則黄鐘，長九寸，空圍九分，以黍粒定之也。餘十一律，由是而損益焉。」◎案：蔡元定《律呂新書》對「候氣之法」有較爲詳細之論述，其文云：「候氣之法：爲室三重，户閉塗釁必周密，布緹縵室中，以木爲案，每律各一案。内卑外高，從其方位，加律其上，以葭灰實其端，覆以緹素，案曆而候之。氣至則吹灰動素，小動爲和氣，大動爲君弱臣强專政之應，不動爲君嚴猛之應。其升降之數：在冬至，則黄鐘九寸（升五分二釐三毫）；大寒，則大呂八寸三分七釐六毫（升三分七釐六毫）；雨水，則太簇八寸（升四分五釐一毫六絲）；春分，則夾鐘七寸四分三釐七毫三絲（升三分三釐七毫三絲）；穀雨，則姑洗七寸一分（升四分□□五毫四絲三忽）；小滿，則仲呂六寸五分八釐三毫四絲六忽（升三分□□三毫四絲六忽）；夏至，則蕤賓六寸二分八釐（升二分八釐）；大暑，則林鐘六寸（升三分三釐四毫）；處暑，則夷則五寸五分五釐一毫（升二分五釐五毫）；秋分，則南呂五寸三分（升三分□□四毫一絲）；霜降，則無射四寸八分八釐四毫八絲（升二分二釐四毫八絲）；小雪，則應鐘四寸六分六釐（升三分一毫一絲）。」（蔡元定《律呂新書》，日本刻本，上卷，第一六至一七頁）案：明邢雲路所撰《古今律曆考》卷三〇所載「候氣之法」，内容與日本刻本《律呂新書》同；而四庫全書本《律呂新書》所載「候氣之法」，文字與此所引録略有差異，且無「小雪，則應鐘四寸六分六釐」句後「升三分一毫一絲」七字。（參邢雲路《古今律曆考》，《景印文淵閣四庫全書》第七八七册，第三五六至三五七頁；蔡元定《律呂新書》，《景印文淵

閣四庫全書》第二一二冊，第一七頁）

【集評】

佐藤一齋曰：「蔡元定律呂之説，亦天地自然之數，有不可誣者。然竟是工藝末節，非急務，殆亦『籩豆有司』之類也。孟子曰『萬物皆備於我矣，反身而誠，樂莫大焉』，又曰『先立乎其大者，則其小者不能奪也』。夫既曰物備於我，則陰陽之和、氣節之調，皆當於我乎求焉，此乃禮樂本原。致中和而天地位、萬物育，反身之樂莫大焉，非先立大者之謂乎？若夫律呂之説、數理之末、伶瞽之守，非君子之所屑爲。此條之旨蓋如此。」

許舜屏曰：「〔陽明〕此説似乎不確。蓋心中如能先曉得冬至之刻，何必再用管以候氣？正惟其不曉得，故須用管來試驗耳。先生之意，殆亦『德成而上、藝成而下』，不欲以術數之學誤其學問耶？」◎案：「德成而上、藝成而下」，語出《禮記·樂記》：「是故德成而上，藝成而下，行成而先，事成而後。」（朱彬《禮記訓纂》下冊，第五八七頁）許舜屏原文將「德成而上、藝成而下」誤作「徒成爲上、藝成而下」，義不可解。茲依據《禮記·樂記》改正。

【〇六三】

曰仁云：「心猶鏡也。聖人心如明鏡，常人心如昏鏡。近世格物之説[二]，如以鏡照物，照上用功，不知鏡尚昏在，何能照？先生之格物，如磨鏡而使之明，磨上用功，明了後亦未嘗廢照。」

【箋疏】

［一］「近世格物之説」，指朱子格物之説。

【集評】

張烈曰：「［徐愛］此語亦衹可隔壁聽也。夫即事即物磨礲研辨，正在磨上用功也，以爲用功於照，不亦誣乎！」（張烈《王學質疑》，《四庫全書存目叢書》子部第二三册，第八五頁）

臺灣藏謝廷傑本眉批云：「朱子之格物以致知，正是磨鏡而使之明也。陽明一味信心，殊不知以未格物窮理之心，鏡尚昏在，何能照物？」

《傳習録》所録陽明門人語録，僅此一條。佐藤一齋曰：「《兩浙名賢集》曰：『徐愛性警敏，聞言即悟。時四方同志雲集，文成公至不能答，每令愛分接之，咸得所欲而去。』此條恐曰仁分接時語也。」◎案：佐藤所謂《兩浙名賢集》，似應爲《兩浙名賢録》，徐象梅撰。

陳榮捷曰：「《傳習録》只此一條爲門人之言，然其暢述陽明思想，無可疑問。陽明以聖人之心比明鏡，徐愛以明鏡與格物相連，似是新義。然謂照物不在照上用功而在磨鏡上用功，即陽明格物之不在格外物而在格心之意耳。」

【○六四】

問道之精粗。先生曰：「道無精粗，人之所見有精粗。如這一間房，人初進來，只見一個大規模如此；處久，便柱壁之類，一一看得明白；再久，如柱上有些文藻，細細都看出來，然只是一間房。」

【集評】

東正純曰：「學術之分，概坐所是之精粗。不獨儒家，雖禪佛老伯，皆非無所是，比之聖人，不免爲粗耳。」（東正純《傳習録參考》，《澤瀉先生全集》上册，第六三一頁）

【○六五】

先生曰：「諸公近見時少疑問，何也？人不用功，莫不自以爲已知爲學，只循而行之是矣。殊不知私欲日生，如地上塵，一日不掃，便又有一層。着實用功，便見道無終窮，愈探愈深，必使精白無一毫不徹方可。」

【集評】

許舜屏曰：「許魯齋亦是最喜人問，嘗云『教人與用人正相反。用人當用其所長，教人當教其所短』。先生之言，却更深一層。」◎案：許舜屏所引述魯齋語，見《魯齋遺書》卷一三「國學事迹」。（《許衡集》，第三一八頁）

【〇六六】

問：「知至然後可以言誠意㊀。今天理人欲知之未盡，如何用得克己工夫？」先生曰：「人若真實切己用功不已，則於此心天理之精微，日見一日；私欲之細微，亦日見一日。若不用克己工夫，終日只是説話而已，天理終不自見，私欲亦終不自見。如人走路一般，走得一段，方認得一段；走到岐路處，有疑便問，問了又走，方漸能到得欲到之處。今人於已知之天理不肯存，已知之人欲不肯去，且只管愁不能盡知，只管閒講，何益之有？且待克得自己無私可克，方愁不能盡知亦未遲在。」㊁

【校勘】

㊀ **知至然後可以言誠意**：「誠意」，黄宗羲《明儒學案・姚江學案》所録此語録，作「意誠」。（黄宗羲《明儒

學案（修訂本）》上冊，第二〇三頁）◎案：《大學》原文有「知至而後意誠」之説（朱熹《四書章句集注》，第五頁），作「意誠」，於義爲長。

㊁ **方愁不能盡知亦未遲在**：「在」，施邦曜本、俞嶙本作「耳」。

【〇六七】

問：「道一而已[一]。古人論道往往不同，求之亦有要乎？」先生曰：「道無方體，不可執着。却拘滯於文義上求道，遠矣。如今人只説天，其實何嘗見天？謂日月風雷即天，不可；謂人物草木不是天，亦不可。道即是天。若識得時，何莫而非道？㊀人但各以其一隅之見認定，以爲道止如此，所以不同。若解向裏尋求，見得自己心體，即無時無處不是此道。亘古亘今，無終無始，更有甚同異？心即道，道即天，知心則知道、知天。」又曰：「諸君要實見此道，須從自己心上體認，不假外求始得。」

【校勘】

㊀ **何莫而非道**：「何莫」，三輪執齋本、佐藤一齋本作「何適」。

【箋疏】

［一］「道一而已」，語本《孟子・滕文公上》：「夫道，一而已矣。」（朱熹《四書章句集注》，第二九四頁）

【集評】

王應昌曰：「直告以求道于心，豈不捷便，類象山之尊德性；徧告以風雷、草木上求，甚實際，又類晦庵之耑道問學。故惟致吾良知于物，而天下之物無一不與我良知相符，纔是先生囊括朱、陸之手。」（王應昌《王陽明先生傳習録論》卷上之二，第二四頁）

【〇六八】

問：「名物度數亦須先講求否？」先生曰：「人只要成就自家心體，則用在其中。如養得心體果有未發之中，自然有發而中節之和，自然無施不可。苟無是心，雖預先講得世上許多名物度數，與己原不相干，只是裝綴，臨時自行不去；亦不是將名物度數全然不理，只要知所先後，則近道。」[一]又曰：「人要隨才成就。才是其所能爲，如夔之樂、稷之種，是他資性合下便如此[二]。成就之者，亦只是要他心體純乎天理。其運用處，皆從天理上發來，然後謂之才。到得純乎天理處，亦能『不器』。使夔、稷易藝而爲，當亦能之。」又曰：「如『素富貴行乎富貴，素患難行乎患難』[三]，皆是『不器』。此惟養得心體正者能之。」

【箋疏】

[一]「知所先後，則近道」，語本《大學》：「物有本末，事有終始，知所先後，則近道矣。」（朱熹《四書章句集注》，第四頁）

但衡今曰：「陽明學術主心外無物、心外無理、心外無事，何有乎名物度數，而名物度數在其中；何容乎預先講求，而預先講求在其中。在學理上，有其獨特之見，亦自有其勝義。若必以即物窮理爲支離，則心與凡物了不相涉，安能免於物自爲物、我自爲我之失？若謂一了百了，佛氏有此説法，不知猶有不了者在。此之謂『執中無權猶執一也』。」（但衡今《王陽明傳習録札記》上卷，第八九至九〇頁）

[二]「夔之樂、稷之種」，典出《尚書·舜典》：「帝曰：『棄，黎民阻飢，汝后稷播時百穀』」；「帝曰：『夔，命汝典樂，教胄子』」。（孔安國傳、孔穎達疏《尚書正義》，第九九、一〇六頁）

[三]「素富貴行乎富貴，素患難行乎患難」，語見《中庸》。（朱熹《四書章句集注》，第二八頁）

【集評】

東正純曰：「『不器』之説，但『純天理』『富貴患難』『養得心體』盡之；『夔稷易藝』，不必説之，却將啓學人紛紜之議焉，删之可也。」（東正純《傳習録參考》，《澤瀉先生全集》上册，第六三一至六三二頁）

【〇六九】

「與其爲數頃無源之塘水，不若爲數尺有源之井水，生意不窮。」時先生在塘邊坐，傍有井，故以之喻學云。

【集評】

許舜屏曰：「此所謂隨地皆有學問也。」

【〇七〇】

問：「世道日降。太古時氣象，如何復見得？」先生曰：「一日便是一元[一]。人平旦時起坐，未與物接，此心清明景象，便如在伏羲時遊一般。」

【箋疏】

[一] 元、會、運、世、年，古人用以紀年之語。據邵雍，一元爲十二會，一會爲三十運，一運爲十二世，一世爲三

十年。故十二萬九千六百年爲一元。（參邵雍《觀物内篇》，《邵雍集》，第三五至三六頁）

【○七一】

問：「心要逐物，如何則可？」先生曰：「人君端拱清穆，六卿分職，天下乃治[一]。心統五官，亦要如此[二]。今眼要視時，心便逐在色上；耳要聽時，心便逐在聲上。如人君要選官時，便自去坐在吏部；要調軍時，便自去坐在兵部。如此，豈惟失却君體，六卿亦皆不得其職。」

【箋疏】

［一］六卿，此指吏部、户部、禮部、兵部、刑部、工部六部尚書。

［二］「心統五官」，語本《荀子·天論》：「耳目鼻口形能，各有接而不相能也，夫是之謂天官。心居中虚，以治五官，夫是之謂天君。」（王先謙《荀子集解》下册，第三〇九頁）

【○七二】

善念發而知之，而充之；惡念發而知之，而遏之。知與充與遏者，志也，天聰明也。聖人只

有此，學者當存此。[一]

【箋疏】

[一] 佐藤一齋曰：「『天聰明』，即良知也。聖人自然，故曰『有』；學者用功，故曰『存』。」◎案：陳榮捷將佐藤一齋此語，誤作三輪執齋之言。

【〇七三】

澄曰：「好色、好利、好名等心，固是私欲。如閒思雜慮，如何亦謂之私欲？」先生曰：「畢竟從好色、好利、好名等根上起，自尋其根便見。如汝心中決知是無有做劫盜的思慮，何也？以汝元無是心也。汝若於貨色名利等心㈠，一切皆如不做劫盜之心一般，都消滅了，光光只是心之本體，看有甚閒思慮？此便是『寂然不動』，便是『未發之中』，便是『廓然大公』㈡，自然『感而遂通』，自然『發而中節』，自然『物來順應』。」[一]

【校勘】

㈠ **汝若於貨色名利等心**：「貨」，施邦曜本、俞嶙本作「好」。◎案：據上文「好色、好利、好名等心」「好色、好利、好名等根」之説，作「好」，似於義爲長。

㊁ **便是「廓然大公」**：「大公」，原作「太公」，據施邦曜本、俞嶙本、張問達本、四庫全書本、許舜屏本、葉紹鈞本、陳榮捷本、鄧艾民本改。此語出自程顥《答横渠張子厚先生書》「莫若廓然而大公，物來而順應」，以作「大公」爲是。後文尚有多處同類文字，均同此改。爲避免繁複，不再一一出校勘記。

【箋疏】

［一］「寂然不動」「感而遂通」，語本《周易·繫辭上傳》：「《易》無思也，無爲也，寂然不動，感而遂通天下之故。非天下之至神，其孰能與於此。」（朱熹《周易本義》，《朱子全書》第一册，第一三二頁）

「未發之中」「發而中節」，語本《中庸》：「喜怒哀樂之未發，謂之中；發而皆中節，謂之和。」（朱熹《四書章句集注》，第二一頁）

「廓然大公」「物來順應」，語本程顥《答横渠張子厚先生書》：「故君子之學，莫若廓然而大公，物來而順應。」（程顥、程頤《二程集》第二册，第四六〇頁）

【集評】

徐問曰：「或謂『貨色名利等心，一切都消滅了，只是心之本體，自無閑思慮，此便是寂然不動、未發之中，便是廓然大公，自然感而遂通、發而中節』，如此只説得『至誠能盡其性』者也。若常人之心易感而動，其動也，天理之道心常少，物欲之人心常多，貨色名利等心，如何會自然消滅得盡，便至寂然不動、廓然大公、發而皆中其節哉？大舜惟精惟一，是精察理欲之幾，而決去人欲以循天理，斷斷乎不可易者，其次則莊敬以存

養之而已。」（徐問《讀書劄記》，《景印文淵閣四庫全書》第七一四册，第四一六頁）

東正純曰：「劉忠端曰：『小人只是無忌憚，便結果一生。至《大學》止言閒居爲不善耳，閒居爲不善，只是一種懶散精神無著落處，便是萬惡淵藪，正是小人無忌憚處。』按：斬斷欲根，自昔有其法，而未有如此提出親切者。劉忠端言『只是一種懶散精神無著落處，便是萬惡淵藪』，與此相發。須知色利名消滅處，精神纔有著落處。」（東正純《傳習録參考》，《澤瀉先生全集》上册，第六三二頁）案：劉忠端，即劉宗周。忠端，劉宗周之謚號。

【〇七四】

問志至氣次。先生曰：「『志之所至，氣亦至焉』之謂，非『極至』『次貳』之謂。『持其志』，則養氣在其中；『無暴其氣』，則亦持其志矣。孟子救告子之偏，故如此夾持説。」[一]

【箋疏】

[一]「志至氣次」，語本《孟子·公孫丑上》：「夫志，氣之帥也；氣，體之充也。夫志至焉，氣次焉。故曰『持其志，無暴其氣』。」「極至」「次貳」，語本朱熹《孟子集注》：「若論其極，則志固心之所之，而爲氣之將帥；然氣亦人之所以充滿於身，而爲志之卒徒者也。故志固爲至極，而氣即次之。」（朱熹《四書章句集注》，第二六九頁）

【〇七五】

問：「先儒曰『聖人之道，必降而自卑；賢人之言，則引而自高』[二]，如何？」先生曰：「不然。如此却乃僞也㊀。聖人如天，無往而非天。三光之上，天也；九地之下，亦天也。天何嘗有降而自卑？此所謂大而化之也。賢人如山嶽，守其高而已。然百仞者不能引而爲千仞，千仞者不能引而爲萬仞。是賢人未嘗引而自高也，引而自高則僞矣。」

【校勘】

㊀ **如此却乃僞也**：「乃」，德安府重刊本、孫應奎本、錢錞本、水西精舍本、閭東本、施邦曜本、俞嶙本、三輪執齋本、佐藤一齋本作「是」。

【箋疏】

[二]「先儒曰」云云，語見朱熹《論語集注》引程子曰：「聖人之教人，俯就之若此，猶恐衆人以爲高遠而不親也。聖人之道，必降而自卑，不如此則人不親；賢人之言，則引而自高，不如此則道不尊。觀於孔子、孟子，則可見矣。」（朱熹《四書章句集注》，第一二九頁）◎案：朱子所引程子之言，見《河南程氏外書》卷第三。惟其中「聖人之道」，《河南程氏外書》作「聖人之言」；「賢人之言，則引而自高」，作「賢人之

言，必引而自高」。（程顥、程頤《二程集》第二册，第三六九頁）

【○七六】

問：「伊川謂不當於喜怒哀樂未發之前求中，延平却教學者看未發之前氣象，何如？」[一]先生曰：「皆是也。伊川恐人於未發前討個中，把中做一物看，如吾向所謂『認氣定時做中』，故令只於涵養省察上用功；延平恐人未便有下手處，故令人時時刻刻求未發前氣象，使之正目而視惟此、傾耳而聽惟此㊀，即是『戒慎不睹、恐懼不聞』的工夫[二]。皆古人不得已誘人之言也。」

【校勘】

㊀ **使之正目而視惟此、傾耳而聽惟此**：「使之」，原作「使人」，據王畿本、孫應奎本、錢錞本、水西精舍本、閭東本、胡宗憲本、郭朝賓本、施邦曜本、俞嶙本、三輪執齋本、佐藤一齋本改。

【箋疏】

[一]「伊川謂不當於喜怒哀樂未發之前求中」，語本《河南程氏遺書》：「蘇季明問：『中之道與喜怒哀樂未發謂之中，同否？』曰：『非也。喜怒哀樂未發是言在中之義，只一個中字，但用不同。』或曰：『喜怒哀

樂未發之前求中，可否？』曰：『不可。既思於喜怒哀樂未發之前求之，又却是思也。既思即是已發。（原注：思與喜怒哀樂一般。）纔發便謂之和，不可謂之中也。』又問：『呂學士言：當求於喜怒哀樂未發之前。信斯言也，恐無著摸，如之何而可？』曰：『看此語如何地下。若言存養於喜怒哀樂未發之時，則可；若言求中於喜怒哀樂未發之前，則不可。』」（程顥、程頤《二程集》第一册，第二〇〇頁）

「延平却教學者看未發之前氣象」，語本《延平答問》：「某曩時從羅先生學問，終日相對静坐，只説文字，未嘗及一雜語。先生極好静坐，某時未有知，退入室中，亦只静坐而已。羅先生令静中看喜怒哀樂未發之謂中，未發時作何氣象，此意不唯於進學有力，兼亦是養心之要。」（朱熹輯《延平答問》，《朱子全書》第一三册，第三二二頁；黄宗羲等《宋元學案》，《黄宗羲全集》第四册，第五七七至五七八頁）李侗，字愿中，宋代南劍人，學者稱延平先生。生於宋哲宗元祐八年癸酉（一〇九三年），卒於宋孝宗隆興元年癸未（一一六三年），享年七十一歲。羅從彦之徒、朱熹之師。

[二]「戒慎不睹、恐懼不聞」，語本《中庸》：「道也者，不可須臾離也，可離非道也。是故君子戒慎乎其所不睹，恐懼乎其所不聞。」（朱熹《四書章句集注》，第二〇頁）

【集評】

施邦曜曰：「舍戒慎恐懼，實無涵養省察工夫。」

孫奇逢曰：「古人不得已誘人之言，原各有是處，執之，又成聚訟矣。」（孫奇逢《理學宗傳》，《孔子文化大全：理學宗傳》，第五九七頁）

【〇七七】

澄問：「喜怒哀樂之中和，其全體常人固不能有。如一件小事當喜怒者，平時無有喜怒之心，至其臨時，亦能中節，亦可謂之中和乎？」先生曰：「在一時一事，固亦可謂之中和，然未可謂之『大本』『達道』。人性皆善，中和是人人原有的，豈可謂無？但常人之心既有所昏蔽，則其本體雖亦時時發見，終是暫明暫滅，非其全體大用矣。無所不中，然後謂之『大本』；無所不和，然後謂之『達道』。惟天下之至誠，然後能立天下之大本。」[二]曰：「澄於中字之義尚未明。」曰：「此須自心體認出來，非言語所能喻。中只是天理。」曰：「何者爲天理？」曰：「去得人欲，便識天理。」曰：「天理何以謂之中？」曰：「無所偏倚。」曰：「無所偏倚是何等氣象？」曰：「如明鏡然，全體瑩徹[一]，略無纖塵染着。」曰：「偏倚是有所染着。如着在好色、好利、好名等項上，方見得偏倚；若未發時，美色名利皆未相着，何以便知其有所偏倚？」曰：「雖未相着，然平日好色、好利、好名之心，原未嘗無；既未嘗無，即謂之有；既謂之有，則亦不可謂無偏倚。譬之病瘧之人，雖有時不發，而病根原不曾除，則亦不得謂之無病之人矣。須是平日好色、好利、好名等項一應私心，掃除蕩滌，無復纖毫留滯，而此心全體廓然，純是天理，方可謂之喜怒哀樂未發之中，方是天下之大本。」

【校勘】

㈠ 全體瑩徹：「瑩徹」，三輪執齋本、佐藤一齋本作「大用」。

【箋疏】

［一］「大本」「達道」，語本《中庸》：「喜怒哀樂之未發，謂之中；發而皆中節，謂之和。中也者，天下之大本也；和也者，天下之達道也。」「惟天下之至誠，然後能立天下之大本」，語本《中庸》：「唯天下至誠，爲能經綸天下之大經，立天下之大本，知天地之化育。」（朱熹《四書章句集注》，第二一、四五頁）

【集評】

馮柯曰：「未發之中，純是天理，寂然廓然，無所偏倚。陽明謂其『如明鏡然，全體瑩徹，略無纖塵染著』，似矣。然又謂『美色名利雖未相著，而其平日好色好利好名之心原未嘗無。譬之病瘧之人，雖有時不發，而病根原不曾除，亦不得謂之無病』，則有深可疑者。蓋瘧乍發乍止，乍止乍發，則發固瘧也，其不發之時亦瘧也。今乃以不發之瘧況未發之中，是未發之中特其好色好利好名之心未形見者爾。如此，何以爲天下之大本耶？何其與明鏡之言自相戾耶？鏡本無塵，而塵生於染；人本無瘧，而瘧生於病；心本無偏倚，而偏倚生於意。故未發之中，即無疾之人、無塵之鏡也。而以病瘧喻之，豈非引喻之失當者耶？」（馮柯《求是編》，岡田武彦、荒木見悟主編《和刻影印近世漢籍叢刊·思想三編》第一五册，第一七一至一七二頁）

劉宗周曰：「此即朱子『至静之中，無少偏倚』之説，先生直以『良知』二字貫之，終不著静時一項功夫。『平日』二字亦約略言之耳。」（劉宗周《陽明傳信録》，《劉宗周全集》第五册，第六一頁）

吉村秋陽曰：「此問答，俱以中和爲前後二時，猶是舊説。嘗竊謂：蓋自性言之，即中即和，固一時事，下『萬象森然』條是也；自心言之，則中主無事，和主有事，分屬爲二，亦無不可。古語往往有如此者。然即中而和在，即和而中存，畢竟非二時。在善體會之。」（吉村晉《王學提綱》，岡田武彦、荒木見悟主編《和刻影印近世漢籍叢刊・思想三編》第一二册，第一二〇頁）

【〇七八】

問：「『顏子没而聖學亡』[一]，此語不能無疑。」先生曰：「見聖道之全者惟顏子，觀喟然一嘆可見。其謂『夫子循循然善誘人，博我以文，約我以禮』[二]，是見破後如此説。博文約禮，如何是善誘人？學者須思之。道之全體，聖人亦難以語人，須是學者自修自悟。顏子『雖欲從之，末由也已』，即文王『望道未見』意[三]。望道未見，乃是真見。顏子没，而聖學之正派遂不盡傳矣。」

【箋疏】

[一]「顏子没而聖學亡」，語本陽明《别湛甘泉序》：「顏子没而聖人之學亡。曾子唯一貫之旨，傳之孟

軻終，又二千餘年而周、程續。」（王守仁《王陽明全集（新編本）》第一册，第二四五頁）案：《增城沙堤湛氏族譜》所載陽明此贈序，作「顏子没而聖人之學亡。曾子唯一貫之旨，傳之子思、孟軻絕，又二千餘年而周、程續」。（《增城沙堤湛氏族譜》第二七卷，第一〇六頁）◎案：陽明「顏子没而聖人之學亡」之説，源於宋儒陸象山。象山《語録》云：「顏子問仁之後，夫子許多事業，皆分付顏子了。故曰『用之則行，舍之則藏，惟我與爾有是』。顏子没，夫子哭之曰：『天喪予。』蓋夫子事業自是無傳矣。曾子雖能傳其脉，然『參也魯』，豈能望顏子之素蓄？幸曾子傳之子思，子思傳之孟子，夫子之道，至孟子而一光。然夫子所分付顏子事業，亦竟不復傳也。」（陸九淵《陸九淵集》，第三九七頁）

[二]「夫子循循然善誘人」云云，語見《論語・子罕》：「顏淵喟然嘆曰：『仰之彌高，鑽之彌堅；瞻之在前，忽焉在後。夫子循循然善誘人，博我以文，約我以禮。欲罷不能，既竭吾才，如有所立卓爾。雖欲從之，末由也已。』」（朱熹《四書章句集注》，第一三〇頁）

[三]「望道未見」，語本《孟子・離婁下》：「文王視民如傷，望道而未之見。」（朱熹《四書章句集注》，第三四七頁）

【集評】

顧應祥曰：「王汝中曰：『顏子不遠復，正是德性之知。孔門致知之學，所謂復以自知，不學不慮之良知也。子貢務于多學，以億而中，與顏子正相反。顏子没而道學亡。子貢學術易於湊泊，積習漸染至千百年而未已。先師憂憫後人，將此兩字信手拈出，以承千聖絶學，誠不得已之苦心也。世之儒者反鬨然指以爲異而非之，夜光之珠，視者按劍，無怪其然也。』愚謂此言非也。謂『顔子没而聖學亡』，則曾子之《大學》、子思之《中庸》、孟子七篇仁義，非聖學乎？漢唐諸儒雖純駁不同，然皆各有師傳，非得之子貢。至宋濂洛關閩諸子者出，方闡明心學，上繼千載不傳之緒，惟講致知格物不同。今陽明揭出致良知以示人，謂之發前賢所未發則可，謂其遠接顔子，愚未敢以爲然。子貢在聖門，雖未得一貫之旨，至於億則屢中，夫子亦無貶詞；他日，因論學知《詩》，又曰『我不欲人之加諸我，吾亦欲無加諸人』，蓋亦用心於内者。人或謂其賢於仲尼，豈可以湊泊而少之乎？且致良知之説，人亦未嘗非之。所以非之者，正謂講良知者實未嘗致其良知也。又況良知一言，發自孟子；格物致知，出自曾子，不知在顔子未没之前耶？抑在顔子已殁之後耶？」（顧應祥《静虚齋惜陰録》，《四庫全書存目叢書》子部第八四册，第八四頁）◎案：顧應祥此語，既是針對王畿之言而發，亦係針對陽明「顔子没而聖學亡」而論。

王道在其《看林學士〈講餘荅問〉復書》回應林國輔《講餘荅問》「謂陽明論『顔子没而聖學亡』非是」云：「『喪予』之嘆，分明悼聖學之亡也。陽明此見無病，恐不必深求過詆。蓋必真知聖學爲何事，然後可論其亡不亡、續不續也。」（王道《王文定公文録》第六卷，第三六頁）

王時槐曰：「『顔子没而聖人之學亡』，此陽明先生獨見之語，至當不可易也。孔子自言『天喪予』，其意亦可想矣。」（王時槐《王時槐集》，第四九〇頁）

【〇七九】

問：「身之主爲心，心之靈明是知，知之發動是意，意之所着爲物，是如此否？」先生曰：「亦是。」[一]

【箋疏】

[一] 陶潯霍曰：「『亦是』云者，蓋先生本意，謂心之發爲意、意之本體爲知、意之所著爲物也，方與《大學》之序合。」（轉引自孫鏘《傳習録集評》，第五九頁；陳榮捷《王陽明傳習録詳注集評》，第一〇六頁）

【〇八〇】

只存得此心常見在，便是學。過去未來事，思之何益？徒放心耳。[一]

【箋疏】

[一] 佐藤一齋曰：「心之官爲思，存得此心，只是思一個理也。『常見在』，謂動静一貫也；『過去未來事，思

之何益』，蓋就原静受病處言之。」◎案：陳榮捷將佐藤一齋此語，誤作施邦曜之言。

東正純曰：「『存得此心』，一息放下，學問思辯行之心便不存。然過去亦此心之過去，未來亦此心之未來，一齊貫串了。此意在言外，學者須體會之。」（東正純《傳習録參考》，《澤瀉先生全集》上册，第六三三頁）

【〇八一】

言語無序，亦足以見心之不存。[一]

【箋疏】

[一] 許舜屏曰：「心既放去，自然言語無序了。」

【〇八二】

尚謙問孟子之「不動心」與告子異[一]。先生曰：「告子是硬把捉着此心，要他不動。孟子却是集義到自然不動。」又曰：「心之本體原自不動。心之本體即是性，性即是理。性元不動，理元不動。集義是復其心之本體。」

【箋疏】

［一］薛侃，字尚謙，號中離，廣東揭陽人。生於成化二十二年丙午（一四八六年）六月，卒於嘉靖二十四年乙巳（一五四五年）十二月，享年六十歲。正德十二年（一五一七年）進士。嘉靖初，授行人。嘉靖九年，疏請祀陸九淵、陳獻章於文廟；未幾，上疏請早定皇儲，帝震怒，下獄廷鞫追究主使，侃惟引咎落職歸。陽明弟子。著作有《研幾録》《圖書質疑》《薛中離先生全書》等，現已編輯刊印爲《薛侃集》。

薛侃所問，見《孟子·公孫丑上》：「曰：『敢問夫子之不動心，與告子之不動心，可得聞與？』『告子曰：「不得於言，勿求於心；不得於心，勿求於氣。」不得於心，勿求於氣，可；不得於言，勿求於心，不可。夫志，氣之帥也；氣，體之充也。夫志至焉，氣次焉。故曰：持其志，無暴其氣。』『既曰「志至焉，氣次焉」，又曰「持其志無暴其氣」者，何也？』曰：『志壹則動氣，氣壹則動志也。今夫蹶者趨者，是氣也，而反動其心。』」（朱熹《四書章句集注》，第二六九頁）

【〇八三】

萬象森然時，亦沖漠無朕；沖漠無朕，即萬象森然。沖漠無朕者，「一」之父；萬象森然者，「精」之母。「一」中有「精」，「精」中有「一」。[一]

【箋疏】

[一] 此所謂「精」「一」，語出《尚書・大禹謨》：「人心惟危，道心惟微；惟精惟一，允執厥中。」（孔安國傳、孔穎達疏《尚書正義》，第一三二頁）

【集評】

佐藤一齋曰：「心之本體，寂然不動，即『沖漠無朕』也；心之大用，感而遂通，即『萬象森然』也。『一中有精』，本體工夫也；『精中有一』，工夫本體也。」

吉村秋陽曰：「『道亦器，器亦道』，體用合一之本意如此。」（吉村晉《王學提綱》，岡田武彥、荒木見悟主編《和刻影印近世漢籍叢刊・思想三編》第一二册，第一二〇頁）

東正純曰：「萬象森然，即沖漠無朕。下『時、亦』二字，似不瑩，豈在合心境而與下句不同邪？一中有精，精即一；精中有一，一即精。於是本體工夫合焉。」（東正純《傳習録參考》，《澤瀉先生全集》上册，第六三三頁）

◎案：此條，又見岑莊、岑初、徐學校刻本《陽明先生文録》（日本九州大學文學部藏）卷三，爲《大學古本傍釋》之後跋，且有落款云：「正德戊寅秋七月丙午，後學餘姚王守仁書。」（錢明《陽明學的形成與發展》，第二九五頁；束景南《陽明佚文輯考編年》上册，第五二八頁）

【○八四】

心外無物。如吾心發一念孝親，即孝親便是物。

【○八五】

先生曰：「今爲吾所謂格物之學者，尚多流於口耳。況爲口耳之學者，能反於此乎？天理人欲，其精微必時時用力省察克治，方日漸有見。如今一説話之間，雖只講天理㊀，不知心中倏忽之間已有多少私欲。蓋有竊發而不知者，雖用力察之，尚不易見，況徒口講而可得盡知乎？今只管講天理來頓放着不循，講人欲來頓放着不去，豈格物致知之學？後世之學，其極至只做得個『義襲而取』的工夫。」[一]

【校勘】

㊀**雖只講天理**：「只講」，水西精舍本、閭東本、三輪執齋本、佐藤一齋本作「口講」。◎案：「口講」與「心中」相對，且後文有「況徒口講而可得盡知乎」之説。是故作「口講」，似於義爲長。

【箋疏】

［一］「義襲而取」，語出《孟子·公孫丑上》：「其爲氣也，配義與道；無是，餒也。是集義所生者，非義襲而取之也。」（朱熹《四書章句集注》第二七〇頁）

【〇八六】

問格物。先生曰：「格者，正也，正其不正以歸於正也。」

【〇八七】

問：「知止者，知至善只在吾心，元不在外也，而后志定。」曰：「然。」

【〇八八】

問：「格物於動處用功否？」先生曰：「格物無間動静，静亦物也。孟子謂『必有事焉』，是動静皆『有事』。」[一]

【箋疏】

[一]「必有事焉」，語出《孟子·公孫丑上》：「必有事焉而勿正，心勿忘，勿助長也。」（朱熹《四書章句集注》，第二七一頁）

【集評】

劉宗周曰：「此是先生定論。先生他日每言『意在於事親，即事親爲一物』等云云，予竊轉一語曰：『意不在於事親時是恁物？』千載之下，每欲起先生於九原質之而無從也。先生又曰『工夫難處，全在格物致知上，此即誠意之事。意既誠，大段心亦自正、身亦自修。但正心修身工夫，亦各有用力處。修身是已發邊，正心是未發邊。心正則中，身修則和』云云。先生既以良知二字冒天下之道，安得又另有正修工夫？只因將意字看作已發了，故工夫不盡，又要正心，又要修身。意是已發，心是未發，身又是已發。先生每譏宋學支離而躬自蹈之。千載而下，每欲起先生於九原質之而無從也。噫！」（劉宗周《陽明傳信録》，《劉宗周全集》第五册，第六二二頁）

【〇八九】

工夫難處，全在格物致知上，此即誠意之事。意既誠，大段心亦自正，身亦自修。但正心修身工夫，亦各有用力處。修身是「已發」邊，正心是「未發」邊。心正則「中」，身修則「和」。

【集評】

臺灣藏謝廷傑本眉批云：「陽明謂『《大學》之要只在誠意，格物致知皆誠意工夫』，不但另標綱領，混得誠、致、格三條目無分別。且謂『致吾心之良知，則事事物物皆得其理』，並正、修二條目亦俱可删矣。」

但衡今曰：「陽明學術主一，訓格爲正，故格物無間動静，正其不正以歸於正。一心之外，動静皆物也。静猶等物。故已發皆物，未發無物也。未發著重誠正，已發著重修省，誠正猶修省也。陽明治學之嚴、約理之精，於此可見。」又曰：「陽明本節分身心爲二，且各有用力處，似有自語相違之嫌。治王學者，當作次第看，莫作分别解。」（但衡今《王陽明傳習録札記》上卷，第一〇一至一〇二頁）

【〇九〇】

自「格物致知」至「平天下」，只是一個「明明德」。雖「親民」，亦「明德」事也。「明德」是此心之德，即是仁。「仁者以天地萬物爲一體」[二]，使有一物失所，便是吾仁有未盡處。

【箋疏】

[二]「仁者以天地萬物爲一體」，程明道之言，見《河南程氏遺書》卷二：「醫書言手足痿痹爲不仁，此言最善名狀。仁者，以天地萬物爲一體，莫非己也。認得爲己，何所不至？若不有諸己，自不與己相干。如手足不仁，氣已不貫，皆不屬己。」（程顥、程頤《二程集》第一册，第一五頁）◎案：鄧艾民以爲此語本程顥所説「學者須先識仁。仁者，渾然與物同體」（《二程集·遺書》卷二上）。鄧氏之説，非是。

【〇九二】

只説「明明德」而不説「親民」，便似老、佛。㊀[一]

【校勘】

㊀ 此條，施邦曜本與上條合爲一條。

【箋疏】

[一] 三輪執齋曰：「朱子《大學或問》既有此説，然與先生所説，意自别。」陳榮捷曰：「《大學或問》無

相似之語。然朱子此種意見，可於《朱子語類》關於《大學》明明德與新民之問答見之。據東敬治解釋，朱子以明德、新民無分輕重，二者不可一廢；陽明則以親民爲明德之實效，明德之外無新民可言，其重點在明德。」◎案：《朱子語類》卷一七「大學四・或問上」云：「郭德元問：『《或問》：「有不務明其明德而徒以政教法度爲足以新民者，又有自謂足以明其明德而不屑乎新民者，又有略知二者當務而不求止於至善之所在者。」此三者，求之古今人物，是有甚人相似？』曰：『如此等類甚多。自謂能明其德而不屑乎新民者，如佛、老便是；不務明其明德而以政教法度爲足以新民者，如管仲之徒便是；略知明德新民而不求止於至善者，如前日所論王通便是。……』」又云：「問：『明德而不能推之以新民，可謂是自私。』曰：『德既明，自然是能新民。然亦有一種人不如此，此便是釋、老之學。此個道理，人人有之，不是自家可專獨之物。既是明得此理，須當推以及人，使各明其德。豈可説我自會了，我自樂之，不與人共？』」（黎靖德編《朱子語類》第二册，第三七九頁）三輪所謂「朱子《大學或問》既有此説」，應爲「《朱子語類》『大學・或問』既有此説」。

【集評】

于清遠曰：「明明德是成己，親民是成物。成己而不成物，是老佛的私心。」（于清遠《王陽明傳習録注釋》卷一，第五七頁）

【○九二】

至善者，性也。性元無一毫之惡，故曰至善。止之，是復其本然而已。[一]

【箋疏】

[一] 許舜屏曰：「本然者，良知也。」

【○九三】

問：「知至善即吾性，吾性具吾心，吾心乃至善所止之地，則不爲向時之紛然外求而志定矣。定則不擾擾而靜㊀，靜而不妄動則安，安則一心一意只在此處，千思萬想，務求必得此至善，是能慮而得矣。如此說，是否？」[二] 先生曰：「大略亦是。」

【校勘】

㊀ **定則不擾擾而靜**：于清遠《王陽明傳習録注釋》以及陳榮捷本作「定則不擾，不擾而靜」。然于氏、陳氏均

未説明所本。其實，「擾擾」，猶言「紛亂」，故于氏、陳氏作「定則不擾，不擾而静」，未必是也。

【箋疏】

［一］陸澄所問，乃自述其對於《大學》「知止而後有定，定而後能静，静而後能安，安而後能慮，慮而後能得」（朱熹《四書章句集注》第四頁）數語之理解。

【○九四】

問：「程子云『仁者以天地萬物爲一體』，何墨氏『兼愛』反不得謂之仁？」［一］先生曰：「此亦甚難言，須是諸君自體認出來始得。仁是造化生生不息之理，雖瀰漫周遍，無處不是，然其流行發生，亦只有個漸，所以生生不息。如冬至一陽生，必自一陽生，而後漸漸至於六陽，若無一陽之生，豈有六陽？陰亦然［二］。惟其漸，所以便有個發端處；惟其有個發端處，所以生；惟其生，所以不息。譬之木，其始抽芽，便是木之生意發端處；抽芽然後發榦，發榦然後生枝生葉，然後是生生不息。若無芽，何以有榦有枝葉？能抽芽，必是下面有個根在。有根方生，無根便死。無根何從抽芽？父子兄弟之愛，便是人心生意發端處，如木之抽芽。自此而仁民、而愛物，便是發榦生枝生葉。墨氏兼愛無差等，將自家父子兄弟與途人一般看，便自没了發端處。不抽

芽，便知得他無根，便不是生生不息，安得謂之仁？孝弟爲仁之本，却是仁理從裏面發生出來。」[三]

【箋疏】

[一] 在《墨子》書中，有題爲「兼愛」之文三篇。（孫詒讓《墨子閒詁》上册，第九一至一一七頁）此所謂「墨氏『兼愛』反不得謂之仁」，似本《孟子・滕文公下》：「楊朱、墨翟之言盈天下。天下之言，不歸楊，則歸墨。楊氏爲我，是無君也；墨氏兼愛，是無父也。無父無君，是禽獸也。」（朱熹《四書章句集注》，第三一九頁）

[二] 陽明所謂「如冬至一陽生」云云，乃借漢代易學所謂十二辟卦之陰陽消息以述説漸變。十二辟卦，乃取《周易》六十四卦中較爲特殊之復、臨、泰、大壯、夬、乾、姤、遯、否、觀、剥、坤十二卦，以配合一年十二月之月候，指示天下萬物之陰陽消息。故又稱月卦、候卦、消息卦。陽盈爲息，陰虚爲消。自復卦至乾卦爲息卦，如復一陽生，臨二陽生，泰三陽生，大壯四陽生，夬五陽生，至乾則六陽生；自姤卦至坤卦爲消卦，如姤一陰消，遯二陰消，否三陰消，觀四陰消，剥五陰消，至坤則六陰消。乾坤兩卦乃爲消息之母。（參黄壽祺、張善文《周易譯注》卷首，第五六至五七頁）

[三] 「孝弟爲仁之本」，語本《論語・學而》：「有子曰：『其爲人也孝弟，而好犯上者，鮮矣；不好犯上，而好作亂者，未之有也。君子務本，本立而道生。孝弟也者，其爲仁之本與！』」對於「孝弟也者，其爲仁

之本與」，朱熹《論語集注》云：「或問：『孝弟爲仁之本，此是由孝弟可以至仁否？』曰：『非也。謂行仁自孝弟始，孝弟是仁之一事。謂之行仁之本則可，謂是仁之本則不可。蓋仁是性也，孝弟是用也，性中只有個仁、義、禮、智四者而已，曷嘗有孝弟來？然仁主於愛，愛莫大於愛親，故曰孝弟也者，其爲仁之本與！』」（朱熹《四書章句集注》，第五六頁）◎案：陽明此處對「孝弟也者，其爲仁之本與」之理解，似與朱子所論有所不同。

【集評】

顧應祥曰：「此論墨氏之愛無差等爲非仁，是矣。然其言反有類乎墨。孟子曰：『君子之於物也，愛之而弗仁；於民也，仁之而弗親。親親而仁民，仁民而愛物。』不特施之有緩急，而發源處自有差等。假如己之親則服勞奉養，他人之親豈皆服勞奉養乎？己之親歿則擗踊哭泣，他人之親豈可擗踊哭泣乎？皆天理之當分別者也。所謂仁者以天地萬物爲一體者，當親則親，當仁則仁，當愛則愛，各盡其當然之則而已。今曰由一陽以至六陽，由抽芽以至枝葉，與墨氏之愛無差等、施由親始何以異乎？」（顧應祥《静虚齋惜陰録》，《四庫全書存目叢書》子部第八四册，第六五至六六頁）

臺灣藏謝廷傑本眉批云：「如但以父子、兄弟之愛是人心生意發端抽芽處，則亦夷之『施由親始』之説耳，安見異於墨氏之兼愛耶？惟父子、兄弟之愛是大根本，仁民以下乃是抽芽生枝。所謂仁者，則根本裏面生生之理所以達諸芽枝而不窮者也。細分之，孝是立根，弟是抽芽，仁民愛物是生枝發葉，是謂差等。」

【〇九五】

問：「延平云『當理而無私心』[一]，當理與無私心，如何分別？」先生曰：「心即理也。無私心，即是當理；未當理，便是私心。若析心與理言之，恐亦未善。」[二]又問：「釋氏於世間一切情欲之私都不染着，似無私心。但外棄人倫，却似未當理。」曰：「亦只是一統事，都只是成就他一個私己的心。」

（右門人陸澄録）

【箋疏】

[一]「當理而無私心」，語出《延平答問》：「仁只是理，初無彼此之辨。當理而無私心，即仁矣。」（朱熹輯《延平答問》，《朱子全書》第一三册，第三二八頁）

[二]顧應祥曰：「愚謂心與理一，固是正論，然學未至於聖人者，見理未真，未免有過中失正，而原其心則無私，雖不當理，豈可謂之私心乎？又有一種事雖合理，而原其心則有所爲，豈可謂之不當理乎？無私心而不當理，失之過與不及，不害其爲賢；若夫事雖合理，而心出於私，則霸術耳。」（顧應祥《静虚齋惜陰録》，《四庫全書存目叢書》子部第八四册，第六五頁）

馮柯曰：「當理以事言，無私心以心言，此當理與無私心之别也。」（馮柯《求是編》，岡田武彦、荒木見悟主編《和刻影印近世漢籍叢刊・思想三編》第一五册，第一八二頁）

臺灣藏謝廷傑本眉批云：「無私是就心上説，當理是就施於事上説。一味混併，此等講學亦何難哉？」

東正純曰：「『心即理，無私心即是當理』，究竟洞微之語。然善會得此意，則當理無私挾持説而不失爲一，延平亦未必爲乖，而謬在後儒失旨矣。」（東正純《傳習録參考》，《澤瀉先生全集》上册，第六三四頁）

【〇九六】

侃問「持志如心痛，一心在痛上，安有工夫説閑語、管閑事」。先生曰：「初學工夫如此用亦好。但要使知『出入無時，莫知其鄉』〔二〕，心之神明原是如此，工夫方有着落。若只死死守着，恐於工夫上又發病。」〔一〕

【校勘】

〔一〕德安府重刊本、王畿本、孫應奎本、錢錞本、水西精舍本、閭東本、胡宗憲本、施邦曜本均無此條。佐藤一齋曰：「南本、宋本並無此條，分後『侃問』條已下爲『上卷三』，此條恐係緒山所補。」

【箋疏】

［一］「出入無時，莫知其鄉」，語見《孟子・告子上》：「孔子曰：『操則存，舍則亡；出入無時，莫知其鄉。』惟心之謂與？」（朱熹《四書章句集注》，第三九〇頁）

【集評】

佐藤一齋曰：「幾亭謂：『心痛時豈但閒事，即要緊事亦管不來。持志若果如之，豈不是死工夫，安得物來順應？所以先生亦自救其説。』愚案：先生誨人，隨人不同。如『持志』條，其語原靜者如是，蓋亦對症藥方爾；在尚謙則工夫又不可如此用，故有此言。恐非自救之謂也。」

【〇九七】

侃問：「專涵養而不務講求，將認欲作理，則如之何？」先生曰：「人須是知學，講求亦只是涵養，不講求只是涵養之志不切。」曰：「何謂知學？」曰：「且道爲何而學？學個甚？」曰：「嘗聞先生教，學是學存天理。心之本體，即是天理。體認天理，只要自心地無私意。」曰：「如此則只須克去私意便是，又愁甚理欲不明？」曰：「正恐這些私意認不真。」曰：「總是志未切。

志切，目視耳聽皆在此，安有認不真的道理？是非之心，人皆有之，不假外求。講求亦只是體當自心所見，不成去心外别有個見？」

【集評】

佐藤一齋曰：「涵養、講求一也。體認天理，克去私意，求之於心身，即是講求，即是涵養。至於詢諸父兄、質諸師友、稽諸古聖賢遺訓，亦涵養之志切，至處自能如是，則不可謂之心外事。就如今日侃問而先生答，便是多少講求、多少涵養，並不出於心外。此等處，學者亦須要認得不悮。」

鄧艾民曰：「涵養與講求的關係類似於涵養與窮理的關係。朱熹認爲兩者關係相互依賴與相互促進：『涵養中自有窮理功夫，窮其所養之理；窮理中自有其涵養功夫，養其所窮之理。』(《朱子語類》卷九)王守仁則認爲二者只是一個功夫。」

【〇九八】

先生問在坐之友：「比來工夫何似？」一友舉虚明意思。先生曰：「此是説光景。」一友叙今昔異同。先生曰：「此是説效驗。」二友憫然，請是㊀。先生曰：「吾輩今日用功，只是要爲善之心真切。此心真切㊁，見善即遷，有過即改[一]，方是真切工夫。如此則人欲日消，天理日明。若只管求光景、説效驗，却是助長、外馳病痛，不是工夫。」

【校勘】

㊀ **二友惘然，請是**：「請是」，白鹿洞本作「請正」，施邦曜本、俞嶙本作「請問」。

㊁ **此心真切**：德安府重刊本、王畿本、孫應奎本、錢錞本、水西精舍本、閭東本、施邦曜本、俞嶙本作「這個心真切」。

【箋疏】

[一]「見善即遷，有過即改」，語本《周易·益卦·象傳》：「風雷，益，君子以見善則遷，有過則改。」（朱熹《周易本義》，《朱子全書》第一册，第一一六頁）

【集評】

劉宗周曰：「依舊只是去人欲、存天理。」（劉宗周《陽明傳信録》，《劉宗周全集》第五册，第六三頁）

佐藤一齋曰：「《通書》『無欲則静虛，虛則明』，工夫全在無欲，今舉虛明，是光景，非實得；反觀真切，愈進愈艱，今舉今昔異同，是效驗，非内省，故並爲助長外馳。」◎案：佐藤所引周敦頤《通書》語，見《通書·聖學第二十》，原文作：「『聖可學乎？』曰：『可。』曰：『有要乎？』曰：『有。』『請聞焉。』曰：『一爲要。一者無欲也。無欲則静虛、動直。静虛則明，明則通；動直則公，公則溥。明通公溥，庶矣乎！』」（周敦頤《周敦

頤集》，第三一頁）

東正純曰：「『二友惘然，請是』，寧知所謂惘然處即便大翻身；二友不會省，先生不得已説『爲善之心真切』，撫牛頭喫草。」（東正純《傳習録參考》，《澤瀉先生全集》上册，第六三四頁）

但衡今曰：「治陽明學者，若以情識認良知，心爲物轉，則易流於效驗域中；若以心體認良知，心不可得，則易流於光景門頭。陽明之意，知不必盡善，故加一良字，所以别於情識也；心體無知無不知，而知藴於心，故加一致字，所以别於佛氏也。陽明致良知之教，隱然有涵蓋儒釋兩家之意。故本節以内求爲功、外馳爲病，遷善改過爲真切、光景效驗爲塵影，謂非見道之言，不可也。」（但衡今《王陽明傳習録札記》上卷，第九六至九七頁）

【〇九九】

朋友觀書，多有摘議晦庵者。先生曰：「是有心求異即不是。吾説與晦庵時有不同者，爲入門下手處有毫釐千里之分，不得不辯，然吾之心與晦庵之心未嘗異也。若其餘文義解得明當處，如何動得一字？」

【集評】

佐藤一齋曰：「有晦庵而後有陽明。妄肆摘議，非陽明之心。」

許舜屏曰：「後人動輒謂先生毀謗晦庵，殆未見集中此等語也。」

但衡今曰：「陽明所云入門處，於周程之主居敬存誠近，與宗門之修禪定同。晦庵則以格物窮理爲入門，道問學而尊德性，毫釐千里者以此。若論究竟，陽明之教優於晦庵；若論經國理民，則陽明門下容有不能免於空疏者。」（但衡今《王陽明傳習録札記》上卷，第九九至一〇〇頁）

【一〇〇】

希淵問：「聖人可學而至。然伯夷、伊尹於孔子，才力終不同，其同謂之聖者安在？」[一] 先生曰：「聖人之所以爲聖，只是其心純乎天理而無人欲之雜，猶精金之所以爲精，但以其成色足而無銅鉛之雜也。人到純乎天理方是聖，金到足色方是精。然聖人之才力，亦有大小不同，猶金之分兩有輕重。堯、舜猶萬鎰，文王、孔子猶九千鎰，禹、湯、武王猶七八千鎰，伯夷、伊尹猶四五千鎰。才力不同，而純乎天理則同，皆可謂之聖人，猶分兩雖不同，而足色則同，皆可謂之精金。以五千鎰者而入於萬鎰之中，其足色同也；以夷、尹而厠之堯、孔之間，其純乎天理同也。蓋所以爲精金者，在足色而不在分兩；所以爲聖者，在純乎天理而不在才力也。故雖凡人而肯爲學，使此心純乎天理，則亦可爲聖人，猶一兩之金，比之萬鎰，分兩雖懸絶，而其到足色處可以無愧。故曰『人皆可以爲堯舜』者[二]，以此。學者學聖人，不過是去人欲而存天理耳㊀，猶鍊金而求其足色。金之成色所争不多，則煅鍊之工省而功易成。成色愈下，則煅鍊愈難。人之氣質，清濁粹駁，有中人以上、中人以下；其於道，有生知安行、學知利行。其下者必須人一己百、人十己千，及其成功則一[三]。後世不知作聖之本是純乎天理，却專去知識才能上求聖人，以爲聖人無所不知、無所不能，我須是將聖人許多知識才能逐一理會始得。故不務去天理上着工夫，徒弊精竭力從册子上鑽研、名物上考索、形迹上比擬，知識愈廣而人欲愈滋，才力愈多而天理愈蔽。正如見人有萬鎰精金，不務煅鍊成色，求無愧於彼之精純，而乃妄希分兩，務同彼之萬鎰，錫鉛銅鐵，雜然而投，分兩愈增，而成色愈下，既其梢末，無復有金矣。」時曰仁在傍，曰：「先生此喻，足以破世儒支離之惑，大有功於後學。」先生又曰：「吾輩用功，只求日減，不求日增。減得一分人欲，便是復得一分天理，何等輕快脱洒！何等簡易！」

【校勘】

㊀**學者學聖人，不過是去人欲而存天理耳**：「天理」，原作「大理」，據德安府重刊本、王畿本、孫應奎本、錢錞本、水西精舍本、胡宗憲本、郭朝賓本、白鹿洞本、施邦曜本、俞嶙本、張問達本、四庫全書本、三輪執齋本、佐藤一齋本、許舜屏本、葉紹鈞本、陳榮捷本、鄧艾民本改。

【箋疏】

[一]蔡宗兗，字希淵，號我齋，浙江山陰人。正德十二年（一五一七年）進士。以教授奉母，孤介不爲當道所喜。累官至四川督學僉事。陽明弟子。

希淵所問「聖人可學而至」，語本程頤《顔子所好何學論》：「聖人之門，其徒三千，獨稱顔子爲好學。夫《詩》、《書》、六藝，三千子非不習而通也。然則，顔子所獨好者何學也？學以至聖人之道也。『聖人可學而至歟？』曰：『然。』」（程顥、程頤《二程集》第二册，第五七七頁）伯夷、伊尹「同謂之聖」，語本《孟子·萬章下》：「孟子曰：『伯夷，聖之清者也；伊尹，聖之任者也；柳下惠，聖之和者也；孔子，聖之時者也。』」（朱熹《四書章句集注》，第三七一頁）

[二]「人皆可以爲堯舜」，語見《孟子·告子下》：「曹交問曰：『人皆可以爲堯舜，有諸？』孟子曰：『然。』」（朱熹《四書章句集注》，第四〇〇頁）

[三]「生知安行」云云，語本《中庸》：「或生而知之，或學而知之，或困而知之，及其知之，一也；或安而行之，或利而行之，或勉强而行之，及其成功，一也」；「有弗學，學之弗能弗措也；有弗問，問之弗知弗措也；有弗思，思之弗得弗措也；有弗辨，辨之弗明弗措也；有弗行，行之弗篤弗措也。人一能之己百之，人十能之己千之。果能此道矣，雖愚必明，雖柔必强」。（朱熹《四書章句集注》，第三三、三六至三七頁）

【集評】

徐問曰：「或比堯、舜、孔子、湯、武、夷、惠如金有輕重等鎰。愚不知顔、孟、曾、閔以下，只有幾多鎰也。

要之，聖人德無不盛，所以孟子只言性之、反之之異耳。至若伯夷、柳下惠，其實不及顔子，故孟子就其一節之粹而無雜者，亦以聖稱之，正不可拘泥在迹上。」（徐問《讀書劄記》，《景印文淵閣四庫全書》第七一四册，第四一五頁）

施邦曜曰：「才力限於稟，必求才力之同，便見聖人非人所能爲。只求純乎天理而不論才力，所以人皆可以爲堯舜。」

王應昌曰：「論工夫，故曰日益；論本體，故曰日損。此爲學、爲道之别。」（王應昌《王陽明先生傳習録論》卷上之三，第四至五頁）

佐藤一齋曰：「精金分量之喻，卷内『德章』條可參。朱得之《稽山承語》亦有一條，尤爲詳盡，録於左：童克剛問：『《傳習録》中以精金喻聖，極爲明切。惟謂孔子分兩不同萬鎰之疑，雖曾有軀殼起念之説，終是不能釋然。』師不言，克剛請之不已。師曰：『看《易經》便知道了。』克剛必請明言，師乃嘆曰：『蚤知如此起疑生辨，當時便多説這一千也得。今不自煅煉金之成色，只是問他人金之輕重，奈何？』克剛曰：『堅若蚤得聞教，必求自見。今老而幸遊夫子之門，有疑不決，懷疑而死，終是一憾。』師乃曰：『伏羲作《易》，神農、黄帝、堯、舜用《易》，至於文王演卦於羑里，周公又演爻於居東，二聖人比之用《易》者似有間矣。孔子則又不同，其壯年之志只是東周，故夢亦周公，嘗曰：「文王既没，文不在兹乎？」自許自志，亦止二聖人而已，況孔子玩《易》，韋編乃至三絶，然後嘆《易》道之精，曰「假我數年，五十以學《易》，可以無大過」，比之演卦演爻者，更何如？更欲比之用《易》如堯舜，則恐孔子亦不自安也。其曰「我非生而知之者，好古敏以求之者」，又曰「若聖與仁，則吾豈敢？抑爲之不厭」，乃其所至之位。』」◎案：童世堅，字克剛，福建連城人。陽明弟子。

東正純曰：「精金喻聖，分量喻等，亦切。然學應求純於天理，不必論才力。至萬鎰、九千鎰，却啓疑竇。先生他日答童克剛軀殼起念之説，其意可觀焉。」（東正純《傳習録參考》，《澤瀉先生全集》上册，第六三五頁）

鄧艾民曰：「朱熹重立言垂訓，故以孔子賢於堯舜：『若吾夫子則雖不得其位，而所以繼往聖、開來學，其功反有賢於堯舜者。』（《中庸章句序》）王守仁重平章百姓、協和萬邦，以用《易》高於學《易》，故以堯舜賢於孔子：『中國聖人，以堯舜爲最。』（《諫迎佛疏》）這與二人的思想體系是相應的。」又曰：「程朱的用功方法，提倡格物窮理，以求日增。程頤説：『須是今日格一件，明日又格一件，積習既多，然後脱然有貫通處。』（《二程集・遺書》卷十八）朱熹亦然。王守仁的用功方法，提倡正心誠意，要求日減，所以説：『君子之學以明其心。其心本無昧也，而欲爲之蔽、習爲之害，故去蔽與害而明復，匪自外得也。』（《全書》卷七《别黄宗賢歸天台序》）兩種方法成爲明顯的對照。」

【一〇一】

士德問曰[一]：「格物之説，如先生所教，明白簡易，人人見得。文公聰明絶世，於此反有未審，何也？」先生曰：「文公精神氣魄大，是他早年合下便要繼往開來，故一向只就考索著述上用功。若先切己自修，自然不暇及此。到得德盛後，果憂道之不明，如孔子退修六籍，删繁就簡，開示來學，亦大段不費甚考索[二]。文公早歲便著許多書，晚年方悔是倒做了。」[三]士德曰：「晚年之悔，如謂『向來定本之悞』㊀，又謂『雖讀得書，何益於吾事』，又謂『此與守書籍、泥言語全無交涉』[四]，是他到此方悔從前用功之錯，方去切己自修矣。」曰：「然。此是文公不可及處。他力量大，一悔便轉，可惜不久即去世，平日許多錯處皆不及改正。」

【校勘】

㊀ **如謂「向來定本之悞」**：「悞」，原作「悟」，據德安府重刊本、王畿本、孫應奎本、錢錞本、水西精舍本、閭東本、胡宗憲本、郭朝賓本、施邦曜本改，白鹿洞本、俞嶙本、四庫全書本、三輪執齋本、佐藤一齋本、鄧艾民本作「誤」。「悞」同「誤」。

【箋疏】

[一] 楊驥，字仕德，號毅齋，廣東饒平人，世居鳳城。薛侃《楊毅齋傳》云：「［正德十一年］丙子，鄉試未撤棘，聽講於甘泉先生。既而與弟鸞同領鄉書，會試入京師，遇中離，聞陽明先生之教，遂赴贛州數月，有

省。……[正德十五年]庚辰春，以疾馳歸。病革，猶講學弗輟，拱手正衾而逝」。（薛侃《薛中離先生全書》第一一卷，第五頁）

[二] 馮柯曰：「孔子贊《易》，韋編三絶，謂其『不費考索』，誣矣。」（馮柯《求是編》，岡田武彦、荒木見悟主編《和刻影印近世漢籍叢刊·思想三編》第一五册，第一九三頁）

[三] 馮柯曰：「蓋不悔者，不改也；不改者，不悔也。悔所以改也。若朱子晚年果悔著書之倒做，則當及此改之，大改前日之所爲而不復著書矣。然年至七十，且注《離騷》；易簀之時，猶改《大學》，則其著書之心雖至於死而不忘也，何名爲悔哉？」（馮柯《求是編》，岡田武彦、荒木見悟主編《和刻影印近世漢籍叢刊·思想三編》第一五册，第一九三頁）

施邦曜曰：「愚謂朱晦翁晚年之悔，正是恍然有悟處。所謂得魚忘筌者，此也。」

三輪執齋曰：「孔子盛時，欲行道於天下而周流於四方，及知終不可行之當世也，不得已而退修六籍以詔後世耳。修六籍者，夫子不得已之所爲，非其素志。」

[四] 「向來定本之悮」，語本朱熹《答黄直卿書》：「此是向來定本之誤。」「雖讀得書，何益於吾事」，語見朱熹《答吕子約》書。「此與守書籍、泥言語全無交涉」，見朱熹《答何京叔》書，惟「書籍」作「書册」。（朱熹《晦庵先生朱文公續集》，《朱子全書》第二五册，第四六四八頁；朱熹《晦庵先生朱文公文集》，《朱子全書》第二二册，第二二〇二、一八二六頁）

【一〇二】

侃去花間草，因曰：「天地間何善難培、惡難去？」先生曰：「未培、未去耳。」少間，曰：「此等看善惡，皆從軀殼起念，便會錯。」[一]侃未達。曰：「天地生意，花草一般，何曾有善惡之分？子欲觀花，則以花爲善、以草爲惡；如欲用草時，復以草爲善矣。此等善惡，皆由汝心好惡所生，故知是錯。」[二]曰：「然則無善無惡乎？」曰：「無善無惡者理之靜，有善有惡者氣之動。不動於氣，即無善無惡，是謂至善。」[三]曰：「佛氏亦無善無惡，何以異？」曰：「佛氏着在無善無惡上，便一切都不管，不可以治天下。聖人無善無惡，只是『無有作好』『無有作惡』，不動於氣；然『遵王之道』『會其有極』，便自一循天理，便有個裁成、輔相。」[四]曰：「草既非惡，即草不宜去矣？」曰：「如此却是佛老意見。草若有礙，何妨汝去？」曰：「如此又是作好作惡。」曰：「不作好惡，非是全無好惡，却是無知覺的人。謂之不作者，只是好惡一循於理，不去又着一分意思。如此即是不曾好惡一般。」曰：「去草如何是一循於理，不着意思？」曰：「草有妨礙，理亦宜去，去之而已。偶未即去，亦不累心。若着了一分意思，即心體便有貽累，便有許多動氣處。」曰：「然則善惡全不在物？」曰：「只在汝心。循理便是善，動氣便是惡。」[五]曰：「畢竟物無善惡？」曰：「在心如此，在物亦然。世儒惟不知此，舍心逐物，將格物之學錯看了，終日馳求於外，只做得個『義襲而取』，終身行不著、習不察。」[六]曰：「如好好色，如惡惡臭㊀，則如何？」[七]曰：「此正是一循於理，是天理合如此，本無私意作好作惡。」曰：「如好好色，如惡惡臭，安得非意？」曰：「却是誠意，不是私意。誠意只是循天理。雖是循天理，亦着不得一分意，故有所忿懥好樂，則不得其正[八]；須是廓然大公，方是心之本體。知此即知『未發之中』。」伯生曰[九]：「先生云『草有妨礙，理亦宜去』，緣何又是軀殼起念？」曰：「此須汝心自體當。汝要去草，是甚麽心？周茂叔窗前草不除，是甚麽心？」[一〇]

【校勘】

㊀ **如惡惡臭**：「如」，原作「好」，據德安府重刊本、王畿本、孫應奎本、錢錞本、水西精舍本、閭東本、胡宗憲本、郭朝賓本、白鹿洞本、施邦曜本、俞嶙本、張問達本、四庫全書本、三輪執齋本、佐藤一齋本、許舜屏本、葉紹鈞本、陳榮捷本、鄧艾民本改。

【箋疏】

[一] 佐藤一齋曰：「『未培、未去』，說工夫；『少間』已下，別起一議，說本體。」

[二] 施邦曜曰：「天地間，物之善惡，原有恰當宜好宜惡處，容不得一毫私意。聖人只是因物付物，胸中不曾偏執有可好可惡之物，便是萬物咸若氣象；若常人於己之所欲者而好之、己之不欲者而惡之，眼前

便多不恰意之物，即此可識公私之辨。」

［三］劉宗周曰：「先生之言自是端的，與天泉證道之説迥異。」（劉宗周《陽明傳信録》，《劉宗周全集》第五册，第六六六頁）

臺灣藏謝廷傑本眉批云：「告子『無善無不善』之説，顯悖乎孟子，人猶易辨，而無害夫性之正；陽明『無善無惡是謂至善』之説，陰附於釋子，人多爲惑，而大賊乎善之真。」

東正純曰：「『無善無惡者理之静，有善有惡者氣之動』云云，至哉言也！八面周匝，何有異同？正與天泉證道之説表裏相發。」（東正純《傳習録參考》，《澤瀉先生全集》上册，第六三五頁）

［四］「無有作好」云云，語出《尚書·洪範》：「無偏無陂，遵王之義；無有作好，遵王之道；無有作惡，遵王之路；無偏無黨，王道蕩蕩；無黨無偏，王道平平；無反無側，王道正直。會其有極，歸其有極。」（孔安國傳、孔穎達疏《尚書正義》，第四六三至四六四頁）

「裁成」「輔相」，語本《周易·泰卦·象傳》：「天地交，泰。后以財成天地之道、輔相天地之宜，以左右民。」（朱熹《周易本義》，《朱子全書》第一册，第一〇八頁）「財成」，與「裁成」通。

［五］施邦曜曰：「好惡一動於氣便是惡，真發先儒所未發。」

［六］「行不著、習不察」，語本《孟子·盡心上》：「孟子曰：『行之而不著焉，習矣而不察焉，終身由之而不知其道者，衆也。』」朱熹注云：「著者，知之明；察者，識之精。言方行之而不能明其所當然，既習矣而猶不識其所以然，所以終身由之而不知其道者多也。」（朱熹《四書章句集注》，第四一五頁）

吉村秋陽曰：「心之本體，或言有善而無惡，或言無善無惡，或單言至善，狀之之不同，而其意本相通。然獨至無善無惡一語，則群起呵之。信乎索善解者亦未易遇也！」（吉村晉《王學提綱》，岡田武彦、荒木見悟主編《和刻影印近世漢籍叢刊・思想三編》第一二册，第一二九頁）

［七］「如好好色，如惡惡臭」，語本《大學》：「所謂誠其意者，毋自欺也，如惡惡臭，如好好色，此之謂自謙。」（朱熹《四書章句集注》，第八頁）

［八］「有所忿懥好樂，則不得其正」，語本《大學》：「所謂修身在正其心者，身有所忿懥，則不得其正；有所恐懼，則不得其正；有所好樂，則不得其正；有所憂患，則不得其正。」（朱熹《四書章句集注》，第一〇頁）

［九］伯生，孟源字。

［一〇］周敦頤，字茂叔，北宋道州營道人。原名敦實，避宋英宗舊諱改。學者稱濂溪先生。生於宋真宗天禧元年丁巳（一〇一七年），卒於宋神宗熙寧六年癸丑（一〇七三年）六月，享年五十七歲。著名道學家。著作有《太極圖説》《通書》等，現已編輯刊印爲《周敦頤集》。

「周茂叔窗前草不除」，語出《河南程氏遺書》：「周茂叔窗前草不除去，問之，云：『與自家意思一般。』」（程顥、程頤《二程集》第一册，第六〇頁）

【集評】

但衡今曰：「花草一般生意，此正天地之心。陽明學術心外無物者，淵源在此。善惡無自性，故云未培未去。此佛氏究竟語，未可與世法並論。」又曰：「好惡皆從軀殼起念，『妨礙』亦從軀殼起念，但無好惡愛憎之心耳。故於『緣何』之問，不加分別，而告以自心體會。體者，體自心有無好惡愛憎耳。洽當分際，旨意真切。」（但衡今《王陽明傳習録札記》上卷，第一一一至一一二頁）

【一〇三】

先生謂學者曰：「爲學須得個頭腦，工夫方有着落。縱未能無間，如舟之有舵，一提便醒。不然，雖從事於學，只做個『義襲而取』，只是行不著、習不察，非大本、達道也。」又曰：「見得時，横説豎説皆是。若於此處通、彼處不通，只是未見得。」

【一〇四】

或問：「爲學以親故，不免業舉之累。」先生曰：「以親之故而業舉爲累於學，則治田以養其親者亦有累於學乎？先正云『惟患奪志』[一]，但恐爲學之志不真切耳。」

【箋疏】

［一］「惟患奪志」，語出《河南程氏外書》：「或謂科舉事業奪人之功，是不然。且一月之中，以十日爲舉業，餘日足可爲學。然人不志此，必志於彼。故科舉之事，不患妨功，惟患奪志。」（程顥、程頤《二程集》第二册，第四一六頁）

【一〇五】

崇一問［一］：「尋常意思多忙，有事固忙，無事亦忙，何也？」先生曰：「天地氣機元無一息之停。然有個主宰，故不先不後，不急不緩；雖千變萬化，而主宰常定。人得此而生。若主宰定時，與天運一般不息，雖酬酢萬變，常是從容自在，所謂『天君泰然，百體從令』［二］。若無主宰，便只是這氣奔放，如何不忙？」

【箋疏】

［一］歐陽德，字崇一，號南野，江西泰和人。生於弘治九年丙辰（一四九六年）五月，卒於嘉靖三十三年甲寅（一五五四年）三月，享年五十九歲。嘉靖二年（一五二三年）進士。累官至禮部尚書。陽明弟子。其

著作，現已編輯刊印爲《歐陽德集》。《陽明先生年譜》云：「德初見先生於虔，最年少，時已領鄉薦。先生恒以『小秀才』呼之。故遣服役，德欣欣恭命，雖勞不怠。先生深器之。」（王守仁《王陽明全集（新編本）》第四册，第一三三一〇頁）

〔一二〕「天君泰然，百體從令」，范浚《心箴》之言。朱熹《孟子集注》引述《心箴》云：「茫茫堪輿，俯仰無垠。人於其間，眇然有身。是身之微，大倉稊米。參爲三才，曰惟心耳。往古來今，孰無此心？心爲形役，乃獸乃禽。惟口耳目，手足動静。投閑抵隙，爲厥心病。一心之微，衆欲攻之。其所存者，嗚呼幾希！君子存誠，克念克敬。天君泰然，百體從令。」（朱熹《四書章句集注》，第三九五頁）◎案：天君，指心。《荀子·天論》云：「心居中虚，以治五官，夫是之謂天君。」（王先謙《荀子集解》下册，第三〇九頁）

【一〇六】

先生曰：「爲學大病在好名。」侃曰：「從前歲自謂此病已輕，比來精察，乃知全未。豈必務外爲人？只聞譽而喜、聞毁而悶，即是此病發來。」曰：「最是。名與實對，務實之心重一分，則務名之心輕一分；全是務實之心，即全無務名之心。若務實之心，如饑之求食、渴之求飲，安得更有工夫好名？」又曰[一]：「『疾没世而名不稱』，『稱』字去聲讀，亦『聲聞過情，君子耻之』之意[一]。實不稱名，生猶可補，沒則無及矣。『四十五十而無聞』，是不聞道，非無聲聞也[二]。孔子云『是聞也，非達也』，安肯以此望人？」[三]

【校勘】

㈠**又曰**：施邦曜本、俞嶙本作「君子」。

【箋疏】

[一]「疾沒世而名不稱」，語出《論語・衛靈公》：「子曰：『君子疾沒世而名不稱。』」（朱熹《四書章句集注》，第一九五頁）

「聲聞過情，君子恥之」，語見《孟子・離婁下》：「孟子曰：『原泉混混，不舍晝夜，盈科而後進，放乎四海。有本者如是，是之取爾。苟爲無本，七八月之間雨集，溝澮皆盈；其涸也，可立而待也。故聲聞過情，君子恥之。』」（朱熹《四書章句集注》，第三四六頁）

[二]「四十五十而無聞」，語本《論語・子罕》：「子曰：『後生可畏，焉知來者之不如今也？四十、五十而無聞焉，斯亦不足畏也已。』」（朱熹《四書章句集注》，第一三三頁）

[三]「是聞也，非達也」，語本《論語・顏淵》：「子張問：『士何如斯可謂之達矣？』子曰：『何哉，爾所謂達者？』子張對曰：『在邦必聞，在家必聞。』子曰：『是聞也，非達也。夫達也者，質直而好義，察言而觀色，慮以下人。在邦必達，在家必達。夫聞也者，色取仁而行違，居之不疑。在邦必聞，在家必聞。』」

（朱熹《四書章句集注》，第一六二頁）

【集評】

但衡今曰：「名實之間，當先求不自欺。聲聞過情與否，亦惟自心知之。古今良材美質，大多爲好名所誤。『稱字去聲讀』，自是世人當頭一棒；聞道之説，則不如曾子所云『五十無善聞，則無聞矣』踏實了當。」（但衡今《王陽明傳習録札記》上卷，第一一三頁）

【一〇七】

侃多悔。先生曰：「悔悟是去病之藥，然以改之爲貴。若留滯於中，則又因藥發病。」[一]

【箋疏】

[一]「因藥發病」，典出《大智度論》，其文略云：「又如服藥，藥能破病，病已得破，藥亦應出。若藥不出，則復是病。」（龍樹造、鳩摩羅什譯《大智度論》，《佛藏要籍選刊》第八册，第六九四頁）

陽明有《悔齋説》，其文云：「悔者，善之端也，誠之復也。君子悔以遷於善，小人悔以不敢肆其惡。惟聖人而後能無悔，無不善也，無不誠也。然君子之過，悔而弗改焉，又從而文焉，過將日入於惡；小人之惡，悔而益深巧焉，益憤譎焉，則惡極而不可解矣。故悔者，善惡之分也，誠僞之關也，吉凶之機也。君子不可以頻悔，小人則幸其悔而或不甚焉耳。吾友崔伯樂氏以『悔』名其齋，非曰吾將悔而已矣，將以求無悔者也。故吾爲之説如是。」（王守仁《王陽明全集（新編本）》第三册，第九五二頁）所言可與此條互發。

【一〇八】

德章曰[一]：「聞先生以精金喻聖，以分兩喻聖人之分量，以鍛鍊喻學者之工夫，最爲深切。惟謂堯舜爲萬鎰、孔子爲九千鎰，疑未安。」先生曰：「此又是軀殼上起念，故替聖人争分兩。若不從軀殼上起念，即堯舜萬鎰不爲多，孔子九千鎰不爲少[二]。堯舜萬鎰只是孔子的，孔子九千鎰只是堯舜的，原無彼我。所以謂之聖，只論精一，不論多寡。只要此心純乎天理處同，便同謂之聖。若是力量氣魄，如何盡同得？後儒只在分兩上較量，所以流入功利。若除去了比較分兩的心，各人儘着自己力量精神，只在此心純天理上用功，即人人自有、個個圓成[三]，便能大以成大、小以成小，不假外慕，無不具足。此便是實實落落明善誠身的事。後儒不明聖學，不知就自己心地良知良能上體認擴充，却去求知其所不知，求能其所不能，一味只是希高慕大，不知自己是桀紂心地，動輒要做堯舜事業，如何做得？終年碌碌，至於老死，竟不知成就了個甚麽，可哀也已。」

【箋疏】

[一] 佐藤一齋曰：「德章，劉氏，名號、鄉貫未考。」陳榮捷曰：「德章，姓劉，餘不詳。其名不見《王文成傳本》《王文成公全書》之年譜與書札及《儒林宗派》。」鄧艾民曰：「德章姓劉，其他不詳。」然均未説明「德章姓劉」之依據。◎案：王陽明佚文中有《祭袁德彰文》，文云：「嗚呼德彰！士而不知學，其生也如夢，死則蜉蝣蠛蠓矣。德彰始鑽研於辭章訓詁而疲勞於考索著述，矻矻然將終老矣；已而幡然有覺，盡棄舊習如脱敝屣，鋭志於聖賢之學，雖其精力既衰，而心志迥然不群矣。中道而歿，蓋斯文之不弔、古所謂『朝聞道，夕死可矣』者，德彰其庶幾哉！嗚呼！此心此理，萬古一日，無分於人我，無間於幽明，無變於死生。故生而順焉，没而寧焉。昭昭於其生，乃所以昭昭於其死也。嗚呼德彰！亦何憾乎！」（王守仁《王陽明全集（新編本）》第五册，第一九一六至一九一七頁。此文原載清魏瀛等修纂《贛州府志》卷六六「藝文志」。）薛侃文集中亦有《祭袁德章文》，文云：「宿草不哭，哭友之禮。豈謂寥寥？學絶教弛。有如公者，吾其可已？公嘗告吾，『三十有肆，既已悔悟，一朝而棄。今復三十，自謂窮禮。挾策與遊，亡羊均耳。學之弗明，乃底於是。不有我師，亦終也矣』。求之愈征，老而彌勵，有如公者，吾其可已。考德問業，乃虔子弟。望聞謦發，四方同志。正切遠朝，遽爾長逝。几杖猶暄，别公未幾。嗚呼哀哉！沂奠一觴，臨風悲涕。蟾光無晝，公其來際。嗟呼哀哉！」（薛侃《薛中離先生全書》第一二卷，第二頁）鄒守益有《袁雲峰徵士輓卷》，其文云：「雲峰袁德彰，贛之隱君子也。異時負其才氣，謂科第可俯取，獵經擷史，以應世求，崛然有聞矣，而竟未有所合。乃隱居教授，蘄以著述表於後，旁搜

遠勘，歷寒暑不易。比耆矣，始聞大道之要，悵然自失，取其巨帙累牘而焚之，瞿瞿從事，不知年之不足也。……君之卒也，陽明先生誄之曰：『古所謂朝聞道夕死可矣者，德彰其庶幾焉！』」（鄒守益《鄒守益集》上册，第三七頁）據此三文，可知德章乃袁氏而非劉氏。而王陽明《朱子晚年定論》之末，有落款爲「正德戊寅六月望，門人雩都袁慶麟謹識」之跋語，跋語云：「麟無似，從事於朱子之訓餘三十年，非不專且篤，而竟亦未有居安資深之地，則猶以爲知之未詳，而覽之未博也。戊寅夏，持所著論若干卷來見先生。聞其言，如日中天，睹之即見；如五穀之藝地，種之即生；不假外求，而真切簡易，恍然有悟。退求其故而不合，則又不免遲疑於其間。及讀是編，始釋然，盡投其所業，假館而受學，蓋三月而若將有聞焉。然後知嚮之所學，乃朱子中年未定之論，是故三十年而無獲。今賴天之靈，始克從事於其所謂定見者，故能三月而若將有聞也。非吾先生，幾乎已矣！敢以告夫同志，使無若麟之晚而後悔也。」（王守仁《王文成公全書》第一册，第一六九至一七〇頁；王守仁《王陽明全集（新編本）》第一册，第一五五頁）跋語所言，與陽明《祭袁德彰文》、薛侃《祭袁德章文》以及鄒守益《袁雲峰徵士輓卷》所説相應。萬斯同《儒林宗派》卷一五云：「袁慶麟，［字］德彰，雩都［人］。」（萬斯同《儒林宗派》，《景印文淵閣四庫全書》第四五八册，第五八三頁）謝旻、陶成修纂《江西通志》卷九四云：「袁慶麟，字德彰，雩都人。初矻矻攻舉子業，已而幡然有覺，盡棄舊習。師王文成，鋭志聖賢之學。」（謝旻、陶成修纂《江西通志》，《景印文淵閣四庫全書》第五一七册，第一七六頁）可見，「德章」，即德彰，即爲《朱子晚年定論》作跋之袁慶麟。佐藤一齋、陳榮捷、鄧艾民「德章姓劉」之説，非是。

［二］馮柯曰：「堯舜者，得位得時之孔子也；孔子者，不得位時之堯舜也。堯舜孔子只一般。以孔子賢於堯舜者，私孔子者也，固非也；以孔子爲九千鎰者，小孔子者也，尤非也。陽明見德章未安之疑，遂亦不敢自安，遁而爲軀殼起念之説。使果以替聖人争分兩爲軀殼起念，則陽明前日以分兩喻聖人分量者，獨非軀殼起念乎？使前日之喻非軀殼起念，何獨以今日之疑爲軀殼起念乎？既自以爲不從軀殼起念、不替聖人争分兩，何不以孔子爲萬鎰、堯舜爲九千鎰乎？」（馮柯《求是編》，岡田武彦、荒木見悟主編《和刻影印近世漢籍叢刊・思想三編》第一五册，第二〇一至二〇二頁）

［三］「人人自有、個個圓成」之言，語本圓悟克勤《碧巖録》卷七：「乾坤之内，宇宙之間，中有一寶，秘在形山。大意明人人具足，個個圓成。」（圓悟克勤《碧巖録》，《佛藏要籍選刊》第一一册，第六〇七頁）

【集評】

但衡今曰：「本節論作聖之功，只在天理上盡著自己的力量精神，便能大以成大，小以成小，萬鎰不爲多，九千不爲少。平實通達，與人鼓勵。故人皆可以爲堯舜。」（但衡今《王陽明傳習録札記》上卷，第一一五頁）

【一〇九】

侃問：「先儒以心之静爲體、心之動爲用，如何？」[一] 先生曰：「心不可以動静爲體用。動靜，時也。即體而言用在體，即用而言體在用，是謂『體用一源』。若説靜可以見其體，動可以見其用，却不妨。」

【箋疏】

［一］薛侃所問，語本程頤《與吕大臨論中書》：「心一也，有指體而言者，（原注：『寂然不動』是也。）有指用而言者，（原注：『感而遂通天下之故』是也。）惟觀其所見如何耳。」（程顥、程頤《二程集》第二册，第六〇九頁）

【集評】

顧應祥曰：「愚謂以静爲心之體、動爲心之用，亦無妨也。蓋心體本静也，感物而後動。所謂動者，非特見諸聲色也，念頭起處即是動也，動即意也。以心對意而言，則心爲體而意爲用，心静而意動也。豈非静爲體而動爲用乎？用不能離乎體，體不能離乎用，故曰體用一源，非謂體即用、用即體也。又曰『動静時也』，愚則曰動静不可以時言也。所謂静者，非槁木死灰之謂也，念念存乎天理而不昧其虚靈之體也。孔子曰：『操則存，舍則亡。出入無時，莫知其鄉。』心豈有静時哉？所謂静者，因動以見其静也，動以天也；動以天者，動皆合乎理也；動皆合乎天理，則喜怒哀樂皆得其當。酬酢萬變而天君自如，禍福變于前而心不變也，死生變于前而心不變也。若動以人欲，則心爲形役，而終日擾擾於聲色貨利之中，此之謂失其心之體矣。是以君子之學，加省察克治之功，正所以慎其用之動以養體之静也。」（顧應祥《静虚齋惜陰録》，《四庫全書存目叢書》

子部第八四册，第六六六至六六七頁）

佐藤一齋曰：「心無動静者也。動静，所遭之時也。動亦定，静亦定，體用一源也，故『不可以動静爲體用』。然其《答倫彦式書》曰『其静也者，以言其體也；其動也者，以言其用也』，則謂以未發爲體、已發爲用。勿以文害辭可也。」

【一一〇】

問：「上智下愚，如何不可移？」[一] 先生曰：「不是不可移，只是不肯移。」

【箋疏】

［一］所問「上智下愚」，語本《論語・陽貨》：「子曰：『唯上知與下愚不移。』」（朱熹《四書章句集注》，第二〇七頁）

【集評】

馮柯曰：「陽明之意，蓋以天下無不可變之人，但其心不肯移爾。設使肯移，必無不可移者。殊不知，此以論凡人可也，非所以論上智下愚也。蓋上智之善，如冰之必寒、火之必熱，冰必不能移之爲熱，火必不能移之爲寒，雖欲肯移而器局已定，未有哲人而愚者也；下愚之惡，如蝎之必螫、穢之必臭，螫必不能移之爲善，臭必不能移之爲香，雖使肯移而蔽錮已甚，未有小人而仁者也。故夫子不言其『不可移』，亦不言其『不肯移』，但曰『不移』而已。」（馮柯《求是編》，岡田武彦、荒木見悟主編《和刻影印近世漢籍叢刊·思想三編》第一五册，第二〇四至二〇五頁）

施邦曜曰：「『不肯』二字大有警省人處。」

但衡今曰：「『不肯移』三字，可爲古今下愚者放聲一哭。然愚而安於愚，猶無礙於天地之大，則亦賢於愚而好自用者也。」（但衡今《王陽明傳習録札記》上卷，第一一九頁）

陳榮捷曰：「程子伊川曰，『「孔子謂上知與下愚不移，」然亦有可移之理。惟自暴自棄者則不移也。「自暴自棄，」不肯去學，故移不得』。（《二程遺書》卷十八）又曰，『惟上智與下愚不移，非謂不可移也，而有不移之理。所以不移者，只有兩般，爲自暴自棄、不肯學也。使其肯學，不自暴自棄，安不可移哉？』（同上，卷十九）是陽明本伊川之説，所異者程子重學，陽明重志。」

【一一二】

問「子夏門人問交」章[一]。先生曰：「子夏是言小子之交，子張是言成人之交。若善用之，亦俱是。」

【箋疏】

［一］「子夏門人問交」章，即《論語·子張》：「子夏之門人問交於子張。子張曰：『子夏云何？』對曰：『子夏曰：可者與之，其不可者拒之。』子張曰：『異乎吾所聞：君子尊賢而容衆，嘉善而矜不能。我之大賢與，於人何所不容？我之不賢與，人將拒我，如之何其拒人也？』」（朱熹《四書章句集注》，第二二一頁）

【集評】

于清遠曰：「陽明所謂小子之交、成人之交，未經前人道過。」（于清遠《王陽明傳習録注釋》卷一，第六八頁）

【一一二】

子仁問［一］：「『學而時習之，不亦説乎』，先儒以學爲『效先覺之所爲』，如何？」［二］先生曰：「學是學去人欲、存天理。從事於去人欲、存天理，則自正諸先覺、考諸古訓，自下許多問辨思索存省克治工夫，然不過欲去此心之人欲，存吾心之天理耳。若曰『效先覺之所爲』，則只説得學中一件事，亦似專求諸外了。『時習者，坐如尸』，非專習坐也，坐時習此心也；『立如齋』，非專習立也，立時習此心也[三]。『説』是『理義之説我心』之『説』[四]，人心本自説理義，如目本説色，耳本説聲。惟爲人欲所蔽、所累，始有不説。今人欲日去，則理義日浹洽㊀，安得不説？」

【校勘】

㊀ **則理義日浹洽**：「浹洽」，原作「洽浹」，據孫應奎本、張問達本改。

【箋疏】

[一] 佐藤一齋曰：「子仁，欒氏名惠，浙江人。」葉紹鈞曰：「子仁，欒惠字，浙江西安人。母患瘋疾十三年，飲食搔摩，必躬必親。聘充南胄六堂學長，辭。龍游郡守請往布鄉約，四方學者雲集。」鄧艾民曰：「欒子仁，名惠，浙江西安人。王陽明有《書欒惠卷》(《全書》卷二十四)。」而陳榮捷則曰：「子仁，佐藤一齋謂子仁，欒氏，名惠，浙江人。孫鏘則謂子仁，姓馮名恩，號尚江，華亭人。見《儒林宗派》。並謂不知一齋何據。按欒惠姓名見於《陽明年譜》正德九年五月，陽明至南京，欒惠、陸澄等二十餘人同聚師門。但未言欒惠之字爲子仁。……葉[紹]鈞謂子仁，欒惠字，浙江西安人。郡守請往施行鄉約，四方學者雲集。不知葉氏何所本。《學案》無欒惠傳。余重耀《陽明弟子傳纂》目録頁十八有欒惠，謂見於《陽明年譜》，無字里，《傳纂》亦無傳。綜上所論，則孫鏘是也。《明儒學案》卷二十五南中王門學案序云，『馮恩，字子仁，號南江(孫作尚江，蓋印誤)，華亭(今江蘇松江)人。嘉靖丙辰進士。陽明征思田，南江以行人使其軍，因束脩爲弟子』。」◎案：陽明《南都詩》中，有《次欒子仁韻送別四首》，其序云：「子仁

歸，以四詩請用其韻答之，言亦有過者，蓋因子仁之病而藥之，病已則去其藥。」（王守仁《王陽明全集（新編本）》第三册，第七八一頁）《南都詩》題下注云：「正德甲戌四月升南京鴻臚寺卿作。」（王守仁《王陽明全集（新編本）》第三册，第七七二頁）陽明《書欒惠卷（庚辰）》云：「欒子仁訪予於虔，舟遇於新淦。嗟乎！子仁久別之懷，兹亦不足爲慰乎？顧兹簿領紛沓之地，雖固道無不在，然非所以從容下上其議時也，子仁歸矣。乞骸之疏已數上，行且得報。子仁其候我於梧江之滸，將與子盤桓於雲門、若耶間有日也。聞子仁居鄉，嘗以鄉約善其族黨，固亦仁者及物之心，然非子仁所汲汲。孔子云：『言忠信，行篤敬，雖蠻貊之邦行矣。』然惟『立則見其參於前，在輿則見其倚於衡也，而後行』。子仁其務立參前倚衡之誠乎！至誠而不動者，未之有也；不誠未有能動者也。聊以是爲子仁別去之贈。」（王守仁《王陽明全集（新編本）》第三册，第九六四頁）由此可知，欒惠字子仁，正德九年甲戌陽明升南京鴻臚寺卿時，經已從學陽明；正德十五年庚辰，其時陽明巡撫南贛，曾往訪陽明於虔。徐象梅《兩浙名賢録》、嵇曾筠《（雍正）浙江通志》云：「欒惠，字子仁，西安人。師事王文成，潛心理學。事父母曲盡孝道。母嘗患瘋疾，手足拘攣者十三年，惠温衾扇枕，飲食撫摩，必躬必親，始終不怠。及父母相繼卒，與妻吴氏負土襄事，廬墓三載，朝夕哭奠，衰絰頃刻不去身。一夜風雨，虎入其廬，馴若畜犬然。服闋，南胄移書請爲六堂學長，辭不赴。時龍游水北梗化，郡邑申之監司，請惠往布行鄉約，梗化者革心。自是深居寡出，而四方學者雲集，無慮數百人。以壽卒於家。」（徐象梅《兩浙名賢録》，《續修四庫全書》第五四二册，第一九二頁；嵇曾筠《（雍正）浙江通志》，《景印文淵閣四庫全書》第五二四册，第一二八頁）西安，今浙江衢州市。據《明儒學案》，馮恩乃在嘉靖七年，陽明征思田時，「以行人使其軍，因束脩爲弟子」。（黄宗羲《明儒學案（修訂本）》上册，第五七八頁）而《陽明先生年譜》云，正德十三年戊寅八月，「［薛］侃得徐愛所遺《傳習録》一卷、序二篇，與陸澄各録一卷，刻於虔」。（王守仁《王陽明全集（新編本）》第四册，第一二六二頁）薛侃刻《傳習録》時，馮恩尚未從學陽明。然則，此處所説子仁，應爲欒惠，而非馮恩。故佐藤一齋、葉紹鈞、鄧艾民之説，不誤；陳榮捷及孫鏘之説，非是。

［二］子仁所問，語見《論語・學而》：「子曰：『學而時習之，不亦説乎？有朋自遠方來，不亦樂乎？人不知而不愠，不亦君子乎？』」及朱熹注：「學之爲言效也。人性本善，而覺有先後，後覺者必效先覺之所爲，乃可以明善而復其初也。」（朱熹《四書章句集注》，第五五頁）

［三］陽明所謂「時習者，坐如尸」「立如齋」云云，語出朱熹《論語集注》引述謝良佐曰：「時習者，無時而不習。坐如尸，坐時習也；立如齊，立時習也。」（朱熹《四書章句集注》，第五五頁）而「坐如尸」「立如齋」之言，語見《禮記・曲禮》：「若夫坐如尸，立如齊。」（朱彬《禮記訓纂》上册，第三頁）

［四］「理義之説我心」，語出《孟子・告子上》：「故曰：口之於味也，有同耆焉；耳之於聲也，有同聽焉；目之於色也，有同美焉。至於心，獨無所同然乎？心之所同然者何也？謂理也、義也。聖人先得我心之所同然耳。故理義之悦我心，猶芻豢之悦我口。」（朱熹《四書章句集注》，第三八九頁）「説」與「悦」通。

【集評】

施邦曜曰：「本注云『明善而復其初』，原解得極精。善，即先生所謂天理也。凡物俱有去來、有晦明，獨此善存於心，日用飲食，晝夜衾影，無時或離。君子之學，所以明善，求一可容不善之時不可得。講求誦讀，止是習中之一端，不可以竟習之事。時習者，動静語默，無往非習；即嚮晦入宴息，求不愧衾，亦無非習。只是常提此善，不令之昏昧放逸，此自有欲一息丢下不可得者，便是説。即如點之童冠詠歸，看來不過是閑耍，然胸中自有見得處，亦是習、是悦。即此，可曉然於『時習』之解矣。」◎案：施邦曜此評語，佐藤一齋引作：施邦曜曰：「本注云『明善而復其初』，即先生所謂天理也。凡物俱有去來、有晦明，獨此善存於心，日用飲食，晝夜衾影，無時或離。君子之學，所以明善。時習者，只是常提此善，不令之昏昧放逸，動静語默，以至向晦入宴息，不愧衾影，皆習也，即如點之童冠咏歸，看來不過是閑耍，然胸中自有理會處，亦習也。就此中有欲一息放下不得者，便是悦。苟學不知理會此善，即博極萬殊，於本來何異？終嚼蠟無味耳，惡得悦？」兩相比較，異文頗多。不知佐藤氏何所依據。

但衡今曰：「本節云云，猶是爲學主一、反求諸心之義，可作箋注看，不必盡是也。至於坐時習心、立時習心，可以警惕學者放心之弊，而亦入德之門也。考亭《集注》：『學之爲言效也。人性本善，而覺有先後，後覺者必效先覺之所爲，乃可以明善而復其初也。』與陽明云學去人欲存天理，並無二義。陽明乃揭其所爲二字只説得學中一事，且專求諸外，而置其人性本善、明善復初而不論，迹近周納。當爲門下作意爲之，未可盡信也。」（但衡今《王陽明傳習録札記》上卷，第一二一至一二二頁）

【一一三】

國英問[一]：「曾子三省雖切，恐是未聞一貫時工夫。」[二]先生曰：「一貫是夫子見曾子未得用功之要，故告之。學者果能忠恕上用功，豈不是一貫？『一』如樹之根本，『貫』如樹之枝葉。未種根，何枝葉之可得？體用一源，體未立，用安從生？謂『曾子於其用處，蓋已隨事精察而力行之，但未知其體之一』[三]，此恐未盡。」

【箋疏】

[一] 佐藤一齋曰：「國英，陳氏，名號、鄉貫未考。」陳榮捷曰：「國英，姓陳，名傑，莆田（福建）人。此據萬斯同《儒林宗派》卷十五頁十下。《明儒學案》與毛奇齡《王文成傳本》均無陳傑或國英。余重耀《陽明弟子傳纂》目録頁十八，謂陳傑之名見於《年譜》，但不言其字爲國英。查《年譜》，正德九年（一五一四）陳傑與陸澄等二十餘人受業，亦不提國英。」鄧艾民曰：「國英姓陳，其他不詳。」◎案：陳傑，字國英，號方巖，福建莆田人，世居金橋。登正德三年戊辰（一五〇八年）進士，授景寧縣知縣。正德九年甲戌（一五一四年），升南京湖廣道監察御史，時王陽明講學南都，傑從之遊。（參柯維騏《南京湖廣道御史陳傑傳》，焦竑輯《國朝獻徵録》第五册，第二九〇九頁）陽明《與顧惟賢》書云：「向在南都，相與者，曰

仁之外，尚有太常博士馬明衡、兵部主事黄宗明、見素之子林達，有御史陳傑、舉人蔡宗兖、饒文璧之屬。」（王守仁《王陽明全集（新編本）》第三册，第一〇四五頁）其中，提及御史陳傑。又：正德十五年庚辰，陽明有《與陳國英》書。（王守仁《王陽明全集（新編本）》第一册，第一八九頁）

［二］「曾子三省」，即《論語·學而》：「曾子曰：『吾日三省吾身：爲人謀而不忠乎？與朋友交而不信乎？傳不習乎？』」（朱熹《四書章句集注》，第五七頁）「一貫」，語本《論語·里仁》：「子曰：『參乎！吾道一以貫之。』曾子曰：『唯。』子出。門人問曰：『何謂也？』曾子曰：『夫子之道，忠恕而已矣。』」（朱熹《四書章句集注》，第八三至八四頁）

［三］「曾子於其用處」云云，語見朱熹《論語集注》。（朱熹《四書章句集注》，第八四頁）

【一一四】

黄誠甫問「汝與回也孰愈」章［一］。先生曰：「子貢多學而識，在聞見上用功，顔子在心地上用功，故聖人問以啓之。而子貢所對又只在知見上，故聖人嘆惜之，非許之也。」

【箋疏】

［一］黄宗明，字誠甫，號致齋，浙江鄞縣人。生年不詳，卒於嘉靖十五年丙申（一五三六年）十一月。正德九

年（一五一四年）進士。歷官南京兵部員外郎、禮部侍郎。陽明弟子。

所問「汝與回也孰愈」章，即《論語·公冶長》：「子謂子貢曰：『女與回也孰愈？』對曰：『賜也何敢望回。回也聞一以知十，賜也聞一以知二。』子曰：『弗如也！吾與女弗如也。』」（朱熹《四書章句集注》，第九〇頁）

【一一五】

顏子「不遷怒，不貳過」[一]，亦是有「未發之中」始能。

【箋疏】

[一]「不遷怒，不貳過」，語見《論語·雍也》：「哀公問：『弟子孰爲好學？』孔子對曰：『有顏回者好學，不遷怒，不貳過。不幸短命死矣！今也則亡，未聞好學者也。』」（朱熹《四書章句集注》，第九七頁）

【一一六】

「種樹者必培其根，種德者必養其心。欲樹之長，必於始生時删其繁枝；欲德之盛，必於始學時去夫外好。如外好詩文，則精神日漸漏泄在詩文上去。凡百外好皆然。」又曰：「我此論學，是無中生有的工夫，諸公須要信得及，只是立志。學者一念爲善之志，如樹之種，但勿助勿忘[一]，只管培植將去，自然日夜滋長，生氣日完，枝葉日茂。樹初生時，便抽繁枝，亦須刊落，然後根榦能大；初學時亦然，故立志貴專一。」

【箋疏】

［一］「勿助勿忘」，語出《孟子·公孫丑上》：「必有事焉而勿正，心勿忘，勿助長也。」（朱熹《四書章句集注》，第二七一頁）

【集評】

陳龍正曰：「專務修己方是立志，然工夫入門各殊。默而識之，上也；多聞多見，知之次也。立法教人，大抵爲次而設。故孔子四教，善誘以文爲端，又曰多識前言往行以畜其德。朱子爲學爲教，一生守孔子家法。而陽明先生劈空以默識爲宗，上智能領其益，中人難措其手，小人且借以文過飾非。蓋先生少困於見聞，長悟於憂患，靈源深而用力切，是以成功。故曰我學是無中生有，蓋可自道，實難望人。他人浮慕先生之學者，未見有能成者也。刊落繁枝，固根本之至計。但孔子博學、朱子多讀書，又不可與外好詩文一例同觀。好詩文者，意在詩文。博學、多讀書，意在擇善誠身故也，以培其志，豈以分其志哉？忠憲高子云，『前賢指示皆真切，後學無訛是晦翁』。」

【一一七】

因論先生之門某人在涵養上用功，某人在識見上用功，先生曰：「專涵養者，日見其不足；專識見者，日見其有餘。日不足者，日有餘矣；日有餘者，日不足矣。」[一]

【箋疏】

[一] 三輪執齋曰，是條即「希淵問『聖人可學而至』」條所謂「求日減，不求日增」之意。又引述《象山集要》第五云：「語顯仲云：『風恬浪静中，滋味深長。人資性長短雖不同，然同進一步則皆得，同退一步則皆失。』」◎案：三輪此所引述陸象山語，見《象山語録》下。（陸九淵《陸九淵集》，第四五八頁）

佐藤一齋曰：「『識見』，謂超常見解。自涵養中自得者，是實見；專識見者，則多涉虚見，不免爲人求名之病。」

【一一八】

梁日孚問[一]："居敬、窮理是兩事，先生以爲一事，何如？"先生曰："天地間只有此一事，安有兩事？若論萬殊，禮儀三百，威儀三千[二]，又何止兩？公且道居敬是如何？窮理是如何？"[三]曰："居敬是存養工夫，窮理是窮事物之理。"曰："存養個甚？"曰："是存養此心之天理。"曰："如此亦只是窮理矣。"曰："且道如何窮事物之理？"曰："如事親，便要窮孝之理；事君，便要窮忠之理。"曰："忠與孝之理，在君親身上？在自己心上？若在自己心上，亦只是窮此心之理矣。且道如何是敬？"曰："只是主一。""如何是主一？"曰："如讀書便一心在讀書上，接事便一心在接事上。"曰："如此則飲酒便一心在飲酒上，好色便一心在好色上，却是逐物，成甚居敬功夫？"日孚請問。曰："一者，天理。主一是一心在天理上。若只知主一，不知一即是理，有事時便是逐物，無事時便是着空[四]。惟其有事無事，一心皆在天理上用功，所以居敬亦即是窮理。就窮理專一處説，便謂之居敬；就居敬精密處説，便謂之窮理。却不是居敬了别有個心窮理，窮理時别有個心居敬。名雖不同，功夫只是一事。就如《易》言『敬以直内，義以方外』[五]，敬即是無事時義，義即是有事時敬，兩句合説一件。如孔子言『修己以敬』[六]，即不須言義；孟子言『集義』，即不須言敬。會得時，横説豎説，工夫總是一般。若泥文逐句，不識本領，即支離決裂，工夫都無下落。」問：「窮理何以即是盡性？」曰：「心之體，性也；性即理也。窮仁之理，真要仁極仁；窮義之理，真要義極義㊀。仁義只是吾性，故窮理即是盡性。如孟子説充其惻隱之心，至仁不可勝用[七]，這便是窮理工夫。」日孚曰：「先儒謂『一草一木亦皆有理，不可不察』[八]，如何？」先生曰：「夫我則不暇[九]。公且先去理會自己性情，須能盡人之性，然後能盡物之性。」[一〇] 日孚悚然有悟。

【校勘】

㊀ **窮仁之理，真要仁極仁；窮義之理，真要義極義：** 兩「真要」，德安府重刊本、王畿本、孫應奎本、錢錞本、水西精舍本、閭東本、胡宗憲本、郭朝賓本均作「直要」。

【箋疏】

[一] 梁焯，字日孚，廣東南海人。正德九年（一五一四年）進士。官至職方主事，以諫南巡被杖。武宗畜外國人爲駕下人，日孚以法繩之，不少貸。日孚嘗過贛，從陽明先生學，辨問居敬窮理，悚然有悟。（參黃宗羲《明儒學案（修訂本）》上册，第六五五頁）

[二] 「禮儀三百，威儀三千」，語見《中庸》。（朱熹《四書章句集注》，第四一頁）

[三] 臺灣藏謝廷傑本眉批云：「敬，有偏言之者，有專言之者。偏言則如堯之云『欽若昊天』、舜之云『欽哉

刑恤』是也，專言則如文之『敬止』、湯之『聖敬』是也。聖學專言居敬，則徹上下、貫知行、統動静、合存養而無不該；分言則居敬所以存心而爲涵養之功，窮理所以致知而爲問學之要；互言則居敬即以立窮理之體，窮理即以實居敬之用。奈何窮理即居敬只成一個混耶？」

［四］但衡今曰：「此意朱子未嘗見到。」（但衡今《王陽明傳習録札記》上卷，第一二八頁）

［五］「敬以直内，義以方外」，語見《周易・文言》：「直其正也，方其義也，君子敬以直内，義以方外，敬義立而德不孤。」（朱熹《周易本義》，《朱子全書》第一册，第一五一頁）

［六］「修己以敬」，語見《論語・憲問》：「子路問君子。子曰：『修己以敬。』曰：『如斯而已乎？』曰：『修己以安人。』曰：『如斯而已乎？』曰：『修己以安百姓。修己以安百姓，堯舜其猶病諸！』」（朱熹《四書章句集注》，第一八七頁）

［七］「充其惻隱之心，至仁不可勝用」，語本《孟子・盡心下》：「人皆有所不忍，達之於其所忍，仁也；人皆有所不爲，達之於其所爲，義也。人能充無欲害人之心，而仁不可勝用也；人能充無穿踰之心，而義不可勝用也。」（朱熹《四書章句集注》，第四四一頁）

［八］「一草一木亦皆有理，不可不察」，語本《河南程氏遺書》：「問：『觀物察己，還因見物反求諸身否？』曰：『不必如此説。物我一理，纔明彼即曉此，合内外之道也。語其大，至天地之高厚；語其小，至一物之所以然，學者皆當理會。』又問：『致知，先求之四端，如何？』曰：『求之性情，固是切於身，然一草一木皆有理，須是察。』」（程顥、程頤《二程集》第一册，第一九三頁）

〔九〕「夫我則不暇」，語見《論語・憲問》。（朱熹《四書章句集注》，第一八三頁）

〔一〇〕「盡人之性」「盡物之性」，語本《中庸》：「唯天下至誠，爲能盡其性；能盡其性，則能盡人之性；能盡人之性，則能盡物之性；能盡物之性，則可以贊天地之化育；可以贊天地之化育，則可以與天地參矣。」（朱熹《四書章句集注》，第三八頁）

【集評】

但衡今曰：「本節在傳習問答中，最爲親切，字字精審，句句圓融，於王學心外無物、心外無理、心外無事，可以得到分曉，故予全鈔，便隨時省覽。治王學者取《大學問》篇互相印攝，則胸次豁達、物我無間矣。」又曰：「事理物三者，分殊無極，而以居敬窮理合於一，自是王學第一勝義。竊願今之治王學者能自程朱門庭入，則相得益彰，其學益精。」又曰：「『且先去理會自己性情』語，直如臨濟大聲一喝，毛骨悚然，當亦先生接引人處。然日孚之議，未可盡廢也。」（但衡今《王陽明傳習録札記》上卷，第一三〇至一三一頁）

【一一九】

惟乾問[一]：「知如何是心之本體？」先生曰：「知是理之靈處。就其主宰處説，便謂之心；就其稟賦處説，便謂之性。孩提之童，無不知愛其親，無不知敬其兄[二]，只是這個靈能不爲私欲遮隔，充拓得盡，便完完是他本體，便『與天地合德』[三]。自聖人以下，不能無蔽，故須格物以致其知。」

【箋疏】

[一] 冀元亨，字惟乾，號闇齋，楚之武陵（今湖南常德）人。正德十一年（一五一六年）舉人。陽明弟子。主講濂溪書院。寧王朱宸濠貽書陽明問學，陽明使元亨往報。時宸濠有叛逆意，以語挑之，元亨佯不喻，獨與論學。及宸濠敗，張忠、許泰欲誣陽明與通，捕元亨。世宗初事白，出獄五日卒。關於冀元亨之生平學行，蔣信《明鄉進士冀闇齋先生墓表》有較詳細記載。（蔣信《蔣道林先生文粹》，《四庫全書存目叢書》集部第九六册，第三〇二至三〇四頁）

[二]「孩提之童」云云，語本《孟子·盡心上》：「孟子曰：『人之所不學而能者，其良能也；所不慮而知者，其良知也。孩提之童，無不知愛其親者；及其長也，無不知敬其兄也。親親，仁也；敬長，義也。無他，達之天下也。』」（朱熹《四書章句集注》，第四一八頁）

[三]「與天地合德」，語出《周易·文言》：「夫大人者，與天地合其德，與日月合其明，與四時合其序，與鬼神合其吉凶。」（朱熹《周易本義》，《朱子全書》第一册，第一五〇頁）

【一二〇】

守衡問[一]：「《大學》工夫只是誠意，誠意工夫只是格物。修齊治平，只誠意盡矣。又有正心之功，『有所忿懥好樂則不得其正』[二]，何也？」先生曰：「此要自思得之，知此則知『未發之中』矣。」守衡再三請。曰：「爲學工夫有淺深。初時若不着實用意去好善惡惡，如何能爲善去惡？這着實用意便是誠意。然不知心之本體原無一物，一向着意去好善惡惡，便又多了這分意思，便不是廓然大公。《書》所謂『無有作好、作惡』[三]，方是本體。所以説『有所忿懥好樂則不得其正』。正心只是誠意工夫裏面體當自家心體，常要鑑空衡平[四]，這便是『未發之中』。」

【箋疏】

[一] 佐藤一齋曰：「守衡，姓名、鄉貫未考。」陳榮捷曰：「諸注家均謂守衡未詳。《明儒學案》《儒林宗派》《陽明弟子傳纂》均無守衡。惟查《年譜》有門人朱衡。嘉靖十一年（一五三二），陽明没後三年，門人四十餘人，合同志會於京師，朱衡與焉。守衡恐是朱衡之誤。」鄧艾民曰，守衡，「情況未詳」。◎案：鄒守益《明故南京刑部右侍郎淺齋郭公墓志銘》云：「公諱持平，字守衡，姓郭氏。［正德十二年］丁丑，成進士，需次歸省。陽明先生倡道虔臺，與四方豪傑進問退辨，遂聞格致之學。己卯，宸濠搆亂，赴義師。

時萬安王令冕諮軍事，授以備輕舸、儲火具之策，竟賴以俘濠。」（鄒守益《鄒守益集》下册，第一〇一一至一〇一二頁）雷禮《國朝列卿紀》云：「郭持平，字守衡，江西吉安府萬安縣人。正德丁丑進士。」（雷禮《國朝列卿紀》，《續修四庫全書》第五二三册，第六三九頁）《陽明先生年譜》「正德十三年戊寅七月」條所列門人中，有「郭持平」之名。（王守仁《王陽明全集（新編本）》第四册，第一二六一頁）而陽明於《飛報寧王謀反疏》《江西捷音疏》《擒獲宸濠捷音疏》《重上江西捷音疏》等奏疏中亦多次提到「進士郭持平」或「侍親進士郭持平」。（王守仁《王陽明全集（新編本）》第二册，第四一六、四二〇、四二三、四五九頁）此「守衡」，乃爲郭持平。陳氏所謂「守衡恐是朱衡之誤」，非是也。

[二]「有所忿懥好樂則不得其正」，語見《大學》：「所謂修身在正其心者，身有所忿懥，則不得其正；有所恐懼，則不得其正；有所好樂，則不得其正；有所憂患，則不得其正。」（朱熹《四書章句集注》，第一〇頁）

[三]「無有作好、作惡」，語本《尚書・洪範》：「無有作好，遵王之道；無有作惡，遵王之路。」（孔安國傳、孔穎達疏《尚書正義》，第四六三至四六四頁）

[四]「鑑空衡平」，語出朱熹《大學或問》：「人之一心，湛然虛明，如鑑之空、如衡之平，以爲一身之主者，固其真體之本然；而喜怒憂懼隨感而應、妍蚩俯仰因物賦形者，亦其用之所不能無者也。故其未感之時，至虛至靜，所謂鑑空衡平之體，雖鬼神有不得窺其際者，固無得失之可議；及其感物之際，而所感者又皆中節，則其鑑空衡平之用，流行不滯、正大光明，是乃所以爲天下之達道，亦何不得其正哉？……」（朱熹《四書或問》，第三〇頁）

【集評】

東正純曰：「《大學》之要唯是誠意，誠意外無別功。故正心之傳，僅舉心所以不得正，而不及正之之功，故謂誠意工夫即正心工夫，未有有表而無裏、有裏而無表者，蓋以正心誠意一滙說來，是王子之本意也。後儒往往以顛倒本末駁之，概坐不善觀者。」（東正純《傳習録參考》，《澤瀉先生全集》上册，第六三六頁）

【一二一】

正之問：「戒懼是己所不知時工夫，慎獨是己所獨知時工夫，此說如何？」[一]先生曰：「只是一個工夫，無事時固是獨知，有事時亦是獨知。人若不知於此獨知之地用力，只在人所共知處用功，便是作僞，便是『見君子而後厭然』[二]。此獨知處便是誠的萌芽，此處不論善念惡念，更無虛假，一是百是，一錯百錯，正是王霸義利、誠僞善惡界頭。於此一立立定㊀，便是端本澄源，便是立誠㊁。古人許多誠身的工夫，精神命脉全體只在此處，真是莫見莫顯[三]。無時無處，無終無始，只是此個工夫。今若又分戒懼爲己所不知，即工夫便支離，亦有間斷㊂。既戒懼，即是知；己若不知，是誰戒懼？如此見解，便要流入斷滅禪定。」曰：「不論善念惡念，更無虛假，則獨知之地更無無念時邪？」曰：「戒懼亦是念。戒懼之念，無時可息。若戒懼之心稍有不存，不是昏聵，便已流入惡念。自朝至暮，自少至老，若要無念，即是己不知，此除是昏睡，除是槁木死灰。」

【校勘】

㊀**於此一立立定**：黄宗羲《明儒學案·姚江學案》所録，作「於此用功」。（黄宗羲《明儒學案（修訂本）》上册，第二〇七頁）

㊁**便是立誠**：水西精舍本無「立」字，閭東本「立」字處爲空白。

㊂**亦有間斷**：「亦」，德安府重刊本、王畿本、孫應奎本、錢錞本、水西精舍本、閭東本、胡宗憲本、施邦曜本、俞嶙本、三輪執齋本、佐藤一齋本作「便」。馮柯《求是編》所引述，亦作「便」。（馮柯《求是編》，岡田武彦、荒木見悟主編《和刻影印近世漢籍叢刊·思想三編》第一五册，第二一六頁）

【箋疏】

［一］黄弘綱，字正之，號洛村，江西雩都人，生於弘治五年壬子（一四九二年），卒於嘉靖四十年辛酉（一五六一年），享年七十歲。舉正德十一年（一五一六年）鄉試。官至刑部主事。陽明弟子。

三輪執齋曰：「正之之問，則朱子章句之意也。而雖朱説亦非如是斷然偏着，《中和集説》所載可以見之。然到剖判精微之處，則有亦不免支離間斷之病者，不可不察。」◎案：三輪所謂朱子章句，指朱子《中庸章句》。三輪謂「正之之問，則朱子章句之意也」，恐非。正之所問，其語疑本《朱子語類》朱子曰：「『不睹不聞』是提其大綱説，『謹獨』乃審其微細。方不聞不睹之時，不惟人所不知，自家亦未有所知。若所謂『獨』，即人所不知而己所獨知，極是要戒懼。自來人説『不睹不聞』與『謹獨』只是一意，無分别，便不是。」（黎靖德編《朱子語類》第四册，第一五〇六頁）

[二]「見君子而後厭然」，語見《大學》：「小人閒居爲不善，無所不至，見君子而後厭然，掩其不善，而著其善。」（朱熹《四書章句集注》，第九頁）

[三]莫見莫顯，典出《中庸》：「莫見乎隱，莫顯乎微。」朱熹注云：「言幽暗之中、細微之事，迹雖未形而幾則已動，人雖不知而己獨知之，則是天下之事無有著見明顯而過於此者。」（朱熹《四書章句集注》，第二一頁）

【集評】

施邦曜曰：「獨知，本是合動静而爲言。如人日用云爲，衆所共見，就中一念隱微，惟己獨知，即昏夜熟睡，魂交成夢，亦是知之不滅處。是即先生良知之説。故欲慊此獨知，不是冥心静坐便盡獨知工夫，必静時體認天理，一念不走錯；亦必日用所行事盡合天理，方能不愧此獨知。故孟子曰『行有不慊於心則餒矣』。君子之學，所以動静皆有事。究之，只成個内省不疚。」

劉宗周曰：「無虚假便是誠，便是善，更何惡念？」又曰：「戒懼不是念，可言是思。思只是思誠。思是心之本官，思而動於欲爲念，故念當除而思不可除。後人專喜言無思，至於念，則以爲是心之妙用，不可除，

是倒説了。他只要除理障耳。」(劉宗周《陽明傳信録》,《劉宗周全集》第五册,第六八頁)

但衡今曰:「本節教言,爲陽明學正法眼藏,收斂則無餘藴,推致可無窮盡。修齊治平,節目事耳。」(但衡今《王陽明傳習録札記》上卷,第一三五頁)

【一二二】

志道問[一]:「荀子云『養心莫善於誠』,先儒非之,何也?」[二]先生曰:「此亦未可便以爲非。『誠』字有以工夫説者。誠是心之本體,求復其本體,便是思誠的工夫。明道説『以誠敬存之』[三],亦是此意。《大學》『欲正其心,先誠其意』㈠。荀子之言固多病,然不可一例吹毛求疵。大凡看人言語,若先有個意見,便有過當處。『爲富不仁』之言,孟子有取於陽虎,此便見聖賢大公之心。」[四]

【校勘】

㈠ **明道説「以誠敬存之」,亦是此意。《大學》「欲正其心,先誠其意」:** ◎案:此數語,疑有錯簡。據文意,似應作「《大學》『欲正其心,先誠其意』,明道説『以誠敬存之』,亦是此意」。

【箋疏】

［一］佐藤一齋曰：「志道，姓字、鄉貫未考。《學案》載管志道，字登之，號東溟，蘇之太倉人。然東溟受業於耿天台定向，著《古本大學章句》者，自是別人。」陳榮捷曰：「志道，姓字、鄉貫不詳。《明儒學案》卷三十二序有管志道，字登之，號東溟，江蘇之太倉人。受業於陽明門人耿定向。東溟著書數十萬言，大抵鳩合儒釋，又好談鬼神，與此志道言誠不類，當另一人。《儒林宗派》、毛奇齡《王文成傳本》、余重耀《陽明弟子傳纂》均無此志道，不解何故。」鄧艾民曰，志道，「情況未詳」。◎案：林達《同心之言詩卷序》云：「同心之言，陽明夫子贈陸清伯語。夫子設教金陵，及門下之士，言必曰國英、曰賓陽、曰誠甫、曰子莘、曰清伯。質莫如國英，敏莫如賓陽，才莫如清伯，而篤信莫如誠甫、子莘。若尚謙、希顏、德温、曰仁，則又及門久，而得夫子之深也。清伯上春官，同門有贈，夫子命以是；比曰仁考最績，德温上春官，夫子已開府南贛，贈猶屬之，尊師訓也。今賓陽君出守襄陽，獨予與國英、誠甫、子莘在焉，即席聯句，得若干首，追和若干首，別言又若干首。師友暌違，感慨寓焉，非詳不足以盡也。予在門牆獨疏鄙，而年又少長，卷成，特叙其略，以辨群言之首。正德丁丑暮春，友人莆田林達志道書。」（王守仁《王陽明全集（新編本）》第五册，第一七九四頁）可見，志道即林達。《明史·林俊傳》云，林俊（字待用，號見素，莆田人）之子林達，「正德九年進士，官至南京吏部郎中，工篆籀，能古文」。（張廷玉《明史》第一七册，第五一四〇頁）陽明《與顧惟賢》書云：「向在南都，相與者，曰仁之外，尚有太常博士馬明衡、兵部主事黄宗明、見素之子林達，有御史陳傑、舉人蔡宗兗、饒文璧之屬。」（王守仁《王陽明全集（新編本）》第三

册，第一〇四五頁）其中提及「見素之子林達」。倪濤《六藝之一録》云：「林達，字志道，號愧吾，正德甲戌進士，歷官南京吏部考功郎中。工篆隸，能詩文。」（倪濤《六藝之一録》，《景印文淵閣四庫全書》第八三七册，第八〇六頁）由此可知，林達，字志道，號愧吾，福建莆田人。林俊之子。陽明門人。

〔二〕「養心莫善於誠」，語見《荀子·不苟篇》：「君子養心莫善於誠，致誠則無它事矣，唯仁之爲守，唯義之爲行。」（王先謙《荀子集解》上册，第四六頁）所謂「先儒非之」，指程子。《河南程氏遺書》云：「孟子言『養心莫善於寡欲』，欲寡則心自誠。荀子言『養心莫善於誠』，既誠矣，又何養？此已不識誠，又不知所以養。」（程顥、程頤《二程集》第一册，第一八頁）

〔三〕「以誠敬存之」，語見《河南程氏遺書》：「學者須先識仁。仁者，渾然與物同體。義、禮、知、信皆仁也。識得此理，以誠敬存之而已，不須防檢，不須窮索。」（程顥、程頤《二程集》第一册，第一六至一七頁）

〔四〕「『爲富不仁』之言，孟子有取於陽虎」，語本《孟子·滕文公上》孟子引述陽虎曰：「爲富不仁矣，爲仁不富矣。」（朱熹《四書章句集注》，第二九七頁）陽虎，即陽貨，春秋後期魯國人，季氏家臣。嘗囚季桓子而專國政。

【集評】

王應昌曰：「究竟寡欲離不了誠。先生爲荀子、明道説合，亦是自家要與紫陽息争。」（王應昌《王陽明先生傳習録論》卷上之三，第二〇頁）

【一二三】

蕭惠問[一]：「己私難克，奈何？」先生曰：「將汝己私來，替汝克。」〇[二]先生曰：「人須有爲己之心，方能克己；能克己，方能成己。」蕭惠曰：「惠亦頗有爲己之心，不知緣何不能克己？」先生曰：「且説汝有爲己之心是如何？」惠良久曰：「惠亦一心要做好人，便自謂頗有爲己之心。今思之，看來亦只是爲得個軀殼的己，不曾爲個真己。」先生曰：「真己何曾離着軀殼？恐汝連那軀殼的己也不曾爲。且道汝所謂軀殼的己，豈不是耳目口鼻四肢？」惠曰：「正是。爲此，目便要色，耳便要聲，口便要味，四肢便要逸樂，所以不能克。」先生曰：「『美色令人目盲，美聲令人耳聾，美味令人口爽，馳騁田獵令人發狂』[三]，這都是害汝耳目口鼻四肢的，豈得是爲汝耳目口鼻四肢？若爲着耳目口鼻四肢時，便須思量耳如何聽、目如何視、口如何言、四肢如何動。必須非禮勿視聽言動[四]，方才成得個耳目口鼻四肢，這個才是爲着耳目口鼻四肢。汝今終日向外馳求，爲名爲利，這都是爲着軀殼外面的物事。汝若爲着耳目口鼻四肢，要非禮勿視聽言動時，豈是汝之耳目口鼻四肢自能勿視聽言動？須由汝心。這視聽言動，皆是汝心。汝心之視，發竅於目；汝心之聽，發竅於耳；汝心之言，發竅於口；汝心之動，發竅於四肢。若無汝心，便無耳目口鼻。所謂汝心，亦不專是那一團血肉。若是那一團血肉，如今已死的人，那一團血肉還在，緣何不能視聽言動？所謂汝心，却是那能視聽言動的，這個便是性，便是天理[五]。有這個性，才能生。這性之生理，便謂之仁。這性之生理，發在目便會視，發在耳便會聽，發在口便會言，發在四肢便會動，都只是那天理發生，以其主宰一身，故謂之心。這心之本體，原只是個天理，原無非禮。這個便是汝之真己。這個真己，是軀殼的主宰。若無真己，便無軀殼。真是有之即生，無之即死。汝若真爲那個軀殼的己，必須用着這個真己，便須常常保守着這個真己的本體。『戒慎不覩，恐懼不聞』，惟恐虧損了他一些。才有一毫非禮萌動，便如刀割、如針刺，忍耐不過，必須去了刀、拔了針，這才是有爲己之心，方能克己。汝今正是認賊作子[六]，緣何却説有爲己之心，不能克己？」

【校勘】

(一) **蕭惠問：己私難克，奈何？先生曰：將汝己私來，替汝克：** 德安府重刊本、王畿本、孫應奎本、錢錞本、水西精舍本將此二十字作一條，將「先生曰人須有爲己之心」以下文字作另一條。

【箋疏】

[一] 佐藤一齋曰：「蕭惠，雩都人（毛奇齡《傳本》），字號未考。」陳榮捷曰：「蕭惠，毛奇齡《王文成傳本》卷二頁十七上，作蕙。佐藤一齋謂據《王文成傳本》，雩都人。《新釋漢文大系傳習録》與《傳習録諸注集

成》沿之。一齋誤矣。《傳本》云，『曰蕭惠，曰何拙先（注：雩都）』，則雩都指何拙先而非指蕭惠也。下文『曰歐陽巽之』，亦不提其里貫，不曰里貫不詳也。余重耀《陽明弟子傳纂》目録頁十七有蕭惠，注云，『毛《傳本》作蕙』，而不言其里貫。同頁門人諸人，幾皆有里籍。《明儒學案》與《陽明弟子傳纂》均無傳，故字號事迹亦不詳。薛侃所録，只此條用名，或以惠年輕也。」鄧艾民曰：「蕭惠，雩都人，其他情況不詳。此處薛侃直書其名，或係當時一少年。」◎案：《萬曆滁陽志》云：「蕭惠，庠生，從陽明先生遊。甘貧嗜學，篤於倫理，素厭塵俗。時詣栢子潭樓趺坐。一日，衣冠而逝，立於水上，人皆異之。」（《萬曆滁陽志》第一二卷。轉引自束景南《王陽明年譜長編》第二册，第七二六頁）可見蕭惠乃滁陽人，而非雩都人也。《傳習録》上卷云：「蕭惠好仙、釋，先生警之。」《陽明先生年譜》亦云：「王嘉秀、蕭惠好談仙佛。」（王守仁《王陽明全集（新編本）》第四册，第一二四三頁）

[二] 陽明此所謂「將汝己私來替汝克」之言，當爲套用禪師之語。道原《景德傳燈録》記載：「光曰：『我心未寧，乞師與安。』師曰：『將心來與汝安。』曰：『覓心了不可得。』師曰：『我與汝安心竟。』」（道原《景德傳燈録》，《佛藏要籍選刊》第一三册，第五二三頁）光指神光（後易名慧可），師指達磨。《景德傳燈録》又載：「北齊天寶二年，有一居士，年踰四十，不言名氏，聿來設禮而問師曰：『弟子身纏風恙，請和尚懺罪。』師曰：『將罪來與汝懺。』居士良久云：『覓罪不可得。』師曰：『我與汝懺罪竟。宜依佛法僧住。』」（道原《景德傳燈録》，《佛藏要籍選刊》第一三册，第五二四頁）居士即僧璨，師即慧可。

東正純曰：「己私者，但動於物而發，所謂動而後有不善，豈有可將來者耶？蓋於無可將來者處十分徹透，即是克了。故曰『將己私來替汝克』。此等之言，深切痛快，昧人不能會之。」（東正純《傳習録參考》，《澤瀉先生全集》上册，第六三七頁）

［三］「美色令人目盲」云云，語本《老子》第十二章：「五色令人目盲，五音令人耳聾，五味令人口爽，馳騁畋獵令人心發狂，難得之貨令人行妨。是以聖人爲腹不爲目，故去彼取此。」（朱謙之《老子校釋》，第四五至四六頁）

［四］「非禮勿視聽言動」，語本《論語·顔淵》：「顔淵問仁。子曰：『克己復禮爲仁。一日克己復禮，天下歸仁焉。爲仁由己，而由人乎哉？』顔淵曰：『請問其目。』子曰：『非禮勿視，非禮勿聽，非禮勿言，非禮勿動。』顔淵曰：『回雖不敏，請事斯語矣。』」（朱熹《四書章句集注》，第一五五頁）

［五］羅欽順曰：「王伯安答蕭惠云：『所謂汝心，却是那能視聽言動的，這個便是性，便是天理。』又《答陸原静書》有云：『佛氏「本來面目」，即吾聖門所謂「良知」。』渠初未嘗諱禪，爲其徒者必欲爲之諱之，何也？」（羅欽順《困知記》，第九六頁）

［六］「認賊作子」，典出《楞嚴經》卷一：「佛告阿難：『汝今答我，如來屈指，爲光明拳，耀汝心目，汝目可見，以何爲心，當我拳耀？』阿難言：『如來現今，徵心所在，而我以心，推窮尋逐，即能推者，我將爲心。』佛言：『咄！阿難，此非汝心。』阿難矍然，避座合掌，起立白佛：『此非我心，當名何等？』佛告阿難：『此是前塵，虚妄相想，惑汝真性。由汝無始，至於今生，認賊作子，失汝元常，故受輪轉。』」（般剌蜜帝譯《楞嚴經》，《佛藏要籍選刊》第五册，第一二二〇頁。《楞嚴經》，又稱《大佛頂首楞嚴經》《首楞嚴經》。）

【一二四】

有一學者病目，戚戚甚憂。先生曰：「爾乃貴目賤心。」[一]

【箋疏】

[一]于清遠曰：「陽明貴目賤心之論，與孟子『指不若人，則知惡之；心不若人，則不知惡』之説相同。」(于清遠《王陽明傳習録注釋》卷一，第七八頁)◎案：于氏所引述孟子語，見《孟子·告子上》。(朱熹《四書章句集注》，第三九四頁)

【一二五】

蕭惠好仙、釋，先生警之曰：「吾亦自幼篤志二氏，自謂既有所得，謂儒者爲不足學。其後居夷三載，見得聖人之學若是其簡易廣大，始自嘆悔錯用了三十年氣力。大抵二氏之學，其妙與聖人只有毫釐之間。汝今所學，乃其土苴，輒自信自好若此，真鴟鴞竊腐鼠耳。」[二]惠請問二氏之妙。先生曰：「向汝説聖人之學簡易廣大，汝却不問我悟的，只問我悔的。」惠慚謝，請問聖人之學。先生曰：「汝今只是了人事問[二]。待汝辨個真要求爲聖人的心來與汝說。」惠再三請。先生曰：「已與汝一句道盡，汝尚自不會。」

【箋疏】

［一］「鴟鶚竊腐鼠」，典出《莊子・秋水》：「惠子相梁，莊子往見之。或謂惠子曰：『莊子來，欲代子相。』於是惠子恐，搜於國中三日三夜。莊子往見之，曰：『南方有鳥，其名鵷鶵，子知之乎？夫鵷鶵，發於南海而飛於北海，非梧桐不止，非練實不食，非醴泉不飲。於是鴟得腐鼠，鵷鶵過之，仰而視之曰：「嚇！」今子欲以子之梁國而嚇我耶？』」（郭慶藩《莊子集釋》第三册，第六〇五頁）

王道在其《看林學士〈講餘荅問〉復書》回應林國輔《講餘荅問》「謂陽明論仙釋二氏之學，其妙與聖人只有毫釐之間非是」云：「明道曰『昔之惑人也乘其迷暗，今之入人也因其高明』，朱子亦以爲『彌近理而大亂真』，正是言其妙與聖人只有毫釐之間。陽明雖爲言此，不知果能真見聖人與二氏之妙，而又能别其所爲毫釐之異與否。觀其平生作用，用計用術，未免勞攘，于世之功名富貴，未見全放的下。至於著書立言，又皆扭捏纏繞，好與先儒打對，譬之泥中之鬬獸、壁上之葛藤，正犯莊子『小言閒閒』之誚，而與釋氏所謂『兩個泥牛鬬入海，直至而今無消息』者，全不相似。由此觀之，聖道之妙，未易言也。恐其於二氏亦未嘗闖其藩籬，況入其奚奥乎？而舉世方以禪學目之，過矣。」（王道《王文定公文録》第六卷，第三六至三七頁）

〔二〕佐藤一齋曰：「『人事問』，謂應酬常語。張淏《雲谷雜記》云：『今人以物相遺，謂之人事。』」

【一二六】

劉觀時問〔一〕：「『未發之中』是如何？」先生曰：「汝但戒慎不覩，恐懼不聞，養得此心純是天理，便自然見。」觀時請略示氣象。先生曰：「啞子喫苦瓜，與你說不得。你要知此苦，還須你自喫。」〔二〕時曰仁在傍，曰：「如此才是真知，即是行矣。」一時在座諸友皆有省。

【箋疏】

〔一〕葉紹鈞曰：「劉觀時，辰陽人。」陳榮捷曰：「劉觀時，武陵（今湖南常德）人。餘不詳。佐藤一齋謂鄉貫未考，葉〔紹〕鈞以爲辰陽人，東敬治以爲陽明同鄉餘姚人而近藤信康沿之，皆誤。孫鏘以爲武陵人，是也。此見萬斯同《儒林宗派》。」◎案：陽明《見齋説》云：「辰陽劉觀時學於潘子，既有見矣，復學於陽明子。嘗自言曰：『吾名觀時，觀必有所見，而吾猶懵懵無睹也。』扁其居曰『見齋』以自勵。」（王守仁《王陽明全集（新編本）》第一册，第二七九頁）《别易仲》詩序云：「辰州劉易仲從予滁陽，一日問：『道可言乎?』予曰:『啞子吃苦瓜,與你説不得。爾要知我苦,還須你自吃。』易仲省然有悟。久之,辭歸,别以詩。」(王守仁《王陽明全集(新編本)》第三册,第七六五頁)由此可知,劉觀時,字易仲,湖廣辰州(今湖南沅陵)人。陽明弟子。蔣道林《明貢士劉沙溪先生墓誌銘》云:「予自正德庚午拜陽明子於吾郡之潮音閣,即聞辰陽有劉易仲者,在謁拜諸子中,英發迥異。……先生諱觀時,易仲其字,沙溪其别號,生弘治己酉月日,卒嘉靖己亥月日,以十一月三日葬沙溪漁山。」(蔣信《蔣道林先生文粹》,《四庫全書存目叢書》集部第九六册,第二九八至二九九頁)葉紹鈞以劉觀時爲辰陽人,不誤;陳榮捷及孫鏘以劉觀時爲武陵人,非是。

〔二〕「啞子喫苦瓜」,典出普濟《五燈會元》卷一四:「瑞州洞山微禪師,上堂:『日暖風和柳眼青,冰消魚躍浪花生。當鋒妙得空王印,半夜崑崙戴雪行。』僧問:『如何是默默相應底事?』師曰:『啞子喫苦瓜。』」(普濟《五燈會元》下册,第八九六頁)

【集評】

施邦曜曰:「凡到真處,俱是無容言説;可以言解者,即落第二義。」

章太炎曰:「所謂知行合一者,知與行亦有瞬息之差,唯自證時,知行無先後。真是實驗之言,非先生誰能道此?知此,則輕蔑前賢以爲『行不著習不察』者,亦可以已矣。」(章太炎《王守仁〈王文成公全書〉批語》,《章太炎全集·眉批集》,第二九〇頁)

【一二七】

蕭惠問「死生之道」[一]。先生曰：「知晝夜，即知死生。」問晝夜之道。曰：「知晝則知夜。」曰：「晝亦有所不知乎？」先生曰：「汝能知晝！懵懵而興，蠢蠢而食，行不著，習不察，終日昏昏，只是夢晝。惟『息有養，瞬有存』[二]，此心惺惺明明，天理無一息間斷，才是能知晝。這便是天德，便是『通乎晝夜之道而知』[三]，更有甚麽死生？」

【箋疏】

[一] 蕭惠所問，語本《論語·先進》：「季路問事鬼神。子曰：『未能事人，焉能事鬼？』『敢問死。』曰：『未知生，焉知死？』」（朱熹《四書章句集注》，第一四七頁）及《河南程氏遺書》程頤曰：「『通乎晝夜之道而知』，晝夜，死生之道也。知生之道，則知死之道；盡事人之道，則盡事鬼之道。死生人鬼，一而二、二而一者也。」（程顥、程頤《二程集》第一册，第三二〇頁）程頤此語，朱熹《論語集注》「季路問事鬼神」章注亦有引述。（朱熹《四書章句集注》，第一四八頁）

[二] 「息有養，瞬有存」，語見張載《正蒙·有德篇》：「言有教，動有法；晝有爲，宵有得；息有養，瞬有存。」（張載《張載集》，第四四頁）

[三]「通乎晝夜之道而知」，語見《周易・繫辭上傳》：「範圍天地之化而不過，曲成萬物而不遺，通乎晝夜之道而知，故神無方而易無體。」（朱熹《周易本義》，《朱子全書》第一册，第一二六頁）

【一二八】

馬子莘問：「修道之教，舊説謂『聖人品節吾性之固有，以爲法於天下，若禮樂刑政之屬』。此意如何？」[一] 先生曰：「道即性即命，本是完完全全、增減不得、不假修飾的，何須要聖人品節？却是不完全的物件。禮樂刑政，是治天下之法，固亦可謂之教，但不是子思本旨。若如先儒之説，下面由教入道的，緣何舍了聖人禮樂刑政之教，別説出一段戒慎恐懼工夫？却是聖人之教爲虚設矣。」[二] 子莘請問。先生曰：「子思性、道、教，皆從本原上説。天命於人，則命便謂之性；率性而行，則性便謂之道；修道而學，則道便謂之教。率性是誠者事，所謂『自誠明謂之性』也㊀；修道是誠之者事，所謂『自明誠謂之教』也[三]。聖人率性而行，即是道；聖人以下，未能率性於道，未免有過不及，故須修道。修道，則賢知者不得而過，愚不肖者不得而不及，都要循着這個道，則道便是個教。此『教』字與『天道至教』『風雨霜露，無非教也』之『教』同[四]；『修道』字與『修道以仁』同[五]。人能修道，然後能不違於道以復其性之本體，則亦是聖人率性之道矣[三]。下面『戒慎恐懼』便是修道的工夫，『中和』便是復其性之本體，如《易》所謂『窮理盡性以至於命』[六]，中和位育便是盡性至命。」

【校勘】

㊀所謂「自誠明謂之性」也：「謂之性」之「謂」，原作「道」，據德安府重刊本、王畿本、孫應奎本、錢錞本、水西精舍本、閭東本、胡宗憲本、郭朝賓本、白鹿洞本、施邦曜本、俞嶙本、四庫全書本、三輪執齋本、佐藤一齋本、許舜屏本、葉紹鈞本、陳榮捷本、鄧艾民本改。

㊁則亦是聖人率性之道矣：「亦是」，德安府重刊本、王畿本、孫應奎本、錢錞本、水西精舍本、閭東本、施邦曜本、俞嶙本作「是亦」。

【箋疏】

[一]馬子莘所問，語本《中庸》：「天命之謂性，率性之謂道，修道之謂教。」以及朱熹《中庸章句》：「性道雖同，而氣稟或異，故不能無過不及之差，聖人因人物之所當行者而品節之，以爲法於天下，則謂之教，若禮、樂、刑、政之屬是也。」（朱熹《四書章句集注》，第二〇頁）

[二]北大藏謝廷傑本眉批云：「戒慎恐懼，豈與禮樂刑政無交涉者乎？」

[三]「誠者」「誠之者」以及「自誠明謂之性」「自明誠謂之教」，語見《中庸》：「誠者，天之道也；誠之者，人之道也。誠者，不勉而中，不思而得，從容中道，聖人也；誠之者，擇善而固執之者也。……自誠明謂

之性，自明誠謂之教。誠則明矣，明則誠矣。」（朱熹《四書章句集注》，第三六至三七頁）

［四］「天道至教」，語見《禮記·禮器》：「天道至教，聖人至德。」「風雨霜露，無非教也」，語見《禮記·孔子閒居》：「天有四時，春秋冬夏，風雨霜露，無非教也。」（朱彬《禮記訓纂》上册，第三七五頁；下册，第七五四頁）

［五］「修道以仁」，語見《中庸》：「故爲政在人，取人以身，修身以道，修道以仁。」（朱熹《四書章句集注》，第三二頁）

［六］「窮理盡性以至於命」，語見《周易·説卦傳》：「昔者聖人之作易也，幽贊神明而生蓍，參天兩地而倚數，觀變於陰陽而立卦，發揮於剛柔而生爻，和順於道德而理於義，窮理盡性以至於命。」（朱熹《周易本義》，《朱子全書》第一册，第一五三頁）

【一一九】

黄誠甫問：「先儒以孔子告顔淵爲邦之問㊀，是『立萬世常行之道』，如何？」［一］先生曰：「顔子具體聖人，其於爲邦的大本大原，都已完備。夫子平日知之已深，到此都不必言，只就制度文爲上，説此等處亦不可忽略，須要是如此方盡善；又不可因自己本領是當了，便於防範上疏闊，須是要『放鄭聲，遠佞人』。蓋顏子是個克己向裏、德上用心的人，孔子恐其外面末節或有疏略，故就他不足處幫補説。若在他人，須告以『爲政在人，取人以身，修身以道，修道以仁』『達道』『九經』及『誠身』許多工夫[二]，方始做得，這個方是萬世常行之道。不然，只去行了夏時、乘了殷輅、服了周冕、作了韶舞，天下便治得？後人但見顏子是孔門第一人，又問個爲邦，便把做天大事看了。」

【校勘】

㊀ **先儒以孔子告顏淵爲邦之問**：「顏淵」，德安府重刊本、王畿本、孫應奎本、錢錞本、水西精舍本、閭東本、施邦曜本、俞嶙本作「顏子」。

【箋疏】

[一] 黄誠甫所問，語本《論語·衛靈公》：「顏淵問爲邦。子曰：『行夏之時，乘殷之輅，服周之冕，樂則韶舞。放鄭聲，遠佞人。鄭聲淫，佞人殆。』」以及朱熹《論語集注》引述程子：「問政多矣，惟顏淵告之以此。蓋三代之制，皆因時損益，及其久也，不能無弊。周衰，聖人不作，故孔子斟酌先王之禮，立萬世常行之道，發此以爲之兆爾。由是求之，則餘皆可考也。」（朱熹《四書章句集注》，第一九三頁）

[二] 「爲政在人」云云，語本《中庸》：「故爲政在人，取人以身，修身以道，修道以仁」；「天下之達道五，所

以行之者三：曰君臣也，父子也，夫婦也，昆弟也，朋友之交也，五者天下之達道也；知、仁、勇，三者天下之達德也，所以行之者一也」；「凡爲天下國家有九經，曰：修身也，尊賢也，親親也，敬大臣也，體群臣也，子庶民也，來百工也，柔遠人也，懷諸侯也」；「在下位不獲乎上，民不可得而治矣；獲乎上有道：不信乎朋友，不獲乎上矣；信乎朋友有道：不順乎親，不信乎朋友矣；順乎親有道：反諸身不誠，不順乎親矣；誠身有道：不明乎善，不誠乎身矣」。（朱熹《四書章句集注》，第三二至三七頁）

【集評】

佐藤一齋曰：「孔子於顔子，却就制度、文爲、防範上説。與《大學》平天下『絜矩』已下，只説用人、理財，都在外面末節上一般。」

東正純曰：「孔子於顔淵問仁，『克己復禮』從本源上説之；至其爲邦之問，則本源已徹，故舉制度防範、文爲節目之事告之，此是正説。若夫事事物物盡其理，則達道九經與仁義道德初無二致，此是推説。後人往往倒看，恐不免義襲之累也。」（東正純《傳習録參考》，《澤瀉先生全集》上册，第六三七頁）

但衡今曰：「夏時、殷輅、周冕、韶舞，漢儒競相考注徵引贊嘆，陽明則與一般文物等量齊觀，可見此公磬欬不同凡響，胸中别有天地，不爲物役，不爲俗牽。蓋以人類智慧平等，形器之事物絶無古今、彼此、長短、巧拙之殊，在習焉與否而已。故曰『生而知之，學而知之，困而知之，及其知之一也』。……陽明不把此等事物當天大事看，故視宸濠之堅甲利兵如敝朽，而一戰成禽。此其學術精到處。讀此可以開拓心胸，漢學、宋學，優劣可知矣。但形器之技，亦未可忽也。」（但衡今《王陽明傳習録札記》上卷，第一四九至一五一頁）

【一三〇】

蔡希淵問："文公《大學》新本，先格致而後誠意工夫，似與首章次第相合。若如先生從舊本之説，即誠意反在格致之前，於此尚未釋然。"先生曰："《大學》工夫即是明明德，明明德只是個誠意，誠意的工夫只是格物致知。若以誠意爲主去用格物致知的工夫，即工夫始有下落，即爲善去惡無非是誠意的事。如新本先去窮格事物之理，即茫茫蕩蕩都無着落處，須用添個『敬』字，方才牽扯得向身心上來[一]。然終是没根源。若須用添個『敬』字，緣何孔門倒將一個最緊要的字落了，直待千餘年後要人來補出？正謂以誠意爲主，即不須添『敬』字，所以提出個誠意來説，正是學問的大頭腦處。於此不察，真所謂毫釐之差，千里之繆。大抵《中庸》工夫只是誠身，誠身之極便是至誠；《大學》工夫只是誠意，誠意之極便是至善，工夫總是一般。今説這裏補個『敬』字，那裏補個『誠』字，未免畫蛇添足。"[二]

（右門人薛侃録）

【箋疏】

[一] 三輪執齋曰："『添個「敬」字』，朱子《大學或問》所説是此意。"◎案：朱熹《大學或問》云："問：『幼

學之士，以子之言而得循序漸進，以免於躐等陵節之病，則誠幸矣。若其年之既長，而不及乎此者，欲反從事於小學，則恐不免於扞格，不勝勤苦難成之患；欲直從事於大學，則又恐其失序無本，而不能以自達也，則如之何？』曰：『是其歲月之已逝者，則固不可得而復追矣，若其功夫之次第條目，則豈遂不可得而復補耶？蓋吾聞之，敬之一字，聖學所以成始而成終者也。爲小學者，不由乎此，固無以涵養本原而謹夫洒掃應對進退之節、與夫六藝之教；爲大學者，不由乎此，亦無以開發聰明、進德修業而致夫明德新民之功也。是以程子發明格物之道，而必以是爲説焉。……』（中略）曰：『敬之所以爲學之始者然矣，其所以爲學之終也，奈何？』曰：『敬者，一心之主宰而萬事之根本也。知其所以用力之方，則知小學之不能無賴於此以爲始；知小學之賴此以始，則夫大學之不能無賴乎此以爲終者，可以一以貫之而無疑矣。蓋此心既立，而由是格物致知以盡事物之理，則所謂尊德性而道問學；由是誠意正心以脩其身，則所謂先立其大者而小者不能奪；由是齊家治國以及乎天下，則所謂脩己以安百姓、篤恭而天下平。是皆未始一日而離乎敬也。然則敬之一字，豈非聖學始終之要乎？』」（朱熹《四書或問》，第一至三頁）朱子此所言論，或爲陽明「添個『敬』字」之所本。若然，陽明誤解朱子矣。

［二］「畫蛇添足」，典出《戰國策·齊（二）》陳軫曰：「楚有祠者，賜其舍人卮酒。舍人相謂曰：『數人飲之不足，一人飲之有餘。請畫地爲蛇，先成者飲酒。』一人先成，引酒且飲之，乃左手持卮，右手畫蛇，曰：『吾能爲之足。』未成，一人之蛇成，奪其卮曰：『蛇固無足，子安能爲之足？』遂飲其酒。爲蛇足者，終亡其酒。」（劉向集録《戰國策》上册，第三五六頁）故事又見《史記·楚世家》，文字略異。（司馬遷《史

記》第五册，第一七二三頁）

【集評】

顧應祥曰：「愚謂《大學》本文原無敬字，朱子以己意添之，固似乎綴，然聖賢之學實不外乎一敬而已，堯之『兢兢』，舜之『業業』，湯之『聖敬日躋』，文王之『小心翼翼』；武王受丹書之訓，曰『敬勝怠者吉』。孔子告樊遲問仁，曰『居處恭，執事敬』；仲弓問仁，則曰『出門如見大賓，使民如承大祭』；子路問君子，則曰『修己以敬』。《中庸》謂『凡爲天下國家有九經』，而以修身爲首，曰『齋明盛服，非禮不動，所以脩身也』；至於平天下，則曰『篤恭而天下平』。何莫而不以敬乎？《大學》亦謂『自天子至於庶人，壹是皆以脩身爲本』，而又引《詩》言『穆穆文王，於緝熙敬止』，則亦未嘗不言敬也。謂新本先去窮格事物之理，都無着落，固矣。若以格物從心上説，恐亦不可無敬也。假如意在於事親，則事親爲物，苟不致敬，安能盡其孝？意在於事君，則事君爲物，苟不致敬，安能盡其忠？不言敬者，方論功夫次第，不及言之耳。今曰不須添一『敬』字，於文義明白，亦無滲陋。但云『心之良知是爲聖』『堯舜亦只是致良知，致良知之外别無功夫』，遂使今之講學者自以爲能得致良知之宗旨，而凡先儒所謂以誠敬爲入門、以踐履爲實地者，一切以爲支離而廢之，放肆不檢，而意亦不誠矣。夫格物致知，乃誠意之功夫也。若曰以誠意去格物致知，亦將曰以正心去誠意乎？」（顧應祥《静虚齋惜陰録》，《四庫全書存目叢書》子部第八四册，第七二至七三頁）

佐藤一齋曰：「『補個「誠」字』，晦庵未有此説。今因其論『敬』字不可補，姑設『這裏』『那裏』以形言之耳。」

東正純曰：「王子疏《大學》，此段最精明得要，當時未立致良知之宗故也。後發明孟子良知之説，加之《大學》之致知，於是已要誠意又要致知，頗費分疏也。蓋所謂致良知即明明德，而誠意是其頭腦，致知格物是誠意工夫，不可以爲本領也。推而言之，則未嘗不與明德同體。然是屬朱注所謂圈外説類，非正面也。學者不可不知，不然，將矇目生華矣。」（東正純《傳習録參考》，《澤瀉先生全集》上册，第六三七至六三八頁）

許舜屏曰：「《中庸》言誠身，《大學》言誠意，二而一、一而二者也。先生此編，最爲真切，可謂聖經的功臣。」

但衡今曰：「《中庸》主腦是誠身，至極便是至誠；《大學》主腦是誠意，至極便是至善。然則至誠至善、誠身誠意何以别之？陽明一語道破：工夫總是一般，誠而已矣。非實地了了者，安能道出此意？不庸再下注脚，學者苟能一出以誠，宇宙間可無餘事矣。」（但衡今《王陽明傳習録札記》上卷，第一五三頁）

傳習録中

德洪曰[一]：昔南元善刻《傳習録》於越[二]，凡二册。下册摘録先師手書，凡八篇。其答徐成之二書[三]，吾師自謂：「天下是朱非陸，論定既久，一旦反之爲難。」[四]二書姑爲調停兩可之説，使人自思得之。故元善録爲下册之首者，意亦以是歟？今朱、陸之辨明於天下久矣。洪刻先師《文録》，置二書於外集者，示未全也，故今不復録。其餘指知行之本體，莫詳於答人論學與答周道通、陸清伯、歐陽崇一四書；而謂格物爲學者用力日可見之地，莫詳於答羅整庵一書。平生冒天下之非詆推陷，萬死一生，遑遑然不忘講學，惟恐吾人不聞斯道，流於功利、機智，以日墮於夷狄、禽獸而不覺，其一體同物之心，譊譊終身，至於斃而後已。此孔、孟以來聖賢苦心㊀，雖門人子弟，未足以慰其情也。是情也，莫詳於答聶文蔚之第一書。此皆仍元善所録之舊[五]。而揭「必有事焉」即「致良知」功夫，明白簡切，使人言下即得入手，此又莫詳於答文蔚之第二書，故增録之。元善當時洶洶，乃能以身明斯道，卒至遭奸被斥[六]，油油然惟以此生得聞斯學爲慶，而絶無有纖芥憤鬱不平之氣。斯録之刻，人見其有功於同志甚大，而不知其處時之甚艱也。今所去取，裁之時義則然，非忍有所加損於其間也。

【校勘】

㈠ **此孔、孟以來聖賢苦心**：「聖賢」，胡宗憲本、郭朝賓本、白鹿洞本作「賢聖」。

【箋疏】

［一］錢德洪，初名寬，避先世之諱，以字行，於是改字洪甫，號緒山，浙江餘姚人。生於弘治九年丙辰（一四九六年）十二月，卒於萬曆二年甲戌（一五七四年）十月，享年七十九歲。嘉靖十一年（一五三二年）進士。累官刑部郎中。陽明弟子。著作有《緒山會語》《緒山集》等，恐已失傳。其佚詩文，已輯録刊印爲《錢德洪集》。

［二］南大吉，字元善，號瑞泉，陝西渭南人。生於成化二十三年丁未（一四八七年），卒於嘉靖二十年辛丑（一五四一年），享年五十五歲。正德六年（一五一一年）進士。歷户部郎中，出知紹興府。亦陽明弟子。嘉靖三年（一五二四年）十月，南大吉任紹興知府期間，續刻《傳習録》於越。嘉靖五年（一五二六年）春，入京覲見，以考察罷官。其著作，現已編輯刊印爲《南大吉集》。

［三］鄧艾民曰：「徐成之，名守誠，紹興人。參見《紹興府志》第四十一卷第四十八頁。」◎案：嵇曾筠、沈翼機修纂《浙江通志》引述《萬曆紹興府志》云：「徐守誠，字成之，餘姚人。弘治進士，授南兵部主事。尋執父喪，廬於墓，有馴虎甘露之異，鄉人名其山曰慈山。服除，補刑部，與四方名士相討論，學益進。嘗

陳時政十餘事，多見采納。出爲湖廣僉事，理冤釋枉，不避權勢。遷山東參議，以疾歸。守誠孝友廉介，非其義一介不取。歷官二十餘年，室廬僅蔽風雨。有《慈山雜著》數十則，爲學者所誦。」（嵇曾筠、沈翼機修纂《浙江通志》，《景印文淵閣四庫全書》第五二四册，第一三五頁）

[四]「吾師自謂」云云，語本陽明《答徐成之（二）》：「是朱非陸，天下之論定久矣，久則難變也。」（王守仁《王陽明全集（新編本）》第三册，第八四三頁）

[五]◎案：錢德洪所謂「此皆仍元善所録之舊」，恐非南大吉嘉靖三年十月作序、續刻之《傳習録》原始版本。臺北藏明刊本《傳習録》現存下册四卷，其卷一爲《答徐成之書》（二首）、《答羅整庵少宰書》，卷二爲《答人論學書》（即《答顧東橋書》），卷三爲《答周道通書》、《答陸原静書》（二首），卷四爲《示弟立志説》《訓蒙大意示教讀劉伯頌等》《教約》。隆慶五年，馮柯（字子新，號寶陰，浙江慈溪人）作《求是編》，批評陽明《傳習録》。其卷四云：「或曰：『《傳習録》近有增定者，視舊加詳而辯不及，何也？』曰：『余所辯《傳習録》，蓋上册是陽明在贛時其徒徐曰仁、陸原静、薛尚謙之所録，而下册則陽明歸越而郡守南元善益以問答諸書者也。觀其序云「師之在日，精神足以自致，尚不能無賴於是録之助」，則是録實陽明親所裁定，而猶有遺論若此，況今所增定乃出於其没後錢德洪、王汝中之手，其又何足以爲據而與之辯哉？』」（馮柯《求是編》，岡田武彦、荒木見悟主編《和刻影印近世漢籍叢刊·思想三編》第一五册，第三三七至三三八頁）然則，馮柯之批評《傳習録》，其所依據者應爲南大吉嘉靖三年十月作序、續刻之《傳習録》原始版本。而從《求是編》所選録或摘録之陽明言論觀之，其涉及書信之部分者，則有《答徐

成之》(二)、《答羅整庵少宰書》、《答顧東橋書》、《答周道通書》、《答陸原静書》(一、二),並無《答歐陽崇一》以及《答聶文蔚》(一、二)。兩相比照,可見臺北藏明刊本《傳習録》,當即南大吉嘉靖三年十月序刊本。疑錢德洪之所見者,乃爲嘉靖二十九年(一五五〇年)王畿重刊本《傳習録》。而王畿重刊本《傳習録》之内容,較南大吉續刻《傳習録》有所增加。是故,錢德洪所謂「此皆仍元善所録之舊」,可疑也。

[六]「遭奸被斥」,指嘉靖五年春,南大吉入京覲見,以考察罷官事。陽明《答南元善(一)》云:「近得中途寄來書,讀之恍然如接顔色。勤勤懇懇,惟以得聞道爲喜,急問學爲事,恐卒不得爲聖人爲憂,亹亹千數百言,略無一字及於得喪榮辱之間,此非真有朝聞夕死之志者,未易以涉斯境也。」(王守仁《王陽明全集(新編本)》第一册,第二二四頁)

【集評】

薛侃曰:「陽明先生《傳習録》後一本更好,蓋先生自庚辰、辛巳後造益深矣。要之有本之學,自有日新不已之妙,其《文録》《詩録》分年不分類,其進自可見。」(薛侃《薛侃集》,第一三頁)◎案:薛侃所謂「陽明先生《傳習録》後一本」,當指南大吉嘉靖三年十月作序、續刻之《傳習録》下册。

佐藤一齋曰,《傳習録》「上册爲文成中年語;下册則遺言,爲緒山所選。惟此册皆其晚年親筆,爲極純粹,且文能盡言、言能盡意,明暢詳悉,無復餘蘊。蓋有不假詮釋者。故欄外文字,亦僅僅數語,不過録他本同異。讀者最宜潛心翫味,毋忽易」。

東正純曰:「此卷爲南元善兄弟所增入,即《傳習後録》是也。上卷文成初年之見居多,而下卷則歿後錢緒

山之徒撰之，惟此卷晚年親筆，純粹無可疑者。」（東正純《傳習録參考》，《澤瀉先生全集》上册，第六三九頁）

答顧東橋書㊀[一]

【一三二】

來書云：「近時學者務外遺内，博而寡要，故先生特倡『誠意』一義針砭膏肓㊁，誠大惠也。」

吾子洞見時弊如此矣，亦將何以救之乎？然則鄙人之心，吾子固已一句道盡，復何言哉！復何言哉！若「誠意」之説，自是聖門教人用功第一義，但近世學者乃作第二義看，故稍與提掇緊要出來，非鄙人所能特倡也㊂。

【校勘】

㊀ **答顧東橋書**：臺北藏明刊本、孫應奎本、三輪執齋本、佐藤一齋本作「答人論學書」。佐藤一齋曰：「此答

顧東橋書也。文成嘗謂『論學書頗發鄙見』。蓋其拔本塞源，辯論痛快，使人慚伏無辭也。此書傳播，恐或辱東橋，故爲匿其姓號耳。案《明史》：東橋，名璘，字華玉，上元人。弘治九年進士。年七十餘卒。則刻是録時，顧蓋尚健在。」

㊁ **故先生特倡「誠意」一義針砭膏肓**：「特」，原作「持」，據臺北藏明刊本、德安府重刊本、王畿本、孫應奎本、錢錞本、閭東本、胡宗憲本、郭朝賓本、白鹿洞本、施邦曜本、俞嶙本、四庫全書本、三輪執齋本、佐藤一齋本、許舜屏本、葉紹鈞本、陳榮捷本、鄧艾民本改。

㊂ **非鄙人所能特倡也**：「特」，原作「持」，據臺北藏明刊本、德安府重刊本、王畿本、孫應奎本、錢錞本、閭東本、胡宗憲本、郭朝賓本、白鹿洞本、施邦曜本、俞嶙本、四庫全書本、三輪執齋本、佐藤一齋本、許舜屏本、葉紹鈞本、陳榮捷本、鄧艾民本改。

【箋疏】

[一] 顧璘，字華玉，號東橋居士，蘇州人，寓居上元。生於成化十二年丙申（一四七六年），卒於嘉靖二十四年乙巳（一五四五年），享年七十歲。弘治九年（一四九六年）進士，授廣平知縣。累官至南京刑部尚書。著作有《顧華玉集》。

◎案：據《陽明先生年譜》，《答顧東橋書》作於嘉靖四年乙酉九月。（王守仁《王陽明全集（新編本）》第四册，第一三〇三至一三〇七頁）然而，根據臺北藏明刊本《傳習録》，其書信部分均按撰作年月之先後編輯。其中《答徐成之書》（二首）作於正德七年壬申，《答羅整庵少宰書》作於正德十五年庚辰六月，《答周道通書》作於嘉靖三年春夏之間，《答陸原静書》（二首）亦作於嘉靖三年。而《答顧東橋書》則置於《答羅整庵少宰書》與《答周道通書》之間，據此，《答顧東橋書》應作於嘉靖三年春夏間《答周道通書》之前。又《答顧東橋書》中有「來書云：『所釋《大學》古本，謂「致其本體之知」，此固孟子盡心之旨』」之説，所謂「致其本體之知」一語，不見於陽明正德十三年庚寅七月所作《大學古本序》（參羅欽順《困知記》，第九五頁），而見於其正德十六年辛巳修改後之《大學古本序》。案：陽明正德十六年辛巳《與陸清伯書》云：「屢得書，見清伯所以省愆罪己之意，可謂真切懇到矣。即此便是清伯本然之良知。凡人之爲不善者，雖至於逆理亂常之極，其本心之良知，亦未有不自知者。但不能致其本然之良知，是以物有不格、意有不誠，而卒入於小人之歸。故凡致知者，致其本然之良知而已。《大學》謂之『致知格物』，在《書》謂之『精一』，在《中庸》謂之『慎獨』，在《孟子》謂之『集義』，其工夫一也。向在南都，嘗謂清伯喫緊於此。清伯亦自以爲既知之矣。近睹來書，往往似尚未悟，輒復贅此，清伯更精思之。《大學古本》一册寄去，時一覽。近因同志之士多於此處不甚理會，故序中特改數語。有得，便中寫知之。冀惟乾事，善類所共冤，望爲委曲周旋之。」（王守仁《王陽明全集（新編本）》第三册，第一〇六〇頁）然則，陽明《大學古本序》之修改，應在正德十六年。據此，《答顧東橋書》應作於正德十六年修改《大學古本序》之後。由此可見，《答顧東橋書》應作於正德十六年修改《大學古本序》之後、嘉靖三年春夏間《答周道通書》之前。《陽明先生年譜》將《答顧東橋書》繫於嘉靖四年九月，恐非。

又：對於陽明之《答顧東橋書》，顧東橋《陽明公文卷題後》云：「陽明嘗與予論學，力主行即是知之説，其語載在其《傳習録》。余以爲偶出奇論耳。今觀與北村書，取子路『何必讀書然後爲學』之言，乃知其學亦不必專言孔氏也。此其獨往之勇，何必弛險寇虜降王類耶？戊戌陽月，顧璘題。」（王守仁《王陽明全集（新編本）》第五册，第一七九四頁）東橋此文，又見其《憑几集續編》卷二，題爲《跋王陽明與路北村書卷》。其中，「其語載在」，作「其言具載」；「不必專言孔氏」，作「不必專信孔氏」。且無落款。（顧璘《顧華玉集》，《景印文淵閣四庫全書》第一二六三册，第三三五頁）

【一三二】

來書云：「但恐立説太高，用功太捷，後生師傳㈠，影響謬誤，未免墜於佛氏明心見性、定慧、頓悟之機[二]，無怪聞者見疑。」

區區「格致誠正」之説，是就學者本心，日用事爲間，體究踐履，實地用功，是多少次第、多少積累在，正與空虛頓悟之説相反。聞者本無求爲聖人之志，又未嘗講究其詳，遂以見疑，亦無足怪。若吾子之高明，自當一語之下便瞭然矣，乃亦謂「立説太高，用功太捷」，何邪？

【校勘】

㈠ 後生師傳：「師傳」，閭東本、施邦曜本、俞嶙本作「師傅」。

【箋疏】

［一］「明心見性」，意爲識取本心，得見本性，即可成佛。此爲佛教禪宗主張。元代宗寶《六祖大師法寶壇經跋》云：「或曰：『達磨不立文字，直指人心，見性成佛。盧祖六葉正傳，又安用是文字哉？』余曰：『此經非文字也，達磨單傳直指之指也。南嶽、青原諸大老，嘗因是指以明其心，復以之明馬祖、石頭諸子之心。今之禪宗，流布天下，皆本是指，而今而後，豈無因是指而明心見性者耶？』」（《六祖大師法寶壇經》，《中國佛教思想資料選編》第二卷第四册，第七一頁）

「定慧」，定指禪定，慧指智慧，與戒（戒律）合稱佛教三學。釋道安《比丘大戒序》云：「世尊立教，法有三焉：一者戒律也，二者禪定也，三者智慧也。斯三者，至道之門户、泥洹之關要也。」（僧祐《出三藏記集》，第四一二頁）對於定慧，元代宗寶改編本《六祖大師法寶壇經·定慧品第四》云：「師示衆云：『善知識！我此法門，以定慧爲本，大衆勿迷。言定慧別，定慧一體，不是二；定是慧體，慧是定用，即慧之時定在慧，即定之時慧在定。若識此義，即是定慧等學。諸學道人，莫言先定發慧、先慧發定各別。作此見者，法有二相，口説善語，心中不善，空有定慧，定慧不等；若心口俱善，内外一種，定慧即等。』」（《六祖大師法寶壇經》，《中國佛教思想資料選編》第二卷第四册，第四三至四四頁）

「頓悟」，指無須漸修，通過突然覺悟，即可把握佛教真理。東晉、南北朝時僧人竺道生提出。竺道生曰：「夫稱頓者，明理不可分，悟語極照。以不二之悟，符不分之理，理智恚釋。」（慧達《肇論疏》引，轉引自吕澂：《中國佛學源流略講》，第一一四頁）對於頓悟，元代宗寶改編本《六祖大師法寶壇經·般若品第二》云：「善知識，我於忍和尚處，一聞言下便開悟，頓見真如本性。是以將此教法流行，令學道者頓悟菩提，各自觀心，自見本性。」（《六祖大師法寶壇經》，《中國佛教思想資料選編》第二卷第四册，第三九頁）

「機」，猶機阱、機辟之機，乃指捕捉鳥獸之機檻、工具。引申爲圈套。

【集評】

佐藤一齋曰：「晦庵謂：『格物致知，知之事，先也；誠意正心，行之事，後也。』餘姚則謂：『心意知物，只是一物；格致誠正，只是一事。然至其體究實功，則不能一超入聖，有多少次第積累在，非如空虚頓悟之比。』」（餘姚，指王陽明。）

東正純曰：「陳白沙曰『學有由積累而至者，有不由積累而至者』，據此，則空虚頓悟亦非禪也。今『體究踐履、多少次第、多少積累』云云，蓋急釋説高、功捷之疑，未遑及藴奥歟！」（東正純《傳習録參考》，《澤瀉先生全集》上册，第六四〇頁）案：陳獻章，字公甫，號石齋，晚號石翁，廣東新會人。因居白沙村，學者稱白沙先生。生於宣德三年戊申（一五二八年）十月，卒於弘治十三年庚申（一五〇〇年）二月，享年七十三歲。明代詩人、思想家。著作有《白沙先生詩近稿》《白沙先生全集》《白沙先生遺詩補集》等，現已編輯刊印爲《陳獻章全集》。

【一三三】

來書云：「所喻知行並進，不宜分别前後，即《中庸》『尊德性而道問學』之功[一]，交養互發、内外本末一以貫之之道。然工夫次第不能無先後之差，如知食乃食，知湯乃飲，知衣乃服，知路乃行。未有不見是物，先有是事。此亦毫釐倏忽之間，非謂截然有等㈠、今日知之而明日乃行也。」

既云「交養互發、内外本末一以貫之」，則知行並進之説無復可疑矣；又云「工夫次第不能無先後之差」㈡，無乃自相矛盾已乎？「知食乃食」等説，此尤明白易見，但吾子爲近聞障蔽，自不察耳。夫人必有欲食之心然後知食，欲食之心即是意，即是行之始矣。食味之美惡，必待入口而後知，豈有不待入口而已先知食味之美惡者邪？必有欲行之心然後知路，欲行之心即是意，即是行之始矣。路岐之險夷，必待身親履歷而後知，豈有不待身親履歷而已先知路岐之險夷者邪？[二]「知湯乃飲」「知衣乃服」，以此例之，皆無可疑。若如吾子之喻，是乃所謂「不見是物而先有是事」者矣。吾子又謂「此亦毫釐倏忽之間，非謂截然有等、今日知之而明日乃行也」，是亦察之尚有未精。然就如吾子之説，則知行之爲合一並進，亦自斷無可疑矣。

【校勘】

㈠ **非謂截然有等**：「截然」二字原缺，據鄧艾民本補。陽明復書所引述顧東橋來信，即作「非謂截然有等」。

㈡ **又云「工夫次第不能無先後之差」**：「無先後之差」前，原有「不」字，然顧東橋來書並無此「不」字，白鹿洞本、施邦曜本、張問達本、四庫全書本亦無此「不」字，因删。

【箋疏】

［一］「尊德性而道問學」，語本《中庸》：「故君子尊德性而道問學，致廣大而盡精微，極高明而道中庸。」（朱熹《四書章句集注》，第四一頁）

［二］王道在其《看林學士〈講餘荅問〉復書》回應林國輔《講餘荅問》「謂陽明行了乃知、知在行後之説非是」云：「知行兩事，如人兩足、如車兩輪，進則俱進，止則俱止，不判而爲二者也。然足之對生、輪之對轄，乃天然自有之分，混而爲一，則人不成形、車不成器，況望其行且載哉？此等處，先後次第皆明白易見，不可倒、不可混，亦不須倒、不須混。陽明無來由生此意見，空費氣力，終是分疏不下，徒爲後人點檢駁難之具而已。這正是此老自討勞攘處，未論古人，只此伎倆，何曾夢見白沙脚板，而世人乃以禪學許之，殊不可曉。」（王道《王文定公文録》第六卷，第四一頁）◎案：陽明無所謂「行了乃知、知在行後」之説，林國輔《講餘荅問》所謂「陽明行了乃知、知在行後之説」，恐係概括陽明「夫人必有欲食之心然後知食，欲食之心即是意，即是行之始矣。食味之美惡，必待入口而後知，豈有不待入口而已先知食味之美惡者邪？必有欲行之心然後知路，欲行之心即是意，即是行之始矣。路岐之

險夷，必待身親履歷而後知，豈有不待身親履歷而已先知路岐之險夷者邪」而言。若然，林國輔對陽明有誤解。

【集評】

施邦曜曰：「先生知行合一之説，大意只是要人躬行。人若不去躬行，即講究得道理十分明白，終是饞口空嚥、望程遥度。學者辨之。」

鄧艾民曰：「王守仁此處『合一並進』即合一之義。『並進』二字係未經詳細斟酌的所用語。歐陽德説：『謂之並進，謂之交修，猶有二也。二則不能無先後也，若無物不實致其知，無時不實致其知，則一而已。孰爲知焉？孰爲行焉？而何先後之可言哉。』（《歐陽南野文集》卷一《答傅石山》）」案：鄧氏所謂王守仁「『並進』二字係未經詳細斟酌的所用語」，並無可疑。然而，其所引述歐陽德之言，與原文有出入，易使人誤以爲歐陽德乃批評陽明「知行並進」之説。歐陽德《答傅石山》相關文字作：「來諭謂『並進交修之功，無物不有，無時不然』，則近之矣。然謂之交，猶有二也，二則不能無先後也。若無物不實致其知，無時不實致其知，則一而已矣，孰爲知焉、孰爲行焉？而何先後之可言哉？」（《歐陽德集》，第八頁）據歐陽德信中所謂「然謂之交，猶有二也，二則不能無先後也」之言，其所針對者，是傅石山來信所謂「並進交修之功，無物不有，無時不然」之説當中的「交修」，而不是「並進」。歐陽德對「知行並進」並無批評之意。

【一三四】

來書云：「真知即所以爲行，不行不足謂之知，此爲學者喫緊立教，俾務躬行則可。若真謂行即是知，恐其專求本心，遂遺物理，必有闇而不達之處，抑豈聖門知行並進之成法哉？」

知之真切篤實處即是行，行之明覺精察處即是知，知行工夫本不可離。只爲後世學者分作兩截用功，失却知行本體，故有合一並進之説[一]。「真知即所以爲行，不行不足謂之知」，即如來書所云「知食乃食」等説可見，前已略言之矣。此雖喫緊救弊而發，然知行之體本來如是，非以己意抑揚其間，姑爲是説以苟一時之效者也。「專求本心，遂遺物理」，此蓋失其本心者也。夫物理不外於吾心，外吾心而求物理，無物理矣；遺物理而求吾心，吾心又何物邪？心之體，性也；性即理也。故有孝親之心，即有孝之理；無孝親之心，即無孝之理矣。有忠君之心，即有忠之理；無忠君之心，即無忠之理矣。理豈外於吾心邪？晦庵謂：「人之所以爲學者，心與理而已。心雖主乎一身，而實管乎天下之理；理雖散在萬事，而實不外乎一人之心。」[二]是其一分一合之間，而未免已啓學者心理爲二之弊。此後世所以有「專求本心，遂遺物理」之患，正由不知心即理耳。夫外心以求物理，是以有闇而不達之處。此告子義外之説，孟子所以謂之不知義也[三]。心一而已，以其全體惻怛而言謂之仁，以其得宜而言謂之義，以其條理而言謂之理。不可外心以求仁，不可外心以求義，獨可外心以求理乎？外心以求理，此知行之所以二也。求理於吾心，此聖門知行合一之教，吾子又何疑乎？

【箋疏】

[一]東正純曰：「『知之真切篤實處即是行，行之明覺精察處即是知』，此是文成説知行之定本，比之『知，行之初；行，知之成』等之言，更親切透徹。」（東正純《傳習録參考》，《澤瀉先生全集》上册，第六四〇頁）

◎案：陽明嘉靖五年《答友人問》云：「行之明覺精察處，便是知；知之真切篤實處，便是行。若行而不能精察明覺，便是冥行，便是『學而不思則罔』，所以必須説個知；知而不能真切篤實，便是妄想，便是『思而不學則殆』，所以必須説個行。元來只是一個工夫。凡古人説知行，皆是就一個工夫上補偏救弊説，不似今人截然分作兩件事做。某今説知行合一，雖亦是就今時補偏救弊説，然知行體段亦本來如是」；「知之真切篤實處，便是行；行之明覺精察處，便是知。若知時，其心不能真切篤實，則其知便不能明覺精察；不是知之時只要明覺精察，更不要真切篤實也。行之時，其心不能明覺精察，則其行便不能真切篤實；不是行之時只要真切篤實，更不要明覺精察也。知天地之化育，心體原是如此。乾知大始，心體亦原是如此」。（王守仁《王陽明全集（新編本）》第一册，第二二二至二二四頁）其《與道通書（四）》亦云：「『知行合一』之説，專爲近世學者分知行爲兩事，必欲先用知之功而後行，遂致終身不行，故不得已而爲此補偏救弊之言。學者不能著［實］體履，而又牽制纏繞於言語之間，愈失而愈遠矣。行之明覺精察處即是知，知之真切篤實處即是行。」（王守仁《王陽明全集（新編本）》第五册，第一五八一頁）兩信所言，可與此互發。

［二］「晦庵謂」云云，語本朱熹《大學或問》：「人之所以爲學，心與理而已矣。心雖主乎一身，而其體之虚靈，足以管乎天下之理；理雖散在萬事，而其用之微妙，實不外乎一人之心，初不可以内外精粗而論也。」（朱熹《四書或問》，第二四頁）

吉村秋陽曰：「心之理，即物之理。惟用功之極、反身而誠焉，乃萬物備於我矣。故曰『誠之，人之道也』，又曰『不誠無物』。」（吉村晉《王學提綱》，岡田武彦、荒木見悟主編《和刻影印近世漢籍叢刊·思想三編》第一二册，第四五頁）

［三］告子義外之説，語本《孟子·告子上》：「告子曰：『食色，性也。仁，内也，非外也；義，外也，非内也。』」孟子謂之不知義，語本《孟子·公孫丑上》：「其爲氣也，配義與道；無是，餒也。是集義所生者，非義襲而取之也。行有不慊於心，則餒矣。我故曰，告子未嘗知義，以其外之也。」（朱熹《四書章句集注》，第三八五、二七〇頁）

【集評】

但衡今曰：「考亭於知行重行，陽明於知行重知。重知爲偏於行者言，重行爲偏於知者言，其所以爲教則一也。重知不必一，重行未必二。相益則兩是，相損則兩非。考亭謂『心雖主乎一身而實管乎天下之理，理雖散在萬事而實不外乎一人之心』，何嘗不是『一致而百慮』『百慮而一致』也？必欲分作兩扇門看，則陽明之言合一，已有二在，特未之深思耳。」（但衡今《王陽明傳習録札記》中卷，第一〇至一一頁）

【一三五】

來書云：「所釋《大學》古本，謂『致其本體之知』，此固孟子盡心之旨[一]。朱子亦以虚靈知覺爲此心之量[二]。然盡心由於知性，致知在於格物。」

「盡心由於知性，致知在於格物」，此語然矣。然而推本吾子之意，則其所以爲是語者，尚有未明也。朱子以盡心、知性、知天爲物格知致，以存心、養性、事天爲誠意正心脩身，以殀壽不貳、脩身以俟爲知至仁盡、聖人之事[三]。若鄙人之見，則與朱子正相反矣。夫盡心、知性、知天者，生知安行，聖人之事也；存心、養性、事天者，學知利行，賢人之事也；殀壽不貳、脩身以俟者，困知勉行，學者之事也[四]。豈可專以盡心知性爲知，存心養性爲行乎？吾子驟聞此言，必又以爲大駭矣。然其間實無可疑者，一爲吾子言之。夫心之體，性也；性之原，天也。能盡其心，是能盡其性矣。《中庸》云「惟天下至誠，爲能盡其性」，又云「知天地之化育」「質諸鬼神而無疑，知天也」[五]，此惟聖人而後能然。故曰此生知安行，聖人之事也。存其心者，未能盡其心者也，故須加存之之功，必存之既久，不待於存而自無不存，然後可以進而言盡。蓋知天之「知」，如知州、知縣之「知」。知州，則一州之事皆己事也；知縣，則一縣之事皆己事也。是與天爲一者也。事天，則如子之事父、臣之事君，猶與天爲二也。天之所以命於我者，心也，性也。吾但存之而不敢失，養之而不敢害，如「父母全而生之，子全而歸之」者也[六]。故曰此學知利行，賢人之事也。至於殀壽不貳，則與存其心者又有間矣。存其心者，雖未能盡其心，固已一心於爲善。時有不存，則存之而已。今使之殀壽不貳，是猶以殀壽貳其心者也。猶以殀壽貳其心，是其爲善之心猶未能一也。存之尚有所未可，而何盡之可云乎？今且使之不以殀壽貳其爲善之心。若曰死生殀壽皆有定命，吾但一心於爲善，修吾之身以俟天命而已，是其平日尚未知有天命也。事天雖與天爲二，然已真知天命之所在，但惟恭敬奉承之而已耳。若俟之云者，則尚未能真知天命之所在，猶有所俟者也。故曰「所以立命」。立者，創立之立，如立德、立言、立功、立名之類[七]。凡言立者，皆是昔未嘗有，而今始建立之謂㊀。孔子所謂「不知命，無以爲君子」者也[八]。故曰此困知勉行，學者之事也。今以盡心、知性、知天爲格物致知，使初學之士，尚未能不貳其心者，而遽責之以聖人生知安行之事，如捕風捉影，茫然莫知所措其心，幾何而不至於「率天下而路」也？[九]今世致知格物之弊，亦居然可見矣。吾子所謂「務外遺內，博而寡要」者，無乃亦是過歟？此學問最緊要處，於此而差，將無往而不差矣。此鄙人之所以冒天下之非笑，忘其身

之陷於罪戮，呶呶其言，有不容已者也。㊁

【校勘】

㊀ **而今始建立之謂**：「今」，原作「本」，據臺北藏明刊本、德安府重刊本、王畿本、孫應奎本、錢錞本、間東本、胡宗憲本、郭朝賓本、施邦曜本、俞嶙本、四庫全書本、三輪執齋本、佐藤一齋本、陳榮捷本、鄧艾民本改。

㊁ **有不容已者也**：「有」，原作「其」，據臺北藏明刊本、德安府重刊本、王畿本、孫應奎本、錢錞本、胡宗憲本、郭朝賓本、白鹿洞本、施邦曜本、俞嶙本、三輪執齋本、佐藤一齋本、葉紹鈞本改。

【箋疏】

[一]「致其本體之知」，語見陽明修訂本《大學古本序》：「是故至善也者，心之本體也。動而後有不善，而本體之知，未嘗不知也。意者，其動也。物者，其事也。致其本體之知，而動無不善。然非即其事而格之，則亦無以致其知。故致知者，誠意之本也。格物者，致知之實也。物格則知致意誠，而有以復其本體，是之謂止至善。」（王守仁《王陽明全集（新編本）》第一册，第二五八至二五九頁）

「孟子盡心之旨」，即《孟子·盡心上》：「孟子曰：『盡其心者，知其性也。知其性，則知天矣。存其心，養其性，所以事天也。殀壽不貳，修身以俟之，所以立命也。』」（朱熹《四書章句集注》第四一三頁）

[二]「朱子亦以虛靈知覺爲此心之量」，語似本朱熹《中庸章句序》：「蓋嘗論之，心之虛靈知覺，一而已矣。」以及《孟子集注》：「心者，人之神明，所以具衆理而應萬事者也。性則心之所具之理，而天又理之

所從以出者也。人有是心，莫非全體，然不窮理，則有所蔽而無以盡乎此心之量。」（朱熹《四書章句集注》，第一七、四一三頁）

［三］「朱子以盡心、知性、知天爲物格知致」云云，語本朱熹《孟子集注》云：「心者，人之神明，所以具衆理而應萬事者也。性則心之所具之理，而天又理之所從以出者也。人有是心，莫非全體，然不窮理，則有所蔽而無以盡乎此心之量。故能極其心之全體而無不盡者，必其能窮夫理而無不知者也。既知其理，則其所從出，亦不外是矣。以《大學》之序言之，知性則物格之謂，盡心則知至之謂也。」又云：「盡心知性而知天，所以造其理也；存心養性以事天，所以履其事也。不知其理，固不能履其事；然徒造其理而不履其事，則亦無以有諸己矣。知天而不以殀壽貳其心，智之盡也；事天而能修身以俟死，仁之至也。智有不盡，固不知所以爲仁；然智而不仁，則亦將流蕩不法，而不足以爲智矣。」（朱熹《四書章句集注》，第四一三至四一四頁）

［四］「生知安行」「學知利行」「困知勉行」，語本《中庸》：「或生而知之，或學而知之，或困而知之，及其知之，一也；或安而行之，或利而行之，或勉强而行之，及其成功，一也。」（朱熹《四書章句集注》，第三三頁）

王道在其《看林學士〈講餘荅問〉復書》回應林國輔《講餘荅問》「謂陽明説『盡心知性』章非是」云：「謂之知天，便有吻合爲一的意思，自是聖人分上事；謂之事天，便有奉承不違的意思，自是賢人分上事；至於修身以俟之，又與事天不同，有聽其自至而不敢必的意思，故下二章詳言順受之道，以明立命之旨，正是君子以命處義之事，而凡學者之所當勉也。朱子以知天爲始學窮理之事，則貶之太卑；以立命爲聖人樂天之事，則揚之太高，氣象不類，諦觀可見。且古人知行合一並進，未有先造其理而後履其事者，亦未有已造其理而未履其事者，況既曰知天，則法由我立、命由我出，何俟之有？愚見如此，未知與陽明合否？」（王道《王文定公文録》第六卷，第三一至三二頁）

[五]「惟天下至誠，爲能盡其性」「質諸鬼神而無疑，知天也」云云，語見《中庸》：「唯天下至誠，爲能盡其性；能盡其性，則能盡人之性；能盡人之性，則能盡物之性；能盡物之性，則可以贊天地之化育；可以贊天地之化育，則可以與天地參矣」；「質諸鬼神而無疑，知天也；百世以俟聖人而不惑，知人也」。（朱熹《四書章句集注》，第三八、四三頁）

[六]「父母全而生之，子全而歸之」，語見《禮記・祭義》：「父母全而生之，子全而歸之，可謂孝矣。不虧其體，不辱其身，可謂全矣。」（朱彬《禮記訓纂》下册，第七一五頁）

[七]「立德、立言、立功」，典出《春秋左傳》：「太上有立德，其次有立功，其次有立言，雖久不廢，此之謂不朽。」（杜預《春秋經傳集解》第三册，第一〇一一頁）「立名」，典出《史記・伯夷列傳》：「伯夷、叔齊雖賢，得夫子而名益彰。……閭巷之人，欲砥行、立名者，非附青雲之士，惡能施於後世哉？」（司馬遷《史記》第七册，第二一二七頁）

[八]「不知命，無以爲君子」，語見《論語・堯曰》：「子曰：『不知命，無以爲君子也。不知禮，無以立也。不知言，無以知人也。』」（朱熹《四書章句集注》，第二二九頁）

［九］「率天下而路」，語見《孟子・滕文公上》：「然則治天下獨可耕且爲與？有大人之事，有小民之事。且一人之身，而百工之所爲備。如必自爲而後用之，是率天下而路也。」（朱熹《四書章句集注》，第三〇二頁）

【一三六】

來書云：「聞語學者乃謂『即物窮理之説，亦是玩物喪志』［一］；又取其『厭繁就約』『涵養本原』數説標示學者，指爲晚年定論，此亦恐非。」［二］

朱子所謂「格物云者，在即物而窮其理也」［三］，即物窮理，是就事事物物上求其所謂定理者也，是以吾心而求理於事事物物之中，析心與理爲二矣。夫求理於事事物物者，如求孝之理於其親之謂也。求孝之理於其親，則孝之理其果在於吾之心邪？抑果在於親之身邪？假而果在於親之身，則親没之後，吾心遂無孝之理歟？見孺子之入井，必有惻隱之理，是惻隱之理果在於孺子之身歟？抑在於吾心之良知歟？其或不可以從之於井歟？其或可以手而援之歟？是皆所謂理也。是果在於孺子之身歟？抑果出於吾心之良知歟？以是例之，萬事萬物之理，莫不皆然。是可以知析心與理爲二之非矣。夫析心與理而爲二，此告子義外之説，孟子之所深闢也。

「務外遺内，博而寡要」，吾子既已知之矣，是果何謂而然哉？謂之「玩物喪志」，尚猶以爲不可歟？若鄙人所謂致知格物者，致吾心之良知於事事物物也。吾心之良知，即所謂「天理」也。致吾心良知之「天理」於事事物物，則事事物物皆得其理矣。致吾心之良知者，致知也；事事物物皆得其理者，格物也。是合心與理而爲一者也。合心與理而爲一，則凡區區前之所云，與朱子晚年之論，皆可以不言而喻矣。

【箋疏】

［一］《王文成公全書》無「即物窮理之説，亦是玩物喪志」之言。陽明正德七年《答徐成之（二）》云：「吾兄是晦庵，而謂其『專以道問學爲事』。然晦庵之言，曰『居敬窮理』，曰『非存心無以致知』，曰『君子之心常存敬畏，雖不見聞，亦不敢忽，所以存天理之本然，而不使離於須臾之頃也』。是其爲言雖未盡瑩，亦何嘗不以尊德性爲事？而又烏在其爲支離者乎？獨其平日汲汲於訓解，雖韓文、《楚辭》、《陰符》、《參同》之屬，亦必與之注釋考辯，而論者遂疑其玩物。又其心慮恐學者之躐等而或失之於妄作，使必先之以格致而無不明，然後有以實之於誠正而無所謬。世之學者挂一漏萬，求之愈繁而失之愈遠，至有敝力終身，苦其難而卒無所入，而遂議其支離。」（王守仁《王陽明全集（新編本）》第三册，第八四五至八四六頁）此或爲顧東橋此語之所本。不然，陽明相關書信恐已失傳。詳情俟考。又：「玩物喪志」，典

出《尚書·旅獒》："玩人喪德，玩物喪志。"（孔安國傳、孔穎達疏《尚書正義》，第四八九頁）

［二］"厭繁就約"，語本朱熹《與劉子澄》："近覺向來爲學，實有向外浮泛之弊；不惟自誤，而誤人亦不少。方别尋得一頭緒，似差簡約端的，始知文字言語之外，真别有用心處，恨未得面論也。""涵養本原"，語見朱熹《答吕子約》："文字雖不可廢，然涵養本原而察於天理人欲之判，此是日用動静之間，不可頃刻間斷底事。"（朱熹《晦庵先生朱文公文集》，《朱子全書》第二一册，第一五五二頁；第二二册，第二二〇五頁）陽明將朱熹此兩信收入其正德十年冬十一月輯成、十三年七月梓行之《朱子晚年定論》中。（王守仁《王陽明全集（新編本）》第一册，第一五一、一四一頁）

◎案：鄧艾民曰："顧東橋是第一個不同意王守仁提出《朱子晚年定論》的人，以後此問題争訟不已，一直延續至清初。"此説值得懷疑。正德十五年庚辰夏，羅欽順《與王陽明書》已對《朱子晚年定論》加以質疑（參羅欽順《困知記》第一一〇頁），早於顧東橋不同意王陽明之《朱子晚年定論》。

［三］"朱子所謂『格物云者，在即物而窮其理也』"，語本朱熹《大學章句》"格物補傳"，其文云："所謂致知在格物者，言欲致吾之知，在即物而窮其理也。"（朱熹《四書章句集注》，第八頁）

【集評】

馮柯曰："父子有親，是由父子而後有親之理也；無父子，則親不可見矣。君臣有義，是由君臣而後有義之理也；無君臣，則義不可見矣。事事物物無不皆然，所謂『在物爲理』也。今陽明非之，以爲親在而孝，親没而亡，是心與理爲二也，是義外也。殊不知，以吾心而求理於事事物物之中，此正所謂『處物爲義』也，正孟子所謂『集義』也。告子『不得於言，勿求於心』，正爲其不以吾心求事物之理，故謂之『義外』。今反以告子之『義外』非朱子之『窮理』，是以孟子之『集義』與告子之『義外』無異矣，可乎？且陽明自以爲致吾心良知之天理於事事物物，是合心與理爲一。夫心而無理，何以窮格事物之理？物而無理，又何以使之各得其理？則所謂致吾心良知之天理於事事物物，與夫以吾心求理於事事物物之中，果何所分別而有一則析心與理爲二、一則合心與理爲一之殊耶？吾恐析心與理爲二者未必析心與理爲二，而自謂合心與理爲一者將未免析事與理爲二矣。且以心求理於事事物物之中，工夫全在求字上，所謂格之者也；致吾心良知之天理於事事物物，工夫全在致字上，而格字反無骨力矣。豈經文之旨乎？不特此也。其曰『致吾心良知之天理於事事物物，則事事物物皆得其理矣』，味其語意，分明以上句爲格物，下句爲物格也。既以上句爲格物，不當又言致吾心之良知爲致知；既以下句爲物格，不當又言事事物物皆得其理爲格物，此其言論背馳，不待咀嚼而可見。而況夫所謂『事事物物皆得其理』者，又出於朱子者也。朱子注《易大傳》，有曰『窮理者，謂隨事得其條理也』。竊朱子窮理之訓以解格物，而又非朱子不當以窮理訓格物，不幾於盜憎主人乎？殊可怪也已。」（馮柯《求是編》，岡田武彦、荒木見悟主編《和刻影印近世漢籍叢刊·思想三編》第一五册，第二七六至二七九頁）

吉村秋陽曰：「致者，擴充到底之謂。王子説格致多在動處，蓋以人之易喻也，然因是往往有誤認其義者，不知『知』言乎主宰也，『物』言乎流行也。流行之體，動静一機，故有事無事皆物也。致知，只是流行中常常立個主宰耳。主宰立而流行順其則，謂之格物。然則，此功夫豈有間斷時耶？」（吉村晉《王學提綱》，岡田武彦、荒木見悟主編《和刻影印近世漢籍叢刊·思想三編》第一二册，第五〇頁）

【一三七】

來書云：「人之心體，本無不明，而氣拘物蔽，鮮有不昏㊀，非學問思辨以明天下之理，則善惡之機、真妄之辨不能自覺，任情恣意，其害有不可勝言者矣。」

此段大略似是而非，蓋承沿舊説之弊，不可以不辨也。夫問思辨行㊁，皆所以爲學，未有學而不行者也。如言學孝，則必服勞奉養，躬行孝道，而後謂之學㊂，豈徒懸空口耳講説，而遂可以謂之學孝乎？學射，則必張弓挾矢，引滿中的；學書，則必伸紙執筆，操觚染翰。盡天下之學，無有不行而可以言學者，則學之始固已即是行矣[二]。篤者，敦實篤厚之意。已行矣，而敦篤其行，不息其功之謂爾。蓋學之不能以無疑，則有問，問即學也，即行也；又不能無疑，則有思，思即學也，即行也；又不能無疑，則有辨，辨即學也，即行也。辨既明矣，思既慎矣，問既審矣，學既能矣，又從而不息其功焉，斯之謂篤行。非謂學、問、思、辨之後而始措之於行也。是故以求能其事而言謂之學，以求解其惑而言謂之問，以求通其説而言謂之思㊃，以求精其察而言謂之辨，以求履其實而言謂之行。盖析其功而言則有五，合其事而言則一而已。此區區心理合一之體、知行並進之功，所以異於後世之説者，正在於是。今吾子特舉學問思辨以窮天下之理，而不及篤行，是專以學問思辨爲知，而謂窮理爲無行也已。天下豈有不行而學者邪？豈有不行而遂可謂之窮理者邪？明道云：「只窮理便盡性至命。」[二]故必仁極仁，而後謂之能窮仁之理；義極義，而後謂之能窮義之理。仁極仁，則盡仁之性矣；義極義，則盡義之性矣。學至於窮理，至矣，而尚未措之於行，天下寧有是邪？是故知不行之不可以爲學，則知不行之不可以爲窮理矣；知不行之不可以爲窮理，則知知行之合一並進而不可以分爲兩節事矣。夫萬事萬物之理不外於吾心，而必曰窮天下之理，是殆以吾心之良知爲未足，而必外求於天下之廣，以裨補增益之，是猶析心與理而爲二也。夫學、問、思、辨、篤行之功，雖其困勉至於人一己百，而擴充之極，至於盡性知天，亦不過致吾心之良知而已。良知之外，豈復有加於毫末乎？今必曰窮天下之理，而不知反求諸其心，則凡所謂「善惡之機，真妄之辨」者，舍吾心之良知，亦將何所致其體察乎？[五]吾子所謂「氣拘物蔽」者，拘此蔽此而已。今欲去此之蔽，不知致力於此，而欲以外求，是猶目之不明者，不務服藥調理以治其目，而徒倀倀然求明於其外，明豈可以自外而得哉？「任情恣意」之害，亦以不能精察天理於此心之良知而已。此誠毫釐千里之謬者，不容於不辨，吾子毋謂其論之太刻也。

【校勘】

〔一〕**鮮有不昏**：「不昏」，臺北藏明刊本、德安府重刊本、王畿本、孫應奎本、錢錞本、閭東本作「不蔽」，施邦曜本、俞嶙本作「不偏」。

㊁ **夫問思辨行**：「問思辨行」前，原有「學」字，據臺北藏明刊本、德安府重刊本、王畿本、孫應奎本、錢錞本、閭東本、胡宗憲本、郭朝賓本、白鹿洞本、施邦曜本、俞嶙本、張問達本、許舜屏本、葉紹鈞本、鄧艾民本删。馮柯《求是編》所引述，亦無「學」字。（馮柯《求是編》，岡田武彦、荒木見悟主編《和刻影印近世漢籍叢刊・思想三編》第一五册，第二七九頁）

㊂ **而後謂之學**：「而後」，原作「則後」，據臺北藏明刊本、德安府重刊本、王畿本、孫應奎本、錢錞本、閭東本、胡宗憲本、郭朝賓本、白鹿洞本、施邦曜本、俞嶙本、張問達本、四庫全書本、三輪執齋本、佐藤一齋本改。葉紹鈞本、許舜屏本、陳榮捷本、鄧艾民本作「然後」。

㊃ **以求通其説而言謂之思**：「其説」，臺北藏明刊本、德安府重刊本、王畿本、孫應奎本、錢錞本、閭東本、胡宗憲本、白鹿洞本、施邦曜本、俞嶙本、張問達本作「其理」。

㊄ **亦將何所致其體察乎**：「何所」，閭東本、施邦曜本、俞嶙本作「何以」。

【箋疏】

［一］施邦曜曰：「『無有不行而可以言學』，此是先生立教之本。會得此意，先生千言萬語，只在此一句中矣。」

［二］「只窮理便盡性至命」，語本《河南程氏遺書》：「窮理盡性以至於命，三事一時並了，元無次序，不可將窮理作知之事。若實窮得理，即性、命亦可了。」（程顥、程頤《二程集》第一册，第一五頁）

東正純曰：「『窮理』字本出《易·説卦》，先以道德，後以性命，而窮理與理義配對，其所主在明人心，非泛然窮至物理之末，亦彰彰矣。然則，明道所謂『只窮理便盡性』，簡易直截，原無可疑，而朱子却議之者，屬其創説，始非《易》旨也。文成據明道之説，更發揮其知行合一之説，可謂復無餘藴矣，誰謂好與先儒牴牾？」（東正純《傳習録參考》，《澤瀉先生全集》上册，第六四一至六四二頁）

【集評】

但衡今曰：「本節言知行合一並進，較言合一者，辭旨暢達，文亦生動可喜。謂『盡天下之學，無有不行而可以言學者』，是直以行爲知矣，其説亦極精到。謂『殆以吾心之良知爲不足，而必求於天下之廣，以裨補增益』，則失於隘矣，甘泉謂陽明『自小其心』，以此。物無窮，而人之生也有涯，又安得不求裨益以致其知哉？且所謂致知者，與吾心爲始終，亦即與物爲始終、與理爲始終，而後始得以盡其用。予固不以主一主二而爲是非也。」（但衡今《王陽明傳習録札記》中卷，第七至八頁）

【一三八】

來書云：「教人以致知明德，而戒其即物窮理，誠使昏闇之士深居端坐，不聞教告㊀，遂能至於知致而德明乎？縱令静而有覺，稍悟本性，則亦定慧無用之見，果能知古今、達事變而致用於天下國家之實否乎？其曰『知者意之體，物者意之用』『格物如格君心之非之格』[一]，語雖超悟獨得，不踵陳見，抑恐於道未相吻合。」

區區論致知格物，正所以窮理，未嘗戒人窮理，使之深居端坐而一無所事也。若謂即物窮理，如前所云「務外而遺内」者，則有所不可耳。昏闇之士，果能隨事隨物精察此心之天理以致其本然之良知，則「雖愚必明，雖柔必强」[二]。大本立而達道行，九經之屬可一以貫之而無遺矣，尚何患其無致用之實乎？彼頑空虚静之徒，正惟不能隨事隨物精察此心之天理以致其本然之良知，而遺棄倫理，寂滅虚無以爲常，是以要之不可以治家國天下。孰謂聖人窮理盡性之學而亦有是弊哉？[三]心者身之主也，而心之虚靈明覺，即所謂本然之良知也。其虚靈明覺之良知，應感而動者謂之意。有知而後有意，無知則無意矣。知非意之體乎？意之所用，必有其物，物即事也。如意用於事親，即事親爲一物；意用於治民，即治民爲一物；意用於讀書，即讀書爲一物；意用於聽訟，即聽訟爲一物。凡意之所用，無有無物者，有是意即有是物，無是意即無是物矣。物非意之用乎？「格」字之義，有以「至」字訓者，如「格于文祖」「有苗來格」[四]，是以「至」訓者也。然「格于文祖」，必純孝誠敬，幽明之間無一不得其理，而後謂之「格」；有苗之頑，實以文德誕敷而後格，則亦兼有「正」字之義在其間，未可專以「至」字盡之也。如「格其非心」「大臣格君心之非」之類[五]，是則一皆「正其不正以歸於正」之義，而不可以「至」字爲訓矣。

且《大學》「格物」之訓，又安知其不以「正」字爲訓，而必以「至」字爲義乎？如以「至」字爲義者，必曰「窮至事物之理」，而後其説始通。是其用功之要，全在一「窮」字；用力之地，全在一「理」字也。若上去一「窮」、下去一「理」字㊁，而直曰「致知在至物」㊂，其可通乎？[六]夫「窮理盡性」，聖人之成訓，見於《繫辭》者也[七]。苟「格物」之説，而果即「窮理」之義，則聖人何不直曰「致知在窮理」，而必爲此轉折不完之語，以啓後世之弊邪？蓋《大學》「格物」之説，自與《繫辭》「窮理」大旨雖同，而微有分辨。「窮理」者，兼格致誠正而爲功也。故言「窮理」，則格致誠正之功皆在其中；言「格物」，則必兼舉致知、誠意、正心而後其功始備而密。今偏舉「格物」而遂謂之「窮理」，此所以專以「窮理」屬知，而謂「格物」未嘗有行㊃，非惟不得「格物」之旨，并「窮理」之義而失之矣。此後世之學所以析知行爲先後兩截，日以支離決裂，而聖學益以殘晦者，其端實始於此。吾子蓋亦未免承沿積習，見則以爲「於道未相吻合」㊄，不爲過矣。

【校勘】

㊀ **不聞教告**：「教告」，施邦曜本、俞嶙本作「教語」。

㊁ **若上去一「窮」、下去一「理」字**：「窮」後，孫應奎本、閭東本、施邦曜本、俞嶙本、張問達本、陳榮捷本有「字」字。《陽明先生年譜》引述此信，亦有「字」字。（王守仁《王陽明全集（新編本）》第四册，第一三〇五頁）

㊂**而直曰「致知在至物」**：「直」，原作「真」，據臺北藏明刊本、德安府重刊本、王畿本、孫應奎本、錢錞本、胡宗憲本、郭朝賓本、白鹿洞本、施邦曜本、俞嶙本、四庫全書本、三輪執齋本、佐藤一齋本、許舜屏本、葉紹鈞本、陳榮捷本、鄧艾民本改。

㊃**而謂「格物」未嘗有行**：「未嘗」，原作「未常」，據臺北藏明刊本、德安府重刊本、王畿本、孫應奎本、錢錞本、閭東本、施邦曜本、俞嶙本、四庫全書本、三輪執齋本、佐藤一齋本、陳榮捷本改。馮柯《求是編》所引述，亦作「未嘗」。（馮柯《求是編》，岡田武彦、荒木見悟主編《和刻影印近世漢籍叢刊・思想三編》第一五册，第二九四頁）「未常」，與「未嘗」通。然而較多版本尤其早期版本作「未嘗」，因改。

㊄**見則以爲「於道未相吻合」**：「見則」，臺北藏明刊本、德安府重刊本、王畿本、孫應奎本、錢錞本、閭東本、白鹿洞本、施邦曜本、俞嶙本、三輪執齋本、佐藤一齋本、葉紹鈞本作「則見」。

【**箋疏**】

［一］「知者意之體，物者意之用」云云，語見陽明《大學古本傍釋》：「心者身之主，意者心之發，知者意之體，物者意之用。如意用於事親，即事親之事格之，必盡夫天理，則吾事親之良知無私欲之間而得以致其極。知致，則意無所欺而可誠矣；意誠，則心無所放而可正矣。格物如『格君』之格，是正其不正以歸於正。」（王守仁《大學古本傍釋》，《續修四庫全書》第一五九册，第七三頁；《大學古本［附旁釋及問］》，《叢書集成》初編第四七六册，第一至二頁；王守仁《王陽明全集（新編本）》第五册，第一八五三頁）◎案：此所引述，據《續修四庫全書》所收影印明萬曆間刊刻百陵學山本《大學古本傍釋》。函海本

《大學古本旁注》無「格物如『格君』之格，是正其不正以歸於正」之語。（王守仁《大學古本旁注》，《叢書集成》初編第四七七册，第三至四頁；王守仁《王陽明全集（新編本）》第五册，第一八五一頁）陳榮捷以爲，「《大學旁釋》早佚，函海所載《大學旁釋》爲僞作」。陳氏之説似過於武斷。

［二］「雖愚必明，雖柔必强」，語見《中庸》：「有弗學，學之弗能弗措也；有弗問，問之弗知弗措也；有弗思，思之弗得弗措也；有弗辨，辨之弗明弗措也；有弗行，行之弗篤弗措也。人一能之己百之，人十能之己千之。果能此道矣，雖愚必明，雖柔必强。」（朱熹《四書章句集注》，第三六至三七頁）

［三］施邦曜曰：「人只把『物』字看做身外之物，『格』字看做聞見之功，故於身心意知、天下國家牽合不來；不知所謂物者，原未嘗離却身心意知、離却天下國家。如人一惟游其神於無何有之鄉，身不歷物，何以見能修？心不應物，何以見能正？意不觸物，何以見能誠？知不照物，何以見能致？是格物者，原合修身、正心、誠意、致知而爲言者也。究此身心意知所歷之物，原非舍天下國家而別自爲物者也。使家之物得其所焉，是謂能齊；國之物得其所焉，是謂能治；天下之物得其所焉，是謂能平。是格物也者，誠成己成物、内聖外王之工夫，第其用力自有頭腦，不在耳目見聞上求。是則先生致良知之説耳。」

［四］「格于文祖」，語出《尚書・舜典》：「月正元日，舜格于文祖。」「有苗來格」，語出《尚書・大禹謨》：「帝乃誕敷文德，舞干、羽於兩階。七旬，有苗格。」（孔安國傳、孔穎達疏《尚書正義》，第九五、一四〇頁）

［五］「格其非心」，語出《尚書・冏命》：「惟予一人無良，實賴左右前後有位之士，匡其不及，繩愆糾謬，格其

非心，俾克紹先烈。」（孔安國傳、孔穎達疏《尚書正義》，第七六六頁）「大臣格君心之非」，語本《孟子·離婁上》：「孟子曰：『人不足與適也，政不足間也。惟大人爲能格君心之非。君仁莫不仁，君義莫不義，君正莫不正。一正君而國定矣。』」（朱熹《四書章句集注》，第三三六頁）

［六］馮柯曰：「且『格』之爲字，既有『至』與『正』二義，則不必各執其是以相非也，要於其當不可易而已。爲陽明者，乃曰『安知《大學》之格，不以正字爲訓，而必以至字爲義也』，則爲程朱者，獨不可曰『安知其不以至字爲訓，而必以正字爲義乎』？以『至』字爲義者，必曰『窮至事物之理』，而後其説始通；則夫以『正』字爲義者，亦必曰『格正其意所用之物』，而後其説始通也。『窮至事物之理』者，既上去一『窮』字、下去一『理』字，而直曰『致知在至物』之不可通；則夫『格正其意所用之物』者，上亦去一『格』字，下亦去一『物』字，而直曰『致知在正意』，其獨可通乎？」（馮柯《求是編》，岡田武彦、荒木見悟主編《和刻影印近世漢籍叢刊·思想三編》第一五册，第二九一至二九二頁）

［七］佐藤一齋曰：「『窮理盡性』，見於《説卦》。此引爲《繫辭》，偶誤。」◎案：「窮理盡性」之言，語出《周易·説卦傳》「窮理盡性以至於命」。（朱熹《周易本義》，《朱子全書》第一册，第一五三頁）下文「自與《繫辭》『窮理』大旨雖同」之「窮理」，亦出自《説卦傳》，而非出自《繫辭傳》。

【集評】

但衡今曰：「陽明本節徵引章句訓詁之學，不足折服顧某定慧無用之見。至若『知爲意之體，有知而後有意』，則是心意之間猶有所謂知者在也。以知代心意立言可，別有知之一識則未當。上卷陽明謂『應物起念是謂之意，知是與非是謂良知』，分知意爲二；本節謂『知爲意之體，有知而後有意』，合知意爲一，頗有自語相違之嫌。證以天泉論道『有善有惡意之動，知善知惡是良知』，顯然知非意之體也。若云有知而後有意，知能識别善惡，而意乃或善或惡也，陽明之意當不如是。度陽明之意，本節云『心之虚靈明覺，即所謂本然之良知』，是直以知藴於心，亦即心之虚明之妙用也，非如蕺山所云知藏於意之知。蕺山所云知藏於意之知，實即陽明所云知爲意之體之知，意即釋家所云第六意識之意。學者於此，當作情識之知看，不可作良知之知看。」又曰：「考亭釋格爲至，而以格物屬知；陽明釋格爲正，而以格物屬行，正可相取，無庸相病，庶心物如如，理事如如，内外如如。陸象山云『宇宙内事皆吾分内事，吾分内事皆宇宙内事』，則心物内外何等親切！」（但衡今《王陽明傳習録札記》中卷，第一五至二三頁）

【一三九】

來書云：「謂致知之功，將如何爲温凊，如何爲奉養，即是『誠意』，非别有所謂『格物』。此亦恐非。」

此乃吾子自以己意揣度鄙見而爲是説，非鄙人之所以告吾子者矣。若果如吾子之言，寧復有可通乎？[一]蓋鄙人之見，則謂意欲温凊，意欲奉養者，所謂「意」也，而未可謂之「誠意」。必實行其温清奉養之意，務求自慊而無自欺，然後謂之「誠意」。知如何而爲温清之節，知如何而爲奉養之宜者，所謂「知」也，而未可謂之「致知」。必致其知如何爲温清之節者之知，而實以之温清；致其知如何爲奉養之宜者之知，而實以之奉養，然後謂之「致知」。温清之事，奉養之事，所謂「物」也，而未可謂之「格物」。必其於温清之事也，一如其良知之所知，當如何爲温清之節者而爲之，無一毫之不盡；於奉養之事也，一如其良知之所知，當如何爲奉養之宜者而爲之，無一毫之不盡，然後謂之「格物」。温清之物格，然後知温清之良知始致；奉養之物格，然後知奉養之良知始致，故曰「物格而後知至」。致其知温清之良知，而後温清之意始誠；致其知奉養之良知，而後奉養之意始誠，故曰「知至而後意誠」[二]。此區區誠意、致知、格物之説蓋如此。吾子更熟思之，將亦無可疑者矣。

【箋疏】

[一] 東正純曰：「後儒議王子之學，概坐以己意揣度之之病矣。若彼門户異同之争，則本非講學之事，何足辨之哉？」（東正純《傳習録參考》，《澤瀉先生全集》上册，第六四二至六四三頁）

[二]「物格而後知至」「知至而後意誠」，語見《大學》。（朱熹《四書章句集注》，第五頁）

【一四〇】

來書云:「道之大端易於明白,所謂良知良能,愚夫愚婦可與及者。至於節目時變之詳,毫釐千里之繆,必待學而後知。今語孝於温凊定省,孰不知之?至於舜之不告而娶、武之不葬而興師、養志養口、小杖大杖、割股廬墓等事[一],處常處變、過與不及之間,必須討論是非,以爲制事之本,然後心體無蔽,臨事無失。」

「道之大端易於明白」,此語誠然。顧後之學者,忽其易於明白者而弗由,而求其難於明白者以爲學,此其所以「道在邇而求諸遠,事在易而求諸難」也。孟子云:「夫道,若大路然,豈難知哉?人病不由耳。」[二]良知良能,愚夫愚婦與聖人同。但惟聖人能致其良知,而愚夫愚婦不能致,此聖愚之所由分也。節目時變,聖人夫豈不知?但不專以此爲學。而其所謂學者,正惟致其良知,以精察此心之天理,而與後世之學不同耳。吾子未暇良知之致,而汲汲焉顧是之憂,此正求其難於明白者以爲學之弊也。夫良知之於節目時變,猶規矩尺度之於方圓長短也;節目時變之不可預定,猶方圓長短之不可勝窮也。故規矩誠立,則不可欺以方圓,而天下之方圓不可勝用矣;尺度誠陳,則不可欺以長短,而天下之長短不可勝用矣;良知誠致,則不可欺以節目時變,而天下之節目時變不可勝應矣。毫釐千里之謬,不於吾心良知一念之微而察之,亦將何所用其學乎？是不以規矩而欲定天下之方圓，不以尺度而欲盡天下之長短，吾見其乖張謬戾，日勞而無成也已。吾子謂「語孝於温凊定省，孰不知之」，然而能致其知者鮮矣。若謂粗知温凊定省之儀節，而遂謂之能致其知。則凡知君之當仁者，皆可謂之能致其仁之知；知臣之當忠者，皆可謂之能致其忠之知。則天下孰非致知者邪？以是而言，可以知致知之必在於行，而不行之不可以爲致知也，明矣。知行合一之體，不益較然矣乎？夫舜之不告而娶，豈舜之前已有不告而娶者爲之準則，故舜得以考之何典、問諸何人而爲此邪？㊀抑亦求諸其心一念之良知，權輕重之宜，不得已而爲此邪？武之不葬而興師，豈武之前已有不葬而興師者爲之準則，故武得以考之何典、問諸何人而爲此邪？抑亦求諸其心一念之良知，權輕重之宜，不得已而爲此邪？使舜之心而非誠於爲無後，武之心而非誠於爲救民，則其不告而娶與不葬而興師，乃不孝、不忠之大者。而後之人不務致其良知，以精察義理於此心感應酬酢之間，顧欲懸空討論此等變常之事，執之以爲制事之本，以求臨事之無失，其亦遠矣。其餘數端，皆可類推，則古人致知之學，從可知矣。

【校勘】

㊀ **故舜得以考之何典、問諸何人而爲此邪**：「問」，原作「間」，據臺北藏明刊本、德安府重刊本、孫應奎本、錢

錞本、胡宗憲本、郭朝賓本、白鹿洞本、施邦曜本、俞嶙本、四庫全書本、三輪執齋本、佐藤一齋本、許舜屏本、葉紹鈞本、陳榮捷本、鄧艾民本改。王畿本作「聞」。

【箋疏】

[一]「舜之不告而娶」，語本《孟子·萬章上》：「萬章問曰：『《詩》云：「娶妻如之何？必告父母。」信斯言也，宜莫如舜。舜之不告而娶，何也？』孟子曰：『告則不得娶。男女居室，人之大倫也。如告，則廢人之大倫，以懟父母，是以不告也。』」（朱熹《四書章句集注》，第三五七頁）

「武之不葬而興師」，事見《史記·伯夷列傳》：「伯夷、叔齊聞西伯昌善養老，盍往歸焉。及至，西伯卒，武王載木主，號爲文王，東伐紂。伯夷、叔齊叩馬而諫曰：『父死不葬，爰及干戈，可謂孝乎？以臣弒君，可謂仁乎？』」（司馬遷《史記》第七册，第二一二三頁）

「養志養口」，語本《孟子·離婁上》：「曾子養曾晳，必有酒肉。將徹，必請所與。問有餘，必曰『有』。曾晳死，曾元養曾子，必有酒肉。將徹，不請所與。問有餘，曰『亡矣』。將以復進也。此所謂養口體者也。若曾子，則可謂養志也。事親若曾子者，可也。」（朱熹《四書章句集注》，第三三五至三三六頁）

「小杖大杖」，語本《孔子家語》：「曾子耘瓜，誤斬其根。曾晳怒，建大杖以擊其背。曾子仆地而不知人久之，有頃乃蘇，欣然而起，進於曾晳曰：『嚮也參得罪於大人，大人用力教參，得無疾乎？』退而就房，援琴而歌，欲令曾晳而聞之，知其體康也。孔子聞之而怒，告門弟子曰：『參來，勿內。』曾參自以爲無罪，使人請於孔子。子曰：『汝不聞乎？昔瞽叟有子曰舜，舜之事瞽叟，欲使之未嘗不在於側，索而殺之未嘗可得。小棰則待過，大杖則逃走。故瞽叟不犯不父之罪，而舜不失烝烝之孝。今參事父，委身以待暴怒，殪而不避，既身死而陷父於不義，其不孝孰大焉。汝非天子之民也？殺天子之民，其罪奚若？』曾參聞之，曰：『參罪大矣。』遂造孔子而謝過。」（陳士珂《孔子家語疏證》，第一〇一頁）

「割股廬墓」，語本蘇軾《議學校貢舉狀》：「夫欲興德行，在於君人者脩身以格物，審好惡以表俗。……若欲設科立名以取之，則是教天下相率而爲僞也。上以孝取人，則勇者割股、怯者廬墓；上以廉取人，則弊車羸馬、惡衣菲食。凡可以中上意，無所不至矣。」（蘇軾《蘇軾文集》第二册，第七二四頁）陳榮捷對於古代「割股」事，有頗爲詳盡之考證，文長不録。（陳榮捷《王陽明傳習録詳注集評》，第一八四至一八六頁）

［二］「道在邇而求諸遠，事在易而求諸難」，語見《孟子・離婁上》。「夫道，若大路然，豈難知哉？人病不由耳」，語見《孟子・告子下》。惟「人病不由耳」句，《孟子》作「人病不求耳」。（朱熹《四書章句集注》，第三三二、四〇一頁）

【集評】

但衡今曰：「本節議論至精，文亦矯健，學者須著重『誠致』二字，餘皆枝葉。天下事固未可以良知盡之，然天下事無一不由誠以致之。物無窮，而知亦無盡也。萬法唯心，與陽明所見正同。顧某所云討論是非，固不足以盡天下之情而通其變，然多識前言往行以畜其德，亦學者修業進德，不可間者也。」（但衡今

【一四一】

來書云：「謂《大學》『格物』之説專求本心，猶可牽合；至於六經四書所載『多聞多見』『前言往行』『好古敏求』『博學審問』『温故知新』『博學詳説』『好問好察』[一]，是皆明白求於事爲之際，資於論説之間者，用功節目，固不容紊矣。」

「格物」之義，前已詳悉，牽合之疑，想已不俟復解矣。至於「多聞多見」，乃孔子因子張之務外好高，徒欲以多聞多見爲學，而不能求諸其心以闕疑殆，此其言行所以不免於尤悔，而所謂見聞者，適以資其務外好高而已，蓋所以救子張多聞多見之病，而非以是教之爲學也。夫子嘗曰「蓋有不知而作之者，我無是也」，是猶孟子「是非之心，人皆有之」之義也[二]。此言正所以明德性之良知非由於聞見耳。若曰「多聞擇其善者而從之，多見而識之」，則是專求諸見聞之末，而已落在第二義矣，故曰「知之次也」。夫以見聞之知爲次，則所謂知之上者果安所指乎？是可以窺聖門致知用力之地矣。夫子謂子貢曰：「賜也，汝以予爲多學而識之者歟？非也。予一以貫之。」[三]使誠在於「多學而識」，則夫子胡乃謬爲是説以欺子貢者邪？「一以貫之」，非致其良知而何？《易》曰：「君子多識前言往行，以畜其德。」夫以畜其德爲心，則凡多識前言往行者，孰非畜德之事？此正知行合一之功矣。「好古敏求」者，好古人之學，而敏求此心之理耳。心即理也。學者，學此心也；求者，求此心也。孟子云：「學問之道無他，求其放心而已矣。」[四]非若後世廣記博誦古人之言詞以爲好古，而汲汲然惟以求功名利達之具於其外者也。「博學審問」，前言已盡。「温故知新」㈠，朱子亦以「温故」屬之「尊德性」矣[五]，德性豈可以外求哉？惟夫「知新」必由於「温故」，而「温故」乃所以「知新」㈡，則亦可以驗知行之非兩節矣。「博學而詳説之者，將以反説約也」，若無「反約」之云，則「博學詳説」者，果何事邪？舜之「好問好察」，惟以用中而致其精一於道心耳。道心者，良知之謂也。君子之學，何嘗離去事爲而廢論説？但其從事於事爲、論説者，要皆知行合一之功，正所以致其本心之良知，而非若世之徒事口耳談説以爲知者，分知行爲兩事，而果有節目先後之可言也。

【校勘】

㈠ **温故知新**：原作「温故新知」，據臺北藏明刊本、德安府重刊本、王畿本、孫應奎本、錢錞本、閭東本、施邦曜本、俞嶙本、張問達本、四庫全書本、三輪執齋本、佐藤一齋本、陳榮捷本、鄧艾民本改。

㈡ **而「温故」乃所以「知新」**：「所以」，臺北藏明刊本、德安府重刊本、王畿本、孫應奎本、錢錞本、閭東本、胡宗憲本、郭朝賓本、施邦曜本、俞嶙本作「可以」。

【箋疏】

［一］「多聞多見」，語本《論語・爲政》：「子張學干禄。子曰：『多聞闕疑，慎言其餘，則寡尤；多見闕殆，慎行其餘，則寡悔。言寡尤，行寡悔，禄在其中矣。』」（朱熹《四書章句集注》，第六七頁）

「前言往行」，語本《周易・大畜・象傳》：「天在山中，大畜。君子以多識前言往行，以畜其德。」（朱熹《周易本義》，《朱子全書》第一册，第一一二頁）

「好古敏求」，語本《論語・述而》：「子曰：『我非生而知之者，好古，敏以求之者也。』」（朱熹《四書章句集注》，第一一三頁）

「博學審問」，語本《中庸》：「博學之，審問之，慎思之，明辨之，篤行之。」（朱熹《四書章句集注》，第三六頁）

「温故知新」，語本《論語・爲政》：「子曰：『温故而知新，可以爲師矣。』」（朱熹《四書章句集注》，第六六頁）

「博學詳説」，語本《孟子・離婁下》：「孟子曰：『博學而詳説之，將以反説約也。』」朱熹注云：「言所以博學于文而詳説其理者，非欲以誇多而鬬靡也，欲其融會貫通，有以反而説到至約之地耳。」（朱熹《四書章句集注》，第三四五頁）

「好問好察」，語本《中庸》：「子曰：『舜其大知也與！舜好問而好察邇言，隱惡而揚善，執其兩

端，用其中於民，其斯以爲舜乎！』」（朱熹《四書章句集注》，第二三頁）

［二］孔子之言，見《論語・述而》：「子曰：『蓋有不知而作之者，我無是也。多聞擇其善者而從之，多見而識之，知之次也。』」（朱熹《四書章句集注》，第一一五頁）孟子之語，見《孟子・告子上》：「惻隱之心，人皆有之；羞惡之心，人皆有之；恭敬之心，人皆有之；是非之心，人皆有之。」（朱熹《四書章句集注》，第三八七頁）

［三］「夫子謂子貢曰」云云，語見《論語・衛靈公》：「子曰：『賜也，女以予爲多學而識之者與？』對曰：『然。非與？』曰：『非也，予一以貫之。』」（朱熹《四書章句集注》，第一九〇頁）

［四］「孟子云」云云，語見《孟子・告子上》。（朱熹《四書章句集注》，第三九三頁）

［五］「朱子亦以『温故』屬之『尊德性』矣」，語本《朱子語類》：「『温故』，只是存得這道理在，便是『尊德性』；『敦厚』，只是個朴實頭，亦是『尊德性』」。（黎靖德編《朱子語類》第四册，第一五八七頁）

章太炎曰：「温故知新，衹謂讀書善悟，如子貢、子夏之言《詩》是也。朱子以温故屬之尊德性，德性何得謂之故耶？先生素不取朱子説，此欲與東橋辯，乃屈意取之以爲己助，求之文義，豈可安也？」（章太炎《王守仁〈王文成公全書〉批語》，《章太炎全集・眉批集》，第二九五頁）

【集評】

但衡今曰：「温故所以知新，多識所以畜德。陽明之意，是以致知爲形上學，見聞爲形下學。質之儒家、佛家高高頂上語，近是矣。要知上達必自下學始。陽明天賦厚，家學淵源深，弱冠通曉佛老辭章之學，旁及兵事邊政；，龍場謫居，參透生死，豁然貫通，方知通慧徹悟，不假外求，回顧往者所學，無非歷史陳迹、世間渣滓。其學得力處，全在格物以致知，故晚年以致良知爲宗，亦猶釋家習經教數十年，然後始參禪也。本節云云，頗有重禪輕教意。治王學者，設無陽明平日之積累，則當從收拾人世渣滓做起，慎勿空言上達。要知上達無學可學、無言可言也。」（但衡今《王陽明傳習録札記》中卷，第二九至三一頁）

【一四二】

來書云：「楊、墨之爲仁義，鄉愿之亂忠信㈠，堯、舜、子之之禪讓，湯、武、楚項之放伐，周公、莽、操之攝輔[二]，謾無印正，又焉適從？且於古今事變、禮樂名物未嘗考識，使國家欲興明堂、建辟雍、制曆律、草封禪[三]，又將何所致其用乎？故釋《論語》者曰㈡：『「生而知之」者，義理耳，若夫禮樂名物、古今事變，亦必待學而後有以驗其行事之實。』此則可謂定論矣。」[三]

所喻楊、墨、鄉愿、堯、舜、子之、湯、武、楚項、周公、莽、操之辨，與前舜、武之論，大略可以類推。古今事變之疑，前於良知之説，已有規矩尺度之喻，當亦無俟多贅矣。至於明堂、辟雍諸事，似尚未容於無言者，然其説甚長，姑就吾子之言而取正焉，則吾子之惑將亦可以少釋矣。夫明堂、辟雍之制，始見於吕氏之《月令》、漢儒之訓疏，六經四書之中未嘗詳及也。豈吕氏、漢儒之知，乃賢於三代之賢聖乎？齊宣之時，明堂尚有未毁[四]，則幽、厲之世，周之明堂皆無恙也。堯、舜茅茨土階，明堂之制未必備，而不害其爲治；幽、厲之明堂，固猶文、武、成、康之舊，而無救於其亂。何邪？豈能「以不忍人之心，而行不忍人之政」[三][五]，則雖茅茨土階，固亦明堂也；以幽、厲之心，而行幽、厲之政，則雖明堂，亦暴政所自出之地邪？武帝肇講於漢而武后盛作於唐[六]，其治亂何如邪？天子之學曰辟雍，諸侯之學曰泮宫，皆象地形而爲之名耳。然三代之學，其要皆所以明人倫，非以辟不辟、泮不泮爲重輕也。孔子云：「人而不仁，如禮何？人而不仁，如樂何？」[七]制禮作樂，必具中和之德，聲爲律而身爲度者[八]，然後可以語此。若夫器數之末，樂工之事、祝史之守。故曾子曰「君子所貴乎道者三」。籩豆之事，則有司存」也[九]。堯命羲和，「欽若昊天，曆象日月星辰」，其重在於「敬授人時」也；舜「在璿璣玉衡」，「以齊七政」也[一〇]。是皆汲汲然以仁民之心而行其養民之政，治曆明時之本，固在於此也。羲和曆數之學，皋、契未必能之也，禹、稷未必能之也；「堯、舜之知而不徧物」[一一]，雖堯、舜亦未必能之也。然至於今，循羲和之法而世修之，雖曲知小慧之人、星術淺陋之士，亦能推步占候而無所忒，則是後世曲知小慧之人，反賢於禹、稷、堯、舜者邪？封禪之説，尤爲不經，是乃後世佞人諛士，所以求媚於其上，倡爲誇侈，以蕩君心而靡國費，蓋欺天罔人無耻之大者，君子之所不道，司馬相如之所以見譏於天下後世也[一二]。吾子乃以是爲儒者所宜學，殆亦未之思邪？夫聖人之所以爲聖者，以其生而知之也。而釋《論語》者曰：「『生而知之』者，義理耳。若夫禮樂名物、古今事變，亦必待學而後有以驗其行事之實。」夫禮樂名物之類，果有關於作聖之功也，而聖人亦必待學而後能知焉，則是聖人亦不可以謂之生知矣。謂聖人爲生知者，專指義理而言，而不以禮樂名物之類，則是禮樂名物之類無關於作聖之功矣。聖人之所以謂之生知者，專指義理而不以禮樂名物之類，則是學而知之者亦惟當學知此義理而已，困而知之者亦惟當困知此義理而已。今學者之學聖人，於聖人之所能知者，未能學而知之，而顧汲汲焉求知聖人之所不能知者以爲學，無乃失其所以希聖之方歟？凡此皆就吾子之所惑者而稍爲之分釋，未及乎「拔本塞源」之論也。[一三]

【校勘】

〔一〕**鄉原之亂忠信**：「亂」，原作「辭」，據臺北藏明刊本、德安府重刊本、王畿本、孫應奎本、錢錞本、閭東本、胡宗憲本、郭朝賓本、白鹿洞本、施邦曜本、俞嶙本、張問達本、三輪執齋本、佐藤一齋本、陳榮捷本改。

〔二〕**故釋《論語》者曰**：原作「故《論語》曰」，據陽明回信「而釋《論語》者曰：『「生而知之」者，義理耳。若夫禮樂名物、古今事變，亦必待學而後有以驗其行事之實』」之説改。

〔三〕**豈能「以不忍人之心，而行不忍人之政」**：「豈能」，俞嶙本、陳榮捷本作「豈非」。陳氏謂其作「豈非」，乃依孫鏘從施邦曜本改正。◎案：王曉昕、趙平略點校《陽明先生集要》校勘記云：「『［豈］能』，黔南本作『［豈］非』。」（王守仁《陽明先生集要》上册，第二一九頁）惟黔南本作「豈非」而已。「豈能」，似不必改作「豈非」。疑「豈能」之「豈」，猶「其」也，與「其」同義。「豈」猶「其」、「豈」與「其」同義之例，參王念孫《讀漢書雜志》第一二卷、王引之《經傳釋詞》第五卷。（王念孫《讀書雜志》第二册，第八七六至八七七頁；王引之《經傳釋詞》，第一〇二至一〇三頁）

【箋疏】

［一］「楊、墨之爲仁義」，語本《孟子·滕文公下》：「聖王不作，諸侯放恣，處士横議，楊朱、墨翟之言盈天下。天下之言，不歸楊，則歸墨。楊氏爲我，是無君也；墨氏兼愛，是無父也。無父無君，是禽獸也。」《孟子·盡心上》：「孟子曰：『楊子取爲我，拔一毛而利天下，不爲也。墨子兼愛，摩頂放踵利天下，爲之』。」（朱熹《四書章句集注》第三一九、四二二頁）陽明《傳習録·答羅整庵少宰書》亦云：「孟子闢楊、墨至於無父、無君。二子亦當時之賢者，使與孟子並世而生，未必不以之爲賢；墨子兼愛，行仁而過耳；楊子爲我，行義而過耳。」

「鄉愿之亂忠信」，語本《孟子·盡心下》：「萬子曰：『一鄉皆稱原人焉，無所往而不爲原人，孔子以爲德之賊，何哉？』［孟子］曰：『非之無舉也，刺之無刺也；同乎流俗，合乎汙世；居之似忠信，行之似廉潔；衆皆悦之，自以爲是，而不可與入堯舜之道，故曰德之賊也。』」（朱熹《四書章句集注》，第四四五頁）

「堯、舜、子之之禪讓」：堯、舜之禪讓，事見《史記・五帝本紀》，略云：「堯知子丹朱之不肖，不足授天下，於是乃權授舜。授舜，則天下得其利而丹朱病；授丹朱，則天下病而丹朱得其利。堯曰『終不以天下之病而利一人』，而卒授舜以天下。堯崩，三年之喪畢，舜讓辟丹朱於南河之南。諸侯朝覲者不之丹朱而之舜，獄訟者不之丹朱而之舜，謳歌者不謳歌丹朱而謳歌舜。舜曰『天也』，夫而後之中國踐天子位焉，是爲帝舜。……舜子商均亦不肖，舜乃豫薦禹於天。十七年而崩。三年喪畢，禹亦乃讓舜子，如舜讓堯子。諸侯歸之，然後禹踐天子位。」（司馬遷《史記》第一册，第三〇、四四頁）子之之禪讓，《史記・燕召公世家》云，燕噲既立，大信其相子之，「鹿毛壽謂燕王：『不如以國讓相子之。人之謂堯賢者，以其讓天下於許由，許由不受，有讓天下之名而實不失天下。今王以國讓於子之，是王與堯同行也。』燕王因屬國於子之，子之大重。……王因收印自三百石吏已上而效之子之。子之南面行王事，而噲老不聽政，顧爲臣，國事皆決於子之。三年，國大亂」。（司馬遷《史記》第五册，第一五五五至一五五六頁）

「湯、武、楚項之放伐」：湯、武之放伐，事見《史記・殷本紀》：「當是時，夏桀爲虐政荒淫，而諸侯昆吾氏爲亂。湯乃興師率諸侯，伊尹從湯，湯自把鉞以伐昆吾，遂伐桀」；「紂愈淫亂不止。微子數諫不聽，乃與大師、少師謀，遂去。比干曰：『爲人臣者，不得不以死爭。』迺强諫紂。紂怒曰：『吾聞聖人之心有七竅。』剖比干，觀其心。箕子懼，乃詳狂爲奴，紂又囚之。殷之大師、少師乃持其祭樂器奔周。周武王於是遂率諸侯伐紂。紂亦發兵距之牧野。甲子日，紂兵敗。紂走，入登鹿臺，衣其寶玉衣，赴火而死。周武王遂斬紂頭，懸之大白旗」。（司馬遷《史記》第一册，第九五、一〇八頁）楚項之放伐，事見

《史記・項羽本紀》，略云：「項王使人致命懷王，懷王曰：『如約。』乃尊懷王爲義帝。項王欲自王，先王諸將相，謂曰：『天下初發難時，假立諸侯後以伐秦，然身被堅執鋭首事，暴露於野三年，滅秦定天下者，皆將相諸君與籍之力也。義帝雖無功，故當分其地而王之。』諸將皆曰：『善。』乃分天下，立諸將爲侯王。……項王自立爲西楚霸王，王九郡，都彭城。漢之元年四月，諸侯罷戲下，各就國。項王出之國，使人徙義帝，曰：『古之帝者地方千里，必居上游。』乃使使遷徙義帝長沙郴縣。趣義帝行，其群臣稍稍叛之，乃陰令衡山、臨江王擊殺之江中。」（司馬遷《史記》第一册，第三一五至三二〇頁）

「周公、莽、操之攝輔」：周公之攝輔，事見《史記・魯周公世家》：「其後武王既崩，成王少，在强葆之中。周公恐天下聞武王崩而畔，周公乃踐阼代成王攝行政當國。……成王長，能聽政，於是周公乃還政於成王。成王臨朝，周公之代成王治，南面倍依以朝諸侯。及七年後，還政成王，北面就臣位，匑匑如畏然。」（司馬遷《史記》第五册，第一五一八至一五二〇頁）王莽之攝輔，事見《漢書・王莽傳》：「［漢平帝元始五年］十二月，平帝崩，大赦天下。莽徵明禮者宗伯鳳等與定天下吏六百石以上皆服喪三年。奏尊孝成廟曰統宗、孝平廟曰元宗。時元帝世絶，而宣帝曾孫有見王五人，列侯廣戚侯顯等四十八人，莽惡其長大，曰：『兄弟不得相爲後。』乃選玄孫中最幼廣戚侯子嬰，年二歲，託以爲卜相最吉。」（班固《漢書》第一二册，第四〇七八頁）王莽之選立孺子嬰，旨在自居攝政之位。居攝三年，亦即初始元年十二月，王莽簒位，立國號曰新，改年號曰始建國。曹操之攝輔，事見《三國志・魏書》。建安元年，曹操迎漢獻帝，遷都許昌。先後擊滅袁術、袁紹、劉表等。十三年夏六月，拜丞相；二十一年夏五月，封魏王。建安二十五年，亦即延康元年正月，曹操卒，謚曰武王。同年，其子曹丕篡位，立國號曰魏，改年號曰黄初。黄初元年十一月，曹丕「追尊皇祖太王曰太皇帝，考武王曰武皇帝，尊王太后曰皇太后」。（參陳壽《三國志》第一册，第一至七六頁）

［二］明堂，古代帝王宣明政教之地。《淮南子·本經訓》「是故古者明堂之制」句高誘注云：「明堂，王者布政之堂。上圓下方，堂四出，各有左右房，謂之个，凡十二所。王者月居其房，告朔朝歷，頒宣其令，謂之明堂。其中，可以序昭穆，謂之太廟；其上，可以望氛祥、書雲物，謂之靈臺。其外圓，似辟雍；諸侯之制半天子，謂之泮宫，《詩》云『矯矯虎臣，在泮獻馘』是也。」（劉文典《淮南鴻烈集解》上册，第二六四至二六五頁）《禮記·明堂位》《大戴禮記·明堂》對於「明堂」亦有論述。（朱彬《禮記訓纂》下册，第四七九至四九二頁；王聘珍《大戴禮記解詁》，第一四九至一五二頁）

辟雍，古代所設之大學。《禮記·王制》云：「天子命之教，然後爲學。小學在公宫南至左，大學在郊。天子曰辟廱，諸侯曰頖宫。」（朱彬《禮記訓纂》上册，第一七六至一七七頁）《白虎通·辟雍》云：「天子立辟雍何？辟雍所以行禮樂、宣德化也。辟者，璧也，象璧圓以法天也。雍者，壅之以水，象教化流行也。」（陳立《白虎通疏證》上册，第二五九頁）

曆律，謂曆數、律吕也。曆數，所以推節氣；律吕，所以定樂律。

封禪，古代帝王祭祀天地之典禮。《大戴禮記·保傅》云：「成王有知，而選太公爲師、周公爲傅，此前有與計，而後有與慮，是以封泰山而禪梁甫，朝諸侯而一天下。」（王聘珍《大戴禮記解詁》，第六二頁）《白虎通·封禪》云：「王者易姓而起，必升封泰山何？報告之義也。始受命之日，改制應天，天下太平功成，封禪以告太平也。所以必於泰山何？萬物之始，交代之處也。必於其上何？因高告高，順其類也。故升封者，增高也。下禪梁甫之基，廣厚也。皆刻石紀號者，著己之功迹以自効也。天以高爲尊，地以厚爲德。故增泰山之高以報天，附梁甫之基以報地。明天之命，功成事就，若高者加高、厚者加厚矣。」（陳立《白虎通疏證》上册，第二七八至二七九頁）

［三］「故釋《論語》者曰『生而知之』者，義理耳」云云，語本朱熹《論語集注》注「子曰我非生而知之」章引述尹焞之言，略云：「孔子以生知之聖，每云好學者，非惟勉人也，蓋生而可知者義理爾，若夫禮樂名物、古今事變，亦必待學而後有以驗其實也。」（朱熹《四書章句集注》，第一一四頁）

［四］「齊宣之時，明堂尚有未毁」，語本《孟子·梁惠王下》：「齊宣王問曰：『人皆謂我毁明堂。毁諸？已乎？』孟子對曰：『夫明堂者，王者之堂也。王欲行王政，則勿毁之矣。』」（朱熹《四書章句集注》，第二五三至二五四頁）

［五］「以不忍人之心，而行不忍人之政」，語見《孟子·公孫丑上》：「孟子曰：『人皆有不忍人之心。先王有不忍人之心，斯有不忍人之政矣。以不忍人之心，行不忍人之政，治天下可運之掌上。』」（朱熹《四書章句集注》，第二七七頁）

［六］「武帝肇講於漢」，謂漢武帝命申公議明堂事。《資治通鑑》云，漢武帝建元元年夏，「［趙］綰請立明堂以朝諸侯，且薦其師申公。秋，天子使使束帛加璧、安車駟馬以迎申公。既至，見天子。天子問治亂之

事，中公年八十餘，對曰：『爲治者不至多言，顧力行何如耳！』是時，天子方好文詞，見申公對，默然。然已招致，則以爲太中大夫，舍魯邸，議明堂、巡狩、改曆、服色事」。（司馬光《資治通鑑》第一册，第五五七頁）「武后盛作於唐」，謂武則天毁乾元宫作明堂事。《資治通鑑》云：「太宗、高宗之世，屢欲立明堂，諸儒議其制度，不決而止。及太后稱制，獨與北門學士議其制，不問諸儒。諸儒以爲明堂當在國陽丙巳之地，三里之外、七里之内。太后以爲去宫太遠。［武則天垂拱四年］二月庚午，毁乾元殿，於其地作明堂，以僧懷義爲之使，凡役數萬人。」（司馬光《資治通鑑》第七册，第六四四七頁）

［七］孔子之言，見《論語·八佾》。（朱熹《四書章句集注》，第七二頁）

［八］「聲爲律而身爲度」，典出《史記·夏本紀》：「禹爲人敏給克勤，其德不違，其人可親，其言可信；聲爲律，身爲度，稱以出；亹亹穆穆，爲綱爲紀。」（司馬遷《史記》第一册，第五一頁）

［九］曾子之語，本《論語·泰伯》：「曾子有疾，孟敬子問之。曾子言曰：『鳥之將死，其鳴也哀；人之將死，其言也善。君子所貴乎道者三：動容貌，斯遠暴慢矣；正顔色，斯近信矣；出辭氣，斯遠鄙倍矣。籩豆之事，則有司存。』」（朱熹《四書章句集注》，第一二〇頁）

［一〇］「堯命羲和」「舜在璿璣玉衡」云云，語本《尚書·堯典》：「乃命羲、和，欽若昊天，曆象日月星辰，敬授人時。」《尚書·舜典》：「正月上日，受終于文祖。在璿璣玉衡，以齊七政。」（孔安國傳、孔穎達疏《尚書正義》，第三八、七六頁）

［一一］「堯、舜之知而不徧物」，語出《孟子·盡心上》：「孟子曰：『知者無不知也，當務之爲急；仁者無不

愛也，急親賢之爲務。堯舜之知而不徧物，急先務也；堯舜之仁不徧愛人，急親賢也。不能三年之喪，而緦小功之察；放飯流歠，而問無齒決，是之謂不知務。』」（朱熹《四書章句集注》，第四二九至四三〇頁）

［一二］「司馬相如之所以見譏於天下後世也」，《史記·司馬相如傳》云，司馬相如，蜀郡成都人也，字長卿。相如未死時，「遺札書言封禪事」。（司馬遷《史記》第九册，第三〇六三至三〇七〇頁）《資治通鑑》云：「初，司馬相如病且死，有遺書頌功德、言符瑞，勸上封泰山。上感其言，會得寶鼎，上乃與公卿諸生議封禪。」（司馬光《資治通鑑》第一册，第六七五頁）

［一三］「拔本塞源」，典出《春秋左傳》：昭公九年，「周甘人與晉閻嘉爭閻田。晉梁丙、張趯率陰戎伐潁。王使詹桓伯辭於晉，曰：『……我在伯父，猶衣服之有冠冕、木水之有本原、民人之有謀主也。伯父若裂冠毁冕、拔本塞原、專棄謀主，雖戎狄其何有余一人？』」（杜預《春秋經傳集解》第三册，第一三二〇頁）韋政通曰，《左傳》所説「拔本塞源」，乃遺棄本源之意；「陽明所謂『拔本塞源』，是正本清源之意，『拔本塞源之論』，即良知之教也」。（韋政通《中國哲學辭典》，第三八八頁）

【一四三】

夫「拔本塞源」之論不明於天下，則天下之學聖人者，將日繁日難，斯人淪於禽獸夷狄㊀，而猶自以爲聖人之學。吾之説雖或蹔明於一時，終將凍解於西而冰堅於東，霧釋於前而雲滃於後，呶呶焉危困以死，而卒無救於天下之分毫也已。夫聖人之心，以天地萬物爲一體，其視天下之人，無外内遠近，凡有血氣，皆其昆弟赤子之親，莫不欲安全而教養之，以遂其萬物一體之念。天下之人心，其始亦非有異於聖人也，特其間於有我之私，隔於物欲之蔽，大者以小，通者以塞，人各有心，至有視其父子兄弟如仇讎者。聖人有憂之，是以推其天地萬物一體之仁以教天下，使之皆有以克其私、去其蔽，以復其心體之同然。其教之大端，則堯、舜、禹之相授受，所謂「道心惟微，惟精惟一，允執厥中」；而其節目，則舜之命契，所謂「父子有親，君臣有義，夫婦有別，長幼有序，朋友有信」五者而已[一]。唐、虞、三代之世，教者惟以此爲教，而學者惟以此爲學。當是之時，人無異見，家無異習，安此者謂之聖，勉此者謂之賢；而背此者，雖其啓明如朱，亦謂之不肖[二]。下至閭井、田野，農工商賈之賤，莫不皆有是學，而惟以成其德行爲務。何者？無有聞見之雜、記誦之煩、辭章之靡濫、功利之馳逐，而但使之孝其親、弟其長、信其朋友以復其心體之同然。是蓋性分之所固有，而非有假於外者，則人亦孰不能之乎？學校之中，惟以成德爲事，而才能之異，或有長於禮樂、長於政教、長於水土播植者，則就其成德而因使益精其能於學校之中。迨夫舉德而任，則使之終身居其職而不易。用之者惟知同心一德，以共安天下之民，視才之稱否，而不以崇卑爲輕重、勞逸爲美惡；效用者亦惟知同心一德，以共安天下之民，苟當其能，則終身處於煩劇而不以爲勞，安於卑瑣而不以爲賤。當是之時，天下之人熙熙皥皥，皆相視如一家之親。其才質之下者，則安其農、工、商、賈之分，各勤其業以相生相養，而無有乎希高慕外之心；其才能之異若皋、夔、稷、契者[三]，則出而各效其能。若一家之務，或營其衣食，或通其有無，或備其器用，集謀并力，以求遂其仰事俯育之願，惟恐當其事者之或怠而重己之累也。故稷勤其稼，而不恥其不知教，視契之善教即己之善教也；夔司其樂，而不恥於不明禮，視夷之通禮即己之通禮也[四]。蓋其心學純明，而有以全其萬物一體之仁，故其精神流貫，志氣通達，而無有乎人己之分、物我之間。譬之一人之身，目視、耳聽、手持、足行，以濟一身之用。目不恥其無聰，而耳之所涉，目必營焉；足不恥其無執，而手之所探，足必前焉。蓋其元氣充周，血脉條暢，是以痒疴呼吸、感觸神應，有不言而喻之妙。此聖人之學所以至易至簡、易知易從、學易能而才易成者，正以大端惟在復心體之同然，而知識技能非所與論也。

三代之衰，王道熄而霸術焻[一]；孔、孟既没，聖學晦而邪説横。教者不復以此爲教，而學者不復以此爲學。霸者之徒，竊取先王之近似者，假之於外，以内濟其私己之欲，天下靡然而宗之[二]，聖人之道遂以蕪塞。相仿相效，日求所以富强之説、傾詐之謀、攻伐之計，一切欺天罔人，苟一時之得以獵取聲利之術，若管、商、蘇、張之屬者[五]，至不可名數。既其久也，鬬争劫奪，不勝其禍，斯人淪於禽獸夷狄，而霸術亦有所不能行矣。世之儒者慨然悲傷，蒐獵先聖王之典章法制，而掇拾修補於煨燼之餘，蓋其爲心，良亦欲以挽回先王之道。聖學既遠，霸術之傳積漬已深，雖在賢知，皆不免於習染，其所以講明修飾，以求宣暢光復於世者，僅足以增霸者之藩籬，而聖學之門牆遂不復可覩。於是乎有訓詁之學，而傳之以爲名；有記誦之學，而言之以爲博；有詞章之學，而侈之以爲麗。若是者，紛紛籍籍，群起角立於天下，又不知其幾家，萬徑千蹊，莫知所適。世之學者，如入百戲之場，讙謔跳踉、騁奇鬬巧、獻笑争妍者，四面而競出，前瞻後盼，應接不遑，而耳目眩瞀、精神恍惑，日夜遨遊淹息其間，如病狂喪心之人，莫自知其家業之所歸；時君世主，亦皆昏迷顛倒於其説，而終身從事於無用之虛文，莫自知其所謂。間有覺其空疏謬妄、支離牽滯，而卓然自奮欲以見諸行事之實者，極其所抵，亦不過爲富强功利、五霸之事業而止。聖人之學日遠日晦，而功利之習愈趨愈下。其間雖嘗瞽惑於佛、老，而佛、老之説卒亦未能有以勝其功利之心；雖又嘗折衷於群儒，而群儒之論終亦未能有以破其功利之見。蓋至於今，功利之毒淪浹於人之心髓而習以成性也，幾千年矣。相矜以知，相軋以勢，相争以利，相高以技能，相取以聲譽。其出而仕也，理錢穀者則欲兼夫兵刑，典禮樂者又欲與於銓軸，處郡縣則思藩臬之高，居臺諫則望宰執之要[六]。故不能其事，則不得以兼其官；不通其説，則不可以要其譽。記誦之廣，適以長其敖也[四]；知識之多，適以行其惡也；聞見之博，適以肆其辨也；辭章之富，適以飾其僞也。是以臯、夔、稷、契所不能兼之事，而今之初學小生皆欲通其説、究其術。其稱名借號㊄，未嘗不曰吾欲以共成天下之務；而其誠心實意之所在，以爲不如是則無以濟其私而滿其欲也。嗚呼，以若是之積染，以若是之心志，而又講之以若是之學術，宜其聞吾聖人之教，而視之以爲贅疣枘鑿㊅，則其以良知爲未足，而謂聖人之學爲無所用，亦其勢有所必至矣！嗚呼，士生斯世，而尚何以求聖人之學乎？尚何以論聖人之學乎？士生斯世，而欲以爲學者，不亦勞苦而繁難乎？不亦拘滯而險艱乎？嗚呼，可悲也已！所幸天理之在人心，終有所不可泯，而良知之明，萬古一日，則其聞吾「拔本塞源」之論，必有惻然而悲、戚然而痛、憤然而起，沛然若決江河而有所不可禦者矣。非夫豪傑之士、無所待而興者㊆，吾誰與望乎？[七]

【校勘】

㊀ **斯人淪於禽獸夷狄**：「淪於」，閭東本、施邦曜本、俞嶙本作「入於」。

㊁ **王道熄而霸術焻**：孫鏘曰：「『焻』字，字書所無。各本皆然。《[陽明先生]集要》作『昌』，疑亦未安。」（孫鏘《傳習録集評》，第一二三頁）陳榮捷曰：「『焻』，字典無此字，蓋『昌』之誤。施[邦曜]本作『昌』，是也。」◎案：施邦曜本作「焻」，而不是作「昌」。（王守仁《陽明先生集要》，翟奎鳳、向輝主編《陽明文獻匯刊》第三四册，第四六三頁）關於「焻」字，《漢語大字典》云：「《字彙補·火部》：『焻，氣也。』引申爲盛行。明王守仁《答顧東橋書》：『三代之衰，王道熄而霸術焻。』」（漢語大字典編輯委員會《漢語大字典

（縮印本）》，第九二五頁）然則，陳榮捷所謂「焆」字蓋「昌」字之誤，恐非。

㊂ **天下靡然而宗之**：施邦曜本、俞嶙本、張問達本無「而」字。

㊃ **適以長其敖也**：「敖」，原作「教」，據臺北藏明刊本、王畿本、錢錞本、胡宗憲本、白鹿洞本、施邦曜本、俞嶙本、張問達本、三輪執齋本、佐藤一齋本、許舜屏本、葉紹鈞本、陳榮捷本、鄧艾民本改。孫應奎本、四庫全書本作「傲」。

㊄ **其稱名借號**：「借號」，葉紹鈞本、許舜屏本、鄧艾民本作「僭號」。

㊅ **而視之以爲贅疣枘鑿**：「枘」，原作「柄」，據臺北藏明刊本、王畿本、孫應奎本、錢錞本、白鹿洞本、施邦曜本、俞嶙本、四庫全書本、三輪執齋本、佐藤一齋本、許舜屏本、葉紹鈞本、陳榮捷本、鄧艾民本改。

㊆ **無所待而興者**：「興」後原有「起」字，據臺北藏明刊本、德安府重刊本、王畿本、孫應奎本、錢錞本、閭東本、胡宗憲本、施邦曜本、俞嶙本、三輪執齋本、佐藤一齋本刪。

【箋疏】

[一]「舜之命契」云云，語見《孟子·滕文公上》：「聖人有憂之，使契爲司徒，教以人倫：父子有親，君臣有義，夫婦有別，長幼有叙，朋友有信。」（朱熹《四書章句集注》，第三〇三至三〇四頁）

[二] 朱，謂堯之子丹朱。此所謂「啓明」「不肖」，語本《尚書·堯典》：「帝曰：『疇咨若時？登庸。』放齊曰：『胤子朱啓明。』帝曰：『吁！嚚訟，可乎？』」（孔安國傳、孔穎達疏《尚書正義》，第五一頁）以及《孟子·萬章上》「丹朱之不肖」。（朱熹《四書章句集注》，第三六三頁）

[三] 皋、夔、稷、契，皆舜臣。據《尚書·舜典》，皋陶，掌刑法；夔，典音樂；稷，主農事；契，司教化。（參孔

安國傳、孔穎達疏《尚書正義》，第九九至一〇六頁）

［四］夷，即伯夷，舜臣，姜姓。典三禮。（參孔安國傳、孔穎達疏《尚書正義》，第一〇五頁）

［五］管、商、蘇、張，謂管仲、商鞅、蘇秦、張儀也。

管夷吾，字仲，春秋時期齊國潁上人。生年不詳，卒於周襄王鄭七年丙子（公元前六四五年）。初事公子糾，後相齊桓公。主張通貨積才，富國强兵，九合諸侯，一匡天下，使齊桓公成爲春秋五霸之首。

商鞅，姓公孫，名鞅，以封於商，故稱商鞅，亦稱商君。戰國時期衛國人。約生於周安王驕十二年辛卯（公元前三九〇年），卒於周顯王扁三十一年（公元前三三八年）。相秦十九年，輔助秦孝公變法。廢井田，開阡陌，奬勵耕戰，使秦國富强。孝公死，被誣謀反，車裂而死。

蘇秦，戰國時期東周洛陽人，生年不詳，卒於周慎靚王定四年甲辰（公元前三一七年）。初遊説秦惠王吞併天下，不用。後遊説燕、趙、韓、魏、齊、楚六國，合縱抗秦，佩六國相印，爲縱約之長。嗣後，縱約爲張儀所破，蘇秦乃至齊爲客卿，與齊大夫争寵，被刺而死。

張儀，戰國時期魏國人。生年不詳，卒於周赧王延六年壬子（公元前三〇九年）。蘇秦遊説六國合縱以抗秦。張儀相秦惠王，以連横之策説六國，使六國背縱約而共同事秦。秦惠王死，秦武王立，張儀不爲武王信任，遂去秦至魏，爲魏相一年而卒。

［六］佐藤一齋曰：「理錢穀，度支户部也。兵刑，兵部、刑部也。典禮樂，禮部太常卿也。銓軸，吏部也。處郡縣，郡守、縣令也。藩臬，藩司、臬使也。藩司，司一省；臬使，巡各省。居臺諫，御史臺諫議也。宰

執，宰相執政也。」

［七］「非夫豪傑之士，無所待而興者」，典出《孟子・盡心上》：「孟子曰：『待文王而後興者，凡民也；若夫豪傑之士，雖無文王猶興。』」（朱熹《四書章句集注》，第四一六頁）

【集評】

陳龍正曰：「此條之論（案：即《拔本塞源論》），乃先生直接道統處。智略技能，至先生極矣，然一毫不恃，盡劈破之，而唯求復心體之爲貴；解悟靈通，至先生極矣，然一毫不恃，盡劈破之，而唯躬行五倫之爲貴。其心則惟欲安天下之民，惟共成天下之治。道學一點真血脈，先生得之。恐後世以頓悟而疑其爲儒之禪，以事功而疑其爲儒之雜，不可不辯也。先生固云『趨向同而論學或異，不害其爲同』，若自道云。」又曰：「耿定向《請從祀疏》有曰：『所著《拔本塞源論》，指示人心，最爲明切。使中外臣工實是體究，則所以翼太平之治實多，而守仁之志已得，彼惟欲朝廷協一德之交，而不樂有倡道之名也。』可謂深見先生之志矣。」

劉宗周曰：「先生雖一時應病之論，而功利一砭，實以扶萬古之人心，孟子好辯而後，僅見此篇（案：指《拔本塞源論》）。」（劉宗周《聖學宗要》，《劉宗周全集》第二册，第二五八頁）

孫奇逢曰：「拔本塞源之論，以宇宙爲一家、天地爲一身，真令人惻然悲、戚然痛、憤然起，是集中一篇大文字，是世間一篇有數文字。」（孫奇逢《理學宗傳》，《孔子文化大全：理學宗傳》，第六四一至六四二頁）

張烈曰：「『拔本塞源』之論甚美，然亦驟觀足以攝人耳。徐而按之，乃儀、秦氣習，鴟張凌厲，徒見其氣象之虚浮傲誕而已。且所斥者詞章記誦，於格物窮理之學無與也。謂『記誦之廣，適以長其傲也；知識之多，適以行其惡也；聞見之博，適以肆其辨也；詞章之富，適以飾其僞也』。不知此四病，惟談良知者爲尤甚，鴟張淩厲之際，烏暇返而自省乎？」（張烈《王學質疑》，《四庫全書存目叢書》子部第二三册，第九一頁）

三輪執齋曰，陽明《拔本塞源論》，「是至論中之至論，明文中之明文，自秦漢以來數千歲之間，惟有此一文而已」。

吉村秋陽輯録《王學提綱》，以「拔本塞源論」一文爲首篇。吉村氏述其理據云：「輯録次序，一從俞嶙本《［王陽明先生］全集》，而特表此論於卷首者，蓋以王子終身立言而推其淵源、求其歸宿，俱不外乎是。直欲掃千載積弊而挽之三代之上而已，何等大識見、何等大力量！前人謂『公固百世殊絶人物』，誠哉！」（吉村晉《王學提綱》，岡田武彦、荒木見悟主編《和刻影印近世漢籍叢刊・思想三編》第一二册，第一五頁）

東正純曰：「一齋先生曰：『王文成《拔本塞源論》《尊經閣記》可謂古今獨步。陳龍川《酌古論》、方正學《深慮論》，隔世而相頡頏，並爲有識之文。』余謂《酌古》不免爲書生豪論，而《深慮》亦老儒常談耳，謂之有識之文，特在當時諸家中拔之，何足與文成此等篇相頡頏乎？若夫章楓山《原學》、羅一峰《扶植綱常疏》，已在《酌古》《深慮》上，可以與此篇雁行矣。」（東正純《傳習録參考》，《澤瀉先生全集》上册，第六四四頁）

于清遠曰：「『拔本塞源』，爲作聖之功，亦即復此心本體之功。此説爲陽明重要貢獻。」（于清遠《王陽明傳習録注釋》卷二，第三一一頁）

錢德洪《刻文録叙説》云：「『格致』之辯，莫詳於答顧華玉一書；而『拔本塞源』之論，寫出千古同體萬物之

旨與末世俗習相沿之弊。百世以俟，讀之當爲一快。」（王守仁《王陽明全集（新編本）》第六册，第二〇八九頁）

施邦曜曰：「此書前悉知行合一之論，廣譬博説，旁引曲喻，不啻開雲見日；後拔本塞源之論，闡明古今學術升降之因，真是將五藏八寶悉傾以示人。讀之，即昏愚亦恍然有覺。此正是先生萬物一體之心，不憚詳言以啓後學也。當詳玩毋忽。」

王應昌曰：「先生此篇文字，明白痛快，能入人心髓。至于切中時弊，在賈長沙之上。」唐九經曰：「長沙過秦，在秦亡後；先生過明，在明方盛時，所以如神。」（王應昌《王陽明先生傳習録論》卷下之一，第三三至三四頁）

錢穆《王陽明先生〈傳習録〉及〈大學問〉節本》云：「陽明此書中所言唐虞三代，可謂是中國儒家傳統之烏托邦，正是其理想所寄。讀者當會此意，幸勿以考據疑古之説，遂斥其不信，而遂並其理想之大義而忽之也。」（錢穆《中國學術思想史論叢》第七卷，第一一四至一一五頁）

答周道通書㊀[一]

【一四四】

吴、曾兩生至，備道道通懇切爲道之意，殊慰想念㊁。若道通，真可謂篤信好學者矣。憂病中，曾不能與兩生細論㊂，然兩生亦自有志向、肯用功者，每見輒覺有進，在區區誠不能無負於兩生之遠來，在兩生則亦庶幾無負其遠來之意矣。臨别，以此册致道通意，請書數語。荒憒無可言者，輒以道通來書中所問數節，略下轉語奉酬㊃。草草殊不詳細，兩生當亦自能口悉也。

來書云：「日用工夫只是立志。近來於先生誨言時時體驗，愈益明白。然於朋友不能一時相離。若得朋友講習，則此志纔精健闊大，纔有生意。若三五日不得朋友相講，便覺微弱，遇事便會困，亦時會忘。乃今無朋友相講之日，還只静坐，或看書，或游衍經行〔二〕，凡寓目措身，悉取以培養此志，頗覺意思和適。然終不如朋友講聚，精神流動，生意更多也。離群索居之人，當更有何法以處之？」㊄

此段足驗道通日用工夫所得，工夫大略亦只是如此用，只要無間斷，到得純熟後，意思又自不同矣。大抵吾人爲學緊要大頭腦，只是立志。所謂困、忘之病，亦只是志欠真切。今好色之人未嘗病於困忘，只是一真切耳。自家痛痒㊅，自家須會知得，自家須會搔摩得；既自知得痛痒，自家須不能不搔摩得，佛家謂之「方便法門」〔三〕。須是自家調停斟酌，他人總難與力，亦更無别法可設也。

【校勘】

㈠答周道通書：原作「啓問道通書」，據臺北藏明刊本、德安府重刊本、王畿本、孫應奎本、錢錞本、胡宗憲本、郭朝賓本、白鹿洞本、施邦曜本、三輪執齋本、佐藤一齋本、鄧艾民本改。三輪執齋曰：「『答周』，《全書》作『啓問』，和刊從之，而異本有作『答周』者，今據從之。夫『啓問』不知爲何義，而見卷首德洪之小序，有『答周道通、陸清伯』語，則其以字相似誤之無疑。」又曰：「異本《全書》題下有『甲申』字，是嘉靖三年先生五十三歲之書也。按《年譜》，嘉靖元年二月龍山公卒，三年四月服闋，則書中所謂『憂病』及『荒憒』等語，是喪中之詞也。而下文言『春間再承』，則是爲三四月中之書，亦可知。」◎案：此書題下，閭東本、施邦曜本、俞嶙本標明撰作時間爲「甲申」。

㈡殊慰想念：「想念」，原作「相念」，據臺北藏明刊本、德安府重刊本、王畿本、孫應奎本、錢錞本、閭東本、胡宗憲本、施邦曜本、俞嶙本改。

㈢曾不能與兩生細論：「曾」，原作「會」，據臺北藏明刊本、德安府重刊本、王畿本、孫應奎本、錢錞本、閭東本、胡宗憲本、白鹿洞本、施邦曜本、俞嶙本、三輪執齋本、佐藤一齋本改。

㈣略下轉語奉酬：「下」，原作「干」，據臺北藏明刊本、德安府重刊本、王畿本、孫應奎本、錢錞本、胡宗憲本、郭朝賓本、白鹿洞本、施邦曜本、俞嶙本、四庫全書本、三輪執齋本、佐藤一齋本、許舜屏本、葉紹鈞本、陳榮捷本、鄧艾民本改。

㈤此段文字，臺北藏明刊本、德安府重刊本、王畿本、孫應奎本、錢錞本、胡宗憲本作：「來書云：『日用工夫只是立志。近來於先生誨言愈益明白。然須朋友講習，則此志纔精健闊大，纔有生意。若三五日不得朋友相講，便覺微弱，遇事便會困，亦時會忘。乃今無朋友相講之日，還只静坐，或看書，或行動，凡寓目措身，悉取以培養此志，頗覺意思和適。然終不如講學時，生意更多也。離群索居之人，當更有何法以處之？』」兩相比較，差異頗多。閭東本、施邦曜本、俞嶙本與臺北藏明刊本、德安府重刊本、王畿本、孫應奎本、錢錞本、胡宗憲本相同，僅有個别文字相異。

⑥ **自家痛痒**：「痒」，原作「庠」，據臺北藏明刊本、德安府重刊本、王畿本、錢錞本、胡宗憲本、郭朝賓本、白鹿洞本、張問達本、三輪執齋本、佐藤一齋本、許舜屏本、葉紹鈞本、陳榮捷本、鄧艾民本改。孫應奎本、施邦曜本、俞嶙本、四庫全書本作「癢」。「痒」，同「癢」。

【箋疏】

[一] 周衝，字道通，號静庵，常州宜興人。生於成化二十一年乙巳（一四八五年），卒於嘉靖十一年壬辰（一五三二年），享年四十八歲。正德五年庚午（一五一〇年）鄉舉，明年會試中乙榜，授江西萬安訓導。擢應城縣令。官至唐府長史。其在萬安，聞陽明講道於虔，亟往受業。後又從學於湛若水，謂「湛師之體認天理，即王師之致良知也」。且與蔣信（字卿實，號道林，楚之常德人）集湛若水之説爲《新泉問辨録》。

[二] 游衍經行：游衍，指縱意遊樂。典出《詩經・大雅・板》：「昊天曰旦，及爾游衍。」（朱熹《詩集傳》，《朱子全書》第一册，第六九二頁）經行，佛教徒將爲養身體消食滯，來回往返於一定之地，稱爲經行。

義净《南海寄歸内法傳》云：「五天之地，道俗多作經行。直來直去，唯遵一路，隨時適性，勿居鬧處。一則痊痾，二能銷食。」（王邦維《南海寄歸内法傳校注》，第一三八頁）

［三］「方便法門」，典出澄觀《華嚴經疏》：「不離不斷，釋有二義：一、不離結上無處不有，不斷生下無有休息；二、不離者生佛非異故，不斷者生佛非一、不同衆生可斷壞故。是名入不思議方便法門。」（澄觀《華嚴經疏》，《佛藏要籍選刊》第一〇册，第五一五頁）所謂方便，指佛教爲接引衆生而施設之權宜方法。《五燈會元》記載：「［唐宣宗問薦福弘辯禪師］曰：『何爲方便？』對曰：『方便者，隱實覆相權巧之門也。被接中下，曲施誘迪，謂之方便。設爲上根言，捨方便但説無上道者，斯亦方便之譚。乃至祖師玄言，忘功絶謂，亦無出方便之迹。』」（普濟《五燈會元》上册，第二二五頁）

【一四五】

來書云：「上蔡嘗問『天下何思何慮』。伊川云：『有此理，只是發得太早在。』［一］學者工夫，固是『必有事焉而勿忘』，然亦須識得『何思何慮』底氣象，一併看爲是。若不識得這氣象，便有『正』與『助長』之病；若認得『何思何慮』，而忘『必有事焉』工夫，恐又墮於無也。須是不滯於有，不墮於無。然乎否也？」

所論亦相去不遠矣，只是契悟未盡。上蔡之問與伊川之答，亦只是上蔡、伊川之意，與孔子《繫辭》原旨稍有不同〔一〕。《繫》言「何思何慮」〔二〕，是言所思所慮只是一個天理，更無别思别慮耳，非謂無思無慮也。故曰「同歸而殊途，一致而百慮，天下何思何慮」。云「殊途」、云「百慮」，則豈謂無思無慮邪？心之本體即是天理。天理只是一個〔三〕，更有何可思慮得？〔二〕天理原自寂然不動，原自感而遂通，學者用功，雖千思萬慮，只是要復他本來體用而已，不是以私意去安排思索出來。故明道云：「君子之學，莫若廓然而大公，物來而順應。」〔三〕若以私意去安排思索，便是用智自私矣。「何思何慮」正是工夫，在聖人分上，便是自然的；在學者分上，便是勉然的。伊川却是把作效驗看了，所以有「發得太早」之説。既而云「却好用功」，則已自覺其前言之有未盡矣。濂溪主静之論亦是此意〔四〕。今道通之言，雖已不爲無見，然亦未免尚有兩事也。

【校勘】

〔一〕**與孔子《繫辭》原旨稍有不同**：「稍」，原作「稱」，據臺北藏明刊本、德安府重刊本、王畿本、孫應奎本、錢錞本、胡宗憲本、郭朝賓本、白鹿洞本、施邦曜本、俞嶙本、四庫全書本、三輪執齋本、佐藤一齋本、許舜屏本、葉紹鈞本、陳榮捷本、鄧艾民本改。

〔二〕**《繫》言「何思何慮」**：佐藤一齋、陳榮捷、鄧艾民均謂，朱文啓校本「『繫』下有『辭』字」。◎案：據《傳習録中》所收《答歐陽崇一》書，歐陽德來書曾引述陽明此言，「繫」下並無「辭」字。

㊂ **天理只是一個**：臺北藏明刊本、閭東本、施邦曜本、俞嶙本無「天理」二字。

【箋疏】

［一］上蔡、伊川問答，語見《河南程氏外書》卷一二「傳聞雜記」所摘録謝良佐《上蔡語録》：「二十年前往見伊川，伊川曰：『近日事如何？』某對曰：『天下何思何慮？』伊川曰：『是則是有此理，賢却發得太早在。』伊川直是會鍛鍊得人。説了，又道：『恰好著工夫也。』」（程顥、程頤《二程集》第二册，第四二六頁）謝良佐，字顯道，河南上蔡人。程顥、程頤之門人。

［二］施邦曜曰：「人只是認天理不真，眇眇茫茫，稍着意便成助，稍不着意便成忘，精神迄無安頓處。先生『心之本體即是天理』一語提醒，極直截痛快。心外無理，存心之外，更無窮理工夫也。若云有個天理藏在心中，便是心與天理爲二。所思慮只是一個天理者，心内不着一毫閑思妄想，謹微防危，存之而已，任他千感萬應，本體一毫不走作。人惟此心常存而不放，即觀花觀鳥，莫非天機；搬柴運草，莫非實際，不必執着思慮。天理何嘗不在？自然也説得，勉然也説得，只是工候之生熟耳。孟子云『學問之道無他，求其放心而已矣』，此言盡學問之大綱領。」

［三］此所引明道之言，語出程顥《答横渠張子厚先生書》：「夫天地之常，以其心普萬物而無心；聖人之常，以其情順萬事而無情。故君子之學，莫若廓然而大公，物來而順應。……人之情各有所蔽，故不能適道，大率患在於自私而用智。自私則不能以有爲爲應迹，用智則不能以明覺爲自然。」（程顥、程頤《二

程集》第二册，第四六〇至四六一頁）

〔四〕「濂溪主静之論」，指周敦頤《太極圖説》：「惟人也，得其秀而最靈。形既生矣，神發知矣，五性感動而善惡分，萬事出矣。聖人定之以中正仁義（原注：聖人之道，仁義中正而已矣。）而主静，（原注：無欲故静。）立人極焉。」（周敦頤《周敦頤集》，第六頁）

【集評】

但衡今曰：「孔子云何思何慮，不云所思所慮、無思無慮者，正如伊川所云『所思慮則滯於有，無思慮則墮於無』，深得孔子立言之旨，亦佛氏所謂『立一切法，亦不立一切法』。伊川又云『只是發得太早』，似是接引謝上蔡語，此意亦惟上蔡、伊川知之，非爲天下後世學者立言也，未可强作解人。陽明謂『《繫》言何思何慮，是言所思所慮』，不免落到有的邊；又謂『更無别思别慮』，則又落到無的邊，殊嫌沾滯，非孔子意也。不落於有，不墮於無，方足盡誠一之用。」（但衡今《王陽明傳習録札記》中卷，第三五至三六頁）

【一四六】

來書云：「凡學者，纔曉得做工夫，便要識認得聖人氣象。蓋認得聖人氣象，把做準的，乃就實地做工夫去，纔不會差，纔是作聖工夫。未知是否？」

先認聖人氣象，昔人嘗有是言矣[一]，然亦欠有頭腦。聖人氣象自是聖人的，我從何處識認？若不就自己良知上真切體認，如以無星之稱而權輕重，未開之鏡而照妍媸，真所謂以小人之腹而度君子之心矣[二]。聖人氣象何由認得？自己良知原與聖人一般，若體認得自己良知明白，即聖人氣象不在聖人而在我矣。程子嘗云：「覷著堯學他行事，無他許多聰明睿智，安能如彼之動容周旋中禮？」[三]又云：「心通於道，然後能辨是非。」[四]今且説通於道在何處？聰明睿智從何處出來？

【箋疏】

[一]昔人，指程頤。據《河南程氏遺書》記載，伊川曰：「學者不學聖人則已，欲學之，須熟玩味聖人之氣象，不可只於名上理會。」又曰：「凡看文字，非只是要理會語言，要識得聖賢氣象。如孔子曰：『盍各言爾志。』而由曰：『願車馬、衣輕裘，與朋友共，敝之而無憾。』顏子曰：『願無伐善，無施勞。』孔子曰：『老者安之，朋友信之，少者懷之。』觀此數句，便見聖賢氣象大段不同。若讀此不見得聖賢氣象，他處也難見。學者須要理會得聖賢氣象。」（程顥、程頤《二程集》第一册，第一五八、二八四頁）

[二]「以小人之腹而度君子之心」，典出《世説新語·雅量》：「劉慶孫在太傅府，於時人士，多爲所構，唯庾子嵩縱心事外，無迹可間。後以其性儉家富，説太傅令换千萬，冀其有吝，於此可乘。太傅於衆坐中問庾，庾時頹然已醉，幘墮几上，以頭就穿取，徐答云：『下官家故可有兩娑千萬，隨公所取。』於是乃服。

後有人向庾道此，庾曰：『可謂以小人之慮，度君子之心。』」（余嘉錫《世説新語箋疏》上册，第四一八至四一九頁）

［三］「覷著堯學他行事」云云，語見《河南程氏遺書》：「問：『忠信進德之事，固可勉强，然致知甚難。』」伊川」曰：『子以誠敬爲可勉强，且恁地説。到底須是知了方行得。若不知，只是覷却堯學他行事。無堯許多聰明睿知，怎生得如他動容周旋中禮？有諸中，必形諸外。德容安可妄學？如子所言，是篤信而固守之，非固有之也。』」（程顥、程頤《二程集》第一册，第一八七頁）

［四］「心通於道，然後能辨是非」，語見程頤《答朱長文書》：「夫心通乎道，然後能辨是非，如持權衡以較輕重，孟子所謂『知言』是也。揆之以道，則是非了然，不待精思而後見也。」（程顥、程頤《二程集》第二册，第六〇一頁）

【集評】

但衡今曰：「陽明謂『聖人氣象自是聖人的，我從何處認識』，是以聖人氣象多由學養習行得來，或從其具，或矯其偏，此其所以不盡同，亦不盡異也。推陽明之意，在師其學養，不在規其氣象。誠能師其所學，盡其所養，則人之聰明睿智與聖人同，此聖人氣象不在聖人而在我矣。伊尹之任、伯夷之清、柳下惠之和、孔子之時，而安可班乎？『今且説通於道在何處？聰明睿智從何處出來？』此陽明畫龍點睛處，治王學者不可輕輕放過。」（但衡今《王陽明傳習録札記》中卷，第四一至四二頁）

【一四七】

來書云："事上磨煉，一日之内，不管有事無事，只一意培養本原。若遇事來感，或自己有感，心上既有覺，安可謂無事？但因事凝心一會，大段覺得事理當如此，只如無事處之㊀，盡吾心而已。然乃有處得善與未善，何也？又或事來得多，須要次第與處，每因才力不足，輒爲所困，雖極力扶起，而精神已覺衰弱。遇此未免要十分退省，寧不了事，不可不加培養。如何？"

所説工夫，就道通分上也只是如此用，然未免有出入在。凡人爲學，終身只爲這一事，自少至老，自朝至暮，不論有事無事，只是做得這一件，所謂"必有事焉"者也。若説"寧不了事，不可不加培養"，却是尚爲兩事也。"必有事焉而勿忘勿助"，事物之來，但盡吾心之良知以應之，所謂"忠恕違道不遠"矣[二]。凡處得有善有未善及有困頓失次之患者，皆是牽於毀譽得喪，不能實致其良知耳。若能實致其良知，然後見得平日所謂善者未必是善，所謂未善者却恐正是牽於毀譽得喪，自賊其良知者也。

【校勘】

㊀ **只如無事處之**：「只如」，張問達本作「只以」。

【箋疏】

［一］「忠恕違道不遠」，語見《中庸》：「忠恕違道不遠，施諸己而不願，亦勿施於人。」朱熹注云：「盡己之心爲忠，推己及人爲恕。違，去也，如春秋傳『齊師違穀七里』之違。」（朱熹《四書章句集注》，第二七頁）

【集評】

施邦曜曰：「『毁譽得喪』四字，此是學人萬劫中帶來業障，最難拔除。若能拔去此大病根，只知有事，舉動自然必慊於心，安有善未善？即少有節目之差，只争工夫之生熟，不可以善不善言。或事頭來得多，其中有個緩急重輕次第，因其次第行之，安得有困頓？若此等想頭，俱是計功算效，不是純然有事之心。」

【一四八】

來書云「致知之説，春間再承誨益［一］，已頗知用力，覺得比舊尤爲簡易。但鄙心則謂，與初學言之，還須帶『格物』意思，使之知下手處。本來致知格物一併下，但在初學，未知下手用功，還説與『格物』，方曉得『致知』」云云。

格物是致知工夫，知得致知，便已知得格物。若是未知格物，則是致知工夫亦未嘗知也。近有一書與友人論此頗悉[二]，今往一通，細觀之，當自見矣。

【箋疏】

[一]所謂「春間再承誨益」，疑即《陽明先生年譜》「嘉靖三年甲申正月」條所云周衝等訪學陽明事。（王守仁《王陽明全集（新編本）》第四册，第一二九九頁）

[二]佐藤一齋曰：「文成論格致書，撿《全書》，不止十數。本文『一書』，今未審的指何書，俟考。」東正純曰：「致我心之良知於事事物物，事事物物得我心之良知而得其正。文成一生所説，千言萬語，不出此數句，可謂格致之真詮也。與友人一書，世以爲不審何人，而今據此，則爲答羅整庵無疑也。」（東正純《傳習録參考》，《澤瀉先生全集》上册，第六四七頁）◎案：薛侃、王畿在嘉靖十六年編輯、刊刻《陽明先生則言》，將陽明《答羅整庵少宰書》題爲「答格物書」。（王守仁《陽明先生則言》，《續修四庫全書》第九三七册，第三九一至三九四頁）錢德洪《傳習録》中卷小序則云：「而謂格物爲學者用力日可見之地，莫詳於答羅整庵一書。」然則，東正純所謂「與友人一書，爲答羅整庵無疑也」，自有其理據。然而，錢德洪《刻文録叙説》云：「『格致』之辯，莫詳於答顧華玉一書；而『拔本塞源』之論，寫出千古同體萬物之旨與末世俗習相沿之弊。百世以俟，讀之當爲一快。」（王守仁《王陽明全集（新編本）》第六册，第二〇八九頁）且陽明《答顧東橋書》作於《答周道通書》之前，則此所謂「近有一書與友人論此頗悉」，或

指《答顧東橋書》，且指《答顧東橋書》之可能性較大。詳情有待進一步考證。

【一四九】

來書云：「今之爲朱、陸之辨者尚未已，每對朋友言，正學不明已久，且不須枉費心力爲朱、陸爭是非，只依先生『立志』二字點化人，若其人果能辨得此志來㈠，決意要知此學，已是大段明白了，朱、陸雖不辨，彼自能覺得。又嘗見朋友中見有人議先生之言者，輒爲動氣。昔在朱、陸二先生所以遺後世紛紛之議者，亦見二先生工夫有未純熟，分明亦有動氣之病。若明道則無此矣，觀其與吴師禮論介甫之學云：『爲我盡達諸介甫，不有益於他，必有益於我也。』㈡氣象何等從容！嘗見先生與人書中亦引此言，願朋友皆如此。如何？」[一]

此節議論得極是極是，願道通遍以告於同志，各自且論自己是非，莫論朱、陸是非也[二]。以言語謗人，其謗淺；若自己不能身體實踐，而徒入耳出口，呶呶度日，是以身謗也，其謗深矣。凡今天下之論議我者，苟能取以爲善，皆是砥礪切磋我也，則在我無非警惕修省進德之地矣。昔人謂「攻吾之短者是吾師」[三]，師又可惡乎？

【校勘】

㊀ **若其人果能辨得此志來**：「辦」，原作「辨」，據臺北藏明刊本、德安府重刊本、王畿本、孫應奎本、胡宗憲本、郭朝賓本、白鹿洞本改。

㊁ **觀其與吴師禮論介甫之學云：「爲我盡達諸介甫，不有益於他，必有益於我也」**：「吴師禮」，原誤作「吴涉禮」，因相關典故出自《河南程氏遺書》，兹據《河南程氏遺書》改。「不有益於他」之「他」，臺北藏明刊本、德安府重刊本、王畿本、孫應奎本、錢錞本、閭東本、胡宗憲本、施邦曜本、俞嶙本作「彼」。

【箋疏】

［一］明道與吴師禮論介甫之學，語本《河南程氏遺書》：「伯淳近與吴師禮談介甫之學錯處，謂師禮曰：『爲我盡達諸介甫，我亦未敢自以爲是。如有説，願往復。此天下公理，無彼我。果能明辨，不有益於介甫，則必有益於我。』」（程顥、程頤《二程集》第一册，第九頁）案：吴師禮，字安仲，宋代錢塘人。歷官右司員外郎。工翰墨。王安石，字介甫，號半山，宋代撫州臨川人。著名政治家、思想家、文學家。宋神宗元豐年間封荆國公，世稱荆公。著作有《周官新義》《臨川集》等。

「嘗見先生與人書中亦引此言」，指陽明《答汪石潭内翰》所云：「吾兄之心，非若世之立異自高者，要在求其是而已，故敢言之無諱。有所未盡，不惜教論；不有益於兄，必有益於我也。」（王守仁《王陽明全集（新編本）》第一册，第一五九至一六〇頁）

［二］馮柯曰：「此即夫子不暇方人之意。然朱陸是非，則當今道術所係，要亦不可不論也。」（馮柯《求是

編》，岡田武彦、荒木見悟主編《和刻影印近世漢籍叢刊・思想三編》第一五册，第三〇六頁）

〔三〕「攻吾之短者是吾師」，語本《荀子・修身》：「故非我而當者，吾師也；是我而當者，吾友也；諂諛我者，吾賊也。」（王先謙《荀子集解》上册，第二一頁）

【一五〇】

來書云：「有引程子『人生而静以上不容説，才説性便已不是性』，何故不容説？何故不是性？晦庵答云：『不容説者，未有性之可言；不是性者，已不能無氣質之雜矣。』〔一〕二先生之言皆未能曉，每看書至此，輒爲一惑，請問。」

「生之謂性」〔二〕，生字即是氣字，猶言「氣即是性」也。氣即是性，「人生而静以上不容説」，才説「氣即是性」，即已落在一邊，不是性之本原矣。孟子性善，是從本原上説。然性善之端須在氣上始見得，若無氣亦無可見矣。惻隱、羞惡、辭讓、是非即是氣。程子謂「論性不論氣，不備；論氣不論性，不明」〔三〕，亦是爲學者各認一邊，只得如此説。若見得自性明白時，氣即是性，性即是氣，原無性、氣之可分也。

【箋疏】

［一］「有引程子」「晦庵答云」云云，語本朱熹《答劉韜仲問目》：「『明道先生云：「人生而静以上不容説，才説性時便已不是性。」人生而静以上，何故不容説？才説性時，何故已不是性？未明其旨。』［曰：］『不容説者，未有性之可言；不是性者，已不能無氣質之雜矣。』」（朱熹《晦庵先生朱文公續集》，《朱子全書》第二五册，第四八〇三頁）◎案：明道先生云「人生而静以上不容説，才説性時便已不是性」，語見《河南程氏遺書》：「『生之謂性』，性即氣，氣即性，生之謂也。人生氣禀，理有善惡，然不是性中元有此兩物相對而生也。有自幼而善，有自幼而惡，是氣禀有然也。善固性也，然惡亦不可不謂之性也。蓋『生之謂性』『人生而静』以上不容説，才説性時便已不是性也。凡人説性，只是説『繼之者善也』，孟子言『人性善』是也。」（程顥、程頤《二程集》第一册，第一〇頁）又：陳榮捷、鄧艾民謂晦庵答言，語本朱熹《朱文公文集》卷六一「答嚴時亨」。陳氏、鄧氏之説，非是。

［二］「生之謂性」，語見《孟子·告子上》：「告子曰：『生之謂性。』」（朱熹《四書章句集注》，第三八四頁）

［三］「論性不論氣，不備；論氣不論性，不明」，語見《河南程氏遺書》卷六。（程顥、程頤《二程集》第一册，第八一頁）

【集評】

劉宗周曰：「先生之見，已到八九分。但云『性即是氣，氣即是性』，則合更有商量在。」（劉宗周《陽明傳

信録》,《劉宗周全集》第五册,第一二頁)

佐藤一齋曰:「自氣之條理而謂之理,理即性之本源也;自理之運行而謂之氣,氣即性之作用也。故本源善,則作用善;其有不善,則以氣有過不及也,所謂『惡亦不可不謂之性』是也。凡人物之生,自稟諸己而有性之名,則未生以前,只是一氣流行,即繼之者善,未成性也;既稟生,才説氣即是性,則落在作用一邊,不及其有條理處,故不是性之本源矣。學者要須合理氣爲一而自得之。是蓋明道之意,而文成之説也。」

但衡今曰:「程子云『人生而静以上不容説』,與佛家所云『妙高頂上,不許商量』,同一見解。才説性,便已不是性,此其所以不可説故。此公似已見到分曉。晦庵謂『未有性之可言』與『不能無氣質之雜』,則是未得近似而强爲之詞;至所云『不是性者』,是直以氣爲性矣,與陽明之説同。陽明謂『生之爲性,生字即是氣字,猶言氣即是性也』,生即是氣,是矣;氣即是性,陽明此意失之於泥矣。」(但衡今《王陽明傳習録札記》中卷,第四八至四九頁)

施邦曜曰:「此書開口説自家痛癢,自家知得;次説千思萬慮,只要求復本體;又次言實致其良知,當弗牽於毁譽得喪,又何用向聖人求氣象,又何暇辯朱陸是非。俱是鞭向入裏,有志學問者其知之。」

答陸原静書[一]

【一五二】

來書云：「下手工夫，覺此心無時寧静。妄心固動也，照心亦動也。心既恒動，則無刻蹔停也。」[二]

是有意於求寧静，是以愈不寧静耳。夫妄心則動也，照心非動也。恒照則恒動恒静，天地之所以恒久而不已也[三]。照心固照也，妄心亦照也，「其爲物不貳，則其生物不息」，有刻蹔停則息矣，非「至誠無息」之學矣。[四]

【箋疏】

[一] 施邦曜、三輪執齋、陳榮捷、鄧艾民以爲，陽明之《答陸原静書》作於嘉靖三年甲申。◎案：嘉靖三年十月，南大吉續刻《傳習録》，將陽明《答陸原静書》收録其中。嘉靖五年丙戌，陽明《寄陸原静》云：「南元善曾將原静後來論學數條刊入《後録》中，初心甚不欲渠如此，近日朋輩見之，却因此多有省悟。始

知古人相與辯論窮詰，亦不獨要自己明白，直欲共明此學於天下耳。蓋此數條，同志中肯用功者，亦時有疑及之，然非原静，則亦莫肯如此披豁吐露；就欲如此披豁吐露，亦不能如此曲折詳盡。故此原静一問，其有益於同志，良不淺淺也。」（王守仁《王陽明全集（新編本）》第一册，第二三〇頁）

［二］三輪執齋曰：「原静嘗淫仙釋，又好寧静，故所問多其病。上卷原静所録可以見之。」

［三］「天地之所以恒久而不已也」，語本《周易・恒卦・彖傳》：「天地之道，恒久而不已也。」（朱熹《周易本義》，《朱子全書》第一册，第九八頁）

［四］「其爲物不貳，則其生物不息」「至誠無息」，語本《中庸》：「故至誠無息。不息則久，久則徵，徵則悠遠，悠遠則博厚，博厚則高明。博厚，所以載物也；高明，所以覆物也；悠久，所以成物也。博厚配地，高明配天，悠久無疆。如此者，不見而章，不動而變，無爲而成。天地之道，可一言而盡也：其爲物不貳，則其生物不測。」（朱熹《四書章句集注》，第三九至四〇頁）

【集評】

馮柯曰：「妄心則動也，照心非動也，是也。照心固照也，妄心亦照也，則非也。蓋照心者，謂心之虚明，自然照物。如鑑之空，而物之妍媸不能遁也。若是，妄心猶反鑑而索照矣，有是理乎？是故照心固照者，誠精而明也；妄心亦照者，以逆億爲明也。且以照心、妄心爲『爲物不貳』，以固照、亦照爲『生物不息』。不貳者，至誠也；至誠者，無妄也。以妄心爲不貳，然則至誠亦有妄乎？妄亦可以言誠乎？而天地聖人之心，皆可以言妄矣。蓋陽明醉心佛氏，而佛氏以天地爲幻妄，則其以妄心爲不貳也，何怪哉？」（馮

柯《求是編》，岡田武彦、荒木見悟主編《和刻影印近世漢籍叢刊·思想三編》第一五册，第三二九至三三〇頁）

劉宗周曰："妄心亦照，非實信得良知，安能如此説？"（劉宗周《聖學宗要》，《劉宗周全集》第二册，第二四五頁）

佐藤一齋曰："妄是妄動，照是明覺。心一也，照心一昏，即便妄心，然其本體之明未嘗息，故曰妄心亦照也。"又曰："《中庸》『生物不測』，此改爲『不息』，取大意，不泥成語。"

東正純曰："妄心則動，照心則不動。照心，理之静；妄心，氣之動。然照心之不動，非不動，恒動恒静，其體恒定耳。以本體之明言，則照心固無所不照，雖妄心亦未嘗不照也。知照外非别有妄，則無照無妄。不貳不息之體，至此殆無餘藴，大都與程子《定性書》之旨相發焉。"（東正純《傳習録參考》，《澤瀉先生全集》上册，第六四九頁）

但衡今曰："讀此，則陽明門下亦以禪定爲下手工夫，乃不欲落人窠臼，遂使儒家操存之説陷於支離而兩無是處。"又曰："本節謂生物不息、照心固照、妄心亦照，是矣；謂妄心動、照心非動，則有語病。何以故？以妄心對照心言，則照心爲真心矣。真心不可以動静言。何以故？妄滅真亦不生，動静亦然。儒家不言動而言不息、不言真而言無妄，辭旨微妙，匪意所思。孰謂儒家尚隔頂上一層耶？"（但衡今《王陽明傳習録札記》中卷，第五三至五四頁）

【一五二】

來書云「良知亦有起處」云云。

此或聽之未審。良知者，心之本體，即前所謂「恒照」者也。心之本體，無起無不起。雖妄念之發，而良知未嘗不在，但人不知存，則有時而或放耳；雖昏塞之極，而良知未嘗不明，但人不知察，則有時而或蔽耳。雖有時而或放，其體實未嘗不在也，存之而已耳；雖有時而或蔽，其體實未嘗不明也，察之而已耳。若謂「良知亦有起處」，則是有時而不在也，非其本體之謂矣。

【集評】

劉宗周曰：「存養省察，何嘗不是宋儒之説，但提領在良知耳。」（劉宗周《聖學宗要》，《劉宗周全集》第二册，第二四五頁）

但衡今曰：「陽明本節云云，步步踏實，字字珠璣。不存不察四字，尤爲扼要。微嫌氣機不暢，予乃爲陽明引而申之。妄念之生，惟居敬足以制之；昏塞之蔽，惟存誠足以啓之。居敬則不怠，存誠則不二。不怠則其心不荒，不二則其心不紛，而心體完矣。完則不滯於有，不墮於無。如此啓迪學人，似較直截了當，猶是儒家門庭内語。」（但衡今《王陽明傳習録札記》中卷，第五五至五六頁）

【一五三】

來書云：「前日精一之論，即作聖之功否？」㊀

「精一」之「精」以理言，「精神」之「精」以氣言。理者，氣之條理；氣者，理之運用。無條理則不能運用，無運用則亦無以見其所謂條理者矣。精則精，精則明，精則一，精則神，精則誠；一則精，一則明，一則神，一則誠㊁，原非有二事也[二]。但後世儒者之說與養生之說各滯於一偏，是以不相爲用。前日精一之論，雖爲原靜愛養精神而發，然而作聖之功，寔亦不外是矣。

【校勘】

㊀**來書云：「前日精一之論，即作聖之功否」**：底本無此十五字。佐藤一齋曰，王貽樂本（即王貽樂編刻《王陽明先生全集》）有「『來書云：「前日精一之論，即作聖之功否」』十五字。諸本並脱」。陳榮捷曰：「諸本無此十五字，惟王［貽樂］本有。捷疑此題爲王貽樂據復書所加。原靜來書，每條議論頗長，尤以第二書爲甚。……今依貽樂所補，則只此一問，恐非來書之舊。至本來面目如何，則已不可考。《全書》與諸本寧缺毋誤耳。」鄧艾民曰：「『來書云』等十五字，諸本並脱，據王［貽樂］本補。」茲姑據佐藤氏、陳氏、鄧

氏之説補出。案：「來書云」，清同治九年刊本《王陽明先生全集》、陳榮捷本作「來書問」。（王守仁《王陽明先生全集》，翟奎鳳、向輝主編《陽明文獻匯刊》第一五册，第五四六頁；陳榮捷《王陽明傳習録詳注集評》，第二一五頁）《傳習録》所輯録書信，其摘引來書均作「來書云」，職是之故，兹取「來書云」，而不取「來書問」。

㈡**精則精，精則明，精則一，精則神，精則誠；一則精，一則明，一則神，一則誠**：白鹿洞本無「精則精」三字。◎案：佐藤一齋曰：「『精則一』三字，疑羨文。不然，『［一則］明』『一［則神］』間，脱『一則一』一句。」陳榮捷曰：「一齋所加，則『精』字五句，『一』字亦五句，頗有道理。」

【箋疏】

［一］陽明《送宗伯喬白巖序》云：「學弈則謂之學，學文詞則謂之學，學道則謂之學，然而其歸遠也。道，大路也。外是，荆棘之蹊，鮮克達矣。是故專於道，斯謂之專；精於道，斯謂之精。專于弈而不專於道，其專溺也；精于文詞而不精於道，其精僻也。夫道廣矣大矣，文詞技能於是乎出；而以文詞技能爲者，去道遠矣。是故非專則不能以精；非精則不能以明；非明則不能以誠。故曰『惟精惟一』。精，精也；專，一也。精則明矣，明則誠矣。是故明精之爲也，誠一之基也。一，天下之大本也；精，天下之大用也。知天地之化育，而況於文詞技能之末乎？」（王守仁《王陽明全集（新編本）》第一册，第二四四頁）序文所言，似可與此互發。

【一五四】

來書云「元神、元氣、元精[一]，必各有寄藏發生之處，又有真陰之精、真陽之氣」云云。

夫良知一也，以其妙用而言謂之神，以其流行而言謂之氣，以其凝聚而言謂之精，安可以形象、方所求哉？真陰之精，即真陽之氣之母；真陽之氣，即真陰之精之父。陰根陽，陽根陰，亦非有二也。苟吾良知之説明，則凡若此類皆可以不言而喻。不然，則如來書所云「三關」「七返九還」之屬[二]，尚有無窮可疑者也。

【箋疏】

[一]「元神、元氣、元精」，陳榮捷曰：「道家煉丹工夫以人未有此身，先有三元。一氣之妙用爲元神，一氣之流行爲元氣，一氣之凝聚爲元精。所謂氣，非呼吸之氣；精，非交感之精；神，非思慮之神，而爲元始要素，謂之三元，亦稱三華。」

[二]「三關」，謂口、足、手也。《黄庭内景玉經·三關章》云：「三關之中精氣深，九微之内幽且陰，口爲天關精神機，手爲人關把盛衰，足爲地關生命扉。」（梁丘子《黄庭内景玉經注》，《道藏》第四册，第八五六頁）

「七返九還」，道教煉丹之術語。《周易參同契》云：「剛施而退，柔化以滋。九還七返，八歸六居。男白女赤，金火相拘。則水定火，五行之初。」（彭曉《周易參同契通真義》，《周易參同契古注集成》，第三〇頁；朱熹《周易參同契考異》，《朱子全書》第一三册，第五五二頁）《道樞・九轉金丹篇》云：「九鼎之内，於是有七返八變九還之道焉。返者，覆合也，收七表八裏經絡之氣血者也。一返脉，脉停運矣；二返氣，氣聚而凝矣；三返血，血成白乳矣；四返精，精結瓊塊矣；五返骨，骨若紅玉矣；六返髓，髓化玄霜矣；七返形，形清體妙矣；八返神，神化無方矣。還者，歸其源也，取五行之氣、動三要之精、定一物之元者也。一還腎，二還心，三還肝，四還肺，五還脾，六還丹房，七還氣户，八還精堂，九還神室。九化則可以留形矣。」（至游子曾慥《道樞》，《道藏》第二〇册，第七二四頁）

又[一]

【一五五】

來書云：「良知，心之本體，即所謂性善也、未發之中也、寂然不動之體也、廓然大公也，何常人皆不能而必待於學邪？㈠中也、寂也、公也，既以屬心之體，則良知是矣。今驗之於心，知無不良，而中、寂、大公實未有也。豈良知復超然於體用之外乎？」

性無不善，故知無不良。良知即是未發之中，即是廓然大公、寂然不動之本體，人人之所同具者也。但不能不昏蔽於物欲，故須學以去其昏蔽，然於良知之本體，初不能有加損於毫末也。知無不良，而中、寂、大公未能全者，是昏蔽之未盡去，而存之未純耳。體即良知之體，用即良知之用，寧復有超然於體用之外者乎？

【校勘】

〔一〕**何常人皆不能而必待於學邪**：臺北藏明刊本、王畿本、錢錞本、閭東本、胡宗憲本、施邦曜本無「何」字。

【箋疏】

〔一〕陳榮捷曰：「通常『又』指另一書，故諸本以此爲第二書。劉宗周《陽明傳信録》摘録，如摘一書，則云『答某某』。今於摘録《〔答〕陸原静書》諸條之末則曰『以上皆《答陸元静》』，顯然不止一書。中卷錢德洪序亦計答陸二書。第一六〇條原静引第一五一條『照心非動』『妄心亦照』，當是後書引前書。王〔貽樂〕本併第一五一至一六七爲一書，蓋誤。」案：陳氏謂「劉宗周《陽明傳信録》摘録，如摘一書，則云『答某某』。今於摘録《〔答〕陸原静書》諸條之末則曰『以上皆《答陸元静》』，顯然不止一書」。此説值得斟酌。劉宗周《陽明傳信録》摘録《答顧東橋書》，於其末亦曰「以上皆《答顧東橋》」。而《答顧東橋》，只一書而已。鄧艾民曰：「《陽明先生文録》本及王［貽樂］本無此『又』字。錢德洪所據南本或亦無『又』字，故前言提及《答陸清伯書》僅有一書。但此信提及陸來信引用前信『照心非動也』『妄心亦照也』句，則二信似非同時所寫。」而吴震則曰，《答陸原静書》在錢德洪本中被一分爲二，即《答陸原静書》及其《又》。然而，「參照其他有關陽明《文録》等版本，此《答陸原静書》原爲一封。如嘉靖十二年（一五三三）黄綰刻本《陽明先生文録》（京都大學附屬中央圖書館藏）所收該書，無『又』字；又如嘉靖三十二年（一五五三）宋儀望刻本《陽明先生文粹》亦如是，並無『又』字。或許錢德洪爲湊足八封書信之數，而將《答陸原静書》一析爲二，亦未可知」。（吴震《〈傳習録〉精讀》，第三〇頁）◎案：閭東本、施邦曜本亦無「又」字，將兩《答陸原静書》合併爲一。然而，臺北藏明刊本、德安府重刊本、王畿本、孫應奎本、錢錞本、胡宗憲本、郭朝賓本有「又」字，且《答陸原静書（又）》所摘録之陸澄來書中，經已引述《答陸原静書》陽明所謂「照心非動也」「妄心亦照也」之説，故應以陳氏、鄧氏所言作兩書爲是。

【集評】

但衡今曰：「陽明之『學以去其昏蔽』，與考亭之『道學問而尊德性』，何嘗不是同一路數？予故曰：程朱陸王，正可相取，不可相病也。」（但衡今《王陽明傳習録札記》中卷，第六一頁）

【一五六】

來書云：「周子曰『主静』，程子曰『動亦定，静亦定』，先生曰『定者心之本體』。是静定也，决非不覩不聞、無思無爲之謂，必常知常存、常主於理之謂也。夫常知常存、常主於理，明是動也、已發也，何以謂之静？何以謂之本體？豈是静定也，又有以貫乎心之動静者邪？」[一]

理無動者也。「常知常存、常主於理」，即「不覩不聞、無思無爲」之謂也。不覩不聞、無思無爲，非槁木死灰之謂也。覩聞思爲一於理，而未嘗有所覩聞思爲，即是動而未嘗動也，所謂「動亦定，静亦定」「體用一原」者也。[二]

【箋疏】

[一] 佐藤一齋曰：「愚嘗得文成書《太極圖説》墨本，末有云曰：『濂溪自注「主静」云「無欲故静」，而於《通書》云「無欲則静虚動直」，是主静之説實兼動静。』此可以補來書之答。」

[二]「體用一原」，語見程頤《易傳序》：「至微者理也，至著者象也。體用一源，顯微無間。」（程顥、程頤《二程集》第三册，第六八九頁）

【集評】

施邦曜曰：「常主於理，理在何處？夫人心止此一點虚靈，爲天然自具之條理，能致此良知以常存此虚靈之體，此便是常主於理。若不能常知常存而求常主於理，是不能有事而先役其心於正助也。此便是逐物喪心，紛擾已甚，安得言静？故曰：常知常存，常主於理。《大學》云『知止而後有定，定而後能静』，此之謂也。若云有以貫乎心之動静，是有二心矣，豈是主静之學？」

劉宗周曰：「循理爲静，非動静對待之静。」（劉宗周《聖學宗要》，《劉宗周全集》第二册，第二四六頁）

【一五七】

來書云：「此心未發之體，其在已發之前乎？其在已發之中而爲之主乎？其無前後内外而渾然一體者乎？今謂心之動静者，其主有事無事而言乎？其主寂然感通而言乎？其主循理從欲而言乎？若以循理爲静，從欲爲動，則於所謂『動中有静，静中有動』『動極而静，静極而動』者[一]，不可通矣；若以有事而感通爲動，無事而寂然爲静，則於所謂『動而無動，静而無静』者[二]，不可通矣。若謂未發在已發之先，静而生動，是至誠有息也，聖人有復也，又不可矣；若謂未發在已發之中，則不知未發、已發俱當主静乎？抑未發爲静而已發爲動乎？抑未發、已發俱無動無静乎？俱有動有静乎？幸教。」

未發之中，即良知也，無前後内外而渾然一體者也[三]。有事無事，可以言動静，而良知無分於有事無事也；寂然感通，可以言動静，而良知無分於寂然感通也。動静者，所遇之時；心之本體，固無分於動静也。理無動者也，動即爲欲[四]。循理，則雖酬酢萬變而未嘗動也；從欲，則雖槁心一念而未嘗静也。「動中有静，静中有動」，又何疑乎？有事而感通，固可以言動，然而寂然者未嘗有增也；無事而寂然，固可以言静，然而感通者未嘗有減也。「動而無動，静而無静」，又何疑乎？無前後内外而渾然一體，則「至誠有息」之疑，不待解矣。未發在已發之中，而已發之中未嘗别有未發者在；已發在未發之中，而未發之中未嘗别有已發者存。是未嘗無動静，而不可以動静分者也。凡觀古人言語，在以意逆志而得其大旨；若必拘滯於文義，則「靡有孑遺」者，是周果無遺民也[五]。周子「静極而動」之説，苟不善觀，亦未免有病。蓋其意從「太極動而生陽，静而生陰」説來。太極生生之理，妙用無息，而常體不易。太極之生生，即陰陽之生生。就其生生之中，指其妙用無息者而謂之動，謂之陽之生，非謂動而後生陽也；就其生生之中，指其常體不易者而謂之静，謂之陰之生，非謂静而後生陰也。若果静而後生陰，動而後生陽，則是陰陽動静截然各自爲一物矣。陰陽一氣也，一氣屈伸而爲陰陽；動静一理也，一理隱顯而爲動静。春夏可以爲陽爲動，而未嘗無陰與静也；秋冬可以爲陰爲静，而未嘗無陽與動也。春夏此不息，秋冬此不息，皆可謂之陽、謂之動也；春夏此常體，秋冬此常體，皆可謂之陰、謂之静也。自元、會、運、世、歲、月、日、時以至刻、杪、忽、微，莫不皆然。所謂「動静無端，陰陽無始」[六]，在知道者默而識之，非可以言語窮也。若只牽文泥句，比擬仿像，則所謂「心從法華轉，非是轉法華」矣。[七]

【箋疏】

[一]「動中有静，静中有動」，語見《通書・動静第十六》朱熹注。（周敦頤《周敦頤集》，第二七頁）「動極而静，静極而動」，語本周敦頤《太極圖説》：「太極動而生陽，動極而静；静而生陰，静極復動。」（周敦頤《周敦頤集》，第四頁）

[二]「動而無動，静而無静」，語見《通書・動静第十六》：「動而無静，静而無動，物也；動而無動，静而無静，神也。動而無動，静而無静，非不動不静也。」（周敦頤《周敦頤集》，第二七頁）

[三] 吉村秋陽曰：「王子專提良知以指點學者，而此語發盡其底蘊，最完全。至是，則何體何用不必言也。」（吉村晉《王學提綱》，岡田武彦、荒木見悟主編《和刻影印近世漢籍叢刊・思想三編》第一二册，第三四頁）

[四] 馮柯曰：「夫欲生於動者也，非『動即爲欲』也。使『動即爲欲』，則太極之動而生陽，亦即爲欲乎？故動

非欲也。動之流則欲也，欲則善惡分而禍福出矣。」（馮柯《求是編》，岡田武彦、荒木見悟主編《和刻影印近世漢籍叢刊・思想三編》第一五册，第三三三頁）

［五］「凡觀古人言語」云云，語本《孟子・萬章上》：「故説詩者，不以文害辭，不以辭害志。以意逆志，是爲得之。如以辭而已矣，《雲漢》之詩曰：『周餘黎民，靡有孑遺。』信斯言也，是周無遺民也。」（朱熹《四書章句集注》，第三六一頁）孟子所引《雲漢》之詩，見《詩經・大雅》。（朱熹《詩集傳》，《朱子全書》第一册，第七〇四頁）

［六］「動静無端，陰陽無始」，語見《河南程氏經説》：「道者，一陰一陽也。動静無端，陰陽無始。非知道者，孰能識之？」（程顥、程頤《二程集》第四册，第一〇二九頁）

［七］「心從法華轉，非是轉法華」，語本元代宗寶改編本《六祖大師法寶壇經・機緣品第七》：「心迷《法華》轉，心悟轉《法華》；誦經久不明，與義作讎家。」（《六祖大師法寶壇經》，《中國佛教思想資料選編》第二卷第四册，第五一頁）

【集評】

施邦曜曰：「自先儒有主静之教，『動静』二字遂紛紜辨析而未有已。不知自兩儀分而萬類生，有知有覺，無時非動。人得氣之最靈，安有不動之候？即冥目澄思亦動也，何嘗有静字以爲之對？惟是其所爲動者，一率其性之本然，即千變萬化、應物不窮，胸中何嘗有一毫攖擾不寧？所謂動而未嘗非静也。人惟徇欲背性，動失其常，即矯爲鎮静，此心只覺紛擾震蕩，求静而反動矣。周子曰『主静』，程子曰『動亦定，静亦定』，非欲揉動而爲静也，惟欲動者各安其則，率其性之本然也。無時非動，無時非静，又安有内外前後、有事無事之可分？致知者自得之。」◎案：王曉昕、趙平略點校本《陽明先生集要》將「程子曰『動亦定，静亦定』，非欲揉動而爲静也，惟欲動者各安其則，率其性之本然也」數句内之「定非欲揉動而爲静也惟欲動者各安」十五字誤入正文。（參王守仁《陽明先生集要》上册，第一六八頁）

劉宗周曰：「從欲而槁心一念，説不得是静中有動。静中有動即是静而無静。」（劉宗周《聖學宗要》，《劉宗周全集》第二册，第二四八頁）

但衡今曰：「陽明本節論心體内外動静、未發已發，實從《般若經》蜕化而出，故其辭意至精。至所謂『酬酢萬變未嘗動也，槁心一念未嘗静也』，未免沾滯，强人以理欲爲動静。要知從欲動也，循理亦動也。又云『動中有静，静中有動』，然則理中有欲，欲中有理矣，不抑自語相違者乎？故動静不可並理欲而言。治王學者，不可以不辨。若云理未嘗不静，欲未嘗不動，猶可。此之謂『以意逆志』者也。」（但衡今《王陽明傳習録札記》中卷，第六五五至六六六頁）

【一五八】

來書云：「嘗試於心，喜怒憂懼之感發也，雖動氣之極，而吾心良知一覺，即罔然消阻，或遏於初，或制於中，或悔於後。然則良知常若居優閒無事之地而爲之主，於喜怒憂懼若不與焉者，何歟？」

知此，則知未發之中、寂然不動之體，而有發而中節之和、感而遂通之妙矣。然謂「良知常若居於優閒無事之地」，語尚有病。蓋良知雖不滯於喜怒憂懼，而喜怒憂懼亦不外於良知也。

【集評】

東正純曰：「程朱論未發已發，以心言之；文成則直以性視之，其説亦並通。然《中庸》，性書也，文成之説，事得其宗矣乎！」（東正純《傳習録参考》，《澤瀉先生全集》上册，第六五一頁）

但衡今曰：「陸書此次所問『主』與『不與』，辭旨深切，似已透過一層，《傳習録》中殊少見也。而陽明所云『不滯於喜怒憂懼』與『不外於喜怒憂懼』，語意含渾。『不滯』，無異外之也；『不外』，何異滯之也？轉不若『主』與『不與』之顯明親切。若謂不與，則發而中節者誰主之？若謂主之，則發而不中節者誰與之？此心學之所以難言也。學者果能遏之於前、制之於中、悔之於後，實較不滯不外、主與不與，爲尤踏實。」（但衡今《王陽明傳習録札記》中卷，第六七至六八頁）

【一五九】

來書云：「夫子昨以良知爲照心。竊謂：良知，心之本體也；照心，人所用功㈠，乃戒慎恐懼之心也，猶思也。而遂以戒慎恐懼爲良知，何歟？」

能戒慎恐懼者，是良知也。

【校勘】

㊀ **人所用功：** 閭東本、施邦曜本作「人所用之功」。

【集評】

佐藤一齋曰：「加一『能』字，便見工夫本體合一。」

東正純曰：「『能戒慎恐懼者是良知』，加一『能』字，工夫與本體合。别有一條云『不覩不聞是工夫，戒慎恐懼是本體』，與此相發。」（東正純《傳習録參考》，《澤瀉先生全集》上册，第六五一至六五二頁）

許舜屏曰：「注重在一『能』字。」

但衡今曰：「『能』字是見道語。」（但衡今《王陽明傳習録札記》中卷，第六八至六九頁）

【一六〇】

來書云：「先生又曰『照心非動也』，豈以其循理而謂之静歟？『妄心亦照也』，豈以其良知未嘗不在於其中，未嘗不明於其中，而視聽言動之不過則者皆天理歟？且既曰妄心，則在妄心可謂之照，而在照心則謂之妄矣。妄與息何異？今假妄之照以續至誠之無息，竊所未明，幸再啓蒙。」

「照心非動」者，以其發於本體明覺之自然，而未嘗有所動也，有所動即妄矣；「妄心亦照」者，以其本體明覺之自然者，未嘗不在於其中，但有所動耳，無所動即照矣。無妄無照，非以妄爲照，以照爲妄也。照心爲照，妄心爲妄，是猶有妄、有照也。有妄有照，則猶貳也，貳則息矣；無妄無照，則不貳，不貳則不息矣。

【集評】

黄尊素《懷謝軒講義》云：「陽明先生答陸元静無妄無照之論，蓋本之佛書。佛書言：『妄心即真心影像。妄本無妄，以有感故；感亦無感，以能照故。』若是，則照妄之心，即是無妄之心，云何復得有妄心？心本無妄，以無照故謂之妄。今指爲真心之影像，畢竟影是形生，像隨鏡見，推不得是鏡以外事。今欲却妄而完真，安得逃影而滅像乎？佛氏言心無常，爲無所住而生其心，念念生滅不停也。此儒者之所謂妄心也。而佛氏正以顯此心之性空妙理，即謂之真如不動。此蓋有見於流行，無見於主宰，以其常動而謂之不動，非真不動也。……釋氏言宗心，言妄心，謂常住不動之真心爲宗，緣起者爲妄。其實，所謂常住不動者，空而已矣；

緣起而流行者，天地萬物，皆野馬塵埃也。但不足以礙我空體，與空體截然不相粘合。吾儒則就此野馬塵埃之中，流行而不失其則者，乃是常住不動之真心，故其名則同，而所指實異也。」（黄宗羲《明儒學案（修訂本）》下册，第一四九四至一四九五頁）

劉宗周曰：「因妄不生，故照不立。然但可謂之無妄無照，不可謂之無善無惡。」（劉宗周《聖學宗要》，《劉宗周全集》第二册，第二四九頁）

東正純曰：「照心者，明覺心也；妄心者，妄想心也。明覺之所照，雖妄想心亦照；妄想心所生，雖明覺心亦妄。無照而不妄，無妄而不照。照非照，妄非妄，即照即妄，即妄即照。神會玄同，無復別旨矣。但吾儒與禪家所説，有毫釐之差，不可不知之。」（東正純《傳習録參考》，《澤瀉先生全集》上册，第六五二頁）◎案：「照非照，妄非妄」，陳榮捷所引述東正純此語，誤作「照亦照，妄亦妄」。

章太炎曰：「《起信論》云：『真如熏無明，則令妄心厭生死苦，樂求涅槃。妄心有厭求，即熏習真如。』所謂『照心非動』『妄心亦照』者，大略從此變換面目而説之不了。」（章太炎《王守仁〈王文成公全書〉批語》，《章太炎全集·眉批集》，第三〇〇頁）◎案：章太炎所引述《大乘起信論》，其原文作：「云何熏習起净法不斷？所謂以有真如法故，能熏習無明。以熏習因緣力故，則令妄心厭生死苦，樂求涅槃。以此妄心有厭求因緣故，即熏習真如，自信己性，知心妄動，無前境界，修遠離法。」（高振農《大乘起信論校釋》，第八三頁）

但衡今曰：「陽明謂『非以妄爲照、以照爲妄也』，又謂『照心非動者，有所動即妄矣』，自語相違，無有是處。故照心之名不可立，姑取以對妄心而言，猶可也。復謂『有妄有照，則猶貳也』，更令人無所從矣。陽明門下猶不免於文字上求知解，而身心之學不在是也。故孔氏以誠爲絶待，以誠存心則心正，以誠修身則身修。自誠以下，皆相待立言。語有偏全者，此也。惟誠則不貳，不貳則不息。妄固貳，照亦貳也。《周易》『无妄之往，何之矣？天命不佑』。无妄猶不可更求无妄。故誠一而已。」又曰：「陽明知從欲動也，而不知循理亦動也；知妄心爲妄，而不知照心猶妄也；知有妄有照猶二也，而不知無妄無照則又墮於無矣。」（但衡今《王陽明傳習録札記》中卷，第七一至七二頁）

【一六二】

來書云：「養生以清心寡欲爲要。夫清心寡欲，作聖之功畢矣。然欲寡則心自清，清心非舍棄人事而獨居求静之謂也，盖欲使此心純乎天理，而無一毫人欲之私耳。今欲爲此之功，而隨人欲生而克之，則病根常在，未免『滅於東而生於西』[一]。若欲刊剥洗蕩於衆欲未萌之先，則又無所用其力，徒使此心之不清。且欲未萌而搜剔以求去之，是猶引犬上堂而逐之也[二]，愈不可矣。」

必欲此心純乎天理，而無一毫人欲之私，此作聖之功也。必欲此心純乎天理，而無一毫人欲之私，非防於未萌之先而克於方萌之際不能也[三]。防於未萌之先而克於方萌之際，此正《中庸》「戒慎恐懼」、《大學》「致知格物」之功，舍此之外，無别功矣[四]。夫謂「滅於東而生於西」「引犬上堂而逐之」者，是自私自利、將迎意必之爲累[五]，而非克治洗蕩之爲患也。今曰「養生以清心寡欲爲要」，只養生二字，便是自私自利、將迎意必之根。有此病根潛伏於中，宜其有「滅於東而生於西」「引犬上堂而逐之」之患也。

【箋疏】

[一]「滅於東而生於西」，語見程顥《答横渠張子厚先生書》：「夫天地之常，以其心普萬物而無心；聖人之常，以其情順萬物而無情。故君子之學，莫若廓然而大公，物來而順應。《易》曰：『貞吉悔亡。憧憧往來，朋從爾思。』苟規規於外誘之除，將見滅於東而生於西也。非惟日之不足，顧其端無窮，不可得而除也。」（程顥、程頤《二程集》第二册，第四六〇頁）

[二]「引犬上堂而逐之」，典出《河南程氏遺書》：「勿謂小兒無記性，所歷事皆能不忘。故善養子者，當其嬰孩，鞠之，使得所養，全其和氣，乃至長而性美；教之，示以好惡有常。至如養犬者，不欲其升堂，則時其升堂而撲之。若既撲其升堂，又復食之於堂，則使孰從？雖日撻而求其不升，不可得也。養異類且爾，况人乎？故養正者，聖人也。」（程顥、程頤《二程集》第一册，第五七頁）

[三]吉村秋陽曰：「二句是王子家法。譬之擒賊，擒於室，上也；於門，其次也。若夫已逸而逐之，雖或獲

之，亦爲後著，然猶愈於已者歟？用功實際，不過如此。」（吉村晉《王學提綱》，岡田武彥、荒木見悟主編《和刻影印近世漢籍叢刊・思想三編》第一二册，第三六頁）

［四］佐藤一齋曰：「戒懼格致，工夫非二。防於未萌而克於方萌，俱是戒懼格致之功。或釋以戒懼貼『防』，以格致貼『克』，非文成之意。」

吉村秋陽曰：「戒懼格致，其義一也。或以戒懼屬未萌、格致屬方萌者，非也。」（吉村晉《王學提綱》，岡田武彥、荒木見悟主編《和刻影印近世漢籍叢刊・思想三編》第一二册，第三六頁）

［五］「將迎」，典出《莊子・應帝王》：「至人之用心若鏡，不將不迎，應而不藏，故能勝物而不傷。」《莊子・知北遊》：「顔淵問乎仲尼曰：『回嘗聞諸夫子曰：「無有所將，無有所迎。」回敢問其遊？』仲尼曰：『……聖人處物不傷物。不傷物者，物亦不能傷也。唯無所傷者，爲能與人相將迎。』」（郭慶藩《莊子集釋》第一册，第三〇七頁；第三册，第七六五頁）案：將迎，原指送往迎來。在陽明《傳習録》，多指曲意逢迎。

【集評】

但衡今曰：「陽明謂『只養生二字，便是自私自利』語，石破天驚。知此，可以寡過進德，輔世長民矣。陸意助長，且有自私之心，陽明以此破之，當必爲之悚然憬悟，亦足以警世。」（但衡今《王陽明傳習録札記》中卷，第七五頁）

【一六二】

來書云："「佛氏『於不思善不思惡時認本來面目』[一]，於吾儒『隨物而格』之功不同。吾若於不思善不思惡時用致知之功，則已涉於思善矣。欲善惡不思而心之良知清静自在，惟有寐而方醒之時耳。斯正孟子『夜氣』之説。但於斯光景不能久，倏忽之際，思慮已生。不知用功久者，其常寐初醒而思未起之時否乎？今澄欲求寧静，愈不寧静，欲念無生，則念愈生，如之何而能使此心前念易滅、後念不生，良知獨顯，而與造物者遊乎？」[二]

「不思善不思惡時認本來面目」，此佛氏爲未識本來面目者設此方便。「本來面目」即吾聖門所謂「良知」。今既認得良知明白，即已不消如此説矣。「隨物而格」，是致知之功，即佛氏之「常惺惺」[三]，亦是常存他本來面目耳，體段工夫大略相似。但佛氏有個自私自利之心，所以便有不同耳。今欲「善惡不思而心之良知清静自在」，此便有自私自利、將迎意必之心，所以有「不思善不思惡時用致知之功，則已涉於思善」之患。孟子説「夜氣」，亦只是爲失其良心之人指出個良心萌動處，使他從此培養將去。今已知得良知明白，常用致知之功，即已不消説「夜氣」。却是得兔後不知守兔，而仍去守株，兔將復失之矣[四]。欲求寧静、欲念無生，此正是自私自利、將迎意必之病，是以念愈生而愈不寧静。良知只是一個良知，而善惡自辨，更有何善何惡可思！良知之體，本自寧靜，今却又添一個求寧靜；本自生生，今却又添一個欲無生。非獨聖門致知之功不如此，雖佛氏之學亦未如此將迎意必也。只是一念良知，徹頭徹尾，無始無終，即是前念不滅，後念不生[五]。今却欲前念易滅而後念不生，是佛氏所謂斷滅種性[六]，入於槁木死灰之謂矣。

【箋疏】

[一]「於不思善不思惡時認本來面目」，語本宗寶改編本《六祖大師法寶壇經·行由品第一》：「慧能辭違祖已，發足南行，兩月中間，至大庾嶺，逐後數百人來，欲奪衣鉢。一僧俗姓陳氏，名惠明，先是四品將軍，性行粗糙，極意參尋，爲衆人先，趁及慧能。慧能擲下衣鉢於石上，曰：『此衣表信，可力争耶？』能隱草莽中。惠明至，提掇不動，乃唤云：『行者行者，我爲法來，不爲衣來。』慧能遂出，盤坐石上。惠明作禮曰：『望行者爲我説法。』慧能云：『汝既爲法而來，可屏息諸緣，勿生一念，吾爲汝説明。』良久，慧能云：『不思善，不思惡，正與麽時，那個是明上座本來面目？』惠明言下大悟。」（《六祖大師法寶壇經》，《中國佛教思想資料選編》第二卷第四册，第三五頁）

[二]「與造物者遊」，語出《莊子·天下》：「彼其充實不可以已，上與造物者遊，而下與外生死無終始者爲友。」（郭慶藩《莊子集釋》第四册，第一〇九九頁）

［三］「常惺惺」，典出《五燈會元》卷七：「台州瑞巖師彦禪師，閩之許氏子。自幼披緇，秉戒無缺。初禮巖頭……後謁夾山，山問：『甚處來？』曰：『臥龍來。』山曰：『來時龍還起也未。』師乃顧視之。山曰：『灸瘡瘢上更著艾燋。』曰：『和尚又苦如此作甚麼？』山休去。師乃問山：『與麼即易，不與麼即難。與麼與麼即惺惺，不與麼不與麼即居空界。與麼不與麼，請師速道。』山曰：『老僧謾闍黎去也。』師喝曰：『這老和尚，而今是甚時節。』便出去。（後有僧舉似巖頭，頭云：『苦哉！將我一枝佛法，與麼流將去。』）師尋居丹丘瑞巖，坐磐石，終日如愚。每自喚主人公，復應諾，乃曰：『惺惺著他，後莫受人謾。』」（普濟《五燈會元》中册，第三八七至三八八頁）《朱子語類》：「問：『昔有一禪僧，每自喚曰主人翁惺惺著，《大學或問》亦取謝氏常惺惺法之語，不知是同是異？』曰：『謝氏之説地步濶，於身心事物上皆有工夫。若如禪者所見，只看得個主人翁便了，其動而不中理者都不管矣。且如父子，天性也，父被他人無禮，子須當去救。他却不然，子若有救之之心，便是被愛牽動了心，便是昏了主人翁處。若如此惺惺，成甚道理！向曾覽四家《録》，有些説話極好笑，亦可駭。説若父母爲人所殺，無一舉心動念，方始名爲初發心菩薩。他所以叫主人翁常惺惺著，正要如此。惺惺字則同，所做工夫則異，豈可同日而語？』」（黎靖德編《朱子語類》第八册，第三〇一九頁）

［四］「守株」，語本《韓非子・五蠹》：「宋人有耕者，田中有株，兔走觸株，折頸而死；因釋其耒而守株，冀復得兔，兔不可復得，而身爲宋國笑。」（王先慎《韓非子集解》，第四四二至四四三頁）

［五］「前念不滅，後念不生」，語本宗寶改編本《六祖大師法寶壇經・機緣品第七》：「僧法海，韶州曲江人

也，初參祖師，問曰：『即心即佛，願垂指諭。』師曰：『前念不生即心，後念不滅即佛；成一切相即心，離一切相即佛。』」（《六祖大師法寶壇經》，《中國佛教思想資料選編》第二卷第四册，第五〇頁）

〔六〕「斷滅種性」，佐藤一齋曰：「斷滅種性，謂之灰身滅智，彼自譏聲聞乘語，出《唯識論》。」陳榮捷曰：「斷滅種性，語出玄奘《成唯識論》卷五（《大正新修大藏經》第三〇册，頁四八）。」鄧艾民曰，斷滅種性，「語本《成唯識論》：『何謂大乘二種種性？一、本性住種性，謂無始來依附本識法爾所得無漏法因；二、習所成種性，謂聞法界等流法已聞所成等熏習所成。要具大乘此二種性，方能逐漸次悟入唯識。』（卷九）斷滅種性，則不能悟入唯識」。◎案：陳榮捷謂「斷滅種性，語出玄奘《成唯識論》卷五（《大正新修大藏經》第三〇册，頁四八）」。經查，《大正新修大藏經》第三〇册第四八頁，爲龍勝菩薩造、無著菩薩釋、元魏婆羅門瞿曇般若流支譯《順中論》卷下；《大正新修大藏經》第三一册第四八頁，則爲護法等造、玄奘譯《成唯識論》卷九。故陳氏所謂「《成唯識論》卷五（《大正新修大藏經》第三〇册，頁四八）」，應爲「《成唯識論》卷九（《大正新修大藏經》第三一册，頁四八）」之訛。又：鄧艾民引述《成唯識論》之所謂「種性」，《成唯識論》原文作「種姓」。（參護法等造、玄奘譯《成唯識論》，《佛藏要籍選刊》第九册，第九五八頁；韓廷傑校釋《成唯識論校釋》，第五九八頁）

【集評】

東正純曰：「朱子曰：『佛學當初只是説無存養底工夫，至唐祖始教人存養工夫。』按：所謂不思善不思惡，正六祖教人存養之工夫；無事省緣靜坐，體究之要訣。」又曰：「古今辯佛氏似是之非，無嚴於文成。大抵佛氏所未突決者，却盡突決之，然後舉其自利自私之罪斷之。辟諸贓案盡具而後誅讁嚴加焉，不然，則彼亦猶有辭矣。」（東正純《傳習録參考》，《澤瀉先生全集》上册，第六五三頁）

但衡今曰：「陽明謂『認本來面目，此佛氏爲未識本來面目者設此方便』，隨機指點，何等警策！蓋以不思善不思惡時，亦即孔子所謂何思何慮也。誠能何思何慮，則本心自見。非瑩徹儒釋兩家之説者，無此妙語，學者不可輕心錯過。復以佛氏本來面目釋儒家所謂良知，以佛氏常惺惺之意明其格物致知之功，破陸某欲速助長、將迎意必之病，辭意明白曉暢，了無餘義。不只有益於儒學，實亦有裨於佛學。乃直指佛氏有個自私自利之心，猶存門户之見以爲異同也。」又曰：「陽明謂『今欲善惡不思而心之良知清靜自在，此便是自私自利』，又謂『良知只是一個良知，而善惡自辨，更有何善何惡可思』。前者以清靜自在爲自私，此釋家小乘法，陽明以大攝小，用以破陸某務求寧靜之非，非了義也；後者只是善惡自辨、心不踰矩，而不是無善惡可思，歸到儒家本分，圓融之極。至於良知『徹頭徹尾，無始無終，前念不滅，後念不生』，此神會所謂佛性、惠能所謂把茅蓋頭，猶是知解宗師門面語。」又曰：「姚江學術，亦儒（原注：德）亦佛（原注：智），正可依仁立德，轉識成智，自立門户。乃用佛闢佛，藉與程朱門下争長短，未免胸中猶有渣滓在；而非儒非佛，與人口實，後世又未能平心論之，遂使其學術不明，甚有談虎而爲之色變者。要知陽明之謦欬，不同凡響，其用佛入儒、用儒入佛處，自是唐宋以來第一人，而虞廷心教亦得賴以不墜也。」（但衡今《王陽明傳習録札記》中卷，第七九至八二頁）

【一六三】

來書云：「佛氏又有『常提念頭』之説，其猶孟子所謂『必有事』、夫子所謂『致良知』之説乎？其即『常惺惺、常記得、常知得、常存得』者乎？於此念頭提在之時，而事至物來，應之必有其道。但恐此念頭提起時少，放下時多，則工夫間斷耳。且念頭放失，多因私欲客氣之動而始[一]，忽然驚醒而後提，其放而未提之間，心之昏雜多不自覺。今欲日精日明，常提不放，以何道乎？只此常提不放，即全功乎？抑於常提不放之中，更宜加省克之功乎？雖曰常提不放，而不加戒懼克治之功，恐私欲不去；若加戒懼克治之功焉，又爲『思善』之事，而於『本來面目』又未達一間也。如之何則可？」[二]

「戒懼克治」，即是「常提不放」之功，即是「必有事焉」，豈有兩事邪？此節所問，前一段已自説得分曉，末後却是自生迷惑，説得支離，及有「本來面目未達一間」之疑，都是自私自利、將迎意必之爲病。去此病，自無此疑矣。

【箋疏】

[一]「客氣」，朱熹、吕祖謙《近思録》云：「明道先生曰：『義理與客氣常相勝，只看消長分數多少，爲君子、

小人之別。義理所得漸多，則自然知得客氣消散得漸少，消盡者是大賢。』」茅星來《近思録集注》解釋「客氣」云：「客氣者，血氣也。以其非心性之本然，故曰客氣。」（參陳榮捷《近思録詳注集評》，第三一三至三一四頁）

〔二〕王應昌曰：「原静以戒懼與『本來面目』隔一層，曾聞先生戒懼即本體之訓否？」（王應昌《王陽明先生傳習録論》卷下之二，第二二頁）

【一六四】

來書云：「『質美者明得盡，查滓便渾化』〔一〕。如何謂『明得盡』？如何而能『便渾化』？」㊀

良知本來自明。氣質不美者，查滓多，障蔽厚，不易開明；質美者，查滓原少，無多障蔽，略加致知之功，此良知便自瑩徹。些少查滓，如湯中浮雪，如何能作障蔽？此本不甚難曉，原静所以致疑於此，想是因一「明」字不明白㊁，亦是稍有欲速之心。向曾面論「明善」之義，明則誠矣，非若後儒所謂明善之淺也。

【校勘】

㊀ **如何而能「便渾化」**：「便」，原作「更」，據臺北藏明刊本、德安府重刊本、王畿本、孫應奎本、錢錞本、閭東本、胡宗憲本、郭朝賓本、俞嶙本、張問達本、三輪執齋本、佐藤一齋本、許舜屏本、葉紹鈞本、陳榮捷本、鄧艾民本改。

㊁ **想是因一「明」字不明白**：「不明白」，閭東本、施邦曜本、俞嶙本作「欠明白」。

【箋疏】

［一］「質美者明得盡，查滓便渾化」，語出《河南程氏遺書》：「學只要鞭辟近裏，著己而已。故『切問而近思，則仁在其中矣』；『言忠信，行篤敬，雖蠻貊之邦行矣。言不忠信，行不篤敬，雖州里行乎哉！立則見其參於前也，在輿則見其倚於衡也，夫然後行』。只此是學。質美者明得盡，查滓便渾化，却與天地同體。其次惟莊敬持養，及其至則一也。」（程顥、程頤《二程集》第一册，第一三二頁）◎案：查滓，同「渣滓」。

【一六五】

來書云：「聰明睿知，果質乎？仁義禮智，果性乎？喜怒哀樂，果情乎？私欲客氣，果一物乎，二物乎？古之英才，若子房、仲舒、叔度、孔明、文中㊀、韓、范諸公［一］，德業表著，皆良知中所發也，而不得謂之聞道者，果何在乎？苟曰此特生質之美耳，則生知安行者，不愈於學知困勉者乎？〔二〕愚意竊云：謂諸公見道偏則可，謂全無聞，則恐後儒崇尚記誦訓詁之過也。然乎否乎？」

性一而已。仁義禮知，性之性也㊁；聰明睿知，性之質也；喜怒哀樂，性之情也；私欲客氣，性之蔽也。質有清濁，故情有過不及，而蔽有淺深也。私欲客氣，一病兩痛，非二物也。張、黄、諸葛及韓、范諸公，皆天質之美，自多暗合道妙，雖未可盡謂之知學，盡謂之聞道，然亦自有其學、違道不遠者也㊂；使其聞學知道，即伊、傅、周、召矣〔三〕。若文中子，則又不可謂之不知學者，其書雖多出於其徒，亦多有未是處，然其大略則亦居然可見，但今相去遼遠，無有的然憑證，不可懸斷其所至矣。夫良知即是道。良知之在人心，不但聖賢，雖常人亦無不如此。若無有物欲牽蔽，但循着良知發用流行將去，即無不是道。但在常人多爲物欲牽蔽，不能循得良知。如數公者，天質既自清明，自少物欲爲之牽蔽，則其良知之發用流行處，自然是多，自然違道不遠。學者，學循此良知而已；謂之知學，只是知得專在學循良知。數公雖未知專在良知上用功，而或泛濫於多岐，疑迷於影響，是以或離或合而未純。若知得時，便是聖人矣。後儒嘗以數子者尚皆是氣質用事，未免於行不著、習不察，此亦未爲過論。但後儒之所謂著、察者，亦是狃於聞見之狹，蔽於沿習之非，而依擬仿象於影響形迹之間，尚非聖門之所謂著、察者也，則亦安得以己之昏昏而求人之昭昭也乎？[四]所謂「生知安行」，知行二字，亦是就用功上説；若是知行本體，即是良知良能，雖在困勉之人，亦皆可謂之生知安行矣。知行二字，更宜精察。

【校勘】

（一）**文中**：原作「文仲」，據臺北藏明刊本、德安府重刊本、王畿本、孫應奎本、錢錞本、閭東本、胡宗憲本、郭朝賓本、施邦曜本、俞嶙本、四庫全書本、三輪執齋本、佐藤一齋本、葉紹鈞本、陳榮捷本、鄧艾民本改。陽明答書亦有「若文中子」之説，以作「文中」爲是。文中，指隋代王通。

（二）**性之性也**：佐藤一齋、陳榮捷、鄧艾民謂王貽樂本（即王貽樂編刻《王陽明先生全集》）作「性之德也」。東正純曰：「『性之性』，忽看如可疑。蓋答原静『仁義禮智果性乎』之問，故云爾。王本改作『性之德』，今不必從之，亦通。」（東正純《傳習録參考》，《澤瀉先生全集》上册，第六五三頁）

（三）**然亦自有其學、違道不遠者也**：「自有其學」，原作「自其有學」，據臺北藏明刊本、德安府重刊本、王畿本、孫應奎本、錢錞本、胡宗憲本、郭朝賓本、施邦曜本、陳龍正本、俞嶙本、張問達本、三輪執齋本、佐藤一齋本、陳榮捷本改。

【箋疏】

［一］張良，字子房，漢代韓人。生年不詳，卒於漢惠帝六年壬子（公元前一八九年）。劉邦謀士，佐漢滅秦、楚，因功封留侯。

董仲舒，漢代廣川人。生於漢文帝前元元年壬戌（公元前一七九年），卒於漢武帝太初元年丁丑（公元前一〇四年），享年七十六歲。漢景帝時爲博士。漢武帝時以賢良對策稱旨見重，拜江都相；後因言災異事下獄，幾死。其講學著書，推尊儒術，抑黜百家。著作有《春秋繁露》。

黄憲，字叔度，東漢汝南人。生於漢明帝永平十八年乙亥（七五年），卒於漢安帝建光二年壬戌（一二二年），享年四十八歲。東漢名士。

諸葛亮，字孔明，陽都人，生於漢靈帝光和四年辛酉（一八一年），卒於蜀漢後主建興十二年甲寅（二三四年），享年五十四歲。三國時蜀漢丞相。其著作，現已編輯刊印爲《諸葛亮集》。

韓琦，字稚圭，宋代安陽人。生於宋真宗大中祥符元年戊申（一〇〇八年），卒於宋神宗熙寧八年乙卯（一〇七五年），享年六十八歲。宋仁宗時，西北邊事起，任陜西經略招討使，與范仲淹率兵拒戰。韓、范久在兵間，名重當時，亦爲朝廷所倚重，時人稱爲韓范。後入爲樞密副使、官同中書門下平章事。宋英宗時，封魏國公。

范仲淹，字希文，宋代蘇州吴縣人。生於宋太宗端拱二年己丑（九八九年），卒於宋仁宗皇祐四年壬辰（一〇五二年），享年六十四歲。官至陜西四路安撫使、參知政事。宋仁宗時，與韓琦率兵同拒西夏，鎮守延安。著作有《范文正公集》。

［二］「生知安行」「學知困勉」，語出《中庸》：「或生而知之，或學而知之，或困而知之，及其知之，一也；或安而行之，或利而行之，或勉强而行之，及其成功，一也。」（朱熹《四書章句集注》，第三三頁）

［三］伊、傅、周、召，謂伊尹、傅説、周公、召公。

伊尹，名摯。商湯之臣。原是商湯之妻陪嫁之奴隸，後佐商湯征伐夏桀，被尊爲阿衡（宰相）。湯死後，其孫太甲破壞商湯法制，伊尹將其放逐桐宫，三年後迎之復位。後爲太甲所殺。

傅説，殷商時宰相。相傳傅説曾築傅巖之野，武丁訪而得之，舉以爲相，殷商因得以中興。

周公，即姬旦，周文王之子，輔助周武王滅夏紂，建立周王朝，封於魯。武王死，成王年幼，周公攝政。爲周代制訂禮樂制度。

召公，即姬奭，周武王之臣，因封地在召，故稱召公。成王時，與周公分陜而治。

［四］「以己之昏昏而求人之昭昭」，語本《孟子・盡心下》：「孟子曰：『賢者以其昭昭，使人昭昭；今以其昏昏，使人昭昭。』」（朱熹《四書章句集注》，第四三七頁）

【集評】

東正純曰：「文成『生知安行』之説，隨處不同，或以品位言之，或以性體言之，或以功夫言之，東西南北，萬派千派，要歸乎『致良知』三字矣。」（東正純《傳習録參考》，《澤瀉先生全集》上册，第六五四至六五五頁）

【一六六】

來書云：「昔周茂叔每令伯淳尋仲尼、顔子樂處［一］。敢問是樂也，與七情之樂同乎，否乎？若同，則常人之一遂所欲，皆能樂矣，何必聖賢？若别有真樂，則聖賢之遇大憂、大怒、大驚、大懼之事，此樂亦在否乎？且君子之心常存戒懼，是蓋終身之憂也，惡得樂？澄平生多悶，未嘗見真樂之趣，今切願尋之。」

樂是心之本體[二]，雖不同於七情之樂，而亦不外於七情之樂。雖則聖賢别有真樂，而亦常人之所同有，但常人有之而不自知，反自求許多憂苦，自加迷棄。雖在憂苦迷棄之中，而此樂又未嘗不存。但一念開明，反身而誠，則即此而在矣。每與原静論，無非此意。而原静尚有「何道可得」之問，是猶未免於騎驢覓驢之蔽也。[三]

【箋疏】

[一]「昔周茂叔每令伯淳尋仲尼、顔子樂處」，語本《河南程氏遺書》：「昔受學於周茂叔，每令尋顔子、仲尼樂處所樂何事。」（程顥、程頤《二程集》第一册，第一六頁）◎案：所謂顔子、仲尼樂處，典出《論語・雍也》：「子曰：『賢哉，回也！一簞食，一瓢飲，在陋巷。人不堪其憂，回也不改其樂。賢哉，回也。』」《論語・述而》：「子曰：『飯疏食，飲水，曲肱而枕之，樂亦在其中矣。不義而富且貴，於我如浮雲。』」（朱熹《四書章句集注》，第一〇〇、一一二頁）

[二]「樂是心之本體」，但衡今曰：「此語無據，心體無善惡，亦無憂樂。凡言憂樂者，情也。」（但衡今《王陽

［三］「騎驢覓驢」，典出道原《景德傳燈録》卷二八：「第二問：『本無今有有何物？本有今無無何物？誦經不見有無義，真似騎驢更覓驢。』」卷二九：「不解即心即佛，真似騎驢覓驢。」（道原《景德傳燈録》，《佛藏要籍選刊》第一三册，第七四三、七五三頁）

【集評】

施邦曜曰：「樂不是快活之謂，是胸中有一段自得處。常人與聖賢不能同樂者，蓋聖賢有得，常人無得也。得則事變不能遷，無得便逐境爲憂喜。故有大憂、大怒、大驚、大懼之事，聖賢未嘗不加敬惕，然其自得於己者，事變之窾會，無不了當於胸中，只是臨事敬慎耳；若常人毫無把柄，便惶惑憂懼。故仁者之不憂、知者之不惑、勇者之不懼，聖賢之能樂也，常人未免憂懼惑，安得樂？常存戒懼，正是君子求自得處。」◎案：陳榮捷於施邦曜此段文字之後，誤將佐藤一齋之「『何道可得』，來書全文，意必有此語，節略耳」數語，作爲施邦曜之言加以引述。

【一六七】

來書云：「《大學》以『心有好樂、忿懥、憂患、恐懼』爲不得其正，而程子亦謂『聖人情順萬事而無情』［一］。所謂有者，《傳習録》中以病瘧譬之，極精切矣。若程子之言，則是聖人之情不生於心而生於物也，何謂耶？且事感而情應，則是是非非可以就格。事或未感時，謂之有則未形也，謂之無則病根在，有無之間，何以致吾知乎？學務無情，累雖輕而出儒入佛矣，可乎？」

聖人致知之功，至誠無息；其良知之體，皦如明鏡，略無纖翳。妍媸之來，隨物見形，而明鏡曾無留染，所謂「情順萬事而無情」也。「無所住而生其心」〔二〕，佛氏曾有是言，未爲非也。明鏡之應物，妍者妍，媸者媸，一照而皆真，即是「生其心」處；妍者妍，媸者媸，一過而不留，即是「無所住」處。病瘧之喻，既已見其精切㊀，則此節所問可以釋然。病瘧之人，瘧雖未發，而病根自在，則亦安可以其瘧之未發而遂忘其服藥調理之功乎？若必待瘧發而後服藥調理，則既晚矣。致知之功無間於有事無事，而豈論於病之已發未發邪？大抵原静所疑，前後雖若不一，然皆起於自私自利、將迎意必之爲祟。此根一去，則前後所疑，自將冰消霧釋，有不待於問辨者矣。㊁

【校勘】

㊀ **既已見其精切**：「既已」，閭東本、施邦曜本、俞嶙本作「誠已」。

㊁ 在《答陸原静書（又）》之末，王畿本有「右門人南大吉録」七字；在《答陸原静書（又）》之後，錢錞本多收

録陽明《修道説》《親民説》兩文。

【箋疏】

[一]「《大學》以『心有好樂、忿懥、憂患、恐懼』爲不得其正」，語本《大學》：「所謂修身在正其心者，身有所忿懥，則不得其正；有所恐懼，則不得其正；有所好樂，則不得其正；有所憂患，則不得其正。」（朱熹《四書章句集注》，第一〇頁）「聖人情順萬事而無情」，語本程顥《答横渠張子厚先生書》：「夫天地之常，以其心普萬物而無心；聖人之常，以其情順萬物而無情。」（程顥、程頤《二程集》第二册，第四六〇頁）

[二]「無所住而生其心」，語出《金剛般若波羅蜜經》（簡稱《金剛經》）：「是故，須菩提！諸菩薩摩訶薩應如是生清浄心，不應住色生心，不應住聲香味觸法生心，應無所住而生其心。」（鳩摩羅什譯《金剛般若波羅蜜經》，《佛藏要籍選刊》第五册，第二六四頁）葉紹鈞曰，無所住而生其心，「言心地明澈，應物洞然，無不徧知，却又無所執著，不爲外物所黏滯也」。

【集評】

劉宗周曰：「瘧病全在未發時。真能致知者，工夫只於此時用。」（劉宗周《聖學宗要》，《劉宗周全集》第二册，第二五二頁）

許舜屏曰：「良知之體，皦如明鏡，故能屢照而不疲。佛氏之『無所住而生其心』，實與『至誠無息』之旨相發明。先生以病瘧譬之，尤覺清切有味。」◎案：許氏此語，《評注王陽明先生全集》將其誤置於《答歐陽崇一》「崇一來書云……似亦知行合一之功矣，如何」之後。兹移正於此。

但衡今曰：「陽明以儒家『至誠無息』釋佛家『無所住而生其心』，以佛家『應生無所住心』釋儒家『情順萬物而無情』，隨機指點，辭旨精微，令人豁然，了無餘義。漢儒宋儒，讀之當爲咋舌。此陽明用儒入佛、用佛入儒之最著者也。故置『出儒入佛』而不答，蓋以世俗之見，耳食者多，只合存而不論。」（但衡今《王陽明傳習録札記》中卷，第九四至九五頁）

施邦曜曰：「自私自利、將迎意必，俱是急於求善之念，大賢以下亦不能免。原憲『克伐怨欲不行可以爲仁』之問，即受此累。孔子告之曰『仁則吾不知也』，只是教他着力於難，何必計較此是仁，欲其去此累也。若顔子之克復，則無是矣。」

劉宗周曰：「自有宋諸儒而後，學者專守紫陽氏家法爲入道之方，即江門崛起，直溯濂溪，猶曰『吾道有宗主，千秋朱紫陽，説敬不離口，示我入德方』。獨陽明子讀《大學》至『格致』一解，謂朱子『即物窮理』之説爲支離，而求端於心。天下無心外之物，即本心以求物理，是爲致良知於事事物物之間，而意可得而誠也，遂揭『致良知』三字專教學者。而《答陸原静》數書，發明《中庸》之理甚奥，則其直接濂雒之傳者。其曰未發之中即良知，即主静立極之説也；其曰良知無前後内外而渾然，即性無内外之説也；其曰能戒慎恐懼者是良知，即敬無動静之説也；其曰自私自利爲病根，即識仁之微旨也。最後病瘧一喻，尤屬居要語，所云服藥調理在未發時，又即朱子涵養一段工夫之意。朱子他日曰『涵養須用敬，進學在致知』，至陽明子則合言之耳，孰謂其果立異同於朱子乎？夫諸儒説極、説仁、説静、説敬，本是一條血脉，而學者溺於所聞，猶未免滯於一指而不能相通，或轉趨其弊者有之。『致良知』三字，直將上下千古一齊貫穿。言本體，則只此是極，極不墮於玄虚；只此是仁，仁不馳於博愛。言工夫，則只此是静，静不涉於偏枯；只此是敬，敬不失之把捉。洵乎其爲易簡直截之宗也。或疑子之學近於禪者，乃儒釋之辨直以自私自利爲彼家斷案，可爲推見至隱。學莫先於義利之辨，於此一差，無往而不異，不必禪也。於此不差，雖謂茂叔爲窮禪可也。於子何疑？」（劉宗周《聖學宗要》，《劉宗周全集》第二册，第二五二至二五四頁）

《答原静書》出，讀者皆喜澄善問，師善答，皆得聞所未聞。師曰：「原静所問，只是知解上轉，不得已與之逐節分疏。若信得良知，只在良知上用功，雖千經萬典，無不脗合；異端曲學，一勘盡破矣。何必如此節節分解？佛家有『撲人逐塊』之喻，見塊撲人，則得人矣[二]；見塊逐塊，於塊奚得哉？」在座諸友聞之，惕然皆有惺悟。此學貴反求，非知解可入也。㊀

【校勘】

㊀佐藤一齋曰：「南本無此跋，蓋錢緒山所書。張問達冒以『南元善曰』，妄矣。」陳榮捷、鄧艾民亦以此跋爲錢德洪所作。◎案：臺北藏明刊本《傳習録》無此跋。此跋，底本原作「《答原静書》出，讀者皆喜澄善問，

師善答，皆得聞所未聞。師曰：『原静所問，只是知解上轉，不得已與之逐節分疏。若信則良知，只在良知上用功，雖千經萬典，無不昭合；異端曲學，一勘盡破矣。何必如此節節分解？佛家有僕人逐塊之喻，見塊僕人，則得人矣；見塊逐塊，於塊奚得哉？』在座諸友聞知，暢然筍有惺惺悟。此學貴反求，非知解可入也」。（王守仁《王文成公全書》，臺灣藏謝廷傑本，第二卷，第五一頁；四部叢刊本，第一册，第一一三頁）字體拙劣，且與其他頁面之字體不同，疑爲《全書》刻成後，見有缺頁而補刻者（北大藏謝廷傑本此處即爲空白頁）。其中錯别字頗多。兹據郭朝賓本、三輪執齋本、佐藤一齋本、葉紹鈞本、許舜屏本、鄧艾民本等改正。

【箋疏】

[一]「撲人逐塊之喻」云云，典出道世《法苑珠林·十惡篇》：「不謗四諦迷聖道者，不知理道從自心生，唯常苦身以求解脱。如犬逐塊，不知尋本。故《大莊嚴論》云：『譬如師子，打射時，而彼師子尋逐人來。譬如癡犬，有人打擲，便逐瓦石，不知尋本。言師子者，喻智慧人，解求其本，而滅煩惱；言癡犬者，即是外道，五熱炙身，不識心本。』」（周叔迦、蘇晉仁《法苑珠林校注》第五册，第二三〇二至二三〇三頁）此外，《大般若波羅蜜多經》《五燈會元》等亦有相關説法。《大般若波羅蜜多經·法性品第六》云：「是故修行，爲斷無明。無明若斷，餘十一支，展轉隨滅，如身若斷，命等隨滅。天王當知，邪見外道，爲求解脱，但欲斷死，不知斷生。若法不生，即無有滅。譬如有人，塊擲師子，師子逐人，而塊自息。菩薩亦爾，但斷其生，而死自滅。犬唯逐塊，不知逐人，塊終不息。外道亦爾，不知斷生，終不離死。」（玄奘譯

《大般若波羅蜜多經》，《大正新修大藏經》第七册，第九三九頁）普濟《五燈會元》卷一二云：「建寧府萬壽慧素禪師，上堂，僧問：『劫火洞然，大千俱壞。未審這個還壞也無？』大隨曰壞，修山主曰不壞。未審孰是孰非？』師曰：『一壞一不壞，笑殺觀自在。師子驀咬人，狂狗盡逐塊。』」《五燈會元》卷二〇云：「大潙法寶禪師，福州人也。上堂：『喚作竹篦則觸，不喚作竹篦則背。直須師子齩人，莫學韓獹逐塊。阿阿阿！會不會？金剛脚下鐵崑崙，捉得明州憨布袋。』」（普濟《五燈會元》中册，第七七一頁；下册，第一三三九頁）韓獹，犬名也。

答歐陽崇一[一]

【一六八】

崇一來書云[二]：「師云：『德性之良知，非由於聞見。若曰「多聞擇其善者而從之，多見而識之」，則是專求之見聞之末，而已落在第二義。』[三]竊意良知雖不由見聞而有，然學者之知未嘗不由見聞而發；滯於見聞固非，而見聞亦良知之用也。今曰『落在第二義』，恐爲專以見聞爲學者而言。若致其良知而求之見聞，似亦知行合一之功矣。如何？」

良知不由見聞而有，而見聞莫非良知之用，故良知不滯於見聞，而亦不離於見聞[四]。孔子云：「吾有知乎哉？無知也。」[五]良知之外，別無知矣。故「致良知」是學問大頭腦，是聖人教人第一義㊀。今云專求之見聞之末，則是失却頭腦，而已落在第二義矣。近時同志中蓋已莫不知有「致良知」之説，然其功夫尚多鶻突者㊁，正是欠此一問。大抵學問功夫只要主意頭腦是當，若主意頭腦專以「致良知」爲事，則凡多聞多見，莫非「致良知」之功。蓋日用之間，見聞酬酢，雖千頭萬緒，莫非良知之發用流行，除却見聞酬酢㊂，亦無良知可致矣。故只是一事。若曰致其良知而求之見聞，則語意之間未免爲二，此與專求之見聞之末者雖稍不同，其爲未得精一之旨則一而已。「多聞擇其善者而從之，多見而識之」，既云擇，又云識，其良知亦未嘗不行於其間㊃，但其用意乃專在多聞多見上去擇、識㊄，則已失却頭腦矣。崇一於此等處見得當已分曉，今日之問，正爲發明此學，於同志中極有益。但語意未瑩，則毫釐千里，亦不容不精察之也。

【校勘】

㊀ **是聖人教人第一義**：「聖人」，德安府重刊本、錢錞本、閭東本、施邦曜本、俞嶙本作「聖門」。作「聖門」，於義爲長。

㈡ **然其功夫尚多鶻突者**：「然其功夫」，德安府重刊本、閭東本、施邦曜本、俞嶙本作「然其間功夫」。

㈢ **自「崇一來書云」至「雖千頭萬緒，莫非良知之發用流行，除却見聞酬酢……」**：此一大段文字，底本原作：

崇一來書云：「師云：『德性之良知，非由於聞見。若由多聞擇其善者而從知，多見而識之，則是專求之見聞之末，而已落在第二義。』竊意良知雖不由見聞而有，然學者之知未嘗不由見聞而發；滯於見聞固非，而見聞亦良知之用也。今曰『落在第二義』，恐爲專以見聞爲學者而言。若致其良知而求知見聞，亦知行合一之功似矣。如何？」

良知不由見聞而有，而見聞莫非良知之用，故良知不滯於見聞，而亦不離於見聞。孔子云：「吾有知乎哉？無知也。」良知之外，別無知矣。故「致良知」是學問大頭腦，是聖人教人第一義。今云專求之見聞之末，則是失却頭腦，而已落在第二義矣。近時同志中蓋已莫不知有「志良知」之説，言其功夫尚多鶻突者，正是欠此一問。大抵學問功夫只要主意頭腦是當，若主意頭腦專以「致良知」爲事，則凡多聞多見，莫非「致良知」之功。蓋日月之間，見聞酬酢，雖千頭萬緒，莫非良知之發用流行，除却見聞酬酢……（王守仁《王文成公全書》，臺灣藏謝廷傑本，第二卷，第五一至五二頁；四部叢刊本，第一册，第一一三頁）

此段文字，字體拙劣，與《答陸原靜書》跋文之字體相同。亦疑爲《全書》刻成後，見有缺頁而補刻者（北大藏謝廷傑本此處亦爲空白頁）。其中錯别字頗多。兹據胡宗憲本、郭朝賓本、三輪執齋本、佐藤一齋本、葉紹鈞本、許舜屏本、鄧艾民本等改正。

㈣ **其良知亦未嘗不行於其間**：「其良知」，德安府重刊本作「則良知」。

㊄ **但其用意乃專在多聞多見上去擇、識**：「用意」，德安府重刊本、錢錞本、閭東本、施邦曜本、俞嶙本作「立意」。

【箋疏】

［一］歐陽德，字崇一，號南野，江西泰和人。陽明弟子。《陽明先生年譜》將此書繫於嘉靖五年丙戌（一五二六年），時陽明五十五歲。（參王守仁《王陽明全集（新編本）》第四册，第一三一〇頁）

［二］三輪執齋本將「崇一」二字删除，云：「『來書』上本有『崇一』二字，今據前後例除去之。」

［三］「師云」云云，語見陽明《答顧東橋書》。

［四］「不滯於見聞」「不離於見聞」，似典出希運《筠州黄蘗斷濟禪師傳心法要》：「故學道人唯認見聞覺知施爲動作，空却見聞覺知，即心路絶、無入處，但於見聞覺知處認本心。然本心不屬見聞覺知，亦不離見聞覺知，但莫於見聞覺知上起見解，亦莫於見聞覺知上動念，亦莫離見聞覺知覓心，亦莫捨見聞覺知取法。不即不離，不住不著，縱横自在，無非道場。」（希運《筠州黄蘗斷濟禪師傳心法要》，《中國佛教思想資料選編》第二卷第四册，第二二二頁）

［五］孔子之言，語見《論語・子罕》：「子曰：『吾有知乎哉？無知也。有鄙夫問於我，空空如也，我叩其兩端而竭焉。』」（朱熹《四書章句集注》，第一一九頁）

【集評】

但衡今曰：「陽明之意，事物，物也；言行，亦物也。意之所及，即物也，亦即知也。『不滯於見聞』，心滅物滅，滯則足以汩良知之體；『不離於見聞』，心生物生，離則無以發良知之用。是之所謂大頭腦也。充陽明之意，良知之內，不留一物；良知之外，不遺一物。是之所謂心物合一也。古今爲奴，天地爲婢。是之謂知致物格，惟精惟一也。予爲之衍而及之，備治王學者省焉。然如何使之内不留物，外不遺物，則在學者，非予所能及也。」（但衡今《王陽明傳習録札記》中卷，第九八至九九頁）

【一六九】

來書云：「師云：『《繫》言何思何慮，是言所思所慮只是天理，更無別思別慮耳，非謂無思無慮也。心之本體即是天理，有何可思慮得？學者用功，雖千思萬慮，只是要復他本體，不是以私意去安排思索出來。若安排思索，便是自私用智矣。』[一]學者之弊㊀，大率非沉空守寂，則安排思索。德辛壬之歲着前一病[二]，近又着後一病。但思索亦是良知發用，其與私意安排者何所取別？恐認賊作子，惑而不知也。」

「思曰睿，睿作聖」，「心之官則思，思則得之」[三]，思其可少乎？「沉空守寂」與「安排思索」，正是自私用智，其爲喪失良知，一也。良知是天理之昭明靈覺處，故良知即是天理。思是良知之發用。若是良知發用之思，則所思莫非天理矣。良知發用之思，自然明白簡易，良知亦自能知得；若是私意安排之思，自是紛紜勞擾，良知亦自會分別得。蓋思之是非邪正，良知無有不自知者。所以認賊作子，正爲致知之學不明，不知在良知上體認之耳。

【校勘】

㈠學者之弊：原作「學者之敝」，據俞嶙本、張問達本、四庫全書本、三輪執齋本、佐藤一齋本改。德安府重刊本、錢錞本、閭東本、施邦曜本作「學之弊」，而陳榮捷本作「學者之蔽」。

【箋疏】

［一］「師云」云云，語見陽明《答周道通書》。

［二］「辛壬之歲」，謂正德十六年辛巳、嘉靖元年壬午也。

［三］「思曰睿，睿作聖」，語出《尚書·洪範》：「五事：一曰貌，二曰言，三曰視，四曰聽，五曰思。貌曰恭，言曰從，視曰明，聽曰聰，思曰睿。恭作肅，從作乂，明作哲，聰作謀，睿作聖。」（孔安國傳、孔穎達疏《尚書正義》，第四五四頁）「心之官則思，思則得之」，語見《孟子·告子上》：「心之官則思，思則得之，不思則不得也。」（朱熹《四書章句集注》，第三九五頁）

【集評】

施邦曜曰：「人只一心。思，正心之不息處。戒慎恐懼，即思也，總無加於心體之本然。若空寂者，是於心上多一空寂之念；安排者，是於心上多一安排之念，俱失心之本然，所以未免認賊作子。先儒教人常想未發氣象，正是此意。」

【一七〇】

來書又云：「師云：『爲學終身只是一事，不論有事無事，只是這一件。若説寧不了事，不可不加培養，却是分爲兩事也。』[一]竊意覺精力衰弱，不足以終事者，良知也；寧不了事，且加休養，致知也。如何却爲兩事？若事變之來，有事勢不容不了，而精力雖衰，稍鼓舞亦能支持，則持志以帥氣可矣。然言動終無氣力，畢事則困憊已甚，不幾於『暴其氣』已乎？[二]此其輕重緩急，良知固未嘗不知，然或迫於事勢，安能顧精力？或困於精力，安能顧事勢？如之何則可？」

「寧不了事，不可不加培養」之意，且與初學如此説，亦不爲無益。但作兩事看了，便有病痛在。孟子言「必有事焉」，則君子之學終身只是「集義」一事。義者，宜也，心得其宜之謂義。能致良知，則心得其宜矣，故「集義」亦只是致良知。君子之酬酢萬變，當行則行，當止則止，當生則生，當死則死，斟酌調停，無非是致其良知以求自慊而已。故君子「素其位而行」，「思不出其位」。[三]凡謀其力之所不及而强其知之所不能者[四]，皆不得爲致良知；而凡「勞其筋骨，餓其體膚，空乏其身，行拂亂其所爲，動心忍性以增益其所不能」者[五]，皆所以致其良知也。若云「寧不了事，不可不加培養」者，亦是先有功利之心，較計成敗利鈍而愛憎取舍於其間，是以將「了事」

自作一事，而「培養」又别作一事，此便有是内非外之意，便是「自私用智」，便是「義外」，便有「不得於心，勿求於氣」之病，便不是致良知以求自慊之功矣㈠。所云「鼓舞支持，畢事則困憊已甚」，又云「迫於事勢，困於精力」，皆是把作兩事做了，所以有此。凡學問之功，一則誠，二則僞。凡此皆是致良知之意欠誠一真切之故。《大學》言「誠其意者，如惡惡臭，如好好色，此之謂自慊」，曾見有惡惡臭、好好色而須鼓舞支持者乎？曾見畢事則困憊已甚者乎？㈡曾有迫於事勢、困於精力者乎？此可以知其受病之所從來矣。

【校勘】

㈠ **便不是致良知以求自慊之功矣**：「自慊」，原作「自謙」，據施邦曜本、張問達本、四庫全書本、葉紹鈞本、許舜屏本、鄧艾民本改。

㈡ **曾見畢事則困憊已甚者乎**：「曾見」，郭朝賓本、施邦曜本作「曾有」。

【箋疏】

［一］「師云」云云，語見陽明《答周道通書》。

［二］「持志」「帥氣」「暴其氣」云云，語出《孟子·公孫丑上》：「夫志，氣之帥也；氣，體之充也。夫志至焉，氣次焉。故曰：『持其志，無暴其氣。』」（朱熹《四書章句集注》，第二六九頁）

[三]「素其位而行」，語出《中庸》：「君子素其位而行，不願乎其外。」（朱熹《四書章句集注》，第二八頁）「思不出其位」，語出《論語・憲問》：「曾子曰：『君子思不出其位。』」（朱熹《四書章句集注》，第一八三頁）以及《周易・艮卦・象傳》：「兼山，艮，君子以思不出其位。」（朱熹《周易本義》，《朱子全書》第一册，第一一九頁）

[四]「謀其力之所不及而强其知之所不能」，語本歐陽修《秋聲賦》：「草木無情，有時飄零。人爲動物，惟物之靈，百憂感其心，萬事勞其形，有動於中，必搖其精，而況思其力所不及，憂其智之所不能，宜其渥然丹者爲槁木，黝然黑者爲星星。」（歐陽修《歐陽修全集》第二册，第二五六頁）

[五]「勞其筋骨」云云，語見《孟子・告子下》：「故天將降大任於是人也，必先苦其心志，勞其筋骨，餓其體膚，空乏其身，行拂亂其所爲，所以動心忍性，曾益其所不能。」（朱熹《四書章句集注》，第四一〇頁）

【一七二】

來書又有云：「人情機詐百出，御之以不疑，往往爲所欺；覺則自入於逆、億。夫逆詐，即詐也；億不信，即非信也；爲人欺，又非覺也。不逆不億而常先覺，其惟良知瑩徹乎？然而出入毫忽之間，背覺合詐者多矣。」[一]

「不逆不億而先覺」，此孔子因當時人專以逆詐、億不信爲心，而自陷於詐與不信，又有不逆不億者，然不知致良知之功，而往往又爲人所欺詐，故有是言，非教人以是存心而專欲先覺人之詐與不信也。以是存心，即是後世猜忌險薄者之事；而只此一念，已不可與入堯舜之道矣。不逆不億而爲人所欺者，尚亦不失爲善，但不如能致其良知而自然先覺者之尤爲賢耳。崇一謂「其惟良知瑩徹」者，蓋已得其旨矣。然亦穎悟所及，恐未實際也。蓋良知之在人心，亘萬古、塞宇宙而無不同。不慮而知，「恒易以知險」；不學而能，「恒簡以知阻」。「先天而天不違，天且不違，而況於人乎？況於鬼神乎？」[二] 夫謂背覺合詐者，是雖不逆人而或未能無自欺也，雖不億人而或未能果自信也，是或常有求先覺之心，而未能常自覺也。常有求先覺之心，即已流於逆、億而足以自蔽其良知矣，此背覺合詐之所以未免也。君子學以爲己，未嘗虞人之欺己也，恒不自欺其良知而已；未嘗虞人之不信己也，恒自信其良知而已；未嘗求先覺人之詐與不信也，恒務自覺其良知而已。是故不欺則良知無所僞而誠，誠則明矣；自信則良知無所惑而明，明則誠矣。明、誠相生，是故良知常覺、常照。常覺、常照，則如明鏡之懸，而物之來者自不能遁其妍媸矣。何者？不欺而誠，則無所容其欺，苟有欺焉而覺矣；自信而明㊀，則無所容其不信，苟不信焉而覺矣。是謂易以知險，簡以知阻，子思所謂「至誠如神」「可以前知」者也[三]。然子思謂「如神」，謂「可以前知」，猶二而言之，是蓋推言思誠者之功效，是猶爲不能先覺者說也。若就至誠而言，則至誠之妙用即謂之「神」，不必言「如神」；至誠則「無知而無不知」，不必言「可以前知」矣。

【校勘】

㊀ **自信而明**：德安府重刊本、錢錞本、施邦曜本、俞嶙本作「自信而誠」。◎案：據上文「是故不欺則良知無所僞而誠，誠則明矣；自信則良知無所惑而明，明則誠矣」之説，以作「自信而明」爲是。

【箋疏】

[一]歐陽崇一所問「不逆不億」云云，語出《論語・憲問》：「子曰：『不逆詐，不億不信，抑亦先覺者，是賢乎！』」朱熹注云：「逆，未至而迎之也；億，未見而意之也。詐，謂人欺己；不信，謂人疑己。抑，反語辭。言雖不逆不億，而於人之情僞，自然先覺，乃爲賢也。」（朱熹《四書章句集注》第一八四頁）

[二]「恒易以知險」「恒簡以知阻」，語出《周易・繫辭下傳》：「夫乾，天下之至健也，德行恒易以知險。夫坤，天下之至順也，德行恒簡以知阻。」「先天而天不違」云云，語見《周易・文言》：「夫大人者，與天地合其德，與日月合其明，與四時合其序，與鬼神合其吉凶。先天而天弗違，後天而奉天時。天且弗違，而況於人乎？況於鬼神乎？」（朱熹《周易本義》，《朱子全書》第一册，第一四四、一五〇頁）

[三]「至誠如神」「可以前知」，語出《中庸》：「至誠之道，可以前知。國家將興，必有禎祥；國家將亡，必有妖孽；見乎蓍龜，動乎四體。禍福將至：善，必先知之；不善，必先知之。故至誠如神。」（朱熹《四書

章句集注》,第三八至三九頁)

【集評】

東正純曰:「論辯剖析至此,文成平生深造自得之見,不覺爲南野托出,可謂『我無隱乎爾』。」(東正純《傳習録參考》,《澤瀉先生全集》上册,第六五七頁)

許舜屏曰:「良知出於自然,而絶無勉强,故不必逆億而先覺,非故神其技也,直如水到渠成,自然就範。以恒易知險、恒簡知阻爲解,可知良知之用,固與《易》理相發明也。」

但衡今曰:「陽明以恒自信、恒自覺顯誠明之義,辭旨精微,闡發殆盡,游、夏不能贊一辭,而亦有不能已於言者也。誠明之道,其要全在不自欺。惟不自欺可以通人物、質鬼神而充塞宇宙。苟有毫忽之未盡,則人之視我如見其肺肝。故凡自欺以欺人者,未有不爲人所欺也。莊子謂海鷗猶不可欺,信已夫!」又曰:「或謂『陽明所云不逆不億而爲人所欺者,尚亦不失爲善,但不如致良知先覺者之尤爲賢也』,是析誠明、良知爲二矣。語意之間,固不免易滋誤解。要知本節所云良知,蓋取誠明相生之義而言。自誠明,誠之止也;自明誠,明之止也。用以破崇一不逆不億而爲人所欺者,亦由誠之不足,而未能至於止也。看似析爲二,實則猶一也。並及於此。」(但衡今《王陽明傳習録札記》中卷,第一〇七至一一〇頁)

施邦曜曰:「此書首段説良心不滯見聞,亦不離見聞,所以要博學審問;二段説人心之思有是非邪正,所以要慎思明辯;三段言君子之學,終身只是集義,便是篤行之;末段則明而誠矣。體貼之,自得。」

答羅整菴少宰書[一]

【一七二】

某頓首啓㊀：昨承教及《大學》，發舟匆匆，未能奉答。曉來江行稍暇[二]，復取手教而讀之。恐至贛後人事復紛沓，先具其略以請。

來教云：「見道固難，而體道尤難。道誠未易明，而學誠不可不講。恐未可安於所見，而遂以爲極則也。」幸甚幸甚！何以得聞斯言乎？其敢自以爲極則而安之乎？正思就天下之有道以講明之耳。而數年以來，聞其説而非笑之者有矣，詬訾之者有矣，置之不足較量辨議之者有矣，其肯遂以教我乎？其肯遂以教我，而反覆曉諭，惻然惟恐不及救正之乎？然則天下之愛我者，固莫有如執事之心深且至矣，感激當何如哉！夫「德之不修，學之不講」，孔子以爲憂[三]。而世之學者稍能傳習訓詁，即皆自以爲知學㊁，不復有所謂講學之求，可悲矣！夫道必體而後見，非已見道而後加體道之功也；道必學而後明，非外講學而復有所謂明道之事也。然世之講學者有二：有講之以身心者，有講之以口耳者。講之以口耳，揣摸測度，求之影響者也；講之以身心，行著習察[四]，實有諸己者也。知此，則知孔門之學矣。

【校勘】

㈠ **某頓首啓：**墨迹作「侍生王守仁頓首啓復太宰整庵羅老先生大人執事」，王畿本作「守仁頓首啓」。◎案：少宰爲吏部侍郎之別稱，太宰爲吏部尚書之別稱。羅欽順《羅整庵自誌》云：「〔正德十年〕乙亥夏，升南京吏部右侍郎。戊寅，滿考乞休，不允。己卯春，改吏部右侍郎，辭益懇。庚辰夏，有旨：『著上緊到任管事，不准辭。』其年十月履任。辛巳三月，武廟上賓。四月，今上入繼大統，萬邦胥慶。五月，升本部左侍郎，先後嘗連攝部事。壬午夏，升南京吏部尚書。到任未幾，聞先公病甚，疏乞解官侍養。」其《整庵履歷記》亦有相關記載。（羅欽順《困知記》，第一九八至一九九頁；第二〇六至二〇八頁）墨迹稱羅整庵之官銜爲「太宰」，與正德十五年庚辰夏羅欽順爲「吏部右侍郎」之官職不符。是故，墨迹恐非《答羅整庵少宰書》之原稿也。

㈡ **即皆自以爲知學：**「自以爲知學」，墨迹作「自以爲是」。

【箋疏】

[一] 羅欽順，字允升，號整庵，江西泰和人。生於成化元年乙酉（一四六五年）十二月，卒於嘉靖二十六年丁未（一五四七年）四月，享年八十三歲。弘治六年（一四九三年）進士。授編修。累官至南京吏部尚書。著作有《困知記》《整庵存稿》。《陽明先生年譜》云，正德十五年庚辰六月，陽明先生如贛，

「行至泰和，少宰羅欽順以書問學。先生答曰」云云。（參王守仁《王陽明全集（新編本）》第四册，第一二八〇頁）所謂「少宰羅欽順以書問學」之「書」，即羅欽順《困知記》所附録之「《與王陽明書》」，題下標明寫作時間爲「庚辰夏」（羅欽順《困知記》，第一〇八頁）；所謂「先生答曰」之「答」，即此《答羅整庵少宰書》。又：陽明《答羅整庵少宰書》墨迹尚存，其落款爲「泰和舟次，守仁再頓首。六月廿日」。（楊儒賓、馬淵昌也主編《中日陽明學者墨迹》，第二四至二五頁。後文引用此信墨迹，出處相同，不再標明，以免繁複。）然則，陽明寫作此信之具體時間爲正德十五年六月廿日。

［二］陳榮捷謂「曉來江行稍暇」之「江」，指揚子江。◎案：陳氏之説非是。《陽明先生年譜》「正德十五年庚辰六月」條云「十四日，從章口入玉笥大秀宫。十五日，宿雲儲。十八日，至吉安，遊青原山，和黄山谷詩，遂書碑。行至泰和，少宰羅欽順以書問學。先生答曰」云云。（王守仁《王陽明全集（新編本）》第四册，第一二八〇頁）可見，所謂「曉來江行稍暇」之「江」，並非揚子江，而爲贛江。

［三］「德之不修」云云，語本《論語·述而》：「子曰：『德之不脩，學之不講，聞義不能徙，不善不能改，是吾憂也。』」（朱熹《四書章句集注》，第一〇九頁）

［四］「行著習察」，猶言「行之而著、習矣而察」。其語出自《孟子·盡心上》：「孟子曰：『行之而不著焉，習矣而不察焉，終身由之而不知其道者，衆也。』」（朱熹《四書章句集注》，第四一五頁）

【一七三】

來教謂某「《大學》古本之復㊀，以人之爲學但當求之於內，而程、朱『格物』之說不免求之於外，遂去朱子之分章而削其所補之傳」。非敢然也。學豈有內外乎？《大學》古本乃孔門相傳舊本耳。朱子疑其有所脱誤而改正補緝之，在某則謂其本無脱誤㊁，悉從其舊而已矣[一]。失在於過信孔子則有之，非故去朱子之分章而削其傳也。夫學貴得之心，求之於心而非也，雖其言之出於孔子，不敢以爲是也㊂，而況其未及孔子者乎？求之於心而是也，雖其言之出於庸常，不敢以爲非也㊃，而況其出於孔子者乎？[二] 且舊本之傳數千載矣，今讀其文詞既明白而可通，論其工夫又易簡而可入，亦何所按據而斷其此段之必在於彼、彼段之必在於此，與此之如何而缺、彼之如何而補㊄，而遂改正補緝之，無乃重於背朱而輕於叛孔已乎？㊅

【校勘】

㊀ **來教謂某「《大學》古本之復」**：「某」，墨迹、王畿本作「守仁」。◎案：此信中，凡陽明自稱「某」者，墨迹、王畿本均作「守仁」。後不再出注。

㊁ **在某則謂其本無脱誤**：「在某」，墨迹作「守仁」，王畿本作「在守仁」。

㊂不敢以爲是也：墨迹無「也」字。

㊃不敢以爲非也：墨迹無「也」字。

㊄與此之如何而缺、彼之如何而補：「補」，閭東本、施邦曜本、俞嶙本、三輪執齋本、佐藤一齋本作「誤」；《陽明先生則言》、羅欽順《困知記》所收此信、《陽明先生年譜》所引述此信，亦作「誤」。（王守仁《陽明先生則言》，《續修四庫全書》第九三七册，第三九二頁；羅欽順《困知記》，第一六七頁；王守仁《王陽明全集（新編本）》第四册，第一二八〇頁）然墨迹作「補」。

㊅無乃重於背朱而輕於叛孔已乎：「已乎」，墨迹作「矣乎」。

【箋疏】

［一］馮柯曰：「『致知格物』之傳，本未嘗缺，但簡錯爾。朱子以己意補之，則因其錯而謂其缺，固非也；陽明見其補之非也，遂削之而復古本，則因其不缺而謂其不錯，亦非也。至如董槐、葉夢鼎諸公欲移經文『知止』以下二條之説，與夫近日蔡介夫欲移『物有本末』條於『知止』之上之説，則世之學者類喜言之。然經文一章，吴草廬所謂『玉盤無缺』者也。以傳簡之錯，遂割不錯之經文以補之，則欲以補其瘡而先剜肉以爲瘡矣，尤非也。以愚考之，朱子之改正則是，朱子之補緝則非。今但據其所改正，而以『聽訟』之釋『本末』者爲釋『格物致知』，則節次分明，意義周密，不必補、不必復、不必移而傳自完矣。」（馮柯《求是編》，岡田武彦、荒木見悟主編《和刻影印近世漢籍叢刊・思想三編》第一五册，第二五二至二五三頁）

〔二〕東正純曰：「『求之於心而非也，雖其言之出於孔子，不敢以爲是也』，朱子答南軒書亦有此言，但文字少異耳。」（東正純《傳習録參考》，《澤瀉先生全集》上册，第六五七至六五八頁）◎案：東正純所謂「朱子答南軒書亦有此言」，指朱子《答張敬夫》云：「大率觀書，但當虚心平氣以徐觀義理之所在，如其可取，雖世俗庸人之言，有所不廢；如有可疑，雖或傳以爲聖賢之言，亦須更加審擇。自然意味平和，道理明白，脚踏實地，動有據依，無籠罩自欺之患。」（朱熹《晦庵先生朱文公文集》，《朱子全書》第二一册，第一三四二頁。張栻，字敬夫，一字欽夫，號南軒。）又案：王安石亦有與王陽明近似之言。北宋釋惠洪《冷齋夜話》卷六記載：「舒王嗜佛學，曾子固欲諷之，未有以發之也。居一日，會於南昌，少頃，潘延之亦至。延之談禪，舒王問其所得，子固熟視之。已而論人物，曰：『某人可抨。』子固曰：『弇用老而逃佛，亦可一抨。』舒王曰：『子固失言也。善學者讀其書，義理之來，有合吾心者，則樵牧之言猶不廢；言而無理，周、孔所不敢從。』子固笑曰：『前言戲之耳！』」（轉引自鄧廣銘《略談宋學》，《鄧廣銘治史叢稿》，第一七三頁。舒王，指王安石；曾子固，即曾鞏；潘延之，即潘興嗣。）

【一七四】

來教謂：「如必以學不資於外求，但當反觀内省以爲務，則『正心誠意』四字亦何不盡之有？何必於入門之際，便困以『格物』一段工夫也？」誠然誠然！㈠若語其要，則「脩身」二字亦足矣，何必又言「正心」？「正心」二字亦足矣，何必又言「誠意」？「誠意」二字亦足矣，何必又言「致知」，又言「格物」？惟其工夫之詳密，而要之只是一事，此所以爲「精一」之學，此正不可不思者也。夫理無内外，性無内外，故學無内外。講習討論，未嘗非内也；反觀内省，未嘗遺外也。夫謂學必資於外求，是以己性爲有外也，是義外也、用智者也；謂反觀内省爲求之於内，是以己性爲有内也，是有我也、自私者也。是皆不知性之無内外也。故曰「精義入神，以致用也；利用安身，以崇德也」，「性之德也，合内外之道也」[一]。此可以知「格物」之學矣[二]。格物者，《大學》之實下手處，徹首徹尾，自始學至聖人，只此工夫而已，非但入門之際有此一段也。夫「正心」「誠意」「致知」「格物」，皆所以「脩身」；而「格物」者，其所用力，日可見之地[三]。故「格物」者，格其心之物也，格其意之物也，格其知之物也；「正心」者，正其物之心也；「誠意」者，誠其物之意也；「致知」者，致其物之知也。此豈有内外彼此之分哉？[二]理一而已，以其理之凝聚而言則謂之「性」，以其凝聚之主宰而言則謂之「心」，以其主宰之發動而言則謂之「意」，以其發動之明覺而言則謂之「知」，以其明覺之感應而言則謂之「物」。故就物而言謂之「格」，就知而言謂之「致」，就意而言謂之「誠」，就心而言謂之「正」。正者，正此也；誠者，誠此也；致者，致此也；格者，格此也，皆所謂窮理以盡性也。天下無性外之理，無性外之物。學之不明，皆由世之儒者認理爲外，認物爲外，而不知義外之説孟子蓋嘗闢之，乃至襲陷其内而不覺，豈非亦有似是而難明者歟？不可以不察也！

【校勘】

㊀ **誠然誠然**：墨迹作「誠然」。

㊁ **此可以知「格物」之學矣**：「此可以」，墨迹作「此亦可以」。

㊂ **其所用力，日可見之地**：閭東本、《陽明先生則言》所收此信作「其所以用力，日可見之地」。（王守仁《陽明先生則言》，《續修四庫全書》第九三七册，第三九二頁）施邦曜本、俞嶙本及羅欽順《困知記》所收此信，則作「其所以用力，實可見之地」。（羅欽順《困知記》，第一六七頁）

【箋疏】

[一]「精義入神」云云，語見《周易・繫辭下傳》。（朱熹《周易本義》，《朱子全書》第一册，第一四〇頁）「性之德也，合内外之道也」，語見《中庸》。（朱熹《四書章句集注》，第三九頁）

[二] 徐問曰：「或謂正心誠意致知格物云：『格物者，格其心之物也，格其意之物也，格其知之物也；正心者，正其物之心也；誠意者，誠其物之意也；致知者，致其物之知也。此豈有内外彼此之分哉？』愚觀《記》曰『人生而静，天之性也；感於物而動，性之欲也』，物之理雖具於心而實散於事，心意中似不可着物，着則不能虛静而物其物矣。至謂『正其物之心』『誠其物之意』『致其物之知』，噫！焉有舍己而於物上反用如許工夫哉？」（徐問《讀書劄記》，《景印文淵閣四庫全書》第七一四册，第四一六至四一七頁）

劉宗周曰：「整庵又有答先生書云：『前三物爲物三，後三物爲物一，爲自相矛盾。』要之物一也，而不能不殺而爲兩、散而爲萬。先生之言，自是八面玲瓏。」（劉宗周《陽明傳信録》，《劉宗周全集》第五册，第七頁）◎案：劉宗周所謂「整庵又有答先生書」云云，語本羅欽順嘉靖七年冬《與王陽明書（又）》：「夫謂『格其心之物，格其意之物，格其知之物』，凡其爲物也三；謂『正其物之心，誠其物之意，致其物之知』，其爲物也一而已矣。就三物而論，以程子格物之訓推之，猶可通也；以執事格物之訓推之，不可通也。就一物而論，則所謂物者，果何物耶？如必以爲『意之用』，雖極安排之巧，終無可通之日。」（羅欽順《困知記》，第一一二至一一三頁）

【一七五】

凡執事所以致疑於「格物」之説者，必謂其是内而非外也，必謂其專事於反觀内省之爲而遺棄其講習討論之功也，必謂其一意於綱領本原之約而脱略於支條節目之詳也，必謂其沉溺於枯槁虚寂之偏而不盡於物理人事之變也。審如是，豈但獲罪於聖門，獲罪於朱子？是邪説誣民，叛道亂正，人得而誅之也，而況於執事之正直哉？[一] 審如是，世之稍明訓詁、聞先哲之緒論者㊀，皆知其非也，而況執事之高明哉？㊁ 凡某之所謂「格物」，其於朱子「九條」之説[二]，皆包羅統括於其中，但爲之有要，作用不同，正所謂毫釐之差耳。然毫釐之差而千里之繆實起於此，不可不辨。

【校勘】

㈠世之稍明訓詁、聞先哲之緒論者：「訓詁」後，墨迹有「者」字。

㈡而況執事之高明哉：「而況」後，墨迹有「於」字。

【箋疏】

［一］吉村秋陽曰：「後人議王子者，皆不出此數言，而王子既已歷言之。」（吉村晉《王學提綱》，岡田武彦、荒木見悟主編《和刻影印近世漢籍叢刊·思想三編》第一二册，第二七頁）

［二］朱子「九條」之説，見《大學或問》。其文略云：「又有問進修之術何先者。程子曰：『莫先於正心誠意，然欲誠意必先致知，而欲致知又在格物。致，盡也；格，至也。凡有一物，必有一理，窮而致之，所謂格物者也。然而格物亦非一端，如或讀書講明道義，或論古今人物而别其是非，或應接事物而處其當否，皆窮理也。』曰：『格物者，必物物而格之耶？將止格一物而萬理皆通耶？』曰：『一物格而萬理通，雖顔子亦未至此。惟今日而格一物焉，明日又格一物焉，積習既多，然後脱然有貫通處耳。』又曰：『自一身之中以至萬物之理，理會得多，自當豁然有個覺處。』又曰：『窮理者，非謂必盡窮天下之理，又非謂止窮得一理便到，但積累多後，自當脱然有悟處。』又曰：『格物，非欲盡窮天下

之物，但於一事上窮盡，其他可以類推。至於言孝，則當求其所以爲孝者如何。若一事上窮不得，且別窮一事，或先其易者，或先其難者，各隨人淺深。譬如千蹊萬徑皆可以適國，但得一道而入，則可以推類而通其餘矣。蓋萬物各具一理，而萬理同出一原，此所以可推而無不通也。』又曰：『物必有理，皆所當窮，若天地之所以高深、鬼神之所以幽顯是也。若曰天吾知其高而已矣，地吾知其深而已矣，鬼神吾知其幽且顯而已矣，則是已然之詞，又何理之可窮哉？』又曰：『如欲爲孝，則當知所以爲孝之道，如何而爲奉養之宜，如何而爲温凊之節，莫不窮究然後能之，非獨守夫孝之一字而可得也。』或問：『觀物察己者，豈因見物而反求諸己乎？』曰：『不必然也。物我一理，纔明彼即曉此，此合内外之道也。語其大，天地之所以高厚；語其小，至一物之所以然，皆學者所宜致思也。』曰：『然則，先求之四端可乎？』曰：『求之情性，固切於身，然一草一木亦皆有理，不可不察。』又曰：『致知之要，當知至善之所在，如父止於慈、子止於孝之類。若不務此，而徒欲泛然以觀萬物之理，則吾恐其如大軍之游騎，出太遠而無所歸也。』又曰：『格物莫若察之於身，其得之尤切。』此十條者，皆言格物致知所當用力之地與其次第功程也。」（朱熹《四書或問》，第二〇至二二頁）◎案：其中「此十條者」一句，上海古籍出版社二〇〇一年版《四書或問》原文如此；四庫全書本《四書或問》則作「此九條者」。（朱熹《四書或問》，《景印文淵閣四庫全書》第一九七册，第二三一至二三二頁）

【一七六】

孟子闢楊、墨至於無父、無君[一]。二子亦當時之賢者，使與孟子並世而生，未必不以之爲賢。墨子兼愛，行仁而過耳；楊子爲我，行義而過耳。此其爲説，亦豈滅理亂常之甚而足以眩天下哉？而其流之弊，孟子至比於禽獸、夷狄，所謂「以學術殺天下後世」也[二]。今世學術之弊，其謂之學仁而過者乎？謂之學義而過者乎？抑謂之學不仁不義而過者乎？吾不知其於洪水猛獸何如也。孟子云：「予豈好辨哉？予不得已也。」[三]楊、墨之道塞天下，孟子之時，天下之尊信楊、墨，當不下於今日之崇尚朱説，而孟子獨以一人呶呶於其間，噫，可哀矣！韓氏云：「佛、老之害，甚於楊、墨。韓愈之賢不及孟子，孟子不能救之於未壞之先，而韓愈乃欲全之於已壞之後，其亦不量其力，且見其身之危，莫之救以死也。」[四]嗚呼！若某者，其尤不量其力，果見其身之危，莫之救以死也矣！㊀夫衆方嘻嘻之中，而獨出涕嗟若；舉世恬然以趨，而獨疾首蹙額以爲憂。此其非病狂喪心，殆必誠有大苦者隱於其中，而非天下之至仁，其孰能察之？其爲《朱子晚年定論》，蓋亦不得已而然。中間年歲早晚，誠有所未考，雖不必盡出於晚年㊁，固多出於晚年者矣。然大意在委曲調停以明此學爲重[五]。平生於朱子之説，如神明蓍龜㊂，一旦與之背馳，心誠有所未忍，故不得已而爲此。「知我者謂我心憂，不知我者謂我何求」[六]。蓋不忍牴牾朱子者，其本心也；不得已而與之牴牾者，道固如是，「不直則道不見」也[七]。執事所謂「決與朱子異」者，僕敢自欺其心哉？㊃夫道，天下之公道也；學，天下之公學也。非朱子可得而私也，非孔子可得而私也。天下之公也，公言之而已矣。故言之而是，雖異於己，乃益於己也；言之而非，雖同於己，適損於己也。益於己者，己必喜之；損於己者，己必惡之。然則某今日之論，雖或與朱子異㊄，未必非其所喜也。「君子之過，如日月之食，其更也，人皆仰之」[八]，而「小人之過也，必文」[九]。某雖不肖，固不敢以小人之心事朱子也。

【校勘】

㊀ **莫之救以死也矣**：墨迹無「矣」字。

㊁ **中間年歲早晚，誠有所未考，雖不必盡出於晚年**：「中間」，墨迹作「其間」；「不必」，作「未必」。

㊂ **如神明蓍龜**：墨迹作「信之如蓍龜」。

㊃ **僕敢自欺其心哉**：「僕」後，墨迹有「豈」字。

㊄ **雖或與朱子異**：「或與」，原作「或於」，據墨迹改。

【箋疏】

[一]「孟子闢楊、墨至於無父、無君」，語本《孟子·滕文公下》：「楊氏爲我，是無君也；墨氏兼愛，是無父

也。無父無君，是禽獸也。」（朱熹《四書章句集注》，第三一九頁）

［二］「以學術殺天下後世」，語本陸九淵《與曾宅之》書：「惟其生於後世，學絶道喪，異端邪説充塞彌滿，遂使有志之士罹此患害，乃與世間凡庸恣情縱欲之人均其陷溺，此豈非以學術殺天下哉？」（陸九淵《陸九淵集》，第四頁）

［三］此所引述孟子之言，語本《孟子・滕文公下》：「我亦欲正人心、息邪説、距詖行、放淫辭，以承三聖者。豈好辯哉？予不得已也。能言距楊墨者，聖人之徒也。」（朱熹《四書章句集注》，第三三〇頁）

［四］此所引述韓氏之言，語本韓愈《與孟尚書書》：「釋老之害，過於楊墨，韓愈之賢不及孟子，孟子不能救之於未亡之前，而韓愈乃欲全之於已壞之後。嗚呼，其亦不量其力，且見其身之危，莫之救以死也！」（馬其昶《韓昌黎文集校注》，第二一五頁）

［五］正德十五年庚辰夏，羅欽順《與王陽明書》云：「又詳《朱子定論》之編，蓋以其中歲以前所見未真，爰及晚年，始克有悟，乃於其論學書尺三數十卷之内摘此三十餘條，其意皆主於向裏者，以爲得於既悟之餘，而斷其爲定論。斯其所擇宜亦精矣，第不知所謂晚年者，斷以何年爲定？羸軀病暑，未暇詳考，偶考得何叔京氏卒於淳熙乙未，時朱子年方四十有六，爾後二年丁酉，而《論孟集注》《或問》始成。今有取於答何書者四通，以爲晚年定論；至於《集注》《或問》則以爲中年未定之説，竊恐考之欠詳而立論之太果也。又所取《答黄直卿》一書，監本止云『此是向來差誤』，別無『定本』二字，今所編刻，增此二字，當別有據。而序中又變『定』字爲『舊』字，却未詳本字同所指否？朱子有答吕東萊一書，嘗及定本之

説，然非指《集注》《或問》也。凡此，愚皆不能無疑，顧猶未足深論。」（羅欽順《困知記》，第一一〇頁）陽明此所謂「中間年歲早晚，誠有所未考」云云，乃對羅欽順之質疑之答復。

馮柯曰：「聖人之道，千門萬户，彼此自不相妨；曲儒之學，管歸一路，四旁都不見得。今以一路之學，而窺聖人千門萬户之道，無怪乎其合者少，而不合者多也。於其合己也，則雖其年歲早晚誠有所未考者，而謂之晚年；於其不合己也，則雖其既悔之後三復删定者，而謂之中年。吾意晦庵有知，亦當付之一笑而已矣。由此觀之，陽明非真以《定論》取朱子也，特以見定論之外皆非定論也。今既《定論》不必於晚年，而《集注》《或問》之類又不必於中年，則朱子之學，何者而非聖人之學？朱子之言，何者而非終身之定論乎？而又何以此書爲也？陽明乃謂『此書出於不得已而然』，又謂『意在委曲調停以明此學爲重』，此學者彼蓋以爲聖人之學也。夫既以明聖人之學爲重，而使朱子之説果有背乎理而不足以明之，則雖直非之以爲先哲之忠臣，何害？而又何必委曲以調停乎？用人而調停，則賢不肖渾淆，而不肖者終至於必勝；行政而調停，則邪正雜糅，而正法必至於漸湮。故調停之説，在識微之士猶深非之，以爲不可，而況陽明之於朱子，又皆洗垢索瘢以陰行其私，簸弄筆舌以玩侮先正，而初無委曲調停之意，則其所謂不得已以明此學者，非真有不得已之心，如孟子闢邪説以衛聖道之心也，特調停其説以委曲遷就乎己之學爾。」（馮柯《求是編》，岡田武彦、荒木見悟主編《和刻影印近世漢籍叢刊・思想三編》第一五册，第二六四至二七一頁）案：《和刻影印近世漢籍叢刊・思想三編》第一五册，其中第二六七至二七〇頁文字有錯頁，兹據《四明叢書》内所收《求是編》加以訂正。（張壽鏞輯《四明叢書》第二二

冊，第一三三三七至一三三三八頁）

孫鏘曰：「王學本獨有千古，可俟百世，何必借朱子爲定論？況明言其『不必盡出於晚年』哉？觀『委曲調停』四字，先生蓋猶有鄉愿之見，而王學所以予人口實者，正在此也。」（孫鏘《傳習録集評》，第一七一頁）孫鏘此語，陳榮捷亦有引述。（陳榮捷《王陽明傳習録詳注集評》，第二五四頁）

［六］「知我者謂我心憂」云云，語見《詩經・國風・黍離》。（朱熹《詩集傳》，《朱子全書》第一册，第四六二頁）

［七］「不直則道不見」，語出《孟子・滕文公上》：「〔墨者夷之〕他日又求見孟子。孟子曰：『吾今則可以見矣。不直，則道不見；我且直之。』」朱熹注云：「直，盡言以相正也。」（朱熹《四書章句集注》，第三〇六至三〇七頁）

［八］「君子之過」云云，語見《論語・子張》：「子貢曰：『君子之過也，如日月之食焉：過也，人皆見之；更也，人皆仰之。』」（朱熹《四書章句集注》，第二二五頁）

［九］「小人之過也，必文」，子夏之言，語見《論語・子張》。朱熹注云：「文，飾之也。小人憚於改過，而不憚於自欺，故必文以重其過。」（朱熹《四書章句集注》，第二二二頁）

【一七七】

執事所以教，反覆數百言，皆以未悉鄙人「格物」之説；若鄙説一明，則此數百言㈠，皆可以不待辨説而釋然無滯，故今不敢縷縷以滋瑣屑之瀆，然鄙説非面陳口析，斷亦未能了了於紙筆間也。嗟呼！執事所以開導啓迪於我者，可謂懇到詳切矣！人之愛我，寧有如執事者乎？僕雖甚愚下㊁，寧不知所感刻佩服？然而不敢遽舍其中心之誠然而姑以聽受云者，正不敢有負於深愛，亦思有以報之耳㊂。秋盡東還，必求一面，以卒所請，千萬終教！㊃

【校勘】

㊀ **則此數百言**：「言」後，墨迹有「者」字。

㊁ **僕雖甚愚下**：「僕」，墨迹作「守仁」。

㊂ **然而不敢遽舍其中心之誠然而姑以聽受云者，正不敢有負於深愛，亦思有以報之耳**：「中心之誠然」，墨迹無「然」字；「亦思」，墨迹作「正思」。

㊃ 信末，墨迹尚有落款云：「泰和舟次，守仁再頓首。六月廿日。」

【集評】

施邦曜曰：「此書論朱子而舉楊、墨、佛、老以爲證詞，未免過激。然朱子自有朱子之得力處，不必强而同也。蓋人之資稟不齊，即孔門諸弟子，顏、曾、游、夏、冉、閔，得力人人殊，只是趨向皆正耳。要曉得先生諄諄然不能已於辯者，非是訐朱子之短，只因後之學者溺於訓詁，俱藉口朱子爲重，故作《晚年定論》以明朱子之心，以挽末學之病，即朱子亦當欣然於廊廡也。學者不可不知。」

王應昌曰：「先生開口閉口，只是一個良知，似從朱子晚年悟後語得來，則先生之爲學，與朱子本是一個血脈。」（王應昌《王陽明先生傳習録論》卷下之三，第一六頁）

張烈曰：「此書甚美，而狂悖尤甚。蓋當時諸儒，無如整庵篤實者，規切直中陽明之病，故陽明迫急而爲此書。」（張烈《王學質疑》，《四庫全書存目叢書》子部第二三册，第九二頁）

佐藤一齋曰：「整庵《困知記》載與陽明書二首，此書即其前書之答也。整庵既得此答，復作一書論難，而陽明適卒，不及覽之，整庵以爲憾。愚今取讀之，大意不出於前書範圍，於答是也何有？」

東正純曰：「文成是書，斥朱子頗過傷，故學朱者不能平焉。湯潛庵《答陸稼書書》云『來諭陽明嘗比朱子於洪水猛獸，是詆毀先儒莫如陽明也。今亦黜毀先儒者耳，庸何傷？竊謂陽明之詆朱子也，陽明之大罪過也，於朱子何損？今人功業文章未能望陽明之萬一，而止效法其罪過，如兩口角罵，何益之有？恐朱子亦不樂有此報復矣』云云。潛庵之言，真是公明正平，無偏無黨，可以爲法也。」（東正純《傳習録參考》，《澤瀉先生全集》上册，第六五八頁）

答聶文蔚[一]

【一七八】

夏間，遠勞迂途枉顧問證㊀，惓惓此情，何可當也！已期二三同志，更處靜地，扳留旬日，少效其鄙見，以求切劘之益；而公期俗絆，勢有不能，別去極怏怏，如有所失。忽承箋惠，反覆千餘言，讀之無甚浣慰㊁。中間推許太過，蓋亦獎掖之盛心，而規礪真切，思欲納之於賢聖之域；又托諸崇一以致其勤勤懇懇之懷，此非深交篤愛，何以及是？知感知媿，且懼其無以堪之也。雖然，僕亦何敢不自鞭勉，而徒以感媿辭讓爲乎哉？其謂「思、孟、周、程無意相遭於千載之下，與其盡信於天下，不若真信於一人，道固自在，學亦自在，天下信之不爲多，一人信之不爲少」者，斯固君子「不見是而無悶」之心[二]，豈世之譾譾屑屑者知足以及之乎？乃僕之情，則有大不得已者存乎其間，而非以計人之信與不信也。

【校勘】

㊀ **夏間，遠勞迂途枉顧**：「夏間」，原作「春間」，據施邦曜本、俞嶙本改。明嘉靖十四年聞人詮刊本《陽明先

生文録》、明刊本《陽明先生文録》亦作「夏間」。（聞人詮刊本《陽明先生文録》，《陽明文獻匯刊》第二一册，第三七九頁；明刊本《陽明先生文録》，《王陽明珍本文獻叢刊》第一二册，第三九四頁）◎案：錢德洪《陽明先生年譜》云，嘉靖五年丙戌夏，聶豹「以御史巡按福建，渡錢塘來見先生」，且將《答聶文蔚書》繫於嘉靖五年八月。（王守仁《王陽明全集（新編本）》第四册，第一三一一頁）聶豹《啓陽明先生》亦有「逖違道範，丙戌之夏，迄今兩易寒暑矣」之説。（聶豹《聶豹集》，第二三三頁）可見，以作「夏間」爲是。又：《陽明先生年譜》謂聶豹當時「以御史巡按福建」，非是。宋儀望《明榮禄大夫太子太保兵部尚書贈少保謚貞襄雙江聶公行狀》云，嘉靖四年乙酉，「始召入爲福建道監察御史。……明年春，按應天。……是歲，乃往謁陽明王公於越，相與講良知之學，先生於是鋭然以聖人爲必可至。其後以書問學於王公，公深嘆先生任道之勇，乃爲書復之」。（聶豹《聶豹集》，第六四一頁）據此，聶豹渡錢塘造訪陽明，乃其嘉靖五年以福建道監察御史巡按應天府時事，而非巡按福建時事。聶豹以御史巡按福建，在嘉靖七年戊子春，其時陽明在廣西。

㈡**自「夏間」至「讀之無甚浣慰」一段文字**：德安府重刊本、王畿本、錢錞本、胡宗憲本作「春間，遠勞迂途枉顧，此情何可當也！甚欲扳留旬日，少效其鄙見，以求切劘之益；而公期俗絆，勢有不能，別去極怏怏，如有所失。忽承箋惠，浣慰可知」。兩相比較，差異頗多。施邦曜本、俞嶙本與德安府重刊本、王畿本、錢錞本、胡宗憲本相同，惟其中「春間」二字，施邦曜本、俞嶙本作「夏間」。又：張問達本則將此整段文字删略爲「承箋惠，反覆千餘言，讀之無任浣慰」。

【箋疏】

[一]聶豹，字文蔚，號雙江，江西永豐人。生於成化二十三年丁未(一四八七年)正月，卒於嘉靖四十二年癸亥(一五六三年)十一月，享年七十七歲。正德十二年(一五一七年)進士。授華亭知縣，後遷福建道監察御史、蘇州知府等。累官太子太保。於陽明卒後，稱門生。錢德洪《答論年譜書》云：「聶雙江文蔚見先生於存日，晚生也；師没而刻二書於蘇，曰：『吾昔未稱門生，冀再見也，今不可得矣。』時洪與汝中遊蘇，設香案告師稱門生，引予二人以爲證。」(王守仁《王陽明全集(新編本)》第四册，第一三八七頁)其著作，現已編輯刊印爲《聶豹集》。◎案：對於陽明此信，羅洪先《跋陽明先生與雙江書》云：「陽明先生與雙江書，在嘉靖丙戌。又二年，先生遂有南康之變。是時公猶未執弟子禮，而先生盡以近日所獨得者，切切語之，惟恐不盡吐露，斯其付託之重，可知矣。夫萬物一體之義，自孔門仁字發之，至宋明道始爲敷繹，其後《西銘》一篇，程門極其稱羡。自是止以文義視之，微先生，則孔門一脉幾於絶矣。故嘗以爲先生一體之説，雖謂之發之千古之秘亦可也。公珍重是書，既勒諸石，乃以原稿付謝生經，以其責望，豈無意乎？」(羅洪先《羅洪先集》下册，第六八五頁)

[二]「不見是而無悶」，語出《周易·文言》：「初九曰『潛龍勿用』，何謂也？子曰：『龍德而隱者也。不易乎世，不成乎名；遯世而無悶，不見是而無悶；樂則行之，憂則違之；確乎其不可拔，潛龍也。』」(朱熹《周易本義》，《朱子全書》第一册，第一四七頁)

【一七九】

夫人者，天地之心[一]。天地萬物，本吾一體者也。生民之困苦荼毒，孰非疾痛之切於吾身者乎？不知吾身之疾痛，無是非之心者也。是非之心，不慮而知，不學而能，所謂良知也。良知之在人心，無間於聖愚，天下古今之所同也。世之君子惟務致其良知，則自能公是非、同好惡，視人猶己，視國猶家，而以天地萬物爲一體，求天下無治，不可得矣。古之人所以能見善不啻若己出，見惡不啻若己入，視民之飢溺猶己之飢溺，而一夫不獲若己推而納諸溝中者[二]，非故爲是而以蘄天下之信己也，務致其良知求自慊而已矣。堯、舜、三王之聖，「言而民莫不信」者，致其良知而言之也；「行而民莫不説」者，致其良知而行之也。是以其民熙熙皥皥，「殺之不怨，利之不庸」，「施及蠻貊，而凡有血氣者莫不尊親」，爲其良知之同也[三]。嗚呼！聖人之治天下，何其簡且易哉！

【箋疏】

[一]「夫人者，天地之心」，語出《禮記・禮運》：「故人者，天地之心也，五行之端也，食味、别聲、被色而生者也。」（朱彬《禮記訓纂》上册，第三四八頁）

〔二〕「飢溺」「納溝」云云，語本《孟子·離婁下》：「禹思天下有溺者，由己溺之也；稷思天下有飢者，由己飢之也，是以如是其急也。」《孟子·萬章上》：「〔伊尹〕既而幡然改曰：『與我處畎畝之中，由是以樂堯、舜之道，吾豈若使是君爲堯、舜之君哉？吾豈若使是民爲堯、舜之民哉？吾豈若於吾身親見之哉？天之生此民也，使先知覺後知，使先覺覺後覺也。予，天民之先覺者也；予將以斯道覺斯民也。非予覺之而誰也？』思天下之民匹夫匹婦有不被堯、舜之澤者，若己推而内之溝中。其自任以天下之重如此，故就湯而說之以伐夏救民。」（朱熹《四書章句集注》，第三五二、三六五至三六六頁）

〔三〕「言而民莫不信」「行而民莫不說」「施及蠻貊，而凡有血氣者莫不尊親」云云，語本《中庸》：「唯天下至聖，爲能聰明睿知，足以有臨也；寬裕温柔，足以有容也；發强剛毅，足以有執也；齊莊中正，足以有敬也；文理密察，足以有别也。溥博淵泉，而時出之。溥博如天，淵泉如淵。見而民莫不敬，言而民莫不信，行而民莫不說。是以聲名洋溢乎中國，施及蠻貊。舟車所至，人力所通，天之所覆，地之所載，日月所照，霜露所隊，凡有血氣者，莫不尊親，故曰配天。」（朱熹《四書章句集注》，第四四頁）

「殺之不怨，利之不庸」，語本《孟子·盡心上》：「孟子曰：『霸者之民，驩虞如也；王者之民，皞皞如也。殺之而不怨，利之而不庸，民日遷善而不知爲之者。夫君子所過者化，所存者神，上下與天地同流，豈曰小補之哉？』」（朱熹《四書章句集注》，第四一七頁）

【一八〇】

後世良知之學不明，天下之人用其私智以相比軋，是以人各有心，而偏瑣僻陋之見、狡僞陰邪之術，至於不可勝説。外假仁義之名，而内以行其自私自利之實，詭辭以阿俗，矯行以干譽；揜人之善而襲以爲己長，訐人之私而竊以爲己直[一]；忿以相勝而猶謂之徇義，險以相傾而猶謂之疾惡；妬賢忌能而猶自以爲公是非，恣情縱欲而猶自以爲同好惡。相陵相賊，自其一家骨肉之親，已不能無爾我勝負之意、彼此藩籬之形，而況於天下之大、民物之衆，又何能一體而視之？則無怪於紛紛籍籍而禍亂相尋於無窮矣。

【箋疏】

[一]「訐人之私而竊以爲己直」，語本《論語・陽貨》：「子貢曰：『君子亦有惡乎？』子曰：『有惡：惡稱人之惡者，惡居下流而訕上者，惡勇而無禮者，惡果敢而窒者。』曰：『賜也亦有惡乎？』『惡徼以爲知者，惡不孫以爲勇者，惡訐以爲直者。』」（朱熹《四書章句集注》，第二一四頁）

【一八二】

僕誠賴天之靈，偶有見於良知之學，以爲必由此而後天下可得而治。是以每念斯民之陷溺，則爲之戚然痛心，忘其身之不肖，而思以此救之，亦不自知其量者。天下之人見其若是，遂相與非笑而詆斥之，以爲是病狂喪心之人耳。嗚呼，是奚足恤哉！吾方疾痛之切體，而暇計人之非笑乎？人固有見其父子兄弟之墜溺於深淵者，呼號匍匐，裸跣顛頓㊀，扳懸崖壁而下拯之。士之見者，方相與揖讓談笑於其傍，以爲是棄其禮貌衣冠而呼號顛頓若此，是病狂喪心者也。故夫揖讓談笑於溺人之傍而不知救，此惟行路之人、無親戚骨肉之情者能之，然已謂之無惻隱之心，非人矣。若夫在父子兄弟之愛者，則固未有不痛心疾首、狂奔盡氣、匍匐而拯之，彼將陷溺之禍有不顧，而況於病狂喪心之譏乎？而又況於蘄人之信與不信乎？嗚呼！今之人雖謂僕爲病狂喪心之人，亦無不可矣。天下之人心，皆吾之心也。天下之人，猶有病狂者矣，吾安得而非病狂乎？猶有喪心者矣，吾安得而非喪心乎？

【校勘】

㊀**裸跣顛頓**：「裸」，閭東本、施邦曜本、俞嶙本作「踝」。《陽明先生則言》所收此信亦作「踝」。（王守仁《陽

明先生則言》，《續修四庫全書》第九三七册，第四〇二頁）

【一八二】

昔者孔子之在當時，有議其爲諂者，有譏其爲佞者[一]，有毁其未賢、詆其爲不知禮而侮之以爲東家丘者[二]，有嫉而沮之者，有惡而欲殺之者[三]。晨門、荷蕢之徒，皆當時之賢士，且曰「是知其不可而爲之者歟」，「鄙哉硜硜乎！莫己知也，斯已而已矣」[四]。雖子路在升堂之列，尚不能無疑於其所見，不悦於其所欲往，而且以之爲迂[五]，則當時之不信夫子者，豈特十之二三而已乎？㊀然而夫子汲汲遑遑，若求亡子於道路，而不暇於煖席者，寧以蘄人之知我、信我而已哉？蓋其天地萬物一體之仁，疾痛迫切，雖欲已之而自有所不容已，故其言曰：「吾非斯人之徒與而誰與」，「欲潔其身而亂大倫」，「果哉，末之難矣」[六]。嗚呼！此非誠以天地萬物爲一體者，孰能以知夫子之心乎？若其「遯世無悶」「樂天知命」者，則固「無入而不自得」，「道並行而不相悖」也。[七]

【校勘】

㈠ 豈特十之二三而已乎：「十之二三」，施邦曜本、俞嶙本作「十之一二」。

【箋疏】

［一］「議其爲諂」，語本《論語・八佾》：「子曰：『事君盡禮，人以爲諂也。』」（朱熹《四書章句集注》，第七七頁）「譏其爲佞」，語本《論語・憲問》：「微生畝謂孔子曰：『丘何爲是栖栖者與？無乃爲佞乎？』孔子曰：『非敢爲佞也，疾固也。』」（朱熹《四書章句集注》，第一八四頁）

［二］「毁其未賢」，語本《論語・子張》：「叔孫武叔毁仲尼。子貢曰：『無以爲也，仲尼不可毁也。他人之賢者，丘陵也，猶可踰也；仲尼，日月也，無得而踰焉。人雖欲自絶，其何傷於日月乎？多見其不知量也！』」（朱熹《四書章句集注》，第二二六頁）

「詆其爲不知禮」，語本《論語・八佾》：「子入大廟，每事問。或曰：『孰謂鄹人之子知禮乎？入大廟，每事問。』子聞之曰：『是禮也。』」（朱熹《四書章句集注》，第七六頁）

「侮之以爲東家丘」，三輪執齋曰：「東家丘，《家語》：『魯人不知孔子聖人，乃曰：東家丘者，知之矣。』」陳榮捷曰：「東家丘，中日辭典及注家均引《孔子家語》云，『孔子西家有愚夫，不知孔子爲聖人，乃曰：彼東家丘，我知之矣』。諸家所引，辭句略有出入。陳琳《曹洪與魏文帝書》注引此事。沈約《隱侯集》亦謂時人稱孔子爲東家丘。爲惟遍查今本《孔子家語》無此事。豈本出古本《家語》耶？古本早已佚亡，無可考矣。三輪執齋門人河田琴卿與小柳司氣太謂語亦出《説苑》。然遍查亦不見。」

◎案：陳榮捷謂今本《孔子家語》及《説苑》均無「東家丘」之説，是也。其實，較早之「東家丘」出處，爲沈約《辯聖論》：「孔子當無録之運、值自晦之時，而云『河不出圖，洛不出書，吾已矣夫』，欲以聖德示天下、垂來世。當仲尼在世之時，世人不言爲聖人也。伐樹削迹，於七十君而不一值，或以爲東家丘，或以爲喪家犬。若不高嘆鳳鳥、稱夢周公、樂正雅頌各得其所，則當世安知其聖人乎？」（陳慶元《沈約集校箋》，第一四四頁）

〔三〕「嫉而沮之」，語本《論語·微子》：「齊人歸女樂，季桓子受之。三日不朝，孔子行。」朱熹注引《史記》云：「定公十四年，孔子爲魯司寇，攝行相事。齊人懼，歸女樂以沮之。」（朱熹《四書章句集注》，第二一五頁）

「惡而欲殺之」，語本《論語·述而》：「子曰：天生德於予，桓魋其如予何？」朱熹注云，時孔子微服過宋，「〔桓〕魋欲害孔子」。（朱熹《四書章句集注》，第一一四頁）

〔四〕「晨門」「荷蕢」云云，語見《論語·憲問》：「子路宿於石門。晨門曰：『奚自？』子路曰：『自孔氏。』曰：『是知其不可而爲之者與？』」「子擊磬於衛。有荷蕢而過孔氏之門者，曰：『有心哉！擊磬乎！』既而曰：『鄙哉！硜硜乎！莫己知也，斯己而已矣。深則厲，淺則揭。』子曰：『果哉！末之難矣。』」（朱熹《四書章句集注》，第一八六頁）

〔五〕「子路」云云，語本《論語·雍也》：「子見南子，子路不説。夫子矢之曰：『予所否者，天厭之！天厭之！』」《論語·陽貨》：「公山弗擾以費畔，召，子欲往。子路不説，曰：『末之也已，何必公山氏之之也？』子曰：『夫召我者，而豈徒哉？如有用我者，吾其爲東周乎！』」《論語·子路》：「子路曰：『衛君待子而爲政，子將奚先？』子曰：『必也正名乎！』子路曰：『有是哉，子之迂也！奚其正？』」（朱熹《四書章句集注》，第一〇五、二〇八、一六七頁）

［六］「吾非斯人之徒與而誰與」「欲潔其身而亂大倫」，語見《論語·微子》：「夫子憮然曰：『鳥獸不可與同群，吾非斯人之徒與而誰與？天下有道，丘不與易也。』」「子路曰：『不仕無義。長幼之節，不可廢也；君臣之義，如之何其廢之？欲潔其身，而亂大倫。君子之仕也，行其義也。道之不行，已知之矣。』」（朱熹《四書章句集注》，第二一六、二一七頁）案：朱熹注云：「福州有國初時寫本，『［子］路』下有『反子』二字，以此爲子路反而夫子言之也。未知是否？」

［七］「遯世無悶」，語出《周易·文言》：「遯世而無悶，不見是而無悶。」「樂天知命」，語出《周易·繫辭上傳》：「與天地相似，故不違；知周乎萬物而道濟天下，故不過；旁行而不流，樂天知命，故不憂；安土敦乎仁，故能愛。」（朱熹《周易本義》，《朱子全書》第一册，第一四七、一二六頁）

「無入而不自得」「道並行而不相悖」，語出《中庸》：「君子素其位而行，不願乎其外。素富貴，行乎富貴；素貧賤，行乎貧賤；素夷狄，行乎夷狄；素患難，行乎患難；君子無入而不自得焉」；「萬物並育而不相害，道並行而不相悖，小德川流，大德敦化，此天地之所以爲大也」。（朱熹《四書章句集注》，第二八、四三頁）

【一八三】

僕之不肖，何敢以夫子之道爲己任？顧其心亦已稍知疾痛之在身，是以徬徨四顧，將求其有助於我者，相與講去其病耳。今誠得豪傑同志之士扶持匡翼，共明良知之學於天下，使天下之人皆知自致其良知，以相安相養，去其自私自利之蔽，一洗讒妬勝忿之習，以濟於大同，則僕之狂病固將脱然以愈，而終免於喪心之患矣，豈不快哉！嗟乎！今誠欲求豪傑同志之士於天下，非如吾文蔚者而誰望之乎？如吾文蔚之才與志，誠足以援天下之溺者，今又既知其具之在我而無假於外求矣，循是而充，若決河注海，孰得而禦哉？文蔚所謂「一人信之不爲少」，其又能遜以委之何人乎？

【一八四】

會稽素號山水之區，深林長谷，信步皆是；寒暑晦明，無時不宜。安居飽食，塵囂無擾，良朋四集，道義日新，優哉游哉，天地之間寧復有樂於是者？孔子云：「不怨天，不尤人，下學而上達。」[一] 僕與一二同志，方將請事斯語，奚暇外慕？獨其切膚之痛，乃有未能恝然者，輒復云云爾。咳疾暑毒，書札絶懶。盛使遠來，遲留經月，臨岐執筆，又不覺累紙，蓋於相知之深，雖已縷縷至此，殊覺有所未能盡也。

【箋疏】

［一］此所引述孔子之言，見《論語・憲問》：「子曰：『莫我知也夫！』子貢曰：『何爲其莫知子也？』子曰：『不怨天，不尤人，下學而上達。知我者其天乎！』」（朱熹《四書章句集注》，第一八五頁）

【集評】

施邦曜曰：「聖人以天下爲身，視人之喑啞聾聵猶之身疚，故曰『堯舜其猶病諸』。非堯舜之至仁，不能有是病。病，正堯舜之大仁也。孔子周流、孟子好辯，俱是視天下之病猶身病，欲一日安坐、一日無言不可得，真有大不得已者存乎其間。先生當喑啞聾聵之世，效談笑於墜溺之旁，是謂不仁；其甘冒病狂喪心之譏、求申其不得已之意，真是聖賢之存心。」又曰：「此篇文字，見先生直以斯道自任。」

東正純曰：「文成是書，大意在因文蔚之言而更洗潑而進之，固非抑文蔚之言而伸其説也。」又曰：「遯世無悶之情，寫出無剩。蓋樂天知命之學，必從潛龍不拔入焉。自非聰明之至，不能知其所以然，故爲文蔚切言之。」（東正純《傳習録參考》，《澤瀉先生全集》上册，第六五九頁）

二[一]

【一八五】

得書，見近來所學之驟進，喜慰不可言。諦視數過，其間雖亦有一二未瑩徹處，却是致良知之功尚未純熟，到純熟時自無此矣。譬之驅車，既已由於康莊大道之中，或時横斜迂曲者，乃馬性未調、銜勒不齊之故，然已只在康莊大道中，决不賺入傍蹊曲徑矣。近時海内同志到此地位者曾未多見，喜慰不可言，斯道之幸也！賤軀舊有咳嗽畏熱之病，近入炎方，輒復大作[一]。主上聖明洞察，責付甚重，不敢遽辭。地方軍務冗沓，皆輿疾從事。今却幸已平定，已具本乞回養病。得在林下稍就清涼，或可瘳耳。人還，伏枕草草，不盡傾企。外惟濬一簡[二]，幸達致之。

【校勘】

[一] **近入炎方，輒復大作**：「輒」，原作「輙」，據德安府重刊本、胡宗憲本、郭朝賓本、施邦曜本、俞嶙本、四庫全書本、三輪執齋本、佐藤一齋本、許舜屏本、葉紹鈞本、陳榮捷本、鄧艾民本改。

【箋疏】

［一］聶文蔚《啓陽明先生》云：「逖違道範，丙戌之夏，迄今兩易寒暑矣。……丁亥春，北上，次真州，曾具狀託王巡按轉致，竟不知達否。……西粵之亂，先聲所至，莫不震疊，凱還當在日下。……某承乏一方，百無能爲。以春正入閩境，諸務從委，茫無下手處。」（聶豹《聶豹集》，第二三三頁）所謂「以春正入閩境」，指聶豹巡按福建事。宋儀望《明榮禄大夫太子太保兵部尚書贈少保謚貞襄雙江聶公行狀》云，嘉靖七年「戊子春，入閩」；又云，「是春，復以書往陽明論學，亹亹數千言，復書俱悉所云」。（聶豹《聶豹集》，第六四一、六四二頁）可知聶文蔚《啓陽明先生》書，乃作於嘉靖戊子七年春間。而陽明《答聶文蔚（二）》中有「賤軀舊有咳嗽畏熱之病，近入炎方，輒復大作。主上聖明洞察，責付甚重，不敢遽辭。地方軍務冗沓，皆輿疾從事。今却幸已平定，已具本乞回養病。得在林下稍就清涼，或可瘳耳。人還，伏枕草草，不盡傾企。外惟濬一簡，幸達致之」之説。其中，所謂「地方軍務冗沓，皆輿疾從事。今却幸已平定」，指陽明平定廣西思恩、田州以及斷藤峽叛亂事；所謂「已具本乞回養病」，指陽明嘉靖七年所上《乞恩暫容回籍就醫養病疏》。（王守仁《王陽明全集（新編本）》第二册，第五五三至五五五頁）陽明所上《乞恩暫容回籍就醫養病疏》，題後所標撰作時間爲「七年十月初十日」。束景南曰：「陽明此《乞恩暫容回籍就醫養病疏》題下原注『七年十月初十日』作，後人遂以爲陽明上養病疏請告在十月初十日。錢德洪《陽明先生年譜》謂：『十月，疏請告。先生以疾劇，上疏請告。』乃大誤。因此一誤，錢德洪年譜於此譜叙全錯，幾可謂一片混亂，五百年來竟無一人以發其誤者。今按陽明七月初十日所上《八寨斷

藤峽捷音疏》分明云：『但恨身嬰危疾，自後任勞頗難，已具本告回養病，乞賜俯允。』可見陽明《乞恩暫容回籍就醫養病疏》與《八寨斷藤峽捷音疏》上在同一天，『十月初十日』必是『七月初十日』形誤。世宗不准辭命詔下在九月甲戌（五日），僅此亦足證陽明上《養病疏》在七月，斷不可能在十月。茲再舉二例考之：陽明《又寄正憲男》書五云：『八月廿七日南寧起程，九月初七日已抵廣城。病勢今亦漸平復，但咳嗽終未能脱體耳。《養病本》北上已二月餘，不久當得報。』（《王陽明全集》卷二十六）此書作在九月十一二日，以『二月餘』上推，可見陽明《養病疏》正上在七月十日。《又寄正憲男》書六亦云：『我在廣城已踰半月……候《養病疏》命下，即發舟歸矣。』此書作於九月二十三四日，可見陽明《養病疏》上在七月，斷非十月。又陽明《答何廷仁》云：『自至廣城，又增水瀉……區區《養病本》去已三月，旬日後必得旨。』（《王陽明全集》卷六）陽明到廣城在九月初七。若陽明《養病疏》上在十月，則以『去已三月』算，陽明此書應作在嘉靖七年十二月，豈非荒謬至極（按陽明卒在十一月）？」（束景南《王陽明年譜長編》第四册，第一九九六至一九九七頁）束氏之説可取。《乞恩暫容回籍就醫養病疏》題後所標撰作時間「七年十月初十日」，當爲「七年七月初十日」之誤。而所謂「外惟濬一簡」，指《與陳惟濬》。（王守仁《王陽明全集（新編本）》第一册，第二三六至二三七頁）案：《與陳惟濬》題後所標撰作時間爲「丁亥」，非是。據書中所謂「近得聶文蔚書，知已入漳」「文蔚書中所論，迥然大進，真有一日千里之勢，可喜可喜！頗有所詢，病中草草答大略。見時可取視之，亦有所發也」云云，可斷定其爲與《答聶文蔚（二）》同時之作，亦撰作於「戊子」。陽明《與陳惟濬》書中有「自出山來，不覺便是一年」之説。所謂

「出山」，指陽明在嘉靖六年九月初離越，起程往征思恩、田州。從嘉靖六年九月初，往後推一年，略當嘉靖七年九月。然則，陽明《與陳惟濬》應作於嘉靖七年九月初抵達廣州之後。《答聶文蔚（二）》與《與陳惟濬》爲同時之作，亦應作於嘉靖七年九月初抵達廣州之後。又《答聶文蔚（二）》中所答聶文蔚之疑，均見於聶文蔚《啓陽明先生》所謂「外疑事數條，附録以請」之文。（聶豹《聶豹集》，第二三四至二三七頁）毫無疑問，陽明《答聶文蔚（二）》乃對聶豹《啓陽明先生》之回復。嘉靖七年十一月二十九日，陽明病卒於江西南安。（王守仁《王陽明全集（新編本）》第四册，第一三三六至一三三七頁）是故，陽明《答聶文蔚（二）》乃作於其嘉靖七年九月初抵達廣州之後，似可確定無疑也。

［二］陳九川，字惟濬，號明水，江西臨川人。生於弘治七年甲寅（一四九四年），卒於嘉靖四十一年壬戌（一五六二年），享年六十九歲。正德九年（一五一四年）進士。授太常博士，以諫武宗南巡除名。世宗即位，起爲主客司郎中。陽明門人。著作有《明水陳先生文集》。

【一八六】

來書所詢，草草奉復一二。近歲來山中講學者，往往多説「勿忘勿助」工夫甚難[一]。問之，則云：「才著意便是助，才不著意便是忘，所以甚難。」區區因問之云：「忘是忘個甚麼？助是助個甚麽？」其人默然無對。始請問。區區因與説，我此間講學，却只説個「必有事焉」，不説「勿忘勿助」。「必有事焉」者，只是時時去「集義」。若時時去用「必有事」的工夫，而或有時間斷，此便是忘了，即須「勿忘」；時時去用「必有事」的工夫，而或有時欲速求效，此便是助了，即須「勿助」。其工夫全在「必有事焉」上用。「勿忘勿助」，只就其間提撕警覺而已。若是工夫原不間斷，即不須更説「勿忘」；原不欲速求效，即不須更説「勿助」。此其工夫何等明白簡易！何等灑脱自在！〔二〕今却不去「必有事」上用工，而乃懸空守著一個「勿忘勿助」，此正如燒鍋煮飯，鍋内不曾漬水下米㈠，而乃專去添柴放火，不知畢竟煮出個甚麽物來！吾恐火候未及調停而鍋已先破裂矣。近日一種專在「勿忘勿助」上用工者，其病正是如此。終日懸空去做個「勿忘」，又懸空去做個「勿助」，漭漭蕩蕩㈡，全無實落下手處，究竟工夫只做得個沉空守寂，學成一個痴騃漢，才遇些子事來㈢，即便牽滯紛擾，不復能經綸宰制。此皆有志之士，而乃使之勞苦纏縛，擔閣一生，皆由學術誤人之故，甚可憫矣！

【校勘】

㈠ **鍋内不曾漬水下米**：「漬」，德安府重刊本作「注」。

㈡ **漭漭蕩蕩**：「漭漭」，原作「滂滂」，據胡宗憲本、郭朝賓本、四庫全書本改。

㊂ **學成一個痴騃漢，才遇些子事來**：「才」，郭朝賓本作「子」。若作「子」，此處句讀應作「學成一個痴騃漢子，遇些子事來」。

【箋疏】

［一］「勿忘勿助」以及後文所謂「必有事焉」「集義」，語出《孟子·公孫丑上》：「『敢問何謂浩然之氣？』曰：『難言也。其爲氣也，至大至剛，以直養而無害，則塞於天地之間。其爲氣也，配義與道；無是，餒也。是集義所生者，非義襲而取之也。行有不慊於心，則餒矣。我故曰，告子未嘗知義，以其外之也。必有事焉而勿正，心勿忘，勿助長也。無若宋人然：宋人有閔其苗之不長而揠之者，芒芒然歸。謂其人曰：「今日病矣，予助苗長矣。」其子趨而往視之，苗則槁矣。天下之不助苗長者寡矣。以爲無益而舍之者，不耘苗者也；助之長者，揠苗者也，非徒無益而又害之。』」（朱熹《四書章句集注》，第二七〇至二七一頁）

［二］佐藤一齋曰：「勿忘勿助，只是集義工夫，有多少暢茂條達意在。不事於集義，而徒說勿忘勿助，與佛氏不思善、不思惡境界相類，竟墮於虛見矣。文成夙發此意，警醒學者；而文成歿後，龍溪諸輩尚犯之。讀者詳翫毋忽。」

【集評】

顧憲成《小心齋劄記》云：「問：『本朝之學，惟白沙、陽明爲透悟。陽明不及見白沙，而與其高弟張東所、湛甘泉相往復。白沙靜中養出端倪，陽明居夷處困悟出良知，良知似即端倪。何以他日又闢其勿忘勿助？』曰：『陽明目空千古，直是不數白沙，故生平並無一語及之。至勿忘勿助之鬪，乃是平地生波。白沙曷嘗丟却有事，只言勿忘勿助？非惟白沙，從來亦無此等呆議論也。』」（黄宗羲《明儒學案（修訂本）》下册，第一三九一頁）◎案：顧憲成謂陽明此所批評之「勿忘勿助」，乃針對陳白沙，非是也。陽明所針對者，乃其友人湛若水（湛若水，字元明，廣東增城人。陳白沙弟子。弘治十八年進士。因居增城之甘泉都，學者稱甘泉先生）。對於陽明之批評，湛若水在回答其弟子潘子嘉之請教時，回應道：「惟求心必有事焉，而以勿助勿忘爲虚，陽明近有此説，見於與聶文蔚侍御之書，而不知勿正勿忘勿助，乃所有事之功夫也。求方圓者必於規矩，舍規矩則無方圓，舍勿忘勿助，則無所有事而天理滅矣。下文『無若宋人然』『非徒無益而又害之』，可見也。不意此公聰明，未知要妙，未見此光景，不能無遺憾。可惜！可惜！勿忘勿助之間，與物同體之理見矣，至虚至實須自見得。」（湛若水《新泉問辯録》，《泉翁大全集》第六九卷，第一一頁）對於王陽明之言與湛若水之論，顧應祥曰：「陽明之學專主於致良知，而元明則以隨處體認天理爲主，故其所見不同如此。愚又一説焉：夫孟子所謂『必有事焉而勿正，心勿忘，勿助長』者，言其集義養氣之功夫也。時時必有事焉，即勿忘矣；勿欲速期效，即勿助長矣。勿者，禁止之辭，正是工夫用力處也。謂之『必有事焉』，即是時時集義矣；又曰『時時用必有事的工夫』，無乃重復乎？若不説必有事，而止曰勿忘勿助，固似乎虚；若果體認天理而時時勿忘勿助，即是功夫也。元明既以勿忘勿助爲工夫，而又不言體認，一則曰要妙，二則曰光景，則又從效驗上言；又謂勿忘勿助之間、與物同體之理，似乎玄虚。」（顧應祥《静虚齋惜陰録》，《四庫全書存目叢書》子部第八四册，第八二二頁）聶豹《答董明建》云：「王、湛二家之學，各自爲宗旨，果能實用其力，各自有得力處。今曰『天理即良知也，隨處體認即致也』，顧亦未爲甚非，但其實有不同處，亦不可誣也。兹欲比而同之，是殆爲二家折中講和之意，似亦不消如此也。先師教人，重在『必有事焉』，未嘗少得『勿忘勿助』；甘泉教人，重在『勿忘勿助』，未嘗少得『必有事焉』。顧其立言，俱爲救偏補弊而發，終不若孟子本然之渾全密微，不費分説也。」（聶豹《聶豹集》，第四一六頁）

【一八七】

夫「必有事焉」只是「集義」，「集義」只是「致良知」。説「集義」則一時未見頭腦，説「致良知」即當下便有實地步可用工，故區區專説「致良知」。隨時就事上致其良知，便是「格物」；著實去致良知，便是「誠意」；著實致其良知，而無一毫意必固我[一]，便是「正心」。著實致良知，則自無忘之病；無一毫意必固我，則自無助之病。故説「格致誠正」，則不必更説個「忘助」。孟子説「忘助」，亦就告子得病處立方。告子强制其心，是助的病痛，故孟子專説助長之害。告子助長，亦是他以義爲外，不知就自心上集義，在「必有事焉」上用功，是以如此。若時時刻刻就自心上集義，則良知之體洞然明白，自然是是非非纖毫莫遁，又焉有「不得於言，勿求於心；不得於心，勿求於氣」之弊乎？[二] 孟子「集義」「養氣」之説，固大有功於後學，然亦是因病立方，説得大段，不若《大學》「格致誠正」之功，尤極精一簡易，爲徹上徹下、萬世無弊者也。

【箋疏】

〔一〕「意必固我」，語出《論語·子罕》：「子絶四：毋意，毋必，毋固，毋我。」（朱熹《四書章句集注》，第一一八頁）

〔二〕「不得於言，勿求於心」云云，語出《孟子·公孫丑上》：「曰：『敢問夫子之不動心，與告子之不動心，可得聞與？』『告子曰：「不得於言，勿求於心；不得於心，勿求於氣。」不得於心，勿求於氣，可；不得於言，勿求於心，不可。夫志，氣之帥也；氣，體之充也。夫志至焉，氣次焉。故曰：持其志，無暴其氣。』」（朱熹《四書章句集注》，第二六九頁）

【集評】

但衡今曰：「陽明以孟子所云『集義所生』説明致良知之功，以良知之間斷與否説明必有事焉、勿忘勿助之功，推而至於格物、誠意、正心，皆有實地工夫可用。條理分明，用以破當時單提勿忘勿助而煮空鍋者之迷，無有不恍然而自悟者也。至所云『集義只是致良知』，陽明取以説明『必有事焉』與『致』字之功。不必以其致良知之學，即孟子之所謂集義也。不可不辨。」（但衡今《王陽明傳習録札記》中卷，第一一三至一一四頁）

【一八八】

聖賢論學，多是隨時就事，雖言若人殊㊀，而要其工夫頭腦，若合符節。緣天地之間，原只有此性、只有此理、只有此良知、只有此一件事耳。故凡就古人論學處説工夫，更不必攙和兼搭而説，自然無不吻合貫通者。才須攙和兼搭而説，即是自己工夫未明徹也。近時有謂「集義」之功必須兼搭個「致良知」而後備者，則是「集義」之功尚未了徹也；「集義」之功尚未了徹，適足以爲「致良知」之累而已矣〔二〕。謂「致良知」之功必須兼搭一個「勿忘勿助」而後明者，則是「致良知」之功尚未了徹也；「致良知」之功尚未了徹，適足以爲「勿忘勿助」之累而已矣。若此者，皆是就文義上解釋牽附，以求混融湊泊，而不曾就自己實工夫上體驗，是以論之愈精，而去之愈遠。文蔚之論，其於大本達道既已沛然無疑，至於「致知」「窮理」及「忘助」等説，時亦有攙和兼搭處，却是區區所謂康莊大道之中或時横斜迂曲者，到得工夫熟後，自將釋然矣。

【校勘】

㊀ **雖言若人殊**：「若人」，三輪執齋本、佐藤一齋本作「若是」。

【箋疏】

［一］佐藤一齋曰：「集義，即致良知也，集良知所知之義也。若其分爲二，而謂集義必須兼搭致良知，則是置集義於致良知外，未免於昔儒見解矣。如此而求之，不特錯用其功，而衹足以爲之累也。」

【一八九】

文蔚謂「致知之説，求之事親、從兄之間，便覺有所持循」者，此段最見近來真切篤實之功。但以此自爲，不妨自有得力處；以此遂爲定説教人，却未免又有因藥發病之患，亦不可不一講也。蓋良知只是一個天理自然明覺發見處，只是一個真誠惻怛，便是他本體。故致此良知之真誠惻怛以事親便是孝，致此良知之真誠惻怛以從兄便是弟，致此良知之真誠惻怛以事君便是忠，只是一個良知，一個真誠惻怛。若是從兄的良知不能致其真誠惻怛，即是事親的良知不能致其真誠惻怛矣；事君的良知不能致其真誠惻怛，即是從兄的良知不能致其真誠惻怛矣。故致得事君的良知，便是致却從兄的良知；致得從兄的良知，便是致却事親的良知。不是事君的良知不能致，却須又從事親的良知上去擴充將來，如此又是脱却本原、着在支節上求了。良知只是一個，隨他發見流行處，當下具足，更無去來，不須假借。然其發見流行處，却自有輕重厚薄，毫髮不容增減者，所謂「天然自有之中」也[一]。雖則輕重厚薄，毫髮不容增減，而原又只是一個；雖則只是一個，而其間輕重厚薄，又毫髮不容增減。若可得增減，若須假借，即已非其真誠惻怛之本體矣。此良知之妙用，所以無方體、無窮盡，「語大天下莫能載，語小天下莫能破」者也。[二]

【箋疏】

[一]「天然自有之中」，語見朱熹《大學或問》「程子所謂天然自有之中」。（朱熹《四書或問》，第一三頁）《大學或問》之所本，爲《河南程氏遺書》所載程頤云：「楊子拔一毛不爲，墨子又摩頂放踵爲之，此皆是不得中。至如子莫執中，欲執此二者之中，不知怎麽執得？識得，則事事物物上皆天然有個中在那上，不待人安排也。安排著，則不中矣。」（程顥、程頤《二程集》第一册，第一八一頁）

三輪執齋曰，所謂「天然自有之中」也，「程子曰：『識得，則事事物物上皆天然有個中在那上，不待人安排也。安排非中。』《大學或問》亦載之。案：程子以事物言之，王子以心理説之也」。

[二]「語大天下莫能載」云云，語見《中庸》：「君子之道費而隱。夫婦之愚，可以與知焉，及其至也，雖聖人亦有所不知焉；夫婦之不肖，可以能行焉，及其至也，雖聖人亦有所不能焉。天地之大也，人猶有所憾。故君子語大，天下莫能載焉；語小，天下莫能破焉。」（朱熹《四書章句集注》，第二六頁）

【集評】

佐藤一齋曰：「良知本體常在，有何去來？真誠惻怛，有何假借？然其發見條理，有自然之厚薄，如手足之捍頭目，不假安排思索，是可以見其妙用矣。」

【一九〇】

孟氏「堯舜之道，孝弟而已」者[一]，是就人之良知發見得最真切篤厚、不容蔽昧處提省人，使人於事君處友、仁民愛物與凡動静語默間，皆只是致他那一念事親從兄真誠惻怛的良知，即自然無不是道。蓋天下之事雖千變萬化至於不可窮詰，而但惟致此事親從兄一念真誠惻怛之良知以應之，則更無有遺缺滲漏者，正謂其只有此一個良知故也。事親從兄一念良知之外，更無有良知可致得者。故曰「堯舜之道，孝弟而已矣」。此所以爲「惟精惟一」之學，「放之四海而皆準」「施諸後世而無朝夕」者也[二]。文蔚云「欲於事親從兄之間，而求所謂良知之學」，就自己用工得力處如此說，亦無不可；若曰致其良知之真誠惻怛，以求盡夫事親從兄之道焉，亦無不可也。明道云：「行仁自孝弟始。孝弟是仁之一事，謂之行仁之本則可，謂是仁之本則不可。」[三]其說是矣。

【箋疏】

[一]「堯舜之道，孝弟而已」，語見《孟子・告子下》。（朱熹《四書章句集注》，第四〇〇頁）

〔二〕「放之四海而皆準」「施諸後世而無朝夕」，語本《禮記・祭義》：「曾子曰：『夫孝，置之而塞乎天地，溥之而橫乎四海，施諸後世而無朝夕，推而放諸東海而準，推而放諸西海而準，推而放諸南海而準，推而放諸北海而準。《詩》云「自西自東，自南自北，無思不服」，此之謂也。』」（朱彬《禮記訓纂》下册，第七一四至七一五頁）

施邦曜曰：「語人以盡仁盡義，人必謂聖人方可能；語以事親從兄，則孩提亦解得。故惟『孝弟』二字最易醒發人。然惟能充之，方足以保四海，否則不足以事父母。所以不可無致知之功。」

〔三〕此所引述「明道云」，實爲伊川語，見《河南程氏遺書》「伊川先生語四」。其文云：「問：『「孝弟爲仁之本」，此是由孝弟可以至仁否？』曰：『非也。謂行仁自孝弟始。蓋孝弟是仁之一事，謂之行仁之本則可，謂之是仁之本則不可。蓋仁是性也，孝弟是用也。性中只有仁義禮智四者，幾曾有孝弟來？仁主於愛，愛莫大於愛親。故曰「孝弟也者，其爲仁之本歟！」』」（程顥、程頤《二程集》第一册，第一八三頁）陳榮捷、鄧艾民亦曰，此所謂明道言，實爲伊川語。

【一九二】

「億、逆、先覺」之説〔一〕，文蔚謂「誠，則旁行曲防皆良知之用」㊀，甚善甚善！間有攙搭處，則前已言之矣。惟濬之言，亦未爲不是。在文蔚須有取於惟濬之言而後盡，在惟濬又須有取於文蔚之言而後明；不然，則亦未免各有倚着之病也。舜察邇言而詢蒭蕘[二]，非是以邇言當察、蒭蕘當詢而後如此，乃良知之發見流行，光明圓瑩，更無罣礙遮隔處，此所以謂之大知；才有執着意必，其知便小矣。講學中自有去取分辨，然就心地上着實用工夫，却須如此方是。

【校勘】

㈠ **文蔚謂「誠，則旁行曲防皆良知之用」**：「旁行曲防」，施邦曜本、俞嶙本作「旁行曲行」。非是。聶豹《啓陽明先生》原文作「旁行曲防」。（聶豹《聶豹集》，第二三六頁）

【箋疏】

[一]「億、逆、先覺」之説，語出《論語·憲問》：「子曰：『不逆詐，不億不信，抑亦先覺者，是賢乎！』」（朱熹《四書章句集注》，第一八四頁）

[二]「舜察邇言而詢蒭蕘」，語本《中庸》：「子曰：『舜其大知也與！舜好問而好察邇言，隱惡而揚善，執其兩端，用其中於民，其斯以爲舜乎！』」（朱熹《四書章句集注》，第二三頁）以及《詩經·大雅·板》：「我言維服，勿以爲笑。先民有言，詢於芻蕘。」（朱熹《詩集傳》，《朱子全書》第一册，第六九一頁）佐藤一齋曰：「舜詢於蒭蕘，事未經見。文成蓋因舜察邇言，而推言其善與人同之意，不必泥典故。」陳榮捷曰：「陽明合二事爲一事，取其意耳。」

【一九二】

「盡心」三節，區區曾有生知、學知、困知之説[一]，頗已明白，無可疑者。蓋盡心、知性、知天者，不必説存心、養性、事天，不必説殀壽不貳、修身以俟，而存心、養性與修身以俟之功已在其中矣；存心、養性、事天者，雖未到得盡心、知天的地位，然已是在那裏做個求到盡心、知天的工夫，更不必説殀壽不貳、修身以俟，而殀壽不貳、修身以俟之功已在其中矣。譬之行路，盡心、知天者，如年力壯健之人，既能奔走往來於數千百里之間者也；存心、事天者，如童穉之年，使之學習步趨於庭除之間者也；殀壽不貳、脩身以俟者，如襁抱之孩，方使之扶牆傍壁，而漸學起立移步者也。既已能奔走往來於數千里之間者，則不必更使之於庭除之間而學步趨，而步趨於庭除之間自無弗能矣；既已能步趨於庭除之間，則不必更使之扶牆傍壁而學起立移步，而起立移步自無弗能矣。然學起立移步，便是學步趨庭除之始；學步趨庭除，便是學奔走往來於數千里之基。固非有二事，但其工夫之難易則相去懸絶矣。心也、性也、天也，一也，故及其知之、成功則一[二]。然而三者人品力量自有階級，不可躐等而能也。細觀文蔚之論，其意似恐盡心知天者廢却存心、修身之功，而反爲盡心知天之病。是蓋爲聖人憂工夫之或間斷，而不知爲自己憂工夫之未真切也。吾儕用工，却須專心致志，在殀壽不貳、修身以俟上做，只此便是做盡心知天功夫之始，正如學起立移步，便是學奔走千里之始。吾方自慮其不能起立移步，而豈遽慮其不能奔走千里？又况爲奔走千里者而慮其或遺忘於起立移步之習哉？文蔚識見本自超絶邁往，而所論云然者，亦是未能脱去舊時解説文義之習，是爲此三段書分疏比合，以求融會貫通，而自添許多意見纏繞，反使用工不專一也。近時懸空去做勿忘勿助者，其意見正有此病，最能擔誤人，不可不滌除耳。

【箋疏】

[一]所謂「『盡心』三節」，指聶豹《啓陽明先生》所論《孟子·盡心上》「盡心知性」章。（聶豹《聶豹集》，第二三六頁）所謂「區區曾有生知、學知、困知之説」，見陽明《傳習録上》「徐愛曰仁所録」以及《傳習録中》「答顧東橋書」。

[二]「及其知之、成功則一」，語本《中庸》：「或生而知之，或學而知之，或困而知之，及其知之，一也；或安而行之，或利而行之，或勉强而行之，及其成功，一也。」（朱熹《四書章句集注》，第三三頁）

【一九三】

所論「尊德性而道問學」一節㊀[二]，至當歸一，更無可疑。此便是文蔚曾著實用工，然後能爲此言。此本不是險僻難見的道理，人或意見不同者，還是良知尚有纖翳潛伏。若除去此纖翳，即自無不洞然矣。

【校勘】

㊀ **所論「尊德性而道問學」一節**：「所論」，原作「所謂」，據德安府重刊本、閭東本、施邦曜本、俞嶙本改。

【箋疏】

［一］所謂「所論『尊德性而道問學』一節」，指聶豹《啓陽明先生》書中討論《中庸》「尊德性而道問學」一段文字。（聶豹《聶豹集》，第二三六至二三七頁）

（右南大吉録）［二］

【一九四】

已作書後，移臥簷間，偶遇無事，遂復答此。文蔚之學既已得其大者，此等處久當釋然自解，本不必屑屑如此分疏。但承相愛之厚，千里差人遠及，諄諄下問，而竟虛來意，又自不能已於言也。然直戇煩縷已甚，恃在信愛，當不爲罪。惟濬處及謙之、崇一處［三］，各得轉録一通寄視之，尤承一體之好也。

【箋疏】

［一］鄒守益，字謙之，號東廓，江西安福人。生於弘治四年辛亥（一四九一年）二月，卒於嘉靖四十一年壬戌（一五六二年）十一月，享年七十二歲。正德六年（一五一一年）進士。授編修，逾年告歸。正德十四年（一五一九年），謁見陽明於贛州，助陽明平定朱宸濠叛亂。世宗即位，復官，因直諫謫廣德州判官。官至南京國子監祭酒。陽明弟子。其著作，現已編輯刊印爲《鄒守益集》。

［二］三輪執齋曰：「此卷，一本以《答人論學書》爲第一，以《答周道通書》以下爲第二，《答歐陽崇一書》以下爲第三，《答聶文蔚》二書爲第四，《訓蒙》之前載《立志説》一條合爲第五，於終書『右門人南大吉録』七字。據《年譜》曰『大吉取先生論學書，復增五卷（見嘉靖三年）』，則是似爲得之焉。然卷首德洪小序言摘録先師手書八篇而歷舉之，而未及《立志》《訓蒙》之二條。而所謂五卷者，亦未知其元本。否則，是恐後人所增而非元善之舊矣。然《訓蒙》篇收於此書，既尚矣，而於其訓蒙之正，最不可欠也；至《立志説》，又直指精切，無有過之者，而學者用功當務之第一義矣，故從異本之次第而共存之。但『右南大吉録』之五字，則從通行印本存之於此云。」

佐藤一齋曰，「『右南大吉録』，『南本無此五字。案：《立志説》《訓蒙大意》，並係大吉所録，則此五字當移入於卷末』。

【集評】

施邦曜曰：「學問惟得着實安頓處，自然放手不下，那得忘？自然應念而是，那得助？譬人既有一定棲身之所，便是常處了，欲忘不得也；業已安居了，欲助何爲也？先生教人，只於事親從兄上着力，何等真切着實！日事於此，自有『生惡可已』之妙，安有助忘？此便可識格物致知着實用功處。」

《訓蒙大意示教讀劉伯頌等》前，臺北藏明刊本、德安府重刊本、王畿本、孫應奎本、錢錞本、胡宗憲本、三輪執齋本、佐藤一齋本有陽明《示弟立志説》，兹據臺北藏明刊本補出。其文云：

予弟守文來學，告之以立志。守文因請次第其語，使得時時觀省；且請淺近其辭，則易於通曉也。因書以與之。

夫學，莫先於立志。志之不立，猶不種其根而徒事培擁灌溉，勞苦無成矣。世之所以因循苟且、隨俗習非而卒歸於汙下者，凡以志之弗立也。故程子曰：「有求爲聖人之志，然後可與共學。」人苟誠有求爲聖人之志，則必思聖人之所以爲聖人者安在？非以其心之純乎天理而無人欲之私歟？聖人之所以爲聖人，惟以其心之純乎天理而無人欲，則我之欲爲聖人，亦惟在於此心之純乎天理而無人欲耳。欲此心之純乎天理而無人欲，則必去人欲而存天理；務去人欲而存天理，則必求所以去人欲而存天理之方；求所以去人欲而存天理之方，則必正諸先覺、考諸古訓，而凡所謂學問之功者，然後可得而講，而亦有所不容已矣。

夫所謂正諸先覺者，既以其人爲先覺而師之矣，則當專心致志，惟先覺之爲聽。言有不合，不得棄置，必從而思之；思之不得，又從而辨之，務求了釋，不敢輒生疑惑。故《記》曰「師嚴然後道尊，道尊然後民知敬學」。苟無尊崇篤信之心，則必有輕忽慢易之意。言之而聽之不審，猶不聽也；聽之而思之不慎，猶不思也，是則雖曰師之，猶不師也。

夫所謂考諸古訓者，聖賢垂訓莫非教人去人欲而存天理之方，若五經、四書是已。吾惟欲去吾之人欲、存吾之天理而不得其方，是以求之於此，則其展卷之際，真如饑者之於食，求飽而已；病者之於藥，求愈而已；暗者之於燈，求照而已；跛者之於杖，求行而已。曾有徒事記誦講説，以資口耳之弊哉？

夫立志亦不易矣。孔子，聖人也，猶曰「吾十有五而志於學，三十而立」。立者，立志也。雖至於「不踰矩」，亦志之不踰矩也，志豈可易而視哉！夫志，氣之帥也，人之命也，木之根也，水之源也。源不濬則流息，根不植則木枯，命不續則人死，志不立則氣昏。是以君子之學，無時無處而不以立志爲事。正目而視之，無他見也；傾耳而聽之，無他聞也。如猫捕鼠，如雞覆卵，精神心思凝聚融結，而不復知有其他，然後此志常立，神氣精明，義理昭著。一有私欲，即便知覺，自然容住不得矣。故凡一毫私欲之萌，只責此志不立，即私欲便退聽；一毫客氣之動，只責此志不立，即客氣便消除。或怠心生，責此志，即不怠；忽心生，責此志，即不忽；懆心生，責此志，即不懆；妬心生，責此志，即不妬；忿心生，責此志，即不忿；貪心生，責此志，即不貪；傲心生，責此志，即不傲；吝心生，責此志，即不吝。蓋無一息而非立志責志之時，無一事而非立志責志之地。故責志之功，其[於]去人欲，有如烈火之燎毛、太陽一出而魍魎潛消也。

自古聖賢因時立教，雖若不同，其用功大指無或少異。《書》謂「惟精惟一」，《易》謂「敬以直內，義以方外」，孔子謂「格致誠正」「博文約禮」，曾子謂「忠恕」，子思謂「尊德性而道問學」，孟子謂「集義養氣」「求其放心」，雖若人自爲説，有不可强同者，而求其要領歸宿，合若符契。何者？夫道一而已。道同則心同，心同則學同。其卒不同者，皆邪説也。後世大患，尤在無志，故今以立志爲説。中間字字句句，莫非立志。蓋終身問學之功，只是立得志而已。若以是説而合精一，則字字句句皆精一之功；以是説而合敬義，則字字句句皆敬義之功；其諸「格致」「博約」「忠恕」等説，無不吻合。但能實心體之，然後信予言之非妄也。

訓蒙大意示教讀劉伯頌等[一]

【一九五】

古之教者，教以人倫。後世記誦詞章之習起，而先王之教亡。今教童子，惟當以孝弟忠信、禮義廉耻爲專務；其栽培涵養之方，則宜誘之歌詩以發其志意，導之習禮以肅其威儀，諷之讀書以開其知覺。今人往往以歌詩、習禮爲不切時務，此皆末俗庸鄙之見，烏足以知古人立教之意哉！大抵童子之情，樂嬉遊而憚拘檢，如草木之始萌芽，舒暢之則條達，摧撓之則衰痿。今教童子必使其趨向鼓舞、中心喜悦，則其進自不能已。譬之時雨春風霑被，卉木莫不萌動發越，自然日長月化；若冰霜剥落，則生意蕭索，日就枯槁矣。故凡誘之歌詩者，非但發其志意而已，亦所以洩其跳號呼嘯於詠歌，宣其幽抑結滯於音節也；導之習禮者，非但肅其威儀而已，亦所以周旋揖讓而動蕩其血脉，拜起屈伸而固束其筋骸也；諷之讀書者，非但開其知覺而已，亦所以沈潛反復而存其心，抑揚諷誦以宣其志也。凡此皆所以順導其志意，調理其性情，潛消其鄙吝，默化其麤頑，日使之漸於禮義而不苦其難，入於中和而不知其故，是蓋先王立教之微意也。若近世之訓蒙穉者，日惟督以句讀課仿[二]，責其檢束而不知導之以禮，求其聰明而不知養之以善，鞭撻繩縛，若待拘囚。彼視學舍如囹獄而不肯入，視師長如寇仇而不欲見，窺避掩覆以遂其嬉遊，設詐飾詭以肆其頑鄙，偷薄庸劣，日趨下流。是蓋驅之於惡而求其爲善也，何可得乎？凡吾所以教，其意實在於此。恐時俗不察，視以爲迂，且吾亦將去，故特叮嚀以告。爾諸教讀，其務體吾意，永以爲訓，毋輒因時俗之言「改廢其繩墨」，庶成「蒙以養正」之功矣[三]。念之念之！

【箋疏】

[一]《陽明先生年譜》云，正德十三年三月，陽明襲平大帽、浰頭諸寇；四月，班師，立社學。「先生謂民風不

善，由於教化未明。今幸盜賊稍平，民困漸息，一應移風易俗之事，雖未能盡舉，姑且就其淺近易行者，開導訓誨。即行告諭，發南、贛所屬各縣父老子弟，互相戒勉，興立社學，延師教子，歌詩習禮。」（王守仁《王陽明全集（新編本）》第四册，第一二五九頁）此文恐作於是時。

[二] 佐藤一齋曰：「課仿，謂考試程文。」

[三] 「改廢其繩墨」，語出《孟子·盡心上》：「公孫丑曰：『道則高矣、美矣，宜若登天然，似不可及也。何不使彼爲可幾及而日孳孳也？』孟子曰：『大匠不爲拙工改廢繩墨，羿不爲拙射變其彀率。君子引而不發，躍如也。中道而立，能者從之。』」（朱熹《四書章句集注》，第四二八頁）

「蒙以養正」，語見《周易·蒙卦·彖傳》：「蒙以養正，聖功也。」（朱熹《周易本義》，《朱子全書》第一册，第九二頁）

【集評】

唐伯元曰：「《傳習録》雖多謬戾，『拔本塞源』之論亦不免借一體以行其私，獨《訓蒙大意》一篇，能道先王之舊；而象祠、文山祠二記與《客座諭俗》數語，有可以警發人心，其文章足尚。」（唐伯元《從祀疏》，《醉經樓集》，第一八二頁）

佐藤一齋曰：「孔子曰『少者懷之』，一句道盡。後之訓蒙皆反之。文成之訓，即夫子之意也。」

東正純曰：「文成訓蒙，正與世訓蒙者相反。蓋此即孔子『少者懷之』之意耳，不足異。」（東正純《傳習録參考》，《澤瀉先生全集》上册，第六六二頁）

教約

【一九六】

每日清晨，諸生參揖畢，教讀以次遍詢諸生：在家所以愛親敬長之心，得無懈忽未能真切否？温清定省之儀，得無虧缺未能實踐否？往來街衢步趨禮節，得無放蕩未能謹飭否？一應言行心術，得無欺妄非僻未能忠信篤敬否？諸童子務要各以實對，有則改之，無則加勉；教讀復隨時就事曲加誨諭開發，然後各退就席肄業。

【一九七】

凡歌詩，須要整容定氣，清朗其聲音，均審其節調，毋躁而急，毋蕩而囂，毋餒而慴，久則精神宣暢、心氣和平矣。每學量童生多寡分爲四班，每日輪一班歌詩，其餘皆就席斂容肅聽；每五日則總四班遞歌於本學，每朔望集各學會歌於書院。

【一九八】

凡習禮，須要澄心肅慮，審其儀節，度其容止，毋忽而惰，毋沮而怍，毋徑而野，從容而不失之迂緩，脩謹而不失之拘局，久則體貌習熟、德性堅定矣㊀。童生班次皆如歌詩。每間一日則輪一班習禮，其餘皆就席歛容肅觀。習禮之日，免其課仿。每十日則總四班遞習於本學，每朔望則集各學會習於書院。

【校勘】

㊀ **久則體貌習熟、德性堅定矣**：「體貌」，許舜屏本、陳榮捷本作「禮貌」。◎案：體貌，猶言有禮容，意謂相待以禮也。語出《戰國策·齊策三》「而孟嘗君令人體貌而親郊迎之」，鮑本注云：體貌，「有禮容也」。《漢書·賈誼傳》引述賈誼陳政事疏云「此所以爲主上豫遠不敬也，所以體貌大臣而厲其節也」，顔師古注云：「體貌，謂加禮容而敬之。」（參劉向集録《戰國策》上册，第三七六頁；班固撰、顔師古注《漢書》第八册，第二二五五頁）

【一九九】

凡授書，不在徒多，但貴精熟。量其資稟，能二百字者止可授以一百字，常使精神力量有餘，則無厭苦之患，而有自得之美。諷誦之際，務令專心一志，口誦心惟，字字句句紬繹反覆，抑揚其音節，寬虛其心意，久則義理浹洽，聰明日開矣。㊀

【校勘】

㊀ **久則義理浹洽，聰明日開矣**：「義理」，原作「義禮」，據臺北藏明刊本、德安府重刊本、王畿本、孫應奎本、錢錞本、閭東本、胡宗憲本改。

【二〇〇】

每日工夫，先考德，次背書誦書，次習禮或作課倣，次復誦書講書，次歌詩。凡習禮歌詩之類，皆所以常存童子之心，使其樂習不倦，而無暇及於邪僻。教者知此，則知所施矣。雖然，此其大略也。神而明之，則存乎其人。[一]

【箋疏】

［一］「神而明之，則存乎其人」，語本《周易·繫辭上傳》：「極天下之賾者，存乎卦；鼓天下之動者，存乎辭；化而裁之，存乎變；推而行之，存乎通；神而明之，存乎其人；默而成之，不言而信，存乎德行。」（朱熹《周易本義》，《朱子全書》第一册，第一三五頁）

傳習録下

此卷卷首，水西精舍本、閭東本有錢德洪《續刻傳習録序》。其文略云：「古人立教，皆爲未悟者設法，故其言簡夷明白，人人可以與知而與能；而究極所止，雖聖人終身用之有所未盡，蓋其見道明徹，先知進學之難易。故其爲教也，循循善誘，使人悦其近而不覺其入，喜其易而各極所趨。夫人之良知一也，而領悟不能以皆齊，有言下即能了悟者矣，有良知雖明不能無間、必有待於脩治之功者矣，有脩治之功百倍於人而後其知始徹者矣。善教者，不語之以其所悟，而惟視其所入，如大匠之作室然，規矩雖一而因物曲成，故中材上下皆可與入道。若不顧其所安，而槩欲强之以其所未及，教者曰『斯道之妙也如是』，學者亦曰『斯道之妙也如是』。彼以言授，此以言接，融釋於聲聞，懸解於測億，而遂謂道固如是矣，寧不幾於狂且惑乎？吾師陽明先生，平時論學，未嘗立一言，惟揭《大學》宗旨以指示人心，謂《大學》之教，自帝唐明德睦族以降，至孔門而復明。其爲道也，由一身以至家國天下，由初學以至聖人，徹上徹下，通物通我，無不具足，此性命之真幾、聖學之規矩也。然規矩陳矣，而運用之妙，則因乎人。故及門之士，各得所趨，而莫知其所由入。吾師既没，不肖如洪，領悟未徹，又不肯加百倍之功。同志歸散四方，各以所得引接來學，而四方學者漸覺頭緒太多。執規矩者，滯於形器，而無言外之得；語妙悟者，又超於規矩之外，而不切事理之實，願學者病焉。年來，同志亟圖爲會，互相劘切，各極所詣，漸有合異同歸之機，始思師門立教，良工苦心。蓋其見道明徹之後，能不以其所悟示人，而爲未悟者設法，故其高不至於凌虛，卑不至於執有，而人人善入，此師門之宗旨所以未易與繹也。洪在吳時，爲先師裒刻《文録》。《傳習録》所載，下卷皆先師書也，既以次入《文録》書類矣，乃摘録中問答語，仍書南元善所録，以補下卷；復采陳惟濬諸同志所録，得二卷焉，附爲《續録》，以合成書。適遭内艱，不克終事。去年秋，會同志於南畿。吉陽何子遷、初泉劉子起宗，相與商訂舊學，謂師門之教，使學者趨專歸一，莫善於《傳習録》。於是劉子歸寧國，謀諸涇尹丘時庸，相與捐俸，刻諸水西精舍，使學者各得所入，庶不疑其所行云。時嘉靖甲寅夏六月，門人錢德洪序。」

案：胡宗憲本、白鹿洞本亦有錢氏此序。胡宗憲本載於《傳習録》卷首，白鹿洞本載於此卷卷首，文字與水西精舍本、閭東本所載略有差異。

佐藤一齋曰：「此册，往往有致疑者。顧惟賢見《續録》問答，多有未當於心者，作《傳習録疑》；黄宗羲又議《續録》黄省曾録有失陽明之意者。要之，前二册，當時已經文成親覽，而至《續録》，則選出於緒山，故或來此議。讀者其審諸。」

東正純曰：「《傳習續録》，先儒往往不免疑議焉，當時顧惟賢有《傳習録疑》，黄梨洲亦謂黄省曾録有失陽明之意者。於是，或至以前二録王子所親覽，一主之；若《續録》爲門人選出，頗輕之，不甚講討。殊不知，天機透發、微言精語，畢竟多收續録中，則雖其所云云，猶坐眼光未徹耳。學者不可不最研究也，勿從和尚舌頭轉。」（東正純《傳習録參考》，《澤瀉先生全集》上册，第六六三頁）

【二〇一】

正德乙亥，九川初見先生於龍江[一]。先生與甘泉先生論「格物」之説[二]。甘泉持舊説。先生曰：「是求之於外了。」甘泉曰：「若以格物理爲外，是自小其心也。」九川甚喜舊説之是㈠。先生又論「盡心」一章，九川一聞却遂無疑。後家居，復以「格物」遺質，先生答云：「但能實地用功，久當自釋。」山間乃自録《大學》舊本讀之，覺朱子「格物」之説非是；然亦疑先生以意之所在爲物，物字未明。己卯，歸自京師，再見先生於洪都。先生兵務倥傯，乘隙講授，首問：「近年用功何如？」九川曰：「近年體驗得『明明德』功夫只是『誠意』。自『明明德於天下』，步步推入根源，到『誠意』上再去不得，如何以前又有『格致』工夫？後又體驗，覺得意之誠僞，必先知覺乃可，以顏子『有不善未嘗不知㈡，知之未嘗復行』爲證[三]，豁然若無疑，却又多了『格物』功夫。又思來吾心之靈，何有不知意之善惡？只是物欲蔽了，須格去物欲，始能如顏子『未嘗不知』耳。又自疑功夫顛倒，與『誠意』不成片段[四]。後問希顏[五]，希顏曰：『先生謂格物致知是誠意功夫，極好。』九川曰：『如何是誠意功夫？』希顏令再思體看，九川終不悟。請問。」先生曰：「惜哉！此可一言而悟。惟濬所舉顏子事便是了，只要知身、心、意、知、物是一件。」九川疑曰：「物在外，如何與身、心、意、知是一件？」先生曰：「耳、目、口、鼻、四肢，身也，非心安能視、聽、言、動？[三]心欲視、聽、言、動，無耳、目、口、鼻、四肢亦不能。故無心則無身，無身則無心。但指其充塞處言之謂之身，指其主宰處言之謂之心，指心之發動處謂之意，指意之靈明處謂之知，指意之涉着處謂之物，只是一件。意未有懸空的，必着事物，故欲誠意，則隨意所在某事而格之，去其人欲而歸於天理，則良知之在此事者無蔽而得致矣。此便是誠意的功夫。」九川乃釋然破數年之疑。又問：「甘泉近亦信用《大學》古本，謂『格物猶言造道』，又謂『窮理如窮其巢穴之窮，以身至之也』，故格物亦只是隨處體認天理。似與先生之説漸同。」[六]先生曰：「甘泉用功，所以轉得來。當時與説『親民』字不須改，他亦不信。今論『格物』亦近，但不須換『物』字作『理』字，只還他一物字便是。」後有人問九川曰：「今何不疑物字？」曰：「《中庸》曰『不誠無物』，程子曰『物來順應』，又如『物各付物』『胸中無物』之類[七]，皆古人常用字也。」他日先生亦云然。

【校勘】

[一] **九川甚喜舊説之是**：「喜」，水西精舍本、閭東本作「善」。

[二] **有不善未嘗不知**：原作「有不善未嘗知之」，據水西精舍本、閭東本、胡宗憲本、郭朝賓本、俞嶙本、四庫全書本、三輪執齋本、佐藤一齋本、葉紹鈞本、鄧艾民本改。

[三] **非心安能視、聽、言、動**：「言動」，水西精舍本、閭東本作「嗅食運動」。

【箋疏】

［一］龍江，即龍江水馬驛，「屬應天府。在今江蘇南京市西北南京港附近」。（參楊正泰《明代驛站考（增訂本）》，第一二、一一四頁）

［二］湛若水，字元明。初名露，字民澤，避祖諱改名雨，後又改名若水。廣東增城人。因居增城之甘泉都，學者稱甘泉先生。生於成化二年丙戌（一四六六年）十月，卒於嘉靖三十九年庚申（一五六〇年）四月，享年九十五歲。弘治十八年（一五〇五年）進士。授編修。官至南京禮部、吏部、兵部尚書。陳白沙之門人、王陽明之朋友。著作宏富，主要有《二禮經傳測》《春秋正傳》《聖學格物通》《古文小學》以及詩文集等，現已編輯刊印爲《湛若水全集》。

［三］「顔子『有不善未嘗不知，知之未嘗復行』」，語本《周易·繫辭下傳》：「子曰：『顔氏之子，其殆庶幾乎！有不善未嘗不知，知之未嘗復行。』」（朱熹《周易本義》，《朱子全書》第一册，第一四一頁）

［四］佐藤一齋曰：「九川之疑，蓋曰：《大學》至誠意而密極矣，更有致知，則功夫在知意之誠僞，若無疑者；而又尚有格物一段，以扞去外物，亦似有著落者。然擘頭功夫，畢竟猶未免注意於外物，則與誠意之自内推外者，功夫倒逆，不成片段也。」

［五］葉紹鈞曰：「希顔，即蔡宗兖。」陳榮捷曰：「希顔，《王文成傳本》《陽明弟子傳纂》《儒林宗派》均無此名，諸注均云未考。捷疑希顔乃希淵（蔡宗兖）之誤。抄録者因上行有『顔子』，故誤『淵』爲『顔』。」

◎案：陽明《寄希淵》（四首），或稱希顔，或稱希淵。《别三子序》云：「蓋自近年而又得蔡希顔、朱守忠於山陰之白洋，得徐曰仁於餘姚之馬堰。」《送蔡希顔三首》序云：「正德癸酉冬，希淵赴南宫試，訪予滁陽，遂留閲歲。既而東歸，問其故，辭以疾。希淵與予論學郎琊之間，於斯道既釋然矣，别之以詩。」（王守仁《王陽明全集（新編本）》第一册，第一七〇至一七二、二四一頁；第三册，第七六九頁）可見，希顔，即希淵，蔡宗兗之另一别字。葉氏之説，是；陳氏未檢讀陽明其他詩文，乃杜撰誤抄之説，非。

［六］陳九川此所引述甘泉之言，語本湛若水《答陽明》：「鄙見以爲格者至也，『格於文祖』『有苗格』之格。物者，天理也，即『言有物』『舜明於庶物』之物，即道也。格即造詣之義，格物者即造道也。知行並造，博學、審問、慎思、明辨、篤行皆所以造道也。讀書親師友酬應，隨時隨處皆求體認天理而涵養之，無非造道之功。意、身、心一齊俱造，皆一段工夫，更無二事。」以及《寄陳惟浚》：「格物之説，後又頓别，元來明德、新民全在止至善上用功。知止能得，即是知行合一，乃止至善之功。其『古之欲明明德』二節，反復推到格物上，意、心、身都來在格物上用功，上文知止定安即其功也。家國天下皆在内，元是一段工夫，合内外之道，更無七段八段。格物者，即至其理也。意、心、身於家國天下，隨處體認天理也，與《中庸》之意同。煙霞中夜悟此一段甚適，復檢程子書云『至其理乃格物也』。致知在所養，養知莫過於寡欲』，乃先得我心之所同然者。所謂至者，意、心、身至之也，如古人所謂『窮理猶窮其巢穴之窮』，必身至之也。世以想像記誦爲窮理者，遠矣。山居曾整理古本《大學》及《中庸》二測，因令人録奉一閲，乃區區近年用心要處也。」（湛若水《甘泉先生文集》，《儒藏・精華編》第二五三册，第八三二、八三八頁）

［七］「物各付物」，語見《河南程氏遺書》：「『致知在格物』，物來則知起。物各付物，不役其知，則意誠不動。意誠自定則心正，始學之事也」；「人多思慮不能自寧，只是做他心主不定。要作得心主定，惟是止於事，爲人君止於仁之類。如舜之誅四凶，四凶已作惡，舜從而誅之，舜何與焉？人不止於事，只是攬他事，不能使物各付物。物各付物，則是役物；爲物所役，則是役於物。有物必有則，須是止於事」。（程顥、程頤《二程集》第一册，第八四、一四四頁）

「胸中無物」，語本邵雍《伊川擊壤集·追和王常侍登郡樓望山》：「天下有名難避世，胸中無物漫居山。」（邵雍《邵雍集》，第二〇三頁）◎案：陳榮捷以爲，「胸中無物」乃總述伊川之意，謂其語出自《河南程氏外書》卷一一「堯夫（邵雍）胸中無事如此」。經查，《河南程氏外書》卷一一原文作：「范堯夫經筵坐睡。先生語人曰：『堯夫胸中無事如此。』有朝士入朝，倒執手板。先生曰：『此人胸中不是無事。』」（程顥、程頤《二程集》第二册，第四一三頁）伊川此所謂「堯夫」，乃范堯夫（范純仁，字堯夫。范仲淹次子。宋蘇州吴縣人），而非邵堯夫。陳氏將范堯夫誤解爲邵堯夫矣。

【集評】

但衡今曰：「本節謂意之虚靈處謂之知，與蕺山所云意藴於心、知藏於意者正同，迹近合意知而爲一。按之陽明《答魏師説》云『應物起念，皆謂之意；知是知非，謂之良知』，則又析念意知而爲三矣。按之《答陸澄》云『良知者，心之本體』，且假名爲『照心』，又謂『良知即是未發之中，即是廓然大公、寂然不動之本體，但不能不昏蔽於物欲』，是直以知爲心矣。按之天泉證道，則心是心（原注：無善無惡）、意是意（原注：有善有惡）、知是知（原注：知善知惡），不相假借。而先後相左若是，何耶？予意陽明之《答魏師説》著重『依得良知』則是非自明，不在知意之分；《答陸澄》著重『良知未嘗不在』，乃藉心體無起無不起以明之，不在心知之辨；本節云云，著重身心意知物是一件，此陽明學術一手撑天處。謂之身、謂之心、謂之意、謂之知、謂之物者，亦只是一件，一掃古今支離分別知見，修辭與佛氏所云『説我見人見，即非我見人見，是名我見人見』近之，亦與孔子之答問仁、問孝者同。六轡在手無往不如，自可躪藩而過也。故身心之學，重在體會真切，不在分別知見。」又曰：「本節所云『無心則無身，無身則無心』，用以破九川物外之疑，不是究竟語，且嫌不足。應易爲『有心則有身，無心則無身』，庶幾歸元則一。」（但衡今《王陽明傳習録札記》下卷，第三至六頁）

◎案：「正德乙亥，九川初見先生於龍江」條之前，水西精舍本、閭東本有「傳習續録卷上」「門人陳九川録」兩行文字。

【二〇二】

九川問：「近年因厭泛濫之學，每要静坐，求屏息念慮，非惟不能，愈覺擾擾，如何？」先生曰：「念如何可息？只是要正。」曰：「當自有無念時否？」先生曰：「實無無念時。」曰：「如此却如何言静？」曰：「静未嘗不動，動未嘗不静。戒謹恐懼即是念，何分動静？」曰：「周子何以言『定之以中正仁義而主静』？」[一]曰：「無欲故静，是『静亦定，動亦定』的定字主其本體也；戒懼之念，是活潑潑地。此是天機不息處，所謂『維天之命，於穆不已』[二]；一息便是死，非本體之念，即是私念。」

【箋疏】

[一]周子之言，見周敦頤《太極圖説》：「惟人也，得其秀而最靈。形既生矣，神發知矣，五性感動而善惡分，萬事出矣。聖人定之以中正仁義（原注：聖人之道，仁義中正而已矣）而主静（原注：無欲故静），立人極焉。」（周敦頤《周敦頤集》，第六頁）

[二]「維天之命，於穆不已」，語見《詩經·周頌·維天之命》：「維天之命，於穆不已。於乎不顯，文王之德之純。」朱熹注云：「天命，即天道也。不已，言無窮也。純，不雜也。此亦祭文王之詩。言天道無窮，而文王之德純一不雜，與天無間，以贊文王之德之盛也。」（朱熹《詩集傳》，《朱子全書》第一册，第七二三頁）

【集評】

東正純曰：「『念如何可息』，直以念字爲意字，點醒之方，自不得不然。然詳論之，念與意畢竟有辨别，要默識。」（東正純《傳習録參考》，《澤瀉先生全集》上册，第六六四頁）

但衡今曰：「九川誤認無念即静，陽明破以念不可息；九川復疑念有無息時，陽明乃以一息便死破之；

九川又以如何言静詰之，猶是執著無念即静之意，陽明知未可以無念曉之，乃破之以静未嘗不動。至於九川所引周子之説，實即陽明静未嘗不動之意，故告以無欲故静，以顯中正仁義之義。自此以下，皆剩語也。本節問答云云，頗類禪師相見機鋒語。但禪師語只可解當下人，後世讀之，難免不捫盤當日也；陽明則先後深淺咸宜，宜其門下亦足傾倒一時也。」又曰：「『求屏息念慮，愈覺擾擾』者，此習之未純與求之之病，非静之爲病也。然此乃釋家攝心之法，非儒家定静之法。周子『定之以中正仁義而主静』，即孔子所云『思無邪』之意，亦本節陽明『只是要正』之所本也。」（但衡今《王陽明傳習録札記》下卷，第一〇至一一頁）

【二〇三】

又問：「用功收心時，有聲色在前，如常聞見，恐不是專一。」曰：「如何欲不聞見？除是槁木死灰、耳聾目盲則可。只是雖聞見而不流去，便是。」曰：「昔有人静坐，其子隔壁讀書，不知其勤惰，程子稱其甚敬。何如？」曰：「伊川恐亦是譏他。」[一]

【箋疏】

[一]「昔有人静坐」云云，語本《河南程氏遺書》：「許渤與其子隔一窗而寢，乃不聞其子讀書與不讀書。先生謂：『此人持敬如此。』（原注：曷嘗有如此聖人。）」（程顥、程頤《二程集》第一册，第六五頁）◎案：

朱熹《答陳正己》亦云：「許渤爲人，不可知其詳。……容有不聞隔窗事者，非必有寄寂之意而欲其不聞也。況此條之下，一本注云『曷嘗有如此聖人』，則是先生蓋亦未之許也。」（朱熹《晦庵先生朱文公文集》，《朱子全書》第二三册，第二五五九頁）陽明所言，與朱子所説，其意無異。

【集評】

但衡今曰：「陽明指示九川，耳之於聲，目之於色，只是雖聞見而不流出，此亦宗門見聞思修、逆流亡所之義。陽明用以接引學人，深得隨事勘破之法，亦孟子求其放心之義。静坐而不知其子讀書勤惰，即是不流出；知勤惰，則分别心生。分别心生，則流出矣。程子稱敬，取其不觸也，非譏之也。陽明之意，逐物固爲物轉，不觸亦屬絶物，謂之爲譏，亦是也。但不逐而能了了於胸中者，當自不逐始，否則未可易言也，且未可爲初學言也。」（但衡今《王陽明傳習録札記》下卷，第一四至一五頁）

【二〇四】

又問：「静坐用功，頗覺此心收斂。遇事又斷了，旋起個念頭，去事上省察；事過又尋舊功，還覺有内外，打不作一片。」先生曰：「此『格物』之説未透。心何嘗有内外？即如惟濬今在此講論，又豈有一心在内照管？這聽講説時專敬，即是那静坐時心，功夫一貫，何須更起念頭？人須在事上磨鍊做功夫乃有益。若只好静，遇事便亂，終無長進，那静時功夫，亦差似收斂而實放溺也。」[一]後在洪都，復與于中、國裳論内外之説[二]，渠皆云：「物自有内外，但要内外並着功夫，不可有間耳。」以質先生。曰：「功夫不離本體，本體原無内外。只爲後來做功夫的分了内外，失其本體了。如今正要講明功夫不要有内外，乃是本體功夫。」是日俱有省。

【箋疏】

[一] 施邦曜曰：「此是聖賢實體實驗工夫，方知先生格致之説，非是抛却事物，只是要把人馳逐於外者挽而歸之於内耳。合内外之道，方是能誠，方是能窮物之終始。」

孫奇逢曰：「心無内外，故須在事上磨鍊。」（孫奇逢《理學宗傳》，《孔子文化大全：理學宗傳》第六〇九頁）

[二] 佐藤一齋曰：「于中，王氏，名未考；國裳，舒氏，名芬。」◎案：佐藤謂「于中，王氏」，非是。其實，于中，乃夏氏，非王氏。《明史·夏良勝傳》云：「夏良勝，字于中，南城人。少爲督學蔡清所知，曰『子異日必爲良臣，當無有勝於子者』，遂名良勝。」（張廷玉《明史》第一六册，第五〇二〇至五〇二二頁）生於成化十六年庚子（一四八〇年），卒於嘉靖十七年戊戌（一五三八年），享年五十九歲。正德三年（一

五〇八年）進士，官吏部考功員外郎，以諫正德皇帝南巡罷歸。嘉靖初復職，歷南京太常寺少卿。著作有《中庸衍義》《東洲初稿》。（《景印文淵閣四庫全書》第七一五、一二六九册）又案：陳榮捷據余重耀《陽明弟子傳纂》卷二「夏子中先生良勝」「夏先生良勝，字子中，南城人」之説，曰「予敢謂于中乃子中之誤」。陳氏謂「于中乃子中之誤」，亦非。經查，《陽明弟子傳纂》目録作「夏于中先生良勝」。故「子中」乃「于中」之誤，而非「于中乃子中之誤」。

舒芬，字國裳，號梓溪，江西進賢人。生於成化二十年甲辰（一四八四年），卒於嘉靖六年丁亥（一五二七年），享年四十四歲。正德十二年（一五一七年）進士第一，授修撰。因諫武宗南巡，謫福建市舶副提舉。世宗即位，召復故官，尋以大禮案廷杖下獄。旋遭母喪歸，哀毁過度而卒。著作有《易箋問》《周禮定本》《太極繹義　通説繹義》《重訂成仁遺稿》以及《梓溪文鈔》等。舒芬是否陽明弟子，情況較爲複雜。羅洪先《與錢緒山論年譜》云：「國裳，非不知其曾稱門生，與谷平師同。是時先生爲提督，二公皆屬下，屬下稱門生，固宜。其後國裳不稱門生，自其後來實情，與谷平師同反覆。集中有市泊時《辭謝陽明公不赴召》一書、《代府縣學送公帳詞》三首，皆未稱師；其詩中有《送王陽明都憲之京次鄒會元韻》，題不稱師甚明。彼不欲師而吾强之師，何也？善山友人有曰：『以先生之學，何患無門生，何必國裳？』其見稍大，請思之。」（羅洪先《羅洪先集》上册，第二〇七頁；王守仁《王陽明全集（新編本）》第六册，第二二四二頁）而錢德洪《答論年譜書》則云：「舒國裳在師門，《文録》無所見，惟行福建市舶司取至軍門一牌。《傳習續録》則與陳維濬、夏于中同時在坐問答語頗多。且有一段，持紙乞寫『拱把桐梓』一章，欲時讀以省。師寫至『至於身而不知所以養』之句，因與座中諸友笑曰：『國裳中過狀元來，豈尚不知所以養，時讀以自警耶？』在座者聞之，皆竦然汗背。此東廓語也。……昨見兄疑，又檢中離《續同志考》，舒芬名在列，則其諸所相傳者不誣也。」（王守仁《王陽明全集（新編本）》第四册，第一三九二至一三九三頁）顯然，羅洪先反對視舒芬爲陽明弟子，錢德洪則主張舒芬爲陽明門人。

【集評】

但衡今曰：「静時頗覺收斂，遇事則又斷了，此是初學必然病痛，不關格物之説透不透耳。説果透矣，猶是知解工夫。心體固無内外，而内外一片，未可輕易語此。陽明所云工夫一貫，用以教九川也，非爲一般學者立言也。」又曰：「『事上磨鍊』，迹實外馳。必内外一如，方免此弊，自非初學所能辨到。若工夫躐等，尤足遺誤初學。『静時工夫，差似收斂，而實放溺』，是皆陽明用以破九川專内遺外之失，語有偏全者也。須知心體固無内外，工夫仍須從裏做起，脚根方有著落。至若不要有内外與内外並著，此百尺竿頭再進一步工夫，治王學者不可不辨也。」（但衡今《王陽明傳習録札記》下卷，第一八至一九頁）

【二〇五】

又問：「陸子之學何如？」先生曰：「濂溪、明道之後，還是象山，只還粗些。」㈠九川曰：

「看他論學，篇篇説出骨髓，句句似鍼膏肓，却不見他粗。」先生曰：「然。他心上用過功夫，與揣摹依仿、求之文義自不同。但細看有粗處，用功久，當見之。」

【校勘】

㈠ **只還粗些**：「還」，張問達本作「略」，許舜屏本、葉紹鈞本、陳榮捷本、鄧艾民本作「是」。

【集評】

佐藤一齋曰：「致良知之訓精矣，能體驗諸己，然後見金谿猶有粗處。」（金谿，指陸象山。）

章太炎曰：「象山所失在矜躁，但云『粗』，尚未諦。矜躁與粗，自是兩事。若子路，祇見其粗，不見其躁也。」（章太炎《王守仁〈王文成公全書〉批語》，《章太炎全集·眉批集》，第三〇八頁）

許舜屏曰：「先生平生最服膺象山之學，然亦未嘗曲意迴護之。」

但衡今曰：「『心上用工』一語，爲濂溪、明道、象山、陽明學術主腦，亦即虞廷『惟精惟一』、《中庸》『誠明誠』之學。伊川、考亭雖主格物窮理，又何嘗廢弛心上工夫？取徑不同，自各有其偏勝處。」又曰：「本節粗細之説，自爲記言所誤。聞道之士，安有粗獷與人而微妙以自居者乎？」（但衡今《王陽明傳習録札記》下卷，第二〇、二一頁）

陳榮捷曰：「陽明從未説明象山如何是粗，只曾評象山格物之説爲沿襲。學者解釋粗字不一：或以陸子重明道辨志以發明本心，而次中和戒懼等工夫爲粗；或以其未有深切之人生經驗爲粗；或以其先知後行爲粗，均可備一説。竊謂一齋以精對粗是也。陽明謂象山沿襲，尚欠精一。在陽明則良知之致，知行並進，故其學説亦精亦一，其修養方法亦精亦一。陸子尚欠一籌，因粗。」案：「而次中和戒懼等工夫爲粗」之「次」字，原文如此，疑爲「以」字之訛。

【二〇六】

庚辰，往虔州再見先生，問：「近來功夫，雖若稍知頭腦，然難尋個穩當快樂處。」先生曰：「爾却去心上尋個天理，此正所謂理障[二]。此間有個訣竅。」曰：「請問如何？」曰：「只是致知。」曰：「如何致？」曰：「爾那一點良知，是爾自家底準則。爾意念着處，他是便知是，非便知非，更瞞他一些不得。爾只不要欺他，實實落落依着他做去，善便存，惡便去。他這裏何等穩當快樂！此便是格物的真訣、致知的實功。若不靠着這些真機，如何去格物？我亦近年體貼出來如此分明，初猶疑只依他恐有不足，精細看，無些小欠闕。」[一]

【校勘】

[一] **精細看，無些小欠闕**：「精細看」後，水西精舍本、閭東本、胡宗憲本、郭朝賓本、三輪執齋本、佐藤一齋本有

「來」字;「些小」,施邦曜本、佐藤一齋本作「些少」。

【箋疏】

[一]「理障」,語出《大方廣圓覺修多羅了義經》(簡稱《圓覺經》),云:「善男子,一切衆生,由本貪欲,發揮無明,顯出五性,差别不等,依二種障,而現深淺。云何二障?一者理障,礙正知見;二者事障,續諸生死。」(佛陀多羅譯《大方廣圓覺修多羅了義經》,《佛藏要籍選刊》第五册,第一〇七六頁)對於理障,《河南程氏遺書》云:「問釋氏理障之説。曰:『釋氏有此説,謂既明此理,而又執持是理,故爲障。此錯看了理字也。天下只有一個理,既明此理,夫復何障?若以理爲障,則是己與理爲二。』」(程顥、程頤《二程集》第一册,第一九六頁)

【集評】

佐藤一齋曰:「金谿恒言此心此理,正所謂去心上尋天理也,然或叵得著力處。餘姚始發揮致良知,然後工夫有所憑,尋得穩當快樂處。此條蓋亦心學精粗之辨也。」

但衡今曰:「本段『格物的真訣』,格物二字當作克己看;『致知的實功』,致知二字當作復禮看。如此會通,方免病痛。陽明以天理無可把捉,故將良知以曉之,俾有實落用功處,非謂良知如此粗疏也。苟存養克治省察工夫未純熟時,逕以直覺當良知,别是非善惡,則爲害有不可勝言者。(原注:良知不著重致字,容易落到直覺,直覺則或是或非。此一致字,發用至廣,與誠字近。故陽明以致知歸到誠意。)」(但衡今《王陽明傳習録札記》下卷,第二六至二七頁)

【二〇七】

在虔，與于中、謙之同侍。先生曰：「人胸中各有個聖人，只自信不及，都自埋倒了。」因顧于中曰：「爾胸中原是聖人。」于中起不敢當。先生曰：「此是爾自家有的，如何要推？」于中又曰：「不敢。」先生曰：「衆人皆有之，況在于中，却何故謙起來？謙亦不得。」于中乃笑受。又論：「良知在人，隨你如何，不能泯滅。雖盜賊亦自知不當爲盜，喚他做賊，他還忸怩。」于中曰：「只是物欲遮蔽。良心在内，自不會失㊀，如雲自蔽日，日何嘗失了？」先生曰：「于中如此聰明，他人見不及此。」

【校勘】

㊀ **自不會失**：「會」，張問達本作「曾」。

【集評】

但衡今曰：「此段議論，儒釋一般見解。故孔孟深信人皆可以爲堯舜，釋迦文佛證得衆生平等。陽明以詼諧語氣出之，頗能引人入勝、啓發信心，斯誠善於爲教也。」（但衡今《王陽明傳習録札記》下卷，第二三頁）

【二〇八】

先生曰：「這些子看得透徹，隨他千言萬語，是非誠僞，到前便明，合得的便是，合不得的便非，如佛家説『心印』相似[一]，真是個試金石、指南針。」[二]

【箋疏】

[一]「心印」，語見宗寶改編本《六祖大師法寶壇經·頓漸品第八》：「〔僧志徹〕曰：『昨蒙和尚捨罪，今雖出家苦行，終難報德，其惟傳法度生乎？弟子常覽《涅槃經》，未曉常、無常義，乞和尚慈悲，略爲解説。』師曰：『無常者，即佛性也；有常者，即一切善惡諸法分別心也。』曰：『和尚所説，大違經文。』師曰：『吾傳佛心印，安敢違於佛經？』」（《六祖大師法寶壇經》，《中國佛教思想資料選編》第二卷第四册，第五九頁）

[二]「試金石」，佐藤一齋曰：「試金石，色如黑漆，金之真僞，一磨即見。見於《天工開物》。」◎案：宋應星《天工開物》云，黄金「其高下色分七青、八黄、九紫、十赤。登試金石上立見分明（原注：此石廣信郡河中甚多，大者如斗，小者如拳。入鵝湯中一煮，光黑如漆）」。潘吉星注云，試金石，黑色硅岩石。根據金在其上刻劃所留條迹之顔色深淺，以檢驗金之純度。此爲早期之比色測定法。（參潘吉星《天工開物譯注》，第二六五、八五頁）

【二〇九】

先生曰：「人若知這良知訣竅，隨他多少邪思枉念，這裏一覺，都自消融。真個是『靈丹一粒，點鐵成金』。」[一]

【箋疏】

[一]「靈丹一粒，點鐵成金」，語出道原《景德傳燈録》：「問：『還丹一粒，點鐵成金；至理一言，點凡成聖。請師一點。』師曰：『還知齊雲點金成鐵麼？』曰：『點金成鐵，未之前聞。至理一言，敢希垂示。』師曰：『句下不薦，後悔難追。』」（道原《景德傳燈録》，《佛藏要籍選刊》第一三册，第六五六頁）

【二一〇】

崇一曰：「先生『致知』之旨，發盡精藴，看來這裏再去不得。」先生曰：「何言之易也？再用功半年看如何，又用功一年看如何。功夫愈久愈覺不同，此難口説。」

【集評】

吉村秋陽曰：「實功必待積累如是，與頓悟説正相反。」（吉村晉《王學提綱》，岡田武彦、荒木見悟主編《和刻影印近世漢籍叢刊・思想三編》第一二册，第一四一頁）

【二一一】

先生問九川：「於『致知』之説體驗如何？」九川曰：「自覺不同。往時操持，常不得個恰好處，此乃是恰好處。」先生曰：「可知是體來，與聽講不同。我初與講時，知爾只是忽易，未有滋味；只這個要妙，再體到深處，日見不同，是無窮盡的。」又曰：「此『致知』二字，真是個千古聖傳之秘，見到這裏，『百世以俟聖人而不惑』。」

【二一二】

九川問曰：「伊川説到『體用一原、顯微無間』處，門人已説是泄天機[一]。先生『致知』之説，莫亦泄天機太甚否？」先生曰：「聖人已指以示人，只爲後人揜匿，我發明耳，何故説泄？此

是人人自有的，覺來甚不打緊一般。然與不用實功人説，亦甚輕忽，可惜彼此無益；與實用功而不得其要者提撕之，甚沛然得力。」㊀

【校勘】

㊀ **甚沛然得力**：「得力」，四庫全書本作「有力」。

【箋疏】

［一］伊川云云，語本《河南程氏外書》：「和靖嘗以《易傳序》請問曰：『「至微者理也，至著者象也。體用一原，顯微無間」，莫太洩露天機否？』伊川曰：『如此分明説破，猶自人不解悟。』」（程顥、程頤《二程集》第二册，第四三〇頁）

【二一三】

又曰：「知來本無知，覺來本無覺，然不知則遂淪埋。」

【集評】

劉宗周曰：「此是獨體正當處，被先生一口打并出。到這裏，説恁良不良、知不知？」（劉宗周《陽明傳信

録》，《劉宗周全集》第五册，第七三頁）

佐藤一齋曰：「『知來』『覺來』是工夫，『無知』『無覺』是本體。」

【二一四】

先生曰：「大凡朋友須箴規指摘處少，誘掖獎勸意多，方是。」後又戒九川云：「與朋友論學，須委曲謙下，寬以居之。」[一]

【箋疏】

[一]「寬以居之」，語出《周易・文言》：「君子學以聚之，問以辨之，寬以居之，仁以行之。」（朱熹《周易本義》，《朱子全書》第一册，第一四九頁）

【二一五】

九川臥病虔州。先生云：「病物亦難格，覺得如何？」對曰：「功夫甚難。」先生曰：「常快

活便是功夫。」㊀

【校勘】

㊀ **常快活便是功夫**：水西精舍本、閭東本無「便」字。

【集評】

佐藤一齋曰：「『病物』，是病中意念；『常快活』，謂心體樂易。」

【二一六】

九川問：「自省念慮，或涉邪妄，或預料理天下事，思到極處，井井有味〔一〕，便纏綣難屏，覺得早則易，覺遲則難，用力克治，愈覺扞格。惟稍遷念他事，則隨兩忘。如此廓清，亦似無害。」先生曰：「何須如此，只要在良知上着功夫。」九川曰：「正謂那一時不知。」先生曰：「我這裏自有功夫，何緣得他來？只爲爾功夫斷了，便蔽其知。既斷了，則繼續舊功便是，何必如此？」九川曰：「直是難鏖㊀。雖知，丟他不去。」先生曰：「須是勇。用功久，自有勇，故曰『是集義所生者』。勝得容易，便是大賢。」

【校勘】

㊀直是難鏖：「直」，施邦曜本、俞嶙本作「真」。

【箋疏】

［一］佐藤一齋曰：「井井有味：《荀子》楊倞注：『井井，有條理也。』」鄧艾民曰：「井井：津津。佐藤一齋據《荀子》楊倞注釋爲『有條理也』。似不切。」鄧氏之説可取。

【二一七】

九川問：「此功夫却於心上體驗明白，只解書不通。」先生曰：「只要解心。心明白，書自然融會。若心上不通，只要書上文義通，却自生意見。」

【二一八】

有一屬官，因久聽講先生之學，曰：「此學甚好，只是簿書訟獄繁難，不得爲學。」先生聞之，曰：「我何嘗教爾離了簿書訟獄懸空去講學？爾既有官司之事，便從官司的事上爲學，纔是真格物。如問一詞訟，不可因其應對無狀，起個怒心；不可因他言語圓轉，生個喜心；不可惡其囑托，加意治之；不可因其請求，屈意從之；不可因自己事務煩冗，隨意苟且斷之；不可因旁人譖毀羅織，隨人意思處之。這許多意思皆私，只爾自知，須精細省察克治，惟恐此心有一毫偏倚，枉人是非㈠，這便是格物致知。簿書訟獄之間，無非實學；若離了事物爲學，却是著空。」

【校勘】

㈠ **枉人是非**：「枉」，原作「杜」，據水西精舍本、閭東本、胡宗憲本、郭朝賓本、白鹿洞本、施邦曜本、張問達本、四庫全書本、三輪執齋本、佐藤一齋本、陳榮捷本改。

【集評】

施邦曜曰：「讀此，方知簿書訟獄亦是證聖詣賢之所，貪暴非僻之念又何從生？《大學》釋本末而舉使民無訟之言，意更可想。做官而直到使民無訟，便是成己、成物田地，是安往而非學哉？」

孫奇逢曰：「六個『不可』，正見格物實學。」（孫奇逢《理學宗傳》，《孔子文化大全：理學宗傳》，第六一〇至六一一頁）

但衡今曰：「陽明『不可』云云，辭旨平實親切，且無一字及他，誠忠厚之至。正陽明巡撫南贛、提督軍務、用兵八寨時也。」(但衡今《王陽明傳習録札記》下卷,第三六頁)◎案:此語録所載,當爲陽明正德十一年至十六年官江西時事。嘉靖六年五月,陽明受命兼都察院左都御史,征思、田。陽明用兵八寨,乃嘉靖七年七月時事。(參《陽明先生年譜》,王守仁《王陽明全集(新編本)》第四册,第一三二九至一三三三頁)但氏此所謂「用兵八寨」之言,乃畫蛇添足之語。

【二二九】

虔州將歸,有詩别先生云:「良知何事繫多聞,妙合當時已種根。好惡從之爲聖學,將迎無處是乾元。」先生曰:「若未來講此學,不知説『好惡從之』從個甚麽?」敷英在座曰[一]:「誠然。嘗讀先生《大學古本序》,不知所説何事,及來聽講許時,乃稍知大意。」

【箋疏】

[一]陳榮捷曰:「敷英,《儒林宗派》《王文成傳本》《陽明弟子傳纂》均無此名。」鄧艾民曰:「情況不詳。」◎案:《明史·王時柯傳》云:「王時柯,字敷英,萬安人。正德十二年進士,授行人。嘉靖三年擢御史,疏言:『桂萼輩以議禮迎合,傳升美官。薛蕙、陳相、段續、胡侍等,連章論劾,實出至公。今佞人超遷而群賢獲罪,恐海内聞之,謂陛下好諛惡直。願采忠讜之言,消朋比之禍,特寬蕙等而聽席書、方獻

夫辭職，除張璁、桂萼別任，則是非不謬，人情悦服。』忤旨切責。未幾，有伏闕之事，再予杖，除名。」穆宗即位，復官。卒，贈光禄少卿。（張廷玉《明史》第一七册，第五〇九八頁）陽明卒後，其門人祭文中，有署名「王時柯等」之祭文一篇。（王守仁《王陽明全集（新編本）》第四册，第一四六四頁）程煇《喪紀》云：「丁丑，櫬抵吉安府螺川驛。……門人御史王時柯，庠生蕭寵、蕭榮、王舜鵬、袁登應、羅綗、謝廷昭、周文甫、王惠迪、劉德、藍瑜、龍潢、龍漸，幕吏龍光，各就位哭奠。」（王守仁《王陽明全集（新編本）》第四册，第一四七五頁）可見，此敷英，即王時柯。

【二三〇】

于中、國裳輩同侍食，先生曰：「凡飲食只是要養我身，食了要消化；若徒蓄積在肚裏，便成痞了，如何長得肌膚？後世學者博聞多識，留滯胸中，皆傷食之病也。」

【集評】

施邦曜曰：「此爲務博而不知約者下一針。」

許舜屏曰：「這是衛生要訣，取來以喻爲學之道，何嘗不是如此。」

【二二一】

先生曰："「聖人亦是『學知』，衆人亦是『生知』。」問曰："「何如？」曰："「這良知人人皆有，聖人只是保全，無些障蔽，兢兢業業，亹亹翼翼[一]，自然不息，便也是學，只是生的分數多，所以謂之『生知安行』；衆人自孩提之童，莫不完具此知，只是障蔽多，然本體之知自難泯息，雖問學克治，也只憑他，只是學的分數多，所以謂之『學知利行』。」

【箋疏】

[一]「兢兢業業」，語見《詩經·大雅·雲漢》："「旱既大甚，則不可推。兢兢業業，如霆如雷。」（朱熹《詩集傳》，《朱子全書》第一册，第七〇四頁）《尚書·皋陶謨》："「無教逸欲有邦，兢兢業業，一日二日有幾，無曠庶官，天工人其代之。」（孔安國傳、孔穎達疏《尚書正義》，第一五一頁）「亹亹翼翼」，典出《詩經·大雅·文王》："「亹亹文王，令聞不已」「世之不顯，厥猶翼翼」。（朱熹《詩集傳》，《朱子全書》第一册，第六五二、六五三頁）

【集評】

陳龍正曰："「論品地、論工夫、論心性，總只交互渾融，非謂其差也。但孔孟隨時異言，先生一言到底。」

【二二二】

黄以方問[一]："先生格致之説，隨時格物以致其知，則知是一節之知，非全體之知也，何以到得『溥博如天，淵泉如淵』地位？"[二]先生曰："人心是天、淵。心之本體無所不該，原是一個天，只爲私欲障礙，則天之本體失了；心之理無窮盡，原是一個淵，只爲私欲窒塞，則淵之本體失了。如今念念致良知，將此障礙窒塞一齊去盡，則本體已復，便是天、淵了。"乃指天以示之曰："比如面前見天，是昭昭之天；四外見天，也只是昭昭之天。只爲許多房子牆壁遮蔽，便不見天之全體，若撤去房子牆壁，總是一個天矣[三]。不可道眼前天是昭昭之天，外面又不是昭昭之天也[三]。于此便見一節之知即全體之知，全體之知即一節之知，總是一個本體。"（已下門人黄直録）[四]

【校勘】

[一] 黄以方問："黄以方"，水西精舍本作"王以方"。然以作"黄以方"爲是。

[二] 若撤去房子牆壁，總是一個天矣：水西精舍本作"若撤去這房子，開了牆壁，便總是一個天也"。

[三] 外面又不是昭昭之天也："外面"後，水西精舍本有"天"字。有"天"字，於義爲長。

[四] 已下門人黄直録：水西精舍本作"已下王以方録"。（王以方，應作"黄以方"。）

【箋疏】

［一］黄直，字以方，號卓峰，江西金谿人。陽明弟子。嘉靖二年（一五二三年）進士。黄直「既成進士，即疏陳隆聖治、保聖躬、敦聖孝、明聖鑒、勸聖學、務聖道六事；除漳州推官」。（張廷玉《明史》第一八册，第五四七二頁）

［二］「溥博如天，淵泉如淵」，語見《中庸》：「唯天下至聖，爲能聰明睿知，足以有臨也；寬裕温柔，足以有容也；發强剛毅，足以有執也；齊莊中正，足以有敬也；文理密察，足以有别也。溥博淵泉，而時出之。溥博如天，淵泉如淵。」（朱熹《四書章句集注》，第四四頁）

【二三三】

先生曰：「聖賢非無功業氣節㈠，但其循着這天理則便是道，不可以事功氣節名矣。」㈡

【校勘】

㈠ **聖賢非無功業氣節**：「氣節」，原作「節氣」，據張問達本、四庫全書本、三輪執齋本、佐藤一齋本、葉紹鈞本、許舜屏本、陳榮捷本、鄧艾民本改。

㈡ 水西精舍本無此條。

【二二四】

「『發憤忘食』，是聖人之志如此，真無有已時；『樂以忘憂』，是聖人之道如此，真無有戚時。恐不必云『得』『不得』也。」㊀[一]

【校勘】

㊀案：水西精舍本無此條。

【箋疏】

[一]「發憤忘食」「樂以忘憂」「得」「不得」，語本《論語・述而》：「葉公問孔子於子路，子路不對。子曰：『女奚不曰，其爲人也，發憤忘食，樂以忘憂，不知老之將至云爾。』」朱熹注云：「未得，則發憤而忘食；已得，則樂之而忘憂。」（朱熹《四書章句集注》第一一三頁）

【集評】

佐藤一齋曰：「文成釋『憤』『樂』，不取舊注。然夫子對人每有謙詞，無誇詞，則竟不如舊注以得不得言者之爲愈。但推其語以透看聖人心體，則又見其實有不可揜者。此則文成之見，確不可易。此等處，學者宜得意於言外矣。」

【二二五】

先生曰："我輩致知，只是各隨分限所及。今日良知見在如此，只隨今日所知擴充到底；明日良知又有開悟，便從明日所知擴充到底。如此，方是精一功夫。與人論學，亦須隨人分限所及。如樹有這些萌芽，只把這些水去灌溉，萌芽再長，便又加水。自拱把以至合抱，灌溉之功皆是隨其分限所及。若些小萌芽，有一桶水在，盡要傾上，便浸壞他了。"

【集評】

劉宗周曰："此是先生漸教，頓不廢漸。"（劉宗周《陽明傳信録》，《劉宗周全集》第五册，第七五頁）

東正純曰："《續録》所載多頓教，而此等仍是漸教。"（東正純《傳習録參考》，《澤瀉先生全集》上册，第六六八頁）

【二二六】

問知行合一。先生曰："此須識我立言宗旨。今人學問，只因知行分作兩件，故有一念發動，雖是不善，然却未曾行，便不去禁止。我今說個知行合一，正要人曉得一念發動處，便即是行了；發動處有不善，就將這不善的念克倒了㊀。須要徹根徹底，不使那一念不善潛伏在胸中。此是我立言宗旨。」

【校勘】

㊀ **就將這不善的念克倒了**：「克倒了」後，水西精舍本有「他」字。

【集評】

劉宗周曰：「如此說知行合一，真是絲絲見血。先生之學真切乃爾，後人何曾會得。」（劉宗周《陽明傳信録》，《劉宗周全集》第五册，第七五頁）

但衡今曰：「陽明言知行合一，以本節數語爲親切深至、進德修業之基。近人之言即知即行者，當奉此以爲圭臬。至於根絶潛伏不善之念，又當以戒慎恐懼爲總持工夫。」（但衡今《王陽明傳習録札記》下卷，第四二頁）

【二二七】

「聖人無所不知，只是知個天理；無所不能，只是能個天理。聖人本體明白，故事事知個天理所在，便去盡個天理；不是本體明後，却於天下事物都便知得，便做得來也。天下事物，如名物度數、草木鳥獸之類，不勝其煩，聖人雖是本體明了㈠，亦何緣能盡知得？但不必知的，聖人自不消求知；其所當知的，聖人自能問人，如『子入太廟，每事問』之類。先儒謂『雖知亦問，敬謹之至』，此説不可通[二]。聖人於禮樂名物，不必盡知，然他知得一個天理，便自有許多節文度數出來，不知能問，亦即是天理節文所在。」

【校勘】

㈠ **不勝其煩，聖人雖是本體明了**：「其煩」，陳龍正本、三輪執齋本、佐藤一齋本作「其繁」；「雖是」，原作「須是」，據水西精舍本、閭東本、胡宗憲本、郭朝賓本、白鹿洞本、陳龍正本、張問達本、四庫全書本改。

【箋疏】

[二]「子入太廟，每事問」「雖知亦問，敬謹之至」，語本《論語・八佾》：「子入大廟，每事問。或曰：『孰謂鄹人之子知禮乎？入大廟，每事問。』子聞之曰：『是禮也。』」朱熹注引尹焞云：「禮者，敬而已矣。雖知亦問，謹之至也，其爲敬莫大於此。謂之不知禮者，豈足以知孔子哉？」（朱熹《四書章句集注》第七六頁）

【集評】

劉宗周曰：「説名物象數，也拈出『天理』二字，先生之學自是勺水不漏。」（劉宗周《陽明傳信録》，《劉宗

周全集》第五册，第七六頁）

【二三八】

問：「先生嘗謂『善惡只是一物』。善惡兩端，如冰炭相反，如何謂只一物？」先生曰：「至善者，心之本體。本體上才過當些子，便是惡了。不是有一個善，却又有一個惡來相對也。故善惡只是一物。」直因聞先生之説，則知程子所謂「善固性也，惡亦不可不謂之性」，又曰「善惡皆天理。謂之惡者本非惡，但於本性上過與不及之間耳」[一]，其説皆無可疑。

【箋疏】

[一] 此所引述程子之言，語本《河南程氏遺書》卷一：「『生之謂性』，性即氣，氣即性，生之謂也。人生氣稟，理有善惡，然不是性中元有此兩物相對而生也。有自幼而善，有自幼而惡，是氣稟有然也。善固性也，然惡亦不可不謂之性也。」卷二：「天下善惡皆天理，謂之惡者非本惡，但或過或不及便如此，如楊、墨之類。」（程顥、程頤《二程集》第一册，第一〇、一四頁）

【集評】

顧應祥曰：「愚謂性即理也，理寓於氣質之中。性不可見者，其發而可見者，皆氣質之發也。氣質之發，皆起於欲也。口之於味也，目之於色也，耳之於聲也，鼻之於臭也，四肢之於安逸也，皆欲也。人有是身，必有是欲，故孟子曰性也。發之而當乎理，則爲善；發之而悖乎理，則爲惡。氣質之清而純者，性必善；氣質之濁而駁者，性必惡。或清多而濁少，或濁多而清少，則可爲善、可爲惡。故荀子以爲性惡、韓子以爲性有三品，因是故也。孟子之道性善者，直指夫性之本體而言。蓋惻隱、羞惡、辭讓、是非，皆天機自動，不由欲心而發，可以見性之本體無有不善者也。……然善與惡雖皆發於心，而其實相反，謂善惡只是一物、善惡皆天理，惡乎可哉？今夫人之好名好利好勝，皆不過欲滿其耳目口鼻四肢之奉而已，一有不得遂其所欲，則欺天罔人，在家則損人利己，在官則蠹國害民，無所不至矣。故凡爲惡者，皆情之發而過當者也，不謂之不及也。」（顧應祥《静虚齋惜陰録》，《四庫全書存目叢書》子部第八四册，第六四頁）

東正純曰：「《近思録》注云：『原天命賦予之初，固有善而無惡；及氣稟拘泥之後，則其惡者謂非性之本然則可，謂之非性則不可。性一也，所指之地不同耳。』朱王之學何曾不歸一處？」（東正純《傳習録參考》，《澤瀉先生全集》上册，第六六九頁）◎案：東正純所引述《近思録》注語，見葉采《近思録集解》。惟其中「拘泥」二字，《近思録集解》作「拘滯」。（葉采《近思録集解》，第一九頁）

章太炎曰：「人之本性，但有我愛、我慢而已。非我愛則爲惻隱，非我慢則爲羞惡，是即善也；非我愛則爲貪慾，非我慢則爲忿鬥，是即惡也。善惡同本于我愛我慢，而我愛我慢却是無記。先生所説頗見端倪，猶未爲識諦之説也。」（章太炎《王守仁〈王文成公全書〉批語》，《章太炎全集·眉批集》，第三〇九頁）

【二二九】

先生嘗謂「人但得好善如好好色，惡惡如惡惡臭，便是聖人」，直初時聞之，覺甚易，後體驗得來，此個功夫着實是難。如一念雖知好善、惡惡，然不知不覺又夾雜去了；才有夾雜，便不是好善如好好色、惡惡如惡惡臭的心[一]。善能實實的好，是無念不善矣；惡能實實的惡，是無念及惡矣。如何不是聖人？故聖人之學，只是一誠而已。

【箋疏】

[一] 但衡今曰：「予意本節『心』字下脱『先生曰』三字，或『曰』一字。並識於此。仍從今流行本。」（但衡今《王陽明傳習録札記》下卷，第四六頁）

【集評】

但衡今曰：「陽明於好惡夾雜時，拈出一誠字指示學人，以爲好惡實地工夫，是畫龍點睛語，舍此別無藥醫。苟能識得誠字，則宇宙萬物造化在是矣，奚止好惡善惡已哉？」（但衡今《王陽明傳習録札記》下卷，第四六至四七頁）

【一三〇】

問：「《修道説》言『率性之謂道』屬聖人分上事，『修道之謂教』屬賢人分上事。」[一] 先生曰：「衆人亦率性也，但率性在聖人分上較多，故『率性之謂道』屬聖人事；聖人亦修道也，但修道在賢人分上多，故『修道之謂教』屬賢人事。」又曰：「《中庸》一書，大抵皆是説修道的事。故後面凡説君子、説顔淵、説子路，皆是能修道的；説小人、説賢知愚不肖、説庶民，皆是不能修道的[二]；其他言舜、文、周公、仲尼至誠至聖之類，則又聖人之自能脩道者也。」

【箋疏】

[一] 佐藤一齋曰：「《修道説》無此語，蓋舉大意問之耳。」東正純曰：「今《修道説》無是語，竊疑別有篇而佚之耶？」（東正純《傳習録參考》，《澤瀉先生全集》上册，第六六九頁）

[二] 陳榮捷引述佐藤一齋云：「『説庶民』三字，疑係黄以方誤記。《中庸》中『庶民』字兩見，並皆泛言，非指不能修道者。故知此語誤於記者焉。」◎案：所見佐藤一齋《傳習録欄外書》，無陳氏所引文字。出處俟考。又案：引文所謂「『説庶民』三字，疑係黄以方誤記」云云，似非。陽明謂「《中庸》一書，大抵皆是説修道的事。故後面凡説君子、説顔淵、説子路，皆是能修道的；説小人、説賢知愚不肖、説庶民，

皆是不能修道的」，其中「説君子」「説小人」，指《中庸》第二章「仲尼曰：『君子中庸，小人反中庸。君子之中庸也，君子而時中；小人之〔反〕中庸也，小人而無忌憚也』」；「説顏淵」，指《中庸》第八章「子曰：『回之爲人也，擇乎中庸，得一善，則拳拳服膺而弗失之矣』」；「説子路」，指《中庸》第十章「子路問强」事；「説賢知愚不肖」，指《中庸》第四章「子曰：『道之不行也，我知之矣，知者過之，愚者不及也；道之不明也，我知之矣，賢者過之，不肖者不及也。人莫不飲食也，鮮能知味也』」；而「説庶民」，則應指《中庸》第三章「子曰：『中庸其至矣乎！民鮮能久矣』」。（此所引述《中庸》相關文字，見朱熹《四書章句集注》，第二二至二六頁）《中庸》第三章「民鮮能久矣」之「民」，即陽明所謂「説庶民」之「庶民」。

【二三二】

問：「儒者到三更時分，掃蕩胸中思慮，空空静静，與釋氏之静只一般。兩下皆不用，此時何所分別？」[二]先生曰：「動静只是一個。那三更時分空空静静的[一]，只是存天理，即是如今應事接物的心；如今應事接物的心，亦是循此天理，便是那三更時分空空静静的心。故動静只是一個，分別不得。知得動静合一，釋氏毫釐差處亦自莫揜矣。」

【校勘】

㊀**那三更時分空空静静的**：「空空静静的」後，于清遠《王陽明傳習録注釋》有「心」字。（于清遠《王陽明傳習録注釋》卷三，第一九頁）◎案：據後文「如今應事接物的心，亦是循此天理，便是那三更時分空空静静的心」之句式，有「心」字，於義爲長。所可惜者，于氏未説明依據。

【箋疏】

［一］三輪執齋曰：「釋氏以坐禪爲工夫。禪譯静慮，與吾儒之静坐相似，而其主意有存滅之正相反，不可不辨。」

佐藤一齋曰：「『兩下』，指儒釋；『皆不用』，謂儒釋皆息也。」◎案：佐藤氏謂「『兩下』，指儒釋」，非是。根據陽明先生之答語，「兩下」，乃指動静。「兩下皆不用」，指動静皆不用也。

【集評】

劉宗周曰：「『天理』二字，是儒門得分家儅，釋氏空之，雖静時也做不得主了。」（劉宗周《陽明傳信録》，《劉宗周全集》第五册，第七六頁）

但衡今曰：「心不可得，安得有二？衆生猶一也，奚獨儒釋？三更時分空空静静的心，正是應事接物時憧憧往來的心，但求不爲事物所轉，則是是非非，良知自有主宰。在此不必多著『天理』二字，轉生枝節。」又曰：「本節問答皆儱侗，且答非所問，治王學者當能辨之。」（但衡今《王陽明傳習録札記》下卷，第四八至四九頁）

【二三二】

門人在座，有動止甚矜持者，先生曰：「人若矜持太過，終是有弊。」曰：「矜持太過，何如有弊？」㊀曰：「人只有許多精神，若專在容貌上用功，則於中心照管不及者多矣。」有太直率者，先生曰：「如今講此學，却外面全不檢束，又分心與事爲二矣。」

【校勘】

㊀**何如有弊**：「何如」，胡宗憲本、郭朝賓本同，白鹿洞本、施邦曜本、俞嶙本、佐藤一齋本、許舜屏本、葉紹鈞本、陳榮捷本、鄧艾民本作「如何」，四庫全書本作「何以」。案：何如，猶如何、何以也。

【集評】

施邦曜曰：「聖人惟敬以直内，發之於外者，自成威儀而不見其矜持，見其從容而不見直率。二公之弊，皆由内養之未足。然與其不簡束也，寧矜持而已。」

【二三三】

門人作文送友行，問先生曰：「作文字不免費思，作了後又一二日，常記在懷。」曰：「文字思索亦無害㈠。但作了常記在懷，則爲文所累，心中有一物矣，此則未可也。」又作詩送人。先生看詩畢，謂曰：「凡作文字，要隨我分限所及；若説得太過了，亦非『修辭立誠』矣。」[一]

【校勘】

㈠ **文字思索亦無害**：「文字」後，水西精舍本、閭東本有「去」字。

【箋疏】

[一]「修辭立誠」，語出《周易·文言》：「君子進德修業。忠信，所以進德也；修辭立其誠，所以居業也。知至至之，可與幾也；知終終之，可與存義也。」（朱熹《周易本義》，《朱子全書》第一册，第一四七頁）

【二三四】

「文公格物之説，只是少頭腦。如所謂『察之於念慮之微』，此一句不該與『求之文字之中』『驗之於事爲之著』『索之講論之際』混作一例看，是無輕重也。」[一]

【箋疏】

[一] 此所引述文公（朱熹）格物之説，語見《大學或問》：「昔者聖人蓋有憂之，是以於其始教，爲之小學，而

使之習於誠敬，則所以收其放心、養其德性者，已無所不用其至矣。及其進乎大學，則又使之即夫事物之中，因其所知之理，推而究之，以各到乎其極，則吾之知識亦得以周徧精切而無不盡也。若其用力之方，則或考之事爲之著，或察之念慮之微，或求之文字之中，或索之講論之際。使於身心性情之德、人倫日用之常以至天地鬼神之變、鳥獸草木之宜，自其一物之中，莫不有以見其所當然而不容已與其所以然而不可易者；必其表裏精粗無所不盡，而又益推其類以通之，至於一日脱然而貫通焉，則於天下之物皆有以究其義理精微之所極，而吾之聰明睿智亦皆有以極其心之本體而無不盡矣。此愚之所以補乎本傳闕文之意，雖不能盡用程子之言，然其指趣要歸則不合者鮮矣。讀者其亦深考而實識之哉！」（朱熹《四書或問》，第二三至二四頁）

【集評】

王應昌曰：「文公頭腦，已被先生提出了也。」（王應昌《王陽明先生傳習録論》卷中之一，第二一頁）

【二三五】

問「有所忿懥」一條[一]。先生曰：「『忿懥』幾件，人心怎能無得？只是不可『有所』耳[一]。凡人忿懥，着了一分意思，便怒得過當，非廓然大公之體了。故有所忿懥，便不得其正也。如今於凡忿懥等件，只是個物來順應，不要着一分意思，便心體廓然大公，得其本體之正了。且如出外見人相鬭，其不是的，我心亦怒。然雖怒，却此心廓然，不曾動些子氣。如今怒人，亦得如此，方纔是正。」

【校勘】

㈠ **只是不可「有所」耳**：「所」字原缺，據俞嶙本、張問達本、葉紹鈞本補。且依據上下文意以及《大學》原文，作「有所」，於義爲長。

【箋疏】

［一］所問「有所忿懥」，語見《大學》：「所謂修身在正其心者，身有所忿懥，則不得其正；有所恐懼，則不得其正；有所好樂，則不得其正；有所憂患，則不得其正。」（朱熹《四書章句集注》第一〇頁）案：朱熹注引程子曰：「『身有』之『身』，當作『心』。」

【集評】

陳龍正曰：「怒人相鬭，怒其非者而已，不與我事，所以惟見理之是非。若因犯我而怒，則先有一我立其間，有多少動氣在。故使心失其正者，氣也；使氣動其心者，形也。愈不學則愈賤者爲主，愈學則愈貴者爲主。」

【二三六】

「先生嘗言『佛氏不着相，其實着了相；吾儒着相，其實不着相』。請問。」曰：「佛怕父子累，却逃了父子；怕君臣累，却逃了君臣；怕夫婦累，却逃了夫婦：都是爲個君臣、父子、夫婦着了相，便須逃避。如吾儒有個父子，還他以仁；有個君臣，還他以義；有個夫婦，還他以别：何曾着父子、君臣、夫婦的相？」

【集評】

劉宗周曰：「先生於佛氏，一言而内外夾攻，更無剩義。」（劉宗周《陽明傳信録》，《劉宗周全集》第五册，第七七頁）

【二三七】

黄勉叔問[一]：「心無惡念時，此心空空蕩蕩的，不知亦須存個善念否？」先生曰：「既去惡念，便是善念，便復心之本體矣。譬如日光被雲來遮蔽，雲去，光已復矣。若惡念既去，又要存

個善念，即是日光之中添燃一燈。」（已下門人黄修易録）㊀[一]

【校勘】

㊀已下門人黄修易録：水西精舍本、閭東本作「已下黄勉叔録」。

【箋疏】

［一］佐藤一齋曰：「［黄］勉叔，名脩易，鄉貫未考。」陳榮捷曰：「黄勉叔，名脩易，其名字不見《儒林宗派》。《王文成傳本》卷二頁十六上與《陽明弟子傳纂》目録頁二十下，均只列黄修易，並無字里。」鄧艾民則曰：「黄勉叔，名脩易，其他不詳。」◎案：章潢《（萬曆）新修南昌府志》有「王修易傳」，略云：「王修易，江山縣人。由歲貢任新建縣學訓導五載，終日談學，見貧生輒賙恤之。與先任巡撫張浮峰公爲同門友，一日遣舍人詣公，公答云：『爲公事乎？爲講學乎？公事，即日公堂參謁；如論學，當致一帖。』浮峰公竟以帖請而直之。」（章潢修纂《（萬曆）新修南昌府志》第一六卷，明萬曆十六年刻本，第三二頁。又參謝旻、陶成修纂《江西通志》，《景印文淵閣四庫全書》第五一五册，第九六頁）束景南於引述《乾隆南昌府志》「王修易傳」後，謂：「稱王修易與張元沖爲同門友，更可見其爲陽明弟子。程煇《喪紀》中稱『門人欒惠……王修……』，此『王修』當是王修易之誤。又《傳習録》卷下多有『門人黄修易録』，録在嘉靖四年前後。查史志無黄修易其人，疑『黄修易』亦王修易之誤。」（束景南《王陽明年譜長編》第三册，第一五八一頁）束氏之言似可備一説。「王修易」之誤作「黄修易」，恐猶如水西精舍本「黄

以方」之誤作「王以方」。若然，則黄修易乃王修易之訛。詳情有待進一步考證。

[二] 佐藤一齋曰：「此條之次，鹿洞本饒一條，諸本皆闕，今録於左：『問理、氣、數。先生曰：以理之流行言，謂之氣；以氣之條理而言，謂之理；以條理之節次而言，謂之數。三者只是一統事。』」◎案：張問達本亦多此一條，其中「問理、氣、數」，作「修易問理、氣、數」；兩「而言」，作「言」。（王守仁《王陽明先生文鈔》，《四庫全書存目叢書》集部第四九册，第四七八頁）

【二三八】

問：「近來用功，亦頗覺妄念不生，但腔子裏黑窣窣的[一]，不知如何打得光明？」先生曰：「初下手用功，如何腔子裏便得光明？譬如奔流濁水㊀，纔貯在缸裏，初然雖定㊁，也只是昏濁的；須俟澄定既久，自然渣滓盡去，復得清來。汝只要在良知上用功；良知存久，黑窣窣自能光明矣。今便要責效，却是助長，不成功夫。」

【校勘】

㊀ **譬如奔流濁水**：「奔流」，水西精舍本作「長流」。

㈡ **初然雖定**：許舜屏曰：「『初然雖定』，疑係『雖然初定』。」

【箋疏】

［一］于清遠曰：「黑窣窣，爲越人諺語，凡遇夜室無燈，輒曰黑窣窣。楚人亦有黑窣窣之語，但不甚普遍。」（于清遠《王陽明傳習録注釋》卷三，第二二頁）◎案：黑窣窣，與後文「光明」對言，猶言黑糊糊、黑乎乎，指模糊不清、昏暗不明。

【二三九】

先生曰：「吾教人致良知，在格物上用功，却是有根本的學問，日長進一日，愈久愈覺精明。世儒教人事事物物上去尋討，却是無根本的學問，方其壯時，雖暫能外面修飾，不見有過；老則精神衰邁，終須放倒。譬如無根之樹，移栽水邊，雖暫時鮮好，終久要憔悴。」

【集評】

北大藏謝廷傑本眉批云：「從事物上尋討，猶飲食以養生耳，雖外而非外也。今曰我自有養生之術，而舉飲食而廢之也，可乎哉？」

【二四〇】

問「志於道」一章[一]。先生曰：「只『志道』一句，便含下面數句功夫，自住不得。譬如做此屋，『志于道』，是念念要去擇地鳩材，經營成個區宅；『據德』，却是經畫已成，有可據矣；『依仁』，却是常常住在區宅內，更不離去；『游藝』，却是加些畫采，美此區宅。藝者義也，理之所宜者也。如誦詩、讀書、彈琴、習射之類，皆所以調習此心，使之熟於道也。苟不志道而游藝，却如無狀小子，不先去置造區宅，只管要去買畫挂做門面，不知將挂在何處？」

【箋疏】

[一] 所謂「志於道」章，即《論語・述而》「子曰：『志於道，據於德，依於仁，游於藝。』」章。（朱熹《四書章句集注》，第一〇九頁）

【集評】

于清遠曰，陽明統論「志於道」章之意，以做屋作比喻，層次井然，風趣無窮。（參于清遠《王陽明傳習録注釋》卷三，第二三頁）

【二四二】

問：「讀書所以調攝此心，不可缺的。但讀之之時，一種科目意思牽引而來，不知何以免此？」先生曰：「只要良知真切，雖做舉業，不爲心累；總有累亦易覺㈠，克之而已。且如讀書時，良知知得強記之心不是，即克去之；有欲速之心不是，即克去之；有誇多鬥靡之心不是，即克去之。如此亦只是終日與聖賢印對㈡，是個純乎天理之心。任他讀書，亦只是調攝此心而已，何累之有？」〔二〕曰：「雖蒙開示，奈資質庸下，實難免累。竊聞窮通有命，上智之人，恐不屑此；不肖爲聲利牽纏，甘心爲此，徒自苦耳。欲屏棄之，又制於親，不能舍去，奈何？」先生曰：「此事歸辭於親者多矣，其實只是無志。志立得時，良知千事萬爲只是一事。讀書作文安能累人？人自累於得失耳！」因嘆曰：「此學不明，不知此處擔閣了幾多英雄漢！」㈢

【校勘】

㈠ **總有累亦易覺**：「總」，白鹿洞本、張問達本、許舜屏本作「縱」。◎案：「總」，讀爲「縱」。

㈡ **如此亦只是終日與聖賢印對**：「印對」，水西精舍本作「相對」。

㈢ 此條，施邦曜本删略頗多。（王守仁《陽明先生集要》上册，第一三二至一三三頁）又：此條之後，水西精舍本、閭東本多二條。其一云：「先生曰：『良知猶主人翁，私欲猶豪奴悍婢。主人翁沉痾在牀，奴婢便敢擅作威福，家不可以言齊矣。若主人翁服藥治病，漸漸痊可，略知撿束，奴婢亦自漸聽指揮。及沉痾脱體，起來擺布，誰敢有不受約束者哉？良知昏迷，衆欲亂行；良知精明，衆欲消化，亦猶是也。』」其二云：「先生曰：『合著本體的，是功夫；做得功夫的，方識本體。』」

【箋疏】

[一] 劉宗周曰：「又舉『天理』二字，如此方是真讀書，亦便是真格物處。朱先生以讀書爲格物窮理之要，與先生語不無差别。」（劉宗周《陽明傳信録》，《劉宗周全集》第五册，第七七頁）

東正純曰：「朱子以讀書爲窮理[之]要，此未必非；而王子則讀書前更有一段功夫，最親切有味。然則，朱王未必無差别。」（東正純《傳習録參考》，《澤瀉先生全集》上册，第六七一頁）

【二四二】

問：「『生之謂性』，告子亦説得是，孟子如何非之？」[一] 先生曰：「固是性，但告子認得一邊去了，不曉得頭腦；若曉得頭腦，如此説亦是。孟子亦曰『形色，天性也』[二]，這也是指氣説。」又曰：「凡人信口説，任意行，皆説此是依我心性出來，此是所謂『生之謂性』，然却要有過差。若曉得頭腦，依吾良知上説出來，行將去，便自是停當。然良知亦只是這口説、這身行，豈能外得氣，别有個去行去説？故曰『論性不論氣，不備；論氣不論性，不明』。氣亦性也，性亦氣也，但須認得頭腦是當。」

【箋疏】

［一］所問「生之謂性」云云，語本《孟子·告子上》：「告子曰：『生之謂性。』孟子曰：『生之謂性也，猶白之謂白與？』曰：『然。』『白羽之白也，猶白雪之白；白雪之白，猶白玉之白與？』曰：『然。』『然則，犬之性猶牛之性、牛之性猶人之性與？』」（朱熹《四書章句集注》，第三八四頁）

［二］「形色，天性也」，語出《孟子·盡心上》：「孟子曰：『形色，天性也；惟聖人，然後可以踐形。』」（朱熹《四書章句集注》，第四二七頁）

【二四三】

又曰：「諸君功夫，最不可助長。上智絶少，學者無超入聖人之理。一起一伏、一進一退，自是功夫節次。不可以我前日用得功夫了，今却不濟，便要矯强做出一個没破綻的模樣，這便是助長，連前些子功夫都壞了。此非小過。譬如行路的人，遭一蹶跌，起來便走，不要欺人做那不曾跌倒的樣子出來。諸君只要常常懷個『遁世無悶，不見是而無悶』之心[一]，依此良知，忍耐做去，不管人非笑，不管人毀謗，不管人榮辱[二]，任他功夫有進有退，我只是這致良知的主宰不息，久久自然有得力處，一切外事亦自能不動。」又曰：「人若着實用功，隨人毀謗，隨人欺慢，處處得益，處處是進德之資；若不用功，只是魔也，終被累倒。」

【箋疏】

[一]「遁世無悶，不見是而無悶」，語見《周易·文言》：「初九曰『潛龍勿用』，何謂也？子曰：『龍德而隱者也。不易乎世，不成乎名；遯世而無悶，不見是而無悶；樂則行之，憂則違之；確乎其不可拔，潛龍也。』」（朱熹《周易本義》，《朱子全書》第一册，第一四七頁）

[二]「榮辱」，猶言惑亂侮辱，與「非笑」「毀謗」爲同類之詞。此「榮辱」之「榮」，疑猶《韓非子·内儲説下六微》「晉獻公欲伐虞、虢，乃遺之屈産之乘、垂棘之璧，女樂二八，以榮其意而亂其政」（王先慎《韓非子集解》，第二五八頁）之「榮」，與「熒」字同義，乃惑亂之意。

【二四四】

先生一日出遊禹穴[一]，顧田間禾曰：「能幾何時，又如此長了！」范兆期在傍曰[二]：「此只是有根。學問能自植根，亦不患無長。」先生曰：「人孰無根？良知即是天植靈根，自生生不息；但着了私累，把此根戕賊蔽塞㊀，不得發生耳。」

【校勘】

㊀ **把此根戕賊蔽塞**：「此根」，水西精舍本、閭東本、胡宗憲本作「此幾」。

【箋疏】

[一] 陳榮捷曰：「禹穴，俗傳此穴在浙江會稽縣，爲大禹藏書之處，或云大禹葬於此。然據《王文成傳本》，會稽山並無洞壑。凡禹井、禹穴、陽明洞類，祇是石罅，並無托足地。」鄧艾民曰，禹穴，「會稽山小峰之一，在今浙江紹興縣」。◎案：明代鄭善夫《禹穴記》云：「禹穴在會稽山陰，昔黄帝藏書處也。禹治水至稽山，得黄帝《水經》於穴中，按而行之，而後水土平，故曰禹穴。世莫詳其處，或曰即今陽明洞是已。又云：禹既平水土，會諸侯稽功於塗山，尋崩，遂葬於會稽之陰，故山曰會稽、穴曰禹穴，至今窆石尚存。或然也。」（鄭善夫《少谷集》，《景印文淵閣四庫全書》第一二六九册，第一五三頁）嵇曾筠《雍正浙

江通志》云：「《嘉泰會稽志》：陽明洞，在宛委山龍瑞宮。舊經：『三十六洞天之十一洞也，一名極玄太元之天。』洞外飛來石下爲禹穴，傳云禹藏書處。」（嵇曾筠《雍正浙江通志》，《景印文淵閣四庫全書》第五一九册，第四四七頁）可見，禹穴，在浙江紹興之會稽山，與陽明洞相距不遠，傳説爲黄帝藏書之處、夏禹卒葬之地。

［二］范引年，字兆期，號半野，浙江餘姚人。正德十六年（一五二一年）九月，陽明歸餘姚省祖塋，引年與夏淳、吴仁、柴鳳、孫應奎等七十餘人來從學。嘉靖九年（一五三〇年），薛侃建天真精舍於杭州城南十里，以祀陽明，引年與董澐、劉侯、孫應奎、程尚寧、柴鳳等董其事；二十一年（一五四二年），引年以經師爲有司延聘主青田教事，講藝中時發陽明之旨，從遊者甚衆。建混元書院於青田，以祀陽明。引年卒，春秋配食。（參《陽明先生年譜》及其附録一，王守仁《王陽明全集（新編本）》第四册，第一二九一、一三四一、一三四八頁；黄宗羲《明儒學案（修訂本）》上册，第二一九頁；邵廷采《思復堂文集》，第四六頁；余重耀《陽明弟子傳纂》第一卷，第三五頁）

【集評】

東正純曰：「王子喜於遊行閑興之間，當機點醒人，蓋聖門舞雩遺意也。」（東正純《傳習録參考》，《澤瀉先生全集》上册，第六七一頁）

【二四五】

一友常易動氣責人，先生警之曰：「學須反己。若徒責人，只見得人不是，不見自己非；若能反己，方見自己有許多未盡處，奚暇責人？舜能化得象的傲，其機括只是不見象的不是。若舜只要正他的姦惡，就見得象的不是矣。象是傲人，必不肯相下，如何感化得他？」[一]是友感悔。曰：「你今後只不要去論人之是非㊀，凡當責辯人時，就把做一件大己私克去方可。」

【校勘】

㊀ **你今後只不要去論人之是非**：「你」，施邦曜本、俞嶙本作「爾」。

【箋疏】

[一] 陽明此所論評舜化象之言，語本《尚書・堯典》：「帝曰：『咨，四岳！朕在位七十載，汝能庸命，巽朕位。』岳曰：『否！德忝帝位。』曰：『明明揚側陋。』師錫帝曰：『有鰥在下，曰虞舜。』帝曰：『俞，予聞。如何？』岳曰：『瞽子。父頑，母嚚，象傲。克諧以孝，烝烝乂，不格姦。』」（孔安國傳、孔穎達疏《尚書正義》，第五七至五八頁）以及《孟子・萬章上》：「萬章曰：『父母使舜完廩，捐階，瞽瞍焚廩。使浚井，出，從而掩之。象曰：「謨蓋都君咸我績。牛羊，父母；倉廩，父母。干戈，朕；琴，朕；弤，朕；二

嫂，使治朕棲。」象往入舜宮，舜在牀琴。象曰：「鬱陶思君爾。」忸怩。舜曰：「惟兹臣庶，汝其于予治。」不識舜不知象之將殺己與？』曰：『奚而不知也？象憂亦憂，象喜亦喜。』」（朱熹《四書章句集注》，第三五八頁）

【二四六】

先生曰：「凡朋友問難，縱有淺近粗疏，或露才揚己，皆是病發。當因其病而藥之可也，不可便懷鄙薄之心，非君子『與人爲善』之心矣。」[一]

【箋疏】

[一]「與人爲善」，語出《孟子·公孫丑上》：「孟子曰：『子路，人告之以有過則喜。禹聞善言則拜。大舜有大焉，善與人同。舍己從人，樂取於人以爲善。自耕、稼、陶、漁以至爲帝，無非取於人者。取諸人以爲善，是與人爲善者也。故君子莫大乎與人爲善。』」（朱熹《四書章句集注》，第二七九頁）

◎案：佐藤一齋曰，《遺言録》有一條，與此章互發，録於左：「先生曰：『朋友相處，常見自家不是，方能求人之不是。若只覺自家爲是，便懷輕忽之心，漫然不顧，不知病痛畜之漸長，害不可言。善者固吾師，不善者亦吾師。且如見人多言，吾便自省亦多言否？見人好高，吾便自省亦好高否？這便是相觀而善，處處得益。』」佐藤一齋所録《遺言録》此言，《佐藤一齋全集》第五卷所收《傳習録欄外書》將其附於「先生一日出遊禹穴」條之後。（佐藤坦《佐藤一齋全集》第五卷，第二八二頁）鄧艾民則將其選録爲「一友常易動氣責人」條之注語。然而，佐藤一齋所録《遺言録》之語，似不能與「先生一日出遊禹穴」條互發，而可與此條互發，且題爲「先生條」，玆姑且將其移録於此。

【二四七】

問：「《易》，朱子主卜筮，程《傳》主理，何如？」[一]先生曰：「卜筮是理，理亦是卜筮。天下之理孰有大於卜筮者乎？只爲後世將卜筮專主在占卦上看了，所以看得卜筮似小藝。不知今之師友問答，博學、審問、慎思、明辯、篤行之類，皆是卜筮。卜筮者，不過求決狐疑、神明吾心而已[二]。《易》是問諸天。人有疑，自信不及，故以《易》問天，謂人心尚有所涉，惟天不容僞耳。」

【箋疏】

[一]「朱子主卜筮」，語本《朱子語類》卷六六所謂「《易》本爲卜筮而作」「《易》本卜筮之書，後人以爲止於卜筮。至王弼用老莊解，後人便只以爲理，而不以爲卜筮，亦非」「《易》只是個卜筮之書」之類說法。（黎

靖德編《朱子語類》第四册，第一六二〇至一六四〇頁）此外，朱熹《周易本義》《周易啓蒙》亦主《周易》乃爲卜筮而作。

「程《傳》主理」，語本程頤《易傳序》：「易，變易也，隨時變易以從道也。其爲書也，廣大悉備，將以順性命之理，通幽明之故，盡事物之情而示開物成務之道也聖人之憂患後世，可謂至矣。」以及《易序》：「《易》之爲書，卦爻彖象之義備，而天地萬物之情見。聖人之憂天下後世，其至矣：先天下而開其物，後天下而成其務。是故極其數以定天下之象，著其象以定天下之吉凶。六十四卦、三百八十四爻，皆所以順性命之理，盡變化之道也。散之在理，則有萬殊；統之在道，則無二致。」（程顥、程頤《二程集》第三册，第六八九、六九〇頁）此外，程頤《周易程氏傳》亦以《周易》爲説理之書。

［二］「神明」，語出《淮南子・兵略》：「見人所不見謂之明，知人所不知謂之神。神明者，先勝者也。」（劉文典《淮南鴻烈集解》下册，第五一七頁）

【集評】

但衡今曰：「龜卜蓍筮，用以決疑。秦漢之際猶立卜人主之。然卜筮有短長，其取象不盡同，此卜人之附《易》、離於《易》，非《易》之主於卜也。故孔子學《易》以寡過，亦當時人必讀之書也。孔門商瞿以《易》名家，爲漢初經生專一經者之始，而其書不可考。數傳至田何、京房，乃以數名。讖緯之説託於《易》，自是善《易》者不言《易》矣。晉初，王弼主理黜數，漢儒互卦、之卦、旁通、納甲等説靡矣。伊川傳《易》多從輔嗣，朱子注《易》兼采陳（摶）邵（雍），不相及也。陽明於二家之説或未之深究，至所云『師友問答以至博學問辯等等，皆是卜筮』，頗見新穎，要亦輔嗣得象忘言、得意忘象之旨云。」（但衡今《王陽明傳習録札記》下卷，第五三至五四頁）◎案：王弼，字輔嗣，三國時期魏國山陽人。生於魏文帝黄初七年丙午（二二六年），卒於齊王曹芳正始十年己巳（二四九年），享年僅二十四歲。玄學家。著作有《周易注》《論語釋疑》以及《老子注》等。但氏謂「晉初，王弼主理黜數」，以王弼爲晉人，誤也。

【二四八】

黄勉之問[一]：「『無適也，無莫也，義之與比』[二]，事事要如此否？」先生曰：「固是事事要如此，須是識得個頭腦乃可。義即是良知，曉得良知是個頭腦，方無執着。且如受人餽送，也有今日當受的，他日不當受的；也有今日不當受的，他日當受的[三]。你若執着了今日當受的，便一切受去；執着了今日不當受的，便一切不受去：便是『適』『莫』，便不是良知的本體，如何喚得做義？」（已下門人黄省曾録）[一]

【校勘】

[一] **已下門人黄省曾録**：水西精舍本、閭東本作「已下黄勉之録」。

【箋疏】

[一]黄省曾，字勉之，號五岳，蘇州人。生於弘治三年庚戌（一四九〇年），卒於嘉靖十九年庚子（一五四〇年），享年五十一歲。陽明講道於越，執贄爲弟子，撰《會稽問道録》十卷。◎案：黄宗羲曰：「《傳習後録》有先生（黄勉之）所記數十條，當是采之《問道録》中，往往失陽明之意。」（黄宗羲《明儒學案（修訂本）》上册，第五八一頁）然而，黄宗羲之説恐欠準確。據水西精舍本《傳習録》之「傳習續録」，黄省曾所記陽明先生語，僅十三條。

[二]「無適也，無莫也，義之與比」，語見《論語・里仁》：「子曰：『君子之於天下也，無適也，無莫也，義之與比。』」朱熹注云：「適，專主也，《春秋傳》曰『吾誰適從』是也。莫，不肯也。比，從也。」（朱熹《四書章句集注》，第八三頁）

[三]「受人餽送」云云，語本《孟子・公孫丑下》：「陳臻問曰：『前日於齊，王餽兼金一百而不受；於宋，餽七十鎰而受；於薛，餽五十鎰而受。前日之不受是，則今日之受非也；今日之受是，則前日之不受非也。夫子必居一於此矣。』孟子曰：『皆是也。當在宋也，予將有遠行。行者必以贐，辭曰：「餽贐。」予何爲不受？當在薛也，予有戒心。辭曰：「聞戒。」故爲兵餽之，予何爲不受？若於齊，則未有處也。無處而餽之，是貨之也。焉有君子而可以貨取乎？』」（朱熹《四書章句集注》，第二八五頁）

【二四九】

問：「『思無邪』一言，如何便盖得三百篇之義？」[一] 先生曰：「豈特三百篇，六經只此一言便可該貫；以至窮古今天下聖賢的話，『思無邪』一言，也可該貫。此外更有何説？此是一了百當的功夫。」

【箋疏】

[一] 所問之言，語本《論語·爲政》：「子曰：『《詩》三百，一言以蔽之，曰「思無邪」。』」（朱熹《四書章句集注》，第六二頁）「思無邪」，語見《詩經·魯頌·駉》。（朱熹《詩集傳》，《朱子全書》第一册，第七四四頁）

【二五〇】

問道心人心[一]。先生曰：「『率性之謂道』，便是道心；但着些人的意思在，便是人心。道心本是無聲無臭，故曰『微』㈠；依着人心行去，便有許多不安穩處，故曰『惟危』。」㈡

【校勘】

㊀**道心本是無聲無臭，故曰「微」**：「微」，張問達本作「惟微」。

㊁**便有許多不安穩處，故曰「惟危」**：「惟危」，許舜屏本、葉紹鈞本、鄧艾民本作「危」。

【箋疏】

［一］「道心人心」，語本《尚書·大禹謨》：「人心惟危，道心惟微；惟精惟一，允執厥中。」（孔安國傳、孔穎達疏《尚書正義》，第一三三頁）

【二五二】

問：「『中人以下不可以語上』［一］，愚的人與之語上尚且不進，況不與之語，可乎？」先生曰：「不是聖人終不與語。聖人的心，憂不得人人都做聖人；只是人的資質不同，施教不可躐等。中人以下的人，便與他說性、說命，他也不省得，也須謾謾琢磨他起來。」㊀

【校勘】

㊀**也須謾謾琢磨他起來**：「謾謾」，白鹿洞本作「徐徐」，俞嶙本、四庫全書本作「慢慢」。◎案：「謾謾」，與

「慢慢」通。

【箋疏】

［一］「中人以下不可以語上」，語見《論語·雍也》：「子曰：『中人以上，可以語上也；中人以下，不可以語上也。』」（朱熹《四書章句集注》，第一〇三頁）

【二五二】

一友問：「讀書不記得，如何？」先生曰：「只要曉得，如何要記得？要曉得已是落第二義了，只要明得自家本體。若徒要記得，便不曉得；若徒要曉得，便明不得自家的本體。」

【集評】

孫奇逢曰：「明得自家本體，便不只曉得而已。」（孫奇逢《理學宗傳》，《孔子文化大全：理學宗傳》，第六二二頁）

許舜屏曰：「自家本體者，良知之謂也。」◎案：此所引述許氏語，「自家」原誤作「自宗」。徑改。

但衡今曰：「『記得』，心與書辭會，所謂爲法華轉；『曉得』，心與書理會，所謂轉法華。然亦未可一概論也。王巨君（原注：前漢有兩王莽，故稱字以別之）、王安石通曉《周官》，措之政事，俱遺害當時；趙括善讀父書，卒亦破人家國。非書誤人，人自誤耳。此陽明謂『徒曉得猶爲第二義』，故主惟精以求惟一、博文以求約理。心體既明，則古今有用之書、聖賢之言皆我注脚，庶幾可通天下之故，良知得以盡其用。由此可知陽明之進學次第。通於神明者，非豁然而通也。願今之治王學者勉之。」（但衡今《王陽明傳習録札記》下卷，第六〇至六一頁）案：「博文以求約理」之「約理」，疑應作「約禮」。

【二五三】

問：「『逝者如斯』[一]，是說自家心性活潑潑地否？」先生曰：「然。須要時時用致良知的功夫，方才活潑潑地，方才與他川水一般；若須臾間斷，便與天地不相似。此是學問極至處，聖人也只如此。」[二]

【箋疏】

[一]「逝者如斯」，語見《論語·子罕》：「子在川上，曰：『逝者如斯夫！不舍晝夜。』」（朱熹《四書章句集注》，第一三二頁）

[二] 許舜屏曰：「水是無孔不入的，知亦是無微不照的，所以良知可以比水。」

【二五四】

問「志士仁人」章〔一〕。先生曰：「只爲世上人都把生身命子看得來太重，不問當死不當死，定要宛轉委曲保全，以此把天理都丢去了㊀。忍心害理，何者不爲？若違了天理，便與禽獸無異，便偷生在世上百千年，也不過做了千百年的禽獸。學者要於此等處看得明白。比干、龍逢，只爲他看得分明，所以能成就得他的仁。」㊁

【校勘】

㊀ **以此把天理都丢去了**：「都」，原作「却」，據水西精舍本、閭東本、胡宗憲本、郭朝賓本改。

㊁ **所以能成就得他的仁**：「仁」，原作「人」，據水西精舍本、閭東本、胡宗憲本、郭朝賓本、陳龍正本、張問達本、三輪執齋本、佐藤一齋本、葉紹鈞本、陳榮捷本、鄧艾民本改。

【箋疏】

〔一〕「志士仁人」章，即《論語·衛靈公》：「子曰：『志士仁人，無求生以害仁，有殺身以成仁。』」（朱熹《四書章句集注》，第一九二頁）

【二五五】

問：「叔孫武叔毀仲尼[一]，大聖人如何猶不免於毀謗？」先生曰：「毀謗自外來的，雖聖人如何免得？人只貴於自修，若自己實實落落是個聖賢，縱然人都毀他，也説他不着，却若浮雲揜日，如何損得日的光明？若自己是個象恭色莊、不堅不介的，縱然没一個人説他，他的惡慝終須一日發露。所以孟子説『有求全之毀，有不虞之譽』[二]，毀譽在外的，安能避得？只要自修何如爾。」

【箋疏】

[一]「叔孫武叔毀仲尼」，語見《論語・子張》：「叔孫武叔毀仲尼。子貢曰：『無以爲也，仲尼不可毀也。他人之賢者，丘陵也，猶可踰也；仲尼，日月也，無得而踰焉。人雖欲自絶，其何傷於日月乎？多見其不知量也！』」（朱熹《四書章句集注》，第二二六頁）

[二]「有求全之毀，有不虞之譽」，語本《孟子・離婁上》：「孟子曰：『有不虞之譽，有求全之毀。』」（朱熹《四書章句集注》，第三三六頁）

【二五六】

劉君亮要在山中静坐[一]。先生曰：「汝若以厭外物之心去求之静，是反養成一個驕惰之氣了；汝若不厭外物，復於静處涵養，却好。」

【箋疏】

[一]佐藤一齋曰：「君亮，字元道，文録有與劉元道書，可考。王門又有劉邦采字君亮號師泉者，與元道别人。」葉紹鈞曰：「劉君亮，字元道。」陳榮捷曰：「劉君亮，字元道。《全書》卷五有癸未《與劉元道書》。《明儒學案》卷十九有劉邦采字君亮，與此君亮不同。《年譜》嘉靖三年有劉侯入山養静之問，陽明答語與此條不同。劉侯當另是一人。三輪執齋指出《年譜》劉侯，但不云與劉君亮同是一人。中田勝與柳町達也則疑是一人。《儒林宗派》無劉君亮元道，亦無劉侯。劉侯見《陽明弟子傳纂》目録，但不見《王文成傳本》，此兩書並無劉君亮元道。」鄧艾民曰：「劉君亮，字元道。王守仁有《與劉元道》一信（見《全書》卷五）。非《明儒學案》的郡丞劉君亮（名邦采）。」佐藤氏、陳氏、鄧氏均謂，此劉君亮非劉邦采。◎案：佐藤氏、葉氏、陳氏、鄧氏諸人謂「劉君亮，字元道」，其理據似爲嘉靖二年癸未陽明《與劉元道》書所言，與此條所論相近。陽明《與劉元道》書云：「來喻：『欲入坐窮山，絶世故，屏思慮，養吾靈明。必自驗至於通晝夜而不息，然後以無情應世故。』且云：『於静求之，似爲徑直，但勿流於空寂而已。』觀

此足見任道之剛毅，立志之不凡。且前後所論，皆不爲無見者矣。可喜可喜！夫良醫之治病，隨其疾之虛實、强弱、寒熱、内外而斟酌加減。調理補泄之要，在去病而已。初無一定之方，不問證候之如何，而必使人人服之也。君子養心之學，亦何以異於是！元道自量其受病之深淺、氣血之强弱，自可如其所云者而斟酌爲之，亦自無傷。且專欲絶世故、屏思慮，偏於虛静，則恐既已養成空寂之性，雖欲勿流於空寂，不可得矣。大抵治病雖無一定之方，而以去病爲主，則是一定之法。若但知隨病用藥，而不知因藥發病，其失一而已矣。閑中且將明道《定性書》熟味，意況當又不同。憂病，不能一一，信筆草草無次。」（王守仁《王陽明全集（新編本）》第一册，第二〇四至二〇五頁）而《陽明先生年譜》云，嘉靖三年甲申八月，劉侯有入山養静之問。陽明謂劉侯曰：「君子養心之學如良醫治病，隨其虛實寒熱而斟酌補泄之，是在去病而已，初無一定之方，必使人人服之也。若專欲入坐窮山，絶世故，屏思慮，則恐既已養成空寂之性，雖欲勿流於空寂，不可得矣。」（王守仁《王陽明全集（新編本）》第四册，第一三〇〇至一三〇一頁）兩相比較，《年譜》所記陽明答劉侯之言，即陽明《與劉元道》書中之語。唯陽明《與劉元道》書標明撰作時間爲「〔嘉靖二年〕癸未」，且書中有「憂病，不能一一」之語，則其時陽明尚在守喪中；陽明在嘉靖三年四月服闋，而《年譜》將陽明答劉侯之言繫於嘉靖三年甲申八月，其繫年當有錯誤。《萬曆壽昌縣志》云：「劉侯，字原道，一字伯元，號沖庵，六都勞村人。父早故，叔應龍教之甚嚴。年十九，以《詩經》領正德庚午鄉薦。受業於王陽明先生之門。嘉靖十三年，提學林公雲同聘主天真書院教，一時豪傑皆萃焉。後卒於其地。」（《萬曆壽昌縣志》第八卷。轉引自束景南《王陽明年譜長編》

第三册，第一五六五至一五六六頁。又參吕妙芬《陽明學士人社群：歷史、思想與實踐》，第三八四、二〇〇頁）是故，劉侯即是劉元道，似可無疑；而所謂「劉君亮，字元道」之説，文獻不足。若此劉君亮非劉邦采，則其名號、鄉貫以及履歷，尚有待進一步考證。吾人懷疑，此劉君亮恐即劉邦采。劉邦采有《復廣西李熊山》書，略云：「白沙亥子之説，乃指人氣機交遘之際，不可晻昏錯過，所謂『一氣孔神兮中夜以存』，猶孟子之論夜氣。今既得其本心，則終日乾乾、時時亥子，又何求之夜半乎？」（陳時龍《劉邦采佚文輯録》，郭齊勇主編《陽明學研究》第二輯，第八九頁）其中所謂「白沙亥子之説」，見陳獻章《夜坐》詩，其一略云：「半屬虚空半屬身，絪緼一氣似初春。仙家亦有調元手，屈子寧非具眼人？莫遣塵埃封面目，試看金石貫精神。些兒欲問天根處，亥子中間得最真。」（陳獻章《陳獻章全集》中册，第五八三頁）據此書信所言，可知劉邦采精通静坐之術，當爲修習静坐之人。是故，此「要在山中静坐」之劉君亮，恐即爲劉邦采。劉邦采，字君亮，號師泉，江西安福人。其「自少英特不群，初爲邑諸生，即厭舉子業，鋭然以希聖爲志，曰：『學在求諸心，科舉非吾事也。』偕兩峰先生及弟姪九人趨越中，謁陽明王公，稱弟子」。（王時槐《師泉劉先生邦采傳》，焦竑輯《國朝獻徵録》第六册，第三六二一頁）

【集評】

陳龍正曰：「專倚静坐，何以有驕惰之病？静中揿然有見，每自負知道，是驕；静中悠然自怡，謂世務不足經意，是惰。非深於自爲，不能知；非切於爲人，不肯言。」

【二五七】

王汝中、省曾侍坐[一]。先生握扇，命曰：「你們用扇。」省曾起對曰：「不敢。」先生曰：「聖人之學，不是這等綑縛苦楚的，不是粧做道學的模樣。」汝中曰：「觀仲尼與曾點言志一章略見。」[二]先生曰：「然。以此章觀之，聖人何等寬洪包含氣象。且爲師者問志於群弟子，三子皆整頓以對，至於曾點，飄飄然不看那三子在眼，自去鼓起瑟來，何等狂態；及至言志，又不對師之問目，都是狂言。設在伊川，或斥罵起來了[三]。聖人乃復稱許他，何等氣象！聖人教人，不是個束縛他通做一般，只如狂者便從狂處成就他，狷者便從狷處成就他。人之才氣如何同得？」

【箋疏】

[一]王畿，字汝中，號龍溪，浙江山陰人。生於弘治十一年戊午五月（一四九八年），卒於萬曆十一年癸未六月（一五八三年），享年八十六歲。王畿弱冠舉於鄉，嘉靖二年（一五二三年）會試下第，歸而受業於陽明。嘉靖十一年（一五三二年）進士，授南京職方主事，累官至南京兵部武選郎中。夏言斥其學爲僞學，遂落職。歸處林下四十年，無日不講學。其著作，現已編輯刊印爲《王畿集》。

[二]「仲尼與曾點言志」章，即《論語·先進》「子路、曾皙、冉有、公西華侍坐」章。其文略云，子路、冉有、公

西華各言其志之後，孔子問曾晳，「『點！爾何如？』鼓瑟希，鏗爾，舍瑟而作，對曰：『異乎三子者之撰。』子曰：『何傷乎？亦各言其志也。』曰：『莫春者，春服既成。冠者五六人，童子六七人，浴乎沂，風乎舞雩，詠而歸。』夫子喟然嘆曰：『吾與點也！』」（朱熹《四書章句集注》，第一五三頁）

［三］陳龍正曰：「伊川素教方嚴，門人自不敢曠率則有之，生平未嘗罵僮僕，豈遂於此發罵？臆笑昔賢，殆先生之習氣又發矣。且聖人神化，賢者守經，正其同也。聖不云乎，以不可學可，最爲能似。弟子豈必人人如點？師安得人人如尼父耶？」

◎案：陽明論評伊川之言，並非虚語。《河南程氏外書》記載云：「韓持國與伊川善。韓在潁昌，欲屈致伊川、明道，預戒諸子姪，使治一室，至於修治窗户，皆使親爲之，其誠敬如此。二先生到，暇日與持國同游西湖，命諸子侍行。行次，有言貌不莊敬者，伊川回視，厲聲叱之曰：『汝輩從長者行，敢笑語如此，韓氏孝謹之風衰矣。』持國遂皆逐去之。」（程顥、程頤《二程集》第二册，第四三四頁）

【二五八】

先生語陸元静曰：「元静少年亦要解五經，志亦好博。但聖人教人，只怕人不簡易，他説的皆是簡易之規。以今人好博之心觀之，却似聖人教人差了。」

【二五九】

先生曰：「孔子無不知而作，顏子有不善未嘗不知，此是聖學真血脈路。」㈠[一]

【校勘】

㈠ 案：水西精舍本、閭東本無此條。

【箋疏】

[一]「孔子無不知而作」，語本《論語·述而》：「子曰：『蓋有不知而作之者，我無是也。多聞擇其善者而從之，多見而識之，知之次也。』」（朱熹《四書章句集注》，第一一五頁）「顏子有不善未嘗不知」，語本《周易·繫辭下傳》：「子曰：『顏氏之子，其殆庶幾乎！有不善未嘗不知，知之未嘗復行。』」（朱熹《周易本義》，《朱子全書》第一冊，第一四一頁）

【二六〇】

何廷仁、黃正之、李侯璧、汝中、德洪侍坐[一]。先生顧而言曰：「汝輩學問不得長進，只是未立志。」侯璧起而對曰：「珙亦願立志。」先生曰：「難説不立，未是必爲聖人之志耳。」對曰：「願立必爲聖人之志。」先生曰：「你真有聖人之志，良知上更無不盡。良知上留得些子别念挂帶，便非必爲聖人之志矣。」洪初聞時，心若未服，聽説到此㊀，不覺悚汗。[一]

【校勘】

㊀ **聽説到此**：「此」字原缺，據水西精舍本、閭東本、胡宗憲本、郭朝賓本、白鹿洞本、俞嶙本、三輪執齋本、佐藤一齋本、許舜屏本補。

【箋疏】

[一] 何廷仁，字性之，號善山，初名秦。江西雩縣人。生於成化二十二年丙午（一四八六年），卒於嘉靖三十年辛亥（一五五一年），享年六十六歲。初慕陳白沙，後師王陽明。聞陽明講學於贛，慨然曰：「吾恨不得爲白沙弟子，今又可失之耶！」遂拜見陽明於南康。已而隨陽明至越。舉嘉靖元年（一五二二年）鄉試。至二十年（一五四一年），始謁選，知新會縣。遷南京工部主事，滿考致仕。（參黄宗羲《明儒學案（修訂本）》上册，第四五一至四五二頁）

李珙，字侯璧，號東溪，浙江永康人。「由歲貢授東鄉訓導，升溆浦教諭。嘉靖乙丑，詔拔異才以風郡吏，當道薦珙，擢大理評事。珙蚤有志理學，徒步見陽明先生於越，先生授以致良知之訣。珙悟，獨居精思，盡得其旨。於是同門錢緒山、王龍溪輩推重之。在東鄉，當道聘主豫章書院教事。及溆浦，日與同志訂會。所至發明師訓，聽從者衆。平居不事生業。死之日，惟曰：『只此見在良知，吾今緊密受用，性命皆了。』古所謂得正而斃者，珙之謂歟！所著有《質疑稿》若干卷。」（過庭訓《本朝分省人物考》卷五三、徐象梅《兩浙名賢録》卷四、王崇炳《金華徵獻略》卷六，《續修四庫全書》第五三四册，第四六八至四六九頁；第五四二册，第一三七頁；第五四七册，第一〇八頁）

［二］陳龍正曰：「此下五十一條，據原集，皆黄省曾録。然他友皆字，德洪獨名，其爲緒山手録無疑。集訛刻耳，今正之。」佐藤一齋曰：「此條已下，閭本分爲《續録》卷下，題曰『錢德洪、王畿録』，陳本、張本並題曰『錢德洪録』。」◎案：「何廷仁、黄正之、李侯璧、汝中、德洪侍坐」條之前，水西精舍本、閭東本有「傳習續録卷下」「門人錢德洪、王畿録」字樣，分爲三行書之。

【二六一】

先生曰：「良知是造化的精靈。這些精靈，生天生地，成鬼成帝［一］，皆從此出，真是『與物無對』［二］。人若復得他完完全全，無少虧欠，自不覺手舞足蹈，不知天地間更有何樂可代。」

【箋疏】

［一］「生天生地，成鬼成帝」，語本《莊子·大宗師》：「夫道，有情有信，無爲無形；可傳而不可受，可得而不

可見；自本自根，未有天地，自古以固存；神鬼神帝，生天生地；在太極之先而不爲高，在六極之下而不爲深，先天地生而不爲久，長於上古而不爲老」。（郭慶藩《莊子集釋》第一册，第二四六至二四七頁）

［二］「與物無對」，語見《河南程氏遺書》：「此道與物無對，大不足以名之，天地之用皆我之用。」（程顥、程頤《二程集》第一册，第一七頁）

【集評】

東正純曰：「以良知爲造化精靈，是王子最自得處，撥出天機無餘藴。後學紛紜，或主體、或主用、或見在、或未發，要之，所謂『風斯在下矣』。」（東正純《傳習録參考》，《澤瀉先生全集》上册，第六七二頁）

【二六二】

一友静坐有見，馳問。先生答曰：「吾昔居滁時［一］，見諸生多務知解、口耳異同，無益於得，姑教之静坐。一時窺見光景，頗收近效；久之，漸有喜静厭動，流入枯槁之病，或務爲玄解妙覺，動人聽聞。故邇來只説致良知。良知明白，隨你去静處體悟也好，隨你去事上磨鍊也好㊀，良知本體原是無動無静的。此便是學問頭腦㊁［二］。我這個話頭，自滁州到今，亦較過幾番，只是『致良知』三字無病。醫經折肱，方能察人病理。」［三］

【校勘】

㊀隨你去静處體悟也好，隨你去事上磨鍊也好：施邦曜本、俞嶙本作「隨你静處體悟也好，事上磨鍊也好」。

㊁此便是學問頭腦：施邦曜本、俞嶙本無「此」字。

【箋疏】

［一］「昔居滁時」，據《陽明先生年譜》，正德八年十月，陽明以南京太僕寺少卿職至滁州督馬政；九年四月，升南京鴻臚寺卿。（王守仁《王陽明全集（新編本）》第四册，第一二四二頁）

［二］施邦曜曰：「静處體悟，原不曾離却事物之理；事上磨鍊，亦舍不得虚靈之覺。」

［三］「醫經折肱，方能察人病理」，語本《春秋左傳》：「齊高彊曰：『三折肱知爲良醫。』」（杜預《春秋經傳集解》第四册，第一六九〇頁）

【集評】

但衡今曰：「本節所云，初看似是第一步工夫，實是第二步工夫。陽明常以佛氏本來面目釋良知，必待識得本來面目，然後静處體悟、事上磨鍊，方免病痛。蓋以喜静厭動，則有專内遺外之弊，遺外則必流於空虚。故晚年以致良知爲宗，此陽明學術落葉歸根處。然則本來面目何由識得？陽明則當教以居敬存誠。然則誠何由而存？陽明又當教以從定静入。此《大學》教人次第。予故以本節所云爲第二步工夫。治王學者，幸勿躐等以進。」（但衡今《王陽明傳習録札記》下卷，第六二至六三頁）

【二六三】

一友問：「功夫欲得此知時時接續，一切應感處反覺照管不及；若去事上周旋，又覺不見了。如何則可？」先生曰：「此只認良知未真，尚有内外之間。我這裏功夫，不由人急心，認得良知頭腦是當，去朴實用功，自會透徹。到此便是『内外兩忘』[一]，又何心事不合一？」

【箋疏】

[一]「内外兩忘」，語本程顥《答横渠張子厚先生書》：「與其非外而是内，不若内外之兩忘也。兩忘則澄然無事矣。」（程顥、程頤《二程集》第二册，第四六一頁）

【集評】

佐藤一齋曰：「致良知工夫，非義襲、助長之可得。朴實用功，如攻玉石然，故曰『不由人急心』。是知龍谿一派以頓悟、虚見爲致良知者，殊失文成之旨。」

【二六四】

又曰：「功夫不是透得這個真機，如何得他充實光輝？[一]若能透得時，不由你聰明知解接得來，須胸中渣滓渾化，不使有毫髮沾帶始得。」

【箋疏】

[一]「充實光輝」，語本《孟子·盡心下》：「充實之謂美，充實而有光輝之謂大，大而化之之謂聖，聖而不可知之之謂神。」（朱熹《四書章句集注》，第四三九頁）

【集評】

陳龍正曰：「不尚急，尚舒徐；不尚虛，尚朴實；不尚懸解，尚去欲。合觀二條，良知教門思過半矣。」

但衡今於鈔録上條及此條之後論曰：「陽明『不由人心急』，是點鐵成金語；『不使毫髮沾滯』，是無染；『胸中渣滓渾化』，是無漏。無染無漏，須在格物上痛下工夫，使私欲妄念點滴不留，庶幾心體完整、妙用周偏，尤未可心急也。」（但衡今《王陽明傳習録札記》下卷，第六六至六七頁）

【二六五】

先生曰：「『天命之謂性』，命即是性；『率性之謂道』，性即是道；『修道之謂教』，道即是教。」[一]問：「如何道即是教？」曰：「道即是良知。良知原是完完全全，是的還他是，非的還他

非，是非只依着他，更無有不是處。這良知還是你的明師。」㊀

【校勘】

㊀ **這良知還是你的明師**：「還是」，水西精舍本、閭東本、胡宗憲本、郭朝賓本、白鹿洞本作「便是」。

【箋疏】

［一］「天命之謂性，率性之謂道，修道之謂教」，語見《中庸》。（朱熹《四書章句集注》，第二〇頁）

【集評】

東正純曰：「『天命之謂性』，王子讀爲實字看。閲程子語録，明道亦爲實字。朱子則讀爲虚字，謂命令之命也，與明道又異矣。」（東正純《傳習録參考》，《澤瀉先生全集》上册，第六七三頁）

【二六六】

問：「『不睹不聞』是説本體，『戒慎恐懼』是説功夫否？」［一］先生曰：「此處須信得本體原是不睹不聞的，亦原是戒慎恐懼的。戒慎恐懼不曾在不睹不聞上加得些子。見得真時，便謂戒慎恐懼是本體，不睹不聞是功夫亦得。」

【箋疏】

[一]「不睹不聞」「戒慎恐懼」，語本《中庸》：「道也者，不可須臾離也，可離非道也。是故君子戒慎乎其所不睹，恐懼乎其所不聞。」（朱熹《四書章句集注》，第二〇頁）

【集評】

劉宗周曰：「此非玄語。《中庸》曰『使天下人齋明盛服以承祭祀』，又是誰使他？只爲今人解《中庸》鬼神二字，是造化之鬼神，所以信不及先生語。而巧者又於此播弄神通，入玄妙觀去。」（劉宗周《陽明傳信録》，《劉宗周全集》第五册，第七八至七九頁）

【二六七】

問「通乎晝夜之道而知」[一]。先生曰：「良知原是知晝知夜的。」又問：「人睡熟時，良知亦不知了。」曰：「不知，何以一叫便應？」曰：「良知常知，如何有睡熟時？」曰：「向晦宴息[二]，此亦造化常理。夜來天地混沌，形色俱泯，人亦耳目無所睹聞，衆竅俱翕，此即良知收斂凝一時；天地既開，庶物露生，人亦耳目有所睹聞，衆竅俱闢，此即良知妙用發生時。可見人心與天地一體，故『上下與天地同流』[三]。今人不會宴息，夜來不是昏睡，即是妄思魘寐。」㊀曰：「睡時功夫如何用？」先生曰：「知晝即知夜矣。日間良知是順應無滯的，夜間良知即是收斂凝一的，有夢即先兆。」

【校勘】

㊀ **即是妄思魘寐**：「妄思」，俞嶙本作「妄想」。

【箋疏】

［一］「通乎晝夜之道而知」，語見《周易·繫辭上傳》：「範圍天地之化而不過，曲成萬物而不遺，通乎晝夜之道而知，故神無方而易無體。」（朱熹《周易本義》，《朱子全書》第一册，第一二六頁）

［二］「向晦宴息」，語本《周易·隨卦·象傳》：「澤中有雷，隨，君子以嚮晦入宴息。」（朱熹《周易本義》，《朱子全書》第一册，第一一〇頁）

［三］「上下與天地同流」，語見《孟子·盡心上》：「夫君子所過者化，所存者神，上下與天地同流，豈曰小補之哉？」（朱熹《四書章句集注》，第四一七頁）

【集評】

但衡今曰：「本節師生問答，惟『睡時工夫如何用』與『知晝則知夜』二語，爲身心喫緊工夫。陽明『知晝知夜』一語道破，未可多著一字。人心舒卷，天心闔闢，在學者會心得之。人苟不知睡時用功，則夜氣不存、心靈茅塞、神志昏沉，且一切罪惡多於此時種下種子，人特未知警耳。」（但衡今《王陽明傳習録札記》下卷，第六八頁）

【二六八】

又曰：「良知在夜氣發的方是本體，以其無物欲之雜也。學者要使事物紛擾之時，常如夜氣一般，就是『通乎晝夜之道而知』。」

【集評】

劉宗周曰：「此語端的。良知常發而常斂，便是獨體真消息。若一向在發用處求良知，便入情識窠臼去。然先生指點人處，都在發用上説，只要人知是知非上轉個爲善去惡路頭，正是良工苦心。」（劉宗周《陽明傳信録》，《劉宗周全集》第五册，第七九頁）

王應昌曰：「晝闢夜翕，良知妙與天地同體，先生已分言之矣，如何又云『常如夜氣一般』？即使事物紛擾之時，常如夜氣時，是化晝爲夜耳，恐非通知晝夜之道。」（王應昌《王陽明先生傳習録論》卷中之二，第一二頁）

【二六九】

先生曰：「仙家説到虚，聖人豈能虚上加得一毫實？佛氏説到無，聖人豈能無上加得一毫有？但仙家説虚，從養生上來；佛氏説無，從出離生死苦海上來，却於本體上加却這些子意思在，便不是他虚、無的本色了，便於本體有障礙。聖人只是還他良知的本色，更不着些子意在。良知之虚，便是天之太虚；良知之無，便是太虚之無形。日月風雷、山川民物，凡有貌象形色，皆在太虚、無形中發用流行，未嘗作得天的障礙。聖人只是順其良知之發用，天地萬物俱在我良知的發用流行中，何嘗又有一物超於良知之外能作得障礙？」

【集評】

劉宗周曰：「是辨三教異同大頭腦處，可見惟吾儒方擔得虚、無二字起，二氏不與也。」（劉宗周《陽明傳信録》，《劉宗周全集》第五册，第七九頁）

佐藤一齋曰：「文成説虚、無，即濂溪之意也。《通書》曰『無欲則静虚動直，静虚則明，明則通，動直則公，公則溥』是也。二氏者亦説虚、無，然其所謂長生久視、出離死生，則竟墮於自私自利。私利即欲也，安能明、通、公、溥？」

【二七〇】

或問：「釋氏亦務養心，然要之不可以治天下，何也？」先生曰：「吾儒養心未嘗離却事物[一]，只順其天則自然，就是功夫。釋氏却要盡絶事物，把心看做幻相[二]，漸入虛寂去了，與世間若無些子交涉，所以不可治天下。」

【箋疏】

[一]「養心」，語出《孟子・盡心下》：「孟子曰：『養心莫善於寡欲。其爲人也寡欲，雖有不存焉者，寡矣；其爲人也多欲，雖有存焉者，寡矣。』」（朱熹《四書章句集注》，第四四三頁）

[二]「釋氏却要盡絶事物，把心看做幻相」，疑此語本宗寶改編本《六祖大師法寶壇經・坐禪品第五》：「師示衆云：『此門坐禪，元不著心，亦不著净，亦不是不動。若言著心，心元是妄，知心如幻，故無所著也。若言著净，人性本净，由妄念故，蓋覆真如；但無妄想，性自清净，起心著净，却生净妄，妄無處所，著者是妄。净無形相，却立净相，言是工夫；作此見者，障自本性，却被净縛。』」（《六祖大師法寶壇經》，《中國佛教思想資料選編》第二卷第四册，第四五頁）

【集評】

王應昌曰：「看做幻相，絶不與世干涉，與那夜氣時奚辨？無事做幻觀，有事亦做幻觀，與『常如夜氣一般』又奚辨？」（王應昌《王陽明先生傳習録論》卷中之二，第一三頁）

【二七一】

或問異端。先生曰：「與愚夫愚婦同的，是謂同德；與愚夫愚婦異的，是謂異端。」

【集評】

孫奇逢曰：「異端不止二氏，二氏其顯著者耳。」（孫奇逢《理學宗傳》，《孔子文化大全：理學宗傳》，第六二五頁）

佐藤一齋曰：「文成『異端』就性情上説，得人心所同然爲同德，則非人心所同者爲異端，包凡索隱行怪、功利刑名、記誦詞章之徒皆在，不獨楊墨釋老然。」

錢穆《王陽明先生〈傳習録〉及〈大學問〉節本》云：「陽明先生良知之學，主張人皆可以爲堯舜，愚夫愚婦皆有良知，皆可爲聖人。故與愚夫愚婦異者，便成爲異端了。」（錢穆《中國學術思想史論叢》第七卷，第一一一頁）

【二七二】

先生曰：「孟子不動心與告子不動心，所異只在毫釐間。告子只在不動心上着功，孟子便直從此心原不動處分曉。心之本體原是不動的，只爲所行有不合義便動了。孟子不論心之動與不動，只是集義，所行無不是義，此心自然無可動處。若告子只要此心不動，便是把捉此心，將他生生不息之根反阻撓了，此非徒無益，而又害之。孟子集義工夫，自是養得充滿，並無餒歉；自是縱橫自在，活潑潑地。此便是浩然之氣。」

【集評】

但衡今曰：「告子主仁内義外，亦即心内物外，不紛於心，方能不役於物，故從把捉此心入手，此告子所以先孟子不動心。孟子主仁義一也，亦即心物一也，不紛於心，亦不絶於物，故從集義入手，較告子爲圓融，自是儒家正宗。朱子《集注》釋集義爲知言，猶是一桶水還一桶水，且不足以盡集義之義。陽明謂『孟子直從此心原不動處分曉』，既云不動，則分曉與此心無關；若云處，則此心有所住矣；有所住，則此心窒矣，非不動也。考亭、陽明之於孟子、告子，未免預存軒輊之見，而是非高下因而隨之，似未曾搔著二子痒處，轉使二子之師法不明。」（但衡今《王陽明傳習録札記》下卷，第七〇至七二頁）

【二七三】

又曰：「告子病源㊀，從『性無善無不善』上見來。性無善無不善，雖如此説亦無大差，但告子執定看了，便有個無善無不善的性在內；有善有惡又在物感上看，便有個物在外。却做兩邊看了，便會差。無善無不善，性原是如此，悟得及時，只此一句便盡了，更無有内外之間。告子見一個性在内，見一個物在外，便見他於性有未透徹處。」

【校勘】

㈠ **告子病源**：「告子」，原作「孟子」，據水西精舍本、閭東本、胡宗憲本、郭朝賓本、白鹿洞本、陳龍正本、張問達本、四庫全書本、三輪執齋本、佐藤一齋本、陳榮捷本改。

【集評】

但衡今曰：「告子主性無善無不善，與陽明之主無善無惡同，而與孟子、朱子之道性善異。朱子之釋致知格物，與告子之主性内物外同，而與孟子之言仁義一也異。陽明之心外無物，與孟子同而與告子異。予故以陽明之學術主一，考亭之學術主二。然則程朱陸王門户者，固不盡同亦不盡異也。且考亭、陽明之於孟子、告子，亦異亦同也。是豈可爲究詰而或同或異以爲門户哉？故孟荀之學，不害其性善性惡也。」（但衡今《王陽明傳習録札記》下卷，第七四至七五頁）

【二七四】

朱本思問[一]：「人有虛靈，方有良知。若草木瓦石之類，亦有良知否？」先生曰：「人的良知，就是草木瓦石的良知。若草木瓦石無人的良知，不可以爲草木、瓦石矣。豈惟草木瓦石爲然？天地無人的良知，亦不可爲天地矣。蓋天地萬物與人原是一體，其發竅之最精處，是人心一點靈明。風雨露雷、日月星辰、禽獸草木、山川土石，與人原只一體。故五穀、禽獸之類皆可以養人，藥石之類皆可以療疾，只爲同此一氣，故能相通耳。」

【箋疏】

[一] 朱得之，字本思，號近齋，直隸靖江人。貢爲江西新城丞，邑人稱之。從學於陽明。著作有《參玄三語》《莊子通義》《宵練匣》等。其學頗近於老氏，蓋學焉而得其性之所近者也。（參黃宗羲《明儒學案（修訂本）》上册，第五八五頁）

【集評】

顧應祥曰：「愚謂天生萬物，氣之清者純者爲人，於是乎有仁義禮智之性；氣之濁者駁者爲禽獸爲昆蟲，雖有知覺運動而無人之性；若夫草木，止有生意而無知覺運動；瓦石則出乎人力所爲，併生意而俱無者也。謂萬物之理皆備於我心則可，謂草木瓦石皆有人之良知，不有類於釋氏所謂『青青翠竹，盡是真如』之説乎？至於五穀禽獸之能養人、藥石之療病，乃人自取而用之，非以其氣相通也。且如鑄鐵以爲刃而殺人，亦曰氣之相通乎？夫既曰良知即性也，告子曰『生之謂性』，孟子尚且闢之，豈有草木瓦石而同人之性乎？」（顧應祥《静虚齋惜陰録》，《四庫全書存目叢書》子部第八四册，第八四至八五頁）

劉宗周曰：「只爲性體原是萬物一源，故如人參温，能補人，便是遇父子而知親；大黄苦，能瀉人，便是遇君臣而知義，如何無良知？又如人參能退邪火，便是遇君臣而知義；大黄能順陰氣，便是遇父子而知親，如何説此良知又是人得其全、物得其偏者？」（劉宗周《陽明傳信録》，《劉宗周全集》第五册，第八一頁）

唐九經曰：「如何是人的良知？如何是草木瓦石的良知？又如何草木瓦石有人的良知？又如何人曉得草木瓦石的良知？能一一指示否？」（王應昌《王陽明先生傳習録論》卷中之二，第一五至一六頁）

但衡今曰：「本節議論，陽明自别有會心處，治王學者幸勿以動植有機無機之分别常識非笑之。科學之未能解決者，奚止此也？參閲陽明先生《大學問》篇，當可瞭然物我之無間矣。」（但衡今《王陽明傳習録札記》下卷，第七六頁）

【二七五】

先生遊南鎮[一]。一友指岩中花樹問曰：「天下無心外之物。如此花樹，在深山中自開自落，於我心亦何相關？」先生曰：「你未看此花時，此花與汝心同歸於寂；你來看此花時，則此花顔色一時明白起來，便知此花不在你的心外。」

【箋疏】

〔一〕陳榮捷曰：「南鎮，浙江紹興縣會稽山。」鄧艾民曰，南鎮，「今浙江會稽山」。◎案：《雍正浙江通志》云：「《萬曆會稽縣志》：南鎮廟，在會稽山之陰。《周禮・職方氏》：揚州之鎮山曰會稽。秦併天下，以會稽爲名山，祭用牲犢圭璧。晉咸和八年，從祀北郊。隋開皇十四年，就山立祀。唐天寶十年，封永興公，以南郊迎氣之日祭。宋淳化二年，從秘書少監李至言，以立夏日祀永興公於越州，後加封永濟王。元改封昭德順應王。明洪武三年，詔去前代封爵，止稱會稽山之神，每歲以春秋二仲月祭，後禹陵一日。國朝順治八年，遣孫廷銓致祭。」（嵇曾筠《雍正浙江通志》，《景印文淵閣四庫全書》第五二五册，第八七至八八頁）《周作人豐子愷兒童雜事詩圖箋釋》之「南鎮禹陵」詩云：「南鎮歸來謁禹陵，金堦百步上層層。手持木碗長刀戟，大殿來聽蝙蝠鳴。（原注：南鎮即會稽山神廟，有碑曰『天南第一鎮』。春日，香火極盛。禹廟殿堦極高，有數十級，俗名『百步金堦』。儀門内兩側皆玩具攤，貨木製盤盌刀槍。殿上多蝙蝠，晝夜鳴叫不息。或曰棲息於禹像耳中，不知其審，想亦當有之也。）」鍾叔河之箋釋引觀魚《紹興的風俗習尚》云：「出稽山門東南行四里許至大禹陵，再東南行約二里即南鎮。」（鍾叔河《周作人豐子愷兒童雜事詩圖箋釋》，第二四八至二五一頁）南鎮作爲地名，應指會稽山神廟（南鎮廟）之所在地。

【集評】

顧應祥曰：「愚謂花之顔色，初不係人之不看而寂也，亦不係於人之看而明白也。孟子辯告子義外之説，曰：『且謂長者義乎？長之者義乎？』蓋謂長在外而長之者在内也。花在外者也，看在我者也。所謂『萬物皆備於我』者，謂萬物之理皆具於吾心也；若天地萬物皆在吾一腔之内，反使學者茫然無下手處矣。」（顧應祥《静虚齋惜陰録》，《四庫全書存目叢書》子部第八四册，第八四頁）

佐藤一齋曰：「良知，即元氣之精靈也。天地萬物，非元氣則不生焉。若草木之有生氣，豈果爲心外之物乎？文成就感應上，以看未看立議，亦可謂捷解矣。夫吾眼未看花時，則吾心固未知有花，花亦應未自知其有開落；吾眼已看花時，則吾心始知有花，花亦遭人一睹，而紅紫妍媸，盡露顔色矣。夫感應一氣，我之不知，即花之不知也；我之知，即花之知也。故曰『此花不在心外』。」

但衡今曰：「人爲本位，則心生物生、心滅物滅，此陽明心外所以無物也；物爲本位，則物生心生、物滅心滅，此莊周物外所以無心也。二説固相反，實則猶一也。」（但衡今《王陽明傳習録札記》下卷，第七七頁）

于清遠曰：「心的本體爲良知，物來順應，見花即能辨顔色，是物不在心外也。」（于清遠《王陽明傳習録注釋》卷三，第三九頁）

鄧艾民曰：「此『寂』字，非『寂滅』之『寂』，而係『寂然不動』之『寂』。此處言『此花與汝心同歸於寂』，下一『同』字，則與貝克萊所謂『存在即被感覺』之意義顯然不同。」

【二七六】

問：「大人與物同體，如何《大學》又説個厚薄？」[一] 先生曰：「惟是道理自有厚薄。比如身是一體，把手足捍頭目，豈是偏要薄手足？其道理合如此。禽獸與草木同是愛的，把草木去養禽獸，又忍得；人與禽獸同是愛的，宰禽獸以養親與供祭祀、燕賓客，心又忍得；至親與路人同是愛的，如簞食豆羹，得則生，不得則死，不能兩全，寧救至親不救路人，心又忍得。這是道理合該如此。及至吾身與至親，更不得分別彼此厚薄，蓋以仁民愛物皆從此出，此處可忍，更無所不忍矣。《大學》所謂厚薄，是良知上自然的條理，不可踰越，此便謂之義；順這個條理，便謂之禮；知此條理，便謂之智；終始是這條理，便謂之信。」

【箋疏】

[一]「《大學》又説個厚薄」，語本《大學》：「自天子以至於庶人，壹是皆以修身爲本。其本亂而末治者否矣。其所厚者薄，而其所薄者厚，未之有也。」（朱熹《四書章句集注》，第五頁）

【集評】

但衡今曰：「陽明本節議論，字字皆從性情中出，實則『親親仁民、仁民愛物』八字而已。」（但衡今《王陽

明傳習録札記》下卷，第七九頁）

【二七七】

又曰："目無體，以萬物之色爲體；耳無體，以萬物之聲爲體；鼻無體，以萬物之臭爲體；口無體，以萬物之味爲體；心無體，以天地萬物感應之是非爲體。"㊀

【校勘】

㊀ 白鹿洞本無此條。

【集評】

王時槐曰："《傳習續録》言『心無體，以人情事物之感應爲體』，此語未善。夫事者，心之影也。心固無聲臭，而事則心之變化，豈有實體哉？如水與波然，全波皆水、全水皆波也，在善悟者自得之。若謂水無體，以波爲體，可乎？爲此語者，蓋欲破執心之失，而不知復啓執事之病，故曰立言之未善也。大抵《傳習續録》一編，乃陽明先生没後，學者自以己意著述，原未經先生覽訂，其言時有出入，未可盡遵也。"（王時槐《王時槐集》，第五一〇頁）◎案：王時槐所引述之"心無體，以人情事物之感應爲體"，當爲"心無體，以天地萬物感應之是非爲體"之誤記。

佐藤一齋曰：「愚嘗原本此條爲一説，略曰：目能視五色，而目中無五色，萬物之色，即目之色也；耳能聽五聲，而耳中無五聲，萬物之聲，即耳之聲也；鼻口能辨臭味，而鼻口無臭味，萬物之臭味，即鼻口之臭味也；心則爲一身之主，能知覺是非，而心中無是非，天地萬物感應之是非，即心之是非也。故夫目之於色，耳之於聲，鼻口之於臭味，無有此心爲之主，則竟不能視聽臭味，然則視聽臭味，即亦心之能知覺是非者使然也。是知人心實主宰於萬物，而耳目口鼻，殊其感應之發竅也。凡萬物之與我相關者如此。」

東正純曰：「王子平常喜主心提醒，而往往又生着心之弊，所以有此説。大抵會得則心即事、事即心，合下無寸土。王塘南謂『言「心無體，以人情事物之感應爲體」，此語未善。夫事者，心之影也。心固無聲臭，而事則心之變化，豈有實體哉？如水與波然，謂水無體，以波爲體，可乎？』云云。其説非無所見，惜猶滯在言詮上矣。」（東正純《傳習録參考》，《澤瀉先生全集》上册，第六七六頁）

但衡今曰：「本節所云，與陽明教言相違。色爲目之體，聲爲耳之體，臭爲鼻之體，味爲口之體，感應爲心之體，體在外。然則物猶在外也，且物外無心矣，不啻自毁其學術宗旨。度陽明之意，萬物之色非色也，以目爲色；萬物之聲非聲也，以耳爲聲；萬物之臭非臭也，以鼻爲臭；萬物之味非味也，以口爲味。萬物何嘗有色聲香味者哉？造化無心，萬物並育，何嘗爲人心之體？更何嘗有是非於其間哉？」（但衡今《王陽明傳習録札記》下卷，第八一至八二頁）

◎案：陽明此所謂「體」，恐非本體之義；陽明此所謂「體」，疑爲客體之意，可引申爲認識對象。

【二七八】

問「夭壽不貳」[一]。先生曰：「學問功夫，於一切聲利、嗜好俱能脱落殆盡，尚有一種生死念頭毫髮挂帶，便於全體有未融釋處。人於生死念頭，本從生身命根上帶來，故不易去；若於此處見得破，透得過，此心全體方是流行無礙，方是盡性至命之學。」[二]

【箋疏】

[一]「夭壽不貳」，語出《孟子・盡心上》：「孟子曰：『盡其心者，知其性也。知其性，則知天矣。存其心，養其性，所以事天也。殀壽不貳，修身以俟之，所以立命也。』」（朱熹《四書章句集注》，第四一三頁）

[二]「盡性至命」，語本《周易・説卦傳》「窮理盡性以至於命」。（朱熹《周易本義》，《朱子全書》第一册，第一五三頁）

【集評】

陳龍正曰：「向説『夭壽不貳』屬困知勉行，此又言『盡性至命』，仍與朱子符，與己説岐矣。」佐藤一齋曰：「陳氏之言，似是而非。文成嘗曰『豎説横説，工夫一般』，則固未必拘拘乎同異，且此説亦未嘗與前相岐。此學皆盡性至命之學。困知，困知此也；勉行，勉行此也。至其成功，則與聖人無異。但今方著功，故謂之學耳。」

【二七九】

一友問：「欲於静坐時將好名、好色、好貨等根，逐一搜尋、掃除、廓清，恐是剜肉做瘡否？」[一] 先生正色曰：「這是我醫人的方子，真是去得人病根。更有大本事人，過了十數年，亦還用得着。你如不用，且放起，不要作壞我的方子！」是友愧謝。少間，曰：「此量非你事，必吾門稍知意思者爲此説以誤汝。」在坐者皆悚然。[二]

【箋疏】

[一]「剜肉做瘡」，典出普濟《五燈會元》：「林問：『有事相借問，得麼？』師曰：『何得剜肉作瘡。』」（普濟《五燈會元》中册，第六四七頁）

[二] 佐藤一齋曰：「陸原静有『引犬上堂而逐之』之疑，『吾門稍知意思者』，蓋指原静輩。」

【二八〇】

一友問功夫不切。先生曰：「學問功夫，我已曾一句道盡，如何今日轉説轉遠，都不着根？」

對曰：「致良知蓋聞教矣，然亦須講明。」先生曰：「既知致良知，又何可講明？[一] 良知本是明白，實落用功便是，不肯用功，只在語言上轉説轉糊塗。」曰：「正求講明致之之功。」先生曰：「此亦須你自家求，我亦無别法可道。昔有禪師，人來問法，只把麈尾提起。一日，其徒將麈尾藏過，試他如何設法。禪師尋麈尾不見，又只空手提起[二]。我這個良知，就是設法的麈尾。舍了這個，有何可提得？」少間，又一友請問功夫切要。先生旁顧曰：「我麈尾安在？」一時在坐者皆躍然。

【箋疏】

[一] 佐藤一齋曰：「致良知，即講明也。外良知而求講明，有何可講明？夫良知不墮於聞見，亦不離於聞見；不墮於知識，亦不離於知識。真能致良知矣，功業亦有焉，文章亦有焉，此意不可不知。文成專就頭腦言之，故似離於聞見、知識者，其實非然也。」

[二]「昔有禪師」云云，典出何書，俟考。

【二八二】

或問至誠前知[一]。先生曰：「誠是實理，只是一個良知；實理之妙用流行就是神，其萌動處就是幾。『誠、神、幾，曰聖人』[二]。聖人不貴前知。禍福之來，雖聖人有所不免，聖人只是知幾，遇變而通耳。良知無前後，只知得見在的幾，便是一了百了[三]。若有個前知的心，就是私心，就有趨避利害的意。邵子必於前知[四]，終是利害心未盡處。」

【箋疏】

[一]「至誠前知」，語出《中庸》：「至誠之道，可以前知。國家將興，必有禎祥；國家將亡，必有妖孽；見乎蓍龜，動乎四體。禍福將至：善，必先知之；不善，必先知之。故至誠如神。」（朱熹《四書章句集注》，第三八至三九頁）

[二]「誠、神、幾，曰聖人」，語見周敦頤《通書・聖第四》：「寂然不動者，誠也；感而遂通者，神也；動而無形、有無之間者，幾也。誠精故明，神應故妙，幾微故幽。誠、神、幾，曰聖人。」（周敦頤《周敦頤集》，第一七至一八頁）

[三]北大藏謝廷傑本眉批云：「『良知無前後』三句，本末具舉，真是一了百了。」

[四]邵子，指邵雍。邵雍，字堯夫，共城人。生於宋真宗大中祥符四年辛亥（一〇一一年），卒於宋神宗熙寧十年丁巳（一〇七七年），享年六十七歲。宋代理學家。居洛陽幾三十年，名所居曰安樂窩，自號安樂先生。著作有《皇極經世》《伊川擊壤集》等，現已編輯刊印爲《邵雍集》《邵雍全集》。

【二八二】

先生曰："無知無不知，本體原是如此。譬如日未嘗有心照物，而自無物不照。無照無不照，原是日的本體。良知本無知，今却要有知；本無不知，今却疑有不知，只是信不及耳。"

【集評】

但衡今曰："陽明謂『良知本無知，今却要有知』，此孟子之所謂勿助；『本無不知，今却疑有不知』，此孟子之所謂勿忘。勿助勿忘，而心之本體完矣。予以其言之隱也，爲之引而申之。"（但衡今《王陽明傳習録札記》下卷，第八四頁）◎案：據文意，但衡今所謂"此孟子之所謂勿助""此孟子之所謂勿忘"，兩"勿"字疑爲衍文。

【二八三】

先生曰："『惟天下至聖，爲能聰明睿知』[一]，舊看何等玄妙，今看來原是人人自有的。耳原是聰，目原是明，心思原是睿知，聖人只是一能之爾，能處正是良知。衆人不能，只是個不致知。何等明白簡易！」

【箋疏】

［一］「惟天下至聖」云云，語見《中庸》：「唯天下至聖，爲能聰明睿知，足以有臨也。」（朱熹《四書章句集注》，第四四頁）

【二八四】

問：「孔子所謂遠慮，周公夜以繼日［一］，與將迎不同。何如？」先生曰：「遠慮不是茫茫蕩蕩去思慮，只是要存這天理。天理在人心，亘古亘今，無有終始。天理即是良知，千思萬慮，只是要致良知。良知愈思愈精明，若不精思，漫然隨事應去，良知便粗了。若只着在事上茫茫蕩蕩去思，教做遠慮，便不免有毀譽、得喪、人欲攙入其中，就是將迎了。周公終夜以思，只是『戒慎不睹、恐懼不聞』的功夫。見得時，其氣象與將迎自別。」

【箋疏】

［一］「孔子所謂遠慮」，語本《論語·衛靈公》：「子曰：『人無遠慮，必有近憂。』」（朱熹《四書章句集注》，第

一九四頁）「周公夜以繼日」，語本《孟子·離婁下》：「周公思兼三王，以施四事；其有不合者，仰而思之，夜以繼日；幸而得之，坐以待旦。」（朱熹《四書章句集注》，第三四七頁）

【集評】

佐藤一齋曰：「遠慮、仰思雖在事上，而思慮其理恰好處，則究是存天理也、戒慎恐懼也。文成不問皮膚，直抽骨髓，故如是説。」

但衡今曰：「陽明謂『遠慮只是存天理』，天理所以别善惡是非，是也；又謂『不可著在事上去思』，然則懸空以存天理乎？且思慮必著事物，而後戒慎恐懼、存其天理方有著落。否則，思而不學，雖非將迎，是謂無記（原注：釋家所謂無記，空也）。度陽明之意，所以别將迎也，故於隨事應去戒漫然，著事而思戒茫然。與上文『良知愈思愈精明』之旨合。而於遠慮、將迎之問，究欠分曉。予意事至而思而慮，正所以存天理也；事未至而預意預必，斯則將迎之矣。（原注：《傳習録》下卷多有發問之人未能指實者，亦有無緣而説者，其爲門下結集之辭可知矣。）」（但衡今《王陽明傳習録札記》下卷，第八七至八八頁）

【二八五】

問：「『一日克己復禮，天下歸仁』，朱子作效驗説，如何？」〔一〕先生曰：「聖賢只是爲己之學，重功夫不重效驗。仁者以萬物爲一體〔二〕，不能一體，只是己私未忘。全得仁體，則天下皆歸於吾仁，就是『八荒皆在我闥』意，『天下皆與其仁』亦在其中[三]。如『在邦無怨，在家無怨』，亦只是自家不怨，如『不怨天，不尤人』之意[四]，然家邦無怨於我亦在其中，但所重不在此。」

【校勘】

㈠ **仁者以萬物爲一體**：原作「仁者以萬物爲體」，據張問達本改。三輪執齋亦曰，「爲」「體」之間，恐脱「一」字。

【箋疏】

[一]所問，語本《論語·顔淵》：「顔淵問仁。子曰：『克己復禮爲仁。一日克己復禮，天下歸仁焉。爲仁由己，而由人乎哉？』」朱熹注「一日克己復禮，天下歸仁焉」云：「一日克己復禮，則天下之人皆與其仁，極言其效之甚速而至大也。」（朱熹《四書章句集注》，第一五五頁）

[二]「仁者以萬物爲一體」，語本程明道「仁者，以天地萬物爲一體」之言。《河南程氏遺書》云：「醫書言手足痿痹爲不仁，此言最善名狀。仁者，以天地萬物爲一體，莫非己也。認得爲己，何所不至？若不有諸己，自不與己相干。如手足不仁，氣已不貫，皆不屬己。」（程顥、程頤《二程集》第一册，第一五頁）

[三]「八荒皆在我闥」，語見吕大臨《克己銘》：「亦既克之，皇皇四達，洞然八荒，皆在我闥。孰曰天下，不歸吾人？」（黄宗羲等《宋元學案》，《黄宗羲全集》第四册，第三七五頁）「天下皆與其仁」，乃朱熹「則天

下之人皆與其仁」一語之節略。◎案：葉紹鈞、許舜屏、于清遠、陳榮捷等將「『天下皆與其仁』亦在其中」之句讀，誤作「天下皆與，其仁亦在其中」。

[四]「在邦無怨，在家無怨」，語見《論語・顔淵》：「仲弓問仁。子曰：『出門如見大賓，使民如承大祭。己所不欲，勿施於人。在邦無怨，在家無怨。』」（朱熹《四書章句集注》，第一五六頁）「不怨天，不尤人」，語見《論語・憲問》：「子曰：『莫我知也夫！』子貢曰：『何爲其莫知子也？』子曰：『不怨天，不尤人。下學而上達。知我者其天乎！』」（朱熹《四書章句集注》，第一八五頁）

【集評】

王應昌曰：「效驗之不離功夫，猶功夫之不離本體。三者鼎足而立，缺不得一件；又循環無端，住不得一刻。」（王應昌《王陽明先生傳習録論》卷中之二，第二三三頁）

【二八六】

問：「孟子『巧力、聖智』之説，朱子云『三子力有餘而巧不足』，何如？」[一]先生曰：「三子固有力亦有巧。巧力實非兩事。巧亦只在用力處，力而不巧，亦是徒力。三子譬如射，一能步箭，一能馬箭，一能遠箭。他射得到，俱謂之力，中處俱可謂之巧。但步不能馬，馬不能遠，各有所長，便是才力分限有不同處。孔子則三者皆長。然孔子之和，只到得柳下惠而極；清，只到得伯夷而極；任，只到得伊尹而極。何曾加得些子？若謂『三子力有餘而巧不足』，則其力反過孔子了。巧力只是發明聖知之義，若識得聖知本體是何物，便自了然。」㊀

【校勘】

㊀ **便自了然**：原作「便自然了」，據水西精舍本、閭東本、胡宗憲本、郭朝賓本、白鹿洞本、施邦曜本、陳龍正本、俞嶙本、四庫全書本、三輪執齋本、佐藤一齋本、葉紹鈞本、鄧艾民本改。張問達本作「便自瞭然」。

【箋疏】

［一］所問，語見《孟子·萬章下》：「孟子曰：『伯夷，聖之清者也；伊尹，聖之任者也；柳下惠，聖之和者也；孔子，聖之時者也。孔子之謂集大成。集大成也者，金聲而玉振之也。金聲也者，始條理也；玉振之也者，終條理也。始條理者，智之事也；終條理者，聖之事也。智，譬則巧也；聖，譬則力也。由射於百步之外也，其至，爾力也；其中，非爾力也。』」朱熹注「智，譬則巧也；聖，譬則力也。由射於百步之外也，其至，爾力也；其中，非爾力也」云：「此復以射之巧力，發明智聖二字之義。見孔子巧力俱全而聖智兼備，三子則力有餘而巧不足，是以一節雖至於聖，而智不足以及乎時中也。」（朱熹《四書章句集注》，第三七一至三七二頁）

【二八七】

先生曰：「『先天而天弗違』，天即良知也；『後天而奉天時』，良知即天也。」[一]

【箋疏】

[一]「先天而天弗違」「後天而奉天時」，語出《周易・文言》：「夫大人者，與天地合其德，與日月合其明，與四時合其序，與鬼神合其吉凶。先天而天弗違，後天而奉天時。天且弗違，而况於人乎？况於鬼神乎？」（朱熹《周易本義》，《朱子全書》第一册，第一五〇頁）

【集評】

劉宗周曰：「大徹大悟。蒙又爲先生轉一語曰：先生言致良知以格物，便是『先天而天弗違』；先生言格物以致其良知，便是『後天而奉天時』。」（劉宗周《陽明傳信録》，《劉宗周全集》第五册，第八三頁）

王應昌曰：「『先天而天弗違』，是我爲主而天不與我抗，開天者也，如何倒説『天即良知』？『後天而奉天時』，是天爲政而我不敢與忤，律天者也，如何倒説『良知即天』？」（王應昌《王陽明先生傳習録論》卷中之二，第二四頁）

【二八八】

「良知只是個是非之心，是非只是個好惡。只好惡就盡了是非，只是非就盡了萬事萬變。」

又曰：「是非兩字，是個大規矩，巧處則存乎其人。」

【集評】

陳龍正曰：「異於禪處在此，然與物無善惡之説不可通。」北大藏謝廷傑本眉批於鈔録陳龍正評語後加案語云：「竊恐同於禪處亦在此。」

但衡今曰：「是非之心，人皆有之。陽明且以『是非只是個好惡』，好人之所好、惡人之所惡，則已盡是非之心矣。陽明且以萬事萬變而一以是非盡之，萬物不能自爲是非，因人好惡而是之非之也。此其所以心外無物、心外無理、心外無事矣。陽明學術約理之精，自宋以來無有出其右者。然大匠能予人以規矩，不能予人巧。學者又當循其規矩，而勿輕事其巧，則巧在其中矣。」（但衡今《王陽明傳習録札記》下卷，第八九至九〇頁）

【二八九】

「聖人之知如青天之日，賢人如浮雲天日，愚人如陰霾天日，雖有昏明不同，其能辨黑白則

一。雖昏黑夜裏，亦影影見得黑白，就是日之餘光未盡處。困學功夫，亦只從這點明處精察去耳。」㊀

【校勘】

㊀ **亦只從這點明處精察去耳**：「這點」，張問達本作「此一點」。

【二九〇】

問：「知譬日，欲譬雲，雲雖能蔽日，亦是天之一氣合有的，欲亦莫非人心合有否？」先生曰：「喜、怒、哀、懼、愛、惡、欲，謂之七情[一]。七者俱是人心合有的，但要認得良知明白。比如日光，亦不可指着方所，一隙通明，皆是日光所在。雖雲霧四塞，太虛中色象可辨，亦是日光不滅處，不可以雲能蔽日，教天不要生雲。七情順其自然之流行，皆是良知之用，不可分别善惡。但不可有所着，七情有着，俱謂之欲，俱爲良知之蔽。然纔有着時，良知亦自會覺，覺即蔽去，復其體矣。此處能勘得破，方是簡易透徹功夫。」

【箋疏】

［一］「七情」，語本《禮記・禮運》：「何謂人情？喜、怒、哀、懼、愛、惡、欲，七者弗學而能。何謂人義？父慈子孝、兄良弟弟、夫義婦聽、長惠幼順、君仁臣忠，十者謂之人義。講信修睦，謂之人利；争奪相殺，謂之人患。故聖人之所以治人七情、修十義、講信修睦、尚辭讓、去争奪，舍禮何以治之？」（朱彬《禮記訓纂》上册，第三四五頁）

【集評】

劉宗周曰：「人生一時離不得七情，七情即良知之魄，若謂良知在七情之外，則七情又從何處來？」（劉宗周《陽明傳信録》，《劉宗周全集》第五册，第八四頁）

佐藤一齋曰：「七情得中和，則順其自然之流行，足以爲良知之用；失中和，則有過不及而偏，偏則有著，足以爲良知之蔽。故中和之欲，謂之公欲，不可無也；有著之欲，謂之私欲，不可有也。（原注：愚嘗謂欲有公、私。文成此條，已略見其意，而猶未明言耳。）」

吉村秋陽曰：「良知精明，則七情皆順其自然，以達人心之用，猶雲氣隨時流行，能濟造化之功。『七情即良知之魄』，詮得極妙。」（吉村晉《王學提綱》，岡田武彦、荒木見悟主編《和刻影印近世漢籍叢刊・思想三編》第一二册，第一六一頁）

【二九一】

問：「聖人生知安行是自然的，如何？有甚功夫？」先生曰：「知行二字即是功夫，但有淺深難易之殊耳。良知原是精精明明的。如欲孝親，生知安行的，只是依此良知落實盡孝而已；學知利行者，只是時時省覺，務要依此良知盡孝而已；至於困知勉行者，蔽錮已深，雖要依此良知去孝，又爲私欲所阻，是以不能，必須加『人一己百、人十己千』之功，方能依此良知以盡其孝。聖人雖是生知安行，然其心不敢自是，肯做困知勉行的功夫。困知勉行的，却要思量做生知安行的事，怎生成得？」

【二九二】

問：「『樂是心之本體』，不知遇大故，於哀哭時，此樂還在否？」先生曰：「須是大哭一番了方樂，不哭便不樂矣；雖哭，此心安處即是樂也，本體未嘗有動。」

【集評】

顧應祥曰：「愚竊以爲不然。夫人能不戚戚於利害得失，則此心常樂。顏子『在陋巷而不改』者，此也。

若遇父母之喪，則方寸已亂，擗踴哭泣，發於由衷，豈暇復顧此樂？然其不戚戚於利害得失之心，固自若也。今曰『大哭一番方樂』，則是求樂而哭也，豈人情哉？愚又有説焉：心之本體雖是常樂，然亦不可留滯於樂，只是和平寬裕，外物不足以動其心，常在天理上行，即是樂也。若耽於樂，即是有我之私，其流弊遂至於晉人之曠達矣。」（顧應祥《静虚齋惜陰録》，《四庫全書存目叢書》子部第八四册，第八五頁）

許舜屏曰：「哭之中有樂，這個樂字，是説心之所安爲樂，非真歡樂也。」

【二九三】

問：「良知一而已。文王作《彖》[一]，周公繫《爻》，孔子贊《易》，何以各自看理不同？」先生曰：「聖人何能拘得死格？大要出於良知同，便各爲説，何害？且如一園竹，只要同此枝節，便是大同；若拘定枝枝節節，都要高下大小一樣，便非造化妙手矣。汝輩只要去培養良知，良知同，更不妨有異處。汝輩若不肯用功，連笋也不曾抽得，何處去論枝節？」

【箋疏】

[一] 此所謂「文王作《彖》」，恐爲記録者之誤。根據傳統説法，周文王之演《易》，其所作乃六十四卦卦辭；

而《彖傳》作爲十翼之一，爲孔子所作。

【集評】

三輪執齋曰：「是言人能用功，然後方可以論枝節。若不用功，至笋亦未抽芽，何以論其枝節也？」

東正純曰：「唯其觀理不同，不同處便其所以爲同。同者何也？曰良知而已。若夫依樣胡盧、千篇一格，何足以爲學哉？」（東正純《傳習録參考》，《澤瀉先生全集》上册，第六七八頁）

【二九四】

鄉人有父子訟獄，請訴於先生，侍者欲阻之，先生聽之。言不終辭，其父子相抱慟哭而去[一]。柴鳴治入問曰[二]：「先生何言，致伊感悔之速？」先生曰：「我言舜是世間大不孝的子，瞽瞍是世間大慈的父。」鳴治愕然，請問。先生曰：「舜常自以爲大不孝，所以能孝；瞽瞍常自以爲大慈，所以不能慈。瞽瞍只記得舜是我提孩長的，今何不會豫悦我㊀，不知自心已爲後妻所移了，尚謂自家能慈，所以愈不能慈；舜只思父提孩我時如何愛我，今日不愛，只是我不能盡孝，日思所以不能盡孝處，所以愈能孝。及至瞽瞍底豫時[三]，又不過復得此心原慈的本體。所以後世稱舜是個古今大孝的子，瞽瞍亦做成個慈父。」

【校勘】

㈠今何不會豫悦我：「不會」，原作「不曾」，據水西精舍本、閭東本、胡宗憲本、郭朝賓本、白鹿洞本改。

【箋疏】

［一］三輪執齋曰：「《年譜》『正德五年庚午，先生三十九歲，升廬陵縣知縣，爲政不事威刑，惟以開導人心爲本，民胥悔勝氣囂訟，至有涕泣而歸者』。蓋言此事。」陳榮捷、鄧艾民亦有相同或相近之説。◎案：據《陽明先生年譜》，錢德洪從學陽明，在正德十六年九月陽明歸餘姚省祖墓之時。（王守仁《王陽明全集（新編本）》第四册，第一二九一頁）黄宗羲《明儒學案》云，王畿「弱冠舉於鄉，嘉靖癸未下第，歸而受業於陽明」。（黄宗羲《明儒學案（修訂本）》上册，第二三七頁）則王畿從學陽明在嘉靖二年癸未之後。據水西精舍本、閭東本，此條語録爲錢德洪、王畿所記録。然則，此所謂「鄉人有父子訟獄，請訴於先生」，當非正德五年陽明知江西廬陵縣時事，而爲嘉靖初年陽明居越時事。

［二］陳榮捷曰：「柴鳴治，不詳。《儒林宗派》《王文成傳本》《陽明弟子傳纂》之陽明弟子名表，無姓柴者。」◎案：《陽明先生年譜》「正德十六年辛巳九月」條，提及「柴鳳」來見從學；《陽明先生年譜·附録一》「嘉靖九年庚寅五月」條，則提及同門「柴鳳」；程煇《喪紀》「［嘉靖八年］己丑正月癸丑」條，亦提及門人「柴鳳」。（王守仁《王陽明全集（新編本）》第四册，第一二九一、一三四一、一四七八頁）黄宗羲《明儒學案》云：「柴鳳，字後愚，［浙江餘姚人］。主教天真書院，衢、嚴之士多從之。」（黄宗羲《明儒學案（修訂本）》上册，第二二九頁）然「後愚」作爲别字，與「鳳」之名不相應；而「鳴治」作爲别字，則正與

「鳳」之名相應。兹疑柴鳳，字鳴治，號後愚。不知是否。詳情俟考。

[三]「瞽瞍底豫」，語本《孟子·離婁上》：「孟子曰：『天下大悦而將歸己。視天下悦而歸己猶草芥也，惟舜爲然。不得乎親，不可以爲人；不順乎親，不可以爲子。舜盡事親之道而瞽瞍厎豫，瞽瞍厎豫而天下化，瞽瞍厎豫而天下之爲父子者定，此之謂大孝。』」（朱熹《四書章句集注》第三三八至三三九頁）

【集評】

但衡今曰：「人苦不自知。陽明能感人至深處，只將其心坎中自以爲是者輕輕點出，使復其原慈原孝的本體，故能感悔之速。故曰：『克己復禮，天下歸仁。』」（但衡今《王陽明傳習録札記》下卷，第九一頁）

【二九五】

先生曰：「孔子有鄙夫來問，未嘗先有知識以應之，其心只空空而已。但叩他自知的是非兩端，與之一剖決，鄙夫之心便已了然[一]。鄙夫自知的是非，便是他本來天則，雖聖人聰明，如何可與增減得一毫？他只不能自信，夫子與之一剖決，便已竭盡無餘了。若夫子與鄙夫言時，留得些子知識在，便是不能竭他的良知，道體即有二了。」

【箋疏】

［一］「孔子」云云，語本《論語·子罕》：「子曰：『吾有知乎哉？無知也。有鄙夫問於我，空空如也，我叩其兩端而竭焉。』」（朱熹《四書章句集注》，第一一九頁）

【二九六】

先生曰：「『烝烝乂，不格姦』，本注説象已進進於義，不至大爲姦惡［一］。舜徵庸後，象猶日以殺舜爲事，何大姦惡如之！舜只是自進於乂，以乂薰烝，不去正他姦惡。凡文過揜慝，此是惡人常態，若要指摘他是非，反去激他惡性。舜初時致得象要殺己，亦是要象好的心太急，此就是舜之過處；經過來，乃知功夫只在自己，不去責人，所以致得克諧，此是舜動心忍性、增益不能處。古人言語，俱是自家經歷過來，所以説得親切，遺之後世，曲當人情。若非自家經過，如何得他許多苦心處？」㊀

【校勘】

㊀此條，水西精舍本、閭東本作：「先生曰：『「烝烝乂，不格姦」，本注説象已進進於義，不至大爲姦惡。舜

徵庸後，象猶日以殺舜爲事，何大姦惡如之！舜只是自進於乂，以乂去薰烝他，不去正他姦惡。大凡文過掩慝，此是惡人常態，若要指摘他的是非，反去激他惡性起來。舜初時致得象要殺己，亦是舜要象好的心太急了，此就是舜的過處；經過來，乃知功夫只在自己，不去責望人，所以致得克諧，此是舜的動心忍性、增益不能處。古人言語，不是自家親身經歷過來，如何見得他許多苦心處？』」兩相比較，異文頗多。

【箋疏】

［一］「烝烝乂，不格姦」及本注云云，語本《尚書·堯典》：「師錫帝曰：『有鰥在下，曰虞舜。』帝曰：『俞，余聞。如何？』岳曰：『瞽子。父頑，母嚚，象傲。克諧以孝，烝烝乂，不格姦。』」蔡沈注云：「瞽，無目之名。言舜乃瞽者之子也。舜父號瞽瞍。心不則德義之經爲頑。母，舜後母也。象，舜異母弟名。傲，驕慢也。諧，和；烝，進也。言舜不幸遭此，而能和以孝，使之進進以善自治，而不至於大爲姦惡也。」（蔡沈《書集傳》，《朱子全書外編》第一册，第七頁）

佐藤一齋曰：「『象已進進於義』，『義』當爲『善』字訛。蔡傳曰『進進以善』，引此也。袁仁《砭蔡編》曰：『烝烝，決當主陽明之説，蓋謂以誠意薰蒸之，薰而又薰也。』愚案：文成烝訓薰蒸，而仍帶進字意。東萊《書説》亦釋爲薰灌之意，文成蓋取之。」

【集評】

陳龍正曰：「舜亦過而後改乎！與『堯舜以上善無盡』，均屬創語。」

劉宗周曰：「其實，舜與象只是如今尋常後母兄弟一般，象無許多惡，只被舜處得好，所以後世相傳許多

怪事，將象做個天地間窮兇極惡之人。細參當日事情可見。」（劉宗周《陽明傳信録》，《劉宗周全集》第五册，第八五頁）

岡田武彦曰，王陽明曾受繼母虐待，故其對於舜之孝親、舜之待象之理解，當與自身經歷有關。（參岡田武彦《王陽明大傳》上册，第二四至二五頁）

【二九七】

先生曰：「古樂不作久矣。今之戲子，尚與古樂意思相近。」未達，請問㊀。先生曰：「《韶》之九成，便是舜的一本戲子；《武》之九變，便是武王的一本戲子[二]。聖人一生實事，俱播在樂中，所以有德者聞之，便知他盡善盡美與盡美未盡善處[三]。若後世作樂，只是做些詞調，於民俗風化絶無關涉，何以化民善俗？今要民俗反朴還淳，取今之戲子，將妖淫詞調俱去了，只取忠臣、孝子故事，使愚俗百姓人人易曉，無意中感激他良知起來，却於風化有益，然後古樂漸次可復矣。」曰：「洪要求元聲不可得，恐於古樂亦難復。」先生曰：「你説元聲在何處求？」對曰：「古人制管候氣，恐是求元聲之法。」先生曰：「若要去葭灰、黍粒中求元聲，却如水底撈月㊂，如何可得？元聲只在你心上求。」曰：「心如何求？」先生曰：「古人爲治，先養得人心和平，然後作樂。比如在此歌詩，你的心氣和平，聽者自然悦懌興起，只此便是元聲之始。《書》云『詩言志』，志便是樂的本；『歌永言』，歌便是作樂的本；『聲依永，律和聲』[三]，律只要和聲，和聲便是制律的本，何嘗求之於外？」曰：「古人制候氣法，是意何取？」先生曰：「古人具中和之體以作樂。我的中和，原與天地之氣相應，候天地之氣，協鳳凰之音，不過去驗我的氣果和否。此是成律已後事，非必待此以成律也。今要候灰管，先須定至日。然至日子時恐又不准，又何處取得准來？」[四]

【校勘】

㈠ **先生曰：「古樂不作久矣。今之戲子，尚與古樂意思相近。」未達，請問：** 施邦曜本作「先生曰：『古樂不作久矣。』或曰：『今之戲子，尚與古樂意思相通否？』」◎案：所謂「或曰」云云，疑爲施邦曜所妄改。據後文「洪要求元聲不可得，恐於古樂亦難復」之説，此條乃錢德洪與陽明問答之辭，何來「或曰」？又：施邦曜本無「今要民俗反朴還淳」之後大段文字。（王守仁《陽明先生集要》上册，第一三六頁）

㈡ **却如水底撈月：**「撈月」，水西精舍本、閭東本作「撈明月」。

【箋疏】

[一]「九成」「九變」，其義相同。「九成」，語出《尚書·益稷》：「簫《韶》九成，鳳皇來儀。」孔安國傳云：

「備樂九奏，而致鳳皇，則餘鳥獸不待九而率舞。」孔穎達疏云：「成，謂樂曲成也。鄭［玄］云：『成，猶終也。』每曲一終，必變更奏。故經言『九成』、傳言『九奏』，《周禮》謂之『九變』，其實一也。」（孔安國傳、孔穎達疏《尚書正義》，第一七九、一八二頁）「九變」，《周禮・春官・大司樂》云：「若樂九變，則人鬼可得而禮矣。」（孫詒讓《周禮正義》第七册，第一七五七頁）

［二］「盡善盡美」云云，語本《論語・八佾》：「子謂《韶》：盡美矣，又盡善也。謂《武》：盡美矣，未盡善也。」（朱熹《四書章句集注》，第八〇頁）

［三］「詩言志，歌永言，聲依永，律和聲」，語見《尚書・舜典》。（孔安國傳、孔穎達疏《尚書正義》，第一〇六頁）

［四］《陽明先生年譜》云：正德十五年九月，陽明先生在南昌。「進賢舒芬以翰林謫官市舶，自恃博學。見先生，問律吕。先生不答，且問元聲。對曰：『元聲制度頗詳，特未置密室經試耳。』先生曰：『元聲豈得之管灰黍石間哉？心得養則氣自和，元氣所由出也。《書》云「詩言志」，志即是樂之本；「歌永言」，歌即是制律之本。永言和聲，俱本於歌。歌本於心，故心也者，中和之極也。』芬遂躍然拜弟子。」（王守仁《王陽明全集（新編本）》第四册，第一二八六頁）其中所言，與此條部分内容相近。

【二九八】

先生曰：「學問也要點化，但不如自家解化者，自一了百當。不然，亦點化許多不得。」[一]

【箋疏】

[一] 佐藤一齋曰：「『點化』，謂師友點化；『解化』，謂良知自知。」

【二九九】

「孔子氣魄極大，凡帝王事業，無不一一理會，也只從那心上來。譬如大樹，有多少枝葉，也只是根本上用得培養功夫，故自然能如此，非是從枝葉上用功做得根本也。學者學孔子，不在心上用功，汲汲然去學那氣魄，却倒做了。」

【集評】

東正純曰：「人人心中本自有孔子，孔子即是良知真體。學孔子者，不可不先知孔子。能知自己本心，

即是孔子，更無別體也。」（東正純《傳習録參考》，《澤瀉先生全集》上册，第六七九頁）

鄧艾民曰：「王守仁言孔子欲行道於天下，道不行，退修六籍。朱熹學孔子，『却倒做了』，早歲便要繼往開來，著許多書，晚年方悔悟。」

【三〇〇】

「人有過，多於過上用功，就是補甑，其流必歸於文過。」〔一〕

【箋疏】

〔一〕三輪執齋曰：「甑，陶器炊飯者。補甑，俗所謂『磁器一釁，不可復補治之』之意。言事之已過者，不可復治之，則當省所以過之心如何而已。若於過上用工，則如已破之磁而欲補之以掩其釁，其流必至於文過也。」◎案：《後漢書・孟敏傳》云：「孟敏，字叔達，鉅鹿楊氏人也。客居太原。荷甑墮地，不顧而去。林宗見而問其意。對曰：『甑以破矣，視之何益？』林宗以此異之，因勸令遊學。」（范曄《後漢書》第八册，第二二二九頁）佐藤一齋、葉紹鈞、鄧艾民以爲陽明「補甑」之説本此。

【三〇一】

「今人於喫飯時，雖無一事在前，其心常役役不寧，只緣此心忙慣了，所以收攝不住。」[一]

【箋疏】

[一]佐藤一齋曰：「『君子無終食之間違仁』，與『今人喫飯役役不寧』，霄壤不同也。」

◎案：慧海《大珠禪師語録》記載：「有源律師來問：『和尚修道，還用功否？』師曰：『用功。』曰：『如何用功？』師曰：『飢來喫飯，困來即眠。』曰：『一切人總如是，同師用功否？』曰：『不同。』曰：『何故不同？』師曰：『他喫飯時，不肯喫飯，百種須索；睡時，不肯睡，千般計校，所以不同也。』律師杜口。」（慧海《大珠禪師語録》，《中國佛教思想資料選編》第二卷第四册，第一九二頁）陽明此處所論，可與慧海所言互發。

【三〇二】

「琴瑟、簡編，學者不可無。蓋有業以居之，心就不放。」

【三〇三】

先生嘆曰：「世間知學的人，只有這些病痛打不破，就不是『善與人同』。」[一] 崇一曰：「這病痛只是個好高不能忘己爾。」

【箋疏】

[一]「善與人同」，語出《孟子・公孫丑上》：「孟子曰：『子路，人告之以有過則喜。禹聞善言則拜。大舜有大焉，善與人同。舍己從人，樂取於人以爲善。自耕、稼、陶、漁以至爲帝，無非取於人者。取諸人以爲善，是與人爲善者也。故君子莫大乎與人爲善。』」朱熹注「善與人同」句云：「善與人同，公天下之善而不爲私也。己未善，則無所係吝而舍以從人；人有善，則不待勉强而取之於己，此善與人同之目也。」（朱熹《四書章句集注》，第二七九頁）

【集評】

佐藤一齋曰：「此嘆，恐指白沙末派。」（佐藤此語，通行本《傳習録欄外書》作「此嘆，恐暗指湛甘泉」。）陳榮捷曰：「佐藤一齋謂『此嘆恐暗指湛甘泉（若水）』。不知所據。」◎案：歐陽崇一此有「這病痛只是個好高不能忘己爾」之言；而「先生鍛鍊人處，一言之下，感人最深」條，錢德洪又有「先生一言翦裁，剖破終年爲外好高之病，在座者莫不悚懼」之語，則陽明所嘆，似指其門弟子而言。佐藤氏之説，恐非。

【三〇四】

問：「良知原是中和的，如何却有過、不及？」[一] 先生曰：「知得過、不及處，就是中和。」

【箋疏】

[一]「過」「不及」，語出《論語·先進》：「子貢問：『師與商也孰賢？』子曰：『師也過，商也不及。』曰：『然則師愈與？』子曰：『過猶不及。』」（朱熹《四書章句集注》，第一四八至一四九頁）以及《中庸》：「子曰：『道之不行也，我知之矣，知者過之，愚者不及也；道之不明也，我知之矣，賢者過之，不肖者不及也。人莫不飲食也，鮮能知味也。』」（朱熹《四書章句集注》，第二二至二三頁）

【集評】

劉宗周曰：「良知無過、不及，知得過、不及的是良知。」（劉宗周《陽明傳信録》，《劉宗周全集》第五册，第八五頁）

【三〇五】

「『所惡於上』，是良知；『毋以使下』，即是致知。」[一]

【箋疏】

［一］「所惡於上，毋以使下」，語出《大學》：「所謂平天下在治其國者：上老老而民興孝，上長長而民興弟，上恤孤而民不倍，是以君子有絜矩之道也。所惡於上，毋以使下；所惡於下，毋以事上；所惡於前，毋以先後；所惡於後，毋以從前；所惡於右，毋以交於左；所惡於左，毋以交於右：此之謂絜矩之道。」（朱熹《四書章句集注》，第一二頁）

【集評】

但衡今曰：「『己所不欲』，是良知；『勿施於人』，是致知。陽明此意，可以發人深省，雖未足以盡良知之義，而説明良知之發端與致知之爲用，最爲親切。」（但衡今《王陽明傳習録札記》下卷，第九四頁）

【三〇六】

先生曰：「蘇秦、張儀之智，也是聖人之資。後世事業文章，許多豪傑名家只是學得儀、秦故智。儀、秦學術善揣摸人情，無一些不中人肯綮[一]，故其説不能窮。儀、秦亦是窺見得良知妙用處，但用之於不善爾。」

【箋疏】

[一]「肯綮」，語出《莊子・養生主》：「技經肯綮之未嘗，而況大軱乎。」（郭慶藩《莊子集釋》第一册，第一一九頁）肯綮，原指筋骨相連處，此比喻事情之要害或關鍵。

【集評】

陳龍正曰：「不論心術、學術，且單論天資。孔子天資忠信，齊宣王天資朴實，商君天資刻薄。蘇秦、張儀亦天資險譎人也，故學焉而得其性之所近，安可謂聖人之資？」

王應昌曰：「先生征藩一節，權宜詔旨，風雲部咨，間諜之妙，出神入化，苟非良知之用，自信逼真，幾何不自疑爲險譎、坐失事機乎？」（王應昌《王陽明先生傳習録論》卷中之二，第三四頁）

黄宗羲曰：陽明講道於越，黄勉之執贄爲弟子，作《會稽問道録》十卷。「《傳習後録》有先生（黄勉之）所記數十條，當是采之《問道録》中，往往失陽明之意。然無如儀、秦一條云：『蘇秦、張儀之智，也是聖人之資。後世事業文章，許多豪傑名家，只是學得儀、秦故智。儀、秦學術善揣摸人情，無一些不中人肯綮，故其説不能窮。儀、秦亦是窺見得良知妙用處，但用之於不善耳。』夫良知爲未發之中，本體澄然，而無人僞之雜，其妙用亦是感應之自然，皆天機也。儀、秦打入情識窠臼，一往不返，純以人僞爲事，無論用之於不善，即用之於善，亦是襲取於外，生機槁滅，非良知也。安得謂其末異而本同哉？以情識爲良知，其失陽明之旨甚矣。」（黄宗羲《明儒學案（修訂本）》上册，第五八一至五八二頁）

佐藤一齋曰：「良知，是本然之知；私智，是形氣之知。蘇張之智，即是私智，然原亦出於良知。譬諸日光，日光直照，皦然明白，此其本體也；日光先到水，水受之，倒照軒窗，摇動聚散，幻光不定，此失本體也。故良知本體，如直照之日光；蘇張私智，如倒照之水光，然其爲日光則一也。黄宗羲以此條爲黄五岳《問道録》中語，辯其失陽明之旨，恐不然。」

對於黄宗羲所謂「夫良知爲未發之中……以情識爲良知，其失陽明之旨甚矣」之言，東正純曰：「梨洲之言，忽聞如可從者，而畢竟不足發王子密旨也。夫良知，極也，無物不體；良知，中也，無處不在也。喻日，雖蔽黯之極，未嘗不照焉；喻水，色瀉流之後，未嘗不鑑焉。若夫機之所變，善惡是非，紛紛紜紜，未嘗不［是］良知之所爲也。陸子嘗云：『於人情事變爲學。人情事變即是良知，良知即是人情事變。』禪者曰：『不離煩惱而證菩提。』又曰：『煩惱即菩提。』亦可以彼擬此矣。道誠不爲堯加，不爲跖減，乃何於儀秦疑之乎？」（東正純《傳習録參考》，《澤瀉先生全集》上册，第六八〇頁）案：「色瀉流之後」之「色」，疑爲「絶」字之訛。

◎案：據水西精舍本、閭東本，此條乃錢德洪、王畿所録，而非黄勉之所記。故佐藤氏「黄宗羲以此條爲黄五岳《問道録》中語，辯其失陽明之旨，恐不然」之言，是也。

【三〇七】

或問未發已發[一]。先生曰：「只緣後儒將未發已發分説了，只得劈頭説個無未發已發，使人自思得之。若説有個已發未發，聽者依舊落在後儒見解。若真見得無未發已發，説個有未發已發,原不妨,原有個未發已發在。」問曰:「未發未嘗不和,已發未嘗不中。譬如鐘聲,未扣不可謂無,既扣不可謂有,畢竟有個扣與不扣,何如?」先生曰:「未扣時原是驚天動地,既扣時也只是寂天寞地。」

【箋疏】

［一］「未發已發」,語本《中庸》:「喜怒哀樂之未發,謂之中;發而皆中節,謂之和。中也者,天下之大本也;和也者,天下之達道也。」(朱熹《四書章句集注》第二一頁)

【集評】

施邦曜曰:「静不落空,動不逐物,只是一理爲主。譬之月,明時其魄如是,晦時其魄亦如是。此可了然於已發、未發之説。」

【三〇八】

問:「古人論性,各有異同,何者乃爲定論?」先生曰:「性無定體,論亦無定體,有自本體上説者,有自發用上説者,有自源頭上説者,有自流弊處説者。總而言之,只是這個性,但所見有淺深爾。若執定一邊，便不是了。性之本體原是無善、無惡的[一]，發用上也原是可以爲善、可以爲不善的，其流弊也原是一定善、一定惡的[二]。譬如眼，有喜時的眼，有怒時的眼；直視就是看的眼，微視就是覷的眼。總而言之，只是這個眼。若見得怒時眼，就説未嘗有喜的眼；見得看時眼，就説未嘗有覷的眼：皆是執定，就知是錯。孟子説性，直從源頭上説來，亦是説個大概如此；荀子性惡之説，是從流弊上説來，也未可盡説他不是，只是見得未精耳。衆人則失了心之本體。」問：「孟子從源頭上説性，要人用功在源頭上明徹；荀子從流弊説性，功夫只在末流上救正，便費力了。」先生曰：「然。」

【箋疏】

[一] 佐藤一齋曰：「性之本體無善無惡者，指形而上而言；至於善惡可名，則已落於形而下。故無善無惡者，即所謂至善，而與物無對，是其本體也。與竺氏空寂之説不同。」

東正純曰：「王子所云『無善無惡』，即無善而至善，猶曰『無極而太極』。後人强聒，紛紛異同，全坐不透徹此一句矣。」（東正純《傳習録參考》，《澤瀉先生全集》上册，第六八〇頁）

[二] 佐藤一齋曰：「『其流弊也原是一定善、一定惡的』，此句義不可解，疑必有誤脱，似當作『其源頭也原是一定善的，其流弊也原是一定惡的』。」◎案：陽明謂「性無定體，論亦無定體，有自本體上説者，有自發

用上説者，有自源頭上説者，有自流弊處説者」，「源頭」與「流弊」對言；又謂「孟子説性，直從源頭上説來」「荀子性惡之説，是從流弊上説來」，則孟子從源頭上説性善，與荀子從流弊上説性惡，亦對言。是故，佐藤一齋之言，可取也。

【集評】

許舜屏曰：「孟荀二子言性有善惡之分，各有各的説，千古未能論定。得先生這一解，分爲一從源頭上説、一從流弊上説，使孟荀二人心事昭然若揭。這真是知言。」

但衡今曰：「本節言性本體、發用、源頭、流弊，皆非所以言性也，且益陷支離。若云本體，本體無善惡可言；若論發用，性無發用，心王主之；若論源頭，源頭無生滅；若論流弊，性不任善，亦不任惡，故流弊非性所任也。予故斷其非陽明意也。質之今之治王學者究之。」（但衡今《王陽明傳習録札記》下卷，第九九頁）

【三〇九】

先生曰：「用功到精處，愈着不得言語，説理愈難。若着意在精微上，全體功夫反蔽泥了。」

【三一〇】

楊慈湖不爲無見[一]，又着在無聲無臭見上了。㊀

【校勘】

㊀ **又着在無聲無臭見上了**：原作「又着在無聲無臭上見了」，據水西精舍本、閭東本、黄宗羲《明儒學案·姚江學案》改。張文達本則作「又未免着在無聲無臭見上」。

【箋疏】

[一] 楊簡，字敬仲，宋代慈溪（浙江慈溪）人。生於宋高宗紹興十一年辛酉（一一四一年），卒於宋理宗寶慶元年乙酉（一二二五年），享年八十五歲。學者稱慈湖先生。陸九淵弟子。著作主要有《楊氏易傳》《慈湖詩傳》《慈湖春秋解》、《慈湖先生遺書》等，現已編輯刊印爲《楊簡全集》。

【三一一】

人一日間，古今世界都經過一番，只是人不見耳㊀。夜氣清明時，無視無聽，無思無作，淡然平懷，就是羲皇世界；平旦時，神清氣朗，雍雍穆穆，就是堯、舜世界；日中以前，禮儀交會，氣象秩然，就是三代世界；日中以後，神氣漸昏，往來雜擾，就是春秋、戰國世界；漸漸昏夜，萬物寢息，景象寂寥，就是人消物盡世界。學者信得良知過，不爲氣所亂，便常做個羲皇已上人。

【校勘】

㈠ **只是人不見耳**：「不見」，水西精舍本、閭東本作「不覺」。

【三一二】

薛尚謙、鄒謙之、馬子莘、王汝止侍坐㈠[一]。因嘆先生自征寧藩已來[二]，天下謗議益衆。請各言其故。有言先生功業勢位日隆，天下忌之者日衆；有言先生之學日明，故爲宋儒争是非者亦日博；有言先生自南都以後，同志信從者日衆，而四方排阻者日益力。先生曰：「諸君之言，信皆有之。但吾一段自知處，諸君俱未道及耳。」諸友請問。先生曰：「我在南都已前，尚有些子鄉愿的意思在。我今信得這良知真是真非，信手行去，更不著些覆藏。我今纔做得個狂者的胸次，使天下之人都説我行不揜言也罷。」[三]尚謙出曰：「信得此過，方是聖人的真血脉。」[四]

【校勘】

〔一〕薛尚謙、鄒謙之、馬子莘、王汝止侍坐：署名「門人餘姚錢德洪纂輯、門人泰和曾才漢校輯」之《陽明先生遺言録》下卷亦收録此條，此處作「薛尚謙、鄒謙之、馬子莘侍坐」，當中無「王汝止」之名字。（曾才漢校輯《陽明先生遺言録》，《中國文哲研究通訊》一九九八年第八卷第三期，第四八至四九頁）此外，陽明嘉靖二年癸未（一五二三年）《與黄宗賢》書云：「近與尚謙、子莘、誠甫講《孟子》『鄉願狂狷』一章，頗覺有所省發，相見時試更一論，如何？」（王守仁《王陽明全集（新編本）》第一册，第二一三頁）所指即與薛侃、鄒守益、馬明衡談論謗議日熾以及狂狷、鄉愿之辨事，當中亦無王汝止之名字。◎案：據《陽明先生年譜》，薛尚謙、鄒謙之、馬子莘等侍坐，討論陽明先生自征寧藩已來，天下謗議日熾事，時在嘉靖二年春二月。（王守仁《王陽明全集（新編本）》第四册，第一二九六至一二九七頁）嘉靖十九年（一五四〇年）十二月，王艮（字汝止）卒。黄直《奠文》云：「癸未之春，會試舉場。兄忽北來，駕車彷徨。隨處講學，男女奔忙。至於都下，見者倉皇。事迹顯著，驚動廟廊。同志曰吁，北豈可長？再三勸諭，下車解裝。共寓京師，浩歌如常。我輩登科，兄樂未央。别去數月，受職於漳。」（王艮《重鐫心齋王先生全集》，《儒藏·精華編》第二五八册，第一七九頁）王臣《奠文》云：「癸未之春，予試春官。君時乘輿，亦北其轅。琅琅高論，起懦廉頑。偕寓連牀，忘寐以歡。君既南歸，予官貴土。師曰樂哉，義聚仁輔。」（王艮《重鐫心齋王先生全集》，《儒藏·精華編》第二五八册，第一八〇至一八一頁）癸未之春，即嘉靖二年春。據黄直、王臣祭文所言，王艮抵達京師之時，乃在嘉靖二年春；黄直、王臣中進士之時，王艮正在京師（「我輩登科，兄樂未央」）。可見，嘉靖二年二月討論謗議日熾事時，王艮並不在場。職是之故，此處以及《陽明先生年譜》之相關記載，當中「王汝止」之名，恐係錢德洪所誤加。

【箋疏】

［一］王艮，字汝止，號心齋，泰州安豐場人。生於成化十九年癸卯（一四八三年）六月，卒於嘉靖十九年庚子（一五四〇年）十二月，享年五十八歲。《陽明先生年譜》云，王艮，原名王銀。正德十五年庚辰（一五二〇年）九月，從學陽明於南昌。陽明易其名爲「艮」，字以「汝止」。（參王守仁《王陽明全集（新編本）》第四册，第一二八六頁）陽明弟子遍天下，多有官爵，王艮以布衣抗其間，聲名乃出諸同門之上。著作有《心齋王先生全集》。

［二］征寧藩，指正德十四年（一五一九年）六七月間，王陽明平定寧王朱宸濠在南昌起兵謀反事。

［三］「鄉愿」「狂者」云云，語本《孟子·盡心下》：「萬章問曰：『孔子在陳曰：「盍歸乎來！吾黨之士狂簡，進取，不忘其初。」孔子在陳，何思魯之狂士？』孟子曰：『孔子「不得中道而與之，必也狂獧乎！狂者進取，獧者有所不爲也」。孔子豈不欲中道哉？不可必得，故思其次也。』『敢問何如斯可謂狂矣？』曰：『如琴張、曾晳、牧皮者，孔子之所謂狂矣。』『何以謂之狂也？』曰：『其志嘐嘐然，曰「古之人，古之人」。夷考其行，而不掩焉者也。狂者又不可得，欲得不屑不潔之士而與之，是獧也，是又其次也。孔子曰：「過我門而不入我室，我不憾焉者，其惟鄉原乎！鄉原，德之賊也。」』曰：『何如斯可謂之鄉原矣？』曰：『「何以是嘐嘐也？言不顧行，行不顧言，則曰：古之人，古之人。行何爲踽踽涼涼？生斯世

也，爲斯世也，善斯可矣。」閹然媚於世也者，是鄉原也。』萬子曰：『一鄉皆稱原人焉，無所往而不爲原人，孔子以爲德之賊，何哉？』曰：『非之無舉也，刺之無刺也；同乎流俗，合乎汙世；居之似忠信，行之似廉潔；衆皆悦之，自以爲是，而不可與入堯舜之道，故曰德之賊也。』」（朱熹《四書章句集注》，第四四四至四四五頁。◎案：《孟子・盡心下》此章所引述孔子之言，語本《論語・公冶長》：「子在陳曰：『歸與！歸與！吾黨之小子狂簡，斐然成章，不知所以裁之。』」《論語・子路》：「子曰：『不得中行而與之，必也狂狷乎！狂者進取，狷者有所不爲也。』」《論語・陽貨》：「子曰：『鄉原，德之賊也。』」朱熹《四書章句集注》，第九四、一七三、二一〇頁）

[四]《陽明先生年譜》云，嘉靖二年癸未，陽明先生五十二歲，在越。二月，「鄒守益、薛侃、黃宗明、馬明衡、王艮等侍，因言謗議日熾。先生曰：『諸君且言其故。』有言先生勢位隆盛，是以忌嫉謗；有言先生學日明，爲宋儒爭異同，則以學術謗；有言天下從遊者衆，與其進不保其往，又以身謗。先生曰：『三言者誠皆有之，特吾自知諸君論未及耳。』請問。曰：『吾自南京已前，尚有鄉愿意思。在今只信良知真是真非處，更無掩藏回護，才做得狂者。使天下盡説我行不掩言，吾亦只依良知行。』請問鄉愿狂者之辨。曰：『鄉愿以忠信廉潔見取於君子，以同流合污無忤於小人，故非之無舉，刺之無刺。然究其心，乃知忠信廉潔所以媚君子也，同流合污所以媚小人也，其心已破壞矣，故不可與入堯舜之道。狂者志存古人，一切紛囂俗染，舉不足以累其心，真有鳳凰翔於千仞之意，一克念即聖人矣。惟不克念，故闊略事情而行常不掩；惟其不掩，故心尚未壞而庶可與裁。』曰：『鄉愿何以斷其媚世？』曰：『自其議狂

狷而知之。狂狷不與俗諧。而謂「生斯世也，爲斯世也，善斯可矣」，此鄉愿志也。故其所爲皆色取不疑，所以謂之「似」。三代以下，士之取盛名於時者，不過得鄉愿之似而已。然究其忠信廉潔，或未免致疑於妻子也。雖欲純乎鄉愿，亦未易得，而況聖人之道乎？』曰：『狂狷爲孔子所思，然至於傳道，終不及琴張輩而傳曾子，豈曾子亦狷者之流乎？』先生曰：『不然。琴張輩狂者之稟也，雖有所得，終止於狂；曾子中行之稟也，故能悟入聖人之道。』」（王守仁《王陽明全集（新編本）》第四册，第一二九六至一二九七頁）由此可知，此條語録所記，乃嘉靖二年二月時事。惟「請問鄉愿狂者之辨」以下文字，爲《王文成公全書》以及通行本《傳習録》所失載；施邦曜本、俞嶙本則載之，然文字與《年譜》所載略有差異。

【集評】

章太炎曰：「前有鄉愿意思，今得狂者胸次，此先生自知之明，亦尚有不言之隱。夫功業日隆，貴顯者或忌之，常調官不忌也；學日明，宗朱者或忌之，以舉業進者不忌也。貴人與宗朱者無過少數，乃多數亦忌之，則豈功業之隆、學問之明致之乎？蓋先生素性近簡，于前輩率少致敬，及功業既隆，尚有此態，人益覺其驕倨矣，此謗議所以多也。先生不自謂傲，而自謂狂，此則不言之隱也。」（章太炎《王守仁〈王文成公全書〉批語》，《章太炎全集·眉批集》，第三一六頁）

【三一三】

先生鍛鍊人處，一言之下，感人最深。一日，王汝止出遊歸，先生問曰：「遊何見？」對曰：「見滿街人都是聖人。」先生曰：「你看滿街人是聖人，滿街人到看你是聖人在。」又一日，董蘿石出遊而歸[一]，見先生曰：「今日見一異事。」先生曰：「何異？」對曰：「見滿街人都是聖人。」先生曰：「此亦常事耳，何足爲異？」蓋汝止圭角未融，蘿石恍見有悟，故問同答異，皆反其言而進之[二]。洪與黄正之、張叔謙、汝中丙戌會試歸[三]，爲先生道：「途中講學，有信有不信。」先生曰：「你們拏一個聖人去與人講學，人見聖人來，都怕走了，如何講得行！須做得個愚夫愚婦㊀，方可與人講學。」[四]洪又言：「今日要見人品高下最易。」先生曰：「何以見之？」對曰：「先生譬如泰山在前，有不知仰者，須是無目人。」先生曰：「泰山不如平地大，平地有何可見？」先生一言翦裁，剖破終年爲外好高之病，在座者莫不悚懼。

【校勘】

㊀ **須做得個愚夫愚婦**：「愚夫愚婦」，水西精舍本、閭東本作「市井小人」。

【箋疏】

[一] 董澐，字復宗，號蘿石，晚號從吾道人，海鹽人。生於天順二年戊寅（一四五八年），卒於嘉靖十三年甲

午(一五三四年),享年七十七歲。以能詩聞於江湖間。嘉靖三年甲申(一五二四年),年六十七,遊會稽,聞陽明講良知之學於山中,乃往聽之。因而師事陽明。著作有《從吾道人語録》《從吾道人詩稿》,現已編輯刊印爲《董澐集》。◎案:根據鍾彩鈞考證,收入《董澐集》中之《湖海集》,並非董澐作品。(鍾彩鈞《明代心學的文獻與詮釋》,第八一至九二頁)

[二]顧應祥曰:「愚謂王、董二子所謂『滿街都是聖人』,不知覩其儀容而知之乎?聽其言論而知之乎?不過形容人人皆有良知、皆可以爲聖人耳,而言之過高,使學者聞之,必曰:『聖人可一蹴而至,而學問思辯、戒謹恐懼之功夫,俱可置而弗講。』率天下之人而爲大言不慚者,必二子之言夫!」(顧應祥《静虚齋惜陰録》,《四庫全書存目叢書》子部第八四册,第八六頁)

[三]張元沖,字叔謙,號浮峰,越之山陰人。陽明弟子。嘉靖十七年戊戌(一五三八年)進士。授中書舍人,改吏科給事中。累官至右副都御史巡撫江西。陽明嘗曰:「吾門不乏慧辨之士,至於真切純篤,無如叔謙。」(黄宗羲《明儒學案(修訂本)》上册,第三〇〇頁)

[四]施邦曜曰:「聖人與愚夫愚婦原同具此心此理,聖人未嘗於愚夫愚婦之上加得些子,只争這同具之理能盡與不能盡耳,故孟子曰『人皆可以爲堯舜』。開口便説聖人,還是見聖人與夫婦有二,識見尚有未融。」

◎案:張載《正蒙・中正篇》云:「以衆人望人,則易從。」(張載《張載集》,第三二頁)陽明之言與張載之語可互發。

【集評】

施邦曜曰：「聖賢必務爲泰山之可仰，便是立異。孔、孟當時無一知己，正是平地之無可見。當時只知仰泰山而不知仰平地故耳。」

王應昌曰：「與汝止、蘿石説是傳藥，與錢與黄、張諸子説是傳方。傳藥是先生自爲醫，傳方是先生教他醫。然須審証，切莫費人。」（王應昌《王陽明先生傳習録論》卷中之二，第三九頁）

【三一四】

癸未春，鄒謙之來越問學，居數日，先生送別于浮峰。是夕，與希淵諸友移舟宿延壽寺，秉燭夜坐。先生慨悵不已，曰：「江濤煙柳，故人倏在百里外矣！」一友問曰：「先生何念謙之之深也？」先生曰：「曾子所謂『以能問於不能，以多問於寡，有若無，實若虚，犯而不較』[一]，若謙之者，良近之矣。」

【箋疏】

[一]「以能問於不能」云云，語見《論語·泰伯》：「曾子曰：『以能問於不能，以多問於寡；有若無，實若

虚，犯而不校，昔者吾友嘗從事於斯矣。』」（朱熹《四書章句集注》，第一二〇頁）

【三一五】

丁亥年九月，先生起復征思、田。將命行時，德洪與汝中論學[一]。汝中舉先生教言曰：「無善無惡是心之體，有善有惡是意之動，知善知惡是良知，爲善去惡是格物。」德洪曰：「此意如何？」汝中曰：「此恐未是究竟話頭。若説心體是無善無惡，意亦是無善無惡的意，知亦是無善無惡的知，物是無善無惡的物矣[二]。若説意有善惡，畢竟心體還有善惡在。」德洪曰：「心體是天命之性，原是無善無惡的。但人有習心，意念上見有善惡在。格、致、誠、正、修，此正是復那性體功夫。若原無善惡，功夫亦不消説矣。」是夕侍坐天泉橋，各舉請正。先生曰：「我今將行，正要你們來講破此意。二君之見，正好相資爲用，不可各執一邊。我這裏接人原有此二種。利根之人，直從本源上悟入。人心本體原是明瑩無滯的，原是個未發之中。利根之人一悟本體即是功夫，人己内外一齊俱透了。其次不免有習心在，本體受蔽，故且教在意念上實落爲善去惡，功夫熟後，渣滓去得盡時，本體亦明盡了。汝中之見，是我這裏接利根人的；德洪之見，是我這裏爲其次立法的。二君相取爲用，則中人上下皆可引入於道[三]；若各執一邊，眼前便有失人，便於道體各有未盡。」既而曰：「已後與朋友講學，切不可失了我的宗旨：無善無惡是心之體，有善有惡是意之動，知善知惡的是良知㊂，爲善去惡是格物。只依我這話頭隨人指點，自没病痛。此原是徹上徹下功夫。利根之人，世亦難遇。本體功夫一悟盡透，此顔子、明道所不敢承當，豈可輕易望人？人有習心，不教他在良知上實用爲善去惡功夫，只去懸空想個本體，一切事爲俱不着實，不過養成一個虚寂。此個病痛不是小小，不可不早説破。」是日德洪、汝中俱有省。

【校勘】

㊀ **物是無善無惡的物矣**：「物是」，施邦曜本、俞嶙本、張問達本、陳榮捷本作「物亦是」。據上文「意亦是」「知亦是」之句式，作「物亦是」，於義爲長。

㊁ **則中人上下皆可引入於道**：「中人」，水西精舍本、閭東本、胡宗憲本作「中根」。

㊂ **知善知惡的是良知**：水西精舍本、施邦曜本、俞嶙本無「的」字。據前文「知善知惡是良知」，以無「的」字爲是。

【箋疏】

［一］《陽明先生年譜》云，嘉靖六年丁亥五月，朝廷命陽明兼都察院左都御史，往征廣西思恩、田州之叛亂。六月，陽明上疏請辭，不允。九月壬午（初八日），時陽明即將離越，錢德洪與王畿訪張元沖舟中，因論

爲學宗旨。（參王守仁《王陽明全集（新編本）》第四册，第一三一五至一三一八頁）

【集評】

劉宗周曰：「先生每言『至善是心之本體』，又曰『至善只是盡乎天理之極而無一毫人欲之私』，又曰『良知即天理』。《録》中言『天理』二字，不一而足，有時説『無善無惡者理之静』，亦未嘗逕説『無善無惡是心體』。若心體果是無善無惡，則有善有惡之意又從何處來？知善知惡之知又從何處來？爲善去惡之功又從何處來？無乃語語絶流斷港？快哉四無之論！先生當於何處作答？却又有『上根』『下根』之説，謂『教上根人只在心上用工夫，下根人只在意上用工夫』，又豈《大學》八目一貫之旨？又曰『其次且教在意念上著實用爲善去惡工夫，久之心體自明』。蒙謂纔著念時便非本體，人若只在念起念滅上用工夫，一世合不上本體了，正所謂南轅而北轍也。先生解《大學》，於『意』字原看不清楚，所以於四條目處未免架屋疊牀至此。及門之士一再摹之，益失本色矣。先生他日有言曰『心意知物只是一事』，此是定論。既是一事，決不是一事皆無。蒙因爲龍溪易一字，曰：『心是有善無惡之心，則意亦是有善無惡之意，知亦是有善無惡之知，物亦是有善無惡之物。』不知先生首肯否？或曰：『如何定要説個有善無惡？』曰：『《大學》只説致知，如何先生定要説個致良知，多這良字？』其人默然。學術所關，不敢不辯。」（劉宗周《陽明傳信録》，《劉宗周全集》第五册，第九一至九二頁）

劉宗周《錢緒山先生要語序》云：「予讀《天泉證道記》，知王、錢二先生並傳陽明子之教法。子嘗有言：『無善無惡心之體，有善有惡意之動，知善知惡是良知，爲善去惡是格物。』王先生推明之，爲『四無』之説；而錢先生則謂，是師門教人定本，不可易。遂舉以質，陽明子曰：『汝中所言，可接上根人；德洪所言，可接下根人。』世傳王門教法有此兩端，予嘗虛心諷詠間，果無師門定本之言，一有一無，語語執著，不免王先生駁正，固也。故子亦不覺訝然自失，至許爲顔子、明道所不敢言，錢先生當於何處作解？而予以爲此非子之言，而王先生之言也。子所雅言，『良知』而已矣；又曰『良知即天理』，爲其有善而無惡故也。知是有善無惡之知，則物即是有善無惡之物，意即是有善無惡之意，而心之爲有善無惡，又何疑乎？古之言道者，至『性善』一語，天機發洩已盡，過此以往，所謂『人生而静以上不容説』也。即言及無字，已成剩語，云何得有上根法？吾聞乾竺氏之言曰：『不思善、不思惡時見本來面目。』王先生『四無』之説，意本諸此，此真顔子、明道所不敢言。甚矣，其敢言之也！王先生方詡詡語下以爲與己，遂筆之於書以豓來禩，無乃與『良知』之旨愈相謬刺乎？予故曰：『此非子之言，而王先生之言也。』即錢先生固嘗有論學書數十卷，大抵不離『良知』者近是。予獨喜其言良知，不作有無善惡詮解、墮學人執見，尤爲善發師藴，乃知當日定本之言，殆亦一時之權論，而未可遽以概先生也。先生嘗謂王先生曰：『凡爲愚夫愚婦立法者，皆聖人之言也；爲聖人闡道妙、發性真者，皆賢人之言也。』此可爲天泉斷案。」（劉宗周《劉宗周全集》第四册，第四至五頁）

黄宗羲編《明儒學案師説》之「王龍溪畿」條，亦記録劉宗周之言曰：「愚按：四句教法，考之陽明集中，並不經見，其説乃出於龍溪。則陽明未定之見，平日間嘗有是言，而未敢筆之於書，以滋學者之惑。至龍溪先生始云『四有之説，猥犯支離』，勢必進之四無而後快。既無善惡，又何有心、意、知、物？終必進之無心、無意、無知、無物而後元，如此則『致良知』著在何處？先生（龍溪）獨悟其所謂無者，以爲教外之别傳，而實亦併無是無。有無不立，善惡雙泯，任一點虚靈知覺之氣縱横自在，頭頭明顯，不離著於一處，幾何而不蹈佛氏之坑塹也哉？」（劉宗周《劉宗周全集》第五册，第五二三至五二四頁；黄宗羲《明儒學案（修訂本）》上册，第八頁）◎案：劉宗周以爲「四句教法，考之陽明集中，並不經見，其説乃出於龍溪」。相關説法，多爲龍溪所記述，應屬實情。龍溪之所記述，一則見於《天泉證道紀》，再則見於《刑部陝西司員外郎特詔進階朝列大夫致仕緒山錢君行狀》。（王畿《王畿集》，第一至二、五八五至五八七頁）然而，錢德洪所撰《訃告同門》提及天泉證道之事，其文云：「前年秋，夫子將有廣行，寬、畿各以所見未一，懼遠離之無正也，因夜侍天泉橋而請質焉。夫子兩是之，且進之以相益之義。冬初，追送於嚴灘請益，夫子又爲究極之説。」錢德洪所編《陽明先生年譜》又將天泉證道之事載於其中。（王守仁《王陽明全集（新編本）》第四册，第一四六七、一三一七至一三一八頁）錢德洪《復楊斛山書》曾引述陽明「無善無惡者心之體」之言，其文云：「千思萬慮，而一順乎不識不知之則，無逆吾自然明覺之體，是千思萬慮，雖謂之何思何慮亦可也；此心不可先有乎一善，是至善之極，雖謂之無善亦可也。故先師曰『無善無惡者心之體』，是對後世格物窮理之學爲先乎善者立言也，特因時設法，不得已之辭焉耳。然至善本體，本來如是，固亦未嘗有所私意撰説其間也。」（錢明《錢德洪語録詩文輯佚》，《徐愛　錢德洪　董澐集》，第一五七頁）此外，對於天泉證道事，羅洪先、鄒守益等亦有論及。羅洪先《與錢緒山論年譜》書云：「天泉橋上與龍溪兄分辨學術，當時在洛村兄所聞亦如此，與龍溪兄《續傳習録》所載不悖，此萬世大關鍵，故一字不敢改移。」（羅洪先《羅洪先集》上册，第二〇七頁；王守仁《王陽明全集（新編本）》第六册，第二二四二頁）鄒守益《青原贈處》云：「陽明夫子之平兩廣也，錢、王二子送於富陽。夫子曰：『予别矣，盍各言所學？』德洪對曰：『至善無惡者心，有善有惡者意，知善知惡是良知，爲善去惡是格物。』畿對曰：『心無善而無惡，意無善而無惡，知無善而無惡，物無善而無惡。』夫子笑曰：『洪甫須識汝中本體，汝中須識洪甫工夫。二子打併爲一，不失吾傳矣。』逾年，先師薨於南安，不及稽二子之成也。」（《鄒守益集》上册，第一〇三頁）然則，劉宗周所謂「四句教法，其説乃出於龍溪」之言，過於武斷。

黄宗羲《明儒學案》「姚江學案」序云：「《天泉問答》：『無善無惡者心之體，有善有惡者意之動，知善知惡是良知，爲善去惡是格物。』今之解者曰：『心體無善無惡是性，由是而發之爲有善有惡之意，由是而有分别其善惡之知，由是而有爲善去惡之格物。』層層自内而之外，一切皆是粗機，則良知已落後著，非不慮之本然，故鄧定宇以爲權論也。其實，無善無惡者，無善念惡念耳，非謂性無善無惡也；下句意之有善有惡，亦是有善念有惡念耳。兩句只完得動静二字。他日語薛侃曰『無善無惡者理之静，有善有惡者氣之動』，即此兩句也。所謂知善知惡者，非意動於善惡，從而分别之爲知，知亦只是誠意中之好惡，好必於善，惡必於惡，孰是孰非而不容已者，虚靈不昧之性體也。爲善去惡，只是率性而行，自然無善惡之夾雜，先生所謂『致吾心之良知於事事物物』也。四句本是無病，學者錯會文致。彼以無善無惡言性者，謂無善無惡斯爲至善。善一也，而有有善之善、有無善之善，無乃斷滅性種乎？彼在發用處求良知者，認已發作未發，教人在致和上著力，是指月者不指天上之月而指地上之光，愈求愈遠矣。得羲説而存之，而後知先生之無弊也。」（黄宗羲《明儒學案（修訂本）》上册，第一七八至一七九頁）◎案：「彼在發用處求良知者，認已發作未發，教人在致和上著力」，沈芝盈據四部備要本《明儒學案》將其中「致和」之「和」字改爲「知」字，非是。所謂「已發」「未發」

「致和」云云，語本《中庸》：「喜怒哀樂之未發，謂之中；發而皆中節，謂之和。中也者，天下之大本也；和也者，天下之達道也。致中和，天地位焉，萬物育焉。」（朱熹《四書章句集注》，第二一頁）兹據《黄宗羲全集》所收《明儒學案》改正。（黄宗羲《黄宗羲全集》第七册，第一九八頁）

佐藤一齋曰：「『無善無惡是心之體』，謂心之本體靈昭明覺，無善惡可指名，即所謂『至善』者也；『有善有惡是意之動』，謂意有以本體而動者，有以過不及而動者，以本體而動者爲善，以過不及而動者爲惡，即所謂『人心惟危』者也；『知善知惡是良知』，謂孰爲本體之善、孰爲過不及之惡，吾心之靈自知之，即所謂『靈昭明覺』者也；『爲善去惡是格物』，謂即物之善而爲之、即物之惡而去之，便亦靈昭明覺者所爲也。四者本釋《大學》心、意、知、物，其言簡切明白，使學者易受用而已。至許龍谿，則蓋姑誘掖之，取其有悟於本體，而其實不必須過爲高妙之説也。」又曰：「後之爲王氏學者，間有疑四句教言出於龍溪，非文成之言。愚案：《續録》成於緒山，而緒山明曰『侍坐天泉橋，各舉請正』，則其不出於龍溪，無可疑矣。但爲此議者，意在欲闢龍溪以護文成。然文成之無善無惡即所謂至善，而與禪家之無善無惡不同，學者宜潛心以領會其旨，而不猜於語，可也。」

東正純曰：「何善山曰：『無善無惡者，指心之感應無迹，過而不留，至善之體也。心之感應謂之意，有善有惡，物而不化，著於有，故曰意之動。若以心爲無、以意爲有，是分心意爲二見，離用以求體，非合内外之道矣。』鄧定宇曰：『陽明先生以知是知非爲良知，權論耳。夫良知何是何非？知者其照也。今不直指人月與鏡，而使觀其光，愈求愈遠矣。然及是非並出而後致，是大不致也。』按：無善無惡之説，諸家各主張其所見，殆成聚訟，而何、鄧二家之説稍爲密。余竊謂：四無亦四有，四有亦四無，初無二義。然據四語辨之，首句串下三句，下三句配上一句，分而離之，合而連之，並無不可。要之，不啻相待相依也。此等，自古多有之。《中庸》首説中和，實也；後引《詩》『無聲無臭』，虚也。《易》『一致百慮』，有也；『何思何慮』，無也。不獨此而已，若彼二氏，或説無欲有欲，或論即心非心，莫非此義者。顧涇陽辯難無所當，黄梨洲回護亦多事。劉子曰『陽明不差而龍溪差』，余則謂龍溪之言未嘗差，而其所差在功夫未密、造詣猶淺耳。」（東正純《傳習録參考》，《澤瀉先生全集》上册，第六八一頁）案：何廷仁，字性之，號善山，江西雩縣人。鄧以讚，字汝德，號定宇，江西新建人。

羅澤南曰：「昔人謂佛經三藏十二部五千四百八十卷，一言以蔽之，曰『無善無惡』；吾謂陽明《傳習録》、《大學問》、論學諸書，亦可以一言蔽之，曰『無善無惡』。『無善無惡』，陽明所不常言也，其説本之告子，出之佛氏；常言之，則顯入於異端而不得託於吾儒也。然而千言萬語，闡明致良知之旨，究皆發明『無善無惡』之旨。……或謂天泉一證非陽明之言。不知『無善無惡』見於《傳習録》者不一而足，其所以教人者，實不出此四字之窠臼。知此，則陽明之書可以一覽而知矣。」（羅澤南《姚江學辨》，《續修四庫全書》第九五二册，第四四九至四五〇頁）

但衡今曰：「陽明晚年門人錢德洪、王畿著天泉證道歌，揭舉『無善無惡心之體，有善有惡意之動，知善知惡是良知，爲善去惡是格物』四語，學者群奉爲教義。陽明歿後，無所質證，疑者頗衆。而世之依託洛閩者，輒肆詆訶。要亦汝中有以啓之也。其後門人周汝登竟以無善無惡爲宗，許孟中以『無善無惡心之體一語，蓋指其未發、廓然、寂然者而言之，今以心意知物俱無善惡可言者，非王門之正傳也』。孟中師承甘泉、陽明兩家之學，而齟齬若此，然則當時德洪、汝中門下已自分歧矣。其時顧涇陽、高景逸頗主陽明致知格物之説，顧云：『《大學》致知，文成恐人認識爲知，走入支離（原注：此言真切，知、識易混也），故就中間點出一良字；孟子言良知，又恐人將此知作光景玩弄，走入玄虚，故就上面點出一致字。其意最精密。』高亦有言：『纔知反求諸身，是真能格物者。』同時劉念臺以慎獨爲宗，謂『爲學之要，一誠而已』，抑亦私淑姚江者也。其門人黄太沖逕以『上天之載，無聲無臭』釋『無善無惡心［之］體』之義，頗有功於陽明學術。惜爲中夏明夷所偃，而天泉四語遂無定論。予則以心體諸説，立言不同，歸元則一。學者不在言詮，而在體認；不在知解，而在實踐。孔子曰『吾道一以貫之』，直與釋迦文佛拈花微笑相似。不立文字，斯則善於授受虞廷之教矣。而陽明每鑿鑿言之者，又豈得已哉？」（但衡今《王陽明傳習録札記》下卷，第一一七至一一九頁）

【三一六】

先生初歸越時，朋友踪迹尚寥落，既後四方來遊者日進。癸未年已後，環先生而居者比屋，如天妃、光相諸刹［一］，每當一室，常合食者數十人，夜無卧處，更相就席，歌聲徹昏旦。南鎮、禹穴、陽明洞諸山遠近寺刹［二］，徙足所到，無非同志游寓所在。先生每臨講座，前後左右環坐而聽者，常不下數百人。送往迎來，月無虚日，至有在侍更歲，不能遍記其姓名者。每臨別，先生常嘆曰：「君等雖別，不出在天地間，苟同此志，吾亦可以忘形似矣。」諸生每聽講，出門未嘗不跳躍稱快。嘗聞之同門先輩曰：「南都以前，朋友從遊者雖衆，未有如在越之盛者。」此雖講學日久，孚信漸博，要亦先生之學日進，感召之機，申變無方㊀，亦自有不同也。㊁

（此後黄以方録）㊂

【校勘】

㊀**申變無方**：水西精舍本、閭東本、胡宗憲本無此四字；三輪執齋本、佐藤一齋本作「神變無方」。

㊁「先生初歸越時，朋友蹤迹尚寥落」條之後，水西精舍本、閭東本多一條。其文云：「南逢吉曰：『吉嘗以《答徐成之書》請問。先生曰：「此書於格致誠正及尊德性而道問學處，説得尚支離，盖當時亦就二君所見者，將就調停説過。細詳文義，然猶未免分爲兩事也。」嘗見一友問云：「朱子以存心致知爲二事，今以道問學爲尊德性之功，作一事，如何？」先生云：「天命於我之謂性，我得此性之謂德。今要尊我之德性，須是道問學，如要尊孝之德性，便須學問個孝，尊弟之德性，便須學問個弟；學問個孝，便是尊孝之德性，學問個弟，便是尊弟之德性。不是尊德性之外別有道問學之功，道問學之外別有尊德性之事也。心之明覺處謂之知，知之存主處謂之心，原非有二物；存心便是致知，致知便是存心，亦非有二事。」曰：「存心

恐是静中存養意，與道問學不同。」曰：「就是静中存養，還謂之學否？若亦謂之學，亦即是道問學矣。」觀者宜以此意求之。』（原注：此本在《答徐成之書》下，今録於此。）」臺北藏明刊本《傳習録》下册卷一《答徐成之（又）》之末所載此段文字，其中「吉嘗以《答徐成之書》請問」作「吉嘗以此書請問」。

㊂在「此後黄以方録」之二十七條語録中，除「又曰：此道至簡至易的，亦至精至微的」以及「問：孔子曰回也非助我者也」兩條之外，水西精舍本、閭東本無「此後黄以方録」其餘二十五條語録以及錢德洪「嘉靖丙辰夏四月」跋。◎案：此所謂「此後黄以方録」之二十七條語録，並非全由黄以方記録。其中，自「黄以方問博學於文」條至「先生曰今之論性者紛紛異同」條，共十條，見於署名「門人金溪黄直纂輯、門人泰和曾才漢校輯」之《陽明先生遺言録》上卷，（曾才漢校輯《陽明先生遺言録》，《中國文哲研究通訊》一九九八年第八卷第三期，第一七、六至九、一四、一五至一六、二五頁。彼此文字略有差異。）當爲黄以方所記録。自「問聲色貨利恐良知亦不能無」條至「鄒謙之嘗語德洪曰」條，共十七條，除「又曰此道是至簡至易的」「問孔子曰回也非助我者也」兩條爲黄省曾所記録外，其餘十五條應爲錢德洪記録。理據爲，此十五條語録當中，有十四條見於署名「門人余姚錢德洪纂輯、門人泰和曾才漢校輯」之《陽明先生遺言録》下卷，（曾才漢校輯《陽明先生遺言録》，《中國文哲研究通訊》一九九八年第八卷第三期，第三一、三三、三四至三五、三六、三九、三七至三八、五一頁。彼此文字略有差異。）且有數條錢德洪自稱其名。

【箋疏】

［一］天妃，指天妃宫。蕭良幹、張元忭《萬曆紹興府志》云：「天妃宫：紹興一衛五所，每一所領伍者十，每

一伍置宫者一。臨山衛、觀海衛、三江所、瀝海所、三山所、龍山所各置宫一，祀其神以護海運。郎瑛《七修類稿》云：『天妃，莆田林氏女，幼契玄理，知禍福，在室三十年。宋元祐間，有殊異。迨元至我明，並著靈於海。如至元間，萬户馬合法、忽魯循等，洪武間漕卒萬人輩，永樂間百户郭保俱以海運，成化間給事中陳詢、嘉靖間給事中陳侃俱以奉使海國，危矣，而並以天妃免。詢之免，有兩紅燈、數漁舟來引，又與合藥以辟蛇害，漂沉香木令詢得刻其像；侃之免，有火光燭舟，數蝴蝶遶舟，黄雀食柁上米，食已，風即順激，曉至閩，午入定海，事尤奇。其號則忽魯循等奏賜者也。』」（蕭良幹、張元忭《萬曆紹興府志》，《四庫全書存目叢書》史部第二〇一册，第五至六頁）天妃宫，疑即「天后廟」之屬。《萬曆紹興府志》未指明紹興府天妃宫之具體方位。然《康熙山陰縣志》卷一五云，天妃廟在光相橋西。（轉引自陳來《有無之境：王陽明哲學的精神》，第三七二頁）

光相，指光相寺。蕭良幹、張元忭《萬曆紹興府志》云：「光相寺，在府西北三里許，後漢太守沈勳公宅。晉義熙二年，宅有瑞光，遂捨爲寺，安帝賜『光相』額。《世説》：『許掾年少時，人以比王苟子，許大不平。時諸人士及林法師並在會稽西寺講，王亦在焉。許意甚忿，便往西寺與王論理，共決優劣。苦相折挫，王遂大屈。許復執王理，王執許理，更相覆疏，王復屈。許謂支法師曰：「弟子向語何似？」支從容曰：「君語佳則佳矣，何至相苦邪？豈是求理中之談哉？」』相傳此即西寺。明嘉靖初，寺尚存。十一年，改爲越王祠。」（蕭良幹、張元忭《萬曆紹興府志》，《四庫全書存目叢書》史部第二〇〇册，第七一六頁）

［二］陽明洞，蕭良幹、張元忭《萬曆紹興府志》云：「會稽陽明洞，在宛委山。洞是一巨石，中有罅，長絙龍瑞宮旁。舊經：『道家之第十一洞天也，一名極玄太元之天。』《龜山白玉上經》：『會稽山周回三百五十里，名陽明洞天，皆仙聖天人都會之所。』則第十一洞天，蓋會稽諸山之總名，不獨此石罅也。石名飛來石，上有唐宋名賢題名。洞或稱禹穴。唐觀察使元稹以春分日投金簡於此，有詩，白居易和焉。明王新建守仁以刑部主事告歸時，結廬洞側，因以爲號。今故址猶在。」（蕭良幹、張元忭《萬曆紹興府志》，《四庫全書存目叢書》史部第二〇〇册，第四五一頁）毛奇齡《王文成傳本》云：「公晚愛會稽山陽明洞名，因號陽明子。按：會稽山即苗山，並無洞壑。凡禹井、禹穴、陽明洞類，祇是石罅，並無托足處。舊誣以道人授書洞中，固大妄；今作傳者且曰『講學陽明洞』，則妄極矣。」（毛奇齡《王文成傳本》，《續修四庫全書》第五五一册，第八一至八二頁）◎案：《陽明先生年譜》云：「先生嘗築室陽明洞，洞距越城東南二十里，學者咸稱陽明先生云。」（王守仁《王文成公全書》第五册，第九〇三頁；王守仁《王陽明全集（新編本）》第四册，第一二二五頁）嵇曾筠《雍正浙江通志》云：「《萬曆會稽縣志》：南鎮廟，在會稽山之陰」；「《嘉泰會稽志》：陽明洞，在宛委山龍瑞宮。舊經：『三十六洞天之十一洞也，一名極玄太元之天』」。洞外飛來石下爲禹穴，傳云禹藏書處」。（嵇曾筠《雍正浙江通志》，《景印文淵閣四庫全書》第五二五册，第八七頁；第五一九册，第四四七頁）據「南鎮廟，在會稽山之陰」「陽明洞在宛委山龍瑞宮」「［陽明］洞外飛來石下爲禹穴」以及「［陽明］洞距越城東南二十里」之説，則南鎮應爲南鎮廟（會稽山神廟）所在之地，在會稽山之陰；而陽明洞在越城東南二十里之宛委山，禹穴與陽明洞相距不遠。

是故，南鎮、禹穴、陽明洞並非泛稱，而爲具體地名。不然，錢德洪將南鎮、禹穴、陽明洞並列言之，則實屬不必。因此，毛奇齡謂「今作傳者且曰『講學陽明洞』」，則妄極矣」，其所疑所非，未免過矣。

【三一七】

黄以方問：「『博學於文』爲隨事學存此天理，然則謂『行有餘力，則以學文』，其説似不相合。」[一]先生曰：「《詩》、《書》、六藝皆是天理之發見，文字都包在其中，考之《詩》、《書》、六藝，皆所以學存此天理也，不特發見于事爲者方爲文耳。『餘力學文』，亦只『博學於文』中事。」或問「學而不思」二句[二]。曰：「此亦有爲而言。其實思即學也，學有所疑，便須思之。『思而不學』者，蓋有此等人，只懸空去思，要想出一個道理，却不在身心上實用其力以學存此天理，思與學作兩事做，故有罔與殆之病。其實思只是思其所學，原非兩事也。」

【箋疏】

[一]「『博學於文』爲隨事學存此天理」，語本《傳習録上》「愛問『先生以博文爲約禮功夫』」條所載陽明之言。又：「博學於文」，語出《論語・雍也》：「子曰：『君子博學於文，約之以禮，亦可以弗畔矣夫。』」

《論語・子罕》：「顔淵喟然嘆曰：『仰之彌高，鑽之彌堅；瞻之在前，忽焉在後。夫子循循然善誘人，博我以文，約我以禮。欲罷不能，既竭吾才，如有所立卓爾。雖欲從之，末由也已。』」（朱熹《四書章句集注》，第一〇五、一一三〇頁）

「行有餘力，則以學文」，語見《論語・學而》：「子曰：『弟子入則孝，出則弟，謹而信，汎愛衆，而親仁。行有餘力，則以學文。』」（朱熹《四書章句集注》，第五七頁）

〔二〕「學而不思」二句，指《論語・爲政》：「子曰：『學而不思則罔，思而不學則殆。』」朱熹注云：「不求諸心，故昏而無得。不習其事，故危而不安。」（朱熹《四書章句集注》，第六七頁）楊樹達注云：「罔者無也，學而不思，其失止於喪己；殆者危也，思而不學，其病可以誤人。殆之害甚於罔。」（楊樹達《論語疏證》，第五〇頁）

【三一八】

先生曰：「先儒解『格物』爲『格天下之物』，天下之物如何格得？且謂『一草一木亦皆有理』〔一〕，今如何去格？縱格得草木來，如何反來誠得自家意？我解『格』作『正』字義，『物』作『事』字義。《大學》之所謂『身』，即耳、目、口、鼻、四肢是也。欲修身，便是要目非禮勿視，耳非禮勿聽，口非禮勿言，四肢非禮勿動。要修這個身，身上如何用得功夫？心者身之主宰。目雖視，而所以視者心也；耳雖聽，而所以聽者心也；口與四肢雖言、動，而所以言、動者心也。故欲修身在於體當自家心體，常令廓然大公，無有些子不正處。主宰一正，則發竅于目，自無非禮之視；發竅于耳，自無非禮之聽；發竅于口與四肢，自無非禮之言、動。此便是修身在正其心。然至善者，心之本體也。心之本體，那有不善？如今要正心，本體上何處用得工？必就心之發動處纔可着力也。心之發動不能無不善，故須就此處着力，便是在誠意。如一念發在好善上，便實實落落去好善；一念發在惡惡上，便實實落落去惡惡。意之所發，既無不誠，則其本體如何有不正的？故欲正其心在誠意。工夫到誠意始有着落處。然誠意之本，又在于致知也。所謂『人雖不知而己所獨知』者[二]，此正是吾心良知處[三]。然知得善，却不依這個良知便做去；知得不善，却不依這個良知便不去做。則這個良知便遮蔽了，是不能致知也。吾心良知既不能擴充到底，則善雖知好，不能着實好了；惡雖知惡，不能着實惡了，如何得意誠？故致知者，意誠之本也。然亦不是懸空的致知，致知在實事上格。如意在于爲善，便就這件事上去爲；意在于去惡，便就這件事上去不爲。去惡固是格不正以歸於正，爲善則不善正了，亦是格不正以歸於正也。如此，則吾心良知無私欲蔽了，得以致其極，而意之所發，好善去惡，無有不誠矣。誠意工夫，實下手處在格物也。若如此格物，人人便做得。『人皆可以爲堯舜』，正在此也。」

【箋疏】

［一］「先儒解『格物』爲『格天下之物』」「一草一木亦皆有理」，語本《河南程氏遺書》：「問：『觀物察己，還因見物反求諸身否？』曰：『不必如此説。物我一理，纔明彼即曉此，合内外之道也。語其大，至天地之高厚；語其小，至一物之所以然，學者皆當理會。』又問：『致知，先求之四端，如何？』曰：『求之性情，固是切於身，然一草一木皆有理，須是察。』」（程顥、程頤《二程集》第一册，第一九三頁）

［二］「人雖不知而已所獨知」，語本朱熹《大學章句》：「獨者，人所不知而已所獨知之地也。言欲自修者知爲善以去其惡，則當實用其力，而禁止其自欺。」《中庸章句》：「獨者，人所不知而已所獨知之地也。言幽暗之中，細微之事，迹雖未形而幾則已動，人雖不知而已獨知之，則是天下之事無有著見明顯而過於此者。是以君子既常戒懼，而於此尤加謹焉，所以遏人欲於將萌，而不使其滋長於隱微之中，以至離道之遠也。」（朱熹《四書章句集注》，第九、二二頁）

［三］劉宗周曰：「良知只是獨知時。然餘干主謹獨，先生言致知，手勢大不同。先生是出藍之見。」（劉宗周《陽明傳信録》，《劉宗周全集》第五册，第八七頁）陳榮捷於引述劉宗周此言之後，加案語云：「餘干似指胡居仁（字叔心，學者稱敬齋先生）。胡氏江西餘干人，其學以静中戒謹恐懼爲主。門人婁諒（字克貞，别號一齋，江西廣信上饒人）得其傳。弘治二年，陽明迎夫人諸氏歸餘姚，舟過廣信，謁婁諒。諒語宋儒格物之學，謂聖人必不可學而至。遂深契之。」◎案：陳榮捷謂婁諒爲胡居仁之門人且得其傳，非

是。婁諒與胡居仁，均爲吴與弼弟子，兩人屬同門。陳氏又謂陽明「謁婁諒。諒語宋儒格物之學，謂聖人必不可學而至。遂深契之」，亦非。《陽明先生年譜》「弘治二年己酉」條云：「是年，先生始慕聖學。先生以諸夫人歸［餘姚］，舟至廣信，謁婁一齋諒，語宋儒格物之學，謂『聖人必可學而至』，遂深契之。」（王守仁《王陽明全集（新編本）》第四册，第一二二八頁）黄宗羲《明儒學案》云，陽明「十八歲，過廣信，謁婁一齋，慨然以聖人可學而至」。（黄宗羲《明儒學案（修訂本）》上册，第四四、一七九頁）均明言陽明謁婁一齋，一齋告以「聖人必可學而至」。陳氏之言，大謬矣。

【三一九】

先生曰：「衆人只説『格物』要依晦翁，何曾把他的説去用！我着實曾用來。初年與錢友同論做聖賢要格天下之物，如今安得這等大的力量？因指亭前竹子令去格看。錢子早夜去窮格竹子的道理，竭其心思，至於三日，便致勞神成疾[一]。當初説他這是精力不足，某因自去窮格，早夜不得其理，到七日，亦以勞思致疾。遂相與嘆聖賢是做不得的，無他大力量去格物了。及在夷中三年，頗見得此意思，乃知天下之物本無可格者。其格物之功，只在身心上做，決然以聖人爲人人可到，便自有擔當了。這裏意思㊀，却要説與諸公知道。」

【校勘】

㈠這裏意思：胡宗憲本、郭朝賓本作「這等意思」。

【箋疏】

［一］佐藤一齋曰：「『錢友』『錢子』，並指德洪。」陳榮捷曰：錢友、錢子，「佐藤一齋謂是錢德洪。然經東敬治指出，此處云在居夷之前，則此錢友必非錢德洪。蓋此時德洪尚未來學也」。鄧艾民曰：錢友、錢子，「情況不詳，非錢德洪。據《年譜》格竹事在一四九二年，錢德洪從學在一五二一年」。◎案：曾才漢校輯《陽明先生遺言録》云：「先生云：『某十五六歲時，便有志聖人之道，但於先儒格致之説若無所入，一向姑放下了。一日寓書齋，對數莖竹，要去格他理之所以然，茫然無所得。遂深思數日，卒遇危疾，幾至不起，乃疑聖人之道恐非吾分所及，且隨時去學科舉之業；既後心不自已，略要起思，舊病又發，於是又放情去學二氏，覺得二氏之學比之吾儒反覺徑捷，遂欣然去究竟其説。後至龍場，又覺二氏之學未盡。履險處危，困心衡慮，又豁然見出這頭腦來，真是痛快，不知手舞足蹈。此學數千百年，想是天機到此，也該發明出來了，此必非某之思慮所能及也。』」（曾才漢校輯《陽明先生遺言録》下卷，《中國文哲研究通訊》一九九八年第八卷第三期，第五〇頁；王守仁《王陽明全集（新編本）》第五册，第一六〇六頁）據《陽明先生遺言録》，陽明格竹乃其十五六歲時事，當成化二十二、二十三年。而據《陽明先生年譜》，錢德洪從學陽明在正德十六年九月，其時陽明五十歲。（王守仁《王陽明全集（新編本）》第四册，第一二九一頁）故佐藤一齋謂「錢友」「錢子」是指錢德洪，非也；陳氏、鄧氏謂「錢友」「錢

子」非指錢德洪，是也。

【集評】

顧應祥曰：「愚謂此非陽明公之言也，門人附會之言也。若果有此言，則誣朱子甚矣。朱子《大學》注謂『格盡天下之物』，固似難行，然其所謂『格物者，即事觀理，窮之而至其極也』，又曰『格物以理言，致知以心言』，亦是身心上説，何嘗在物上推究？今竹子有何是非，可格至七日之久而成疾乎？乃自愚也，非朱子之本意也。」（顧應祥《静虚齋惜陰録》，《四庫全書存目叢書》子部第八四册，第八六頁）

陸世儀曰：「陽明自言少與友人爲朱子格物之學，指庭前竹樹同格，深思致病，卒不能格，因嘆聖人决不可學。予曰：此禪家參竹篦子法，非朱子格物之説也。陽明自錯，乃以尤朱子，何邪？」（陸世儀《思辨録輯要》，《儒藏·精華編》第一九六册，第三九三頁）

張夏曰：「《陽明年譜》載：『陽明少時，見宋儒解格物，遂格及官舍中之竹，幾成心疾。』天下豈有此癡學問哉？不過借此以形容宋儒之窒耳。」（張夏《雒閩源流録》，《續修四庫全書》第五三六册，第五九〇頁）

【三一〇】

門人有言邵端峰論童子不能格物[一]，只教以灑掃、應對之説。先生曰：「灑掃、應對就是一件物。童子良知只到此，便教去灑掃、應對，就是致他這一點良知了。又如童子知畏先生長者，此亦是他良知處。故雖嬉戲中，見了先生長者，便去作揖恭敬，是他能格物以致敬師長之良知了。童子自有童子的格物致知。」又曰：「我這裏言格物，自童子以至聖人，皆是此等工夫。但聖人格物，便更熟得些子，不消費力。如此格物，雖賣柴人亦是做得，雖公卿大夫以至天子，皆是如此做。」

【箋疏】

[一]佐藤一齋曰：「邵端峰，名字、鄉貫未考。」陳榮捷曰：「邵端峰，不詳。《儒林宗派》《王文成傳本》《陽明弟子傳纂》均無陽明弟子姓邵者。」鄧艾民曰：邵端峰，「情況不詳」。◎案：邵鋭，字思抑，號端峰，浙江仁和人。正德三年戊辰科會元、進士，改翰林院庶吉士。「時逆瑾擅政，而焦芳、劉宇深相結。芳子黄與宇子仁，皆爲庶吉士，未幾傳旨俱授編修。鋭以甲第列於仁上，亦併授焉，耻與爲列。方具疏辭免，會伯兄欽至，以危言沮之，且曰：『以會元而得史職，非過忝也，公議自在，於汝何尤？』尋以父喪守制。瑾敗，詔革傳奉官，亦併及之。言者以去非其罪，而鋭竟不辯也。服闋，改寧國府推官，尋擢南京吏部文選司主事，轉祠部員外郎，因病在告。庚辰，起爲江西督學僉事，進福建副使，仍董學政。鋭温良樂易，雅志作人，兩爲學使，皆以變化士習爲先，取士必先行誼，多士翕然向風。歷湖廣參政、河南按察使、廣東山東左右布政使，所至咸有惠政。升太僕寺卿，以病乞歸。卒年五十四。贈都察院右副都

御史，謚康僖。銳爲人謙沖不伐、忠信直諒、篤孝於親、婣睦宗黨，不爲皎皎之行，而倫誼克敦。其學無所不窺，與崑山魏校相友善，貽書往復，皆聖學精微、時政機要，不及時俗語。内行淳備，耻於近名，天下以爲真道學云。没之日，笥無數金，田僅百畝。身後之澤，諄諄語其子勿請乞也。人益高之。」（徐象梅《兩浙名賢録》卷三七，《續修四庫全書》第五四三册，第三二五至三二六頁。又參沈朝宣《嘉靖仁和縣志》卷九，《四庫全書存目叢書》史部第一九四册，第一四三至一四四頁）陽明官江西時，有《批提學僉事邵銳乞休呈》，略云：「據江西按察司呈，看得提學僉事邵銳求歸誠切，堅守《考槃》之操；而按察使伍文定挽留懇至，曲盡《緇衣》之情。是亦人各有志，可謂兩盡其美。然求歸者雖亦明哲保身，使皆潔身而去，則君臣之義或幾乎息；挽留者雖以爲國惜賢，使皆靦顔在位，則高尚之風亦日以微。況本院自欲求退而未能，安可沮人之求退。仰該司備行本官，再加酌量於去就之間，務求盡合於天理之至，必欲全身遠害，則挂冠東門，亦遂聽行所志。若猶眷顧宗國，未忍割情獨往，且可見危受命，同舟共艱，稍須弘濟，却遂初心，則臨難之義，既無苟免於搶攘之日；而恬退之節，自可求伸於事定之餘。興言及此，中心愴切！」（王守仁《王陽明全集（新編本）》第二册，第六三四頁）而《陽明先生年譜》「正德十五年庚辰九月」條則云：「是時陳九川、夏良勝、萬潮、歐陽德、魏良弼、李遂、舒芬及裘衍日侍講席，而巡按御史唐龍、督學僉事邵銳，皆守舊學相疑，唐復以徹講擇交相勸。先生答曰：『吾真見得良知人人所同，特學者未得啓悟，故甘隨俗習非。今苟以是心至，吾又爲一身疑謗，拒不與言，於心忍乎？求真才者，譬之淘沙而得金，非不知沙之汰者十去八九，然未能舍沙以求金爲也。』當唐、邵之疑，人多畏避，見同門方巾中衣而來者，俱指爲異物。獨王臣、魏良政、良器、鍾文奎、吴子金等挺然不變，相依而起者日衆。」（王守仁《王陽明全集（新編本）》第四册，第一二八六至一二八七頁）邵鋭，乃陽明在江西時之屬官。

【三二一】

或疑知行不合一，以「知之匪艱」二句爲問[一]。先生曰：「良知自知，原是容易的。只是不能致那良知，便是『知之匪艱，行之惟艱』。」

【箋疏】

[一]「知之匪艱」二句，指「知之匪艱，行之惟艱」。語本《尚書·説命中》：「非知之艱，行之惟艱。」（孔安國傳、孔穎達疏《尚書正義》，第三七三頁）

【集評】

佐藤一齋曰：「文成之意蓋曰：『良知自知，是行之始，致其良知，是知之成，知行固可以爲合一也。』然此説與古人之説，並恐非《説命》本旨。」

【三二二】

門人問曰：「知行如何得合一？且如《中庸》言『博學之』，又説個『篤行之』[一]，分明知行是兩件。」先生曰：「『博學』只是事事學存此天理，篤行只是學之不已之意。」[二]又問：「《易》『學以聚之』，又言『仁以行之』[三]，此是如何？」先生曰：「也是如此。事事去學存此天理，則此心更無放失時，故曰『學以聚之』；然常常學存此天理，更無私欲間斷，此即是此心不息處，故曰『仁以行之』。」又問：「孔子言『知及之，仁不能守之』[四]，知行却是兩個了。」先生曰：「説『及之』，已是行了；但不能常常行，已爲私欲間斷，便是『仁不能守』。」又問：「心即理之説，程子云『在物爲理』[五]，如何謂心即理？」先生曰：「『在物爲理』，『在』字上當添一『心』字，此心在物則爲理。如此心在事父則爲孝、在事君則爲忠之類。」先生因謂之曰：「諸君要識得我立言宗旨。我如今説個心即理是如何，只爲世人分心與理爲二，故便有許多病痛。如五伯攘夷狄、尊周室，都是一個私心，便不當理，人却説他做得當理，只心有未純，往往悦慕其所爲，要來外面做得好看，却與心全不相干。分心與理爲二，其流至于伯道之僞而不自知。故我説個心即理，要使知心理是一個，便來心上做工夫，不去襲義於外㈠，便是王道之真。此我立言宗旨。」又問：「聖賢言語許多，如何却要打做一個？」曰：「我不是要打做一個，如曰『夫道一而已矣』，又曰『其爲物不二，則其生物不測』[六]，天地聖人皆是一個，如何二得？」

【校勘】

㈠不去襲義於外：原作「不去襲義於義」，據胡宗憲本、郭朝賓本、施邦曜本、陳龍正本、俞嶙本、張問達本、三輪執齋本、佐藤一齋本、葉紹鈞本、陳榮捷本、鄧艾民本改。許舜屏本作「不去襲取於義」。◎案：劉宗周《陽明傳信録》、黄宗羲《明儒學案·姚江學案》所録此語録，亦作「不去襲取於義」。（劉宗周《陽明傳信録》，《劉宗周全集》第五册，第八八頁；黄宗羲《明儒學案（修訂本）》上册，第二一六頁）此或爲許氏之所本。

【箋疏】

[一]「博學之」「篤行之」，語出《中庸》：「誠之者，擇善而固執之者也。博學之，審問之，慎思之，明辨之，篤行之。」（朱熹《四書章句集注》，第三六頁）

[二]施邦曜曰：「學字，是一個籠統字樣。問思辯行，皆學也；審切明篤，皆所以成其博也。君子無息非學、無息非行。若以學偏屬知，便是務於口耳見聞以爲博，此正是俗學大病，且要博得完纔去行，何時是知之日？又何日是行之日？其説大不可通。」

[三]「學以聚之」「仁以行之」，語出《周易·文言》：「君子學以聚之，問以辨之，寬以居之，仁以行之。」（朱熹《周易本義》，《朱子全書》第一册，第一四九頁）

〔四〕「知及之，仁不能守之」，語見《論語・衛靈公》：「子曰：『知及之，仁不能守之，雖得之，必失之。知及之，仁能守之，不莊以莅之，則民不敬。知及之，仁能守之，莊以莅之，動之不以禮，未善也。』」（朱熹《四書章句集注》，第一九七頁）

〔五〕「在物爲理」，語出《河南程氏粹言》：「或問：『理義何以異？』子曰：『在物爲理，處物爲義。』」（程顥、程頤《二程集》第四册，第一一七五頁）以及《周易程氏傳》：「艮爲止。止之道，唯其時；行止動静不以時則妄也。不失其時，則理順而合義。在物爲理，處物爲義。動静合理義，不失其時也，乃其道之光明也。君子所貴乎時，仲尼行止久速是也。艮體篤實，有光明之義。」（程顥、程頤《二程集》第三册，第九六八頁）

〔六〕「夫道一而已矣」，語出《孟子・滕文公上》：「世子自楚反，復見孟子。孟子曰：『世子疑吾言乎？夫道一而已矣。』」（朱熹《四書章句集注》，第二九四頁）

「其爲物不二，則其生物不測」，語見《中庸》：「天地之道，可一言而盡也：其爲物不貳，則其生物不測。」（朱熹《四書章句集注》，第四〇頁）

【三二三】

「心不是一塊血肉，凡知覺處便是心，如耳目之知視聽，手足之知痛癢，此知覺便是心也。」〔一〕

【箋疏】

［一］佐藤一齋曰：「此知覺，即知是非之心，其本體謂之良知，與佛所云知覺不同。《稽山承語》有一條，與此章互相發，摘録於左：『所謂心者，非今一團血肉之具也，乃指其至靈至明、能作能知者也，此所謂良知也。』」◎案：《稽山承語》，朱得之編輯。佐藤氏所摘録，乃節録。《稽山承語》文云：「實夫問：『心即理，心外無理，不能無疑。』師曰：『道無形體，萬象皆其形體；道無顯晦，人所見有顯晦。以形體而言，天地一物也；以顯晦而言，人心其機也。所謂心即理也者，以其充塞氤氳而言，謂之氣；以其脉絡分明而言，謂之理；以其流行賦畀而言，謂之命；以其稟受一定而言，謂之性；以其物無不由而言，謂之道；以其妙用不測而言，謂之神；以其凝聚而言，謂之精；以其主宰而言，謂之心；以其無妄而言，謂之誠；以其無所倚著而言，謂之中；以其無物可加而言，謂之極；以其屈伸消息往來而言，謂之易。其實則一而已。今夫茫茫堪輿，蒼然隤然，其氣之最麤者歟！稍精則爲日月、星宿、風雨、山川，又稍精則爲雷電、鬼怪、草木、花卉，又精而爲鳥獸、魚鱉、昆蟲之屬，至精而爲人，至靈至明而爲心。故無萬象則無天地，無吾心則無萬象矣。故萬象者，吾心之所爲也；天地者，萬象之所爲也。天地萬象，吾心之糟粕也。要其極致，乃見天地無心，而人爲之心。心失其正，則吾亦萬象而已；心得其正，乃謂之人。此所以爲天地立心，爲生民立命，惟在於吾心。此可見心外無理，心外無物。所謂心者，非今一團血肉之具也，乃指其至靈至明、能作能知者也，此所謂良知也。然而無聲無臭、無方無體，此所謂道心惟微也。以此驗之，則天地日用四時鬼神莫非一體之實理，不待有所彼此比擬者。古人之言合德合明、如

天如神，至善至誠者，皆自下學而言，猶有二也。若其本體，惟吾而已，更何處有天地萬象？此大人之學所以與天地萬物一體也。一物有外，便是吾心未盡處，不足謂之學。』此乙酉十月與宗範、正之、惟中聞於侍坐時者，丁亥七月追念而記之，已屬渺茫，不若當時之釋然不見師友之形骸、堂宇之限隔也。」（朱得之述《稽山承語》，《中國文哲研究通訊》一九九八年第八卷第三期，第五七至五八頁）此語録，《明儒學案》《王陽明全集（新編本）》亦有收録。（黄宗羲《明儒學案（修訂本）》上册，第五八五至五八六頁；王守仁《王陽明全集（新編本）》第五册，第一六〇八至一六〇九頁）案：《明儒學案》所録，「實夫」作「董實夫」，且文字有所節略。

【三一四】

以方問曰：「先生之説格物，凡《中庸》之『慎獨』及集義、博約等説，皆爲格物之事？」先生曰：「非也。格物即慎獨，即戒懼。至於集義、博約，工夫只一般，不是以那數件都做格物底事。」

【集評】

唐九經曰：「如此則陽明之學又近於晦庵矣。」（王應昌《王陽明先生傳習録論》卷中之二，第五二頁）

鄧艾民曰：「王守仁此處似以『慎獨』『戒懼』偏重於存心，故爲『格物』之解；『集義』『博約』偏重於窮理，故以之爲一般工夫。」

【三二五】

以方問「尊德性」一條[一]。先生曰：「『道問學』即所以『尊德性』也。晦翁言『子静以尊德性誨人，某教人豈不是道問學處多了些子』[二]，是分『尊德性』『道問學』作兩件。且如今講習討論，下許多工夫，無非只是存此心，不失其德性而已，豈有『尊德性』只空空去尊，更不去問學？問學只是空空去問學，更與德性無關涉？如此，則不知今之所以講習討論者，更學何事？」問「致廣大」二句[三]。曰：「『盡精微』即所以『致廣大』也，『道中庸』即所以『極高明』也。蓋心之本體自是廣大底，人不能『盡精微』，則便爲私欲所蔽，有不勝其小者矣。故能細微曲折無所不盡，則私意不足以蔽之，自無許多障礙遮隔處，如何廣大不致？」又問：「精微還是念慮之精微，是事理之精微？」曰：「念慮之精微，即事理之精微也。」

【箋疏】

［一］「尊德性」一條，指《中庸》：「故君子尊德性而道問學，致廣大而盡精微，極高明而道中庸，温故而知新，

敦厚以崇禮。」（朱熹《四書章句集注》，第四一頁）

［二］此所引述晦翁（朱熹）之言，見《象山語録》：「朱元晦曾作書與學者云：『陸子静專以尊德性誨人，故游其門者多踐履之士，然於道問學處欠了。某教人豈不是道問學處多了些子？故游某之門者踐履多不及之。』觀此，則是元晦欲去兩短、合兩長。然吾以爲不可，既不知尊德性，焉有所謂道問學？」（陸九淵《陸九淵集》，第四〇〇頁）◎案：三輪執齋、陳榮捷、鄧艾民均以爲，陽明此所引述朱子之言，語出朱熹《答項平父》書。非是。《答項平父》書云：「所喻曲折及陸國正語，三復爽然，所警於昏惰者爲厚矣。大抵子思以來，教人之法惟以尊德性、道問學兩事爲用力之要。今子静所説專是尊德性事，而某平日所論却是「道」問學上多了。所以爲彼學者，多持守可觀，而看得義理全不子細，又別説一種杜撰道理遮蓋，不肯放下；而某自覺雖於義理上不敢亂説，却於緊要爲己爲人上多不得力，今當反身用力，去短集長，庶幾不墮一邊耳。」（朱熹《晦庵先生朱文公文集》，《朱子全書》第二三册，第二五四一頁）朱熹《答項平父》書，應爲象山語録之所本。

［三］「致廣大」二句，即《中庸》「致廣大而盡精微，極高明而道中庸」二句。（朱熹《四書章句集注》，第四一頁）

【集評】

但衡今曰：「陽明本節旨意，蓋欲合德性學問爲一體，以矯當時門户之弊。然立論之間，猶不免微有輕重出入之意。結習難除，賢者不免。此門户之見，終明之時而未泯也。『念慮之精微，即事理之精微』，二語

精到，亦致知即格物之義也。」（但衡今《王陽明傳習録札記》下卷，第一〇二頁）

【三二六】

先生曰：「今之論性者紛紛異同，皆是説性，非見性也。見性者無異同之可言矣。」[一]

【箋疏】

[一]「見性」，原爲佛教用語，指徹見自心之佛性。陽明此所謂「見性」，乃指徹見自家生命之本性。

【集評】

佐藤一齋曰：「性是我之所有，既見矣，復何説？固又不可説。」

但衡今曰：「陽明謂『説性者非見性也』，其論是矣，亦猶善《易》者不言《易》也。又當爲先生作一轉語，於性云異、云同者，正所以求見性也。」（但衡今《王陽明傳習録札記》下卷，第一〇五頁）

【三二七】

問：「聲色、貨利，恐良知亦不能無。」先生曰：「固然。但初學用功，却須掃除蕩滌，勿使留積，則適然來遇，始不爲累，自然順而應之。良知只在聲色、貨利上用工，能致得良知精精明明，毫髮無蔽，則聲色、貨利之交，無非天則流行矣。」

【集評】

佐藤一齋曰：「苟能致良知矣，則好惡得其正而是非不失其當也。故遇聲色、貨利，有順應，無誘累。愚嘗曰：古人言外物爲累。外物亦天地間物，豈能爲累乎？蓋我自累也。此條問答，意亦與此相契。」

【三一八】

先生曰：「吾與諸公講致知、格物，日日是此，講一二十年俱是如此。諸君聽吾言，實去用功，見吾講一番，自覺長進一番；否則，只作一場話説，雖聽之亦何用？」

【三一九】

先生曰：「人之本體，常常是寂然不動的，常常是感而遂通的。『未應不是先，已應不是後』。」[二]

【箋疏】

［一］「寂然不動」「感而遂通」，語本《周易・繫辭上傳》：「《易》無思也，無爲也，寂然不動，感而遂通天下之故。非天下之至神，其孰能與於此。」（朱熹《周易本義》，《朱子全書》第一册，第一三二頁）

「未應不是先，已應不是後」，語見《河南程氏遺書》：「沖漠無朕，萬象森然已具，未應不是先，已應不是後。如百尺之木，自根本至枝葉，皆是一貫。不可道上面一段事，無形無兆，却待人旋安排引入來，教入塗轍。既是塗轍，却只是一個塗轍。」（程顥、程頤《二程集》第一册，第一五三頁）

【三三〇】

一友舉：「佛家以手指顯出，問曰：『衆曾見否？』衆曰：『見之。』復以手指入袖，問曰：『衆還見否？』衆曰：『不見。』佛説還未見性。此義未明。」［一］先生曰：「手指有見、有不見，爾之見性常在。人之心神只在有覩有聞上馳騖，不在不覩不聞上着實用功。蓋不覩不聞是良知本體，戒慎恐懼是致良知的工夫。學者時時刻刻常覩其所不覩，常聞其所不聞，工夫方有個實落處。久久成熟後，則不須着力，不待防檢，而真性自不息矣，豈以在外者之聞見爲累哉？」［二］

【箋疏】

［一］「佛家以手指顯出」云云，典出何書，俟考。◎案：慧海《大珠禪師語録》記載：「問：『對一切色像時，即名爲見；不對色像時，亦名見否？』答：『見。』問：『對物時，從有見；不對物時，云何有見？』答：『今言見者，不論對物與不對物，何以故？爲見性常故。有物之時即見，無物之時亦見也。故知物自有去來，見性無來去也。諸根亦爾。』問：『正見物時，見中有物不？』答：『見中不立物。』問：『正見無物時，見中有無物否？』答：『見中不立無物。』」（慧海《大珠禪師語録》，《中國佛教思想資料選編》第二卷第四册，第一七七頁）其中，「今言見者，不論對物與不對物，何以故？爲見性常故。有物之時即見，無物之時亦見也。故知物自有去來，見性無來去也」云云，與陽明「手指有見、有不見，爾之見性常在」之説法相同，疑「佛家以手指顯出」云云，典出於此。未知是否。又：慧海所謂「爲見性常故」、陽明所謂「爾之見性常在」之「見性」，指能見之特性、能見之資質、能見之能力。

［二］季本《説理會編》云：「予嘗載酒從陽明先師遊於鑑湖之濱，時黄石龍亦與焉。因論戒慎不睹、恐懼不聞之義，先師舉手中筯示予曰：『見否？』則對曰：『見。』既而隱筯桌下，又問曰：『見否？』則對曰：『不見。』先師微哂。予私問之石龍，石龍曰：『此謂常睹常聞也。』初亦不解，後思而得之。蓋不睹中有常睹，故能戒慎不睹；不聞中有常聞，故能恐懼不聞，此天命之於穆不已也。故當應而應，不因聲色而後起念；不當應而不應，雖遇聲色而能忘情，此心體之所以爲得正而不爲聞見所牽也。石龍名綰，後號久庵。」（季本《説理會編》，第六九頁。又參黄宗羲《明儒學案（修訂本）》上册，第二七七頁）

薛侃《雲門録》記載薛侃與其弟子倪潤對話云：「先生曰：『某昔初見陽明先生，先生舉扇以示曰：「見扇否？」某曰：「見。」既懷扇，復問曰：「還見否？」某未應，陽明先生亦遂不説。』因指燭示潤曰：『見燭否？』潤曰：『見。』以扇滅燭，曰：『還見否？』潤曰：『似無所見。』先生曰：『且只講至此。』潤問：『燭已滅，心常有此燭否？』先生曰：『此是青天白日時有雷，乃是怪也。』潤請其説，先生徐曰：『「未應不是先，已應不是後」，這個是甚麽？』」（薛侃《薛侃集》，第一二頁）

超永《五燈全書》第六〇卷記載，湖州天池月泉玉芝法聚禪師，「嘉禾富氏子，兒時每藉地趺坐，折草念佛。母曰：『此兒他日必爲佛弟子。』稍長，淹通經史。年十四，從資聖堅受業，芟染受具，矢志參學，夙夜匪懈。一日閲《壇經》有省，往謁吉庵祚，不契。復見法舟濟，多所啓發。偶會王文成於多士中，王拈袖中鎖匙，問師：『見麽？』師曰：『見。』王復入袖中曰：『見麽？』師曰：『見。』王曰：『未在。』師疑不決。一日，聞僧舉『僧問大顛：「如何是見性？」顛曰：「見即是性」』，不覺釋然一笑，述偈曰：『湖光倚杖三千頃，山色開門五六峰。觸目本來成現事，蒲團今不鍊頑空。』」（《卍續藏經》第一四一册，第二八〇頁）相關記載，又見聶先《續指月録》第一四卷，《卍續藏經》第一四三册，第九六七至九六八頁；通問《續燈存稿》第一〇卷，《卍續藏經》第一四五册，第二二六頁。文字略有差異。◎案：此則記載，日人東正純《傳習録參考》亦曾加引述。（《澤瀉先生全集》上册，第六八四頁）陳榮捷曰：「東正純未舉出處，或是日本傳説。」此乃陳氏失考也。又：《説理會編》《雲門録》《五燈全書》所言，可與此條互發。

【集評】

顧應祥曰：「以愚觀之，心體本自虚明，故有形必見，有聲必聞。感物而動，此心也；未感物之時，亦此心也。雖不覩不聞之時，見聞之理常在，但爲物欲所蔽，則所見所聞或有過中失正之弊。故君子之學必時時戒慎恐懼以提醒此心，使見聞之體常明而不昧也。若夫手指在外則見，在袖中則不見，此是常理。佛氏以不立文字爲教，故作此詭異之狀，使其弟子自悟；吾聖人之教明白正大，何必引此以爲證乎？今之講學者，以佛氏養心之説偶與吾儒相同，故借其言以明道，獨不思彼乃夷狄之人，無父無君之教。天之賦性不以華夷而異，故中國之人知養心，彼夷狄亦知養心。但中國之所謂養心者，將以修身以明倫也，故孟子曰『人人親其親、長其長而天下平』；彼之所謂養心者，棄其君臣父子而入山修道，以成就其私而已。元英宗時，有言佛法可治天下者，英宗以問拜住，對曰：『清静寂滅，自治可也；若治天下，捨仁義則綱常亂矣。』拜住，胡人也，尚知佛法不可治天下，吾儒乃陰崇其教，何耶？」（顧應祥《静虚齋惜陰録》，《四庫全書存目叢書》子部第八四册，第八五至八六頁）

但衡今曰：「宗門舉麈豎指，接引學人，其旨意隨人、隨時、隨事而異，惟當機者默而識之，從不落言語文字，實亦無言語文字可説，後人安得以言語文字强作解釋？故凡以此請釋解答者及依樣葫蘆者，皆門外漢。陽明見性云云，見《首楞嚴經》。至教以『常覩其所不覩，常聞其所不聞』，此乃儒釋兩家真實血脉，亦誠正修齊入德之門。孟氏而後，不聞是謦欬者千數百年。漢唐董、韓二子，依稀數語，猶是文字知見，未可許爲聞道。此宋儒周、張、二程有繼往聖絶學之功。陽明繼起，亦足挽考亭門下末學之弊。後世又多以禪意病之，吾儒身心之學遂成絶響。」（但衡今《王陽明傳習録札記》下卷，第一〇六至一〇七頁）◎案：《楞嚴經》第一卷云：「即時如來，於大衆中，屈五輪指，屈已復開，開已又屈，謂阿難言：『汝今何見？』阿難言：『我見如來，百寶輪掌，衆中開合。』佛告阿難：『汝見我手，衆中開合，爲是我手，有開有合？爲復汝見，有開有合？』阿難言：『世尊寶手，衆中開合，我見如來，手自開合，非我見性，有開有合。』佛言：『誰動誰静？』阿難言：『佛手不住，而我見性，尚無有静，誰爲無住？』佛言如是。」（般剌蜜帝譯《楞嚴經》，《佛藏要籍選刊》第五册，第一二三一頁）但氏所謂「陽明見性云云，見《首楞嚴經》」，疑即此段文字，不知是否。然此段文字，與陽明師徒問答語，並不完全吻合。

【三三一】

問：「先儒謂『鳶飛魚躍與必有事焉，同一活潑潑地』。」[一] 先生曰：「亦是。天地間活潑潑地，無非此理，便是吾良知的流行不息；致良知便是『必有事』的工夫。此理非惟不可離，實亦不得而離也。無往而非道，無往而非工夫。」

【箋疏】

［一］所問，語本《河南程氏遺書》：「『鳶飛戾天，魚躍於淵，言其上下察也』，此一段子思吃緊爲人處，與『必

有事焉而勿正心』之意同活潑潑地。會得時，活潑潑地；不會得時，只是弄精神。」（程顥、程頤《二程集》第一册，第五九頁）

【三三二】

先生曰：「諸公在此，務要立個必爲聖人之心［一］。時時刻刻，須是一棒一條痕，一摑一掌血［二］，方能聽吾説話句句得力。若茫茫蕩蕩度日，譬如一塊死肉，打也不知得痛癢，恐終不濟事，回家只尋得舊時伎倆而已，豈不惜哉？」

【箋疏】

［一］佐藤一齋曰：「『心』字，疑『志』字訛。」

［二］「一棒一條痕，一摑一掌血」，佐藤一齋曰：「是宋時俗語，謂切已著功之意。［朝］鮮人李滉曰：『棒，杖打；摑，手打。杖打則隨杖有一條痕，手打則隨手有一掌血漬，謂其痛著如此。』」◎案：「一棒一條痕，一摑一掌血」，典出宗杲《牧庵忠和尚》：「内心寂静，外緣屏絶。悟處諦當，用處親切。一棒一條痕，一摑一掌血。忠道者家風，須是妙喜説。火裏烏龜飛上天，六月紛紛飄瑞雪。」（宗杲《大慧禪師禪

宗雜毒海》，《卍續藏經》第一二一册，第一〇〇頁）咸傑禪師《送璘首座住定水》：「一棒一條痕，一摑一掌血。不是向上機關，亦非單傳妙訣。佛祖見之攢眉，魔外聞之膽折。建立此綱宗，當陽貴直截。璘侍吾十年，氣宇迥超絶。信手斫方圓，初不泥唇舌。青天霹靂轟，風雲會時節。行看定水起波濤，始信來源出處高。」（咸傑《密庵咸傑禪師語録》，《卍續藏經》第一二一册，第四六〇頁）以及《朱子語類》：「問『發憤忘食，樂以忘憂』。曰：『聖人全體極至，没那不間不界底事，發憤便忘食，樂便忘憂，直恁地極至。大概聖人做事，如所謂「一棒一條痕，一摑一掌血」，直是恁地！』」（黎靖德編《朱子語類》第三册，第八八八頁）

【三三三】

問：「近來妄念也覺少，亦覺不曾着想定要如何用功，不知此是工夫否？」先生曰：「汝且去着實用工，便多這些着想也不妨，久久自會妥帖；若纔下得些功，便説效驗，何足爲恃！」

【三三四】

一友自嘆：「私意萌時，分明自心知得，只是不能使他即去。」先生曰：「你萌時，這一知處，便是你的命根，當下即去消磨，便是立命功夫。」

【三三五】

「夫子説『性相近』，即孟子説『性善』[一]，不可專在氣質上説。若説氣質，如剛與柔對，如何相近得？惟性善則同耳。人生初時，善原是同的，但剛的習於善則爲剛善，習於惡則爲剛惡；柔的習於善則爲柔善，習於惡則爲柔惡[二]，便日相遠了。」

【箋疏】

［一］「夫子説『性相近』」，語見《論語・陽貨》：「子曰：『性相近也，習相遠也。』」（朱熹《四書章句集注》，第二〇七頁）

「孟子説『性善』」，語本《孟子・滕文公上》：「滕文公爲世子，將之楚，過宋而見孟子。孟子道性善，言必稱堯舜。」《孟子・告子上》：「告子曰：『性猶湍水也，決諸東方則東流，決諸西方則西流。人性之無分於善不善也，猶水之無分於東西也。』孟子曰：『水信無分於東西，無分於上下乎？人性之善也，猶水之就下也。人無有不善，水無有不下。今夫水，搏而躍之，可使過顙；激而行之，可使在山。

是豈水之性哉？其勢則然也。人之可使爲不善，其性亦猶是也。』」（朱熹《四書章句集注》，第二九四、三八三至三八四頁）

〔二〕「剛善」「剛惡」「柔善」「柔惡」云云，語出周敦頤《通書·師第七》：「或問曰：『曷爲天下善？』曰：『師。』曰：『何謂也？』曰：『性者，剛柔、善惡、中而已矣。』不達。曰：『剛善，爲義、爲直、爲斷、爲嚴毅、爲幹固；惡，爲猛、爲隘、爲强梁。柔善，爲慈、爲順、爲巽；惡，爲懦弱、爲無斷、爲邪佞。惟中也者，和也，中節也，天下之達道也，聖人之事也。故聖人立教，俾人自易其惡，自至其中而止矣。故先覺覺後覺，闇者求於明，而師道立矣。師道立則善人多，善人多則朝廷正而天下治矣。』」（周敦頤《周敦頤集》，第二〇至二一頁）

【三三六】

先生嘗語學者曰：「心體上着不得一念留滞，就如眼着不得些子塵沙。些子能得幾多？滿眼便昏天黑地了。」又曰：「這一念不但是私念，便好的念頭亦着不得些子，如眼中放些金玉屑，眼亦開不得了。」〔一〕

【箋疏】

［一］「眼中放些金玉屑，眼亦開不得了」，典出普濟《五燈會元》：「師與王常侍到僧堂，王問：『這一堂僧還看經麼？』師曰：『不看經。』曰：『還習禪麼？』師曰：『不習禪。』曰：『既不看經又不習禪，畢竟作個甚麼？』師曰：『揔教伊成佛作祖去！』曰：『金屑雖貴，落眼成翳。』師曰：『我將謂你是個俗漢。』」（普濟《五燈會元》中册，第六四九頁。又參賾藏主《古尊宿語録》上册，第七四頁）

佐藤一齋曰，此條之後，王［貽樂］本有二條，諸本並佚，獨張［問達］本、鹿洞本載在卷末。其一云：「先生曰：『舜不遇瞽瞍，則處瞽瞍之物無由格；不遇象，則處象之物無由格。周公不遇流言憂懼，則流言憂懼之物無由格。故凡動心忍性，增益其所不能者，正吾聖門致知格物之學，正不宜輕易放過，失此好光陰也。知此則夷狄患難，將無入不自得矣。』（原注：張、鹿洞「正不」之「正」字無。）」其二云：「問：『據人心所知，多有誤欲作理、認賊作子處。何處乃見良知？』先生曰：『爾以爲何如？』曰：『心所安處，纔是良知。』曰：『固是。但要省察，恐有非所安而安者。』（原注：張本章首有「直」字，鹿洞本「直」作「以方」。）」

【三三七】

問：「人心與物同體，如吾身原是血氣流通的，所以謂之同體；若於人便異體了，禽獸、草木益遠矣，而何謂之同體？」先生曰：「你只在感應之幾上看，豈但禽獸、草木，雖天地也與我同體的，鬼神也與我同體的。」請問。先生曰：「你看這個天地中間，甚麽是天地的心？」對曰：「嘗聞人是天地的心。」[一]曰：「人又甚麽教做心？」對曰：「只是一個靈明。」「可知充天塞地中間，只有這個靈明。人只爲形體自間隔了。我的靈明，便是天地、鬼神的主宰。天没有我的靈明，誰去仰他高？地没有我的靈明，誰去俯他深？鬼神没有我的靈明，誰去辯他吉凶、災祥？天地、鬼神、萬物離却我的靈明，便没有天地、鬼神、萬物了；我的靈明離却天地、鬼神、萬物，亦没有我的靈明。如此，便是一氣流通的，如何與他間隔得？」又問：「天地、鬼神、萬物，千古見在，何没了我的靈明，便俱無了？」曰：「今看死的人，他這些精靈游散了，他的天地萬物尚在何處？」

【箋疏】

［一］「人是天地的心」，語本《禮記·禮運》：「故人者，天地之心也，五行之端也，食味、别聲、被色而生者也。」（朱彬《禮記訓纂》上册，第三四八頁）

【集評】

顧應祥曰：「愚竊有疑焉：夫天生萬物，物固物也，人亦物中之一物也。物之蠢然無知覺運動者，草木也；有知覺運動而得其氣之偏駁者，禽獸也；有知覺運動而得其氣之純粹者，人也。人之生也，於是指其覆於上者曰天，指其載於下者曰地，指其飛者走者名之曰禽獸，指其種者植者名之曰草木，而自名曰人。天地萬物皆因人而名之也。天地之氣有常有變，風雲、雨露、寒暑，變異不可得而測者，自然之勢也，人遂以爲鬼神，而吉凶災祥以此占之。天地未嘗有鬼神也。禽獸草木與人俱生，非爲人而生也。禽獸有食草木者矣，有食禽獸者，有穴居者、有巢居者、有潛居者，人則并禽獸草木而食之，又能伐木石以爲居室舟楫，驅禽獸以爲役使，灌溉禾黍、移接花木，雖天地之終始、日月星辰之運行，皆能推步而知之。蓋其靈明之性足以範圍天地而反有以輔助天地所不及者，故《記》曰『人者，天地之心也』。天地未嘗以人爲心也，人自以爲天地之心也。人之所以異萬物者，以其有是靈明之性也。謂我之靈明通乎天地之靈明則可，若謂『天無我的靈明，誰去仰他高？地無我的靈明，誰去俯他深？』吾恐天地之高深，不係乎人之仰俯也。人生而有知，則知有天地、知有萬物，死則靈氣散而不知矣；若夫天地之生生化化，則未盡也。豈可謂無我的靈明則天地萬物俱無乎？」（顧應祥《静虚齋惜陰録》，《四庫全書存目叢書》子部第八四册，第八七頁）

劉宗周曰：「此一則頗近宗門，但死時帶不去也，故佛氏亦不肯收。」（劉宗周《陽明傳信録》，《劉宗周全集》第五册，第八九頁）

佐藤一齋曰：「學者多拘形體，以人與天地萬物爲異觀，其實一氣貫通，何異之有？故人死即天地萬物死也。然天地萬物見在，則我亦有未死者。此意須得之於言外。」

北大藏謝廷傑本眉批云：「此段須善看，不可看成天地、萬物、鬼神無靈明，惟我有靈明。」

【三三八】

先生起行征思、田，德洪與汝中追送嚴灘[一]。汝中舉佛家實相、幻相之説[二]。先生曰：「有心俱是實，無心俱是幻；無心俱是實，有心俱是幻。」汝中曰：「有心俱是實，無心俱是幻，是本體上説功夫；無心俱是實，有心俱是幻，是功夫上説本體。」先生然其言。洪於是時尚未了達，數年用功，始信本體功夫合一。但先生是時因問偶談，若吾儒指點人處，不必借此立言耳。

【箋疏】

[一] 嚴灘，又名嚴陵瀨，在浙江桐廬縣南。相傳後漢嚴光（子陵）隱於富春山，後人將其釣、耕之處，名爲嚴陵瀨、嚴灘。（參《辭源（修訂本）》上册，第五五七頁）

[二] 三輪執齋曰：「『事事皆空』，《涅槃經》所説幻相也；『諸法實相』，《法華》所説也。」鄧艾民曰：「『諸法實相』，《法華》所説也；『一切有爲法，如夢幻泡影』，《金剛經》所説。」◎案：佛家「實相」，語出《金剛經》：「爾時，須菩提聞説是經，深解義趣，涕淚悲泣，而白佛言：『希有，世尊！佛説如是甚深經典，我從昔來所得慧眼，未曾得聞如是之經。世尊！若復有人得聞是經，信心清凈，則生實相，當知是人成就第一希有功德。世尊！是實相者，即是非相，是故如來説名實相。』」（鳩摩羅什譯《金剛般若波羅蜜

經》，《佛藏要籍選刊》第五册，第二六五頁）以及《妙法蓮華經》：「佛説是法華，令衆歡喜已，尋即於是日，告於天人衆，諸法實相義，已爲汝等説，我今於中夜，當入於涅槃」；「佛所成就第一希有難解之法，唯佛與佛乃能究盡諸法實相」。（鳩摩羅什譯《妙法蓮華經》，《佛藏要籍選刊》第五册，第七一七頁）「幻相」，語出《大般涅槃經》：「純陀，汝不應思惟諸佛長壽短壽，一切諸法，皆如幻相。」（曇無讖譯《大般涅槃經》，《佛藏要籍選刊》第五册，第八四三頁）

【集評】

顧憲成《商語》云：「王龍谿問佛氏實相幻相之説於陽明，陽明曰：『有心俱是實，無心俱是幻，無心俱是實，有心俱是幻。』龍溪曰：『有心俱是實，無心俱是幻，是本體上説工夫；無心俱是實，有心俱是幻，是工夫上説本體。』又陽明曰：『不睹不聞是本體，戒慎恐懼是工夫。』又曰：『戒慎恐懼是本體，不睹不聞是工夫。』予曰：『凡説本體，容易落在無一邊。陽明所云「無心俱是幻」，景逸所云「不做工夫的本體」也。今曰「戒慎恐懼是本體」，即不睹不聞原非是無，所云「有心俱是實」，此矣！凡説工夫，容易落在有一邊。陽明所云「有心俱是幻」，景逸所云「不識本體的工夫」也。今曰「不睹不聞即工夫」，即戒慎恐懼原非是有，所云「無心俱是實」，此矣！』」（黄宗羲《明儒學案（修訂本）》下册，第一三九二頁）

佐藤一齋曰：「前『有心無心』，指本心；後『有心無心』，指私心。言有本心則無私心，有心無心皆實；有私心則無本心，有心無心皆幻也。汝中謂：就本心言，是説工夫於本體也；就私心言，是説本體於工夫也。」又曰：「此條已下，皆德洪所録，故自署名。」

東正純曰：「有心俱是實，猶云有心無心俱是實；無心俱是幻，猶云無心有心俱是幻。有無不立，幻實雙斷，提出不秘，無復餘藴矣。汝中去其中將有心無心更發工夫本體之機，可謂愈出愈妙。而余亦謂，幻非幻，實非實，實亦幻，幻亦實也。當日龍溪旁語曰：『心非有非無，纔着有無幻實，便落斷常。辟之弄丸，不着一處，不離一處。』王子亟可之。有味矣哉，其言之也！」（東正純《傳習録參考》，《澤瀉先生全集》上册，第六八六頁）

鄧艾民曰：「『有心俱是實，無心俱是幻』，即心即佛也；『無心俱是實，有心俱是幻』，非心非佛也。」

【三三九】

嘗見先生送二三耆宿出門，退坐于中軒，若有憂色。德洪趨進請問。先生曰：「頃與諸老論及此學，真員鑿方枘㊀[一]。此道坦如大路㊁，世儒往往自加荒塞，終身陷荆棘之場而不悔，吾不知其何説也？」德洪退謂朋友曰：「先生誨人，不擇衰朽，仁人憫物之心也。」

【校勘】

㊀ **真員鑿方枘**：「枘」，原作「柄」，據胡宗憲本、四庫全書本、三輪執齋本、佐藤一齋本、許舜屏本、葉紹鈞本、陳榮捷本、鄧艾民本改。

㈡ **此道坦如大路**：「大路」，原作「道路」，據胡宗憲本、郭朝賓本改。

【箋疏】

［一］「員鑿方枘」，與「圜鑿方枘」同，典出宋玉《九辯》：「圜鑿而方枘兮，吾固知其鉏鋙而難入。」（洪興祖《楚辭補注》，第一八九頁）

【三四〇】

先生曰：「人生大病，只是一傲字。爲子而傲必不孝，爲臣而傲必不忠，爲父而傲必不慈，爲友而傲必不信。故象與丹朱俱不肖，亦只一傲字，便結果了此生［一］。諸君常要體此。人心本是天然之理，精精明明，無纖介染着，只是一無我而已，胸中切不可有，有即傲也。古先聖人許多好處，也只是無我而已，無我自能謙。謙者衆善之基，傲者衆惡之魁。」

【箋疏】

［一］象，舜之弟；丹朱，堯之子。象傲，語本《尚書·堯典》：「帝曰：『咨，四岳！朕在位七十載，汝能庸命，巽朕位。』岳曰：『否！德忝帝位。』曰：『明明揚側陋。』師錫帝曰：『有鰥在下，曰虞舜。』帝曰：『俞，

予聞。如何？』岳曰：『瞽子。父頑，母嚚，象傲。克諧以孝，烝烝乂，不格姦。』」（孔安國傳、孔穎達疏《尚書正義》，第五八頁）丹朱傲，語本《尚書・益稷》：「無若丹朱傲，惟慢遊是好。傲虐是作，罔晝夜頟頟。罔水行舟，朋淫于家，用殄厥世。」（孔安國傳、孔穎達疏《尚書正義》，第一七四頁）

【集評】

陳龍正曰：「德爲聖人，非謙即不成聖，此是絶頂去處，故曰君子之終。佛家自尊自大，便是不識此義。」

但衡今曰：「《周易》六十四卦，惟謙卦六爻皆吉。謙者，下之也。下之，則自視常不足，見賢則思齊。故下人者恒上人。孫夏峰有言：『無一人不在其上，則無一人不出其下矣；無一人不出其下，則無一人不出其上矣。』又曰：『十年不能出一矜字，此病不小。矜猶傲也。齊桓公九合諸侯，一匡天下，而葵丘之會，微示矜伐，叛者九國。』世之從政者，可深思矣。」（但衡今《王陽明傳習録札記》下卷，第一一二至一一三頁）

【三四一】

又曰：「此道至簡至易的，亦至精至微的。孔子曰：『其如示諸掌乎！』[一]且人於掌，何日不見，及至問他掌中多少文理㊀，却便不知。即如我『良知』二字，一講便明，誰不知得？若欲的見良知，却誰能見得？」問曰：「此知恐是無方體的，最難捉摸。」先生曰：「良知即是《易》『其爲道也屢遷，變動不居，周流六虛，上下無常，剛柔相易，不可爲典要，惟變所適』[二]。此知如何捉摸得？見得透時，便是聖人。」㊁

【校勘】

㊀及至問他掌中多少文理：「多少」，原作「多了」，據胡宗憲本、郭朝賓本、四庫全書本、三輪執齋本、佐藤一齋本、許舜屏本、葉紹鈞本、陳榮捷本、鄧艾民本改。

㊁此條及下條，水西精舍本、閭東本載於黄省曾所録「先生語陸元静」條之後。

【箋疏】

[一]「其如示諸掌乎」，語本《論語·八佾》：「或問禘之説。子曰：『不知也。知其説者之於天下也，其如示諸斯乎！』指其掌。」（朱熹《四書章句集注》，第七五頁）《中庸》：「郊社之禮，所以事上帝也；宗廟之禮，所以祀乎其先也。明乎郊社之禮、禘嘗之義，治國其如示諸掌乎。」（朱熹《四書章句集注》，第三二頁）

[二]「其爲道也屢遷」云云，語見《周易·繫辭下傳》。（朱熹《周易本義》，《朱子全書》第一册，第一四三頁）

【集評】

吉村秋陽曰：「良知原人人完具，非難認。然纔認得而不能信得，則亦復茫然失依據矣。要之，惟立志果確者久而自得之。」（吉村晉《王學提綱》，岡田武彦、荒木見悟主編《和刻影印近世漢籍叢刊·思想三編》第一二册，第一七三頁）

【三四二】

問：「孔子曰『回也非助我者也』[一]，是聖人果以相助望門弟子否？」先生曰：「亦是實話。此道本無窮盡，問難愈多，則精微愈顯。聖人之言本自周遍，但有問難的人胸中窒礙，聖人被他一難，發揮得愈加精神。若顏子聞一知十[二]，胸中了然，如何得問難？故聖人亦寂然不動，無所發揮，故曰非助。」㊀

【校勘】

㊀此條，水西精舍本、閭東本作：「問：『孔子曰「回也非助我者也」，是聖人果以相助望門弟子否？』先生曰：『亦是實話。此道本無窮盡，問難愈多，則精微愈顯。聖人的言，他出本自周遍，但有問難的人，胸中自家窒礙的，聖人被他一難，發揮得愈加精神。若顏子聞一知十，胸中了然，如何得問難及？故聖人亦寂然不動，無所發揮，故曰非助。』」兩相比較，文字頗有差異。

【箋疏】

［一］「回也非助我者也」，語見《論語・先進》：「子曰：『回也非助我者也，於吾言無所不説。』」（朱熹《四書章句集注》，第一四六頁）

［二］「顏子聞一知十」，語本《論語・公冶長》：「子謂子貢曰：『女與回也孰愈？』對曰：『賜也何敢望回。回也聞一以知十，賜也聞一以知二。』子曰：『弗如也！吾與女弗如也。』」（朱熹《四書章句集注》，第九〇頁）

【集評】

東正純引《知新日録》云：「申甫曰：道理無人辯難，祇曉解在中，無由發明。一番辯難，一番觸動，無窮新意，愈抽愈出，義理得以大明於天下。此門人之助夫子也。」（東正純《傳習録參考》，《澤瀉先生全集》上冊，第六八六頁）

【三四三】

鄒謙之嘗語德洪曰：「舒國裳曾持一張紙，請先生寫『拱把之桐梓』一章[一]。先生懸筆爲書，到『至於身而不知所以養之者』，顧而笑曰：『國裳讀書中過狀元來[二]，豈誠不知身之所以當養？還須誦此以求警？』一時在侍諸友皆惕然。」[三]

【箋疏】

［一］「拱把之桐梓」章，即《孟子・告子上》：「孟子曰：『拱把之桐、梓，人苟欲生之，皆知所以養之者。至

於身，而不知所以養之者，豈愛身不若桐梓哉？弗思甚也！』」朱熹注云：「拱，兩手所圍也。把，一手所握也。」（朱熹《四書章句集注》，第三九四頁）

［二］「國裳讀書中過狀元來」，舒芬（字國裳）爲正德十二年丁丑科狀元。

［三］此條之後，胡宗憲本尚有陽明語録十餘條，去其重複，有六條爲今本《傳習録》所不載，兹抄録如下：

先生自南都以來，凡示學者，皆令存天理去人欲以爲本。有問所謂，則令自求之，未嘗指天理爲何如也。黄岡郭善甫挈其徒良吉，走越受學，途中相與辨論未合。既至，質之先生。先生方寓樓饘，不答所問，第目攝良吉者再，指所饘盂，語曰：「此盂中下，乃能盛此饘；此案下，乃能載此盂；此樓下，乃能載此案；地又下，乃能載此樓。惟下，乃大也。」

一日，市中鬨而詬，甲曰：「爾無天理。」乙曰：「爾無天理。」甲曰：「爾欺心。」乙曰：「爾欺心。」先生聞之，呼弟子曰：「聽之，夫夫哼哼講學也。」弟子曰：「詬也，焉學？」曰：「汝不聞乎？曰天理、曰心，非講學而何？」曰：「既學矣，焉詬？」曰：「夫夫也，惟知責諸人，不知反諸己故也。」

先生嘗曰：「吾良知二字，自龍場以後，便已不出此意，只是點此二字不出。與學者言，費却多少辭説。今幸見出此，一語之下，洞見全體，真是痛快，不覺手舞足蹈，學者聞之，亦省却多少尋討工夫。學問頭腦，至此已是説得十分下落，但恐學者不肯直下承當耳。」又曰：「某于良知之説，從百死千難中得來，非是容易見得到此。此本是學者究竟話頭，不得已，與人一口説盡，但恐學者得之容易，只把做一種光景玩弄，孤負此知耳。」

語友人曰：「近欲發揮此，只覺有一言發不出，津津然含諸口。」久乃曰：「近覺得此學更無有他，只是這些子。」旁有健羨不已者，則又曰：「連這些子，亦無放處。今經變後，始有良知之説。」

一友侍，眉間有憂思。先生顧謂他友曰：「良知固徹天徹地，近徹一身。人一身不爽，不須許大事，第頭上一髮下垂，渾身即是爲不快。此中那容得一物耶？」

先生初登第時，上邊務八事，世豔稱之。晚年有以爲問者，先生曰：「此吾少時事，有許多抗厲氣。此氣不除，欲以身任天下，其何能濟？」或又問平寧藩，先生曰：「當時只合如此做，但覺來尚有揮霍意。使今日處之，更別也。」

◎案：此六條陽明語録，施邦曜本、俞嶙本亦有收録。胡宗憲本此六條語録中之若干錯漏，則據施邦曜本、俞嶙本改正。佐藤一齋《傳習録欄外書》曾據施邦曜本、俞嶙本將此六條陽明語録加以輯録。

嘉靖戊子冬，德洪與王汝中奔師喪至廣信，訃告同門，約三年收録遺言。繼後同門各以所記見遺。洪擇其切於問正者，合所私録，得若干條。居吴時，將與《文録》並刻矣，適以憂去未遂。當是時也，四方講學日衆，師門宗旨既明，若無事於贅刻者，故不復營念㊀。去年，同門曾子才漢得洪手抄[一]，復傍爲采輯，名曰《遺言》，以刻行於荆。洪讀之，覺當時采録未精，乃爲删其重復，削去蕪蔓，存其三之一，名曰《傳習續録》，復刻於寧國之水西精舍。今年夏，洪來遊蘄，沈君思畏曰[二]：

「師門之教久行于四方，而獨未及于蘄。蘄之士得讀遺言，若親炙夫子之教；指見良知，若重覩日月之光。惟恐傳習之不博，而未以重復之爲繁也。請裒其所逸者增刻之，若何？」洪曰：「然。師門致知格物之旨，開示來學，學者躬修默悟，不敢以知解承，而惟以實體得，故吾師終日言是而不憚其煩，學者終日聽是而不厭其數。蓋指示專一，則體悟日精，幾迎於言前，神發於言外，感遇之誠也。今吾師之没未及三紀，而格言微旨漸覺淪晦，豈非吾黨身踐之不力，多言有以病之耶？學者之趨不一，師門之教不宣也。」乃復取逸稿，采其語之不背者，得一卷[三]。其餘影響不真，與《文録》既載者，皆削之。并易中卷爲問答語[四]，以付黄梅尹張君增刻之[五]。庶幾讀者不以知解承，而惟以實體得，則無疑于是録矣。嘉靖丙辰夏四月，門人錢德洪拜書于蘄之崇正書院。㊁

【校勘】

㊀ **故不復營念**：「營念」，葉紹鈞本、許舜屏本、于清遠本、陳榮捷本、鄧艾民本「縈念」。

㊁ 錢德洪此跋，胡宗憲本、三輪執齋本置於「黄以方問『博學於文』爲隨事學存此天理」條之前，乃「黄以方問『博學於文』爲隨事學存此天理」以下陽明語録之小序。

【箋疏】

［一］佐藤一齋曰：「曾才漢，名號、鄉貫未考。」陳榮捷曰：「曾才漢，不詳。《儒林宗派》《王文成傳本》《陽

明弟子傳纂》均無此人。」鄧艾民曰：曾才漢，「情況不詳」。◎案：曾才漢，字明卿，號雙溪。江西泰和人。嘉靖七年戊子舉人。曾任浙江太平縣知縣、湖南茶陵州州守；［湖廣］右參議，分巡湖北道。（參謝旻《江西通志》卷五四，《景印文淵閣四庫全書》第五一四册，第七六八頁；嵇曾筠等纂修《（雍正）浙江通志》卷五八，《景印文淵閣四庫全書》第五二〇册，第四九一頁；曾國荃《（光緒）湖南通志》卷一一六、一一七，《續修四庫全書》第六六四册，第一六七、一七五頁；吴震《〈傳習録〉精讀》，第三五頁）嘉靖二十三年甲辰，編刻《諸儒理學語要》於洣江書院。鄒守益《諸儒理學語要序》云：「嘉靖甲辰，吾友曾明卿氏守茶陵，出其平日所抄諸儒要言，於宋自濂溪公而下得十人焉，於國朝自陽明公而上得五人焉，刻之洣江書院，以嘉惠諸生，其用心亦良苦矣。」（鄒守益《鄒守益集》上册，第八一頁）羅洪先《諸儒理學要語序》云：「吾觀泰和曾明卿所擇諸儒理學要語，自宋至近世凡十有五家，意曰：『求於此者，亦已足乎！』吾以爲苟得其人，自有擇矣；非其人，不猶以爲游談乎？夫游談者，不必其遠於事之謂也，非吾之不容已者皆是也。嗚呼！吾已不能自免於此，而暇憂人乎？明卿知吾，必有正之者。」（羅洪先《羅洪先集》上册，第四七八頁）嘉靖三十四年乙卯，又將黄直、錢德洪所纂陽明語録略加校訂，題名爲《陽明先生遺言録》，刊行於荆。（參王守仁《王陽明全集（新編本）》第五册，第一五九七至一六〇七頁）錢德洪既稱曾才漢爲「同門」，鄒守益又稱其爲「吾友」，則其爲陽明弟子，當可無疑也。

［一一］沈寵，字思畏，號古林，安徽宣城人。先後從學於貢安國、歐陽德、王畿、錢德洪。「中［嘉靖十六年］丁酉鄉試。甲辰落第，就選，授行唐令。以才調獲鹿。戊申，擢監察御史，清戎福建。癸丑，升湖廣兵備

江防僉事。丁巳，升廣西左參議。致仕。隆慶辛未年即世。」（萬士和《萬文恭公摘集・廣西布政司左參議古林沈君墓表》，《四庫全書存目叢書》集部第一〇九册，第三九〇至三九一頁。又參張廷玉《明史》第一九册，第五六九八頁；「國立中央圖書館」編《明人傳記資料索引》，第一七九頁）

［三］佐藤一齋曰：「此補遺也。就逸稿中，惟黄以方録語多不背，故多采之。如『先生起行』條已下，德洪獨名，其爲手録可知。其餘有舉門人問者、有不舉者，蓋皆係緒山所采摘。《全書》總題曰『黄以方録』，可疑也。」

［四］三輪執齋曰：「『其餘』，是逸稿中所采之餘也。然下文所謂『並易中卷』云云，語不可曉。案：中卷八篇之書，《文録》有載之者、有不載之者，未知其孰元本。而《要書》以語録爲上下兩卷，而中卷則移入之書類，是蓋據緒山此語也。然中卷不可移易，小序分明述之；則此所謂『中卷』云者，蓋指逸稿之中卷乎？當存疑。」

佐藤一齋曰：「『中卷』恐指《續録》中卷；『問答語』，即緒山手録『何廷仁』條已下是也。《續録》原删定才漢所編《遺言》，而《遺言》上下二卷，上卷爲語録，下卷雖有語録，而又或摘録文成書中語，《續録》初姑仍此耳。及取逸稿得補遺一卷，并成三卷，而其二即爲中卷，因復易其中卷以爲問答語，則未易已前，其卷非專爲語録，亦可知矣。緒山問答，蓋原散見於才漢舊書，而今抽出己所録，聚之一處，或加損之，以爲中卷。据一本分『何廷仁』已下，題曰卷第二，則其爲中卷亦顯然。及謝廷傑輯《全書》時，以《傳習録》置之於首，因合前録三卷爲一卷，合書類五卷爲一卷，又合《續録》三卷爲一卷，今行諸本並用此本，故其所云『易中卷爲問答語』，亦遂致叵曉耳。又案：閭本有《遺言録》二卷、《稽山承語》一卷附於原録，而無《續録》，緒山所取捨可就考也。」

鄧艾民曰：「『中卷』，或言指王守仁書信部分，或言指《遺言録》中卷。就跋言上下文而言，似指《遺言録》中卷。但據北京大學現存明版《傳習續録》兩種，皆前有錢德洪《續刻傳習録序》，上册爲陳九川、王以方、黄勉叔、黄勉之所記語録六十條，下册爲錢德洪、王畿所記語録五十八條，其中並缺後部王以方所記語録二十七條及錢德洪此跋語。此本與現行《全書》本比較，其中並無改易一部分［爲］問答語痕迹，則『中卷』指『《遺言録》中卷』一説，亦有不可解處。」

◎案：誠如三輪氏、鄧氏所言，此所謂「易中卷爲問答語」，義不可解。或曰「中卷」，指通行本（《王文成公全書》本）《傳習録》之中卷。然而，據臺北藏明刊本《傳習録》（當即南大吉嘉靖三年十月序刊本），其《答人論學書》（即《答顧東橋書》）、《答周道通書》、《答陸原静書》，均爲「問答語」。可見，南大吉續刻《傳習録》時，《答人論學書》《答周道通書》《答陸原静書》已爲「問答語」。若「中卷」指通行本《傳習録》之中卷，則「易中卷爲問答語」，乃非錢德洪所爲也。然則，此所謂「易中卷爲問答語」，或另有所指。其義若何，不得而知。

［五］張君，其名字、鄉貫、履歷不詳，有待考證。所可知者，乃其人曾任黄梅知縣。

佐藤一齋曰：「凡讀此録者，其用心宜與讀他書不同，要須抽取旨意於言語之外矣。倘拘執言語以求之，不翅失其意而已也。故及讀畢之後，忘其語而存其意，斯爲得矣。至於訓注文義，則朱子諸説，可取者匪尠。譬諸畫龍，晦翁能寫全龍，隻鱗片甲無有遺筆，但惜眼中欠一瞳子耳。及陽明出來，容易落筆加一點，然後畫龍始活，躍如也。故陽明之玅在阿堵，非抹殺晦翁全龍。」

徵引與參考書目

基本文獻

王守仁《王文成公全書》，明隆慶二年郭朝賓等杭州刊本（全二十四册，臺北「國家圖書館」藏。此書之版本記載爲隆慶二年刊刻，然而書中所收録《朱子晚年定論》有錢德洪小序，云「隆慶壬申，虬峰謝君廷傑刻師《全書》，命刻《定論》附《語録》後」，可見實爲隆慶六年壬申刊刻。簡稱「郭朝賓本」）

王守仁《王文成公全書》，上海：商務印書館，「四部叢刊初編」據明隆慶六年謝廷傑刊本縮印，一九三六年版（簡稱「四部叢刊本」）

王守仁《王文成公全書》，臺北「國家圖書館」藏明隆慶六年謝廷傑應天府刊本（全二十二册，卷一書眉有批語十餘條。簡稱「臺灣藏謝廷傑本」）

王守仁《王文成公全書》，北京大學圖書館藏明隆慶六年謝廷傑應天府刊本（北京：國家圖書館出版社，「中華再造善本」叢書影印本，二〇一四年版。其《傳習録》部分書眉鈔録陳龍正評語數十條、自加眉批數條。簡稱「北大藏謝廷傑本」）

王守仁《陽明先生文録》，明嘉靖十四年聞人詮刻本（翟奎鳳、向輝主編《陽明文獻匯刊》，成都：四川大學出版社，二〇一五年影印本，第二一至二四册）

王守仁《陽明先生文録》，明嘉靖二十九年王畿刻本（中國國家圖書館藏。其中包括陽明先生文録五卷、外集九卷、别録十卷，傳習録八卷，則言二卷。簡稱「王畿本」）

王守仁《陽明先生文録》，明嘉靖年間閭東刻本（臺北傅斯年圖書館藏，全三十六册。卷首有閭東嘉靖二十九年庚戌秋八月所撰《重刻陽明先生文集序》，其第三四、三五册收録嘉靖三十三年水西精舍刻本《傳習録》；通行本《傳習録》中卷所收論學書等散見文録第一至四卷。傅斯年圖書館藏本之梓行，恐應晚於水西精舍刻本《傳習録》。簡稱「閭東本」）

王守仁《陽明先生文録》，明嘉靖三十六年胡宗憲刻本（復旦大學圖書館藏。其中包括陽明先生文録五卷、外集九卷、别録十卷。附傳習録上三卷、中五卷、下三卷。據《傳習録》卷首唐堯臣《讀傳習録有言》落款「嘉靖三十有七年戊午人日」，則其《傳習録》乃刊行於嘉靖三十七年。簡稱「胡宗憲本」）

王守仁《陽明先生文録》，明刊本（陸永勝編《王陽明珍本文獻叢刊》，北京：社會科學文獻出版社，二〇一八年影印本，第一二至一五册）

王守仁《陽明先生集要》（施邦曜輯評），明崇禎年間刻本（翟奎鳳、向輝主編《陽明文獻匯刊》，成都：四川大學出版社，二〇一五年影印本，第三四至三七册。簡稱「施邦曜本」）

王守仁《陽明先生集要》（施邦曜輯評，王曉昕、趙平略點校），北京：中華書局，二〇〇八年版王守仁《陽明先生要書》（陳龍正輯），明崇禎八年陳龍正刻本（《四庫全書存目叢書》集部第四九册，濟南：齊魯書社，一九九七年影印本。簡稱「陳龍正本」）

王守仁《王陽明先生全集》（俞嶙輯），清康熙十二年刻本（《四庫全書存目叢書》集部第五〇至五一册，濟南：齊魯書社，一九九七年影印本。簡稱「俞嶙本」）

王守仁《王陽明先生文鈔》（張問達輯），清康熙二十八年致和堂刻本（《四庫全書存目叢書》集部第四九册，濟南：齊魯書社，一九九七年影印本。簡稱「張問達本」）

王守仁《王文成全書》，《景印文淵閣四庫全書》第一二六五册，臺北：商務印書館，一九八六年版（簡稱「四庫全書本」）

王守仁《王陽明先生全集》，清同治九年刻本（翟奎鳳、向輝主編《陽明文獻匯刊》，成都：四川大學出版社，二〇一五年影印本，第一五至一八册）

許舜屏《評注王陽明先生全集》上册，上海：中原書局，一九二九年精裝本（簡稱「許舜屏本」）

王守仁《王陽明全集（新編本）》（吴光、錢明、董平、姚延福編校），杭州：浙江古籍出版社，二〇一〇年版（簡稱「《王陽明全集（新編本）》」）

王守仁《傳習録》，明刊本（具體刊刻時間不詳，疑即南大吉嘉靖三年十月序刊本。臺北「國家圖書館」藏，存下册四卷。簡稱「臺北藏明刊本」）

王守仁《傳習録》，明嘉靖二十三年德安府重刊本（八卷，日本東京都立日比谷圖書館藏。簡稱「德安府重刊本」）

王守仁《傳習録》，明嘉靖三十年孫應奎於衡湘書院重刊本（七卷，日本京都大學附屬圖書館藏。每卷卷首有「同邑門人孫應奎重刊」、卷末有「蔡汝楠校」字樣，每頁版心標明「衡湘書院校刊」。簡稱「孫應奎本」）

王守仁《傳習録》，明嘉靖三十三年錢錞刻本（八卷，温州圖書館藏。簡稱「錢錞本」）

王守仁《傳習録》，明嘉靖三十三年水西精舍刻本（《孔子文化大全：中説　傳習録　四存編》，濟南：山東友誼書社，一九九四年影印本。簡稱「水西精舍本」）

王守仁《傳習録》，明崇禎三年白鹿洞書院刊本（三卷，日本九州大學圖書館藏。每卷卷首有「後學沙陽正希金聲點、勾章沃心錢啓忠較」字樣。簡稱「白鹿洞本」）

三輪希賢《標注傳習録》，日本東京：青木嵩山堂，綫裝刻本，刊刻時間不詳（簡稱「三輪執齋本」。三輪希賢，字善藏，號執齋）

佐藤坦《傳習録欄外書》（山崎道夫校注），《佐藤一齋全集》第五卷，日本東京：明德出版社，一九九八年版（簡稱「佐藤一齋本」。佐藤坦，字大道，號一齋）

東正純《傳習録參考》，《澤瀉先生全集》上册，日本東京：川岡事務所，一九一九年版

孫鏘輯校《傳習録集評》，北京：九州出版社，二〇一五年版（不知何故，出版者將此書改其署名爲「梁啓超點校」；另外，此書還附有未標明譯者之現代漢語翻譯）

葉紹鈞點注《傳習録》，臺北：商務印書館，一九六八年版（簡稱「葉紹鈞本」）
但衡今《王陽明傳習録札記》，臺北：齊魯印刷行，一九五七年版
于清遠《王陽明傳習録注釋》，臺北：黄埔出版社，一九五八年版
陳榮捷《王陽明傳習録詳注集評》，臺北：學生書局，二〇〇六年修訂版（簡稱「陳榮捷本」）
鄧艾民《傳習録注疏》，基隆：法嚴出版社，二〇〇〇年版（簡稱「鄧艾民本」）

其他文獻

陳奂《詩毛氏傳疏》，《續修四庫全書》第七〇册，上海：上海古籍出版社，二〇〇二年影印本
孔安國傳、孔穎達疏《尚書正義》（黄懷信整理），上海：上海古籍出版社，二〇一一年版
王夫之《尚書引義》（王孝魚點校），北京：中華書局，一九八二年版
孫詒讓《周禮正義》（王文錦、陳玉霞點校），北京：中華書局，二〇〇〇年版
朱彬《禮記訓纂》（饒欽農點校），北京：中華書局，一九九六年版
王聘珍《大戴禮記解詁》（王文錦點校），北京：中華書局，一九八三年版
杜預《春秋經傳集解》，上海：上海古籍出版社，一九八八年版
皇侃《論語義疏》（高尚榘點校），北京：中華書局，二〇一三年版

朱熹《四書章句集注》（徐德明校點），上海／合肥：上海古籍出版社、安徽教育出版社，二〇〇一年版
朱熹《四書或問》（黄珅校點），上海／合肥：上海古籍出版社、安徽教育出版社，二〇〇一年版
李隆基注、邢昺疏《孝經注疏》（金良年整理），上海：上海古籍出版社，二〇一一年版
蔡元定《律吕新書》，日本刻本，刊刻時間不詳
蔡元定《律吕新書》，《景印文淵閣四庫全書》第二一二册，臺北：商務印書館，一九八六年版
王引之《經傳釋詞》（李花蕾點校），上海：上海古籍出版社，二〇一四年版
吴昌瑩《經傳衍釋》，北京：中華書局，一九八三年版

司馬遷《史記》，北京：中華書局，一九九二年版
班固《漢書》，北京：中華書局，一九九二年版
范曄《後漢書》，北京：中華書局，一九九三年版
陳壽《三國志》（陳乃乾點校），北京：中華書局，一九九五年版
房玄齡《晉書》，北京：中華書局，一九九三年版
司馬光《資治通鑑》，北京：中華書局，一九九二年版
張廷玉《明史》，北京：中華書局，二〇〇三年版
劉向集録《戰國策》，上海：上海古籍出版社，一九九五年版

孫奇逢《理學宗傳》，清光緒庚辰歲浙江書局刻本（《孔子文化大全：理學宗傳》，濟南：山東友誼書社，一九八九年影印本）
萬斯同《儒林宗派》，《景印文淵閣四庫全書》第四五八册，臺北：商務印書館，一九八六年版
黄宗羲《明儒學案（修訂本）》（沈芝盈點校），北京：中華書局，二〇〇八年版
黄宗羲《明儒學案》，《黄宗羲全集》第七至八册，杭州：浙江古籍出版社，一九九二年版
黄宗羲等《宋元學案》，《黄宗羲全集》第三至六册，杭州：浙江古籍出版社，一九九〇年版
雷禮《國朝列卿紀》，《續修四庫全書》第五二二至五二四册，上海：上海古籍出版社，二〇〇二年影印本
過庭訓《本朝分省人物考》，《續修四庫全書》第五三三至五三六册，上海：上海古籍出版社，二〇〇二年影印本
徐象梅《兩浙名賢録》，《續修四庫全書》第五四二至五四四册，上海：上海古籍出版社，二〇〇二年影印本
焦竑《國朝獻徵録》，揚州：廣陵書社，二〇一三年影印本
張夏《雒閩源流録》，《續修四庫全書》第五三六册，上海：上海古籍出版社，二〇〇二年影印本
謝旻、陶成修纂《江西通志》，《景印文淵閣四庫全書》第五一三至五一八册，臺北：商務印書館，一九八六年版
嵇曾筠、沈翼機修纂《（雍正）浙江通志》，《景印文淵閣四庫全書》第五一九至五二六册，臺北：商務印

書館，一九八六年版
曾國荃、郭嵩燾等纂《（光緒）湖南通志》，《續修四庫全書》第六六一至六六八册，上海：上海古籍出版社，二〇〇二年影印本
沈朝宣纂修《嘉靖仁和縣志》，《四庫全書存目叢書》史部第一九四册，濟南：齊魯書社，一九九七年影印本
蕭良幹、張元忭纂修《萬曆紹興府志》，《四庫全書存目叢書》史部第二〇〇至二〇一册，濟南：齊魯書社，一九九七年影印本
章潢修纂《（萬曆）新修南昌府志》，明萬曆十六年刻本
《增城沙堤湛氏族譜》，佛山：華文書局，一九二三年版
毛奇齡《王文成傳本》，清刻「西河合集」本（《續修四庫全書》第五五一册，上海：上海古籍出版社，二〇〇二年影印本）
余重耀輯《陽明先生傳纂（附陽明弟子傳纂）》，上海：中華書局，一九二四年版
葉瑛《文史通義校注》，北京：中華書局，二〇〇〇年版
王邦維《南海寄歸内法傳校注》，北京：中華書局，二〇〇〇年版
永瑢《四庫全書總目》，北京：中華書局，一九九五年影印本
張沛《中説校注》，北京：中華書局，二〇一三年版

葉采《近思録集解》（程水龍校注），北京：中華書局，二〇一七年版

陳榮捷《近思録詳注集評》，臺北：學生書局，一九九八年版

黎靖德編《朱子語類》（王星賢點校），北京：中華書局，一九八八年版

陸容《椒園雜記》，北京：中華書局，一九九七年版

王守仁《陽明先生則言》，明嘉靖十六年薛侃刻本（《續修四庫全書》第九三七册，上海：上海古籍出版社，二〇〇二年影印本）

曾才漢校輯《陽明先生遺言録》（水野實、永富青地、三澤三知夫校注），《中國文哲研究通訊》（臺北），一九九八年，第八卷第三期

朱得之述《稽山承語》（水野實、永富青地、三澤三知夫校注），《中國文哲研究通訊》（臺北），一九九八年，第八卷第三期

羅欽順《困知記》（閻韜點校），北京：中華書局，一九九〇年版

徐問《讀書劄記》，《景印文淵閣四庫全書》第七一四册，臺北：商務印書館，一九八六年版

黃佐《庸言》，明嘉靖三十一年刻本（《四庫全書存目叢書》子部第九册，濟南：齊魯書社，一九九五年影印本）

陳建《學蔀通辨》，明嘉靖二十七年刻本（《四庫全書存目叢書》子部第一一册，濟南：齊魯書社，一九九五年影印本）

顧應祥《静虚齋惜陰録》，明刊本（《四庫全書存目叢書》子部第八四册，濟南：齊魯書社，一九九五年影印本）
季本《説理會編》（黄琳點校、嚴壽澂審訂），天津：天津古籍出版社，二〇一七年版
馮柯《求是編》，日本慶安三年（一六五〇）刊本（岡田武彦、荒木見悟主編《和刻影印近世漢籍叢刊·思想三編》第一五册，日本京都：中文出版社，一九七七年影印本）
馮柯《求是編》，《貞白五書》之一（張壽鏞輯《四明叢書》第二二册，揚州：廣陵書社，二〇〇六年影印本）
陸世儀《思辨録輯要》（景海峰點校），《儒藏·精華編》第一九六册，北京：北京大學出版社，二〇一六年版
王應昌《王陽明先生傳習録論》（内附唐九經評語），清順治三年丙戌序刊本
張烈《王學質疑》，浙江圖書館藏清抄本（《四庫全書存目叢書》子部第二三册，濟南：齊魯書社，一九九五年影印本）
吉村晉《王學提綱》，日本文久元年（一八六一）刊本（岡田武彦、荒木見悟主編《和刻影印近世漢籍叢刊·思想三編》第一二册，日本京都：中文出版社，一九七七年影印本。吉村晉，字麗明，號秋陽）
羅澤南《姚江學辨》，清咸豐九年刻《羅忠節公遺集》本（《續修四庫全書》第九五二册，上海：上海古籍出版社，二〇〇二年影印本）
陳士珂《孔子家語疏證》，上海：上海書店，一九八七年版

王先謙《荀子集解》（沈嘯寰、王星賢點校），北京：中華書局，一九八八年版
陳立《白虎通疏證》（吴則虞點校），北京：中華書局，一九九四年版
王先慎《韓非子集解》（鍾哲點校），北京：中華書局，一九九八年版
孫詒讓《墨子閒詁》（孫以楷點校），北京：中華書局，一九八六年版
朱謙之《老子校釋》，北京：中華書局，一九八四年版
郭慶藩《莊子集釋》（王孝魚點校），北京：中華書局，一九九三年版
楊伯峻《列子集釋》，北京：中華書局，一九八五年版
劉文典《淮南鴻烈集解》（馮逸、喬華點校），北京：中華書局，一九八九年版
余嘉錫《世説新語箋疏》，北京：中華書局，二〇〇九年版
王利器《顔氏家訓集解（增補本）》，北京：中華書局，一九九六年版
邵博《邵氏聞見後録》（劉德權、李劍雄點校），北京：中華書局，一九九七年版
王念孫《讀書雜志》（徐煒君等點校），上海：上海古籍出版社，二〇一四年版
邢雲路《古今曆律考》，《景印文淵閣四庫全書》第七八七册，臺北：商務印書館，一九八六年版
倪濤《六藝之一録》，《景印文淵閣四庫全書》第八三〇至八三八册，臺北：商務印書館，一九八六年版
玄奘譯《大般若波羅蜜多經》，《大正新修大藏經》第五至七册，臺北：新文豐出版公司，一九八三年影印本

高振農《大乘起信論校釋》，北京：中華書局，一九九二年版
韓廷傑《成唯識論校釋》，北京：中華書局，一九九八年版
沙門大照居士慧光集釋《大乘開心顯性頓悟真空論》，《大正新修大藏經》第八五册，新文豐出版公司，一九八五年影印本
周叔迦、蘇晉仁《法苑珠林校注》，北京：中華書局，二〇〇三年版
普濟《五燈會元》（蘇淵雷點校），北京：中華書局，一九八四年版
賾藏主《古尊宿語録》（蕭萐父、吕有祥點校），北京：中華書局，一九九四年版
宗杲《大慧禪師禪宗雜毒海》，《卍續藏經》第一二一册，臺北：新文豐出版公司，一九八三年影印本
密庵咸傑《密庵咸傑禪師語録》，《卍續藏經》第一二一册，臺北：新文豐出版公司，一九八三年影印本
超永編輯《五燈全書》，《卍續藏經》第一四一册，臺北：新文豐出版公司，一九八三年影印本
聶先編輯《續指月録》，《卍續藏經》第一四三册，臺北：新文豐出版公司，一九八三年影印本
通問編定、施沛彙集《續燈存稿》，《卍續藏經》第一四五册，臺北：新文豐出版公司，一九八三年影印本
朱棣《金剛經集注》，上海：上海古籍出版社，一九九〇年影印本
石峻等編《中國佛教思想資料選編》第二卷第四册，北京：中華書局，一九九一年版
蘇淵雷、高振農選輯《佛藏要籍選刊》，上海：上海古籍出版社，一九九四年版
梁丘子《黄庭内景玉經注》，《道藏》第四册，北京/上海/天津：文物出版社、上海書店、天津古籍出版

社，二〇〇一年影印本
至游子曾慥《道樞》，《道藏》第二〇冊，北京／上海／天津：文物出版社、上海書店、天津古籍出版社，二〇〇一年影印本
彭曉等《周易參同契古注集成》，上海：上海古籍出版社，一九九〇年影印本
潘吉星《天工開物譯注》，上海：上海古籍出版社，一九九三年版

洪興祖《楚辭補注》（白化文等點校），北京：中華書局，二〇〇〇年版
陳慶元《沈約集校箋》，杭州，浙江古籍出版社，一九九五年版
蕭統編、李善注《文選》，上海：上海古籍出版社，一九九二年版
仇兆鰲《杜詩詳注》，北京：中華書局，一九九五年版
馬其昶《韓昌黎文集校注》，上海：上海古籍出版社，一九九八年版
曾棗莊、金成禮《嘉祐集箋注》，上海：上海古籍出版社，二〇〇一年版
周敦頤《周敦頤集》（陳克明點校），北京：中華書局，二〇〇九年版
邵雍《邵雍集》（郭彧整理），北京：中華書局，二〇一〇年版
張載《張載集》（章錫琛點校），北京：中華書局，一九七八年版
程顥、程頤《二程集》（王孝魚點校），北京：中華書局，一九八四年版

歐陽修《歐陽修全集》（李逸安點校），北京：中華書局，二〇〇一年版
司馬光《温國文正司馬公文集》，上海：商務印書館「四部叢刊初編」縮印本，一九三六年版
蘇軾《蘇軾文集》（孔凡禮點校），北京：中華書局，一九九二年版
朱熹《朱子全書》（朱傑人、嚴佐之、劉永翔主編），上海/合肥：上海古籍出版社、安徽教育出版社，二〇〇二年版
朱熹《朱子全書外編》（朱傑人、嚴佐之、劉永翔主編），上海：華東師範大學出版社，二〇一〇年版
陸九淵《陸九淵集》（鍾哲點校），北京：中華書局，一九八〇年版
道潛《參寥子詩集》，《四部叢刊三編》第六一册，上海：上海書店，一九八五年影印本
許衡《許衡集》（王成儒點校），北京：東方出版社，二〇〇七年版
陳獻章《陳獻章全集》（黎業明編校），上海：上海古籍出版社，二〇一九年版
湛若水《甘泉先生文集》，明嘉靖十五年刻本
湛若水《甘泉先生文集》（董平點校），《儒藏·精華編》第二五三册，北京：北京大學出版社，二〇〇九年版
湛若水《泉翁大全集》，明嘉靖十九年洪垣編刻、明萬曆二十一年修補本
湛若水《甘泉先生續編大全》，明嘉靖三十四年刻、明萬曆二十三年修補本
黄綰《石龍集》二十八卷，明嘉靖間刊本

顧璘《顧華玉集》，《景印文淵閣四庫全書》第一二六三册，臺北：商務印書館，一九八六年版
鄭善夫《少谷集》，《景印文淵閣四庫全書》第一二六九册，臺北：商務印書館，一九八六年版
蔣信《蔣道林先生文粹》，明萬曆四年姚世英刻本（《四庫全書存目叢書》集部第九六册，濟南：齊魯書社，一九九七年影印本）
王道《王文定公文録》，明萬曆三十七年朱延禧南京刊刻本
薛侃《薛中離先生全書》，公昌印務公司，民國四年鉛印本
薛侃《薛侃集》（陳椰編校），上海：上海古籍出版社，二〇一四年版
王艮《重鐫心齋王先生全集》（沙志利點校），《儒藏·精華編》第二五八册，北京：北京大學出版社，二〇一七年版
王艮《王心齋全集》（陳祝生等點校），南京：江蘇教育出版社，二〇〇一年版
徐愛、錢德洪、董澐《徐愛　錢德洪　董澐集》（錢明編校整理），南京：鳳凰出版社，二〇〇七年版
鄒守益《鄒守益集》（董平編校整理），南京：鳳凰出版社，二〇〇七年版
羅洪先《羅洪先集》（徐儒宗編校整理），南京：鳳凰出版社，二〇〇七年版
歐陽德《歐陽德集》（陳永革編校整理），南京：鳳凰出版社，二〇〇七年版
聶豹《聶豹集》（吴可爲編校整理），南京：鳳凰出版社，二〇〇七年版
王畿《王畿集》（吴震編校整理），南京：鳳凰出版社，二〇〇七年版

李滉《退溪集》，《韓國文集叢刊》，韓國首爾：景仁文化社，一九九〇年版
查鐸《毅齋查先生闡道集》，清光緒十六年涇川查氏濟陽家塾刻本
萬士和《萬文恭公摘集》，明萬曆二十年萬氏素履齋刻本（《四庫全書存目叢書》集部第一〇九册，濟南：齊魯書社，一九九七年影印本）
王時槐《王時槐集》（錢明、程海霞編校），上海：上海古籍出版社，二〇一五年版
唐伯元《醉經樓集》（朱鴻林點校），北京：中華書局，二〇一四年版
劉宗周《劉宗周全集》（吴光等點校），杭州：浙江古籍出版社，二〇〇七年版
邵廷采《思復堂文集》（祝鴻杰點校），杭州：浙江古籍出版社，二〇一〇年版
王夫之《船山全書》，長沙：嶽麓書社，一九九六年版
章太炎《王守仁〈王文成公全書〉批語》（羅志歡整理），《章太炎全集·眉批集》，上海：上海人民出版社，二〇一七年版

研究著作

黄壽祺、張善文《周易譯注》，上海：上海古籍出版社，一九九〇年版
楊樹達《論語疏證》，上海：上海古籍出版社，二〇〇六年版

呂澂《中國佛學源流略講》，北京：中華書局，一九七九年版
錢鍾書《談藝録》，北京：中華書局，一九八四年版
陳榮捷《中國哲學文獻選編》(*A Source Book In Chinese Philosophy*)，楊儒賓、吴有能、朱榮貴、萬先法譯，黄俊傑校)，南京：江蘇教育出版社，二〇〇六年版
錢穆《中國學術思想史論叢》第七卷，合肥：安徽教育出版社，二〇〇四年版
鄧廣銘《鄧廣銘治史叢稿》，北京：北京大學出版社，一九九七年版
馮友蘭《中國哲學史新編》第五册，北京：人民出版社，一九九二年版
陳來《有無之境：王陽明哲學的精神》，北京：人民出版社，一九九一年版
陳來《中國近世思想史研究》，北京：商務印書館，二〇〇三年版
呂妙芬《陽明學士人社群：歷史、思想與實踐》，北京：新星出版社，二〇〇六年版
楊儒賓、馬淵昌也主編《中日陽明學者墨迹》，臺北：臺灣大學出版中心，二〇〇八年版
錢明《陽明學的形成與發展》，南京：江蘇古籍出版社，二〇〇二年版
錢明《王陽明及其學派論考》，北京：人民出版社，二〇〇九年版
吴震《〈傳習録〉精讀》，上海：復旦大學出版社，二〇一一年版
束景南《陽明佚文輯考編年》，上海：上海古籍出版社，二〇一二年版
束景南《王陽明年譜長編》，上海：上海古籍出版社，二〇一七年版

岡田武彦《王陽明大傳》(錢明審校、楊田等譯),重慶:重慶出版社,二〇一五年版
鍾彩鈞《明代心學的文獻與詮釋》,臺北:「中央研究院」中國文哲研究所,二〇二〇年版
郭齊勇主編《陽明學研究》第二輯,北京:中華書局,二〇一六年版
鍾叔河《周作人豐子愷兒童雜事詩圖箋釋》,北京:中華書局,一九九九年版
任繼愈主編《宗教詞典》,上海:上海辭書出版社,一九八一年版
韋政通《中國哲學辭典》,長春:吉林出版集團有限責任公司,二〇〇九年版
廣東、廣西、湖南、河南辭源修訂組與商務印書館編輯部編《辭源(修訂本)》,北京:商務印書館,一九九一年版
漢語大字典編輯委員會《漢語大字典(縮印本)》,武漢/成都:湖北辭書出版社、四川辭書出版社,一九九五年版
「國立中央圖書館」編《明人傳記資料索引》,臺北:文史哲出版社,一九七八年版
朱保炯、謝沛霖《明清進士題名碑録索引》,上海:上海古籍出版社,二〇〇四年版
譚其驤主編《中國歷史地圖集》第七册(元明時期),北京:地圖出版社,一九八二年版
楊正泰《明代驛站考(增訂本)》,上海:上海古籍出版社,二〇〇六年版

後記

二〇〇四年，在職報考中山大學哲學系博士研究生，承馮達文先生不棄，得列門下。後奉馮老師之命，以「湛若水思想研究」作爲畢業論文選題。二〇〇九年，以《湛若水生平與學術思想研究》作爲畢業論文通過答辯（後經修訂、擴充，改以「湛若水生平學行考實」爲書名，交由上海古籍出版社出版）。在撰寫畢業論文之時，有一困惑始終縈繞在心，這就是如何給湛若水之思想與地位加以衡定。雖然湛若水被稱爲心學家，但是湛若水之思想，與其老師、開啓明代學術新風之陳獻章有所差異，與其朋友、堪稱明代心學宗師之王陽明亦多有不同。湛若水生前，或被信奉程朱之羅欽順稱爲禪學，或被部分陽明之徒稱爲腐、稱爲行格式（即朱學。參湛若水《聞言》）。要對湛若水之思想與地位加以衡定，必須將其思想與其老師陳獻章、與其朋友王陽明之思想加以比較研究。因此，通過答辯之後，隨即轉向對陳獻章、王陽明思想文獻之研究與整理。十餘年來，隨興所至，信馬由繮。作爲研究與整理陳獻章思想文獻之成果，是撰作《陳獻章年譜》、編校《陳獻章全集》；作爲研究與整理王陽明思想文獻之成果，則是點校《傳習録欄外書》、撰作《王陽明傳習録校箋》。然而，於我而言，如何給湛若水之思想與地位加以衡定之困惑，至今未能得其正解。

對於王陽明《傳習録》，以往之校注、詮釋、批評著作並不少見，其中堪爲名著者，有佐藤一齋《傳習録欄外書》、陳榮捷《王陽明傳習録詳注集評》、鄧艾民《傳習録注疏》等。然而，智者千慮，難免一失。即便是這些名著，當中亦不無錯漏失當之處。因緣際會，有幸得見若干種以往很少人利用之《傳習録》珍貴版本，有幸得讀一些以往很少人留意之《傳習録》相關資料，以爲依據這些版本資料，對於前賢研究之錯漏失當處，或許可從版本、文獻、史實等方面略加補正，於是有《王陽明傳習録校箋》之撰寫。

當然，《王陽明傳習録校箋》之完成，多得師友之助。深圳大學人文學院同事景海峰先生、李大華先生、王立新先生、王興國先生、趙東明先生、楊東林先生、問永寧先生、左江女士、葛歡歡女士、姜明澤博士、李辰博士等，對《王陽明傳習録校箋》之撰作，助益良多。寧波大學鄒建鋒教授慷慨地提供《傳習録》多種珍貴版本之複印件；日本深川真樹先生幫助複印收藏於日本之孫應奎本《傳習録》、白鹿洞本《傳習録》；臺灣清華大學楊儒賓先生、尤美琪博士寄來《答羅整庵少宰書》之墨迹照片；臺北中華儒道研究協會林文松先生幫助複印臺北「國家圖書館」藏明刊本《傳習録》下册。此外，原深圳大學中國哲學專業碩士研究生陳椰、陳玄、曾秋樾諸君，於部分資料之核對、複印與收集，幫助亦多。對師友之幫助，在此謹致謝忱！

此外，在本書之編輯、出版等方面，上海古籍出版社劉海濱先生、徐卓聰先生、方强先生，付出辛勤勞作，亦致以真摯感謝！

因學識淺薄，見聞寡陋，書中錯漏、舛誤在所難免，尚祈大方之家、博雅君子指而正之。

黎業明

二〇二二年三月於深圳

圖書在版編目(CIP)數據

傳習録校箋集評 / (明) 王陽明撰;黎業明校箋、
集評. —上海: 上海古籍出版社, 2023.5
ISBN 978-7-5732-0636-7

Ⅰ.①傳… Ⅱ.①王… ②黎… Ⅲ.①心學—中國—
明代②《傳習録》—研究 Ⅳ.①B248.25

中國國家版本館 CIP 數據核字(2023)第 081678 號

傳習録校箋集評

(明) 王陽明 撰
黎業明 校箋 集評

上海古籍出版社出版發行
(上海市閔行區號景路 159 弄 1-5 號 A 座 5F 郵政編碼 201101)
(1) 網址: www.guji.com.cn
(2) E-mail: guji1@guji.com.cn
(3) 易文網網址: www.ewen.co

印刷 山東韻傑文化科技有限公司
開本 890×1240 1/32
印張 21.875 插頁 9 字數 418,000
版次 2023 年 5 月第 1 版
2023 年 5 月第 1 次印刷
ISBN 978-7-5732-0636-7/B·1308
定價: 118.00 元